Redes informáticas

Nociones fundamentales
(Protocolos, Arquitecturas, Redes inalámbricas...)

José Dordoigne

9ª edición

ISBN: 978-2-409-05281-1
Edición original: 978-2-409-04826-5

Ediciones ENI

Pº Ferrocarriles Catalanes, 97-117, 2a pl. of. 18
08940 - Cornellà de Llobregat (Barcelona)

Tel: 934 246 401
Fax: 934 231 576

e-mail: info@ediciones-eni.com
http://www.ediciones-eni.com

Autor: José Dordoigne
Colección **Recursos Informáticos** dirigida por Émilie Villetorte

Para poder acceder durante un año a la versión online de este libro, envíenos su justificante de compra a

librodigital@ediciones-eni.com

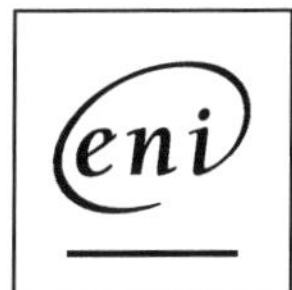

Prólogo

Las redes constituyen un campo amplio que suele ser difícil de comprender porque se trata de un conocimiento que implica múltiples y complejos campos técnicos que trabajan en direcciones divergentes.

Aunque para el aprendizaje de nuevos conceptos o la consolidación de los conocimientos ya adquiridos la complejidad es una dificultad importante, el hecho de descomponer los conceptos y de añadir muchas ilustraciones permite abordar estos conocimientos con más facilidad.

Esto es lo que hemos intentado hacer en este libro, cuyo objetivo es entender los principios que rigen las redes informáticas actuales, usando en la medida de lo posible enfoques pragmáticos y visuales.

Este libro se dirige a cualquier persona que utilice la informática y que quiera mejorar sus conocimientos sobre el tema u orientarse hacia el mundo de las redes. Aunque el principal sujeto de estudio son las redes informáticas, nos hemos tomado la libertad de explorar algunos otros temas, incluso los sistemas operativos, intentando, siempre que haya sido posible, verlo desde la perspectiva de una persona neófita.

Examinemos juntos los diferentes capítulos que componen este libro y el enfoque que hemos adoptado para tratar los diversos temas propuestos.

Después de un breve repaso histórico, el primer capítulo nos sitúa en un escenario de interacción con las redes, tanto a nivel particular como de empresa. Se examinan los principales conceptos de redes, incluyendo el concepto de recursos compartidos, de servidores, de almacenamiento, para permitir al lector tomar perspectiva sobre los distintos temas y vincularlos con sus propias experiencias pasadas como usuario informático de red. También se desarrolla la virtualización, que hoy en día no se puede ignorar, para entender los diferentes conceptos subyacentes, identificar los desafíos, ventajas e inconvenientes de cada una de las soluciones: tanto si se trata de la virtualización del sistema operativo cliente o servidor como de la virtualización de sesiones o incluso de la virtualización de aplicación que introduce el concepto de aplicación como servicio (*Software as a Service*).

La complejidad de las redes viene del hecho de que se mezclan a la vez componentes de software y de hardware y de que el acceso a los recursos es sistemáticamente crítico para las empresas. Este primer capítulo permite también al lector familiarizarse con los diferentes mecanismos de tolerancia a errores existentes.

El siguiente capítulo propone, en primer lugar, una primera aproximación teórica al modelo de capas de red OSI y, a continuación, una interpretación pragmática basada en ejemplos concretos de protocolos, para permitirle entender mejor el papel que juega cada una de las capas de red. Se pone una atención especial en el conocimiento de la red local Ethernet y el funcionamiento de las capas TCP/IP. El objetivo que se persigue es medir el papel de los identificadores de cada nivel, así como las decisiones que se toman en el direccionamiento de los datos. También se aborda el nivel de aplicación, y se ha tratado específicamente el concepto de modo conectado.

La sección sobre los organismos de normalización permite identificar las entidades responsables de todas las normativas para las redes y, sobre todo, proporciona los puntos de entrada a internet para que quienes quieran profundizar en los múltiples temas abordados en este libro y puedan buscar información complementaria.

El siguiente capítulo, ampliamente detallado, permitirá entrar en el meollo del tema, concentrándose en la transmisión de datos, los dispositivos, los tipos de conexiones, con la ayuda de numerosas ilustraciones. Se tratan la conversión de datos a través de la codificación, el soporte de transmisión que se utiliza, así como el método de acceso al canal que permite compartir el soporte. Se revisan los diferentes soportes (con cables o inalámbricos) para explicar los principios de funcionamiento y entender en qué medida es posible emitir y recibir simultáneamente datos.

El siguiente capítulo propone ejemplos de ilustración de configuración de red TCP/IP en los sistemas operativos clientes más generalizados.

En el siguiente capítulo, se habla de la arquitectura de red y la interconexión. Se trata de entender las diferencias esenciales entre conmutador y enrutador y de comprender globalmente la función de los componentes de interconexión. Se examinan más a profundidad los métodos de acceso al soporte, para conocer bien Ethernet y Token Ring, que son los dos protocolos históricos de redes. Se trata una parte de Spanning Tree para explicar el principio de neutralización de bucles en una red Ethernet, en un contexto de tolerancia de errores. La parte VLAN se ha enriquecido para que se pueda comprender bien su funcionamiento a escala empresarial o en un contexto de virtualización. También se abordan los protocolos de enrutamiento para entender cómo los enrutadores son capaces de cambiar su visión de la red.

El capítulo sobre las capas bajas permitirá analizar más específicamente las normas y características asociadas a la mayor parte de los protocolos LAN.

En el siguiente capítulo se exponen los protocolos MAN y WAN que se pueden encontrar en las empresas o que tuvieron un papel histórico en el pasado. Es una buena ocasión de tratar los objetos conectados, así como los protocolos de red subyacentes.

En el capítulo que trata de los protocolos de las capas medias y altas, se pone énfasis en el protocolo IP, tanto en la versión 4 como en la versión 6. Se exponen explicaciones detalladas, que tratan de la descomposición en subredes en IPv4, de la categorización, del alcance, de la notación, de los túneles o de la autoconfiguración en IPv6. Se trata también la VoIP, así como las principales aplicaciones conocidas en TCP/IP, discutiremos los conceptos de base de la autenticación, incluyendo NTLM y Kerberos.

A continuación, un capítulo sobre los principios de protección permite familiarizarse con las amenazas actuales y los principales medios para defenderse desde un punto de vista personal o en un contexto empresarial (cortafuegos, DMZ, proxy, etc.).

Por último, en el capítulo final sobre la reparación de redes, se revisan los problemas más comunes y las herramientas más usuales para identificar los disfuncionamientos.

Se explican las conversiones en binario, en decimal y en hexadecimal para permitir trabajar más fácilmente con las direcciones IPv4 o IPv6.

Finalmente, un glosario con casi 200 acrónimos permite al lector encontrar el significado asociado, así como el contexto correspondiente.

Contenido

Puede solicitar los archivos complementarios de este libro escribiendo a **comercial@ediciones-eni.com**

Prólogo

Capítulo 1
Presentación de los conceptos de red

Capítulo 2
Estandarización de protocolos

Capítulo 3
Transmisión de datos en la capa física

Capítulo 4
Software de comunicación

Capítulo 5
Arquitectura de red e interconexión

Capítulo 6
Capas bajas de las redes locales

Capítulo 7
Protocolos de redes MAN y WAN

Capítulo 8
Protocolos de capas medias y altas

Capítulo 9
Principios de protección de una red

Capítulo 10
Reparación de una red

Capítulo 11
Anexos

Capítulo 1
Presentación de los conceptos de red

1. Antecedentes

Gracias a la evolución de las capacidades de las redes, el tratamiento automatizado de la información ha mejorado considerablemente en los últimos sesenta años. A partir de los grandes sistemas propietarios centralizados, hoy están disponibles varias arquitecturas.

1.1 Principios de la informática de redes

1.1.1 La informática centralizada

En los años 1950-1960, los datos se administraban en grandes sistemas u ordenadores centrales, a los que se accedía desde puestos externos, que fueron los predecesores de los terminales.

Terminal IBM 3278

Con pantallas y teclados muy simples, se utilizaban los equipos de comunicación que permitían el intercambio de caracteres con el sistema central.

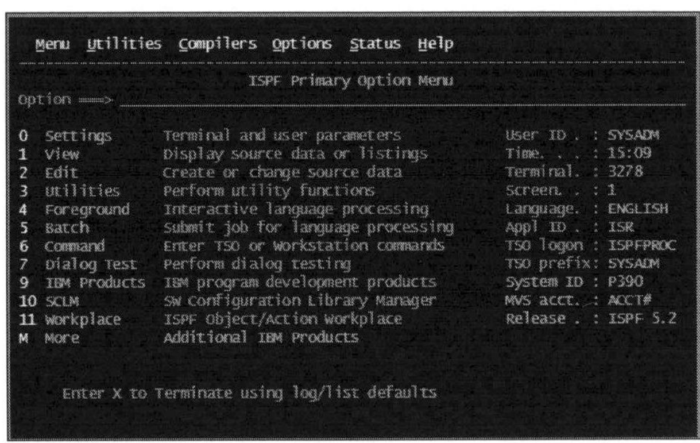

Ejemplo de pantalla de conexión

Esta forma de compartir información y servicios es el origen de las redes que conocemos hoy en día.

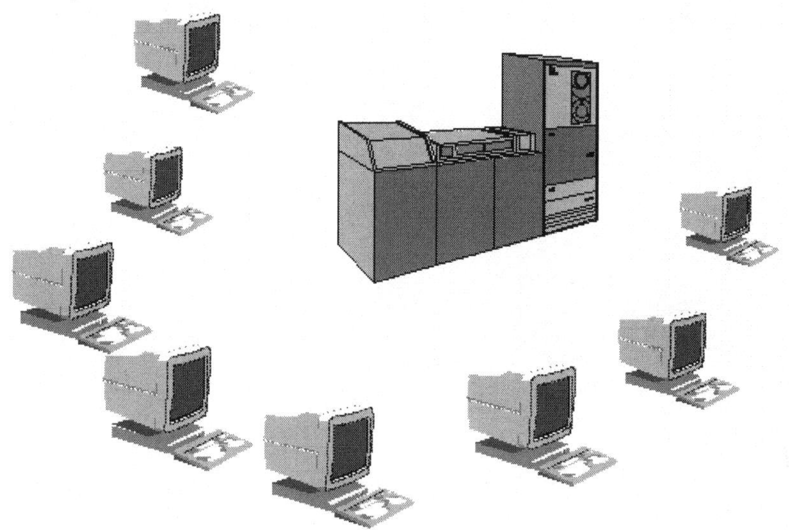

Terminales y mainframe

Observación

Las redes DECnet de DIGITAL y de IBM (SNA - System Network Architecture) constituyen ejemplos de redes de arquitectura centralizada.

1.1.2 La primera red informática a gran escala

A finales de los años 1960, se llega a la conclusión de que los recursos están globalmente mal utilizados. Se considera que fue el clima de guerra fría lo que condujo al departamento de defensa estadounidense (DoD - *Department of Defense*) a desarrollar protocolos y equipos con el fin de disponer de una red con alta tolerancia a fallos (en caso de guerra).

Logo del departamento de Defensa norteamericano

Por ello, nace en 1970 la red ARPANET (*Advanced Research Project Agency NETwork*). Con este hecho, la utilización de las líneas telefónicas existentes constituye un primer punto de apoyo que desempeñará un papel esencial en el futuro desarrollo de Internet.

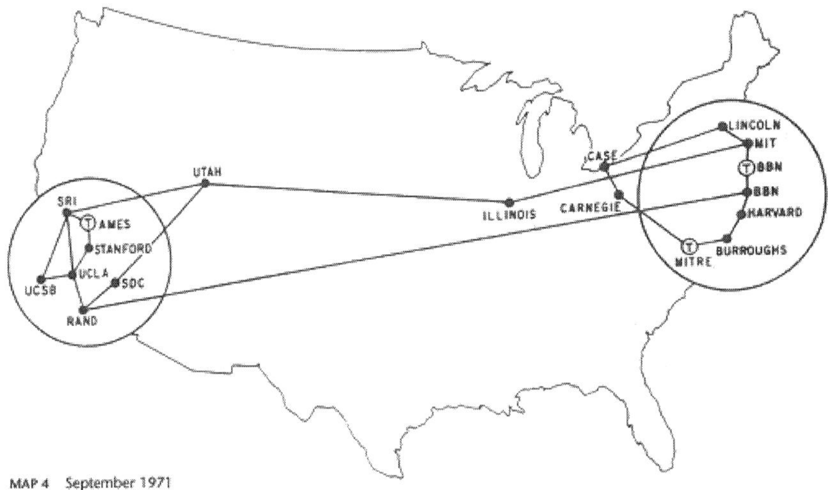

ARPANET experimentó un crecimiento muy rápido. El diagrama anterior muestra su situación en septiembre de 1971.

En 1972, se cuentan una cuarentena de instituciones conectadas entre sí que disponen de los servicios de correo electrónico y conexión a distancia.

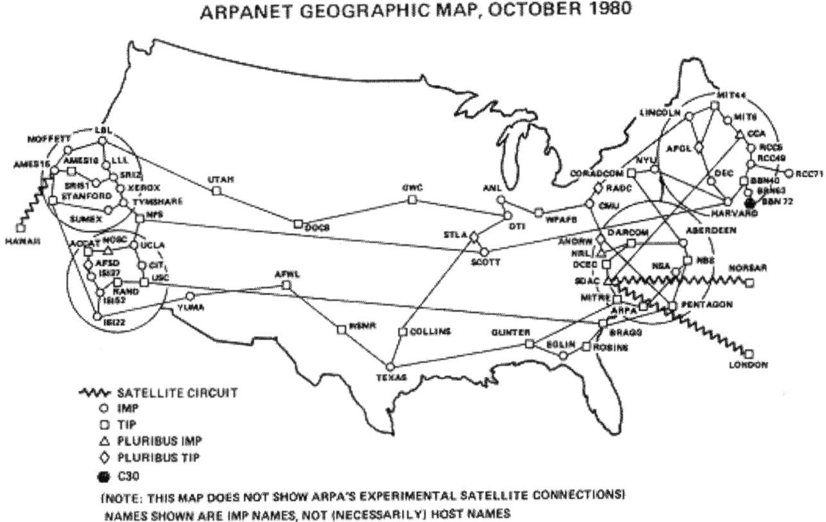

El mapa anterior representa la situación de ARPANET en octubre de 1980, que ya incluye la conexión vía satélite, por paquetes, con Londres.

1.1.3 El desarrollo de una norma de hecho: TCP/IP

A mediados de los años 1970, ARPANET adopta un nuevo modo de comunicación con el *Transmission Control Protocol/Internet Protocol* (TCP/IP) que da origen al protocolo todavía utilizado 50 años más tarde. Se basa en un mecanismo de división de los datos en "trozos independientes" que seguirán su propio camino.

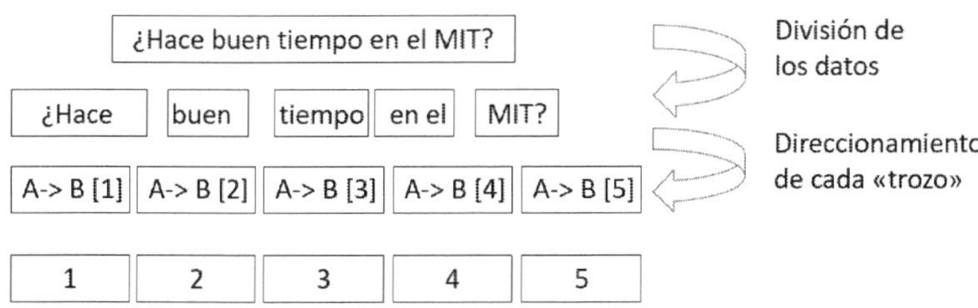

Descomposición de datos en datagramas IP

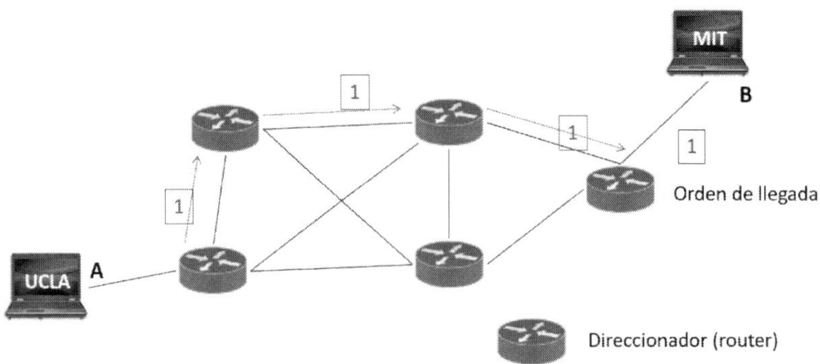

Cada datagrama sigue su propio camino

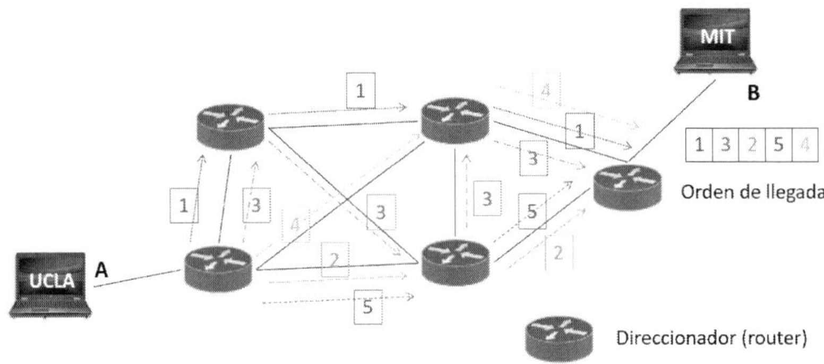

Enrutamientos independientes de los datagramas

En 1980, la agencia DARPA, que administraba ARPANET, decide dejar de considerar secreto militar el TCP/IP. Al mismo tiempo, los sistemas operativos UNIX continúan su extraordinario desarrollo. La versión UNIX *Berkeley Software Distribution* (BSD) proporciona gratuitamente a las universidades incluso los códigos fuente TCP/IP.

Logo de la universidad de Berkeley

A partir de entonces, la red mundial no ha dejado de crecer, y toma el nombre de **Internet** en su versión no militar.

1.1.4 La informática descentralizada

El concepto de ordenador personal aparece con el primer PC (*Personal Computer*) de IBM, el PC XT, en 1981.

PC XT en 1981

La configuración de entonces era la siguiente: un microprocesador Intel 8088 de 16 bits (que utilizaba un bus de datos externo de 8 bits), funcionando a 4,77 MHz, 16 kB de RAM (ampliable a 64 kB), una o dos unidades de disquete de 5,25 pulgadas con una capacidad de 160 kB, una tarjeta de vídeo de 80x25 caracteres (pantalla monocromática IBM 5121). También era posible equiparlo con un disco duro de 10 MB.

Microprocesseur 8088

La llegada de los PC condujo a la creación de un nuevo enfoque en la gestión de la información: la informática descentralizada. A partir del momento en que los ordenadores están conectados entre sí, se pueden escribir aplicaciones para explotar la capacidad de procesamiento distribuida (potencia informática descentralizada).

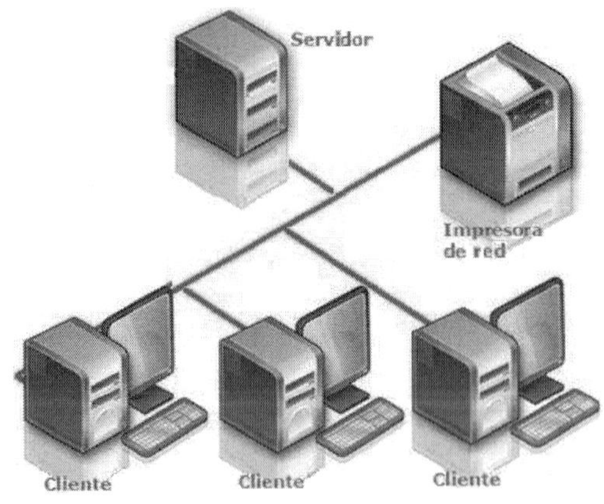

Arquitectura cliente/servidor

El tratamiento global se distribuye en subprocesos repartidos en distintos ordenadores. La distribución del tratamiento de la información se garantiza con los servicios de red que permiten disponer de las mismas funcionalidades en todos los ordenadores.

Aparece el concepto de redes pequeñas, seguido por el de redes locales o LAN.

1.2 Redes heterogéneas

Progresivamente se desarrollan normas que permiten simplificar la interconexión de sistemas heterogéneos. Organismos como el *Institute of Electrical and Electronics Engineers* (IEEE) proponen normas para los protocolos de capas físicas y también abordan numerosos temas.

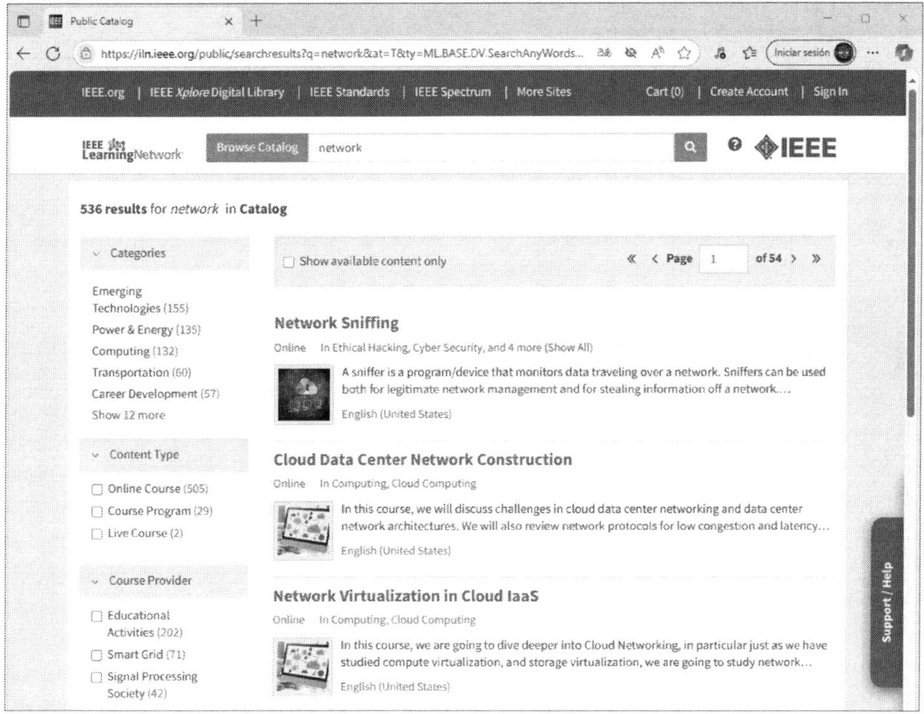

Sitio web: www.ieee.org

1.3 Redes informáticas actuales

Hoy en día, las redes están constituidas por múltiples dispositivos tales como ordenadores, tabletas, teléfonos portátiles funcionando con diversos sistemas operativos heterogéneos. Muy a menudo están interconectados a Internet.

La distribución de recursos se multiplica a través de arquitecturas que incluyen diferentes capas (*tiers*, que significa capa o nivel en inglés). Los recursos de que dispone el usuario se emplean para organizar la información recibida cuando una capa intermedia administra las aplicaciones. Estas se han vuelto independientes de los datos y se distribuyen en distintos niveles.

El siguiente esquema representa una arquitectura de tres capas (3 *tiers*) o 3/3.

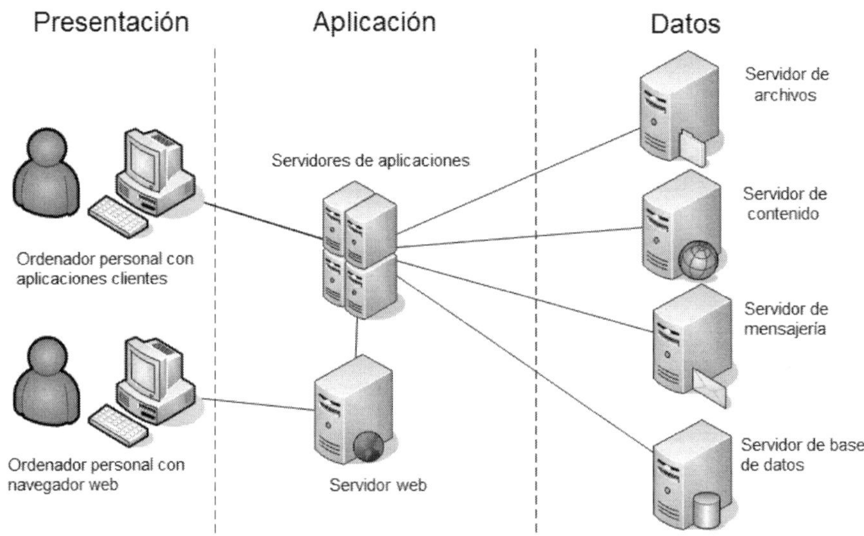

Arquitectura 3/3

Con la utilización de una infraestructura SAN (*Storage Area Network* o red dedicada de almacenamiento), la arquitectura se enriquece con una capa adicional y, se convierte, así, en 4 capas:

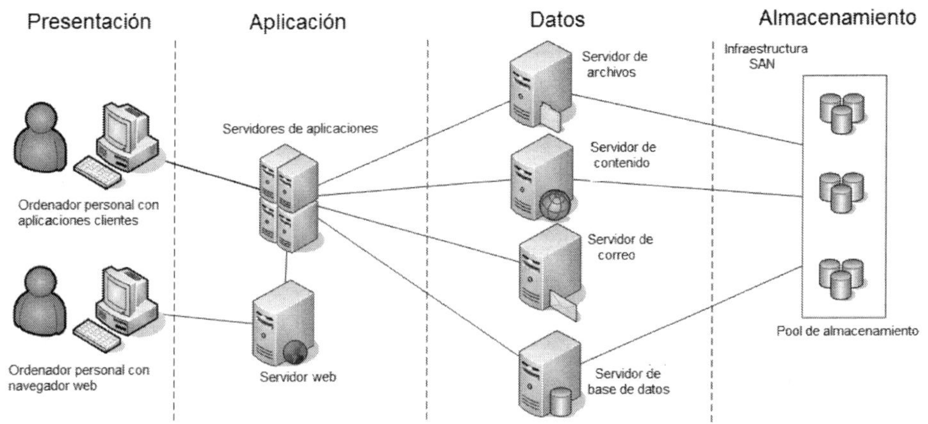

Arquitectura 4/3

Observación

La parte Almacenamiento se aborda más adelante en este capítulo.

Hoy en día, también es necesario trabajar con arquitecturas que se implementan total o parcialmente en la nube. Nos referimos a este último modo de operación como modo Híbrido.

Así, el termino On-Premise (u On-Prem) designa una implementación de una arquitectura en local, en contraposición al modelo IaaS (*Infrastructure as a Service*) que hace referencia a un alojamiento en la nube.

1.4 Interacción con las redes informáticas

En nuestro universo tan conectado, la interacción con las redes es omnipresente. Pero ¿qué se entiende por red y dónde las encontramos?

Tipos de red

Las redes pueden ser de diferentes tipos: telefónica, almacenamiento, datos, cámaras de vigilancia, etc.

En un entorno informático, nos centraremos en la transmisión de datos; también trataremos a lo largo del libro la telefonía y el almacenamiento.

Situaciones

Las situaciones de interacción con redes son diversas.

Hoy en día el principal modo de conexión es la utilización del smartphone (literalmente, "teléfono inteligente "), que permite conectarse a Internet casi en cualquier sitio conectándose a una red de telefonía móvil (teniendo un contrato de datos y en zonas con cobertura).

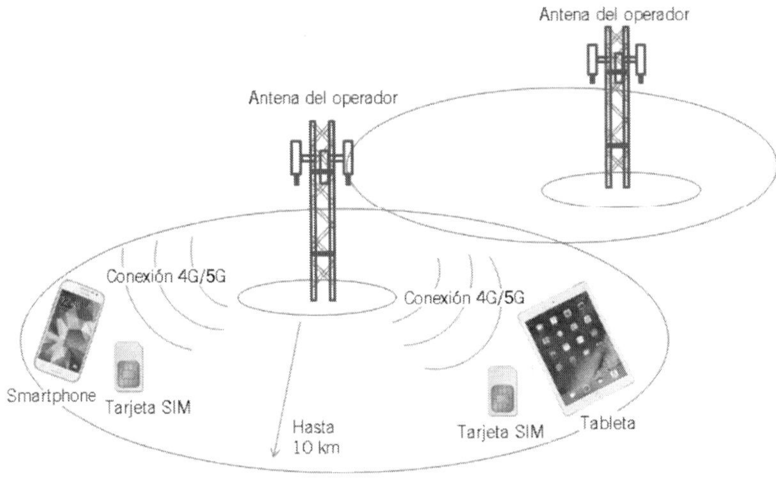

Conexión telefónica móvil

La conexión Wi-Fi es otra posibilidad, en un contexto privado (particular o de empresa) o público (restaurantes, hoteles, aeropuertos, estaciones, por ejemplo). Los dispositivos más utilizados son, en el cuadro, los smartphones, tabletas o PC portátiles.

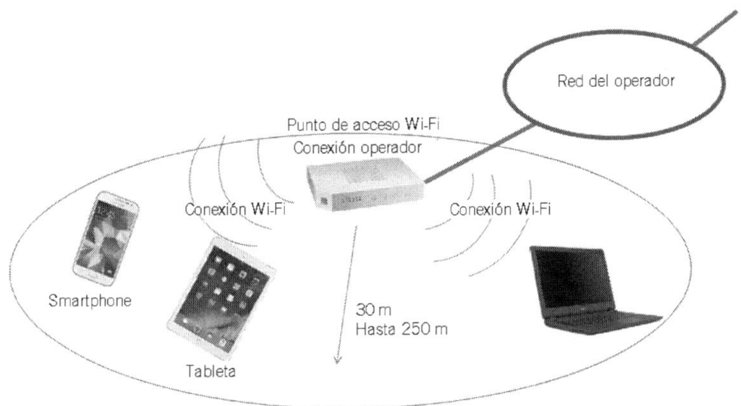

Conexión Wi-Fi en un domicilio

Observación

Una conexión de red Wi-Fi sustituye a una conexión con cable de red local (Ethernet); no se presupone la utilización de esta conexión: navegador de internet, Facebook u otros.

Los operadores de Internet proporcionan una caja digital que permite realizar la conexión a Internet mediante cable o a través de Wi-Fi.

También es posible ampliar la red existente, aumentando la cobertura Wi-Fi, mediante "cajas de extensión" Wi-Fi.

En el contexto de una red pública, generalmente habrá varios puntos de acceso Wi-Fi, que están conectados a la «caja digital del operador».

*Algunos operadores proponen transformar nuestro router en un punto de acceso de telefonía móvil, activando la funcionalidad de punto de acceso móvil (**Femtocell** o **Home Node B**, o sea **HNB**) sobre una distancia de hasta 20 metros y admitiendo hasta 8 usuarios.*

Además, la mayoría de los smartphones permiten realizar llamadas telefónicas o enviar SMS a través de Wi-Fi; si no fuera el caso, todavía existe la posibilidad de utilizar una aplicación totalmente basada en Wi-Fi para efectuar llamadas de audio y sobre todo de vídeo.

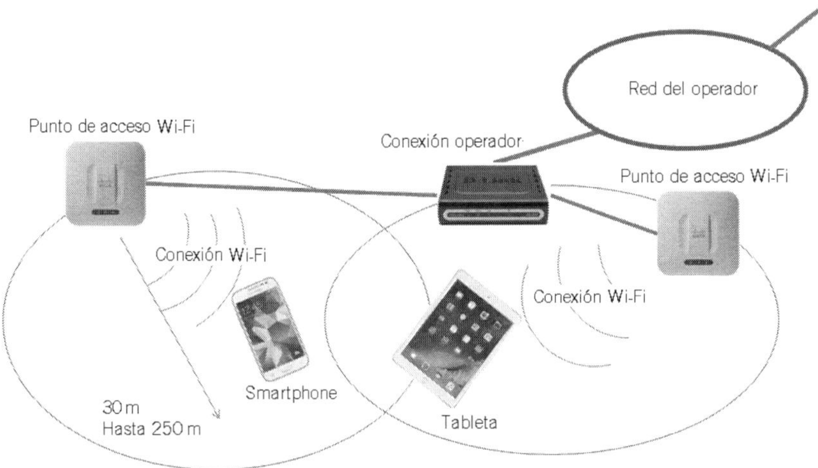

Conexión Wi-Fi pública

Tipos de conexiones

Las conexiones inalámbricas más utilizadas son la 3G, 4G o 5G (cualquier satélite), Wi-Fi directo, Wi-Fi o Bluetooth cuando el dispositivo utiliza un acceso móvil compartido.

Observación

Lo importante para tener un tiempo de respuesta satisfactorio para el usuario es la latencia (tiempo necesario para una ida-vuelta de una trama). Mientras que el xDSL (acceso a internet para el hogar a través de cable de cobre) ofrece latencias entre 10 y 70 ms, la fibra llega a entre 10 y 20 ms, el teléfono entre 100 y 220 ms, mientras que la conexión satélite (órbita geoestacionaria) órbita entre 200 y 650ms. Sin embargo, la latencia asociada a los satélites en órbita terrestre baja (Low Earth Orbit o LEO, entre 200 y 2000 km de la Tierra) se aproxima a las latencias del xDSL (entre 20 ms y 30 ms).

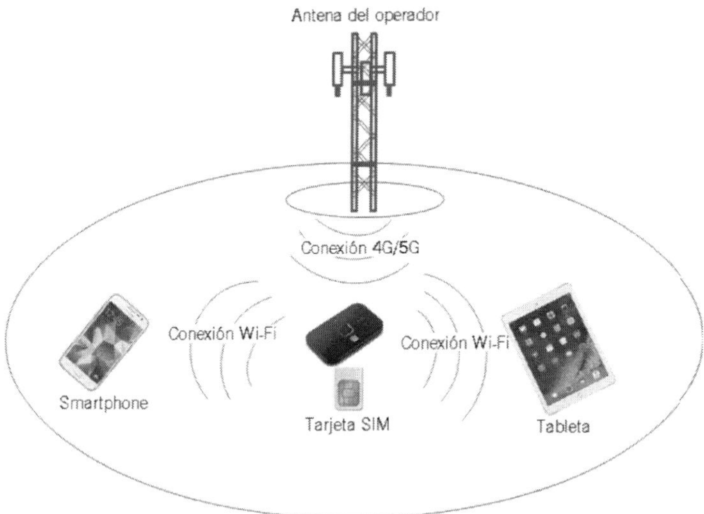

Conexión Wi-Fi a partir de una conexión 4G/5G compartida

Mediante cables, se encuentra básicamente la conexión de red Ethernet (ordenador fijo o portátil). Un dispositivo se conectará directamente al concentrador (en este caso el router del operador), o a un equipo que haga circular los datos por la red eléctrica (un PLC).

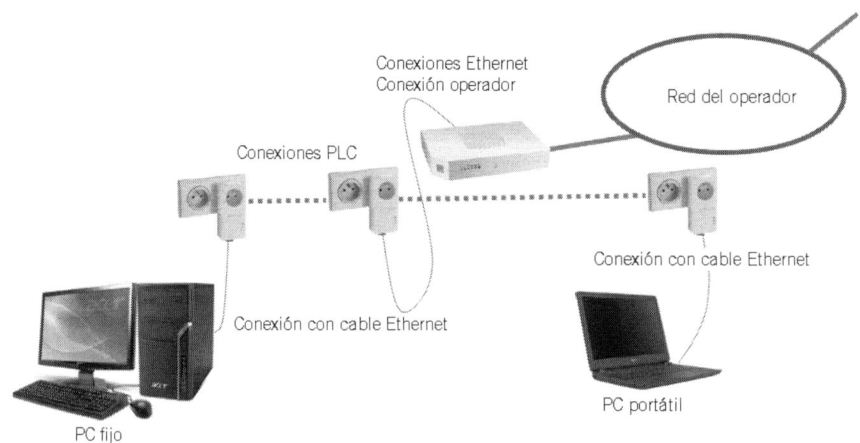

Conexión con cable a través del cableado eléctrico (PLC)

Observación

*El PLC o **Power Line Comunication** (comunicación por línea eléctrica) permite que circulen datos informáticos sobre la red eléctrica. El PLC funciona por pares y ofrece una o varias conexiones de red local (Ethernet). También permite enchufar una toma de corriente.*

Ethernet hace referencia al protocolo de red local cableada que se utiliza en todas partes, y que se basa en cables de cobre con conectores RJ45.

En un contexto empresarial, la arquitectura de red es más jerárquica desde un punto de vista técnico. Así, para que un equipo pueda acceder a la red (al menos a la interna a la empresa), se implementan varios niveles de conexión: **espacios técnicos secundarios** o de edificios y **espacios técnicos principales**.

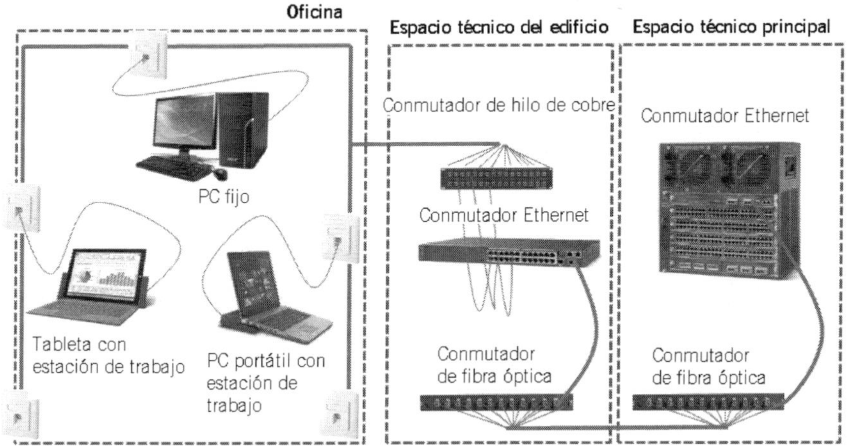

Conexión con cable en un contexto empresarial

Además, aparte de la conexión Wi-Fi que puede ofrecer acceso a invitados, algunas empresan limitan exclusivamente el acceso a la red a los dispositivos compatibles (tabletas, smartphones, PC portátiles proporcionados por la empresa). En el otro caso (dispositivos no proporcionados por la empresa), se hablará de BYOD (**B**ring **Y**our **O**wn **D**evice) «aportar su propio dispositivo» para indicar que la empresa admite los dispositivos personales de sus empleados. También existe el modelo **CYOD** (*Choose Your Own Device*), que corresponde al hecho de que la empresa asigna un presupuesto a sus empleados para que estos adquieran su propio equipo.

El termino **COPE** (*Corporate Owned, Personally Enabled*) se utiliza para designar los dispositivos que son propiedad de la empresa pero que en parte pueden ser utilizados por el empleado para sus necesidades personales. En este caso, el usuario dispone de dos espacios más o menos aislados entre sí (según lo determine la empresa), asociados a un perfil corporativo y un perfil personal.

COBO o *Corporate Owned Business Only* designa un dispositivo propiedad de la empresa autorizado únicamente para un uso profesional.

Conexión Wi-Fi en un contexto empresarial

Observación

Todos estos conceptos de redes (Wi-Fi, Ethernet, conexiones 4G/5G, satélite) se desarrollan con más detalle en los siguientes capítulos.

Para la comunicación entre los objetos conectados (IoT o Internet of Things), se emplean otros protocolos como la red LoRa (Long Range); esta será abordada que trataremos en una sección posterior.

2. Principales elementos de una red

En esta sección, definiremos los términos indispensables para una buena comprensión del entorno de red. Mencionaremos las diferencias fundamentales entre las redes organizadas en torno a servidores y las redes que funcionan entre pares. Veremos en qué casos nos encontraremos con uno u otro sistema.

2.1 Cliente/servidor

2.1.1 Principios

Todo sistema operativo dispone de componentes de red integrados. El conjunto es un sistema complejo compuesto por diferentes capas lógicas (protocolos de comunicación, capa de aplicación...). Permite a varias personas conectadas colaborar apoyándose en recursos comunes (documentos digitales o dispositivos, como impresoras o faxes).

Proporciona un control de acceso a la red (seguridad de conexión, seguridad en el acceso a los recursos) coordinando al mismo tiempo los accesos simultáneos (administra a menudo colas de espera y, ocasionalmente bloqueos, para los dispositivos o documentos de acceso exclusivo). para los dispositivos exclusivo).

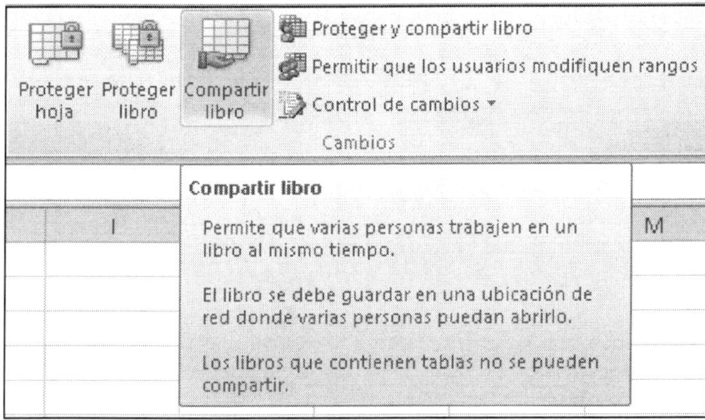

Activación del modo multi-usuario en Excel

2.1.2 Definiciones

Los ordenadores conectados a una red se dividen en dos categorías en función de las acciones que realizan.

Un *cliente* es el solicitante de servicios. Puede ser, por ejemplo, un usuario que desde su puesto de trabajo solicita los servicios de aplicaciones, de archivos, de impresión...

Estos servicios los ofrece una entidad lógica llamada *servidor*.

Así, cuando se enciende un ordenador, éste solicita los parámetros de red que permiten identificarlo de forma única por medio de su tarjeta de red (dirección IP y otros datos). En una red de empresa, después de muchos pasos, el usuario tendrá que especificar su nombre de usuario y contraseña para que el ordenador lo reconozca. El usuario puede entonces empezar a trabajar y, por ejemplo, solicitar el acceso a un documento (archivo) en una red compartida (carpeta en otro ordenador de la red). Esta ubicación se define mediante un conjunto de nombres, entre los que se encuentra el nombre de un ordenador (servidor) que alberga el recurso. También se hace referencia a este servidor mediante una dirección única (IP) que generalmente no conoce el usuario. Para ello se utiliza un servicio de resolución de nombres tal como el DNS.

A continuación, presentamos algunas de las funciones cliente/servidor que se utilizan habitualmente en una red corporativa.

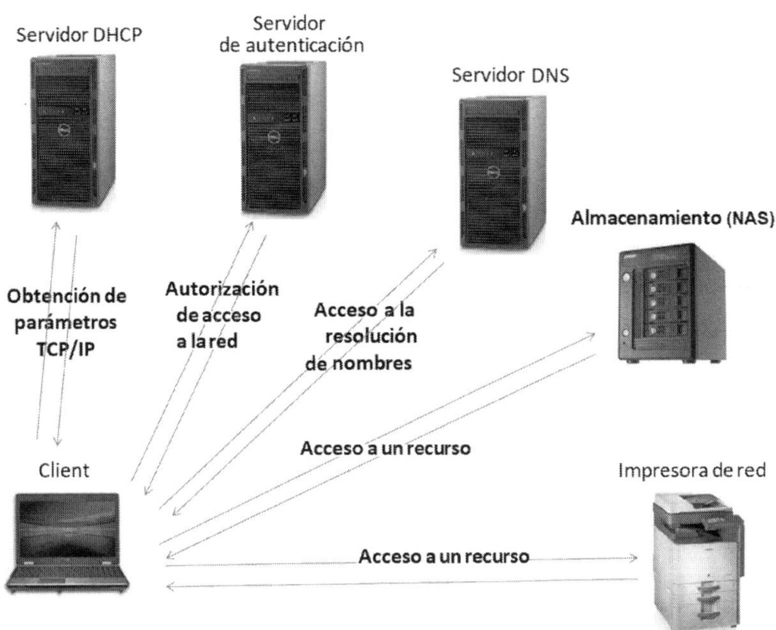

Ejemplos de funciones clientes y servidores

Observación

El servidor DHCP (Dynamic Host Configuration Protocol) permite asignar dinámicamente parámetros TCP/IP a los dispositivos que hacen la petición.

El servidor DNS (Domain Name System) proporciona un servicio de resolución de nombres en direcciones IP y viceversa.

NAS (Network Attached Storage) define un entorno que permite acceso al almacenamiento a través de la red (Ethernet).

Los sistemas operativos son capaces de pedir u ofrecer servicios. En contraposición, su orientación principal es diferente, ya que dan prioridad a una u otra posibilidad. Un puesto de trabajo, que no tiene como objetivo principal ofrecer servicios a la red, dispone un sistema que prioriza el aspecto cliente.

Ejemplos de clientes con diversos sistemas operativos

Observación

*Una distribución Linux (Windows funciona del mismo modo) ofrece grupos de componentes que le permiten agregar grupos de servicios, como **un Servidor de Infraestructura, un Servidor de ficheros y de impresión un Servidor web básico, o un Host de virtualización.***

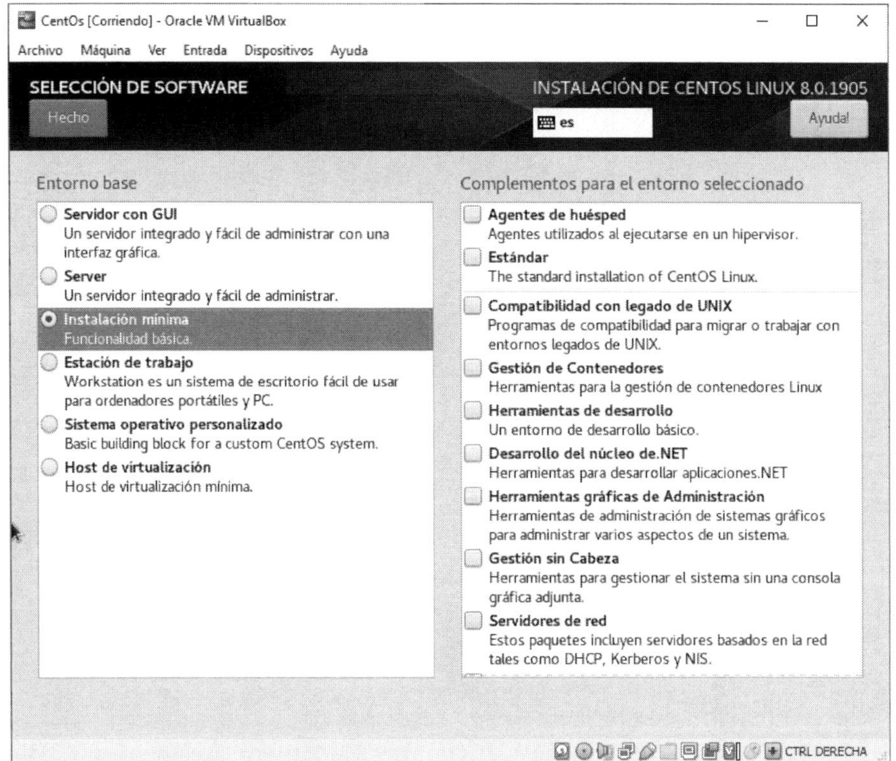

Ejemplo de elección de componentes en un servidor Linux CentOS Stream 9

El reparto de estos sistemas operativos varía en función de su uso, pero también del precio de adquisición y gestión.

Tenga en cuenta que para los ordenadores el reparto es el siguiente:

- 75 % de Windows.
- 15 % de Mac.
- 9 % de Linux.
- 2,6 % de Chrome OS.

Para los smartphones:

- 67 % Android.
- 32 % iOS (iPhone).

Para las tabletas:

- 49,4 % Android
- 50% iOS (tabletas Apple)

Observación

La web https://gs.statcounter.com/os-market-share/ proporciona información (en inglés) sobre los porcentajes de mercado de los diferentes sistemas operativos.

En cambio, un sistema operativo de servidor proporciona servicios más eficientes. Es capaz de soportar hardware más avanzado y administrar capacidades (memoria, espacio en disco) más importantes.

Observación

Al evolucionar, los sistemas operativos de red han adquirido cierto número de capacidades complementarias. Por ejemplo, un sistema operativo como Windows ofrece servicios de archivos, de impresión y de alojamiento/distribución de sitios web, sin necesidad de instalar software de terceros. Obviamente, las posibilidades que ofrecen las versiones destinadas a los usuarios finales son bastante más limitadas.

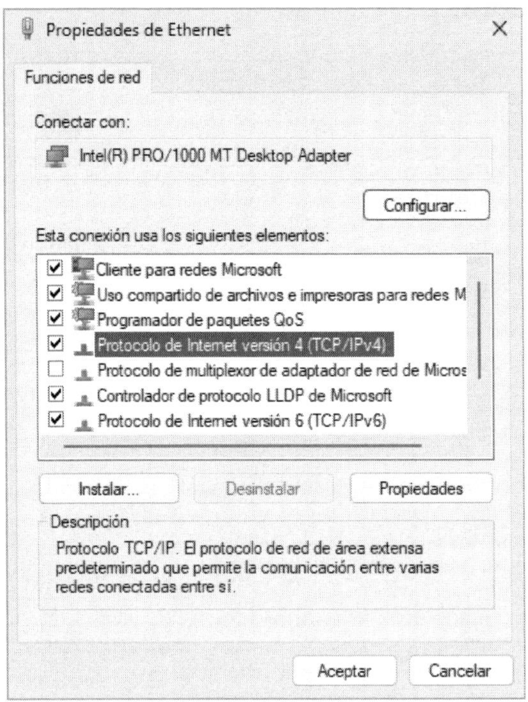

*Propiedades de red en un cliente Windows: funcionalidades del cliente (**Cliente para redes Microsoft**) y del servidor (**Uso compartido**...) están activadas.*

Un servidor puede estar dedicado o no. Si está dedicado, solo puede ofrecer uno de los servicios habituales. Estas configuraciones son ideales. Permiten dimensionar el hardware en función de las necesidades del servicio. Un servidor de archivos dedicado no tendrá necesidad de un microprocesador potente, al contrario que su aplicación. Para una empresa, dedicar los servidores a una u otra tarea es una solución que suele ser costosa, aunque se mejora la eficacia y la administración.

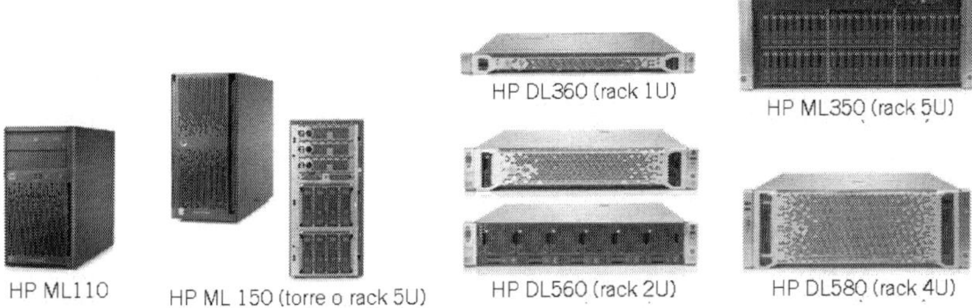

Ejemplos de gamas de servidores de HPE (Hewlett-Packard Enterprise)

Estos servidores se dimensionan para poder implementarse en rack en bahías dedicadas en las salas blancas (salas de máquinas). La longitud convencional de los servidores es de 19 pulgadas (48,2 cm) que se colocan en racks de 60 cm. La unidad de medida de la altura se expresa en Unidad de Rack o «U». Se encuentran diversos modelos de racks cuya altura normal es de 24 U y 42 U.

1 U = 1,75 pulgadas = 44,45 mm
24 U=1066,80 mm
42 U=1866,90 mm
1 pulgada = 2,54 cm
19 pulgadas = 482,60 mm

Bahía servidor 19" (longitud = 800 mm)
24 U (altura)

Bahía de servidores o rack

Observación

Algunos de estos racks se dedican a conmutadores (para cables de red que entran y salen de la sala).

El aumento de las capacidades y de la potencia de los servidores hace, además, que se puedan mutualizar servicios en una máquina física.

La *virtualización* de servidores aporta una respuesta a esta problemática. Estos programas permiten la gestión de varios servidores virtuales en una única plataforma física.

Desde esta óptica, los fabricantes ofrecen chasis con servidores en forma de «hoja». Esta característica de hardware extensible es ideal para la asignación de recursos (procesador, memoria RAM, red, disco), a medida.

Observación

Los chasis que albergan las "hojas" están interconectados a discos (bahías SAN) que son "presentados" a los "servidores físicos", y puestos a disposición de las máquinas virtuales.

Aquí puede ver algunas de las principales configuraciones que se pueden encontrar en empresas.

IBM Power8 (RISC)

Sistema Unix (AIX)
Sistema Linux

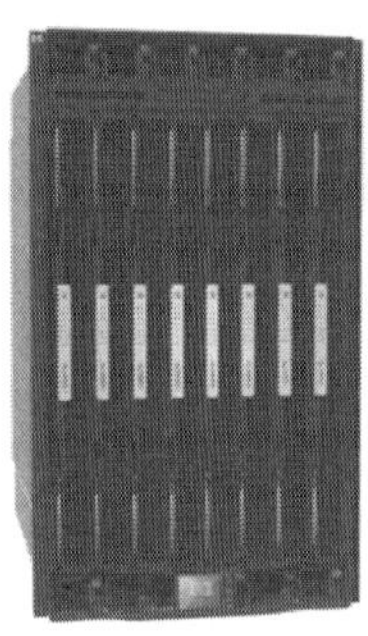

HP Superdome 2 (PA RISC)
Chasis con 8 hojas

Sistema Unix (HP-UX)

1 hoja = 1 servidor

Dell Power Edge (Intel)
Chasis 8 hojas

Sistema Windows Server
Sistema Linux
Sistema VMWare

CISCO UCS (Intel)
Chasis con 8 hojas

Sistema Windows Server
Sistema Linux
Sistema VMWare

Arquitectura de servidores evolutiva

De este modo, una hoja se instala y configura como "host" (huésped) que alberga "guests" (invitados), es decir, máquinas virtuales (VM o *Virtual Machine*). Estas últimas disponen cada una de una fracción de los recursos disponibles del huésped (procesador, memoria, disco, red). Normalmente se ejecutan una veintena de VM en un huésped en producción, es decir, anticipando una avería en la sala de servidores y asignando el doble de recursos necesarios y de 40 a 50 fuera de producción, sin prever la avería y sobreasignando los recursos disponibles. A continuación, se añaden hojas en un grupo lógico (cluster) para permitir a las VM cambiar de máquina física (para realizar una operación planificada de mantenimiento o lidiar con una avería).

En este contexto de implementación de recursos "bajo demanda", se habla de "escalado dinámico" o scalability. Este escalado puede ser vertical u horizontal. Es un concepto particularmente importante cuando la facturación está vinculada al uso (por ejemplo, recursos alquilados en la nube).

El escalado vertical, o *scale-up/scale-down*, corresponde al aumento o disminución de los recursos asignados a un servidor determinado.

El escalado horizontal, o *scale-out/scale-in*, se refiere a la ampliación o reducción del número de servidores involucrados en la solución (por ejemplo, un pool de servidores web).

2.1.3 El sistema operativo de red

El sistema operativo de red (NOS - *Network Operating System*) o SOR (sistema operativo de red) es el que, a menudo, condiciona la arquitectura de la red.

Como ejemplos de sistemas operativos, se distinguen los sistemas organizados en torno a un servidor y los basados en una arquitectura de puesto a puesto.

Puesto a puesto

Cuando todos los puestos tienen un papel idéntico y son a la vez clientes de los recursos disponibles y servidores, se habla de red de igual a igual, de par a par (*peer-to-peer*), o también de puesto a puesto. En este tipo de estructura, que en general agrupa pocos puestos, los recursos, las operaciones de seguridad y las tareas de administración se distribuyen en el conjunto de la red. No puede haber un control centralizado. Generalmente, cada usuario es administrador de su propio puesto. Este tipo de organización implica que los usuarios no sean completamente neófitos y puedan trabajar en un entorno correctamente estructurado. Por lo común, las minireds desplegadas en casa corresponden a este concepto de grupo de trabajo.

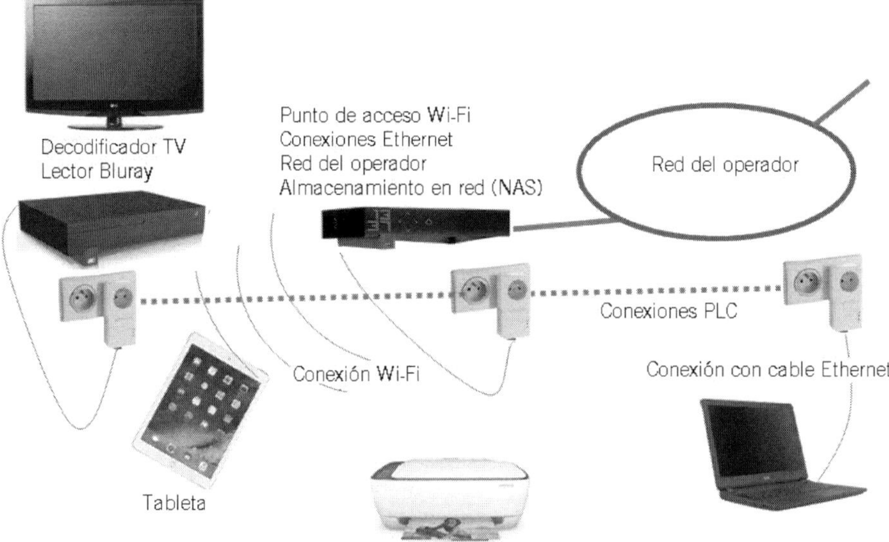

Grupo de trabajo en red

Otro inconveniente es que no se puede centralizar la gestión de los usuarios en un directorio único de la red; es decir, no se puede controlar el acceso a los recursos en función de los nombres de los usuarios.

Hoy en día, encontramos tres tipos de sistemas operativos que permiten al usuario final disponer de una interfaz de trabajo: Microsoft Windows 10 u 11 (versión equipo de trabajo), Mac OS 14 o 15 y Linux (más adecuado para usuarios experimentados).

Observación

A menudo encontrará MAC en entornos donde predominen las artes gráficas, como en el marketing, la publicidad o el diseño web (creación de páginas web). Otra de sus particularidades es que siempre van acompañados de equipos específicos, al contrario que Windows o Linux, que se instalan en numerosos tipos de hardware (a menudo en equipos basados en componentes Intel).

Observación

Los entornos Linux se encuentran cuando se busca la gratuidad del sistema operativo (incluso si algunas versiones tienen contratos de servicio remunerados que incluyen actualizaciones y soporte).

Red centralizada

Cada usuario dispone de un nombre y una contraseña para identificarse, que debe introducir en el momento de la apertura de una sesión de red. También se centraliza la base de datos de los usuarios de la red.

Así es posible controlar el acceso a los recursos utilizando la seguridad a nivel de usuario, es decir, se individualizan los permisos para cada usuario en función de cada uno de los recursos disponibles.

En el siguiente ejemplo, un usuario tiene un acceso de sesión «jdordoigne» asociado a un «entorno» ENI (hablaremos de dominio en un contexto Microsoft).

En el ordenador de esta persona, la validación de la apertura de sesión (autorización de acceso al ordenador) sólo será efectiva si se reconoce el identificador y la contraseña asociada. Al final de este proceso, el usuario dispondrá de un contexto de trabajo en el que se memorizarán sus grupos de pertenencia (lo que se denominará «identificador de acceso»). Algunos de los grupos a los que pertenece el usuario se citaran en varios recursos (normalmente carpetas compartidas) con un nivel de acceso determinado (por ejemplo, Lectura, Modificación).

Para facilitar el acceso a estos datos compartidos a distancia, se utilizará una letra de volumen en lugar de la ruta de red.

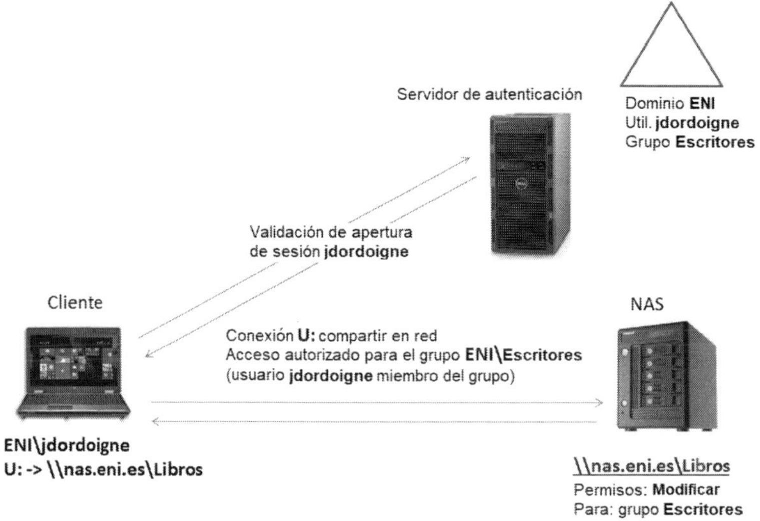

Seguridad a nivel de usuario

Observación

Tanto el cliente como el servidor son capaces de comunicarse con un servidor de autenticación para comprobar que quien pide el acceso tiene permisos: usuario reconocido, autenticado, miembro de grupos...

De esta manera, es mucho más fácil saber quién hace qué y en qué momento. Se nombra administrador a un usuario específico que tiene por función administrar el conjunto de los recursos de la red. Es el usuario quien tiene más poder sobre el conjunto de la red. Así, cuando se agrega un nuevo ordenador a la red, el administrador dispone automáticamente de todos los permisos sobre este nuevo sistema.

Observación

Podemos citar MS Windows Server 2022 o 2025 como sistemas operativos de arquitectura centralizada. Un servidor Linux también se puede configurar para ejecutar aplicaciones específicamente con roles de servidor, mientras que los servidores Unix se usan frecuentemente con roles de servidor.

Seguridad a nivel de recursos

Hablamos de seguridad a nivel de recursos para hacer hincapié en el hecho de que es en los recursos donde se centra la seguridad. Se asignan las contraseñas para los recursos necesarios independientemente de los usuarios.

En un principio, no es necesario darse a conocer utilizando explícitamente el nombre de usuario y su contraseña. Sin embargo, cuando solicitemos el acceso a un nuevo recurso, será necesario precisar que disponemos de los permisos correspondientes.

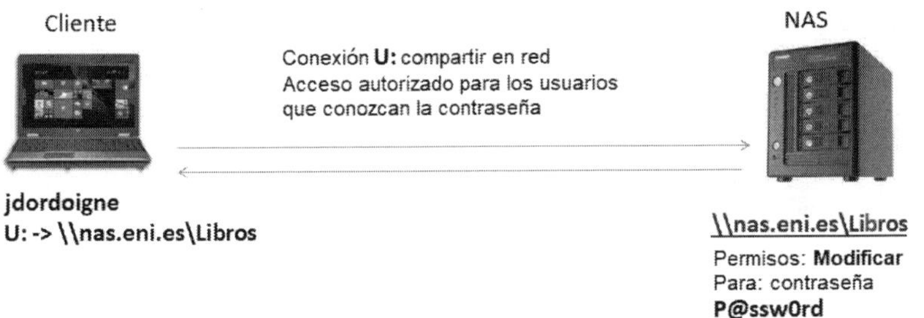

Seguridad a nivel de recurso

Sistemas como Windows 11 en su versión familiar funcionan bajo esta premisa. Las contraseñas asociadas a los recursos se guardan para que el usuario no tenga que introducirlas nuevamente cada vez que accede.

Es decir, asociamos permisos específicos a estos recursos compartidos para permitir accesos regidos por contraseña (independientemente de los usuarios).

Observación

De hecho, si un usuario quiere impedir a otro acceder a su recurso, debe modificar la contraseña e informar al resto de los usuarios (a los que quiera permitir el acceso).

Seguridad a nivel de usuario

La seguridad a nivel de usuario, por el contrario, permite asignar permisos más específicos a cada usuario para un recurso dado. Es necesario que antes cada uno se identifique ante una entidad de referencia.

Esta puede ser local (ordenador con Windows) o remota (servidor con una base de datos de usuarios). Es necesario abrir una sesión para autentificarse y así permitir un acceso transparente a los recursos a los cuales el usuario accederá más tarde.

Por ejemplo, para permitir que los usuarios accedan a una carpeta de un sistema Windows, en primer lugar, es necesario compartirla (definir los permisos de acceso para hacer visible el recurso).

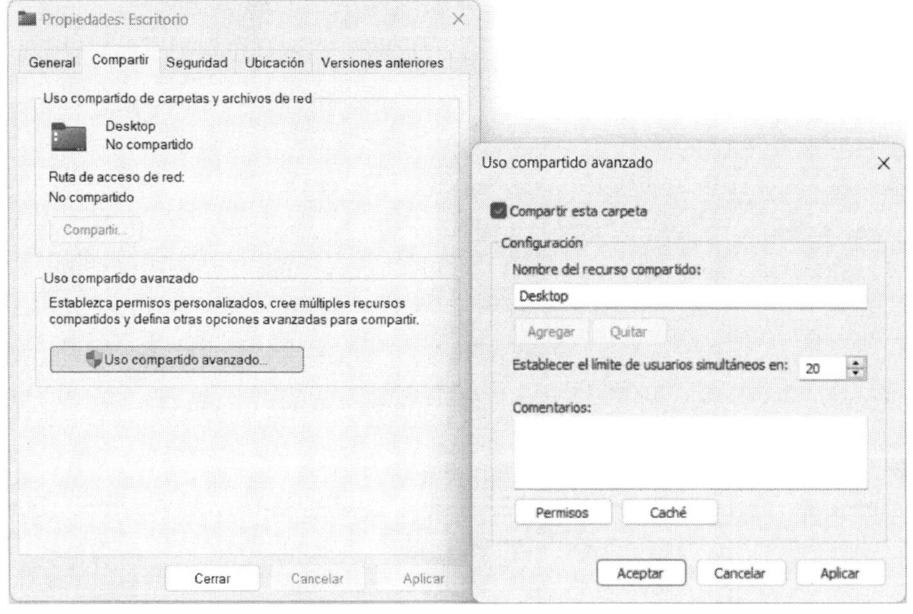

Compartir una carpeta en Windows

Observación

Existen varios protocolos que permiten compartir ficheros (disponibles en todos los sistemas operativos): SMB (Server Message Block, original de Microsoft), FTP (File Transfer Protocol, nativo TCP/IP), NFS (Network File System, original de Unix).

Los permisos de acceso se deben asociar a este recurso compartido en función de las cuentas de usuarios o de su grupo de pertenencia.

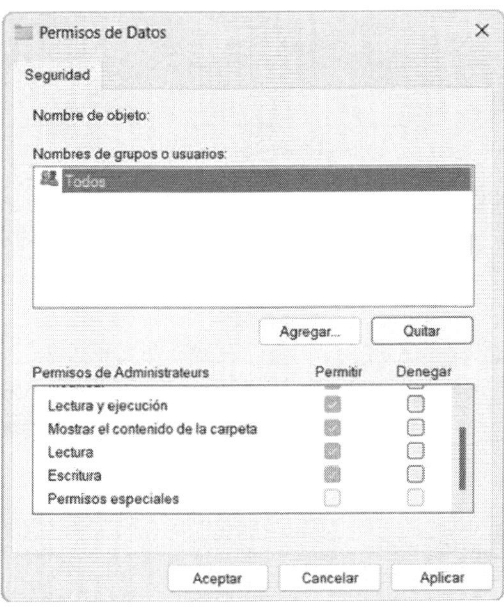

Definiciones de permisos específicos

Observación

Un servicio de ficheros compartidos implementa un acceso autenticado a un recurso (se reconoce a un usuario específico). No obstante, esto no predetermina permisos localmente definidos en el árbol de carpetas por el usuario. Es necesario que los permisos otorgados por el punto de entrada al árbol de carpetas (permisos de recursos compartidos) sean coherentes respecto a los permisos locales asignados sobre el disco asociado. En todos los casos, entre los permisos de recursos compartidos y permisos locales se aplican los más restrictivos.

Familia Microsoft

Los sistemas operativos de red de **Microsoft** están separados en dos familias : sistemas operativos *Clientes* y sistemas operativos *Servidores*.

Logos Cliente de Microsoft

Logos Servidor de Microsoft

Inicialmente, la gama de versiones Cliente estaba dividida en dos partes: los sistemas dedicados a particulares y los dedicados a empresas. Progresivamente, Microsoft ha unificado la versión cliente e incluso las versiones cliente y servidor (mismo núcleo).

Windows 2000 Server (NT5.0) y Windows Server 2003 (NT5.2) son los sucesores de Windows NT4 Server. Para el usuario, Windows 2000 Profesional (NT5.0) y Windows 98 tuvieron como sucesor a Windows XP (NT5.1), en edición familiar o profesional.

La siguiente generación, Windows Vista (núcleo 6.0), ha sido el predecesor de la versión 6.1 del núcleo, con Windows 7 en el puesto de trabajo del usuario.

En el lado del servidor, encontramos Windows Server 2008 (núcleo 6.0) y Windows Server 2008 R2 (núcleo 6.1).

A continuación, Windows 8 se basa en el núcleo 6.2, igual que Windows Server 2012.

Windows 8.1 que es la versión cliente de Windows Server 2012 R2 se basa en el núcleo 6.3.

Desde la salida de Windows 10 1507, Windows 10 y Windows Server 2016 comparten el mismo núcleo, pero se ha renumerado a la versión 10 en lugar de la 6.4, para afirmar la ruptura. De hecho, Windows 10 es la primera versión que tiene la Windows Store en versión nativa.

Desde Windows 10 versión 1507, la primera versión del sistema operativo en versión 10, las principales actualizaciones se encadenan:

Mientras que Microsoft había anunciado inicialmente que Windows 10 sería su último sistema operativo para estaciones de trabajo, finalmente aparece una versión 11 en octubre de 2021.

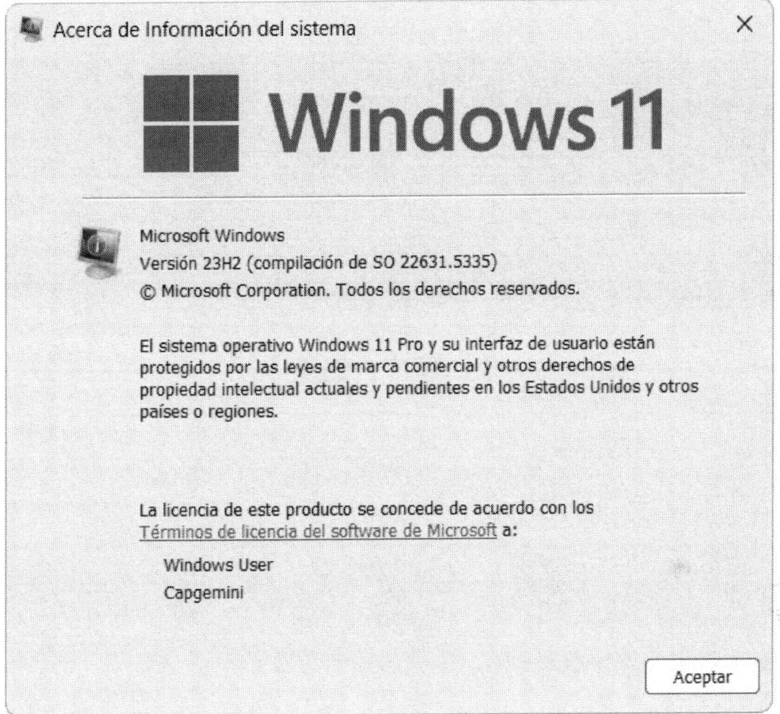

Ejecución de winver.exe en Windows 11 23H2

Cuando 2024 llegaba a su fin, se habló de Windows 12 como el siguiente paso. Finalmente, se observa que Microsoft parece retomar su estrategia de renovación de los sistemas operativos para estaciones de trabajo, volviendo a presentar versiones comerciales mayores de forma recurrente.

Versión	Versión Win10	Versión Win11	Fecha de salida	Versión servidor
1507	10.0.10240		Julio 2015	
1511	10.0.10586		Noviembre 2015	
1607	10.0.14393		Agosto 2016	
			Octubre 2016	Windows Server 2016
1703	10.0.15063		Abril 2017	
1709	10.0.16299		Octubre 2017	
1803	10.0.17134		Abril 2018	
1809	10.0.17763		Octubre 2018	Windows Server 2019
1903	10.0.18362		Mayo 2019	
1909	10.0.18363		Noviembre 2019	
2004	10.019041		Mayo 2020	
20H2	10.0.19042		Octubre 2020	
21H1	10.0.19043		Mayo 2021	
21H2	10.0.19044		Noviembre 2021	Windows Server 2022
22H2	10.0.19045	10.0.22621	Octubre 2022	
23H2		10.0.22631	Octubre 2023	
24H2		10.0.26120	Octubre 2024	Windows Server 2025 10.0.26052

Observación

Observe la construcción del número de versión AAMM (dos dígitos para el año y dos dígitos para el mes) que corresponden a la fecha de salida. También se utiliza AAHx (H1 primer semestre del año, H2 segundo semestre); por ejemplo, 1909 se refiere a 19H2 (segundo semestre de 2019).

Observación

Tenga en cuenta que Windows 11 conserva una numeración comenzando por "10.0".

Puede descargar versiones de evaluación o evaluarlas directamente a partir de estos enlaces:

Windows 11 (90 días, es necesario registrarse):
https://www.microsoft.com/es-es/evalcenter/evaluate-windows-10-enterprise

Windows Server 2025 Preview (180 días, es necesario registrarse):
https://www.microsoft.com/es-es/evalcenter/evaluate-windows-server-2025

Familia Unix/Linux

Los diferentes sistemas de tipo **UNIX** se dedican esencialmente a tareas de servidor. Se utilizan sobre todo en arquitecturas que tienen bases de datos muy voluminosas que necesitan rendimientos elevados. Se pueden citar entre ellos a Sun Solaris, HP-UX o incluso IBM AIX (*Advanced Interactive eXecutive*). Estos sistemas operativos no están disponibles a menudo en plataformas Intel x86, sino en otras como Itanium para HP-UX (arquitecturas PA RISC, con un rendimiento muy bueno con un juego de instrucciones reducido –**R**educed **I**nstruction **S**et **C**omputing– a nivel de procesador) o POWER Series para AIX (**P**ower **O**ptimization **W**ith **E**nhanced **R**ISC).

Logo del sistema Unix de IBM

Observación

Incluso si se remplazan progresivamente por Linux en las empresas, los sistemas Unix todavía están muy presentes y albergan a menudo bases de datos.

Linux es un sistema operativo muy importante. La versión del núcleo de Linux permite identificar las funcionalidades que se han añadido. A menudo se encuentran en los entornos Intel x86.

El pingüino «Tux» como símbolo del núcleo de Linux

La primera versión estable que se publicó, en marzo de 1994, fue la 1.0. Ofrecía todos los servicios clásicos de un sistema UNIX.

La versión 2.0 se publicó en julio de 1996 con mejoras en la gestión de arquitecturas de muchos más modelos de procesadores, más módulos y una gestión más completa de la red.

En enero de 1999, se lanzó la versión 2.2, que implementaba NTFS e IPv6.

Uno de los aportes importantes de la versión 2.4 que apareció en enero de 2001 fue, entre otros, el soporte de USB, PCMCIA y también NFSv3.

La versión 2.6 se lanzó en diciembre de 2003 y ofreció un verdadero núcleo preemptivo, así como NFSv4.

El soporte de USB 3.0 o la defragmentación en caliente de ext4 han aparecido en la versión 2.6.31 (septiembre de 2009).

En julio de 2011 apareció la versión 3.0 y, desde entonces, han visto la luz numerosas versiones, y se ha acelerado el ritmo de las actualizaciones y mejoras, hasta la versión 3.19, en febrero de 2015.

Es en abril de 2015, después de largas discusiones, que se decidió que la versión 3.20 no vería la luz y sería la versión 4.0. Esta versión principalmente aporta modificaciones en caliente del núcleo con perspectivas interesantes, así como la posibilidad de no tener que parar la máquina para aplicar parches (instalar correcciones).

En marzo de 2019, ha llegado la versión 5.0 que aporta mejoras en la implementación de hardware, así como el cifrado local rápido.

La versión 6.0 del núcleo, lanzado en octubre de 2022, ofrece una compatibilidad más amplia con procesadores (como ARM Qualcomm Sanpdragon 8cx Gen 3, Raptor Lake) y tarjetas gráficas (incluidas las Intel Arc), aunque esta versión no sea realmente una actualización mayor.

La última versión estable del núcleo, 6.15.3, apareció en junio de 2025.

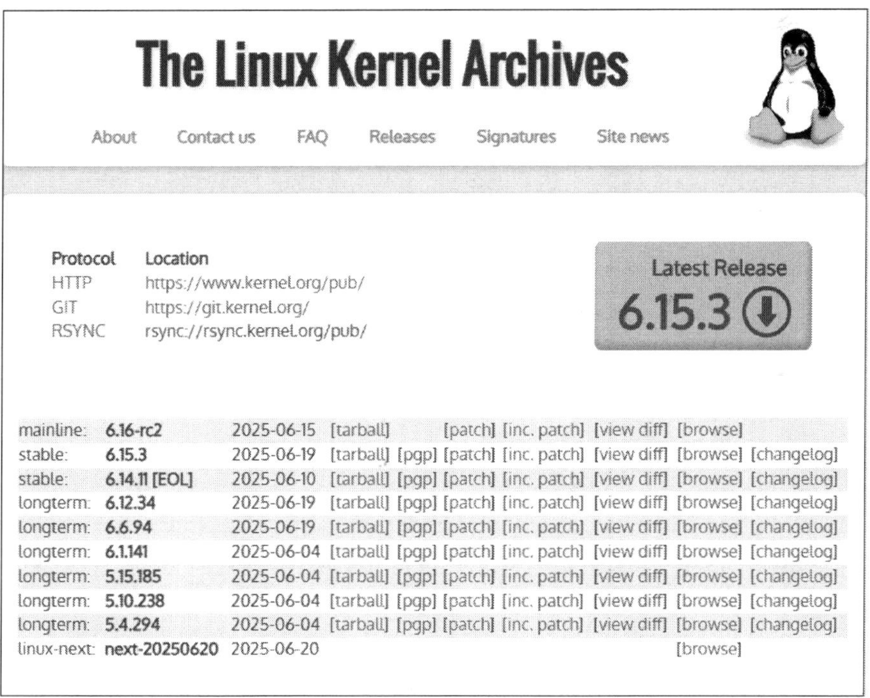

Web de descarga del núcleo de Linux: www.kernel.org

En función de su instalación, Linux puede utilizarse como puesto de trabajo o como servidor.

Se pueden encontrar numerosas distribuciones Linux: versión empaquetada con interfaz gráfica y administrador de componentes de software. A continuación, puede ver algunas que se puede descargar:

CentOS: https://www.centos.org/download/

Debian: https://www.debian.org/index.es.html

Ubuntu: https://ubuntu.com/

Fedora: https://getfedora.org/es/

Mint: https://linuxmint.com/download.php

Arch: https://www.archlinux-es.org/

Puppy: https://wikka.puppylinux.com/

Elive: https://www.elivecd.org/download/stable/

Emmabuntüs: https://emmabuntus.sourceforge.io/mediawiki/index.php/Download/es

SuSE: https://es.opensuse.org

Free BSD: https://www.freebsd.org/es

Linux, los hackers y la seguridad

Cabe señalar que varias versiones de Linux han sido personalizadas y enriquecidas con un conjunto de herramientas considerable, lo que permite realizar pruebas de intrusión e incluso llevar a cabo ataques contra em-presas.

Kali Linux, basada en Debian, fue creada específicamente para los hackers éticos, aquellos cuyo objetivo es detectar vulnerabilidades de seguridad con fines legítimos y permitir a las empresas mejorar sus sistemas de defensa; a estos hackers se le denomina White Hat.

La distribución está disponible en el siguiente sitio: https://www.kali.org/

BackBox, creada a partir de Ubuntu, ofrece muchas herramientas que permiten realizar pruebas de penetración y evaluaciones de seguridad.

El sitio de descarga es el siguiente: https://linux.backbox.org/.

2.2 Desde la perspectiva del hardware

2.2.1 La interconexión

Para que la comunicación en red sea operativa, en primer lugar, es necesario interconectar los equipos entre ellos. Frecuentemente se utiliza una interfaz por cable, como un cable conectado a una tarjeta de red o a un módem. También se puede utilizar una interfaz inalámbrica, principalmente a través de las ondas de radio (Wi-Fi, Bluetooth, conexiones telefónicas).

2.2.2 Los protocolos de comunicación

Además del hardware, que garantiza la conectividad y el intercambio de las señales de soporte físico o de ondas, es necesario utilizar normas de comunicación. Estos protocolos permiten dar un sentido a la señal que circula entre las estaciones de trabajo y administrar el acceso al soporte compartido.

3. Tecnología de redes

El transporte de los datos informáticos por las redes, transparente para los usuarios, es el fruto de tecnologías complejas que ofrecen numerosos y variados servicios. Las **N**uevas **T**ecnologías de la **I**nformación y de la **C**omunicación (NTIC) permiten una flexibilidad de conexión a las redes a la que Internet no es ajena.

3.1 Definición de una red informática

Una red es un medio de comunicación que permite a personas o grupos compartir información y servicios.

La tecnología de las redes informáticas está compuesta por el conjunto de herramientas que permiten a los ordenadores compartir información y recursos.

Las redes telefónicas forman una generación de redes de telecomunicación que precedió a las de la informática. Desde hace algunos años, se da una convergencia entre estas dos redes. De hecho, las nuevas tecnologías permiten el transporte de voz y datos con los mismos medios.

Una red está constituida por equipos llamados nodos. Las redes se categorizan en función de su amplitud y de su ámbito de aplicación.

Para comunicarse entre sí, los nodos utilizan protocolos, o lenguajes, comprensibles para todos ellos.

3.2 Topologías de redes informáticas

Las redes se clasifican en función de su ámbito geográfico:

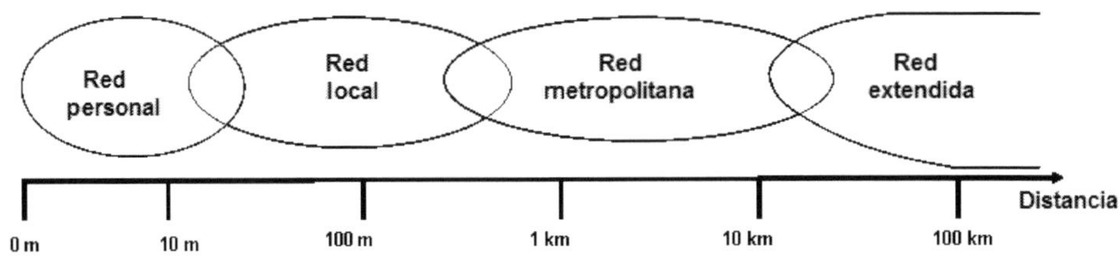

Clasificación según el ámbito geográfico

3.2.1 La red personal

El alcance de red más restringido se llama en inglés *Personal Area Network* (PAN). Centrada en el usuario, designa una interconexión de equipos informáticos en un espacio de una decena de metros en torno al usuario, el *Personal Operating Space* (POS). Otras dos apelaciones para este tipo de red son: red individual y red doméstica.

3.2.2 La red local

De tamaño superior, ya que se extiende hasta algunos centenares de metros, es la *Local Area Network* (LAN), en castellano Red de Área Local. Conecta entre sí ordenadores, servidores... Generalmente se utiliza para compartir recursos comunes, como periféricos, datos o aplicaciones.

3.2.3 La red metropolitana

La red metropolitana o *Metropolitan Area Network* (MAN), que también se conoce como red federalista, garantiza la comunicación a distancias más extensas y a menudo interconecta varias redes LAN. Puede servir para interconectar, por una conexión privada o pública, diferentes departamentos, distantes en algunas decenas de kilómetros.

3.2.4 La red extendida

Las redes con mayor alcance se clasifican como WAN, acrónimo de *Wide Area Network*. Están compuestas por redes de tipo LAN o incluso MAN. Las redes extensas son capaces de transmitir la información a miles de kilómetros por todo el mundo. La WAN más famosa es la red pública internet, cuyo nombre procede de Inter Networking o interconexión de redes.

3.3 Compartir recursos

El primer objetivo de las redes es poner recursos en común, garantizando, en particular, que se comparta la información que, en informática, existe bajo distintas formas:

- Archivos,
- Documentos,
- Datos.

Un conjunto de servicios de red aporta las funcionalidades requeridas. A menudo, están relacionados por el sistema operativo de red, que dirige la información hacia aplicaciones específicas de los servicios administrados.

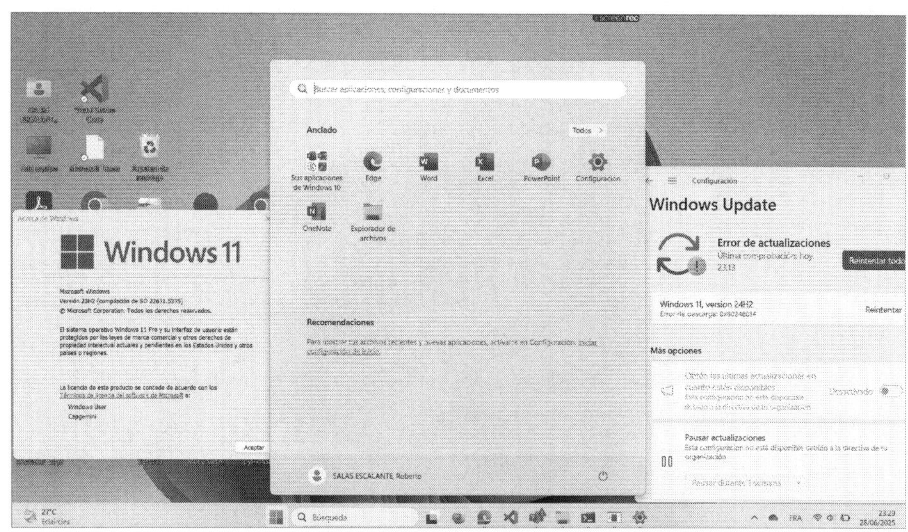

Ejemplo de interfaz de Windows 11

3.3.1 Los servicios de archivos

Las primeras formas de información dirigidas a través de las aplicaciones cliente-servidor son los archivos. Se almacenan en estructuras de carpetas (Windows) o directorios (UNIX/Linux).

Un archivo contiene datos de formas diferentes que se presentan de manera libre, no estructurada.

Los servidores de archivos efectúan cinco funciones esenciales:

- Almacenamiento.
- Transferencia y copia.
- Sincronización.
- Copia de seguridad y archivado.
- Directiva de retención.

Almacenamiento de archivos

Ante el rápido aumento del volumen de datos gestionados, se ha inventado un gran número de unidades de almacenamiento en línea (soportes fijos), sin conexión (soportes extraíbles) y en sistema combinado (banco de discos), como por ejemplo: discos magnéticos, ópticos, magneto-ópticos, discos duros, llaves USB, DVD-Rom...

El almacenamiento centralizado permite optimizar al máximo equipos que suelen ser costosos. Además, la unidad de almacenamiento puede elegirse según las necesidades, el tiempo de acceso, la fiabilidad y la vida útil del soporte.

Los datos más antiguos y los menos utilizados se pueden transferir desde soportes costosos hacia soportes más económicos y que tienen una vida útil más larga.

La información contenida en los archivos almacenados se puede compartir fácilmente gracias a la red. Evidentemente, los sistemas garantizan la seguridad de los accesos, ya sea mediante la aplicación que administra el intercambio de archivos o mediante el propio sistema de archivos.

Transferencia y copia de archivos

Antes de la implementación de soluciones informáticas para el intercambio de archivos, los usuarios recurrían a medios de comunicación extraíbles para trasladar su información.

Gracias a los servicios de redes, se facilita enormemente el intercambio de información. Trasladar o copiar archivos entre ordenadores (puestos de trabajo o servidores) es muy sencillo.

Sincronización de archivos

El aumento del número de ordenadores portátiles y de dispositivos móviles ha originado un nuevo problema para las empresas. La sincronización de los datos modificados fuera de la empresa, sin conexión, debe estar garantizada en el momento en que se establece de nuevo la reconexión con los servidores. Este servicio debe, además, tener en cuenta las modificaciones simultáneas.

En efecto: puede que un usuario haya modificado la versión del archivo en el servidor mientras que otro ha hecho lo mismo en su ordenador portátil, sin conexión a la red. Por lo tanto, cuando se registra una modificación y se almacena con posterioridad en el servidor, la última copia sustituye a la última versión del documento. Por ello es esencial, para disponer de la versión más reciente, saber en qué momento tuvieron lugar las últimas modificaciones. Esto es lo que permite la función de sincronización de las actualizaciones de archivos. Esta función debe ser capaz de combinar inteligentemente las distintas copias existentes (se utilizan las fechas y las horas).

Centro de sincronización de Windows

Observación

Para la gestión de la sincronización de los datos personales, OneDrive se implementa en forma nativa al instalar Windows.

Archivado y copias de seguridad

Con el fin de prevenir la desaparición de archivos (por errores en el manejo o avería del material de almacenamiento), es necesario establecer una estrategia de archivado en un soporte en línea o fuera de línea. De esta manera, podremos disponer rápidamente de copias de seguridad.

El archivado permite utilizar soportes más económicos para almacenar archivos más antiguos que solo tienen que estar disponibles de forma excepcional, quedando así asegurados.

Directiva de retención de documentos

En lo relativo a la retención de información, las empresas deben ser capaces de satisfacer las demandas de organismos profesionales y administrativos y, por tanto, de aplicar directivas de retención para los documentos.

Más allá de los documentos en papel, que incluyen firmas, hay cada vez más documentos completamente digitales que se deben conservar.

Es el caso, por ejemplo, de los correos electrónicos. Los entornos de correo más modernos (por ejemplo, Outlook 2016 y Exchange Server 2016) admiten este tipo de opciones para permitir una retención gestionada a nivel de sistema:

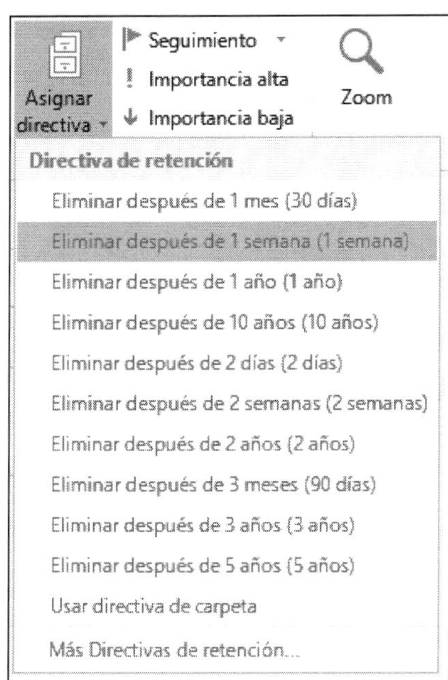

Directiva de retención de Outlook 2016

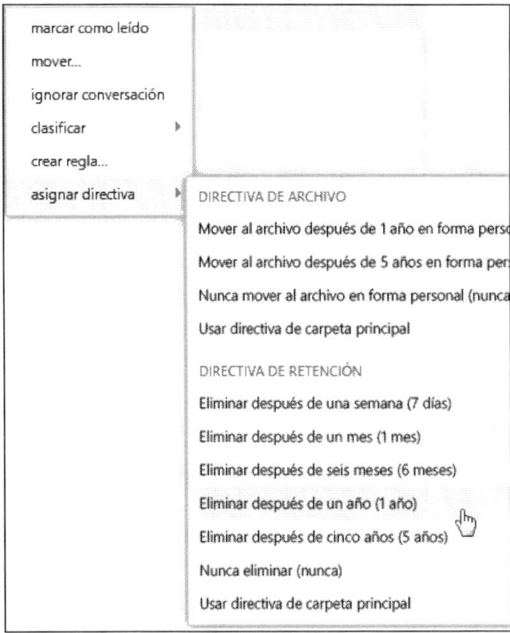

Directiva de retención de Outlook Web Access (OWA)

3.3.2 Los servicios de gestión electrónica de documentos

Los documentos informáticos contienen información semiestructurada, es decir, sin organización predefinida, pero cuyo contenido puede ser tratado electrónicamente (búsqueda de palabras clave...). Pueden proceder perfectamente de documentos en papel escaneados y convertirse en un archivo (o no).

Tras los servicios de archivos, las aplicaciones de gestión electrónica de documentos (GED) permiten un tratamiento de la información bajo esta forma específica. La organización es más precisa que el simple esquema de árbol de archivos y la explotación es más cercana a la información contenida. La noción de archivos y su manejo se vuelve transparente para el usuario.

Gracias a los servicios de GED, el dato informático, en forma de textos, sonidos, vídeos, imágenes, gráficos, etc., es accesible a través de la red. Puede utilizar la red para circular a través de flujos previstos por procedimientos (*workflow*).

El término Gestión Electrónica de la Información y Documentos Existentes (GEIDE) es un complemento que designa la recuperación de los archivos de empresa en formato electrónico. Estos datos digitalizados se gestionan mediante esta aplicación. El escaneo de la información en formato papel es frecuente y las herramientas se han hecho muy eficientes (reconocimiento de texto, fotografías, mapas...). Comúnmente se habla desmaterialización para definir el proceso de digitalización de documentos.

3.3.3 Los servicios de base de datos

Las bases de datos permiten la utilización de datos electrónicos en forma estructurada. Su objetivo es doble:

- Facilitar la introducción de datos en un esquema predefinido (por ejemplo, en los campos de un formulario).
- Permitir su tratamiento de manera óptima, clasificados desde su introducción.

El almacenamiento de los datos se efectúa generalmente en bases de datos centralizadas. Existen aplicaciones dedicadas que permiten el acceso y la explotación de los datos (estadísticas, búsquedas...).

Las bases de datos más utilizadas son: Oracle, MySQL, Microsoft SQL Server, PostgreSQL, MongoDB.

Observación

El siguiente sitio web hace un informe de la cuota de mercado de las bases de datos (en inglés): https://db-engines.com/en/ranking.

Base de datos Microsoft

ORACLE

Logo Oracle

Logo MySQL

Logo IBM DB2

Logo PostgreSQL

Se pueden encontrar varias familias de sistemas de gestión de bases de datos (SGBD). Por ejemplo, la gestión de los sistemas de archivos a menudo se realiza mediante este servicio. Los directorios informáticos residen en una base de datos, optimizada para la lectura. El lenguaje estándar para efectuar consultas de lectura y escritura en estas bases es LDAP (*Lightweight Directory Access Protocol*).

El trabajo con datos en forma de tablas, que pueden ser dependientes unas de otras, es lo propio de los sistemas de gestión de bases de datos relacionales (SGBDR) o *Relational DataBase Management System* (RDMS). La programación de consultas estándar se realiza aquí en el lenguaje SQL (*Structured Query Language* o lenguaje de consultas estructuradas).

Una base de datos está formada por un conjunto de tablas, a su vez compuestas por filas (un registro corresponde a una fila). Cada registro tiene un identificador único (clave primaria).

Por ejemplo, la tabla Clientes que puede ver a continuación tiene varias columnas y cada fila corresponde a un registro. La consulta SQL permite extraer de la tabla el conjunto de registros asociados a la ciudad de Tarragona:

ID (Clave primaria)	Apellido	Nombre	Ciudad	NumPedidos	ImportePedidos
1	Delgado	Alex	Tarragona	2	120,00 €
2	Duran	Juan	Valencia	5	350,00 €
3	Martín	Eric	Málaga	12	1.530,00 €
4	Menéndez	Kevin	Tarragona	8	823,00 €
5	Fernández	Lucio	Girona	3	190,00 €

select * from Clientes Where ciudad = 'Tarragona'

ID (Clave primaria)	Apellido	Nombre	Ciudad	NumPedidos	ImportePedidos
1	Delgado	Alex	Tarragona	2	120,00 €
4	Menéndez	Kevin	Tarragona	8	823,00 €

Ejemplo de tabla Clientes con consulta SQL

A continuación, puede encontrar algunos enlaces a las bases de datos más populares:

Oracle DB: https://www.oracle.com/es/database/

MySQL: https://www.mysql.com/

MSSQL Server: https://www.microsoft.com/es-es/sql-server/sql-server-2022

PostgreSQL: https://www.postgresql.org/

IBM DB2: https://www.ibm.com/analytics/es/es/products/db2/index.html

MongoDB: https://www.mongodb.com/es

3.3.4 Los servicios de impresión

Estos servicios de red permiten controlar y administrar dispositivos de impresión (como impresoras o faxes).

Su objetivo es compartir estos dispositivos exclusivos, con el fin de permitir una gestión coherente de las solicitudes de trabajos de impresión, integrando al mismo tiempo normas de prioridad que tienen en cuenta los formatos específicos de edición.

La implementación de una cola de impresión permite disminuir el número global de dispositivos de impresión, garantizando, al mismo tiempo, un acceso competitivo para los dispositivos. Internamente, los trabajos enviados a la cola de impresión se almacenan en un disco como archivos temporales.

Algunos dispositivos, como los plóters (trazador gráfico) A0 en color, son costosos. El hecho de compartirlos permite rentabilizarlos.

Poco a poco se va integrando el servicio de fax en la red de la empresa, lo que permite enviar y recibir documentos muy fácilmente. Esto implica una reducción considerable del tiempo de espera para el envío de un fax gracias a la gestión de una cola de envío. Se evita imprimir el documento, cuestión indispensable sin este servicio. De hecho, el documento se dirige hacia una impresora ficticia (el fax) y bajo forma electrónica hacia el fax del destinatario.

Hoy en día, muchas grandes empresas han emprendido proyectos para modernizar los medios de impresión con objeto de reducir los costes al máximo: nos encontramos muy a menudo impresoras multifunción o *Multi Function Printer* (MFP) que cumplen las funciones de impresora, fotocopiadora, fax y escaneo a correo electrónico (es decir digitalización del documento y posterior envío a la dirección de correo especificada).

Ejemplo de impresora multifunción de «grandes volúmenes»

3.3.5 Los servicios de mensajería y de trabajo colaborativo

El servicio de mensajería electrónica agrupa el almacenamiento, la utilización y el envío de datos, incluidos los de tipo multimedia. Administra la comunicación asíncrona entre los usuarios o sus aplicaciones e informa de la llegada de un mensaje.

En los últimos años se ha optimizado con el servicio de mensajería unificado, capaz de administrar también faxes y servicios de voz (contestadores automáticos).

El *groupware*, derivado de la expresión inglesa *group processes/software tools*, se traduce como trabajo colaborativo. Estos servicios añaden, a los de mensajería, herramientas para facilitar el trabajo entre varios usuarios, a través de agendas compartidas, tareas o notas, foros de discusión...

Existen numerosos clientes de mensajería en función de los sistemas operativos utilizados: Correo para Windows 10, Mail para Mac OS. También puede encontrar diversos programas según los sistemas operativos: Mozilla Thunderbird, IncrediMail, eM Client, Evolution, Opera o AirMail.

Puede acceder a algunos de estos recursos desde estos enlaces:

Thunderbird: https://www.thunderbird.net/es-ES/

eM Client (inglés): https://www.emclient.com/

Opera: https://www.opera.com/es/download

Las aplicaciones avanzadas de videoconferencias, así como los sistemas de servicios de mensajería instantánea, son las últimas aportaciones a las funcionalidades existentes de trabajo colaborativo (*groupware*).

Estas aplicaciones ofrecen funcionalidades, como la presencia, lo que permite simplificar la colaboración con otras personas. El protocolo SIP (*Session Initiation Protocol*) permite soportar esta funcionalidad. Es muy fácil saber si una persona está disponible, ocupada, en una reunión, si ha salido, pero también es sencillo obtener la información que habrá dejado en caso de ausencia:

Configurado por el usuario	Configuración de aplicaciones
Disponible	Disponible
	Disponible, Fuera de la oficina. Nota: Fuera de la oficina se establece automáticamente para los períodos de tiempo en los que el usuario establece "respuestas automáticas". Si el usuario está usando Teams durante estos períodos de tiempo, la presencia del usuario se muestra junto al indicador de Fuera de la oficina.
Ocupado	Ocupado
	En una llamada
	En una reunión
	En una llamada, fuera de la oficina
No molestar	
	Presentando
	Focalización. El estado Concentrado se produce cuando los usuarios programan el tiempo de concentración en MyAnalytics/Insights en sus calendarios.
Lejos	Lejos
	Hora *de la* última vista de Ausente
Enseguida regreso	
Aparecer sin conexión	Sin conexión. Cuando los usuarios no inician sesión en ninguno de sus dispositivos durante unos minutos, aparecen como desconectados.

Indicadores de estados de Outlook

3.3.6 Los servicios de aplicaciones

Permiten no solo compartir datos, sino también los recursos de tratamiento. El objetivo principal es la especialización de los servidores interconectados para distribuir lo mejor posible las tareas entre las máquinas adecuadas.

Supongamos que establecemos una conexión como clientes a un servidor que contiene un programa ejecutable y que solicitamos la ejecución de este programa. En el caso de un servidor de archivos, el archivo asociado a este programa será transferido a través de la red, se cargará en la memoria RAM del cliente y luego se ejecutará en el cliente.

En el caso de un servidor de aplicaciones, se establecerá una comunicación de igual a igual, en forma de mensajes entre el cliente y el servidor (petición del cliente que espera una respuesta del servidor). El cliente pide la ejecución de un programa que se encuentra en el servidor (hace la petición); el programa se ejecuta en el servidor y el resultado se devuelve al cliente (la respuesta). De esta forma, es el procesador del servidor el que trabaja para el cliente. Por eso un servidor de aplicaciones requiere, sobre todo, muchos recursos de ejecución (una máquina monoprocesador potente o incluso un multiprocesador); por el contrario, un servidor de archivos requiere mucha memoria RAM (utilizada como intercambio) para transferir los datos.

Desde hace algunos años, se habla mucho de SaaS o *Software as a Service* (aplicación como un servicio). Este concepto, que apareció en empresas como Citrix, ofrece un enfoque de aplicaciones bajo demanda.

En lugar de adquirir la licencia de un software o toda la infraestructura que permita gestionar un entorno, las empresas prefieren pagar por la solución de acuerdo con el uso que hacen de ella: la infraestructura se puede externalizar y alquilar las licencias de software en función de las necesidades. Puede tratarse de un software muy específico y costoso o incluso de aplicaciones ofimáticas en línea.

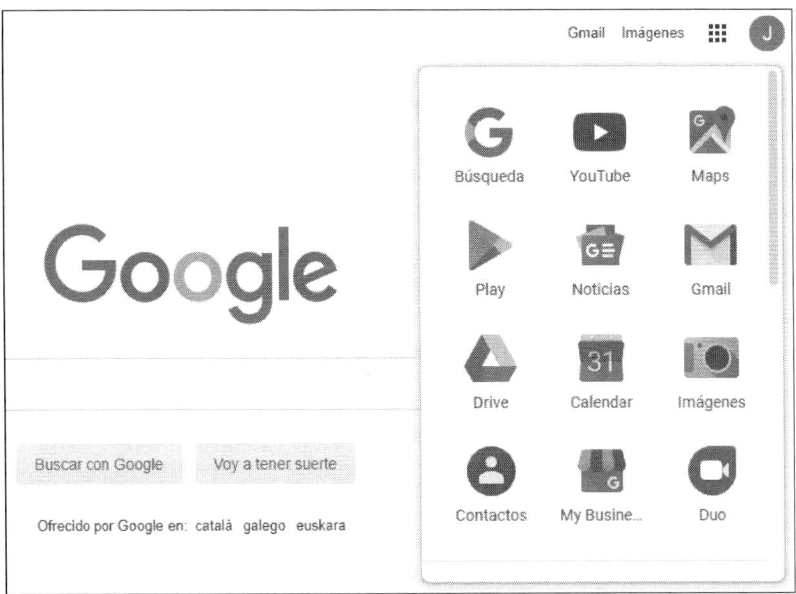

Aplicaciones Google: Google Apps

3.3.7 Los servicios de almacenamiento

Evolución del almacenamiento

Las empresas gestionan cada vez más cantidades de datos (archivos, documentos y datos). El almacenamiento de los datos y su puesta a disposición de los usuarios se ha convertido en un problema en sí mismo.

Han aparecido, por tanto, nuevas soluciones que permiten realmente dedicar espacios de almacenamiento eficientes y capaces. Aunque al principio resultaban un poco costosos, estos sistemas han sabido evolucionar para adaptarse a las empresas pequeñas.

Tipología de discos

El centro de la guerra del almacenamiento es, por supuesto, los discos mismos. De hecho, sea cual sea la arquitectura utilizada, si es dinámica, lo discos deberán ser intercambiables en caliente (hot plug). Examinemos los tipos de discos que podemos utilizar.

Existen principalmente tres tecnologías de discos:

- los discos mecánicos (HDD = *Hard Disk Drive*).
- los discos sólidos (SSD = *Solid State Drive*).
- los discos híbridos (SSHD = *Solid State Hybrid Drive*), que utilizan las dos tecnologías a la vez.

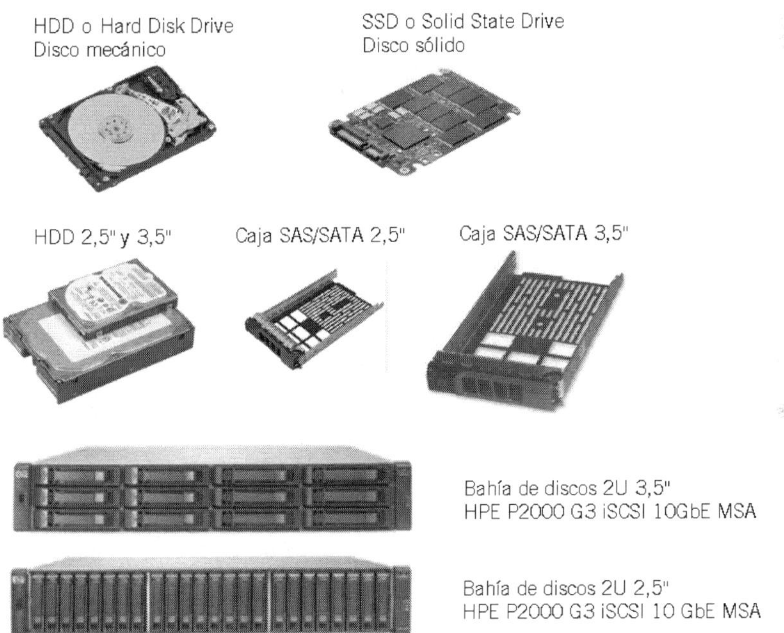

Tipología de discos duros hot-plug y bahía asociada

El disco mecánico

Se le denomina siempre HDD y su característica principal se expresa en RPM (revoluciones por minuto). Por lo tanto, cuanto mayor es el número de rotaciones por minuto, mayor es la cantidad de información leída. Esto significa que la velocidad de rotación es una buena indicación del flujo correspondiente.

Podemos encontrar las siguientes velocidades de rotación por minuto (RPM):

- 5,4 K, 5400 RPM, para los PC de oficina.
- 7,2 K, 7200 RPM, discos lentos para los servidores (utilizados para almacenar datos que se usan con poca frecuencia).
- 10 K, 10000 RPM (utilizados por aplicaciones que hacen un uso medio de los discos).
- 15 K, 15000 RPM (utilizados por las aplicaciones que hacen un uso intensivo de los discos, como las bases de datos). Se puede mejorar el rendimiento eligiendo una configuración basada en la utilización de varios discos simultáneamente (RAID 0, RAID 10, por ejemplo) o incluso usar discos sólidos.

Observación

Los niveles RAID se explican más adelante en este capítulo.

El disco sólido

La tecnología SSD (*Solid State Drive*) está basada en la memoria de tipo E2PROM (*Electrically Erasable Programmable Read Only Memory*).

Observación

Al contrario que un disco duro estándar que implementa dos operaciones, lectura y escritura, el disco SSD gestiona tres operaciones: la programación (escritura), la lectura y el borrado.

Se consiguen discos muy rápidos pero caros, que solo están limitados por el bus utilizado.

Algunos discos SSD se dedican para lecturas masivas; a veces hablaremos de SSD-RI para *Read Intensive*. De la misma manera, encontraremos discos más bien dedicados a la escritura masiva (WI o *Write Intensive*). También se ofrecen discos para usos mixtos (MU o *Mixed Use*).

Tenga en cuenta que un disco sólido está limitado, por su diseño, a un número de escrituras (programaciones) que es capaz de soportar.

En función de las células NAND utilizadas, existen cuatro tecnologías SSD:

- SLC, *Single Level Cell* (celda de un solo nivel, 1 celda codifica 1 bit).
- MLC, *Multi Level Cell* (celda de dos niveles, 1 celda codifica 2 bits, sabiendo que el MLC X3 ofrece una versión de 3 bits).
- TLC, *Triple Level Cell* (celda de tres niveles, 1 celda codifica 3 bits).
- QLC, *Quater Level Cell* (celda de cuatro niveles, 1 celda codifica 4 bits).

Memoria Flash (SSD)	SLC	MLC	TLC	QLC
Número de bits por celda	1	2	3	4
Número de ciclos de borrado	100000	3000	1000	100
Tiempo de lectura (en ms)	0,025	0,05	0,075	0,1
Tiempo de programación (en ms)	~0,250	~0,700	~1,200	~1,500
Tiempo de borrado (en ms)	~1,8	3	4,4	6

-	densidad	+
+	coste	-
+	resistencia	-
+	rendimiento	-

Tecnologías de discos SSD y características

Con el fin de facilitar la elección de los discos SSD, en función de la tecnología y del uso, los fabricantes de discos ofrecen una medida de referencia en número de discos completos escritos por día en un período de 5 años: DWPD (*Driver Writes Per Day*).

Esta medida permite garantizar la longevidad de los discos en función de su uso:

- Para un rendimiento basado en la lectura masiva (SSD RI), se escogerán discos cuyas características sean inferiores a 1 DWPD (se escribirá menos de un disco completo por día durante 5 años).
- Para un rendimiento máximo en escritura (SSD WI), se escogerán discos cuyo DWPD sea superior a 10 (el disco se reescribirá por completo más de 10 veces por día).
- Para un rendimiento equilibrado entre la lectura y la escritura masivas (SSD MU), se elegirá un disco con valores intermedios (entre 1 y 10 DWPD).

Formatos de los discos

Se han estandarizado principalmente dos formatos:

- 2,5", Small Form Factor (SFF),
- 3,5", Large Form Factor (LFF).

En lo que respecta a los discos mecánicos, el formato más grande permite acoger más platos. Respecto a los discos SSD, la electrónica interna puede ser muy importante.

Tipos de bus

Un parámetro que igualmente se ha de tener en cuenta en este flujo es el tipo de bus utilizado (PCIe, SAS o SATA).

PCI Express (PCIe)

El bus PCI Express se utiliza con los discos SSD. Permite obtener las velocidades más interesantes respecto a otros buses.

Se pueden obtener, según las configuraciones, hasta 3000 MB/s de lectura y 2000 MB/s de escritura.

SATA

Se trata del más extendido y del menos caro de los SSD. También está disponible para los discos HDD. SATA-III llega a velocidades de hasta 6 Gbps (768 MB/s). Por ejemplo, se puede obtener una lectura de 600 MB/s y una escritura de 120 MB/s.

La interfaz SATA no gestiona las rutas múltiples (necesario en una configuración estándar para gestionar la tolerancia a errores).

Además, este tipo de interfaz no implementa SAS.

SAS (Serial Attached SCSI)

SAS-3 permite el movimiento teórico de datos a 12 Gbps (2 veces más rápidos que los lectores SATA). La latencia (tiempo de acceso al disco) es, además, muy baja.

SAS es también conocido por preservar aún más la integridad de los datos que SATA.

SAS soporta las rutas múltiples dentro de un pool de discos (gestionado por un controlador doble en la bahía de almacenamiento).

Finalmente, una interfaz SAS soporta tanto SAS como SATA (existe un protocolo de conversión predefinido).

Dos discos HDD 15 K equivalen al precio de tres discos HDD 10 K.

Los discos SSD cuestan alrededor de 12 veces más que los discos HDD.

Observación

En referencia al precio, otro criterio de elección importante es el porcentaje de errores observado; este es generalmente más elevado en los discos 15 K respecto a los discos 10 K.

Número de entradas/salidas por segundo (IOPS)

Un criterio de elección importante o de validación de una arquitectura técnica es poder dimensionar correctamente el sistema de discos, en particular desde un punto de vista del rendimiento esperado.

Algunos fabricantes, como VMware, ofrece una calculadora de IOPS. Esta herramienta ofrece en una hoja de Excel, permite definir la tipología de discos que se ha de utilizar (SATA HDD, SAS HDD o SSD), el tipo de solución RAID, el porcentaje de lecturas o escrituras, y devolver el número de IOPS medio (*Input Output Per Second* o número de entradas/salidas por segundo), y velocidad asociada. También permite hacer una primera estimación teórica antes de hacer el pedido de los discos.

Por ejemplo, eligiendo 6 discos de 500 GB en RAID 5 (volumen útil 2560 GB), sobre una base de discos SSD, se obtiene un IOPS medio de 206250, o sea 206K IOPS.

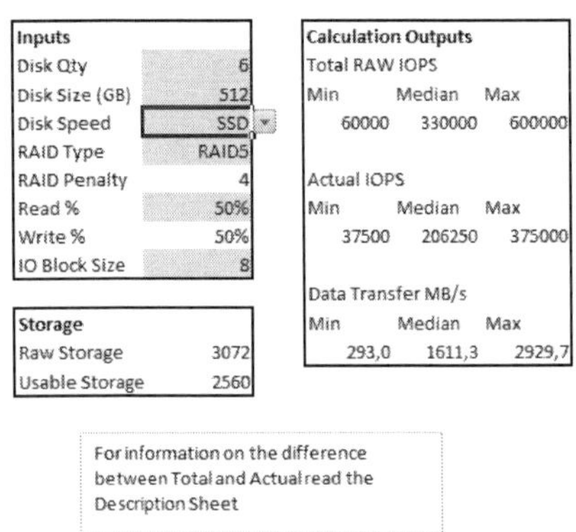

Inputs	
Disk Qty	6
Disk Size (GB)	512
Disk Speed	SSD
RAID Type	RAID5
RAID Penalty	4
Read %	50%
Write %	50%
IO Block Size	8

Storage	
Raw Storage	3072
Usable Storage	2560

For information on the difference between Total and Actual read the Description Sheet

Calculation Outputs		
Total RAW IOPS		
Min	Median	Max
60000	330000	600000
Actual IOPS		
Min	Median	Max
37500	206250	375000
Data Transfer MB/s		
Min	Median	Max
293,0	1611,3	2929,7

Fixed Variables

	IOPS		
Disk Speed	Min	Median	Max
SSD	10000	55000	100000
SAS 15K	175	193	210
SAS 10K	140	140	140
SATA 10K	125	138	150
SATA 7.2K	75	88	100

RAID Write Penalty	
RAID	Penalty
RAID0	0
RAID1	2
RAID5	4
RAID6	6
RAID10	2

IO Block Size (KB)
1
2
4
8
16
32
64
128

Herramienta VMware iops-calculator.xlsx

Criterios de optimización

Hay diferentes consideraciones importantes para mejorar el funcionamiento global de un sistema de discos.

Además, la escritura de muchos archivos pequeños siempre es más larga que la de menos archivos grandes del mismo volumen.

Las lecturas son generalmente mucho más rápidas que las escrituras. De hecho, durante las lecturas, se accede mucho más fácilmente a la caché: el algoritmo de predicción o prefetch es más eficaz para las lecturas; las escrituras son, más a menudo, imprevisibles.

Finalmente, cuando se defina un tamaño de bloque en un sistema operativo que utiliza una parte del espacio de disco asignado, considere el tamaño de los bloques lógicos manipulados en el entorno.

Así pues, si el volumen se ha formateado para utilizar bloques lógicos de 8 KB, es necesario que este tamaño sea acorde con la aplicación que utiliza el volumen del disco. Por ejemplo, si el volumen es utilizado por una base de datos, la optimización de esta base deberá tener en cuenta el tamaño de los bloques definidos. Lo mismo se aplica desde el punto de vista del almacenamiento (alineación de los parámetros de optimización según el tamaño de los bloques lógicos).

DAS, NAS o SAN

Se utilizan varios acrónimos en los entornos relacionados con el almacenamiento.

DAS, o *Directly Attached Storage*, hace referencia a una conexión directa y dedicada (1 a 1) para un almacenamiento asociado a un único servidor.

NAS o *Network Attached Storage*, identifica un dispositivo que proporciona acceso a datos a través de la red mediante protocolos basados en TCP/IP, los cuales son directamente utilizables por estaciones de trabajo y servidores (n a 1): para los clientes Microsoft, se utiliza el protocolo CIFS (*Common Internet File System*), para los clientes Unix/Linux, NFS (*Network File System*), y para clientes MAC, AFP (*Apple File Protocol* o AppleShare). Otro protocolo disponible es FTP (*File Transfer Protocol*) que puede ser utilizado por cualquier cliente que funcione sobre TCP/IP.

Observación

Los sistemas operativos también soportan protocolos de otros proveedores; por ejemplo, un cliente Microsoft podrá utilizar NFS, mientras que un cliente Mac podrá utilizar CIFS.

SAN o *Storage Area Network*, se basa en una red originalmente basada en un protocolo propietario: Fibre Channel.

Se crea una red dedicada y redundante entre los recursos de almacenamiento disponibles y los servidores. Dentro de la red de interconexión entre los servidores y los recursos de disco, se establecen rutas dedicadas para gestionar el acceso al almacenamiento desde dichos servidores.

Veamos más de cerca las soluciones NAS y SAN.

Network Attached Storage (NAS)

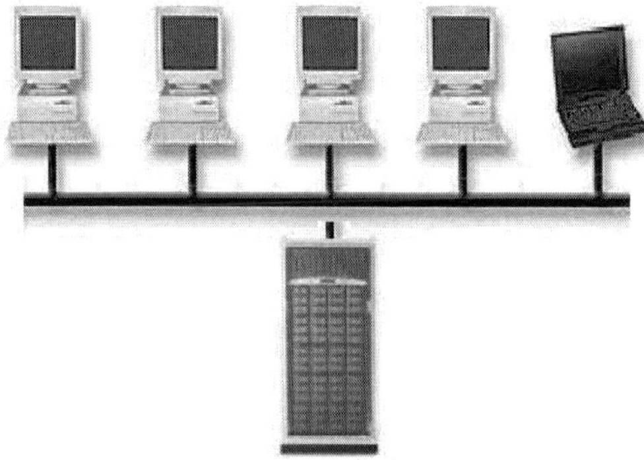

Servidor NAS

Un servidor NAS se integra en la red existente de una empresa, igual que el resto de los servidores (aplicaciones, base de datos...). Presta servicios comparables a los de un servidor de archivos, pero generalmente se mantiene dedicado.

Su particularidad es poner a disposición volúmenes de discos directamente a través de la red TCP/IP existente.

Hay muchas formas de crear una carpeta compartida, como se muestra a continuación.

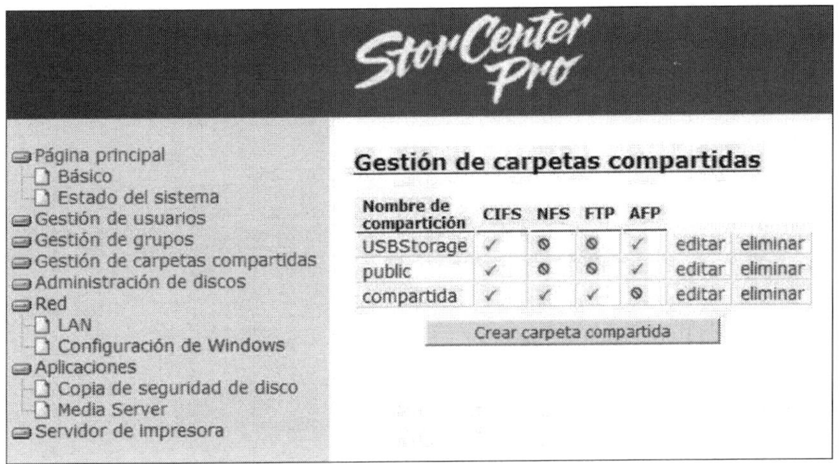

Configuración de un NAS

De esta manera, el servidor NAS no tiene necesidad de un procesador potente ni de mucha memoria. En contraposición, ocupa un espacio de almacenamiento acorde, apoyado por soluciones de tipo RAID, de las que hablaremos más adelante.

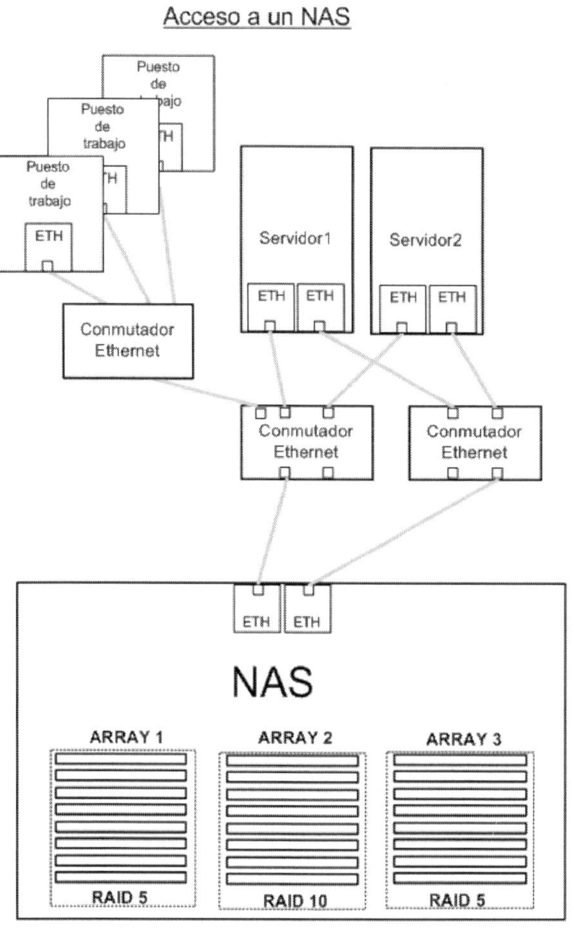

Su sistema operativo puede ser específico, como propone Microsoft con «Windows Storage». Al administrar varios protocolos de comunicación, un servidor NAS asegura el acceso a los recursos y también el acceso a través de la red, independientemente del tipo de cliente.

Esta tecnología presenta diferentes ventajas:

- Coste de compra inferior a un servidor de archivos tradicional.
- Aumento de la seguridad de los datos gracias a las redundancias físicas asociadas.
- Simplicidad de instalación y reducción del tiempo de administración de los servidores.
- Servidor universal en una red heterogénea.

Por extensión, un servidor NAS puede servir de destino de copias de seguridad y sustituir a una unidad de cintas. Su conexión directa a la red de la empresa permite situarlo en un edificio alejado del resto de los servidores, asegurando así las copias de seguridad sin manipulación de medios extraíbles.

Otro posible uso de los servidores NAS puede ser la puesta en marcha de dos unidades en dos salas de informática distintas. Mediante sincronización permanente de sus datos, se asegura la redundancia de la información con un coste muy razonable. Si se avería uno de los servidores, los usuarios pueden seguir trabajando con los datos almacenados en el otro servidor que continúa operativo.

Los principales actores en el mercado global del NAS para las empresas son: Dell EMC, HPE, IBM, Hitachi Vantara, NetApp y, Seagate.

A continuación, tiene algunos enlaces complementarios:

Dell EMC - NAS:
https://www.dellemc.com/es-es/storage/data-storage.htm

HPE Almacenamiento: https://www.hpe.com/es/es/storage.html

NetApp - Software y almacenamiento:
https://www.netapp.com/es/products/protocols/nas/index.aspx

NAS Hitachi Vantara (inglés):
https://www.hitachivantara.com/en-us/products/storage-platforms/file-storage/network-attached-storage

NAS IBM: https://www.ibm.com/es-es/it-infrastructure/storage

Para los particulares, las PYME y las micro-empresas, es posible disponer de soluciones de partida a menor coste, recurriendo a los principales actores del mercado:

Synology: https://www.synology.com/es-es

Qnap: https://www.qnap.com/es-es

Asustor: https://www.asustor.com/es

Existen otros servicios de almacenamiento en línea también son ampliamente conocidos por el público en general, como Microsoft OneDrive, Google Drive o Box.

Aquí tiene algunos enlaces para más información:

Microsoft OneDrive:
https://www.microsoft.com/es-es/microsoft-365/onedrive/online-cloud-storage

Google Drive: https://drive.google.com/drive/home

Box: https://www.box.com/es-es

Storage Area Network (SAN)

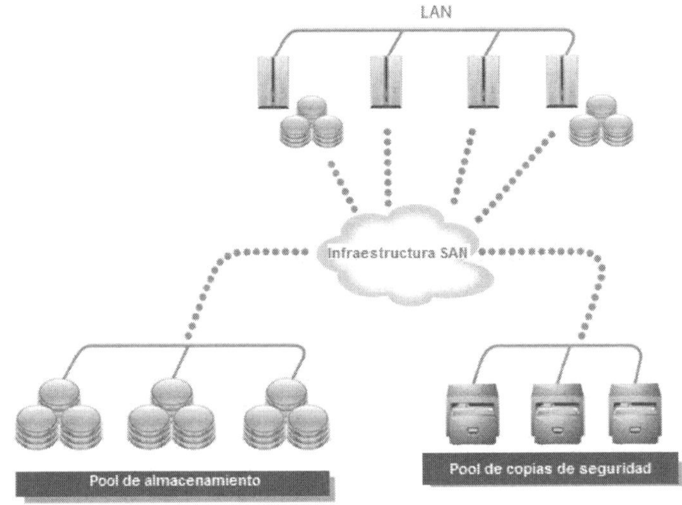

En un sistema SAN, se crea una nueva red dedicada a los datos. Actúa como red secundaria y «alivia» a la red principal de la empresa. Además de un aumento sustancial de la capacidad de acceso, se mejora la seguridad de los datos.

Los propios servidores de archivos están vinculados a esta infraestructura SAN. Se interconectan con una o varias unidades de almacenamiento para formar un pool dedicado. También es posible conectar unidades de medios extraíbles e incluso servidores NAS (*pool* de copias de seguridad).

Las unidades de almacenamiento son bahías de discos que ofrecen capacidades considerables y, sobre todo, evolutivas. Así, es posible añadir, en uso, discos duros adicionales para aumentar el espacio. Tener diferentes redundancias de hardware (discos duros, alimentación, conexión...) complementadas a veces con dispositivos de alerta a través de Internet ofrece una garantía de acceso a los datos.

En cada bahía de discos, se puede dividir el espacio de almacenamiento disponible. De esta manera es posible dirigir cada espacio lógico (LUN - *Logical Unit Number*) hacia uno u otro servidor de archivos. Estos últimos verán este aporte de almacenamiento como una unidad de disco local.

La eficacia de acceso entre los *pools* y los servidores de archivos se ve mejorada por el hecho de disponer de una red dedicada. Por el contrario, las tecnologías de infraestructura SAN son un poco diferentes de la red «clásica».

Durante mucho tiempo, la red secundaria SAN estuvo compuesta por fibra óptica. Esta técnica, utilizada cuando la red es importante, permite flujos de hasta varios gigabits por segundo (normalmente entre 4 y 8 Gbps).

En un contexto SAN, se asigna una zona de discos para que los servidores específicos la utilicen. Estas ubicaciones de los discos se «presentarán» a los servidores físicos para que las vean como almacenamiento local. Para el almacenamiento local, el servidor dispone de tarjetas Fibre Channel que le dan acceso directo a la red de almacenamiento. De este modo, estos discos son reconocidos por el sistema operativo de la máquina física.

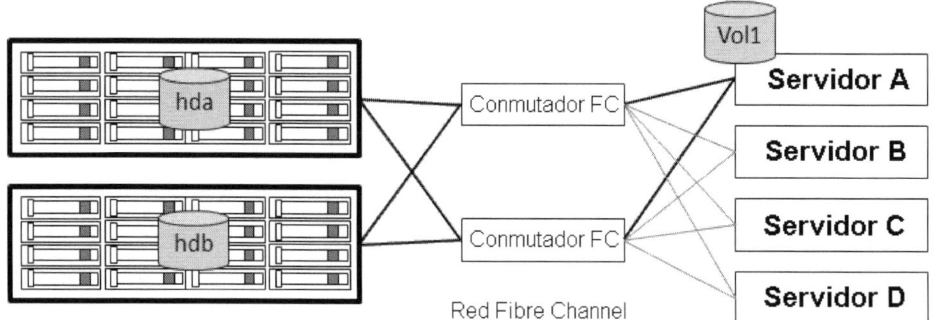

Presentación de zonas de discos (zoning) en un servidor físico

Vol1 es un volumen RAID1 (espejo) de Hda/Hdb.

Hda y Hdb son «presentados» al Servidor A.

El Servidor A dispone de dos rutas para acceder a Hda y dos rutas para acceder a Hdb.

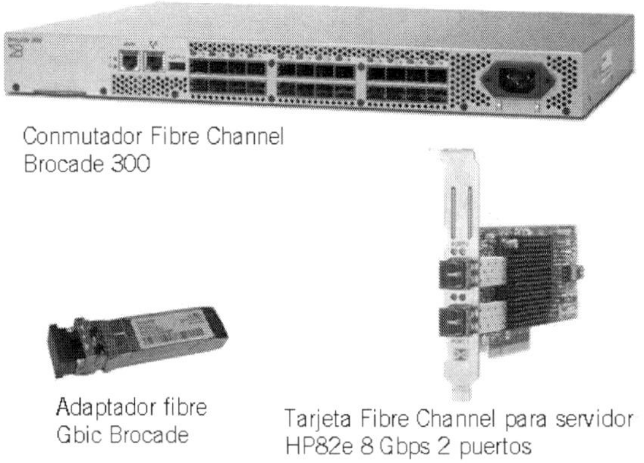

Equipos Fibre Channel

El SAN Fibre Channel (FC) está formado por un conjunto de elementos:

- Un sistema de almacenamiento, constituido por matrices de discos físicos (SATA o *Serial Advanced Technology Attachment*, SAS o *Serial-Attached SCSI*, SSD o *Solid State Drive*), divididos en volúmenes lógicos (LUN o *Logical Unit Number*).

- Controladores FC, que permiten restringir el acceso de una LUN concreta a una o varias conexiones de servidor. Cada conexión está definida por el *World Wide Name* de la tarjeta HBA (*Host Bus Adapter*) del servidor.
- Tarjetas HBA que conectan el servidor a la red de fibra (Fibre Channel). Se utilizan como mínimo dos tarjetas para asegurar un mínimo de tolerancia a fallos.
- Conmutadores FC, que se utilizan para construir la red de interconexión y adjuntar la información de direccionamiento a los mensajes FC que se intercambian entre el origen y el destino.
- Los tejidos permiten agrupar diversos conmutadores, que se ven como uno solo.

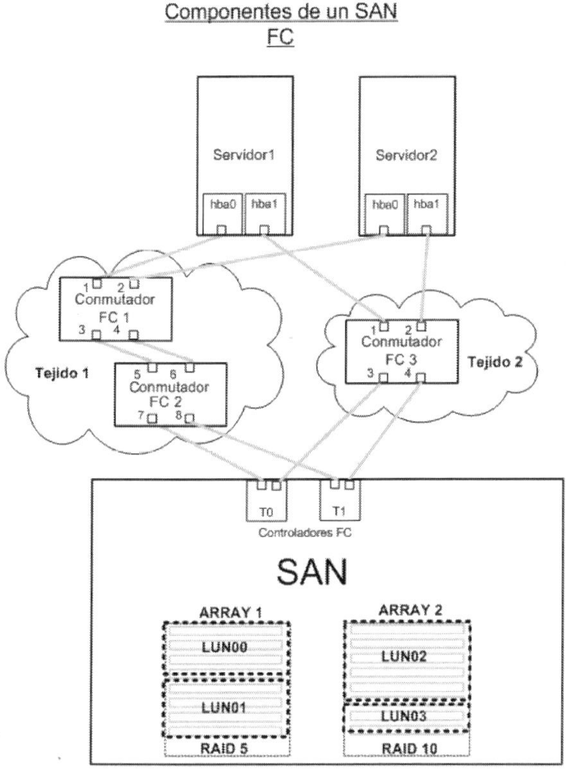

Cada HBA (*Host Bus Adapter*) dispone de un nombre único o **World Wide Name** (WWN) (llamado también WWID), que es similar a una dirección MAC. El IEEE lo define en 8 bytes como un identificador único (*Organizationally Unique Identifier*).

Existen dos tipos de WWN:

- Para un **nodo** (*World Wide node Name* o WWnN), habitualmente una tarjeta HBA o un dispositivo SAN, que se puede compartir por algunos o por todos los puertos de un dispositivo (p. ej., una tarjeta HBA).
- Para un **puerto** (*World Wide port Name* o WWpN), que es obligatoriamente único para cada puerto (p. ej., cada puerto de una tarjeta HBA). Generalmente es el nombre que se muestra para la conexión a un tejido SAN).

A continuación, proporcionamos algunos ejemplos de WWN:

- 50:06:04:81:D6:F2:65:71 (subsistema disco EMC, el identificador EMC es '00:60:48', se ignora el primer carácter '5' y se cogen los seis caracteres siguientes).
- 10:00:00:00:c9:d8:e4:01 (tarjeta HBA Emulex, el identificador Emulex es '00:00:c9', se ignoran los cuatro primeros caracteres y se cogen los siguientes).
- 21:00:00:0e:8b:08:18:01 (tarjeta HBA Qlogic, el identificador Qlogic es '00:0e:8b').

El primer carácter hexadecimal, campo ***Name Address Authority***, codificado en 4 bits permite identificar el modo en que se divide el WWN:

- '1', corresponde a «IEEE standard», que se descompone 10:00 + ii:ii:ii + hh:hh:hh.
- '2' corresponde a «IEEE extended», que se descompone 2 + h:hh + ii:ii:ii + hh:hh:hh.
- '5' corresponde a «IEEE Registered Name», que se descompone 5 + ii:ii:ii + h:hh:hh:hh:hh.

Donde h es el carácter hexadecimal codificado en 4 bits e i representa el identificador de la empresa, ***Organizationally Unique Identifier***.

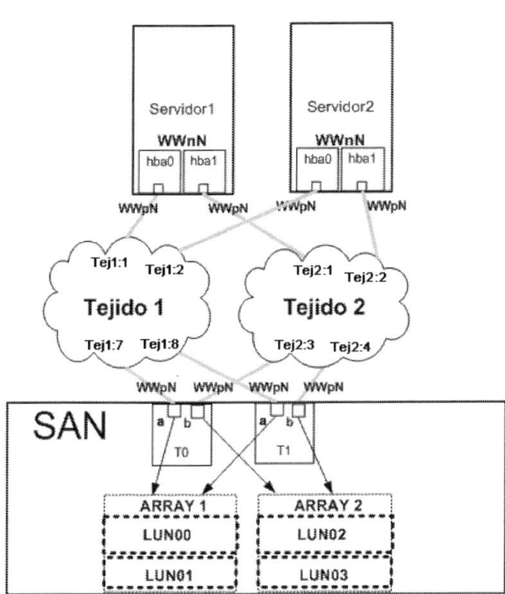

De este modo, las rutas de acceso disponibles a la bahía desde el servidor son:

Para el acceso a la bahía 1 (Array 1):

– Para el Servidor1, hba0 -> Tej1:1 -> Tej1:7 -> T0:a,
  o bien, hba0 ->Tej1:1 -> Tej1:8 -> T1:a

Observación

Para identificar las rutas potenciales, es más fácil empezar en la bahía y subir hasta el servidor en cuestión.

– Para el Servidor2, hba0 -> Tej1:2 -> Tej1:7 -> T0:a,
  o bien, hba0 -> Tej1:2, -> Tej1:8 -> T1:a

Para el acceso a la bahía 2 (Array 2):

– Para el Servidor1, hba1 -> Tej2:1 -> Tej2:4 -> T1:b,
  o bien, hba1 ->Tej:2.1 -> Tej2:3 -> T0:b

- Para el Servidor2, hba1 -> Tej2:2 -> Tej2:3 -> T0:b,
  o bien, hba1 ->Tej2:2 -> Tej2:4 -> T1:b

Existen muchas maneras de permitir el control de una LUN por un huésped. Se hablará de **zoning** para definir este acceso, enumerando todas las rutas disponibles entre un *initiator* y un *target* (destino). Un **zoning por software** que se realiza sobre un conmutador FC controla la visibilidad de las LUN basándose en los WWpN (en un lado el puerto HBA de un servidor, en el otro el puerto de la tarjeta controladora utilizada). Por su parte, el **zoning por hardware** se basa en los identificadores de los conmutadores (Domain ID), los números de los puertos implicados, en la entrada y la salida de un tejido.

iSCSI

Al contrario de la solución original basada en el protocolo FC que obliga a la utilización de equipos dedicados costosos (tarjetas HBA, conmutadores FC, etc.), se estandarizó en abril de 2004 (RFC 3720 y 3721) otra técnica más económica: iSCSI o Internet SCSI. El objetivo es hacer pasar comandos SCSI a través de una red TCP/IP. Se pueden utilizar el conector y los conmutadores Ethernet para construir esta red. Aunque menos eficaz que la solución FC basada únicamente en la fibra, con la llegada de Ethernet 10 Gbps las velocidades comienzan a ser muy interesantes.

Por ejemplo, se encuentran soluciones de SAN iSCSI que ofrecen volúmenes modestos (1 a 16 TB) a precios razonables.

SAN iSCSI

FCoE o Fibre Channel over Ethernet

En junio de 2009, aparece FCoE. Su objetivo es posicionarse entre los dos mundos, FC e iSCSI. FCoE ofrece una nueva clase de acceso Ethernet sin pérdida de paquetes (RFC 3643) con una encapsulación directa en Ethernet para optimizar la velocidad y tiene costes más bajos que la solución FC.

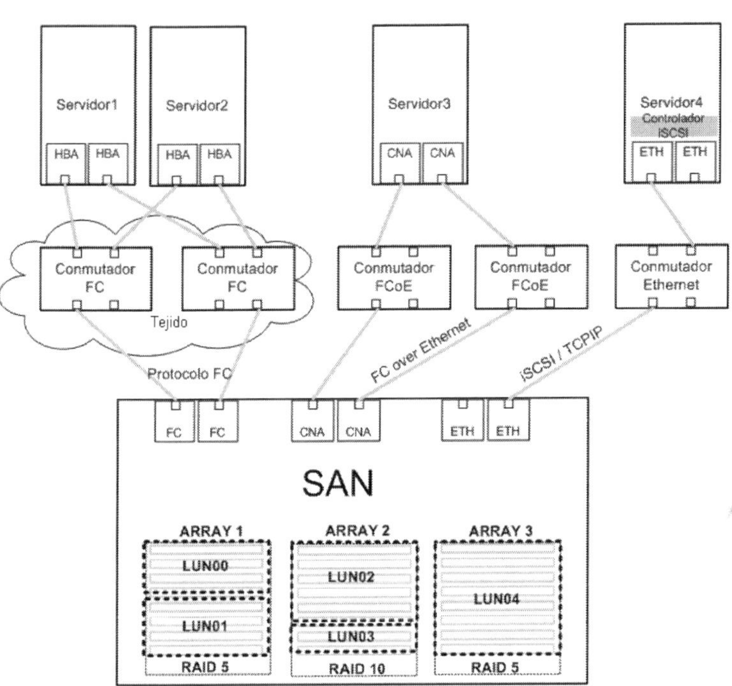

3.3.8 Los servicios de copia de seguridad

Deduplicación

La deduplicación de los datos es un mecanismo que tiene ya unos años, pero que ahora comienza a hacer su aparición en las empresas.

Evolución del volumen de datos

El volumen de datos generado por los sistemas de información no cesa de crecer a un ritmo desenfrenado. Se estima un crecimiento anual de entre un 30 y un 50 %. Estos elementos reflejan las novedades que aportan las principales herramientas ofimáticas que ahora almacenan sus datos de manera más optimizada. Por ejemplo, la suite Microsoft, desde Office 2007, utiliza archivos XML y así optimiza el volumen de los archivos obtenidos. El simple hecho de pasar de una versión de Office 2003 a 2010 o 2013 permite generar, de media, documentos dos o tres veces más pequeños. A pesar de estas novedades, el volumen crece inexorablemente.

El aumento del volumen provoca que la duración de la creación de copias de seguridad sea cada vez más larga. Además, las aplicaciones cada vez son más críticas, lo que obliga a una reducción de las ventanas de copias de seguridad (rango horario autorizado para las ejecuciones de copias de seguridad).

Restricciones legales

Para dificultar más las cosas, las nuevas medidas legales exigen períodos de conservación de los datos muy superiores a los actuales.

El SI cada vez más crítico

La criticidad también conlleva la necesidad de un reinicio rápido en caso de una incidencia grave, exigiendo mecanismos de restauración optimizados. Esto lleva a las empresas a ir progresivamente a almacenamientos en disco para la realización de las copias de seguridad, en lugar de soportes de tipo cinta magnética, con el fin de minimizar la duración de la restauración. Los soportes magnéticos han sido relegados a la externalización de los datos fuera de las instalaciones de las empresas.

Deduplicación a nivel de archivo

Se basa en eliminar archivos redundantes en un soporte. Por ejemplo, el sistema de correo electrónico de Microsoft (Exchange Server) utiliza este mecanismo para impedir la duplicación de archivos. De este modo, un e-mail enviado con un archivo adjunto a 50 usuarios de la misma organización Exchange solo adjuntará el archivo una única vez. Se habla de almacenamiento de instancia única o *Single Instance Storage* (SIS). Este mecanismo permite lograr tasas de reducción de 5 a 1.

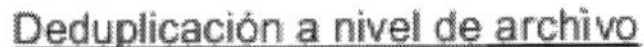
Deduplicación a nivel de archivo

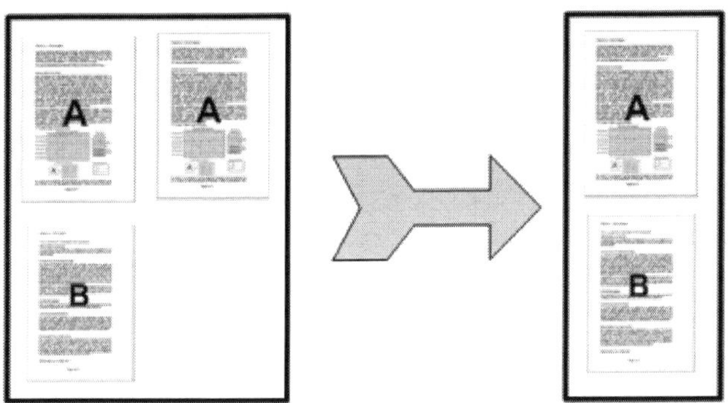

Deduplicación a nivel de bloque

Otro enfoque mucho más eficaz es la deduplicación a nivel de bloque, es decir, a nivel de un segmento de archivo. De este modo, los mismos archivos de sistema estarán en todas las copias de seguridad completas que provengan de un mismo sistema operativo de máquinas diferentes. Es fácil comprender que la deduplicación será particularmente eficaz.

Este tipo de deduplicación puede lograr tasas de reducción de 20 a 1.

Deduplicación a nivel de bloque

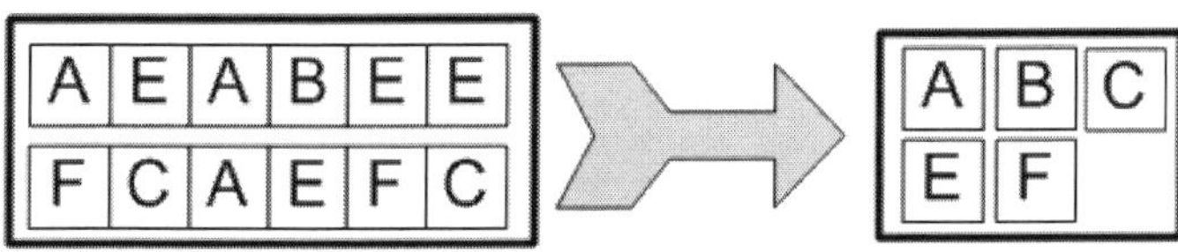

Deduplicación a nivel de byte

Existe una tercera técnica que se basa en los bytes.

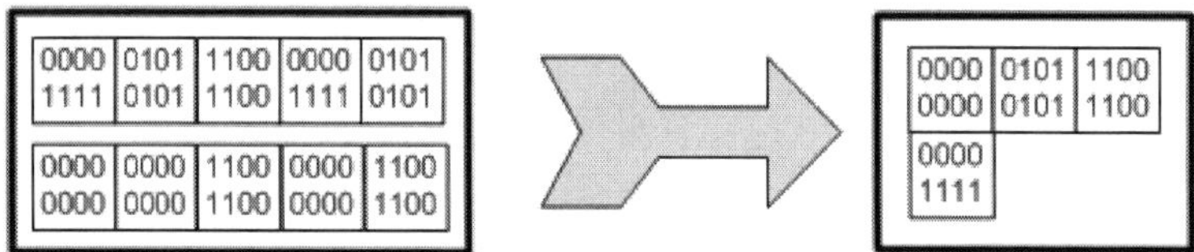

Deduplicación en destino

Estas limitaciones han llevado a los fabricantes a ofrecer en un primer momento soluciones basadas en la optimización de los datos una vez archivados, apoyándose en un mecanismo llamado **deduplicación en destino**. De hecho, el principio de copia de seguridad sigue siendo el mismo que en un modo de funcionamiento clásico, pero, una vez los datos están disponibles en el soporte principal de la copia, se analizan y optimizan identificando los bloques comunes presentes en el conjunto de los juegos de copias realizados. Estos bloques son de longitudes variables, generalmente entre 32 KB y 128 KB. De este modo, si realiza copias de seguridad completas de sus sistemas (datos incluidos) centrándose en sistemas operativos idénticos, la tasa de deduplicación será extremadamente elevada para la parte del sistema operativo (SO). Igualmente, los datos ofimáticos del mismo tipo que provengan de la misma aplicación van a generar una tasa de compresión más alta.

Por ejemplo, imaginemos que tenemos que realizar seis copias de seguridad. El algoritmo de deduplicación identificará los bloques comunes y ofrecerá la mejor descomposición posible para permitir una compresión elevada. Durante una deduplicación en destino, el algoritmo será capaz de identificar los mejores bloques de todos los que ya se han copiado. El soporte de la copia conservará el conjunto de bloques duplicados y los índices que hacen referencia a los bloques utilizados.

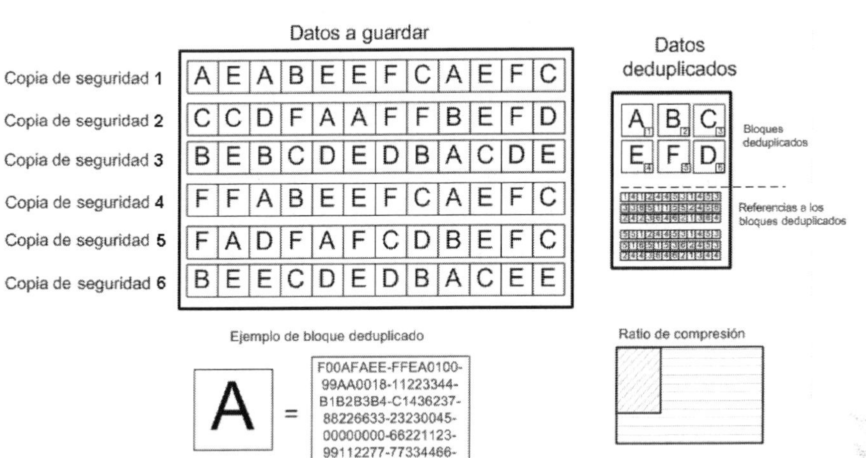

Del mismo modo, la multiplicación de las copias de seguridad completas no afectará más que a las copias diferenciales. Incluso si esta solución reduce considerablemente las necesidades en materia de volumen de archivado, las operaciones de copia siguen siendo las mismas.

Las soluciones basadas en VTL (*Virtual Tape Library*) utilizan generalmente este tipo de mecanismo reemplazando cintas por discos, en forma de cinta virtual. La gestión en modo disco permite realizar posteriormente operaciones de deduplicación, que no se pueden realizar en cintas físicas.

Deduplicación en origen

Otros fabricantes han llevado sus ideas más lejos, ofreciendo una solución que tenga en cuenta la deduplicación desde el origen. La ventaja principal de este enfoque se basa en que no se transmite la totalidad de los datos, aunque sí los bloques deduplicados. Por otra parte, el algoritmo de deduplicación de bloques anticipa los bloques comunes incluso antes de tener todas las copias. La eficiencia es menor, puesto que la base de referencia de los bloques es menos extensa.

Avamar (adquirido por EMC), Simpana (CommVault) y, Veeam Backup (VEEAM) ofrecen soluciones basadas en la deduplicación en origen.

3.3.9 Los protocolos de replicación entre bahías

En una configuración donde se busca la tolerancia a fallos, en la que se implementa una solución con dos servidores redundantes, naturalmente se va a tratar de garantizar la tolerancia a fallos en los datos asociados (bases de datos o datos asociados a un servicio). Para ello, cuando elegimos una solución de tipo NAS o SAN que integra componentes redundantes (alimentación, discos RAID, red redundante, controladores duplicados), se puede enriquecer la solución, ofreciendo una replicación de los datos sensibles en segundo plano a otra sala.

Para esto se utilizan herramientas complementarias ofrecidas por los fabricantes de bahías informáticas, a través de licencias complementarias.

La solución completa, servidores redundantes (clústers) y datos replicados (GeoCluster de datos) permite disponer de una solución real con tolerancia a fallos y ofrecer una reanudación, con interrupción del servicio, pero sin pérdida de datos, según el modo de replicación implementado.

El primer modo **síncrono** asegura la sincronización de las actualizaciones casi simultáneas entre las bahías: cualquier actualización de la primera bahía se hace garantizando la misma actualización en la segunda. En caso de que haya algún problema, aparte del tiempo de reinicio, los datos replicados en la segunda sala son idénticos a los de la primera. El mayor inconveniente es que este modo exige tiempos de latencia entre salas extremadamente bajos, permitiendo solo conexiones de tipo Fibre Channel. Las distancias posibles se limitan a algunas decenas de kilómetros. En el caso de dos edificios situados en un mismo lugar, la solución es particularmente interesante.

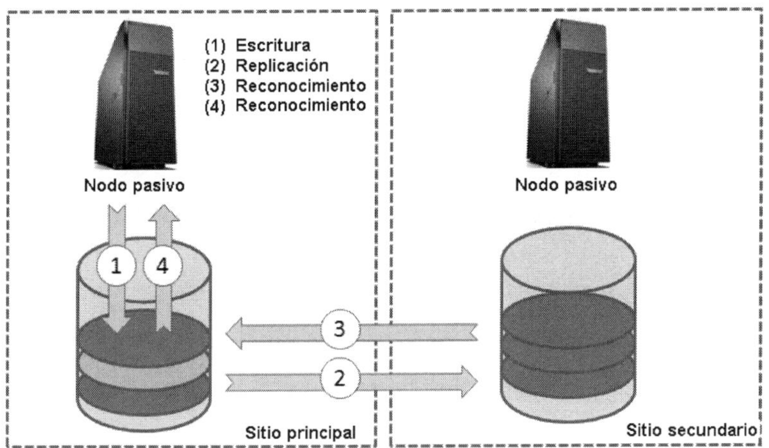

Replicación síncrona entre dos sitios

El modo **asíncrono** permite una mayor flexibilidad en el funcionamiento con una desincronización posible y un tiempo de latencia más elevado. De este modo, es posible basarse en una red IP existente y permitir distancias casi ilimitadas. Dado este retraso entre las actualizaciones en segundo plano, en caso de error, será necesario adaptar los datos para no tener en cuenta las operaciones que se han replicado en la segunda bahía. Este mecanismo de limpieza es admitido por los gestores de bases de datos que se utilizan, basándose en el diario de transacciones.

Observación

Ciertos programas de gestión de clúster pueden ofrecer funcionalidades de replicación entre bahías (p. ej., HACMP o High Availability Cluster Multiprocessing solution Cluster, ofrecido por IBM en un UNIX AIX).

Los principales productos de replicación entre bahías son los siguientes. Todos estos productos gestionan a la vez los modos de replicación síncrona y asíncrona:

- SRFD o *Symmetrix Remote Data Facility*, de EMC, permite la replicación y la restauración de bahías Symmetrix.
- PPRC o *Peer-to-Peer Remote Copy*, de IBM.
- *Continuous Access EVA* gestiona la replicación entre bahías EVA 3000 o 5000.

- *True Copy Remote Replication* de HDS (*Hitachi Data Systems*) asociado a ShadowImage permite hacer una replicación síncrona acoplada con dos replicaciones asíncronas en sitios remotos.

3.3.10 WAAS y compresión del flujo

Desde hace algunos años, las empresas que funcionan con sucursales tienen que hacer frente a dos visiones contradictorias: implementar una solución de almacenamiento local en sitios remotos o volver a centralizar los datos en los sitios centrales.

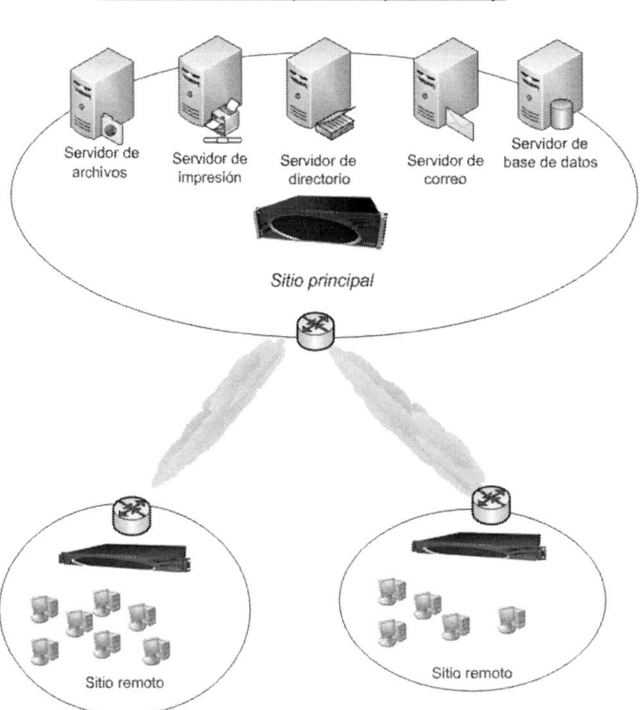

Teniendo en cuenta las interacciones entre los sitios centrales y los sitios remotos, los anchos de banda WAN limitados (incluso si la velocidad ha evolucionado considerablemente), la elección no siempre es sencilla. Una solución complementaria a la elección de datos centralizados es la utilización de dispositivos compresores de flujo.

Han aparecido soluciones dedicadas a los servicios de archivos y de impresión: los dispositivos WAFS (*Wide Area File Services*). En general, se habla de WAAS (*Wide Area Application Service*) para designar los dispositivos que aceleran los flujos de aplicación (incluyendo los servicios de archivos).

Los dispositivos WAAS han heredado las funcionalidades de los dispositivos de compresión de datos de los años 2000, así como de los equipamientos que tienen en cuenta la gestión de la prioridad (QoS o *Quality of Service*).

Estos dispositivos efectúan también la aceleración de numerosas aplicaciones basadas en la capa de transporte TCP administrando la caché para evitar transmisiones inútiles.

Dispositivo de optimización para sitio remoto: Site Riverbed SteelHead EX 1260 Series

Esta solución ofrece numerosas ventajas:

- Compresión de los datos: se implementa una deduplicación de datos de aplicación que transitan en conexiones TCP o en intercambios UDP. Se analizan los datos a nivel de byte para asegurar que solo los datos no redundantes se transmiten a través de la red.
- Transparencia: este tipo de soluciones permite simular servidores de archivos en sitios remotos de manera transparente para los usuarios y con poca latencia.
- Disponibilidad de las modificaciones: se puede acceder a los archivos localmente ayudándose de una caché y, cuando se realizan las modificaciones, solo se replican los nuevos cambios (a nivel de byte).
- Bloqueo de archivos: cuando un usuario abre un archivo para modificarlo, otro usuario que quiera acceder al mismo archivo desde otra ubicación solo lo podrá abrir en modo de solo lectura.
- Acceso a versiones anteriores: gracias a la utilización de *snapshots* (copias instantáneas) en el servidor principal, es posible tener acceso a las versiones anteriores de un archivo desde cualquier ubicación remota.

- Añadido en tiempo real: cuando un usuario añade un nuevo archivo desde una ubicación, es visible inmediatamente en todas las ubicaciones, incluso si el contenido se ha cargado posteriormente.
- Alta disponibilidad: cuando hay un problema en una infraestructura WAAS, se produce una resincronización para tener en cuenta todas las modificaciones que han tenido lugar a nivel de las diferentes cachés presentes en cada ubicación.

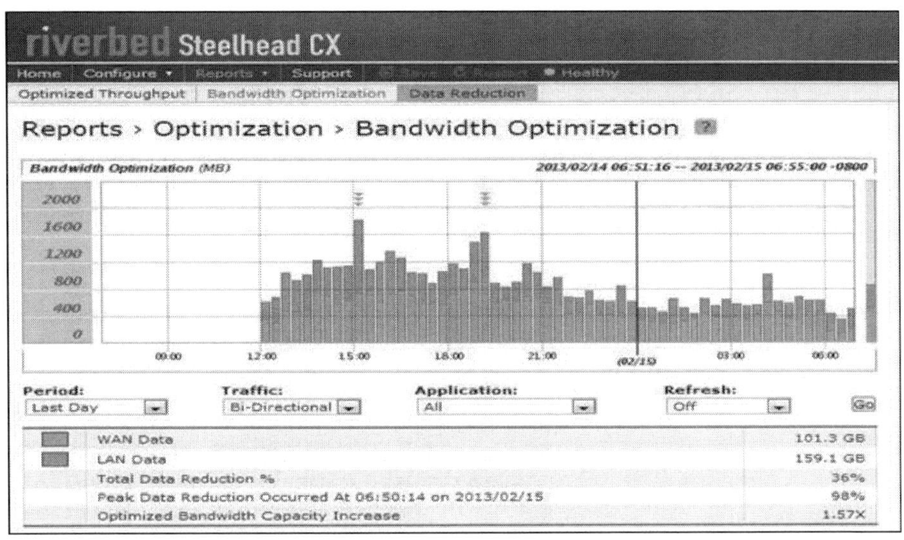

Ejemplo de gráfico de optimización del ancho de banda obtenido: dispositivo SteelHead CX

Observación

Los principales proveedores son Nortel, Brocade, Cisco, Packeteer y Riverbed.

3.4 Virtualización

3.4.1 Introducción

La búsqueda permanente de la disminución de costes con mejores niveles de servicios ha conducido de forma natural a la generalización de la virtualización de entornos. Una de las primeras cosas que condujo a la virtualización fue constatar que, en los servidores, los recursos están infrautilizados casi todo el tiempo (RAM, procesador, disco, red). Uno de los primeros objetivos es optimizar la utilización de estos recursos, ofreciendo, en los entornos virtuales más sofisticados, una asignación dinámica (a petición) de estos.

Ya presente desde los años 1970 con los MainFrame, la virtualización forma parte integrante de las arquitecturas x86.

3.4.2 Algunos conceptos de virtualización

Los primeros entornos de virtualización se centraron en sistemas operativos de servidor. Actualmente, se han generalizado soluciones de virtualización para puestos de trabajo: se habla de VDI o *Virtual Desktop Infrastructure* (término introducido inicialmente por VMware). Se encuentran también soluciones centradas en la **virtualización de aplicaciones**.

En general, si se trata de un entorno de puesto de trabajo o servidor, se habla de **virtualización de sistema operativo**.

En primer lugar, abordaremos los principios de la virtualización en un entorno On-Premise (infraestructuras alojadas localmente en las instalaciones del cliente), y después analizaremos las soluciones disponibles en la nube (infraestructuras alojadas y gestionadas por el proveedor que ofrece la solución como servicio).

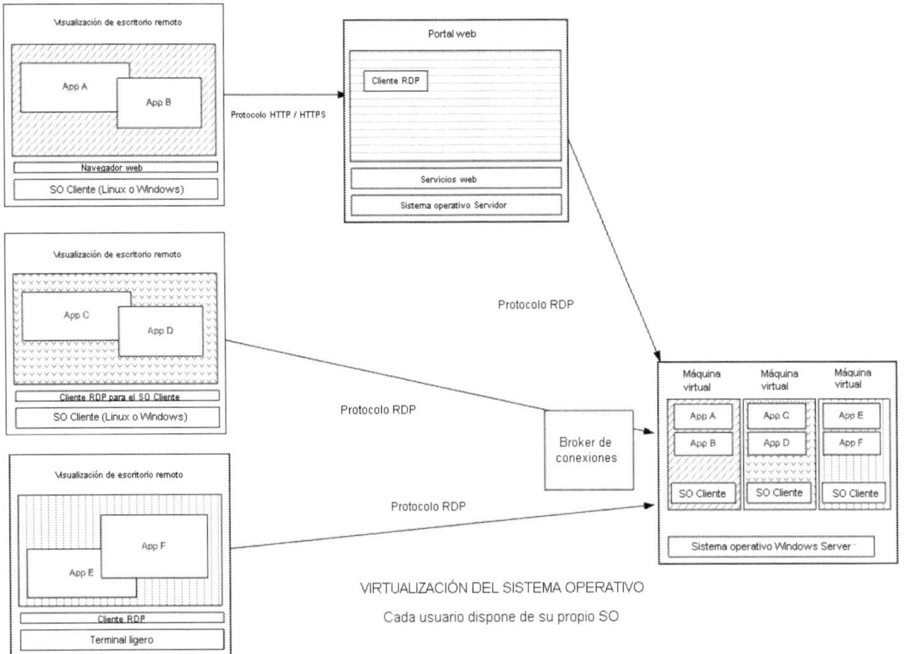

El acceso a los puestos de trabajo virtualizados pasa por un **Load Balancer** (balanceador de carga) también llamado **Broker de sesiones**.

Observación

Los principales proveedores en este ámbito son VMware Horizon VIEW, que se ayuda de vSphere, Citrix Virtual Desktop o incluso Microsoft Windows Server con el rol Remote Desktop Service.

Existen también versiones gratuitas para emular un entorno virtual en un puesto de trabajo (modo maqueta): Oracle VirtualBox o incluso VMware Workstation Playe.

Puede probar los productos descargándolos en los siguientes enlaces:

https://www.virtualbox.org/wiki/Downloads

https://www.vmware.com/es/products/workstation-pro/workstation-player-evaluation.html

En este modo, la principal diferencia con VDI es que la emulación del SO se hace en el mismo equipo.

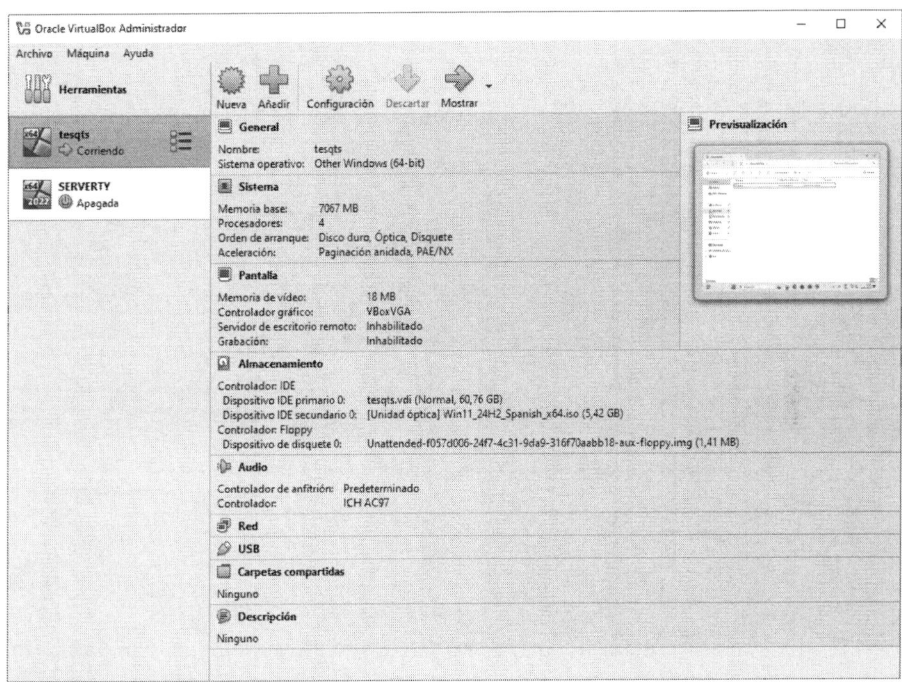

Ejemplo de solución de virtualización en un puesto de trabajo

El término **virtualización de sesiones** se utiliza igualmente para hacer frente a la ejecución de aplicaciones en servidores en modo presentación: la aplicación se ejecuta en un servidor remoto y se visualiza en el puesto de trabajo apareciendo completamente integrada en el escritorio del usuario sesiones.

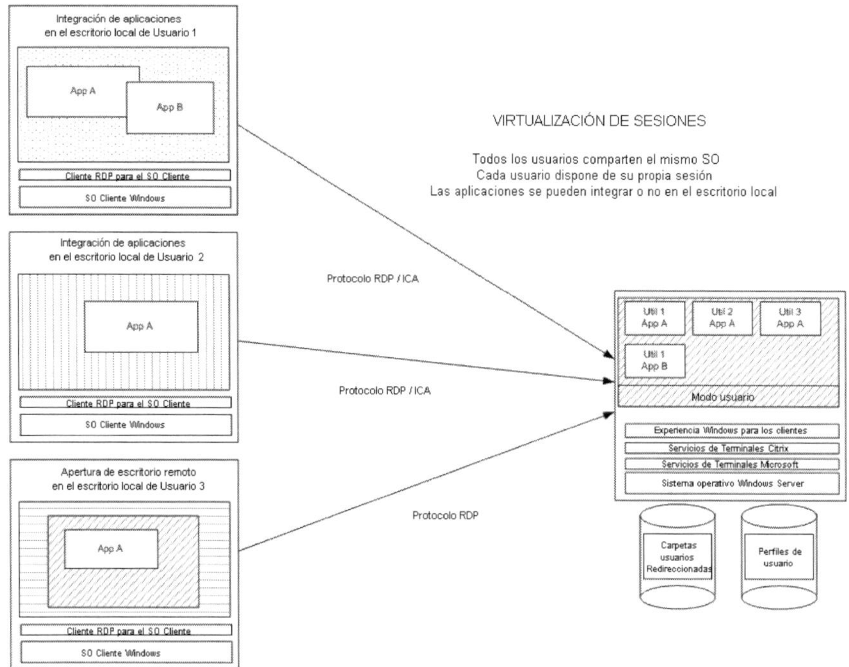

La **virtualización de aplicaciones** significa una solución en que la aplicación se empaqueta en un entorno aislado y se pone a disposición en los puestos de trabajo, generalmente vía *streaming*. Esta aplicación no está instalada en el equipo, pero se ejecuta correctamente en él.

Observación

Entre ellas se incluyen VMware Horizon Apps o Citrix Virtual Apps.

A veces también se habla de **virtualización de perfiles** para sugerir la idea de redirección automática de datos del usuario o la implementación de perfiles itinerantes (un usuario recupera su entorno personalizado y sus datos desde cualquier equipo).

3.4.3 Soluciones de virtualización típicas

Para ilustrar las diferentes combinaciones posibles, vamos a concentrarnos en algunos escenarios de utilización:

– Los equipos clientes están disponibles bajo demanda a través de la red.
– Las aplicaciones están disponibles bajo demanda y se publican automáticamente en los puestos de trabajo.

Los equipos clientes están disponibles bajo demanda a través de la red

Se utilizarán normalmente terminales ligeros (TL), terminales ultraligeros (TUL) o *Thin Client* (TC) para conectarse a un SO cliente que se está ejecutando en una infraestructura de servidores:

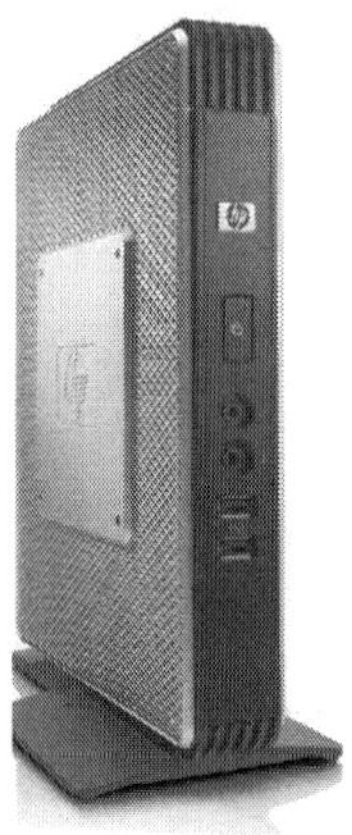

Terminal ligera

Este cliente ligero incluirá los dispositivos necesarios conectados: como mínimo, una pantalla, un teclado y un ratón.

En algunas empresas, para aumentar la vida de los equipos de trabajo y limitar los costes, algunos SO clientes obsoletos se convierten en terminales ligeros para el acceso al nuevo SO hospedado en modo VDI. Se tomará, por ejemplo, una solución basada en el SO Linux, que necesita menos recursos y está menos afectada por virus, y se instalará un cliente específico: Cliente Microsoft RDP (*Remote Desktop Protocol*) o un cliente Citrix ICA (*Independent Computing Architecture*).

Las aplicaciones están disponibles bajo demanda y se publican automáticamente en los puestos de trabajo

Para poner a disposición aplicaciones bajo demanda, se habla de *Software as a Service* (SaaS).

Básicamente, existen dos enfoques para poner a disposición del usuario aplicaciones bajo demanda:

- Aplicaciones accesibles en modo virtualización de sesiones.
- Aplicaciones accesibles en modo virtualización de aplicaciones.

La **virtualización de sesiones** se utiliza desde hace muchos años y ha visto crecer su éxito alrededor de las tecnologías Terminal Services, de Microsoft combinadas con Citrix.

Estas tecnologías se apoyan en un modo de funcionamiento por el que las aplicaciones se ejecutan en el servidor en un contexto de perfil de usuario en un modo sin privilegios. Desde este punto de vista, las aplicaciones deben poder funcionar en modo multiusuario, es decir, compartiendo una parte común en modo de solo lectura y aislando una parte específica dedicada a lectura/escritura (parte personalizable del usuario).

Generalmente, los datos del usuario se ponen a disposición en el perfil a través del mapeado de la red.

Finalmente, la aplicación que se ejecuta en el perfil de usuario que está en un servidor se visualiza en el equipo cliente de manera completamente integrada en el escritorio.

Observación

La solución que más ha dado a conocer esta tecnología es Citrix PNA (Program Neighborhood Agent). Observe que Citrix utiliza su propio protocolo: ICA.

La **virtualización de aplicaciones** muestra una solución en la que la aplicación se empaqueta en un entorno aislado y se pone a disposición de los puestos de trabajo, generalmente a través de *streaming*. En este modo, la aplicación aparece inmediatamente disponible en el puesto de trabajo (se muestra un acceso directo) una vez que el usuario está en los grupos de seguridad correspondientes (igual que con la sesión de virtualización de sesiones).

La primera vez que se ejecuta, la aplicación se carga en modo *streaming* en el puesto de trabajo y a continuación se ejecuta sin estar instalada. Se puede configurar la caché del puesto de trabajo para permitir a la aplicación ejecutarse en modo fuera de conexión. Así, contrariamente a una solución de virtualización de sesiones, es posible trabajar con la aplicación sin tener conexión de red activa permanentemente.

La mayor parte de las soluciones existentes ofrecen una versión con cliente en el puesto de trabajo.

Observación

La virtualización de aplicaciones se asocia ahora a la solución desktop propuesta por el editor. Como ya se ha mencionado, se trata de VMware Horizon, Citrix Daas (Desktop as a Service), que incluye Citrix Virtual Apps.

También es posible combinar la virtualización de aplicaciones en un modo de virtualización de sesiones: un cliente dedicado a la virtualización de aplicaciones se publica en el servidor de terminales. En el momento de la primera solicitud, el paquete de la aplicación virtualizada se carga en el servidor de terminales y posteriormente se mostrará en el puesto de trabajo del usuario.

3.4.4 Resumen de tecnologías de virtualización

Virtualización de sesiones

Examinemos **las principales cuestiones** relativas a la virtualización de sesiones.

Se trata en particular de permitir:

- hacer accesibles aplicaciones a petición.
- la centralización de la gestión de aplicaciones.
- la personalización del entorno para el usuario sin que esté obligatoriamente en el mismo puesto de trabajo.
- la solución obtenida debe permitir disponer de una gran flexibilidad.

Las principales ventajas alrededor de esta solución son las siguientes:

- Si todas las aplicaciones se despliegan utilizando esta solución, no hay ninguna instalación en el puesto de trabajo y este pierde importancia. Se reducen las intervenciones al mínimo. Por ejemplo, es posible actualizar una aplicación una sola vez para el conjunto de todas las sesiones.
- Esto permite disponer de *masters* simplificados en que la configuración y la asignación de aplicaciones pasan simplemente por la pertenencia a grupos de seguridad.
- El equipo así es más fiable.

En contraposición, hay que tener en cuenta un **cierto número de inconvenientes**:

- Hay que administrar los eventuales problemas de cohabitación de las aplicaciones en los servidores de sesiones.
- La red es un elemento crucial, se debe probar su fiabilidad.
- Siguiendo las soluciones ofrecidas, no siempre es posible trabajar en modo fuera de línea; desde VMware VIEW 4.5 es posible trabajar temporalmente fuera de línea y a continuación resincronizar su perfil.
- Hay que tener en cuenta los flujos de impresión que pueden tener un impacto significativo en la red.

Virtualización de aplicaciones

Uno de los principales **objetivos** que se persiguen es la reducción del coste de administración de las aplicaciones. Por esto, uno de los elementos importantes es la reducción de la duración de las pruebas previas al despliegue de una aplicación.

La aplicación se ejecuta en una «burbuja», no hay conflictos entre ella y las demás aplicaciones que se ejecutan en el mismo puesto.

La mayoría de las veces, el esfuerzo para volver a empaquetar una aplicación (volver a crear el paquete desde el que se desplegará la aplicación) es mínimo o innecesario.

Veamos cuáles son las **ventajas** asociadas.

- Es posible hacer cohabitar diferentes versiones de una misma aplicación en un mismo ordenador (por ejemplo, Access 2.0, Office 2003, Office 2016 o incluso IE8 e IE11).
- La actualización de una aplicación, así como la vuelta a una versión anterior, son extremadamente sencillas.
- El modo fuera de línea funciona gracias a la utilización de una caché.
- En algunos casos, es posible crear un solo paquete para el despliegue de una aplicación en diferentes SO.

Sin embargo, existen algunos **inconvenientes**:

- En un modo de funcionamiento normal, la red es un elemento central incluso si es posible administrar un modo fuera de línea.
- El empaquetamiento de la aplicación no siempre es fácil. No es fácil meter en una burbuja diversas aplicaciones que se deben comunicar unas con otras.

La virtualización del puesto de trabajo (VDI)

El principal **objetivo** es reducir costes en cuanto a número de puestos.

El puesto de trabajo se pone a disposición como un servicio.

Se trata de hacer seguro el entorno del usuario (es posible impedir que cualquier dato salga de la empresa).

Uno de los objetivos es disponer de una arquitectura dinámica y evolutiva.

La solución permite tener en cuenta los cambios de manera centralizada y simplificar los cambios de los SO.

Las principales **ventajas** asociadas son las siguientes:

- El puesto de trabajo se pone a disposición como un servicio con un nivel de servicio elevado que puede integrar un PRA (Plan de recuperación de la actividad).
- Los costes de gestión se minimizan con este tipo de solución, en particular cuando se trata de actualizaciones o evoluciones (sobre todo en el caso de la utilización de una solución de hardware de tipo cliente ligero).

En contraposición, hay que tener en cuenta los siguientes **inconvenientes**:

- El impacto vinculado a los flujos de impresión puede ser extremadamente elevado.
- La solución es costosa en términos de adquisición de licencias y dispone de un umbral de rentabilidad elevado; se recomienda utilizar un cliente ligero para evitar duplicar el coste de gestión del puesto de trabajo y multiplicar la adquisición de licencias del puesto de trabajo.
- Es preferible utilizar tecnologías de deduplicación para mejorar la rentabilidad.

A continuación, puede ver algunos enlaces sobre tecnologías de virtualización:

Virtualización VMware:
https://www.vmware.com/products.html

Virtualización Citrix:
https://www.citrix.com/platform/citrix-app-and-desktop-virtualization

Virtualización Microsoft:
https://docs.microsoft.com/es-es/windows-server/virtualization

3.4.5 Desktop as a Service

Introducción

DaaS o *Desktop as a Service* es la versión en la nube para la implementación bajo demanda de escritorios virtualizados.

Consiste en proporcionar un puesto de trabajo en la nube, o como mínimo una sesión gráfica con una experiencia completa para un usuario final.

La diferencia fundamental es el pago por uso y la generalización del arrendamiento de recursos: pasamos de un modelo de inversión inicial (CAPEX, *Capital Expenditure*) a un modelo vinculado a un coste recurrente (OPEX, *Operational Expenditure*).

Observación

El termino VDI (Virtual Desktop Infrastructure) corresponde a una máquina virtual (VM) alojada en la infraestructura de la empresa, a diferencia de DaaS, donde la infraestructura se gestiona por el proveedor de la nube (Cloud).

En este modelo, existen dos enfoques: escritorio persistente o no persistente. En el modo "escritorio persistente", los usuarios pueden acceder a sus puestos de trabajo y a todas sus aplicaciones, y conservan todas sus configuraciones cada vez que se conectan.

En el modo "escritorio no persistente", la sesión del usuario será efímera, mientras duren las operaciones que se vayan a realizar.

El modo DaaS se adapta especialmente bien a las siguientes situaciones:

- trabajadores temporales o estacionales;
- fusiones y adquisiciones de empresas;
- periodos de mayor carga de trabajo;
- suministro de software que puede ser difícil de gestionar cuando se instala en los puestos de trabajo físicos de los empleados.

Varios actores importantes están posicionados en este nicho DaaS. Por mencionar algunos, entre ellos se encuentran Microsoft, Citrix, VMware o Amazon.

Observación

Gartner ofrece una lista de soluciones disponibles y una evaluación asociada en https://www.gartner.com/reviews/market/desktop-as-a-service.

Microsoft

Azure Virtual Desktop y Windows 365 son las dos principales soluciones que ofrecen Microsoft.

Ambas se basan en tecnologías en la nube de Microsoft. Técnicamente, W365 se basa en componentes AVD existentes, pero ofrece dos enfoques: costes fijos o costes basados en el consumo.

Existen dos versiones de Cloud PC: Enterprise o Business.

La versión Enterprise es adecuada para las empresas que utilizan la solución de despliegue y gestión MECM (*Microsoft Endpoint Configuration Manager*) y que ya gestionan sus puestos de trabajo físicos. Esta versión requiere una licencia de Microsoft Intune (solución de administración alternativa a endpoint manager) para cada usuario al que se asigne un cloud PC.

La versión Business es más adecuada para pequeñas y medianas empresas (PYMES) o usuarios individuales; no requiere ninguna licencia de Microsoft Intune. Sin embargo, el puesto de trabajo virtual es gestionado en su totalidad por el usuario final, como si se tratara de su propio PC.

Microsoft Azure Virtual Desktop

Comparado con una solución tradicional basada en el acceso mediante RDS (*Remote Desktop Service*), AVD ofrece un conjunto integral y preconfigurado que elimina la necesidad de gestionar todos los roles que habitualmente se requieren: load balancer (*Remote Desktop Connection Broker*), pasarela (*Remote Desktop Gateway*), licencias (*Remote Desktop Licensing*), entre otros.

Logo de Azure Virtual Desktop

Sin embargo, AVD ofrece las mismas capacidades que RDS:

- RemoteApp, se puede abrir una aplicación de forma remota sin que el usuario sea consciente de que no está instalada ni ejecutándose localmente.
- Escritorio completo, una sesión grafica completa está disponible y el usuario es consciente de que está en un servidor remoto.

AVD permite la ejecución de una sesión de cliente del SO Windows (Windows 10 o 11) así como un Windows Server (sesiones múltiples).

Es más, como la VM AVD se ejecuta como una máquina virtual en su suscripción Azure, tiene control total sobre el tamaño del disco y de la VM.

También puede desactivarla cuando lo necesite para ahorrar costes.

Microsoft Windows 365

W365 se asocia a menudo a cloud PC. Esto permite crear una estrategia de aprovisionamiento y asignar una licencia a un usuario.

Logo de M365

El PC se implementa en segundo plano y está disponible en pocas horas. Intune se utiliza para desplegar las aplicaciones en el dispositivo y aplicar las directivas corporativas.

La estrategia de implementación define varios elementos, entre los que se incluyen la personalización gráfica, el idioma y la región de la máquina virtual (VM).

Dado que la VM se ejecuta en Azure, no está asociada a su suscripción; por lo tanto, los parámetros como la CPU, la memoria RAM o el disco no son modificables.

El tamaño de la VM está determinado por la licencia adquirida. La VM se ejecuta de forma continua 24/7.

Observación

El siguiente sitio web enumera los precios de las VM en función de su dimensionamiento:
https://www.microsoft.com/es-es/windows-365/enterprise/all-pricing

AVD y W365 utilizan una versión especifica de Windows 10/11 optimizada para el funcionamiento del escritorio virtual. Linux no es compatible.

Citrix

Citrix DaaS cubre tanto la aplicación como el escritorio (conocidos como Citrix Virtual Apps y Citrix Virtual Desktop, e incluso antes como XenApp y XenDesktop).

Citrix DaaS

Citrix DaaS permite tanto el funcionamiento en sesión única como en multisesión, en el SO Windows 10/11 (cuando está alojado en Azure) así como en Linux.

Citrix DaaS puede ejecutarse en Azure, Google Cloud o AWS (*Amazon Web Services*).

También permite una gestión híbrida, con infraestructuras alojadas tanto en la nube como dentro de la empresa (On-Premise).

Observación

En la siguiente dirección dispone de más información:
https://docs.citrix.com/fr-fr/citrix-daas.html

VMware

El Cloud Horizon de VMware se basa en una arquitectura híbrida alojada en Azure, ofrecida tanto en sesión única como en multisesión en escritorios Windows o Linux.

VMware Horizon Cloud

Logo VMware Horizon Cloud

Observación

Mas información en la siguiente dirección:
https://docs.vmware.com/fr/VMware-Horizon

Amazon

Los SO Ofrecidos por Amazon son Windows o Linux en modo persistente.

Se puede elegir entre sesión única o multisesión.

Los clientes pueden acceder a los escritorios virtuales de diversas formas, gracias al Client Workspaces disponible en Windows, Mac, Chromebook, tabletas o en los navegadores Firefox Chrome.

Amazon Workspaces

Logo Amazon Workspaces

3.5 Cloud Computing

El cloud computing, literalmente «la informática en la nube», hace referencia al uso de la potencia de cálculo y de almacenamiento de ordenadores repartidos en todo el mundo y a los que se accede en modo privado o público (a través de Internet).

Se trata de un enfoque que apunta a alquilar (en lugar de comprar) algunas funcionalidades de software o de hardware del entorno informático: de este modo, podrá implementar una suite colaborativa o una solución de archivado externalizando completamente los servidores y la capacidad de almacenamiento. A la empresa usuaria se le dan herramientas que le permitan administrar un mínimo del entorno que alquila.

Del mismo modo que se utilizan los servicios de superordenadores para realizar los cálculos más exigentes en materia de recursos, se pueden alquilar los servicios de infraestructuras a medida, en función de las necesidades.

Las tecnologías de virtualización entran por completo en este mundo y permiten integrar una dinámica en la asignación de recursos a petición.

El uso de la infraestructura informática se considera como un servicio; esto significa que la empresa usuaria puede utilizar la potencia que necesite y a petición. Así es posible extender fácilmente el sistema de información y optimizar los costes vinculados al mantenimiento de la infraestructura (integrados en el coste de alquiler).

Ya hemos visto la parte de Desktop as a Service. Veamos las otras grandes categorías que permiten clasificar a los agentes de la nube:

- IaaS o *Infrastructure as a Service*, que pone a disposición capacidad de almacenamiento o potencia de cálculo.

  Estos proveedores garantizan a los clientes directos o a otros agentes de la nube la implementación de una infraestructura de red o de almacenamiento dinámico (flexible y automatizado).

  Ejemplo: Amazon, Microsoft, IBM, Orange, OVH.

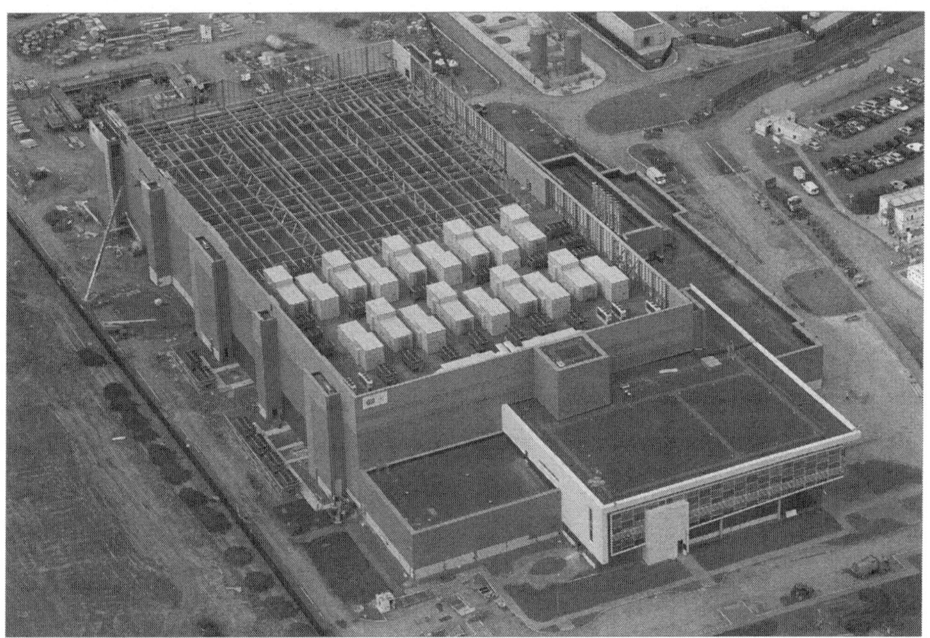

Datacenter de Microsoft en Dublín

- PaaS o *Platform as a Service* pone a disposición plataformas de desarrollo para pruebas o para la gestión en producción de un entorno de desarrollo.

  Ejemplo: Microsoft Azure, Google App Engine en el caso de Google o Force.com con Salesforce.

- SaaS o *Software as a Service* identifica software puesto a disposición por fabricantes que quieren captar a todo tipo de empresas, principalmente las pymes. SaaS es la categoría de la nube que genera más beneficios.

Las áreas más representadas son las siguientes:

- las aplicaciones colaborativas;
- las aplicaciones RH;
- los CRM (gestión de la relación con clientes);
- las finanzas;
- los ERP (planificación de recursos de la empresa).

Para los fabricantes, la nube es una cuestión mayor en la cual es importante no perder comba. El hecho de introducir una suscripción al software permite a los fabricantes ofrecer tarifas más atractivas, garantizando ingresos periódicos.

Además, el modo nube necesita la introducción de servicios complementarios que permitan a la empresa usuaria una autogestión, así como modos de funcionamiento completamente automatizados.

La transición hacia la nube necesitará en algunos casos habilidades particulares aportadas por agentes especializados en el *Business Process Outsourcing* o BPO para ir hacia una solución del fabricante de tipo SaaS. Estos agentes pueden asumir la mayor parte de los procesos de negocio, como las compras, la gestión de la relación con el cliente o incluso los recursos humanos o la nómina.

En España, la adopción está en marcha; cada vez más empresas están dando el paso, a pesar de que inicialmente los principales obstáculos estaban relacionados con la falta de opciones de alojamiento dentro del territorio nacional. En efecto, hay empresas que aún recuerdan la decisión de un Juez estadounidense que en 2014, en virtud de Patriot Act, obligó a Microsoft a divulgar el contenido de un correo electrónico almacenado en su centro de datos de Irlanda.

Actualmente, todos los grandes proveedores como Amazon, Microsoft, IBM, Google, Oracle e incluso Salesforce, ofrecen servicios de alojamiento en distintos países, con el objetivo de eliminar las barreras relacionadas con el almacenamiento de datos empresariales o médicos confidenciales (lo que está prohibido fuera del territorio nacional).

4. Plan de continuidad de la actividad

Las empresas utilizan la informática para almacenar datos que pueden contener información confidencial. Por ello, es importante garantizar su protección tanto durante el almacenamiento como en la entrega de datos.

La disponibilidad permite garantizar el servicio en cualquier circunstancia y para ello se requiere la implementación de soluciones que hagan más fiables los servicios y los medios de almacenamiento.

Los principios de confidencialidad también son importantes, ya que protegen la visibilidad de los datos. Los cálculos de integridad permiten, por su parte, prevenir pérdidas de información. Sobre estos conceptos volveremos más tarde en el capítulo Principios de protección de una red.

4.1 Disponibilidad

4.1.1 La fiabilización del sistema de almacenamiento

Redundancia de los datos

Es posible implementar una redundancia de medios para garantizar una buena tolerancia a fallos a través de la duplicación de datos en dos o más discos duros. Algunas soluciones *Redundant Array of Inexpensive Disks* (RAID), o conjunto redundante de discos independientes, permiten esta alternativa.

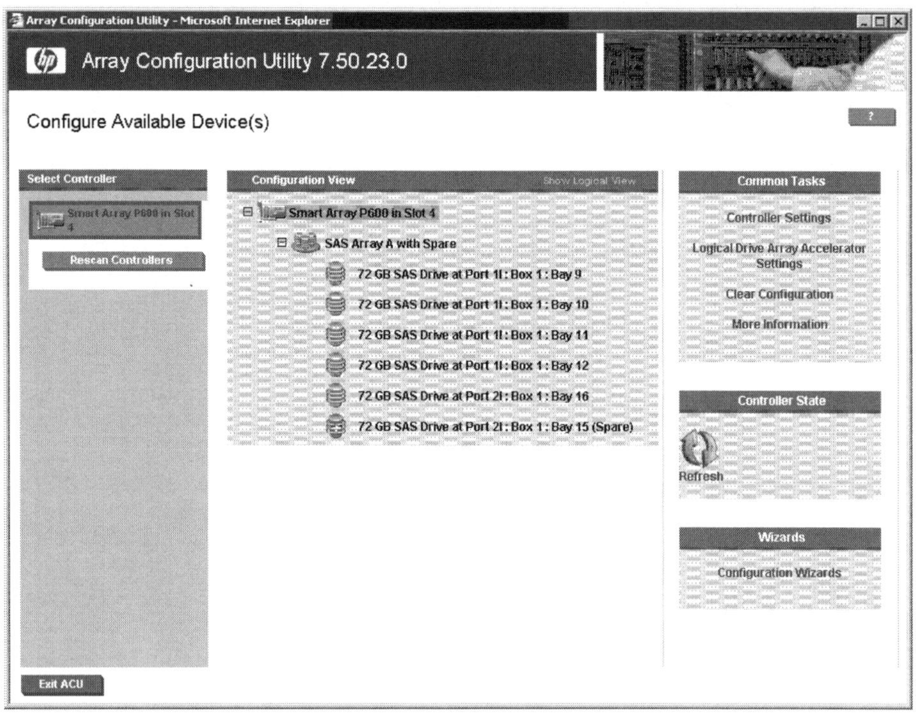

Utilidad de configuración HPE en un servidor físico

Protección eléctrica

A veces, también es necesario proteger eléctricamente las máquinas imprescindibles de una red (servidores, equipos de conexión...) contra las subidas de tensión o los cortes eléctricos. Con este fin, los sistemas de alimentación ininterrumpida (SAI o UPS - *Uninterruptible Power Supply*) actúan como filtro de tensión. Permiten también compensar la alimentación principal del hardware conmutando la fuente de alimentación con una batería.

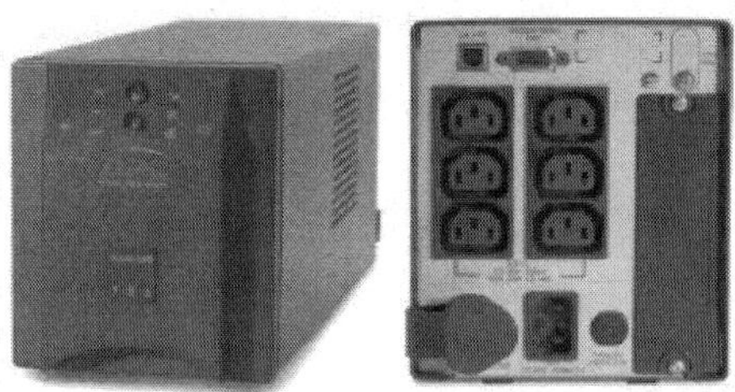

Sistema de alimentación ininterrumpida

Sistema transaccional de archivos

Este sistema de transacción se establece explícitamente en el sistema de archivos (como en el caso del antiguo sistema Novell NetWare), o implícitamente, como en el caso de Linux (Ext4) y Windows (NTFS).

Igualmente se puede hablar de JFS (*Journaled File System*), disponible en IBM AIX o ZFS (*Z File System*), de Oracle Solaris.

Integridad de datos y CRC

Los sistemas de archivos ejecutan un mecanismo de cálculo de integridad de los datos almacenados, a través de códigos de redundancia cíclicos (CRC - *Cyclic Redundancy Check*).

El inicio de un cálculo de CRC es un polinomio generador, cuyo valor binario es conocido; por ejemplo, los 17 bits 10001000000100001 para un CRC de 16 bits. Se efectúa un cálculo a partir de este polinomio y de los bits que deben comprobarse. Cuando se repiten las mismas operaciones, el resultado se compara con el anterior para comprobar que no hay error.

El sistema está diseñado para detectar tanto los errores repartidos aleatoriamente como los secuenciales, de longitud inferior al tamaño del polinomio. La mayoría de los tramos de errores superiores o iguales al polinomio también pueden identificarse.

4.1.2 La fiabilización de los intercambios

Soporte físico fiable

Una manera sencilla de garantizar una fiabilidad en el intercambio de información es utilizar un soporte de transmisión fiable; por ejemplo, la fibra óptica, insensible a cualquier perturbación electromagnética.

Puntos de sincronización

En el intercambio de información crucial, como la que permite la actualización de bases de datos, es necesario poder efectuar una recuperación del contexto antes del incidente, estableciendo estas protecciones de contexto o puntos de sincronización.

Guardando periódicamente las modificaciones, es posible recuperar el contexto inmediatamente anterior al incidente. De hecho, es importante saber exactamente cuáles fueron las modificaciones que se tuvieron en cuenta durante la última transacción anterior al incidente.

Protocolos en modo conectado

Los protocolos conectados aseguran fiabilidad en los intercambios gracias a los acuses de recibo y a los códigos de redundancia cíclicos.

Transacciones a nivel de aplicación

Cuando, por ejemplo, se realizan actualizaciones importantes en bases de datos, es esencial hacer operaciones unitarias, incluso si hay problemas. Para esto, uno de los mecanismos más conocidos es el **«commit» (validación) de dos fases**.

4.2 Confidencialidad

4.2.1 La seguridad del sistema de archivos

La primera solución para garantizar la confidencialidad de los datos puede ser aportada por el sistema de archivos que utiliza el sistema operativo.

Para poner en marcha la seguridad local, es necesario poder identificar cada acceso.

Para poder identificar, ante todo es necesario autentificar los usuarios. Por ello, en un sistema de archivos seguro, es necesario basarse en la autentificación inicial.

Un sistema de archivos seguro tiene en cuenta a los usuarios del sistema para administrar reglas de seguridad personalizadas a nivel de los archivos.

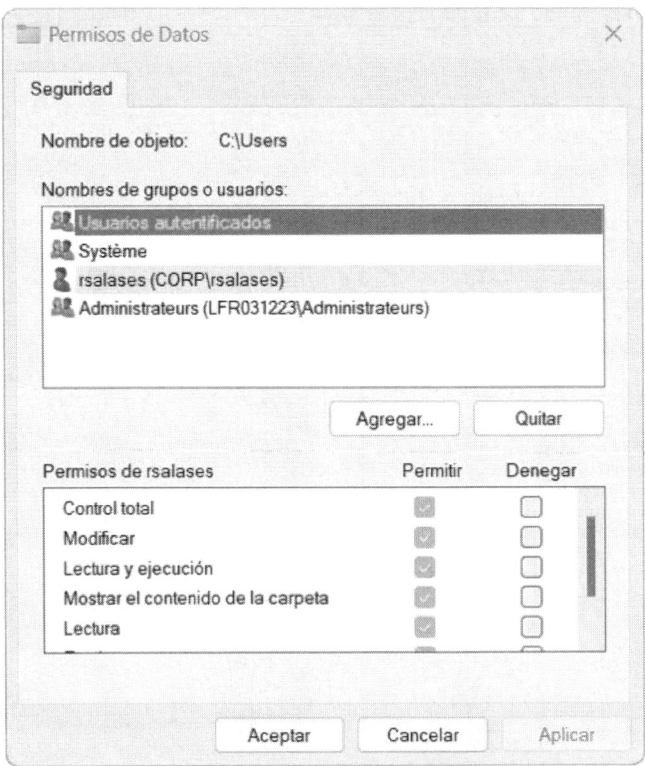

Administración de permisos locales en Windows

Observación

Por ejemplo: los sistemas Windows ofrecen NTFS (New Technology File System). Linux utiliza los sistemas de archivos Ext4 y xfs, que muestra los permisos elementales (RWX) para tres tipos de usuario (el usuario propietario, el grupo propietario y el resto). Los sistemas operativos Unix utilizan sistemas de archivos diferentes, pero que emplean los mismos conjuntos de permisos. En los sistemas Unix/Linux, además del conjunto de permisos elementales, es posible utilizar listas de controles de acceso que proporcionan permisos más elaborados (como en Windows...).

4.2.2 La protección de los intercambios

Autentificar

El establecimiento de una conexión a menudo está precedido por una autentificación que valida el acceso a los recursos remotos.

De hecho, todos podemos marcar un número de teléfono para conectarnos con un acceso remoto o introducir la dirección de un servidor público. Para ello es necesario validar el acceso a la red en primer término y después el acceso a la información.

El cifrado

La confidencialidad de la información es necesaria a menudo durante la transmisión de datos en distintos y variados soportes. De hecho, tomando como principio que es imposible impedir a alguien interceptar las tramas en una red y que resulta incluso menos posible saber si nuestras tramas han sido leídas, es preferible procurar que la información transmitida no sea legible para cualquiera.

Para convertir esta información en confidencial, se debe codificar mediante un cifrado, también llamado encriptado. De esta manera, solo el emisor y el receptor pueden leerlo.

Las herramientas de análisis de tramas permiten la lectura y la interpretación de los flujos que circulan si no están cifrados. Microsoft proporciona, con las versiones de servidor de sus sistemas operativos, un programa de este tipo, el monitor de red, en una versión limitada.

Igualmente podemos encontrar herramientas gratuitas, WireShark y TCP-Dump, disponibles para varios sistemas operativos y que pueden descargarse de Internet.

Observación

Los sitios web www.wireshark.org y www.tcpdump.org permiten obtener información sobre estas herramientas, y acceder a su descarga.

Internet y confidencialidad

Un dato confidencial que viaja por Internet, como el número de una tarjeta de crédito, puede ser interceptado por personas malintencionadas si este no está encriptado.

Por ello recurrimos al cifrado de la información confidencial (nombre y contraseñas) o incluso de la totalidad de los datos.

También la legislación al respecto ha evolucionado en España. Los métodos de cifrado pueden superar los 128 bits en ciertas condiciones.

Observación

Puede consultar los documentos relativos al cifrado en la página web de la CCN-CERT :
https://www.ccn-cert.cni.es/es/seguridad-al-dia/novedades-ccn-cert/

4.3 Redundancia de datos

4.3.1 La tolerancia a fallos

La tolerancia a fallos se puede definir como una configuración de hardware o software que permite prevenir uno o más tipos de averías susceptibles de perjudicar el buen funcionamiento del sistema, de retrasar o afectar un proceso o un usuario.

Hay una implementación de tolerancia a errores lógicos muy extendida: LVM2 (*Logical Volume Manager*) está muy presente en los entornos Unix/Linux y se utiliza en modo nativo. Permite aportar un nivel de control suplementario en las operaciones de gestión de los discos y asegurar así las operaciones para el administrador Unix/Linux.

Se definen discos (PV, *Physical Volume*). Estos discos se estructuran en grupos (VG, *Volume Group*). Sobre estos grupos de volúmenes se definen volúmenes lógicos precisando el modo de utilización (RAID 0 o RAID 1, por ejemplo).

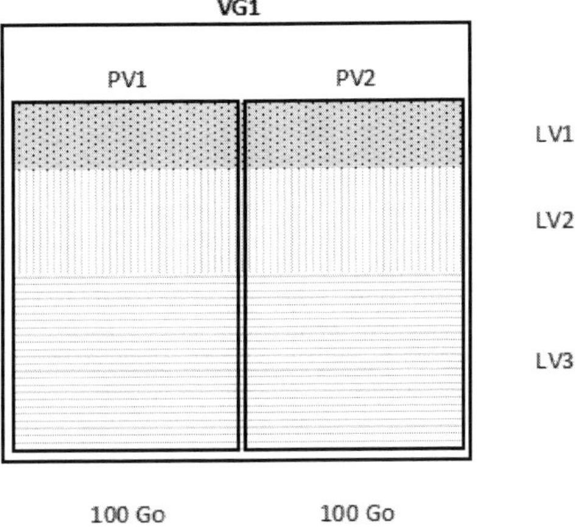

Ejemplo de configuración VG, PV, LV

Por ejemplo, tomemos dos discos SATA (discob y discoc) definidos en una VM Linux (con Oracle Virtual Box).

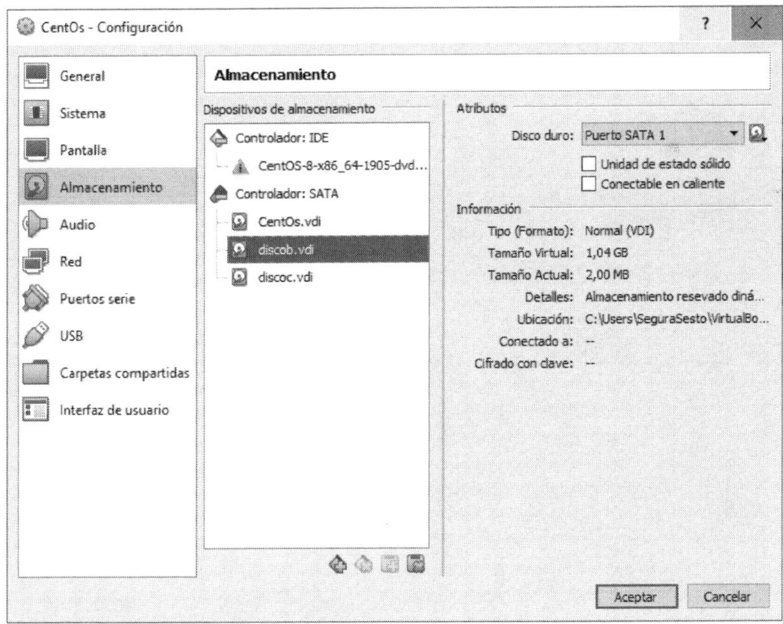

Definición de dos discos SATA adicionales en una VM Linux

A partir de estos discos, creamos dos discos físicos en Linux (PV):

```
pvcreate  /dev/sdb
pvcreate  /dev/sdc
```

Asociamos estos discos a un grupo de volúmenes (VGdata):

```
vgcreate  vgdata  /dev/sdb  /dev/sdc
```

Definimos a continuación volúmenes lógicos (lvol1, lvol2 y lvol3) protegidos por un espejo entre discos físicos:

```
lvcreate  -L 20G  -m1  -n lvol1  vgdata
lvcreate  -L 30G  -m1  -n lvol2  vgdata
lvcreate  -L 50G  -m1  -n lvol3  vgdata
```

Preparamos los volúmenes (construcción de filesystems):

```
mkfs.ext4  /dev/mapper/vgdata-lvol1
mkfs.ext4  /dev/mapper/vgdata-lvol2
mkfs.ext4  /dev/mapper/vgdata-lvol3
```

Creamos las carpetas que acogerán los volúmenes:

```
mkdir -p /data/lvol1
mkdir -p /data/lvol2
mkdir -p /data/lvol3
```

Finalmente, se "montan" los volúmenes en el árbol de directorios correspondiente:

```
mount  /dev/mapper/vgdata-lvol1  /data/lvol1
mount  /dev/mapper/vgdata-lvol2  /data/lvol2
mount  /dev/mapper/vgdata-lvol3  /data/lvol3
```

Ahora se dispone de 20 Gb en el directorio /data/lvol1 protegidos por un espejo.

Lo mismo ocurre para lvol2 (30 Gb) y lvol3 (50 Gb).

La tolerancia a fallos por hardware permite, por sí misma, la sustitución en caliente (*hot plug*), es decir, sin apagar el ordenador.

Disco «hot-plug»

Entre las soluciones que ofrecen tolerancia a fallos, encontramos las siguientes:

- RAID 1 o espejo (*mirroring*), en el cual las operaciones de lectura y escritura tienen lugar simultáneamente en dos discos.
- RAID 5, bloques de intervalo con paridad distribuida conectados a un ensamblaje de discos.
- RAID 5 + 1, combinación de bloques de intervalo con paridad, puestos en espejo.
- RAID 0 + 1, combinación de *stripping* (bloques de intervalo) y espejo...

Observación

Ninguna de las soluciones RAID incluye la tolerancia a fallos. Por ello, el modo RAID 0, calificado de bloques de intervalo (stripping) sirve principalmente para acelerar las operaciones de escritura y de lectura, ya que distribuye los datos entre varios discos y de manera transparente para el usuario.

Dentro de un servidor, los componentes como la alimentación y los ventiladores también son redundantes (tolerancia a fallos).

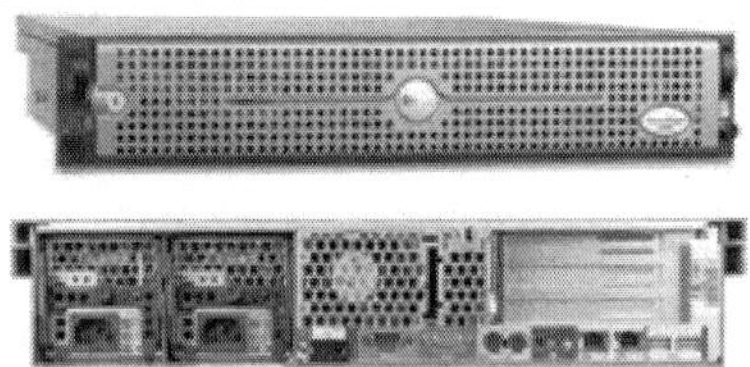

Servidor 2U con alimentación redundante

Los tradicionales, completos y autónomos servidores en forma de torre se han visto reemplazados hoy día por versiones integrables en estantes (*racks*). Su tamaño es más pequeño debido a que se han quitado algunos componentes. Se les llama servidores "pizza", o placas (*blade*), tarjetas muy simples que integran un mínimo de componentes.

Placas en chasis

De esta manera, resulta mucho más sencillo duplicar los servidores e implementar mecanismos de tolerancia a fallos a este nivel. Los datos pueden traspasarse entre dispositivos llamados bahías de discos, que también se colocan en *racks*.

Sistema de almacenamiento de discos IBM

4.3.2 El espejo de discos

En el modo espejo, se conectan dos o más discos duros al mismo bus de datos. Los bloques de datos grabados en el disco primario también se graban en el disco secundario.

Los discos funcionan en tándem. Graban y actualizan los mismos archivos. En caso de fallo de uno de los discos, el otro continúa funcionando ininterrumpidamente y sin pérdida de datos.

Observación

En una configuración donde se dispone de una bahía de discos "distribuida" entre dos salas, se puede configurar un espejo de manera que, si se pierde una sala, quede siempre disponible una copia en la otra.

Observación

El modo espejo no es suficiente para garantizar la protección de los datos. De hecho, si los dos discos duros sufren una avería al mismo tiempo, o si el propio ordenador presenta algún defecto, se pierden los datos. Contra esto, se recomienda hacer copias de seguridad regularmente.

Aquí puede ver la configuración en espejo LVM que hemos visto anteriormente.

Entre los PV definidos se puede identificar nuestros dos discos SATA **sdb** y **sdc** que se agrupan en el VG **vgdata**.

Más abajo se puede ver que **lvol1** dispone de dos volúmenes en espejo (**mirrored volumes**).

```
[root@pinguino /]# pvs
  PV         VG     Fmt  Attr PSize    PFree
  /dev/sda2  centos lvm2 a--    <7,00g        0
  /dev/sdb   vgdata lvm2 a--  <100,00g 1008,00m
  /dev/sdc   vgdata lvm2 a--  <100,00g 1008,00m
[root@pinguino /]#  lvs
  LV    VG     Attr       LSize   Pool Origin Data%  Meta%  Move Log Cpy%Sync Convert
  root  centos -wi-ao----  <6,20g
  swap  centos -wi-ao---- 820,00m
  lvol1 vgdata rwi-a-r---  20,00g                                    100,00
  lvol2 vgdata rwi-a-r---  30,00g                                    100,00
  lvol3 vgdata rwi-a-r---  49,00g                                    100,00
[root@pinguino /]# lvdisplay /dev/vgdata/lvol1
  --- Logical volume ---
  LV Path                /dev/vgdata/lvol1
  LV Name                lvol1
  VG Name                vgdata
  LV UUID                YWeWuQ-lE6Z-4Hf4-VKEK-G3Ee-hAnj-14yWOQ
  LV Write Access        read/write
  LV Creation host, time pinguino.tempano.net, 2019-06-12 22:00:14 +0200
  LV Status              available
  # open                 0
  LV Size                20,00 GiB
  Current LE             5120
  Mirrored volumes       2
  Segments               1
  Allocation             inherit
  Read ahead sectors     auto
  - currently set to     8192
  Block device           253:6

[root@pinguino  /]# █
```

En caso de fallo de uno de los discos, el sistema operativo envía un mensaje para reportar el incidente y para que la protección en modo espejo se restablezca cuanto antes. Como este modo duplica los datos de los discos que se encuentran conectados al mismo bus de datos, no puede garantizar la protección entre los discos duros y el servidor en caso de avería del bus de datos. Un incidente de este tipo implicará un fallo de los dos discos a la vez.

Observación

En caso de una solución de hardware con discos locales, por ejemplo, con discos SAS hot-plug (conexión en caliente) especialmente, el disco fallido parpadeará en naranja.

4.3.3 El espejo de controladores y discos

Este método de duplicación de datos permite garantizar la protección de los datos. Consiste en copiar los datos en dos discos distintos, utilizando dos buses de datos distintos.

Así se protegen los datos en caso de fallo de un disco duro o del bus de datos que conecta el disco duro con el servidor (este bus de datos incluye la controladora de discos y el cable de interfaz). Si uno de los elementos de un bus de datos está defectuoso, el otro disco sigue funcionando, ininterrumpidamente y sin pérdida de datos, puesto que se transmiten por otro bus de datos. En este caso, el sistema operativo enviará un mensaje de advertencia para indicar que una unidad está defectuosa.

Observación

Tampoco basta con el modo duplicado para garantizar la protección de los datos. De hecho, si los dos buses de datos de los discos sufren una avería en el mismo momento o si el propio ordenador presenta algún defecto, se pierden los datos. En este caso, también se recomienda hacer copias de seguridad regularmente.

En modo duplicado los mismos datos se registran simultáneamente en todos los discos. Para los discos que están conectados a buses diferentes, la transferencia de datos es mucho más rápida que en el modo espejo, donde los datos se transmiten sucesivamente hacia los discos y a través del mismo bus de datos.

Este modo también posibilita las búsquedas distribuidas que envían solicitudes de lectura hacia varios discos y esperan una respuesta más rápida. Si varias solicitudes llegan al mismo tiempo, se distribuyen entre los discos duplicados y, en consecuencia, son tratadas simultáneamente.

4.3.4 Bloques de intervalo con paridad

Bloques de intervalo

El modo de escritura en bloques de intervalo (*stripping*) ejecuta simultáneamente varios discos con el fin de acelerar los procesos. Además de no permitir la tolerancia a fallos, disminuye el tiempo de lectura.

Cada uno de los soportes está dividido en bloques pequeños de igual tamaño. La escritura de un archivo podrá abarcar una serie de bloques repartidos en varios discos duros.

El bloque de intervalos está estandarizado con el nombre RAID 0.

RAID 3, RAID 5 y RAID 6

Los bloques de intervalo con paridad representan el sistema más utilizado para concebir una estrategia de tolerancia a fallos de disco.

RAID 3 es una solución en la que la paridad se almacena en un disco dedicado. Con RAID 5, la información de paridad se distribuye en un disco diferente en cada intervalo.

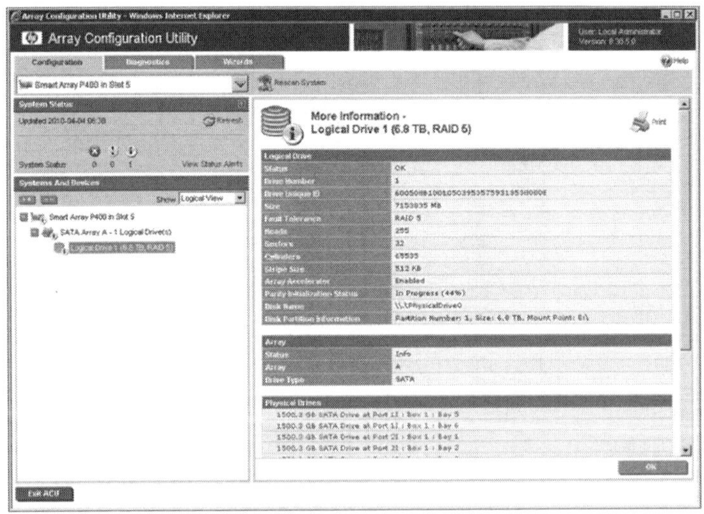

Configuración RAID 5

La técnica RAID 6 es una evolución de RAID 5. Las soluciones 3 y 5 solo permiten un fallo de disco en la serie. Si se produce el fallo en dos unidades, se pierden los datos almacenados y hay que restaurarlos. Aquí, las operaciones de paridad se duplican y se vuelven más complejas, lo que permite el fallo conjunto de dos discos duros sin incidencia para el usuario. Con la disminución de costes, esta solución, que no es nueva, se utiliza cada vez más.

Paridad

Además de escribirse en el bloque de intervalos, la información de paridad se registra en un disco con el fin de recuperar los datos en caso de fallo de uno de ellos, cualquiera que sea.

Para una solución que implique n discos, la información que debe escribirse se divide para ser distribuida entre los n-1 discos.

Por ejemplo, para escribir '110 101 001', se reparte en el bloque de intervalos constituido por cuatro discos.

Para cada símbolo en enésima posición de cada disco, se calcula la información de paridad: lo que equivale a calcular el número de '1' para una posición dada y asignarle el enésimo intervalo, donde se almacenará la paridad, para que la determinación del número global de '1' sea par (paridad uniforme).

Así, si tomamos el primer símbolo de cada uno de los tres discos, obtendremos: '1 1 0'. Se determina el primer símbolo del disco 4 eligiendo '0', de modo que el número '1' sea par. De esta manera, hay dos símbolos '1' entre los cuatro discos.

De la misma manera, para los símbolos que se encuentran en segunda posición, es decir, '1 0 0', se elige '1' como segundo símbolo en el último disco. Se obtiene así '0 1 0' como información de paridad para el disco 4. En caso de fallo de uno de los discos, por ejemplo, el segundo, se recalcula la información perdida de la misma manera que si se tratara de información de paridad.

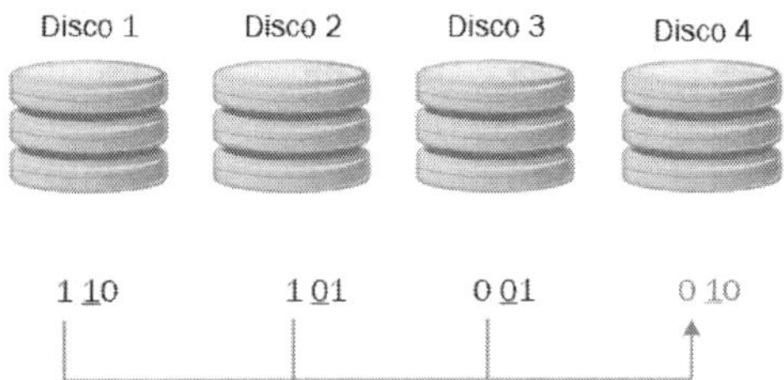

A partir de los discos 1, 2 y 4, se seleccionan los primeros símbolos de cada uno: '1 1 0'. Se calcula el símbolo necesario para obtener un número par de '1', es decir '0'.

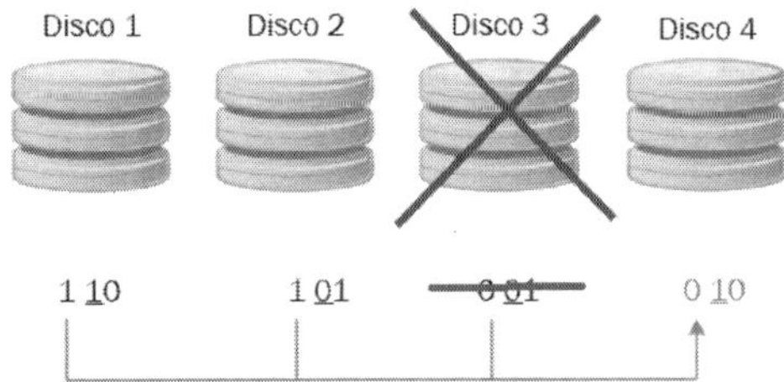

Se efectúa la misma operación para los segundos símbolos y luego para los terceros. Se localizan '0 0 1', lo que nos permite reconstruir la información global representada como '110 101 001', y todo esto a pesar de que uno de los discos duros esté defectuoso.

Observación

El cálculo de paridad en el nivel más bajo es efectuado por una UO (unidad organizativa) exclusiva (XOR). De esta manera, la paridad del disco 4 es d4 = 110 XOR 101 XOR 001, o sea, 010. De este modo, es más fácil obtener cualquier información, por ejemplo d3, a partir de los tres discos restantes. Por ejemplo d3 = 110 XOR 101 XOR 010.

La UO exclusiva se basa en la lógica siguiente: 0 XOR 0 = 0, 0 XOR 1 = 1, 1 XOR 0 = 1, 1 XOR 1 = 0. Podemos entender la UO exclusiva como una suma binaria con posible pérdida de retención. En el lenguaje oral, podemos asociarlo con «Queso o postre» en un menú de restaurante, donde solo uno de los dos es una elección válida.

Una solución que incluya una doble paridad (repartida en el conjunto de los discos) que podría utilizar 6 discos recibe el nombre de RAID 6-6 (RAID 6 con 6 discos): se utilizan 4 discos globalmente para los datos y dos discos para la paridad.

La versión RAID 6-10 ofrece un espacio de almacenaje basado en 10 discos, 8 de los cuales se utilizan para los datos.

Igualmente se habla de RAID 5-5 (5 discos con una banda de paridad repartida) o RAID 5-9 (9 discos con una banda de paridad repartida).

4.3.5 La neutralización de los sectores defectuosos

Este método permite garantizar el almacenamiento correcto de los datos en caso de sectores defectuosos. De hecho, todos los datos se escriben en segundo plano y luego son verificados. Cuando no se consigue escribir después de algunos intentos (es decir, cuando los datos que deben escribirse en la RAM no son los mismos que los escritos en el disco), el sector se marca como defectuoso y los datos se redirigen hacia un espacio reservado del disco. Y se deja de utilizar el sector marcado.

4.4 Soluciones de redundancia en servidor

Las soluciones de redundancia en servidor permiten dos funcionalidades que es necesario distinguir:

- la tolerancia a fallos.
- la distribución de carga.

Estas dos funciones pueden ejecutarse simultáneamente.

Este tipo de soluciones posibilita lo que se conoce como alta disponibilidad, ya que ofrece un servicio continuo a los usuarios, incluso en caso de problemas de sobrecarga.

4.4.1 La tolerancia a fallos

En este caso, varios procesos de un sistema operativo de servidores adaptado se ejecutan en distintos servidores. Esta tecnología se conoce como clúster de n nodos y define una solución que ejecuta n procesos de un mismo sistema operativo.

Como ejemplo, en el siguiente recuadro esquematizamos la ejecución de un clúster de dos nodos.

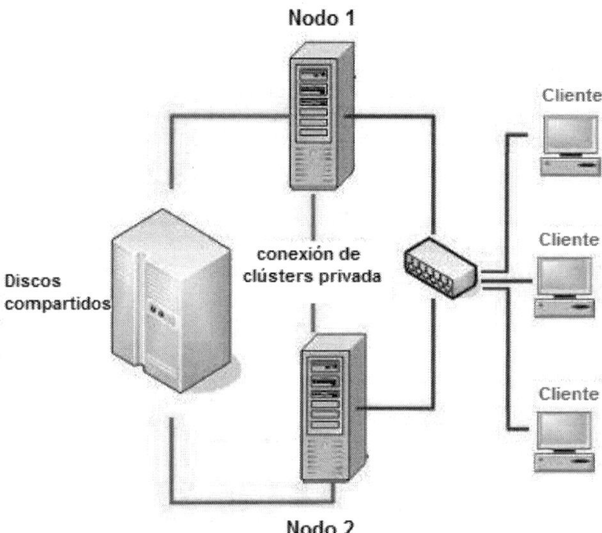

Esquema de un clúster de dos nodos

Esta tolerancia a fallos permite mantener el servicio para los usuarios. Por otra parte, es necesario que los datos se mantengan disponibles y actualizados, sea cual sea el servidor que falle.

Si estos datos se mantienen en los discos duros locales de los servidores, se puede poner en marcha una sincronización continua (replicación). Si no, es posible desviar los datos a un pool de almacenamiento compartido (infraestructura NAS).

En este sistema de redundancia de servidores, no todos responden obligatoriamente a las demandas de los usuarios. Este funcionamiento se reserva a las soluciones más evolucionadas. A menudo, un solo servidor ofrece de forma permanente sus servicios a los usuarios (servidor activo) y un segundo permanece preparado para tomar el relevo en caso de fallo del primero (servidor pasivo).

Con HPE Service Guard (servicio de clúster en entornos Hp-UX y Linux) se ofrece otro enfoque de clúster. En este modo de funcionamiento, la virtualización se implementa en un chasis formado por hojas físicas (ej. con el superdome2):

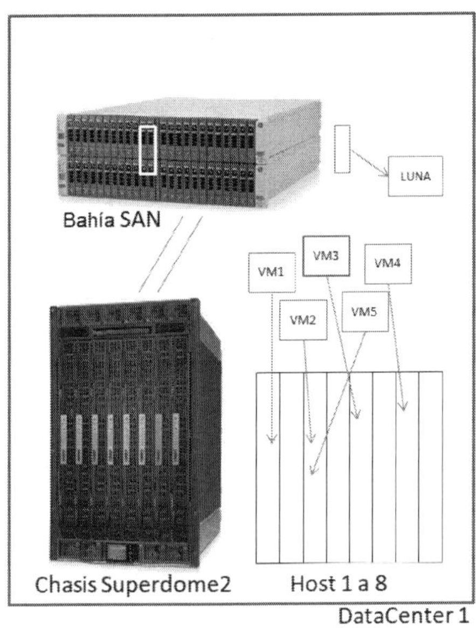

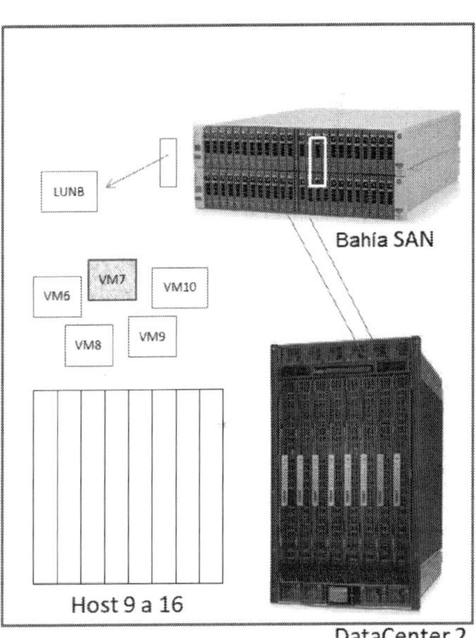

Enfoque HPE Service Guard y Superdome 2

Observación

Una hoja física se instala como sistema operativo Unix (hypervisor) con una capa de virtualización. Esta máquina física puede ejecutar máquinas virtuales que van a consumir una parte de los recursos disponibles (RAM, CPU, redes). Los recursos de disco están en bahías SAN dedicadas.

Observación

Un recurso clúster (hablaremos de package) está formado por un conjunto de componentes de disco y de red (dirección IP). Este recurso se ejecuta en un nodo primario y puede bascular en otra sala en un nodo secundario. La parte de disco también se puede asociar a una base de datos de un subsistema de discos de tipo LVM configurado en espejo. El espejo se configura de tal manera que en caso de que se pierda una sala, uno de los discos contenga siempre la información esperada. En los discos se puede encontrar una base de datos Oracle (motor y datos). El recurso está referenciado por su dirección IP que está asociada al nodo en el que se ejecuta. En caso de que el recurso bascule, la dirección IP bascula a la VM secundaria.

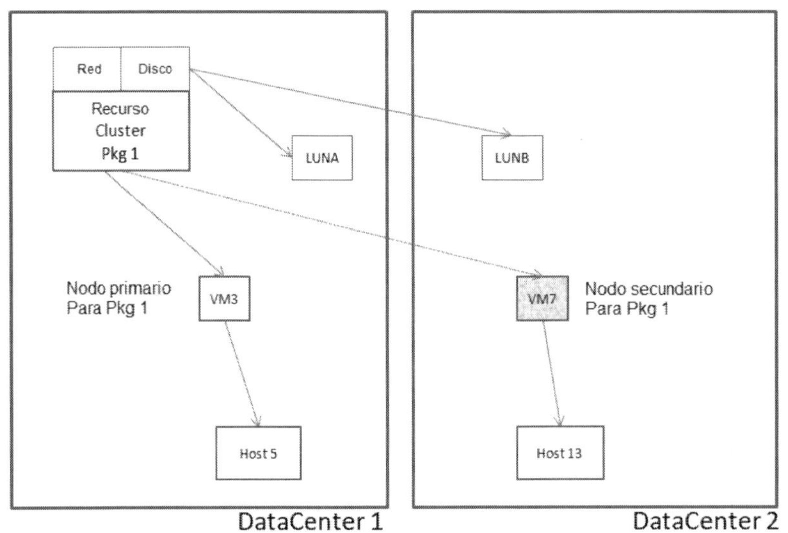

Recurso clúster Service Guard con nodos primario y secundario

4.4.2 La distribución de la carga de red

El *Network Load Balancing* (NLB) no corresponde en realidad a una solución de hardware, en el sentido de que se pueden utilizar ordenadores no dedicados al rol de servidores. Esta labor también es posible realizarla con PC que estén puestos en red.

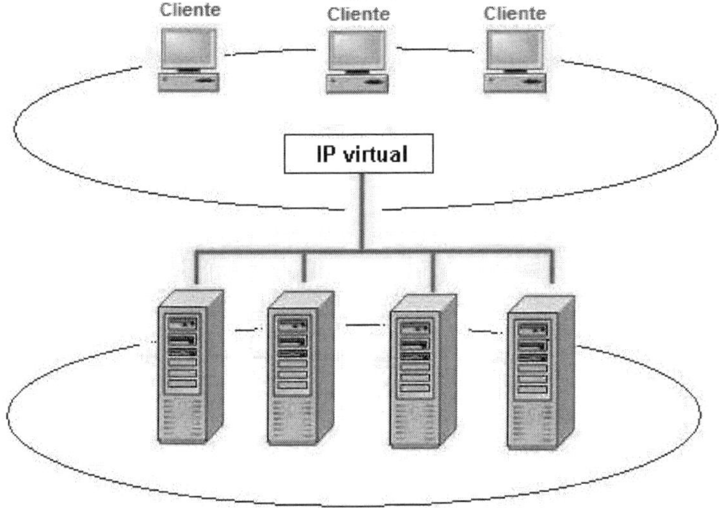

Clúster de carga de red equilibrada

Observación

A pesar de que esta solución no es por fuerza la más fiable (con respecto a la utilización de verdaderos servidores), permite disminuir considerablemente los costes de adquisición y además puede constituir una solución interesante para el sector pyme.

El equilibrio de carga de red permite proporcionar una solución de alta disponibilidad avanzada. Es perfecta, por ejemplo, para servir sitios web.

Una funcionalidad como esta permite adaptar los resultados vinculados a la aplicación, distribuyendo las peticiones de clientes entre los servidores que forman el clúster. Así pues, cuando el tráfico aumenta, es posible añadir servidores suplementarios al clúster.

4.4.3 La configuración de las tarjetas de red en teaming

Se puede implementar una funcionalidad de *teaming* (agrupamiento) en un servidor cuando este posee varias interfaces de red. Ofrece una tolerancia a fallos e incluso una distribución de carga y simula, igual que el NLB, una interfaz virtual con un punto de entrada único. En este caso se trata de duplicar las tarjetas de red, o más exactamente las rutas de acceso a las interfases de red de un servidor.

Se pueden encontrar modelos que tienen directamente la dirección física (o MAC Address) de la interfaz activa:

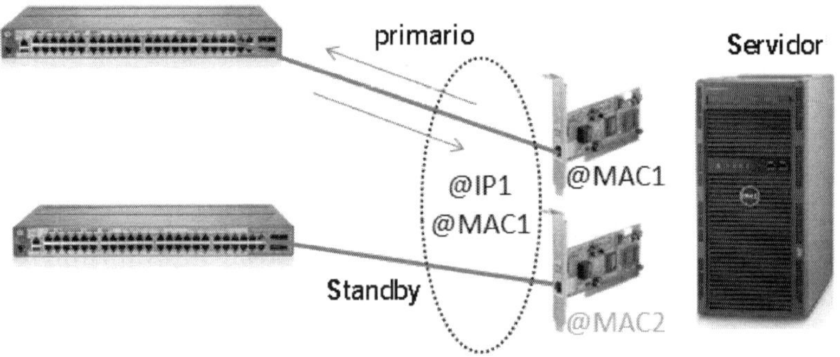

Teaming de tarjetas de red en modo tolerancia a errores - Nivel 2 (activo/pasivo)

o que tienen una dirección lógica (IP) sabiendo que cada interfaz dispone igualmente de su propia dirección lógica:

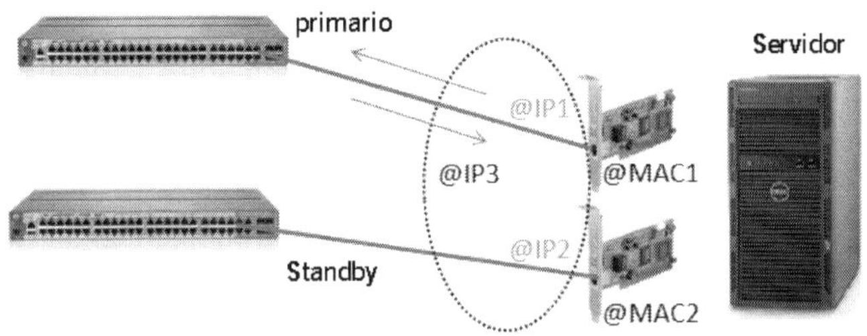

Teaming de tarjetas de red en modo tolerancia a errores - Nivel 3 (activo/pasivo)

Existe otra configuración cuando las interfaces de red (al menos dos) están conectadas directamente a un conmutador que gestiona la agregación de vínculos:

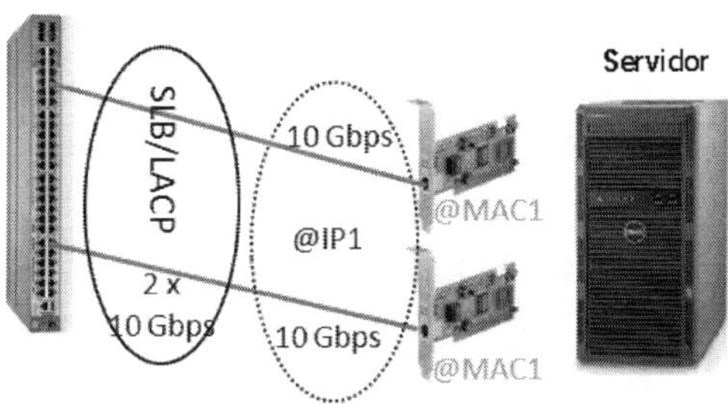

Teaming de tarjetas de red en modo agregado de vínculos - Nivel 2 (activo/activo)

Observación

SLB (Switch assisted Load Balancing) y LACP (Link Aggregation Control Protocol) corresponden a mecanismos de agregación de vínculos con tolerancia a errores implementados a la vez por las tarjetas de red de los servidores, pero también por el conmutador en el que estas interfaces están conectadas. LACP corresponde más específicamente a la norma IEEE 802.3ad, todavía llamado LAG (Link Aggregation).

Existen varios tipos de configuración que permiten gestionar la tolerancia a errores y ofrecer una agregación de conexiones de red. Cada fabricante de servidor ofrece soluciones específicas que varían en función del sistema operativo.

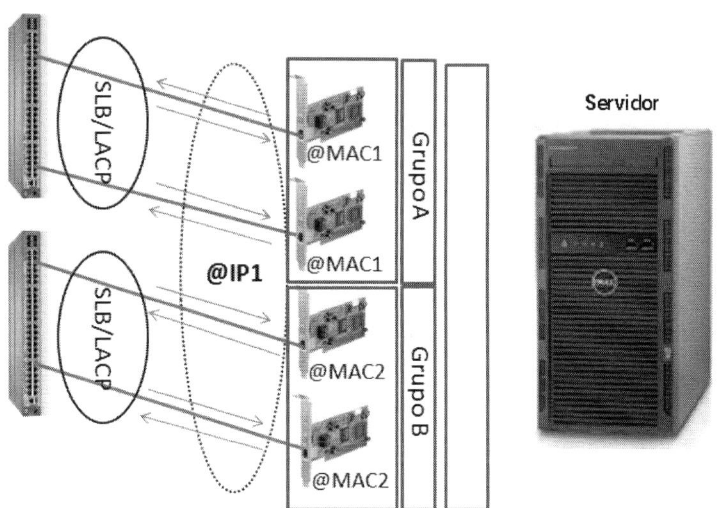

Teaming de teaming - Tolerancia a errores de agregado de vínculos - Nivel 2 (activo/activo)

4.4.4 La virtualización como solución en sí misma

La virtualización es, sobre todo, una solución de consolidación; pero, además, un argumento que nos puede llevar a su implementación es la posibilidad de ofrecer fácilmente altos niveles de disponibilidad.

Una infraestructura virtual puede actuar a varios niveles para mejorar la disponibilidad de la solución:

- reduciendo considerablemente las interrupciones de servicios programados;
- evitando las interrupciones de servicios no programados;
- permitiendo un restablecimiento rápido después de una parada.

De hecho, las soluciones de virtualización permiten mover dinámicamente máquinas virtuales hacia diferentes servidores físicos, y esto sin interrumpir el servicio. Así, para operaciones de mantenimiento del hardware, no es necesario implementar «ventanas de mantenimiento» correspondientes a períodos de interrupción de servicio, a menudo difíciles de planificar.

La virtualización propone igualmente numerosas ventajas ofreciendo un «teaming» de las interfaces de red o incluso de las rutas de acceso múltiples a los recursos SAN.

También es posible ofrecer una solución que cambie automáticamente cuando haya una incidencia, sin tener ninguna dependencia del hardware específico dedicado, ya que el usuario trabaja en las máquinas virtuales, independientes del hardware.

Las soluciones de software de servicios de clúster permiten igualmente una verdadera configuración de alta disponibilidad.

4.5 Política de respaldo

Para cada archivo creado o modificado, el sistema operativo asigna un bit de archivo o actualiza la fecha de la última modificación. A partir de ahí, es posible determinar qué archivos deben respaldarse.

Observación

Los productos Microsoft y antiguamente Novell se basan en un atributo de archivo. Los sistemas Unix y Linux trabajan con las fechas de los archivos.

Una empresa determinará su política de respaldo para poder responder a varias cuestiones:

- ¿Cuáles son los archivos que deben respaldarse?
- ¿Con qué tipo de respaldo?
- ¿Cuándo efectuar las copias de seguridad?
- ¿En cuántos soportes?
- ¿Es más importante respaldar rápidamente o restaurar rápidamente?
- ¿Cuántas cintas se deben utilizar y de qué manera (rotación de las cintas)?

4.5.1 El respaldo completo

En un respaldo completo, los atributos de archivo se reinicializan para almacenar el hecho de que se ha grabado. Si se utiliza la fecha, se debe utilizar la del último respaldo que se guarda, de tal modo que se puedan diferenciar los archivos que se respaldaron de los que aún no (fecha de la última modificación).

4.5.2 El respaldo incremental

Esto tipo de respaldo marca los archivos como ya grabados. Se realiza, en general, diariamente, y tiene en cuenta las modificaciones del día anterior. Una política semanal consiste, por ejemplo, en efectuar un respaldo completo los viernes y una copia incremental el resto de los días.

Esta política minimiza la duración de la copia diaria. En contraposición, en una restauración completa hasta el último jueves, por ejemplo, sería necesario restaurar la cinta del viernes anterior, más las cuatro cintas correspondientes a cada uno de los días de esa semana.

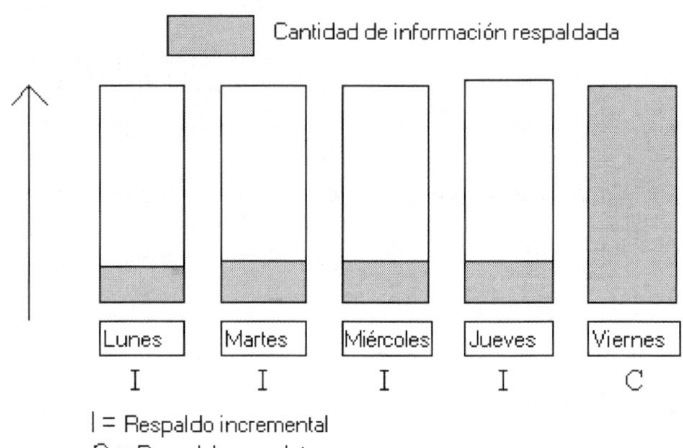

4.5.3 El respaldo diferencial

Este tipo de respaldo (a menudo diario) no necesita reinicializar los atributos de los archivos para indicar que ya se registraron. Por lo tanto, para cada nuevo respaldo diferencial, se tienen en cuenta las modificaciones anteriores y las del mismo día.

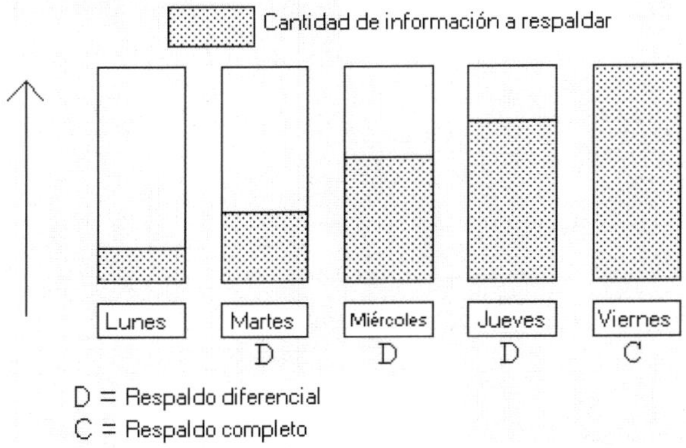

Esta política minimiza el tiempo de restauración, puesto que solo requiere dos cintas (la completa más la última diferencial). Aunque tiene el inconveniente de que la copia diaria es cada vez más larga.

Observación

Podemos citar como principales actores de soluciones de copias de seguridad: veeam (https://veeam.com), Commvault (https://commvault.com), veritas (https://veritas.com), rubrik (https://rubrik.com), dell (https://dell.com) o cohesity (https://cohesity.com).

4.5.4 Securización de las copias de seguridad

La mejor protección para una copia de seguridad, una vez realizada, es externalizarla; sin embargo, hacerlo no debe impedir la rápida puesta en marcha de la restauración de los datos en caso de crisis. Además, para que las copias de seguridad se lleven a cabo, deben estar en línea. Una vez que un pirata informático ha conseguido comprometer un sistema, intentará crear copias de seguridad corruptas y también corromper las copias de seguridad ya realizadas (mediante rasomware, inutilizando los datos a menos que se pague un rescate).

Observación

La INCIBE propone un libro blanco sobre los fundamentos de las copias de seguridad:
https://www.incibe.es/sites/default/files/contenidos/guias/guia-copias-de-seguridad.pdf

La securización hace referencia al aislamiento de los datos respaldados, al mismo tiempo que a una supervisión reforzada de los mismos mediante un motor basado en IA (Inteligencia Artificial), capaz de detectar señales débiles (acciones anómalas realizadas).

4.5.5 Respaldos inmutables

La inaccesibilidad permanente de los respaldos es un buen medio para protegerlos. Sin embargo, existe otra tecnología basada en sistemas de archivos que se asemejan a un mecanismo WORM (*Write Once Read Many*): el respaldo inmutable. El respaldo, una vez realizado, no puede ser modificado, cifrado ni eliminado (ni siquiera por un administrador) durante un período predefinido (el tiempo durante el cual los datos siguen siendo explotables).

Observación

La recomendación inicial para los respaldos es la aplicación de la regla «3-2-1»: 3 copias de respaldo en 2 soportes diferentes, 1 de ellas fuera de línea. Esta regla se ha enriquecido a «3- 2 - 1 - 1» haciendo referencia a «al menos 1 respaldo inmutable».

4.6 Continuidad y reanudación de la actividad en caso de siniestro

4.6.1 Principios

El sistema de información de una empresa no está exento de incidentes, que pueden afectar a uno o más equipos, o incluso de un accidente o problema grave, por ejemplo, en la sala de servidores. El coste implicado puede tener consecuencias desastrosas. Se pueden poner en práctica planes y métodos de seguridad para garantizar la continuidad o la reanudación de la actividad en tales casos.

La reacción después de un daño debe ser proporcional a este. Se deberá prever con anterioridad una serie de medios que sucesiva y escaladamente vayan actuando.

El primer punto consiste en la redacción de un balance de impacto en la actividad (BIA), que contenga:

- el análisis de los costes financieros;
- la identificación de las aplicaciones críticas;
- la determinación del tiempo necesario para la reanudación de la actividad;
- el detalle de la infraestructura del sistema de información;
- la lista de los usuarios críticos.

El BIA está destinado a facilitar las distintas decisiones que se deban tomar, siempre difíciles después de un incidente. Pueden completarse con:

- soluciones de emergencia y su activación;
- el nombramiento de un departamento de crisis, con especialistas de cada sector, cuyo peritaje se solicitará en ese momento;
- la puesta en marcha de un plan de continuidad de la actividad (PCA) o de un plan de reanudación de la actividad (PRA);
- protocolos y pruebas necesarios.

4.6.2 El plan de continuidad de la actividad (PCA)

El PCA (o BCP - *Business Continuity Plan*) define el conjunto de acciones que garantizan la continuidad de la empresa después de un incidente grave. Debe acompañarse de medidas urgentes; es un plan a corto plazo.

Permite cuantificar las necesidades para poder continuar la actividad, incluso en un estado degradado del sistema, después de una interrupción corta, de algunos segundos a decenas de minutos. Se compone de:

- medidas preventivas;
- redistribución de las principales tareas;
- contractualización con los proveedores y aseguradoras;
- degradación previsible del sistema;
- procedimientos y pruebas.

4.6.3 El plan de reanudación de actividad (PRA)

El plan de reanudación de actividad (o BRP - *Business Recovery Plan*) es el conjunto de los procedimientos que permiten la reanudación de la actividad en un sitio de emergencia después del incidente. La interrupción se calcula desde algunas horas hasta algunos días, hasta que sea posible la aplicación del PCA.

Cada actor del sistema y cada actividad de la empresa es objeto de reanudaciones específicas. Debe haber un PRA por sistema, por entorno, por aplicación, por ámbito de actividad o por sitio, según la política de seguridad definida.

El PRA está constituido por distintos procedimientos.

Plan de preparación

El plan de preparación determina el entorno necesario para la reanudación. Describe la estructura física del lugar provisional (medios informáticos, red, telecomunicaciones, logística...). Describe también el mapeado lógico de las aplicaciones y los medios humanos que deben solicitarse.

Plan de ejecución

La definición y la planificación de las etapas de reanudación están en este plan de ejecución, que incluye una descripción de las actividades y responsabilidades de los participantes, así como las acciones que deben emprenderse.

Plan de recuperación

Este procedimiento prevé la reinstalación de las aplicaciones y la restauración de los datos. Debe incluir una estimación del tiempo necesario para restablecer el funcionamiento.

Validación y actualización

Las pruebas de validación de procedimientos tampoco deben olvidarse. Así pues, se puede realizar una prueba completa al finalizar la ejecución del PRA.

Y, por supuesto, a todo cambio importante dentro del sistema de información debe corresponder una actualización de estos procedimientos.

Capítulo 2
Estandarización de protocolos

1. Modelo OSI

Un aspecto importante en la apertura de las redes fue la instauración de un modelo de referencia, el modelo OSI del ISO (*Open Systems Interconnection of International Organization for Standardization*). Este define un modelo de red en siete capas, presentes en cada equipo que desee conectarse. Cada capa dispone de funcionalidades que le son propias y presta servicio a las capas inmediatamente adyacentes. Aunque el modelo OSI se utiliza muy poco, sirve de referencia para definir el nivel de funcionamiento de un componente de red. Así, hoy en día, y de manera paradójica, el TCP/IP se utiliza de forma generalizada, e incluso cuando se habla de este protocolo se le asocia con las capas del modelo OSI (10 años más reciente que el modelo TCP/IP).

Logo del ISO (International Organization for Standardization)

Sitio web de ISO: www.iso.org/es/home

1.1 Principios

El organismo ISO definió en 1984 un modelo de referencia, llamado *Open System Interconnection* (OSI), destinado a estandarizar los intercambios de información entre dos máquinas. Con él, se definió lo que debía ser una comunicación de red completa. El conjunto de procesos se divide así en siete capas jerárquicas.

Este modelo define de forma precisa las funciones asociadas a cada capa. Cada una de ellas se comporta como un prestador de servicios para la capa inmediatamente superior. Para que una capa pueda hacer una petición o enviar datos al nivel equivalente, debe «constituir» la información y hacerla pasar a través de todas las capas inferiores, cada una de las cuales le añadirá un encabezamiento específico, convirtiéndose en una especie de tren. Una vez transferida, se descodifica la información y se liberan la petición o los datos que originaron el proceso.

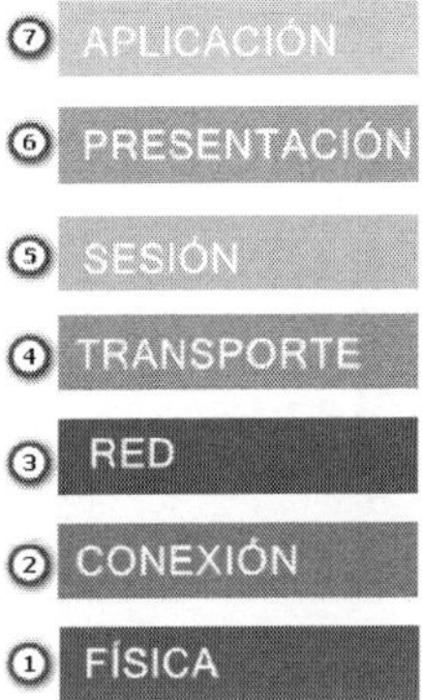

Las siete capas del modelo OSI

1.2 Comunicación entre capas

Cada capa garantiza una función muy precisa durante la transmisión de los datos. Se trata, de hecho, de *divide y vencerás*. La capa N utiliza la capa N-1 y proporciona servicios a la capa N+1.

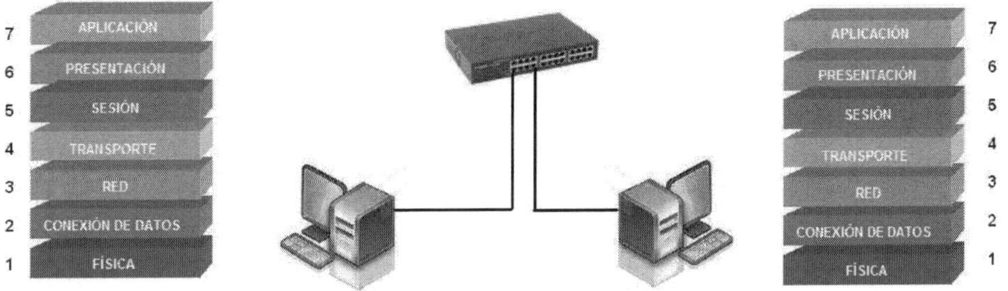

El modelo OSI y las siete capas

Podríamos comparar este mecanismo con el de dos reyes de la Edad Media que desearan intercambiar una misiva entre sus dos reinos, A y B. El primer rey entrega un pergamino a su gran chambelán, encargado a su vez dar las consignas a su hombre de confianza, quien a su vez entrega las consignas a un mensajero para transportar el precioso pergamino hacia la comarca del rey destinatario.

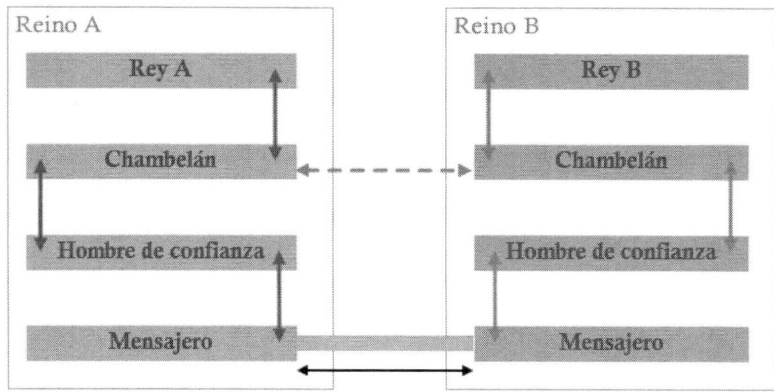

Vista esquemática del modelo

El mensajero del reino B recibe el pergamino con consignas procedentes del mensajero del reino A. Estas consignas le piden hacer llegar el pergamino al gran chambelán del rey B. El gran chambelán B lee finalmente las consignas procedentes del gran chambelán A, que le pide entregar el pergamino al rey B. El rey B puede así leer la misiva del rey A.

Todo pasa como si una capa de red de un ordenador dialogara directamente con la capa homóloga del otro ordenador (como lo hacen los grandes chambelanes en nuestro ejemplo).

En realidad, el transporte de la misiva es posible porque la información vuelve a bajar hasta el mensajero, que puede entonces transportar los datos hacia el otro reino (aquí el mensajero es el soporte físico que sirve para transportar la señal que cifra los datos que se deben emitir). Una vez la información llega a su destino, sube por las capas y se interpretan las consignas sucesivas de las capas homólogas.

1.3 Encapsulación y modelo OSI

Cuando una capa de red quiere dialogar con su capa homóloga, no tiene otra opción que hacer que vuelva a bajar la información añadiendo consignas para la capa del destinatario. Así, el encabezamiento y los datos de una capa N se convierten en los datos de la capa N-1. Esta capa N-1 construye un encabezamiento (las consignas). Este encabezamiento y estos datos se convierten en los datos de la capa N-2.

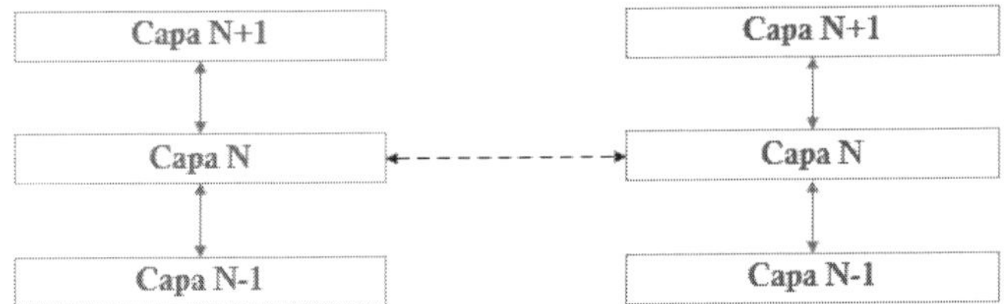

A este proceso lo llamamos encapsulación. Es como si se colocaran datos dentro de una caja de consignas para ella misma. Esta caja y estas consignas se colocan a continuación en una caja más grande con nuevas consignas, y así sucesivamente.

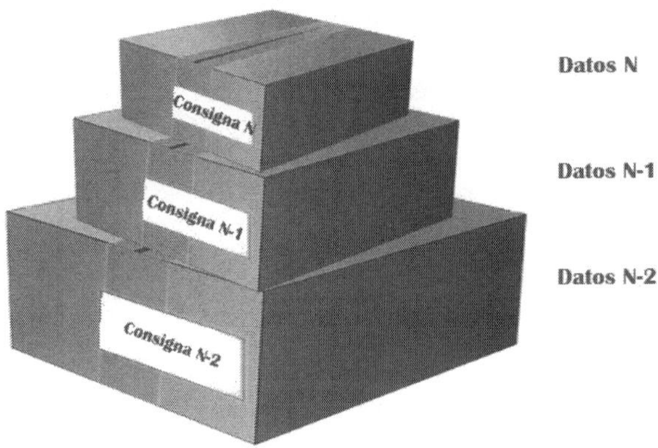

Encapsulación y modelo OSI

Cuando el paquete llega al destinatario, se leen las consignas y se abre la caja. La caja que está dentro de la más grande se transmite según las consignas que han llegado.

En el siguiente esquema, se han asociado las consignas a los encabezamientos de los diferentes niveles (ENC N, ENC N-1, ENC N-2).

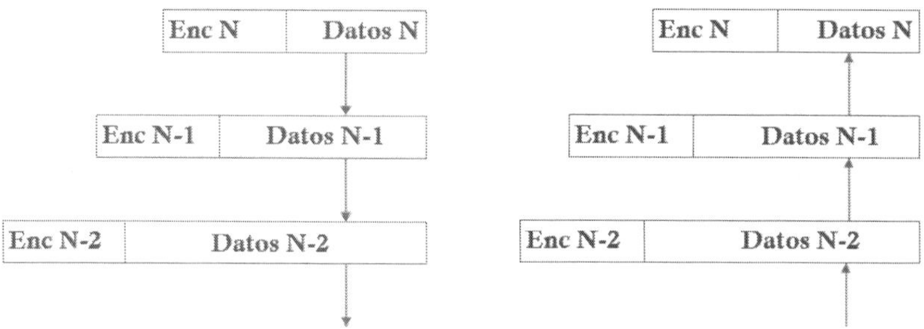

Encapsulación de una capa N en la capa N-1

Por ejemplo, vea lo que se obtiene examinando una trama HTTP si se utiliza una herramienta como Wireshark de captura de tramas de red:

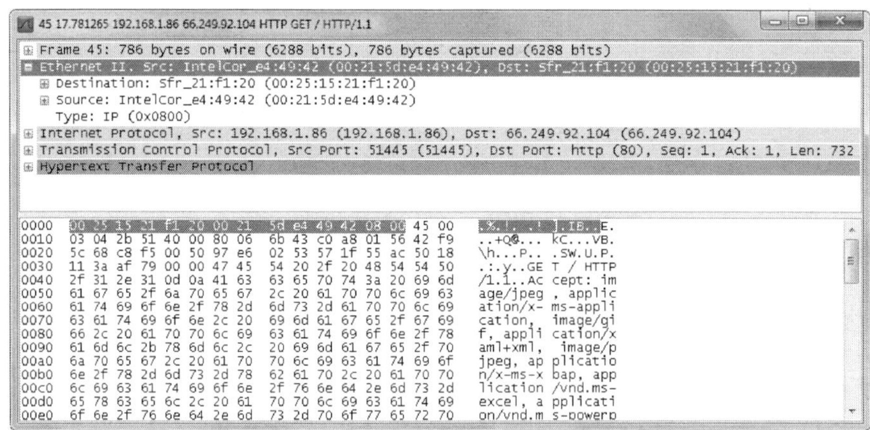

Ejemplo de trama HTTP capturada

Observación

Observe la forma lineal byte por byte de la trama en la parte inferior y la descomposición por capas en parte superior.

En la mayoría de los casos, en la actualidad, las comunicaciones están cifradas y resulta cada vez más difícil realizar diagnósticos exhaustivos.

La trama HTTP está encapsulada como datos TCP en la capa TCP. El encabezamiento TCP añadido a los datos TCP forman los datos IP. Finalmente, el encabezamiento IP y los datos IP forman los datos Ethernet:

Descomposición de una trama HTTP en una red Ethernet

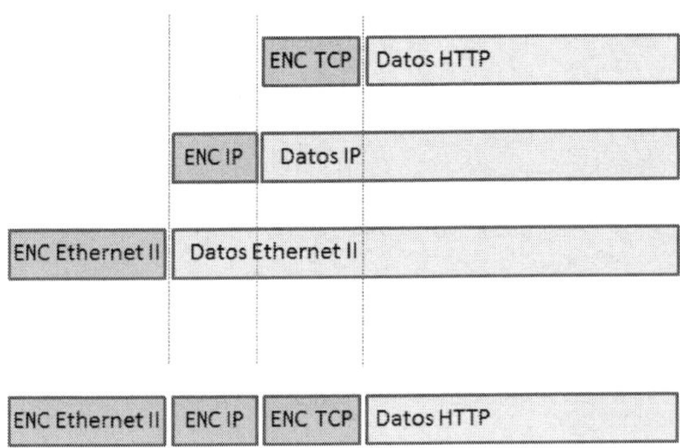

Relación entre las capas, los encabezamientos y los datos

La trama se ve finalmente como una secuencia de encabezados, seguidos de los datos de la capa «más alta».

Observando la información ofrecida por el analizador de tramas, es posible identificar las diferentes partes de la trama. Aquí puede verlas para el encabezamiento Ethernet y el encabezamiento IP:

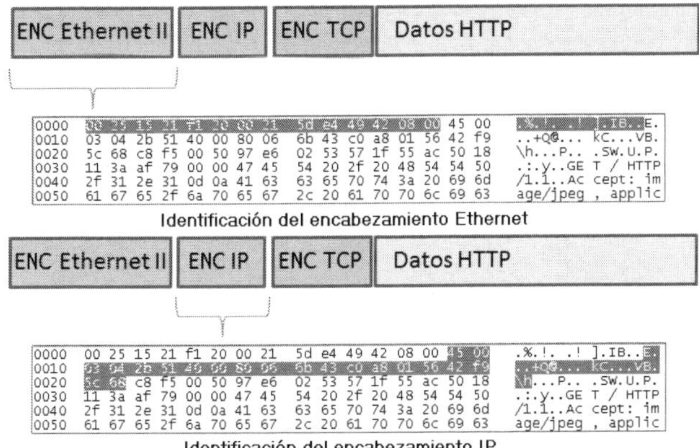

Identificación del encabezamiento Ethernet

Identificación del encabezamiento IP

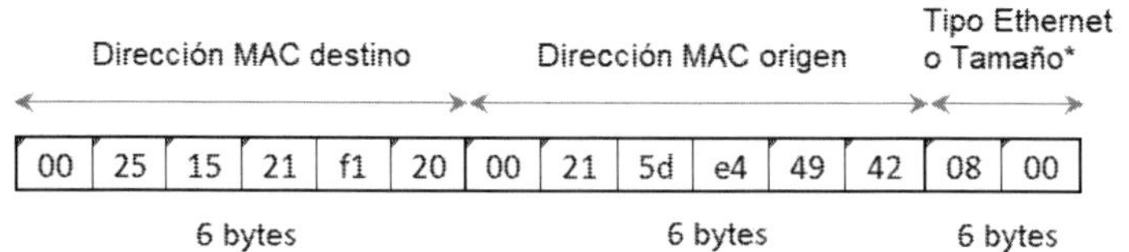

*IEEE 802.3 Implementa el tamaño de la trama en el lugar

Tipo Ethernet

08	00	IPv4
08	06	ARP
80	35	RARP
86	DD	IPv6

00 00 a 06 00 => Identifica el tamaño de una trama (IEEE 802.3)

Detalles del encabezado Ethernet II

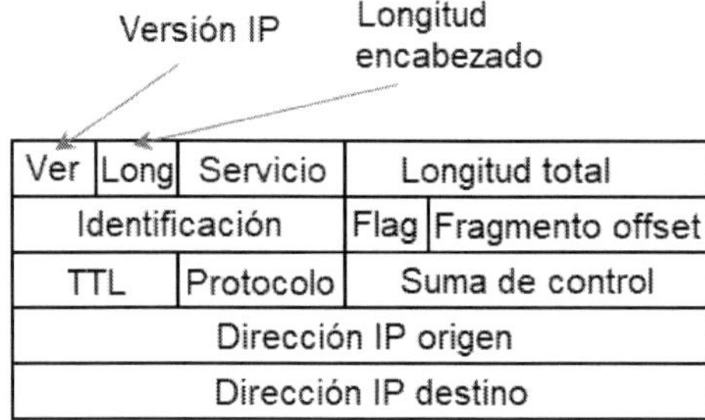

Encabezado IP

En nuestro ejemplo, esto es lo que da el encabezado IP:

4 bytes

5 palabras de 32 bits

4	5	0	0	0	3	0	4
2	b	5	1	4	0	0	0
8	0	0	6	6	b	4	3
c	0	a	8	0	1	5	6
4	2	f	9	5	c	6	8

Encabezado IP con los bytes capturados

Lo que nos da la siguiente información:

Versión=4
Long=5 (x 32 bits) => 20 bytes
Servicio = Normal
Longitud total = 772 bytes (0304)
Flag = 0100 binario => No fragmentar el paquete
Fragmento offset = 000
TTL (Time To Live) = 128 (80)
Protocolo (encapsulado = TCP (06), otras posibilidades UDP (11), ICMP (01)
Suma de control = 6b43
IP origen = 192.168.1.86 (C0.a8.01.56)
IP destino = 66.249.92.104 (42.f9.5c.68)

Información obtenida para el encabezado IP

Lo mismo ocurre para la parte del encabezamiento TCP y los datos HTTP:

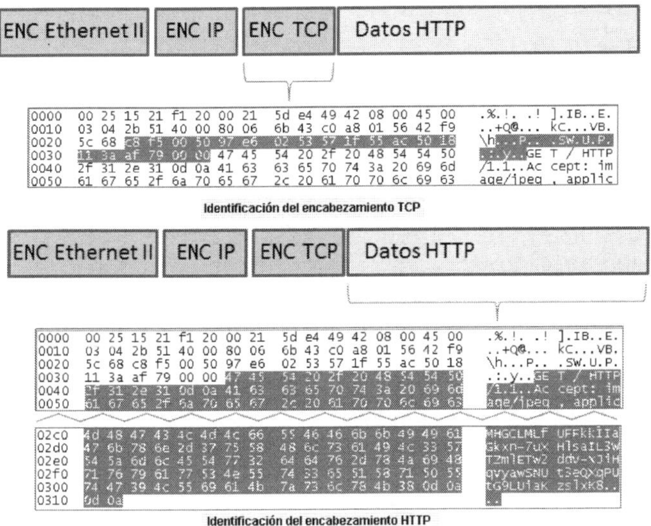

Identificación del encabezamiento TCP

Identificación del encabezamiento HTTP

Para TCP, el encabezado toma la siguiente forma:

Puerto origen		Puerto destino
Número de secuencia		
Número de acuse de recibo		
Off	Res. Flags	Ventana
Suma control		Posición emergencia

Encabezado TCP

Lo que da los bytes brutos capturados:

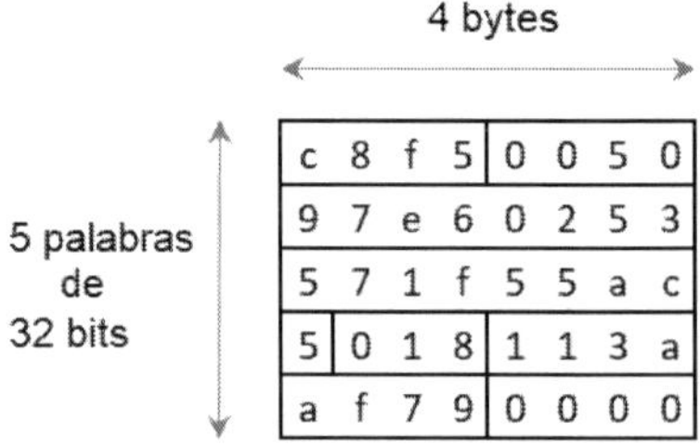

c	8	f	5	0	0	5	0
9	7	e	6	0	2	5	3
5	7	1	f	5	5	a	c
5	0	1	8	1	1	3	a
a	f	7	9	0	0	0	0

Encabezado TCP con bytes capturados

En particular se obtiene la información sobre los números de puerto utilizados:

```
Puerto origen = 54445 (C8f5)
Puerto destino = 80 (0050)
```

Alguna información TCP

Con toda esta información, encontramos los identificadores que se han puesto en juego (en negrita en el esquema):

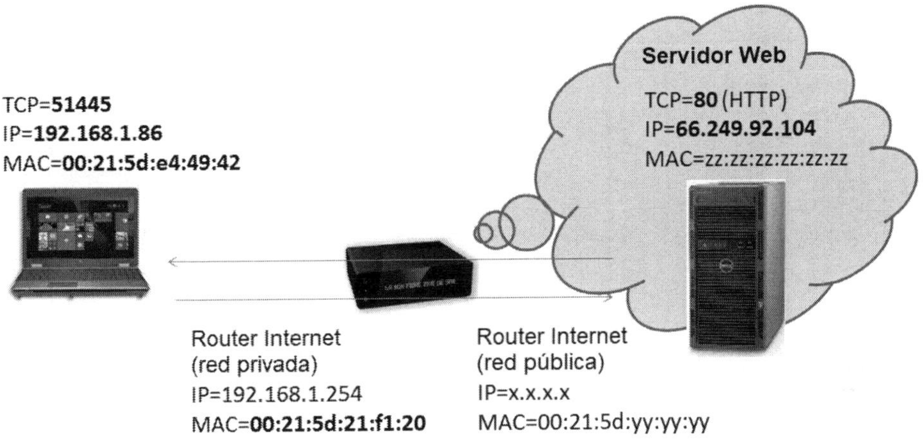

Identificadores puestos en juego referentes a la captura de red

1.4 Protocolos

El modelo OSI divide y especifica las funciones propias de la comunicación a través de siete capas lógicas.

La materialización de las capas del modelo teórico toma la forma de protocolos. En cada protocolo se aplican diferentes funciones definidas por el modelo.

Un protocolo constituye, por tanto, un conjunto de reglas de comunicación. Estas reglas establecen el formato de transmisión de los datos a través de la red.

El ideal teórico del modelo OSI consiste en implantar un protocolo por capa.

En realidad, algunos protocolos operan en varias capas, otros en una capa y algunos solo en una parte de algunas capas, tal como las define el modelo OSI.

De hecho, no se debe olvidar que este modelo se creó cuando ya existían muchos otros protocolos, por lo que algunos fabricantes se adaptaron al modelo, mientras que otros siguieron utilizando sus protocolos sin modificarlos.

1.5 Papel de las distintas capas

Cada capa de red definida por el modelo tiene un papel concreto que va desde el transporte de la señal que cifra los datos a la presentación de la información para la utilización por parte del destinatario.

1.5.1 La capa física

Su papel es la transmisión bit a bit a través del soporte, entre el emisor y el receptor, de las señales eléctricas, electromagnéticas o luminosas que codifican los datos digitales (0 o 1).

Puesto que define el modo de propagación de la señal, esta capa administra, si es preciso, los circuitos físicos. Los componentes de hardware, como los módems (modulador/demodulador), los repetidores o los conectores de tarjetas de red, como por el ejemplo el RJ45, se colocan en este nivel.

1.5.2 La capa de Conexión (o Conexión de datos)

En esta capa los datos digitales se transforman en señal. Los bits de datos se organizan en tramas. Se crea un encabezamiento en el que se puede identificar al emisor y al destinatario por su dirección física.

En esta capa se añade un código de redundancia cíclica (CRC - *Cyclic Redundancy Check*) que permite detectar algunos problemas de transmisión. Así, el destinatario de una trama recalcula el CRC y lo compara con el que se transmitió. Si hay alguna diferencia, se rechaza la trama.

El modelo OSI ofrece la implementación de High level *Data Link Control* (DLC) para este nivel de capa.

También podemos citar el protocolo *Synchronous Data Link Control* (SDLC), desarrollado por IBM para su secuencia de protocolos *System Network Architecture* (SNA), o también *Low Access Procedure Balanced* (LAP-B), desarrollado por el CCITT (Comité Consultivo Internacional Telegráfico y Telefónico) para su modelo. Este último es el que finalmente se utiliza para los protocolos X.25.

1.5.3 La capa de Red

Es esta capa se escoge la mejor ruta (cuando existen varias) para llegar al destinatario. Mientras que la dirección física sirve para identificar un periférico local, una dirección lógica permite hacer referencia a un componente de manera global. Por eso, algunos protocolos identifican los periféricos de la red asignándoles un número de red, así como un número de puesto en esa red.

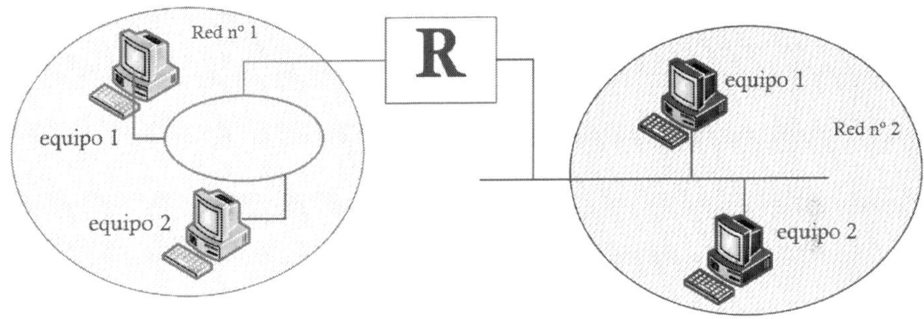

La capa de red

Para llegar a un destinatario, se calcula un coste que puede depender de varios parámetros (número de redes que deben cruzarse, duración del transporte, coste de la comunicación, saturación de la línea, etc.). Mediante la comparación de los distintos costes se determina qué ruta es la mejor.

En función de los protocolos, el bloque puede llamarse mensaje, datagrama, célula o incluso paquete, como en *Internet Protocol* (IP).

1.5.4 La capa de Transporte

Es el núcleo del modelo OSI. En esta capa, se ponen en marcha distintos mecanismos para establecer el modo conectado, es decir, un medio para garantizar que la información se transmite sin problemas. El primer nivel de conexión consiste en un acuse de recibo sistemático de todos los paquetes recibidos, y esto, en un plazo determinado (dos veces la duración de ida y vuelta normalmente necesaria) porque, de lo contrario, el paquete se da por extraviado y se vuelve a transmitir. Además, el modo conectado ofrece una conexión para la capa superior, como si se tratase de un enlace punto a punto.

Así como la capa de red elige la mejor ruta a través de una visión global de la intrarred, la capa de transporte añade un mecanismo de control relativo a la fiabilidad de los datos recibidos.

El protocolo más conocido a este nivel es *Transport Control Protocol* (TCP).

1.5.5 La capa de Sesión

Esta capa también administra un modo conectado. En este nivel se gestionan los puntos de sincronización, permitiendo así, a través de la protección de contextos y subcontextos, la reanudación en caso de error.

Es la capa que suele administrar la conexión a un recurso compartido en la red.

Observación

Los comandos NET USE, en los sistemas Microsoft Windows, permiten crear una conexión con un recurso de tipo carpeta o directorio, asociándole una letra de unidad lógica.

Las llamadas a procedimientos remotos, *Remote Procedure Call* (RPC), constituyen un protocolo de este nivel.

1.5.6 La capa de Presentación

Esta capa garantiza la estandarización de los datos: parámetros internacionales, páginas de código, distintos formatos...

Observación

Es el papel que asume, por ejemplo, el lenguaje HTML (HyperText Markup Language).

Esta capa también puede hacer uso de funciones de codificación y de compresión. Codificaciones como MIME (*Multipurpose Internet Mail Extensions*), ASCII (*American Standard Code for Information Interchange*) o ASN.1 (*Abstract Syntax Notation One*) se pueden utilizar en esta capa.

1.5.7 La capa de Aplicación

Esta capa garantiza la interfaz de comunicación con el usuario a través de los programas informáticos adecuados.

También administra la comunicación entre aplicaciones, al igual que el correo electrónico.

Se pueden citar algunas de las numerosas opciones disponibles, como *File Transfer Access and Management* (FTAM), *Common Management Information Protocol* (CMIP), que permite efectuar un seguimiento de los recursos o administrarlos a distancia. *Message Handling Systems* (MHS) o X.400 es un método estandarizado internacional para el transporte de mensajes. X.500 o Directory Services permiten administrar una base de datos distribuida de manera estándar.

2. Enfoque pragmático del modelo de capas

Ahora vamos a examinar otro enfoque de un modelo de red en capas, concentrándonos aún más en el papel de cada una de las capas. Vamos a comenzar por examinar una comunicación de punto a punto entre dos periféricos, imaginándonos, por ejemplo, dos ordenadores conectados a través de un cable. Poco a poco, vamos a ir haciendo más complejo el entorno de interconexión añadiendo ordenadores, luego componentes de interconexión, para encontrarnos finalmente con una red compleja de ordenadores interconectados como Internet. El objetivo es comprender mejor este modelo de capas, porque la dificultad de comunicar dos entidades en un entorno heterogéneo es grande.

2.1 Nivel 1: capa física

Imaginemos, en primer lugar, dos ordenadores autónomos que desean compartir información por medio de un simple cable.

En esta representación, los dos ordenadores se conectan directamente uno al otro: es decir, una conexión punto a punto, igual que ocurre en una conexión telefónica, en la que, una vez establecida, los dos puestos podrán intercambiar datos simultáneamente, sin necesidad de precisar quién es el destinatario. ¡De hecho, no hay ambigüedad respecto a quién debe recibir los datos: es el que se encuentra al otro lado del cable!

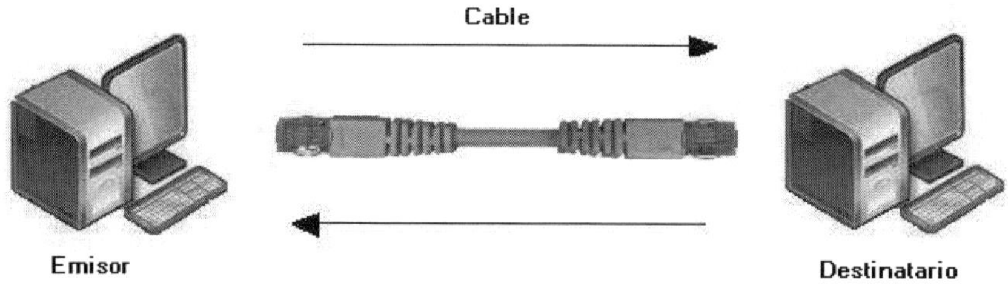

Nivel 1: punto a punto físico

Por eso, en esta configuración, no es necesario ningún identificador y directamente se enruta la información hacia el destinatario que está al otro lado del canal de comunicación.

Observación

En este tipo de conexión punto a punto, es necesario utilizar un cable cruzado.

2.2 Nivel 2: capa de Conexión de datos

En este nivel vamos a examinar el ejemplo de un entorno de red local: Ethernet en estrella con par trenzado.

En esta fase no es primordial comprender perfectamente la tecnología de red utilizada para ilustrar la explicación teórica, en este caso Ethernet.
Este protocolo lo estudiaremos con más detalle más adelante.

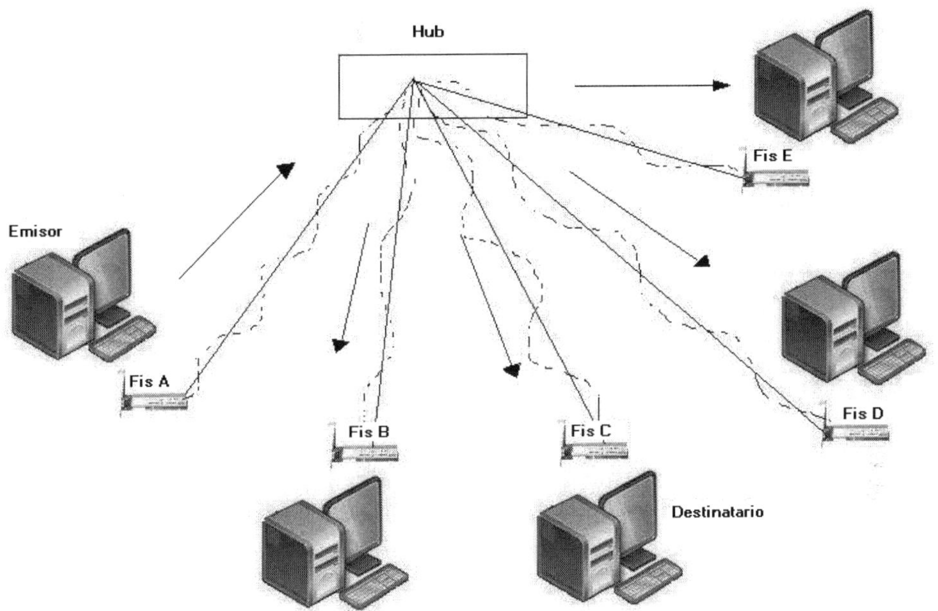

Nivel 2: red Ethernet en estrella

Como se ve en la ilustración, todos los ordenadores están equipados con una tarjeta de red. Esta tarjeta sirve para comunicarse con el resto de los recursos conectados a esta red. Cada una de ellas es una especie de interfaz entre el interior del ordenador (el sistema operativo y la configuración de programas de la red) y el exterior de este.

La parte de software se denomina controlador. Permite, como veremos a continuación, establecer la relación con las capas de software superiores.

La relación con la capa física se realiza mediante el conector presente en la tarjeta de red. Es esta última la que actúa como componente de interconexión.

Cuando un ordenador desee enviar datos, puede hacerlo en el momento oportuno, aunque eventualmente deba esperar su turno, utilizando su tarjeta de red.

Con esta configuración, la señal que corresponde a los datos se emite a través de la tarjeta de red emisora al resto de las tarjetas de red presentes. La señal se difunde, así, como si se tratara de un grifo que se abre para abastecer a las otras tarjetas de red.

Contrariamente a lo que pasaba en el nivel anterior, donde la comunicación era directa (de punto a punto), para el nivel 2, debemos definir identificadores específicos.

Observación

Imaginemos que nos encontramos en un lugar atestado de gente; a pesar del barullo de la muchedumbre, logramos localizar a un amigo y lo llamamos. En ese momento, varias personas se dan la vuelta para saber quién llama a esa persona. A continuación, solo nuestro amigo sigue escuchando el mensaje que le transmitimos oralmente.

Por tanto, es necesario determinar, en cada trama enviada, a quién está dirigida la información. El emisor de la información se da a conocer y su identificador se registra en esta trama. Para ello es necesario un sistema de denominación de las partes. El enlace con la tarjeta de red se denomina direccionamiento físico.

Observación

Todas las tarjetas de red Ethernet disponen de una dirección física, llamada también dirección MAC (Medium Access Control), que viene a ser su propio identificador de nivel 2.

En el siguiente ejemplo, se ha efectuado una solicitud de información en la interfaz de comandos de Windows.

```
Microsoft Windows [Versión 10.0.22631.3593]
(c) Microsoft Corporation. Todos los derechos reservados.

C:\Users\usuario>ipconfig /all

Configuración IP de Windows

   Nombre de host. . . . . . . . . : Portatil-Juanki
   Sufijo DNS principal  . . . . . :
   Tipo de nodo. . . . . . . . . . : híbrido
   Enrutamiento IP habilitado. . . : no
   Proxy WINS habilitado . . . . . : no

Adaptador de LAN inalámbrica Wi-Fi:

   Estado de los medios. . . . . . . . . . . : medios desconectados
   Sufijo DNS específico para la conexión. . :
   Descripción . . . . . . . . . . . . . . . : Realtek RTL8723BE Wireless
                                               LAN 802.11n PCI-E NIC
   Dirección física. . . . . . . . . . . . . : 3C-A0-67-29-43-19
   DHCP habilitado . . . . . . . . . . . . . : sí
   Configuración automática habilitada . . : sí
```

```
Adaptador de LAN inalámbrica Conexión de área local* 3:

   Estado de los medios. . . . . . . . . . . : medios desconectados
   Sufijo DNS específico para la conexión. :
   Descripción . . . . . . . . . . . . . . . : Microsoft Wi-Fi Direct
                                               Virtual Adapter
   Dirección física. . . . . . . . . . . . . : 3E-A0-67-29-43-19
   DHCP habilitado . . . . . . . . . . . . . : sí
   Configuración automática habilitada . . : sí

Adaptador de Ethernet Ethernet:

   Sufijo DNS específico para la conexión. :

   Descripción . . . . . . . . . . . . . . . : Realtek PCIe FE Family Controller
   Dirección física. . . . . . . . . . . . . : A0-8C-FD-D4-69-02
   DHCP habilitado . . . . . . . . . . . . . : sí
   Configuración automática habilitada . . : sí
   Vínculo: dirección IPv6 local. . .        : fe80::d15f:73b4:3b7d:f629%5(Preferido)
                                               f629%5(Preferido)
   Dirección IPv4. . . . . . . . . . . . . . : 192.168.0.154(Preferido)
   Máscara de subred . . . . . . . . . . . . : 255.255.255.0
   Concesión obtenida. . . . . . . . . . . . : lunes, 30 de junio de 2025 21:39:34
   La concesión expira . . . . . . . . . . . : martes, 1 de julio de 2025 9:39:33
   Puerta de enlace predeterminada . . . . : 192.168.0.1
   Servidor DHCP . . . . . . . . . . . . . . : 192.168.0.1
   IAID DHCPv6 . . . . . . . . . . . . . . . : 90195403
   DUID de cliente DHCPv6. . . . . . . . . . : 00-01-00-01-2A-00-BE-F4-A0-8C-FD-D4-69-02
   Servidores DNS. . . . . . . . . . . . . . : 192.168.0.1
   NetBIOS sobre TCP/IP. . . . . . . . . . . : habilitado

C:\Users\usuario>
```

El identificador aparece como *Dirección física* de la tarjeta Ethernet A0-8C-FD-D4-69-02.

Los niveles 1 y 2 forman, a menudo, una sola y única capa para el administrador de red, llamada de base. Esto procede del hecho de que en el modelo de protocolos TCP/IP que a continuación se aplica (con diferencia el más frecuente), pero anterior al modelo OSI, forman una única capa llamada Interfaz de red.

El nivel 2 se refiere a un entorno donde el hardware (tarjetas de red, *hubs*) y la gestión del acceso al soporte físico siguen siendo los mismos. Una red de nivel 2 se calificará por su velocidad, con tramas cuya longitud máxima y mínima están establecidas.

2.3 Nivel 3: capa de Red

2.3.1 Principios

Este nivel permite la interconexión de redes físicas diferentes. En el modelo TCP/IP, es en la segunda capa, llamada Internet, donde se encuentra el Internet Protocol (IP).

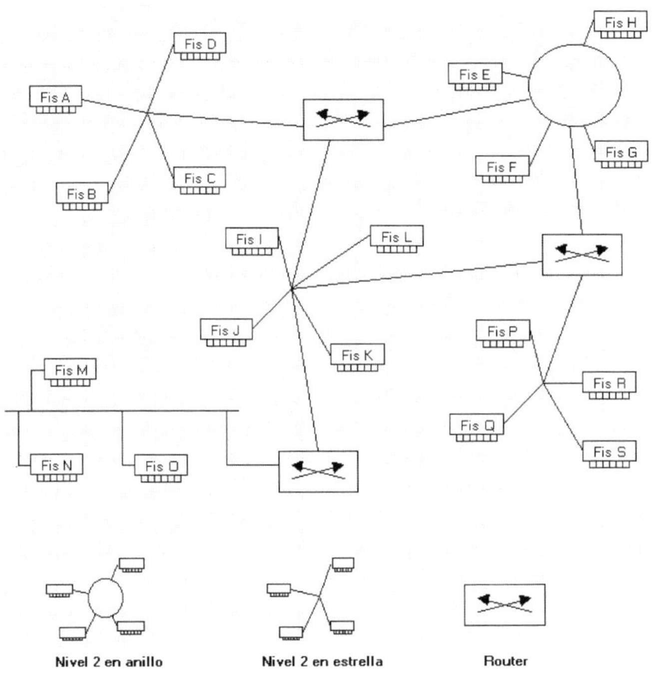

Nivel 3: interconexión de red de nivel 2

2.3.2 La dirección lógica

Este nivel es un poco más complejo. Se introduce una dirección lógica, complementaria a la dirección física de nivel 2. El concepto de dirección lógica define una descomposición jerárquica a un nivel: una dirección está compuesta por un número de red, así como por un número de equipo en la red.

■ Observación

Por ejemplo, en una dirección de tipo IPv4 192.168.1.100, el identificador de red lógico es 192.168.1 y el de equipo, 100. La técnica de distinción de las partes de una red y un equipo de la dirección IP se abordará más adelante.

El concepto de red en 3 capas puede equivaler a una ciudad y sus calles. A cada elemento que deba ser identificado se le asigna un número, como a las puertas de los edificios de una calle.

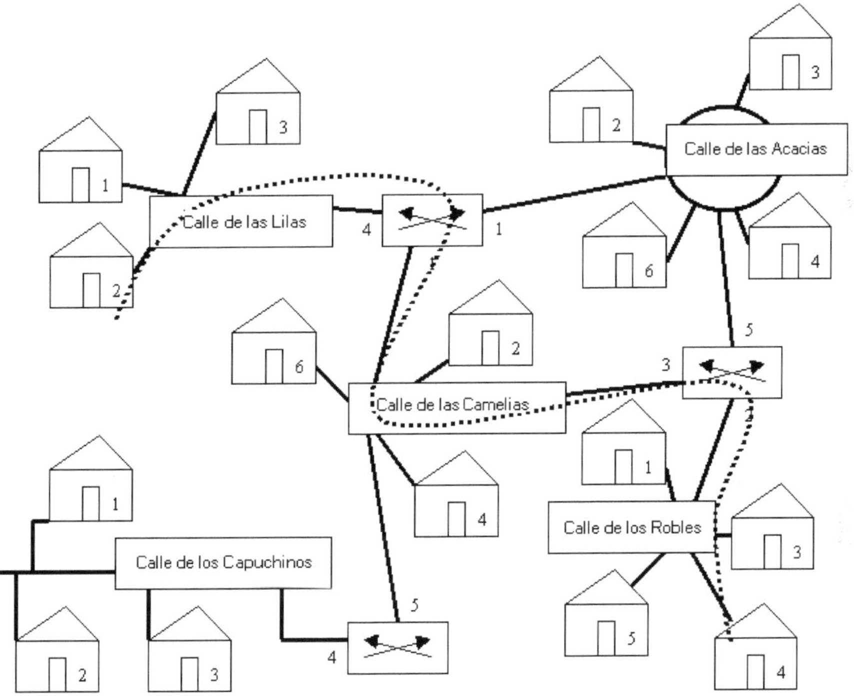

Nivel 3: analogía de las redes lógicas y los nombres de las calles

Así, cuando alguien desee dirigirse a un destinatario cuya dirección conoce, primero se dirige hacia la calle y luego busca el número de puerta. Por ejemplo, si una persona, saliendo del número 2 de la calle de las Lilas, desea encontrar a otra persona que vive en el número 4 de la calle de los Robles, se irá acercando progresivamente, preguntando el camino en cada intersección de calles. Cuando llegue a la calle correcta, solo le queda encontrar el número de la puerta.

Desde el punto de vista de una red, todas las redes lógicas están identificadas (corresponden a las calles). Y en cada una de ellas se numeran los componentes (identificación de los equipos).

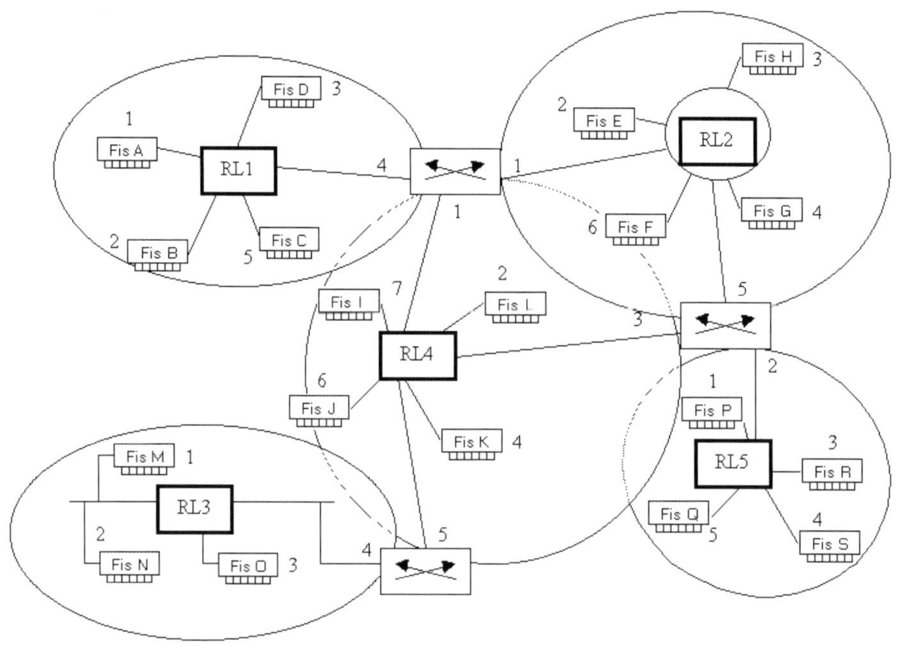

Nivel 3: asignación de redes lógicas e identificadores de equipos

Los componentes de red que se deben identificar son las tarjetas de red de los ordenadores, las impresoras con interfaz de red, los routers (nivel 3 OSI) y los routers-módem de Internet.

2.3.3 La salida de una red lógica

Hemos decidido aclarar un poco este punto de vista antes de centrarnos en las explicaciones de la red TCP/IP, principal modelo basado en capas que realmente se utiliza. Por este motivo, vamos a hablar ahora de un concepto fundamental: el paso de una calle a otra en las intersecciones (transferencia de una red lógica a otra) se realiza a través de puertas de enlace. De manera predeterminada, la puerta de enlace representa el medio de salida de la calle, o de la red lógica.

Esta información se debe especificar en cada uno de los equipos de la subred, ya que de lo contrario no habría ninguna salida.

Además de la dirección lógica asignada a cada uno, que comprende una parte que califica a la subred y otra para el equipo, puede ser necesario indicar los datos de la puerta de enlace predeterminada. Este componente también puede ser denominado router.

Al igual que una calle puede tener varias intersecciones (si no es un callejón sin salida), una subred puede tener varias puertas de enlace. Veremos este caso a continuación.

Observación

En el nivel 3, hablamos de paquete IP para identificar la información transportada en este nivel. Atención, se habla también de paquete con UDP (capa 4), pero de segmento con TCP (capa 4).

Por ejemplo, para la red RL1 que tiene los hosts A, B, C, D, la información de configuración es la siguiente:

Equipo	Dirección MAC	Dirección lógica	Puerta de enlace
A	FisA	(RL1,1)	(RL1,4)
B	FisB	(RL1,2)	(RL1,4)
C	FisC	(RL1,5)	(RL1,4)
D	FisD	(RL1,3)	(RL1,4)

La salida de la red RL2, que tiene los equipos E, F, G y H, se hace por la puerta de enlace (RL2,1) o por (RL2,5). Es necesario, por tanto, elegir.

Para ello podemos dar prioridad a la dirección más probable. Por ejemplo, si los puestos de red RL2 son susceptibles de querer ir a RL1, la utilización de la puerta de enlace (RL2,1) es la más lógica. Esta reflexión se puede efectuar para cada caso.

De esta manera, para los equipos de RL2, las puertas de enlace podrían ser las siguientes. Vea que este tipo de configuración permite repartir la carga entre las puertas de enlace.

Equipo	Dirección MAC	Dirección lógica	Puerta de enlace
E	FisE	(RL2,2)	(RL2,1)
F	FisF	(RL2,6)	(RL2,1)
G	FisG	(RL2,4)	(RL2,5)
H	FisH	(RL2,3)	(RL2,5)

2.3.4 La transmisión de paquetes en la intrarred

¿Cómo una trama emitida por una tarjeta de red lógica dada puede llegar finalmente a otra tarjeta de red situada en otra red lógica de la intrarred?

¿Cuáles son las etapas que se implementan?

¿Qué mecanismos se ejecutan para que la tarjeta tome la decisión correcta que le permita, en primer término, salir de su red lógica y, a continuación, acercarse poco a poco a la red lógica del destinatario, hasta alcanzarlo finalmente?

Consideremos que un equipo intenta enviar datos a otro mediante tarjetas de red.

El emisor conoce su dirección lógica, que incluye la puerta de enlace. También ha obtenido la dirección completa del destinatario.

Se presentan dos casos:

– El emisor y el destinatario están en la misma red lógica.
– El destinatario pertenece a una red lógica distinta.

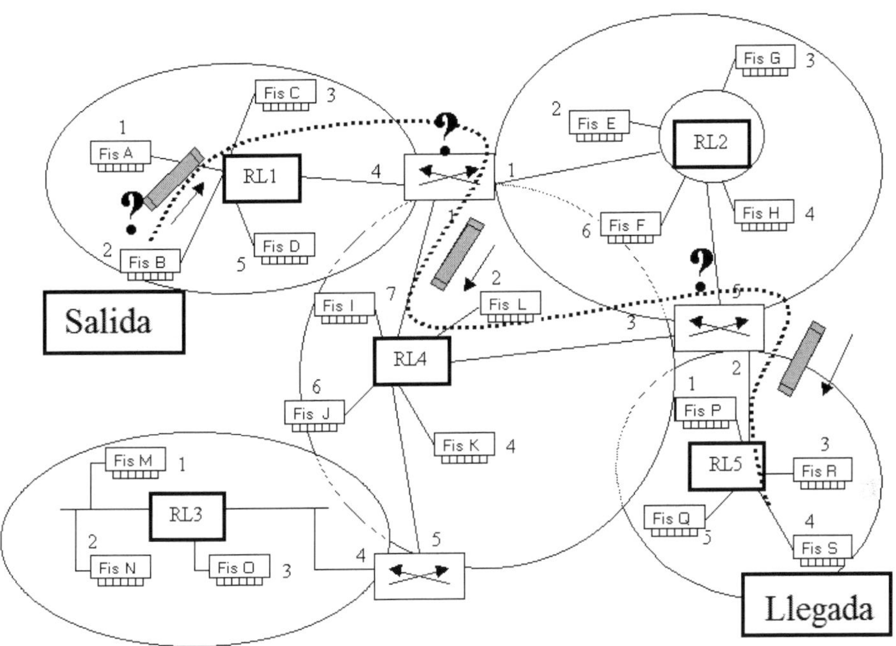

Nivel 3: propagación de un paquete en una intrarred

Caso 1: El emisor y el destinatario se encuentran en la misma subred

La comunicación aquí es de nivel 2 porque no es necesaria ninguna salida de la red lógica. El emisor obtiene esta información comparando su identificador de red con el de su interlocutor.

Para enviar realmente la trama al destino correcto, el emisor debe obtener la dirección física (MAC) de su interlocutor. Para ello envía primero una trama corta a todos los equipos de su red de nivel 2, sustituyendo la dirección física del destinatario por una dirección especial (por ejemplo, FF-FF-FF-FF-FF-FF), que significa que todo el mundo debe atender a la solicitud. Es aquí donde se plantea la pregunta: ¿quién me puede dar la dirección física correspondiente a esta dirección lógica? El equipo concerniente responde y envía la información solicitada.

En la siguiente ilustración se observa que esta solicitud se realiza a la puerta de enlace. La puerta de enlace se considera un equipo de la red y será la primera destinataria de los datos que deben salir.

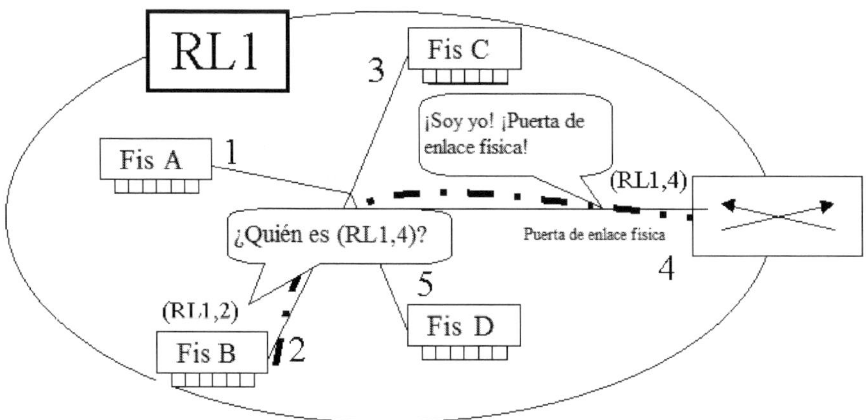

Nivel 3: obtención de la dirección MAC de la puerta de enlace predeterminada

Observación

En realidad, el protocolo utilizado para obtener la dirección física a partir de una dirección lógica IPv4 en una red de nivel 2 es el Address Resolution Protocol (ARP).

Finalmente, el emisor está en condiciones de construir una trama que contenga, además de sus datos de direcciones física y lógica, la dirección del destinatario.

Caso 2: El emisor y el destinatario pertenecen a subredes distintas

Igual que en el caso anterior, se comparan los identificadores de red lógica. El equipo origen de la emisión constata que el suyo es distinto del de su interlocutor. La comunicación debe, por tanto, pasar un nivel y se busca una puerta de enlace en el nivel 3 del modelo OSI.

Este nodo de la red, que puede ser un router, es el que conoce la información de redirección de los datos comunicados y será utilizado como puerta de salida.

Si no se conoce, se realiza la búsqueda de la dirección física del router. En caso de respuesta positiva, se efectúa la transmisión hacia el destinatario. El emisor inicial se conforma con dirigir la información hacia la salida de la red lógica. No le importa cuál sea el enrutamiento seguido hasta el nodo final de la red. La trama, convertida en paquetes, contiene asimismo la dirección lógica de este destinatario final.

2.3.5 Distribución de paquetes en el router

Principios

Ya hemos visto que, si hay que realizar un tratamiento de nivel 3 (distintos identificadores de emisor y de destinatario), el router se convierte en el primer destinatario de los paquetes. Al recibirlos, el router sabe que los paquetes no son para él.

Por lo tanto, extrae el identificador de subred del destinatario final y consulta su tabla de transporte. Esta contiene la información de distribución hacia el destinatario final o hacia el próximo router.

Caso 1: El router puede dirigirse directamente al destinatario final

El router constata que una de las interfaces de red está declarada en la misma red lógica que el equipo final. Se conforma con construir un nuevo paquete de datos y enviarlo.

Caso 2: El router no puede alcanzar la red lógica del destinatario final

Si la tabla de transporte no contiene información de enrutamiento hacia la red lógica del destinatario, el router pone fin a la comunicación. El emisor recibe un mensaje que indica la imposibilidad de comunicarse con el destinatario solicitado.

Caso 3: El router puede alcanzar la red lógica del destinatario final

En este caso, se encuentra un camino en la tabla de transporte. Designa la dirección lógica (IP) del próximo router que permite acercarse a la red lógica de destino.

En la siguiente tabla de enrutamiento, vemos que el router dispone de dos interfaces con direcciones lógicas, 192.168.1.86 y 192.168.2.86. Más adelante hablaremos de la dirección lógica 127.0.0.1, dirección de bucle local designada en todos los servicios.

Se han creado dos rutas hacia los destinos de red lógica 10. y 172.16 (destacadas con un recuadro en la pantalla). La puerta de enlace para comunicarse con estas redes es 192.168.1.1.

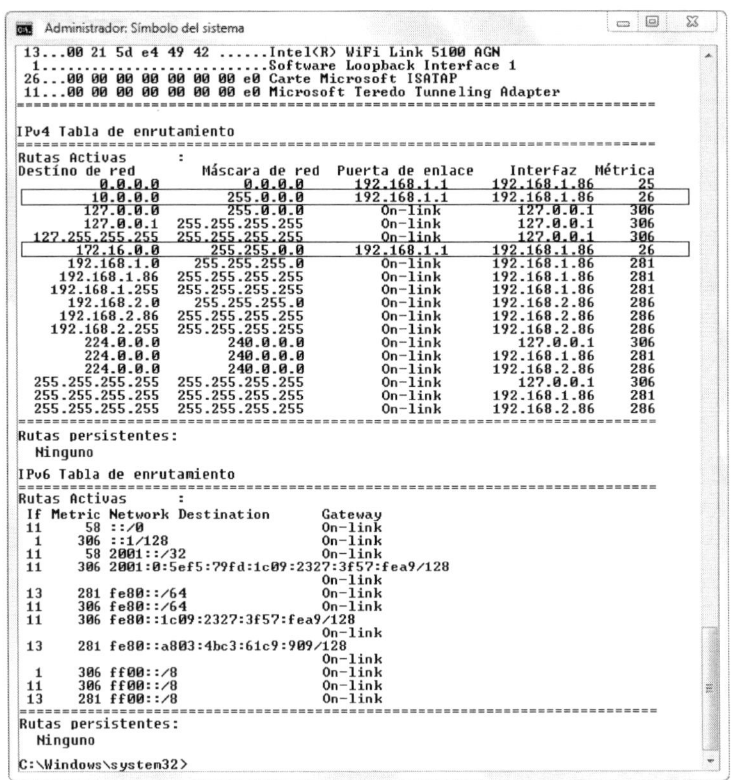

Visualización de la tabla de enrutamiento de un ordenador con Windows

Tras obtener la información necesaria en su tabla de enrutamiento, el router solicita la dirección física que corresponde a la puerta de enlace del destino (en el ejemplo anterior, la que corresponde al identificador lógico 192.168.1.1) si no la tenía ya.

A continuación, crea una nueva trama destinada a ese interlocutor, pero que contiene los datos del equipo final.

El enrutamiento por salto continuará de la misma manera.

Observación

Si una tabla de enrutamiento no incluye directamente la información de distribución hacia la subred final, puede contener un itinerario predeterminado. Este itinerario se utiliza de forma sistemática, lo que evita el caso número 2.

2.4 Nivel 4: capa de Transporte

En el modelo OSI, esta es la cuarta capa. Constituye la tercera dentro del protocolo TCP/IP, y con los mismos usos. Los niveles 3 y 4 a veces se agrupan bajo el nombre de capas medias.

Las aplicaciones de tipo cliente/servidor que utilizan TCP/IP pueden emplear dos modos de transporte:

- conectado gracias al *Transmission Control Protocol* (TCP);
- no conectado, o paquete, con el *User Datagram Protocol* (UDP).

2.4.1 El modo conectado TCP

La primera elección consiste en la elaboración de un modo conectado que permita ejecutar un intercambio de información en bruto (grupo no formateado de bytes).

Se ejecuta un mecanismo para establecer una conexión TCP: se trata del 3 *Way Handshake* o intercambio en tres fases. Durante el proceso, se intercambian tres tramas.

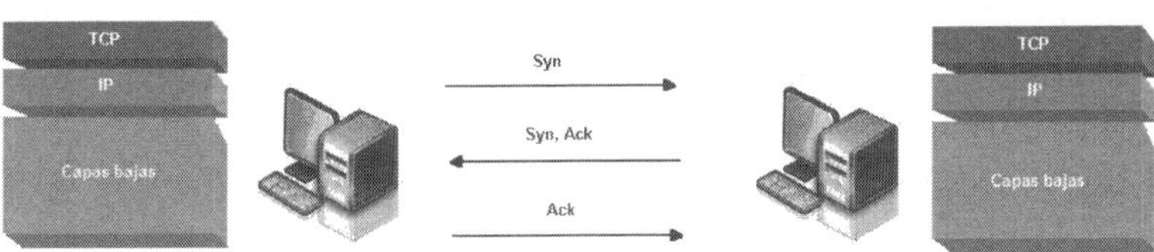

Establecimiento de una conexión TCP en tres fases: 3 Way Handshake

Esta inicialización de conexión puede traducirse por:

- ¡Hola!
- ¿Hola, hablamos?
- ¡Sií!

Durante estos tres intercambios, el emisor y el destinatario se ponen de acuerdo sobre el tamaño de los *buffers* que se utilizarán para emitir y recibir los segmentos TCP intercambiados. Así, si el emisor y el destinatario están en la misma red Ethernet 10/100 Mbps, el *buffer* acordado será un múltiplo de 1460 (1500 bytes - 40 correspondientes à la cabecera IP+TCP), ya que 1500 bytes corresponden al tamaño de una trama en una red Ethernet. Se le llama *Maximum Transfer Unit* (MTU). Cada uno de los interlocutores dispondrá de su propio búfer (múltiplo de 1460).

Además, en TCP, se ejecutan algunos acuses de recibo para permitir validar poco a poco el grupo entrante de bytes en bruto. El *buffer* se elige de modo que sea posible enviar varios segmentos simultáneamente, sin tener que esperar los acuses de recibo, lo que provocaría tiempos de espera perjudiciales para los intercambios de red. Así pues, los acuses de recibo procedentes del destinatario cruzarán a través de la red los segmentos TCP que posteriormente se validarán.

Vea a continuación un ejemplo de captura de esta fase inicial. El equipo 192.168.1.92 (detrás de un router ADSL) inicia una petición de conexión por el puerto 80 (Web) del servidor público 77.67.11.74 (servidor Hotmail).

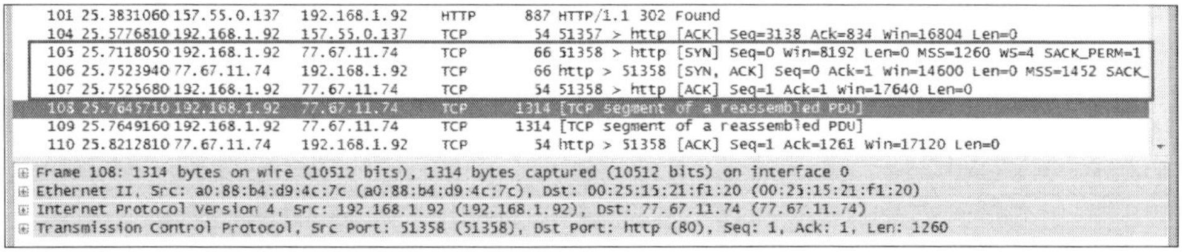

```
101 25.3831060 157.55.0.137  192.168.1.92  HTTP   887 HTTP/1.1 302 Found
104 25.5776810 192.168.1.92  157.55.0.137  TCP     54 51357 > http [ACK] Seq=3138 Ack=834 Win=16804 Len=0
105 25.7118050 192.168.1.92  77.67.11.74   TCP     66 51358 > http [SYN] Seq=0 Win=8192 Len=0 MSS=1260 WS=4 SACK_PERM=1
106 25.7523940 77.67.11.74   192.168.1.92  TCP     66 http > 51358 [SYN, ACK] Seq=0 Ack=1 Win=14600 Len=0 MSS=1452 SACK_
107 25.7525680 192.168.1.92  77.67.11.74   TCP     54 51358 > http [ACK] Seq=1 Ack=1 Win=17640 Len=0
108 25.7645710 192.168.1.92  77.67.11.74   TCP   1314 [TCP segment of a reassembled PDU]
109 25.7649160 192.168.1.92  77.67.11.74   TCP   1314 [TCP segment of a reassembled PDU]
110 25.8212810 77.67.11.74   192.168.1.92  TCP     54 http > 51358 [ACK] Seq=1 Ack=1261 Win=17120 Len=0

⊞ Frame 108: 1314 bytes on wire (10512 bits), 1314 bytes captured (10512 bits) on interface 0
⊞ Ethernet II, Src: a0:88:b4:d9:4c:7c (a0:88:b4:d9:4c:7c), Dst: 00:25:15:21:f1:20 (00:25:15:21:f1:20)
⊞ Internet Protocol Version 4, Src: 192.168.1.92 (192.168.1.92), Dst: 77.67.11.74 (77.67.11.74)
⊞ Transmission Control Protocol, Src Port: 51358 (51358), Dst Port: http (80), Seq: 1, Ack: 1, Len: 1260
```

Captura de trama de establecimiento de una conexión TCP

Aquí se observa, en la trama 105, una petición de conexión [SYN] al puerto 80 del servidor a partir del cliente (puerto 51358). A continuación, el servidor responde [SYN, ACK] al cliente (trama 106). Finalmente, el cliente acusa recepción de la inicialización que ha pedido al servidor (trama 107).

2.4.2 El modo no conectado UDP

En contraposición, el modo UDP permitirá trabajar rápidamente en detrimento de la fiabilidad. El objetivo es, simplemente, que suba la información que procede de las tramas de red a la capa de aplicación.

No se envía ningún acuse de recibo, tampoco se ofrece ninguna conexión inicial del tipo 3 Way Handshake. UDP no agrega nada al paquete que se ha transportado por IP, acelerando así considerablemente los intercambios.

2.5 Nivel 5 y superiores

Las capas superiores constituyen una única capa de aplicación en TCP/IP que puede o no utilizar las conexiones establecidas (con el modo no conectado) y permitir, finalmente, que los procesos que se realizan en distintos ordenadores puedan comunicarse entre sí.

Un *socket* corresponde a un identificador de proceso en un entorno de red TCP/IP.

El identificador de *socket* está compuesto por la dirección IP, el protocolo de capa 4 OSI utilizado (TCP o UDP), así como por un número de puerto (TCP o UDP). Este número de puerto está comprendido entre 0 y 65535.

Socket = dirección IP:TCP o UDP:número de puerto

Por ejemplo, un *socket* servidor HTTP sería 192.168.2.200:TCP:80.

Observación

La mayoría de las veces, los protocolos implementados asignan dinámicamente un socket al cliente, con el fin de permitir una comunicación bidireccional; una excepción serían ciertos protocolos cuyos puertos en el lado del cliente no son aleatorios (por ejemplo, el cliente DHCP utiliza el puerto UDP 68).

Observación

Cabe señalar que los puertos aleatorios utilizados para las conexiones de cliente (en Windows y Linux) se encuentran definidos en el rango comprendido entre 49152 y 65535.

Una vez establecida la conexión TCP, puede comenzar el intercambio de información entre el cliente y el servidor.

3. Estándares y organismos

En esta sección, describiremos los principales organismos de estandarización en cuanto a redes y daremos algunos ejemplos de implementación.

3.1 Tipos de estándares

Se distinguen los estándares legales, *de jure*, de los estándares impuestos por un fabricante, *de facto*, cuya utilización está muy extendida.

Además, calificaremos como propietario a un tipo de estándar inventado y controlado por una empresa, y no propietario a un estándar desarrollado por un organismo de estandarización.

3.2 Algunos organismos de estandarización para redes

No existe una única fuente de estándares. Por regla general, un organismo de estandarización coordina las especificaciones de distintas soluciones de hardware o software. Entre estos organismos, estamos ligados a los que elaboran la mayoría de los estándares para redes locales e internacionales. Cada organismo desarrolla una parte diferente de la actividad de las redes.

3.2.1 American National Standards Institute (ANSI)

Se trata de un organismo creado por empresarios e industriales norteamericanos, que se dedica al desarrollo de estándares en cuando al comercio y las comunicaciones. ANSI trabaja esencialmente en las codificaciones, los alfabetos, los modos de indicación, los lenguajes de programación, la interfaz SCSI, etc.

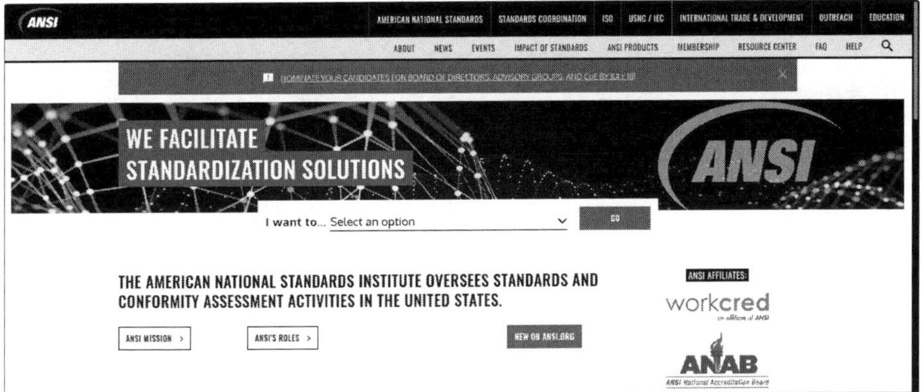

Sitio web: www.ansi.org

Ejemplos de implementación

- ANSI/IEEE 802.3: *Carrier Sense Multiple Access/Collision Detection* (CSMA/CD) (ver capítulo Arquitectura de red e interconexión - sección Gestión de la comunicación - Métodos de acceso al soporte).
- ANSI X3.135: estandarización de *Structured Query Language* (SQL).
- ANSI X3T9.5: especificaciones para *Fiber Distributed Data Interface* (FDDI) (ver capítulo Protocolos de redes MAN y WAN - section Interconexión de la red local - Fiber Distributed Data Interface (FDDI)).
- Estandarización para el transporte en los lenguajes FORTRAN, COBOL, C.

3.2.2 Unión internacional de las telecomunicaciones (UIT)

El Comité Consultivo Internacional Telegráfico y Telefónico (CCITT) dejó su lugar a la Unión Internacional de las Telecomunicaciones (UIT), en inglés *International Telecommunication Union* (ITU).

Sitio web: www.itu.int

Este comité estudia y recomienda la utilización de estándares de comunicación reconocidos en todo el mundo y publica sus recomendaciones cada cuatro años.

Se definen 3 ramas:

- ITU-T: normalización de las telecomunicaciones;
- ITU-R: radiocomunicaciones;
- ITU-D: desarrollo de las telecomunicaciones.

Es posible obtener información complementaria ingresando las siguientes direcciones en un navegador:

- itu.int/fr/ITU-T
- itu.int/fr/ITU-R
- itu .int/fr/ITU-D

Ejemplos de implementaciones

ITU-T Serie V

Las recomendaciones para la estandarización del diseño y el funcionamiento de los módems se llaman comúnmente serie V.

- V.32bis es el estándar de transmisión asíncrona y síncrona que llega hasta los 14 400 baudios.
- V.42bis define las compresiones de datos del módem con el método Lempel Ziv.

Observación

Las recomendaciones asociadas con las Series V están disponibles en el enlace itu.int/rec/T-REC-V/es.

ITU-T Serie X

Esta serie se refiere a los estándares OSI.

- X.200 define el modelo de referencia OSI.
- X.25 especifica la interfaz de conmutación de los datos por paquetes.
- X.400 estandariza el tratamiento de mensajes (la mensajería electrónica).
- X.500 define la gestión de los directorios en un entorno distribuido.

Observación

Las recomendaciones asociadas con las Series X están disponibles en el enlace itu.int/rec/T-REC-X/es.

3.2.3 Electronic Component Industry Association (ecia)

Esta asociación (anteriormente denominada EIA por Electronic Industries Alliance) es un organismo que agrupa fabricantes de componentes y equipos electrónicos de 50 estados norteamericanos y más de 70 países del mundo. Desarrolla estándares industriales para las interfaces entre el tratamiento de datos y los equipos de comunicación. Además, trabaja en estrecha colaboración con ANSI y UIT.

Sitio web: www.ecianow.org

Dentro de la ECIA, existen documentos relacionados con estándares técnicos en el ámbito de las telecomunicaciones, en particular aquellos que llevan el prefijo " TIA/EIA". Estos son estándares EIA elaborados por la TIA (*Telecommunications Industry Association*) y mantenidos por esta organización.

Los estándares con el prefijo "EIA" son aquellos que, al estar fuera del ámbito de las telecomunicaciones, son desarrollados y gestionados por la ECIA.

Ejemplo de implementación

Los trabajos sobre la norma TIA/EIA-568, que define la longitud máxima de los cables entre dos equipos, comenzaron con la EIA y continuaron con la ANSI. Las últimas normas definidas para el cableado se presentan en forma de normas deno-minadas ANSI/TIA-568.

3.2.4 Institute of Electrical and Electronics Engineers (IEEE)

Uno de los principales institutos americanos de estandarización de las tecnologías de comunicación, el *Institute of Electrical and Electronics Engineers* (IEEE), nació de la fusión, en 1963, del *Institute of Radio Engineers* (IRE) y del *American Institute of Electrical Engineers* (AIEE). Este organismo, destinado a promover el conocimiento en la ingeniería eléctrica, es el que crea numerosos estándares ratificados por la ISO.

En esta organización, se coordinan personas en grupos de colaboración para trabajar sobre un tema específico y para ello forman un comité. Por ejemplo, el IEEE 1394 trabaja en los bus serie de tipo FireWire.

Los comités 802 deben su nombre a la fecha de inauguración, febrero de 1980. Son los que inician el desarrollo de estándares de red en las capas bajas. Los distintos temas se reparten entre grupos de trabajo. Se puede citar, por ejemplo:

- 802.1, *Higher Layer LAN Protocols Working Group*,
- 802.3, *Ethernet Working Group* (tipo LAN),
- 802.11, *Wireless LAN Working Group* (tipo WLAN),
- 802.15, *Wireless Speciality Network* (tipo WSN),
- 802.18, *Radio Regulatory Technical Advisory Group*,
- 802.19, *Wireless Coexistence Working Group*,
- 802.24, *Vertical Applications Technical Advisory Group*.

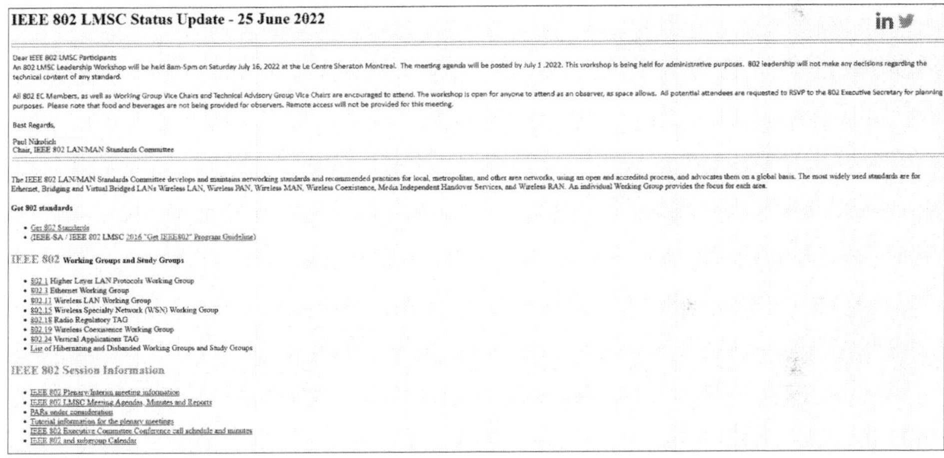

Sitio de los grupos de trabajo: https://www.ieee802.org/ (en inglés)

3.2.5 ISO

Especializada en el desarrollo y la normalización de estándares técnicos, ISO es una organización no gubernamental internacional. Agrupa a más de 150 países y su sede está en Ginebra, Suiza. Su nombre no es el acrónimo de *International Organization for Standardization*, que se podría traducir en castellano como Organización Internacional de Estandarización, sino que procede del griego «isos», que quiere decir igual.

3.2.6 Internet Engineering Task Force (IETF)

El objetivo del organismo *Internet Engineering Task Force* (IETF), miembro de la Internet Society, es el de mejorar el funcionamiento de la red internet. Como en IEEE, hay grupos de trabajo que definen estándares, que se documentan en las publicaciones *Request For Comments* (RFC).

Una RFC está identificada por un número único. Cada desarrollo es objeto de una nueva documentación que puede completar o dejar obsoleta a la anterior. No hay actualización de RFC.

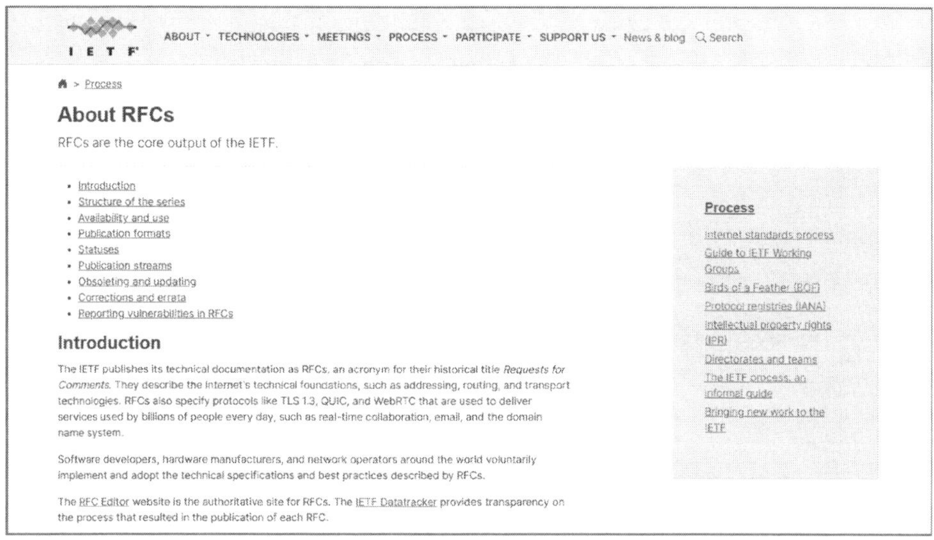

Sitio web: https://www.ietf.org/standards/rfcs

Capítulo 3
Transmisión de datos en la capa física

1. Papel de una interfaz de red

Inicialmente vamos a examinar los parámetros que permiten configurar los periféricos de un PC y más concretamente una tarjeta de red.

1.1 Principios

La interfaz de red tiene el papel de intermediario entre el ordenador y el soporte de transmisión. Al principio, la tarjeta red era un dispositivo dedicado (NIC - *Network Interface Card*) insertado en una ranura de expansión (*slot*) de la placa base; desde hace ya mucho tiempo, se trata de un componente integrado y soldado directamente en ella. Su función es preparar los datos que deben transmitirse antes de enviarlos, e interpretar los recibidos. Para ello, contiene un transmisor-receptor.

Tarjeta de red Ethernet integrada en la placa base de un PC

El controlador (*driver*) del periférico se encarga del vínculo entre la tarjeta y el sistema operativo. Este componente informático corresponde a la capa de Conexión de datos del modelo OSI.

1.2 Preparación de los datos

La capa física prepara los datos (bits) que deben transmitirse en forma de señales. Los intercambios entre el ordenador y la tarjeta se efectúan en paralelo mediante el bus de la máquina. La tarjeta de red ordenará la información en series antes de transmitir las señales a través del soporte físico.

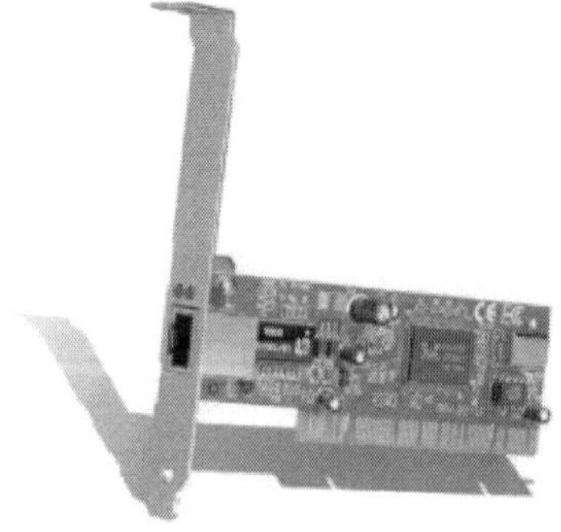

Tarjeta de red Ethernet antigua

2. Opciones y parámetros de configuración

Cualquier punto de entrada/salida en una red debe definirse para que la trama sea recibida (aceptada) por el periférico adecuado. Una tarjeta de red o un puerto de serie deben tener un número que permita ubicarlos en el nivel más bajo (del modelo OSI).

2.1 Dirección física

Es una dirección física de seis bytes que permite identificar la interfaz de red en una red local de tipo Ethernet (la más frecuente y que trataremos más adelante). El IEEE asigna los tres primeros bytes de esta dirección para identificar el fabricante del hardware (por ejemplo, HP: 64-4E-D7, Dell: 28-F1-0E, VMware: 00-50-56). Los tres bytes restantes se dejan a disposición del fabricante, que debe combinarlos en las tarjetas de tal manera que ninguna tenga la misma dirección física en una red de nivel 2.

Observación

Cuidado, una computadora puede disponer de varias direcciones físicas o direcciones MAC (Medium Access Control). Por ejemplo, un PC portátil tendrá una dirección asignada a su tarjeta Ethernet, otra dirección correspondiente a su tarjeta Wi-Fi, y además una adicional cuando se conecte a la estación de acoplamiento (Dock USB-C, que también permite la transmisión de red).

Un servidor físico generalmente dispondrá de al menos tres direcciones físicas: dos direcciones para las tarjetas de red (utilizadas para crear un agregado o teaming) y una dirección correspondiente a la tarjeta de gestión remota.

Una dirección MAC (presente en una trama de red) puede identificar una tarjeta de red única (I = 0) o una asociada a un grupo de tarjetas (G = 1). Esta dirección puede ser única globalmente (U = 0) o simplemente única en un perímetro limitado (L = 1).

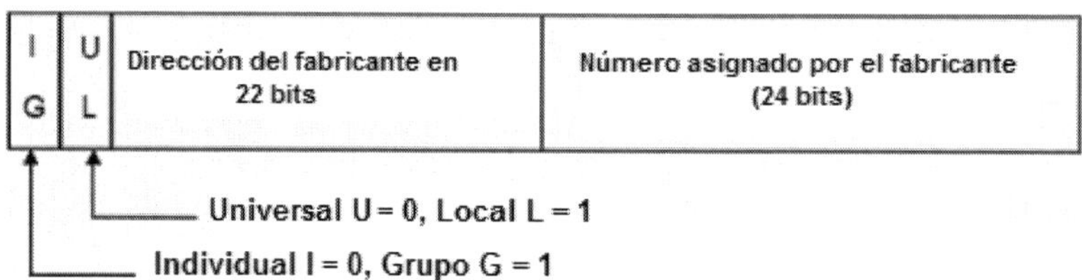

Observación

Teóricamente, nada impide al sistema operativo trabajar con direcciones físicas diferentes de las del fabricante. Por ejemplo, en Windows, al acceder a las propiedades de la tarjeta de red, podemos configurar una nueva dirección física diferente de la asignada por defecto. Basta con validar para que la nueva dirección MAC se haga efectiva inmediatamente.

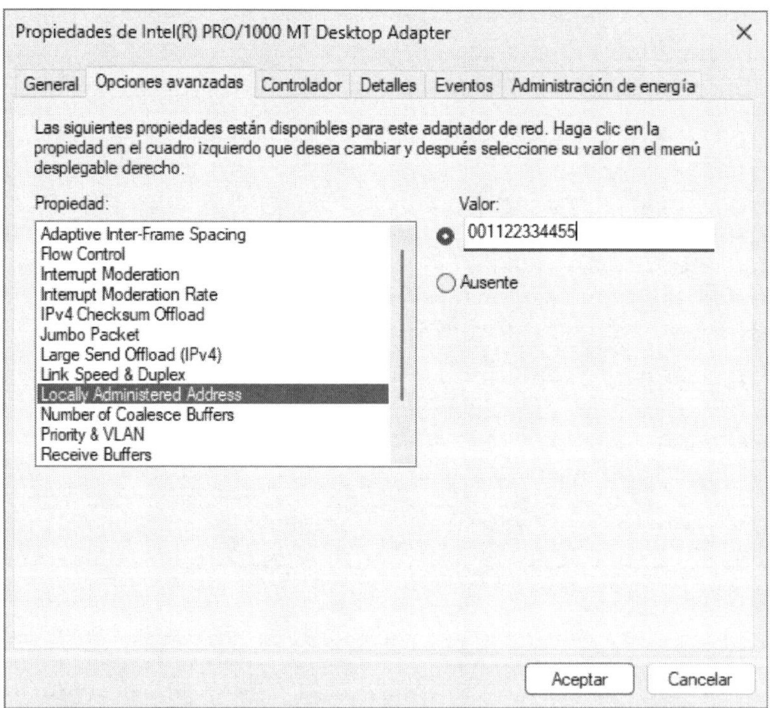

Visualización de propiedades avanzadas de una tarjeta de red en Windows 11 (Oracle Virtual Box)

Observación

*Para acceder directamente a las propiedades de red en Windows puede ejecutar **ncpa.cpl**.*

Observación

*El comando **ipconfig /all** en Windows o **if address** en Unix/Linux permite obtener la dirección MAC.*

Esta dirección se utiliza cada vez que un equipo, o más bien su tarjeta de red, tiene que emitir una trama hacia otra tarjeta de red. Sin embargo, es posible enviar un paquete no a una, sino a varias tarjetas sustituyendo la dirección única del destinatario por una dirección múltiple (a menudo una dirección de difusión, que se representa como *FFFFFFFFFFFF*, es decir, todos los bits de los seis bytes a 1).

Así, cada dirección que se refiera a varios equipos tendrá su bit más significativo (el de la izquierda) con '1' (p. ej., FFFFFF.FFFFFF), con '0' en el caso contrario (p. ej., 00A024.B6132D).

Por ejemplo, cuando una tarjeta de red efectúa una petición *Address Resolution Protocol* (ARP), envía una difusión en su red de nivel 2, es decir, el destinatario físico de la trama emitida es «todo el mundo», FF-FF-FF-FF-FF-FF, como se muestra a continuación:

```
+Frame: Base frame properties
-ETHERNET: ETYPE = 0x0806 : Protocol = ARP:  Address Resolution Protocol
  +ETHERNET: Destination address : FFFFFFFFFFFF
  +ETHERNET: Source address : 00A024B6132D
   ETHERNET: Frame Length : 60 (0x003C)
   ETHERNET: Ethernet Type : 0x0806 (ARP:  Address Resolution Protocol)
   ETHERNET: Ethernet Data: Number of data bytes remaining = 46 (0x002E)
-ARP_RARP: ARP: Request, Target IP: 172.17.0.3
   ARP_RARP: Hardware Type = Ethernet (10Mb)
   ARP_RARP: Protocol Type = 2048 (0x800)
   ARP_RARP: Hardware Address Length = 6 (0x6)
   ARP_RARP: Protocol Address Length = 4 (0x4)
   ARP_RARP: Opcode = Request
   ARP_RARP: Sender's Hardware Address = 00A024B6132D
   ARP_RARP: Sender's Protocol Address = 172.17.0.92
   ARP_RARP: Target's Hardware Address = 000000000000
   ARP_RARP: Target's Protocol Address = 172.17.0.3
   ARP_RARP: Frame Padding
```

Identificación de una dirección de difusión (niv. 2)

Una dirección que asigna IEEE tendrá el segundo bit significativo con '0', mientras que un valor '1' indicaría que la dirección corresponde a una dirección no normalizada.

Por ejemplo, en Token Ring (redes antiguas de área local propuestas por IBM y competidoras de Ethernet), la dirección de un equipo se compone del siguiente modo:

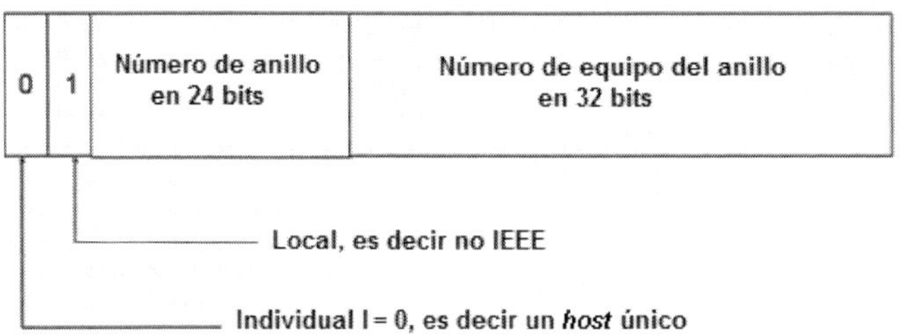

Asignación de direcciones físicas Token Ring

Observación

Históricamente, era posible crear grupos en Token Ring (G = 1).

Observación

La lista completa de los prefijos de direcciones MAC asignados a los fabricantes (OUI - Organizationally Unique Identifiers) se puede consultar en la siguiente URL: http://standards-oui.ieee.org/oui.txt

Por ejemplo, en un portátil Dell Latitude 5470, obtenemos la siguiente información:

- - Tarjeta Ethernet
  - Descripción: Intel(R) Ethernet Connection I219-LM
  - Dirección física: 28-F1-0E-44-43-37
- Tarjeta Wi-Fi
  - Descripción: Qualcomm QCA61x4A 802.11ac Wireless Adapter
  - Dirección física: 94-53-30-19-15-0F

En el sitio del IEEE, cotejamos los prefijos de las direcciones MAC con la información de que disponemos:

```
28-F1-0E    (hex)       Dell Inc.
                        One Dell Way
                        Round Rock  TX  78682
                        US

94-53-30    (hex)       Hon Hai Precision Ind. Co.,Ltd.
                        Building D21,No.1, East Zone 1st Road
                        Chongqing  Chongqing  401332
                        CN
```

2.2 Interrupción

Cualquier periférico del PC se conecta al microprocesador a través de una línea dedicada o línea de interrupción (IRQ - *Interrupt ReQuest*). Cuando el periférico necesita el microprocesador para trabajar, le envía una señal por esta línea (tensión eléctrica que pasa al estado bajo). Históricamente, los primeros PC tenían 2 x 8 líneas en cascada. Actualmente, los sistemas operativos integran 256 interrupciones gestionadas de manera lógica (Plug and Play). Algunas líneas se asignan por defecto y otras están disponibles para los dispositivos adicionales. El microprocesador administra estas líneas por orden de prioridad: cuanto más bajo sea el número de la interrupción, más alta es su prioridad.

Observación

Gracias a la técnica Plug and Play, que permite la detección de la tarjeta y la asignación automática de sus parámetros, ya no es tan necesario conocer esta información. Los días en que las IRQ podían generar conflictos entre periféricos han quedado atrás.

2.3 Dirección de entrada/salida

Los periféricos interrumpen al microprocesador cada vez que necesitan intercambiar información. Esta información es recibida o enviada por una puerta de entrada/salida localizada en una dirección particular: la dirección de entrada/salida. Esta dirección apunta hacia una gama de 32 bytes como máximo, que permitirá almacenar datos y también información que indica qué se puede hacer con estos datos.

2.4 Dirección de memoria base

Es una dirección de memoria temporal cuyo papel consiste en hacer una especie de cojín (*búfer*) en la recepción o la emisión de la trama en la red.

Esta dirección tiene que ser un múltiplo de 16; por ello, se escribe a menudo en hexadecimal sin el '0' final, que se da por sabido.

2.5 Canal DMA (Direct Memory Access)

En la mayoría de los casos, los periféricos dependen del microprocesador para transferir información desde su *búfer* hacia la memoria RAM o viceversa. Como vemos, existen periféricos que disponen de un canal particular para poder intercambiar directamente información con la memoria del PC, sin recurrir al microprocesador (en segundo plano).

Algunos periféricos, en particular las tarjetas de red, disponen de un canal DMA de 1 a 7.

2.6 Bus

Todos los datos intercambiados entre los periféricos y el ordenador pasan por un bus de datos. Durante mucho tiempo este intercambio se efectuaba sobre todo a través de vías paralelas y la velocidad de transmisión dependía mucho de su amplitud, por ejemplo 16, 32 o 64 bits. Las nuevas tecnologías de bus favorecen soluciones de transferencias en serie, en las que los bits se envían uno tras otro.

Con el desarrollo de los dispositivos, la velocidad se ha ido superando y los conectores son más pequeños.

Los buses históricos, *Industry Standard Architecture* (ISA), *Extended Industry Standard Architecture* (EISA) y *Micro Channel Architecture* (MCA), han dejado su lugar a otros más modernos.

El administrador de dispositivos de Windows permite obtener información precisa de la asignación de los recursos de hardware (menú **Ver**, **Recursos por Tipo**):

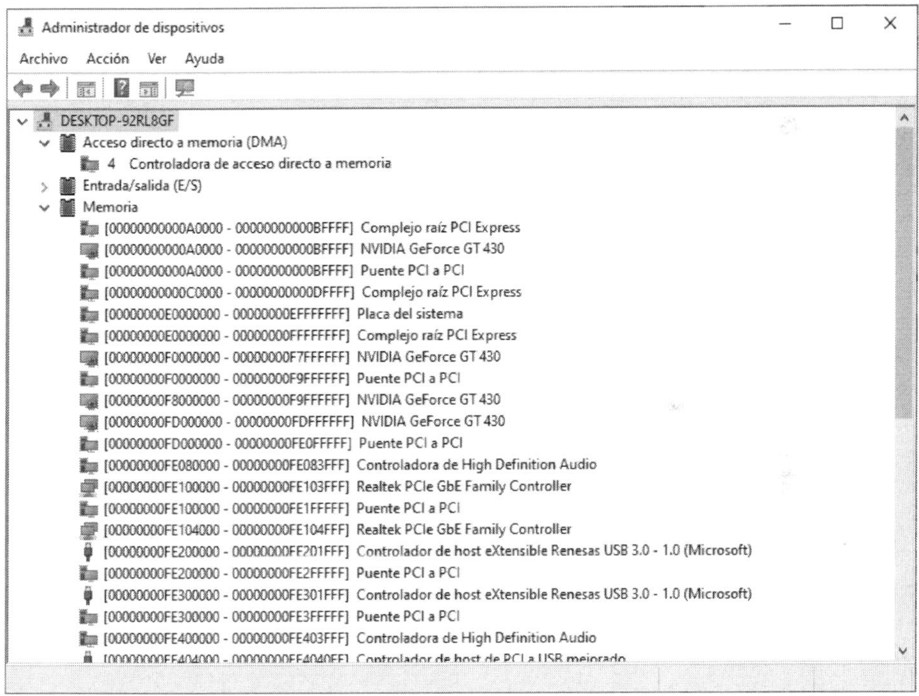

Visualización de direcciones de memoria

2.6.1 El bus PCI (Peripheral Component Interconnect)

Este bus, desarrollado por Intel Corporation, se convirtió en el estándar para las tarjetas de expansión. En el ordenador, el conector es blanco. Basándose al principio en una arquitectura de 32 bits en paralelo, se mejoró llegando a 64 bits. PCI es Plug and Play, y la tarjeta insertada no necesita ninguna configuración.

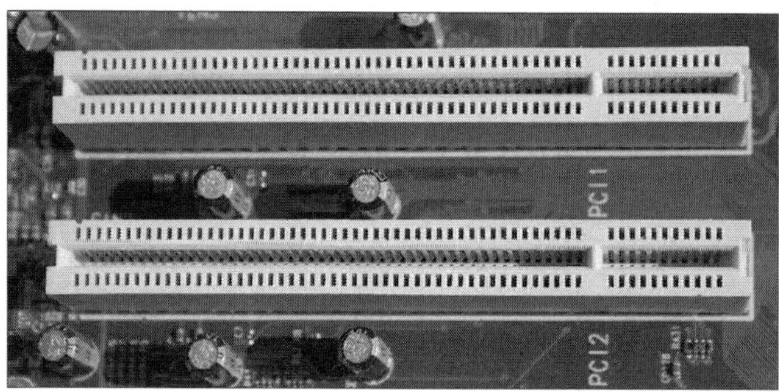

Slots PCI

El bus PCI paralelo se utiliza cada vez menos por su bajo rendimiento. Su sucesor en versión serie es *PCI Express* (PCI-E o PCIe), llamado anteriormente *Third Generation I/O* (3GIO). Ha sustituido a los diferentes buses internos PCI y AGP (*Accelerated Graphic Port*).

Además de ocupar menos espacio en el ordenador que sus predecesores, PCI Express es claramente más rápido. Según el número de líneas utilizadas por el dispositivo para comunicarse con el procesador, hay disponibles diferentes versiones. Se pueden encontrar conectores que emplean desde 1 (x1) hasta 16 líneas (x16). El ancho de banda asociado se multiplica en consecuencia, y el zócalo (slot) dispondrá de un ancho acorde con el número de líneas utilizadas.

A lo largo de los años, las versiones de PCIe han evolucionado junto con los procesadores disponibles; dado que el cambio de versión de PCIe aporta una capacidad de ancho de banda duplicada, se pueden considerar los valores siguientes en función de la anchura del zócalo utilizado:

PCie	Tasa de transferencia x1	Tasa de transferencia x16	Año
1.0	250 Mo/s	4 Go/s	2004
2.0	500 Mo/s	8 Go/s	2007
3.0	985 Mo/s	15,7 Go/s	2010
4.0	1,9 Go/s	31,5 Go/s	2017
5.0	3,9 Go/s	63 Go/s	2019
6.0	7,5 Go/s	121 Go/s	2022
7.0	15,1 Go/s	242 Go/s	2025

Así, para admitir PCIe 4.0 (Gen4), necesitará al menos un procesador Intel Core Gen11; para la PCIe 5.0 (Gen5), tendrá que actualizar los procesadores a versiones más recientes, como Intel Core Gen12 y AMD Ryzen 7000.

Vea a continuación dos *slots* PCI en una placa base de un ordenador:

Bus PCIe X16 (en la parte central) y bus PCIe X1 (en la parte inferior)

Aquí tiene otro ejemplo con un servidor Dell powerEdge 4940. A la derecha puede ver las ranuras PCIe:

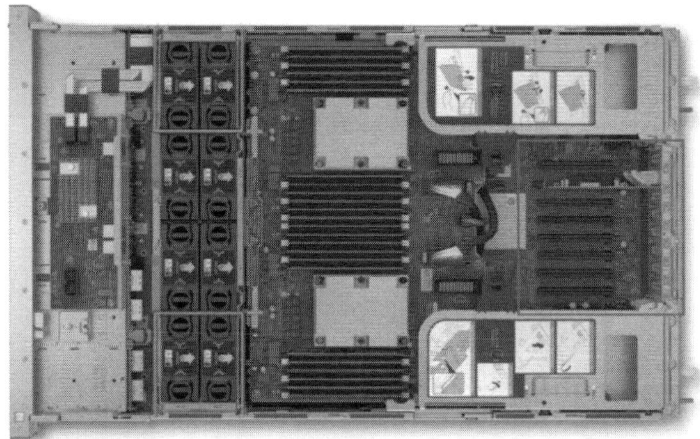

Bus PCIe Gen3 x8 y x16 de un Dell PowerEdge R940

A continuación, hemos ampliado las ranuras anotándolas con su número de canales (x8 o x16) y su distribución en los dos procesadores físicos:

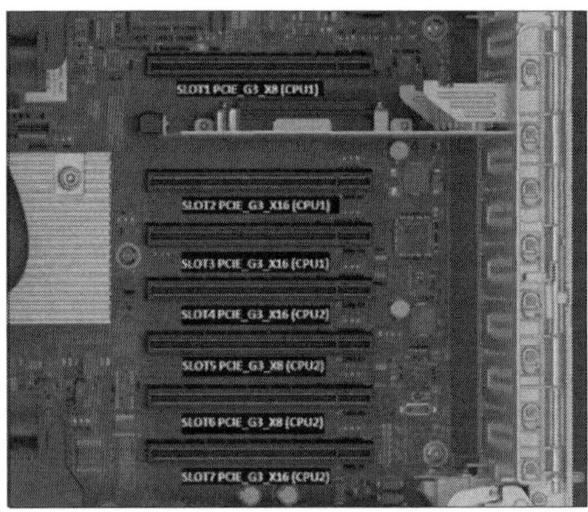

Distribución de las ranuras en función del número de canales y por CPU de un Dell PowerEdge R940

2.6.2 El bus USB

Este bus serie universal (*Universal Serial Bus*) para dispositivos externos hizo su aparición en 1996. Poco a poco ha sustituido los conectores de teclado/ ratón PS/2, Serie (COM) y paralelo (LPT). Entre los dispositivos también se encuentran interfaces de red externas.

Interfaz Ethernet Gigabyte para puerto USB-C

La velocidad ha evolucionado desde la primera versión:

Versión	Denominación	Velocidad máx	Salida al mercado	Longitud máx. del cable
1.0	Full-Speed	12 Mbps	1998	3 m
2.0	Hi-Speed	480 Mbps	2000	5 m
3.0	SuperSpeed USB 5 Gbps	5 Gbps	2008	3 m
3.1	SuperSpeed + USB 10 Gbps	10 Gbps	2013	3 m
3.2	SuperSpeed + USB 20 Gbps	20 Gbps	2017	3 m
4.0	USB4 20 Gbps USB4 40 Gbps	40 Gbps	2019	0,8 m

Observación

Atención, a veces se habla de la velocidad en Mbps (megabits por segundo) o Gbps (gigabits por segundo). En este caso, hay que dividir entre 8 los valores expresados (por ejemplo, 480 Mbps corresponden a 60 Mbps y 5 Gbps son 625 Mbps).

Observe que la versión 2.0 puede funcionar con la versión USB 1.0, pero con la velocidad de esta. Lo mismo ocurre con la versión 3.0 y la 2.0. Por el contrario, la versión 3.0 no puede funcionar con la versión 1.0.

Existen tres tipos de conectores USB:

- El **conector de tipo A** es rectangular y permite conectar los dispositivos con un ancho de banda pequeño (por ejemplo, teclado, ratón, webcam).
- El **conector de tipo B**, cuadrado con dos biseles, destinado a conectar dispositivos de un ancho de banda grande (como los discos duros).
- El **conector de tipo C**, plano, que ha sido concebido para sustituir a los dos anteriores.

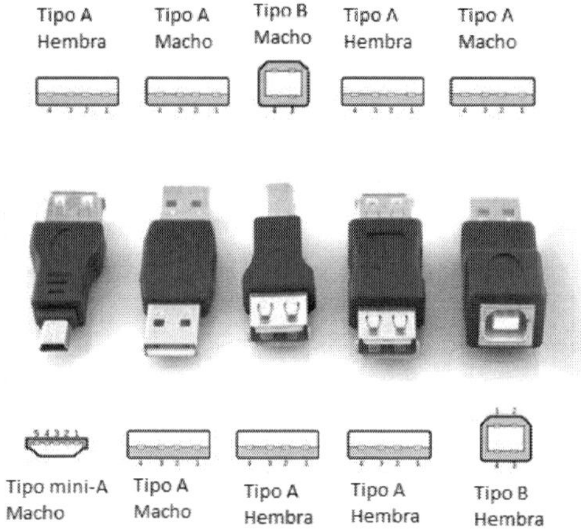

Conectores USB de tipo A y B

El conector de tipo C ha sido concebido para sustituir al resto. Tiene la particularidad de ser reversible:

Conector USB Tipo C

Existen diferentes logos que permiten identificar la velocidad asociada a un dispositivo:

Logos USB

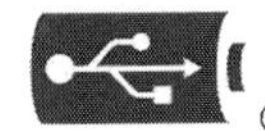

Logos Tridentes USB Tipo C

Existen otros logotipos para l'el USB-4:

Logotipos USB 40 Gbps

Es posible utilizar *hubs* USB para interconectar diferentes dispositivos a un ordenador.

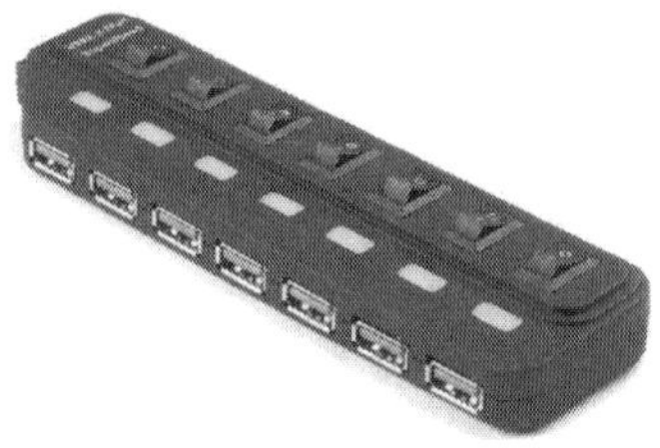

Minihub de 7 puertos USB 3

Observación

Observe que, en este caso, el protocolo utilizado para permitir a los dispositivos acceder al soporte es un protocolo de tipo paso de testigo.

Los estándares y especificaciones están disponibles en la dirección del USB Implementers Forum (USB-IF): http://www.usb.org/documents

USB On-The-Go

Esta funcionalidad apareció desde la norma 2.0: se trata de permitir la conexión punto a punto entre dispositivos sin pasar por un huésped (p. ej., un ordenador). Un dispositivo OTG (*On-The-Go*) se puede conectar a otro dispositivo OTG, a un dispositivo no OTG o a un huésped.

En el caso de una conexión directa entre dispositivos OTG, la posición de la toma AB del cable permite saber cuál de los será el huésped.

De este modo, se pueden conectar fácilmente una cámara de fotos a una impresora, o un teléfono móvil a un lector MP3.

Ejemplo de dispositivo On-The-Go

El logo correspondiente es el siguiente:

Logo USB On-The-Go

2.7 Conectores de cable de red

Para conectar su dispositivo a la red local, puede utilizar una conexión inalámbrica o bien conectarlo directamente a la red mediante un cable de red. Este cable se conectará a un puerto dedicado de su estación de trabajo o servidor.

Con el tiempo, muchos conectores han desaparecido, limitándose actualmente a los siguientes:

- RJ45 para el par trenzado (cobre).
- SC, (*Square Connector*), ST (*Straight Tip*), FC (*Ferrule Connector*) y LC (*Little Connector*) para la fibra óptica (para los servidores físicos).ST, FC y LC para la fibra óptica (para los servidores físicos).
- SFP (*Small Form-factor Pluggable*) (para servidores en chasis).

Observación

Existen módulos SFP que se pueden emplear con cableado de cobre y otros que únicamente funcionan con fibra óptica.

A continuación, veremos la evolución de los conectores de red empleados en las redes informáticas.

2.7.1 El conector RJ45

Durante mucho tiempo, las tarjetas (no integradas) ofrecían a la vez RJ45 y los conectores BNC (*British Naval Connector*) para las estaciones de trabajo fijo. A veces, se añadía una *Access Unit Interface* (AUI) para la conexión de un cable coaxial más grueso.

Conectores de red BNC, AUI y RJ45

El conector RJ45 es ahora, de largo, el más utilizado en las redes locales. También se utiliza en telefonía, en lugar del RJ11.

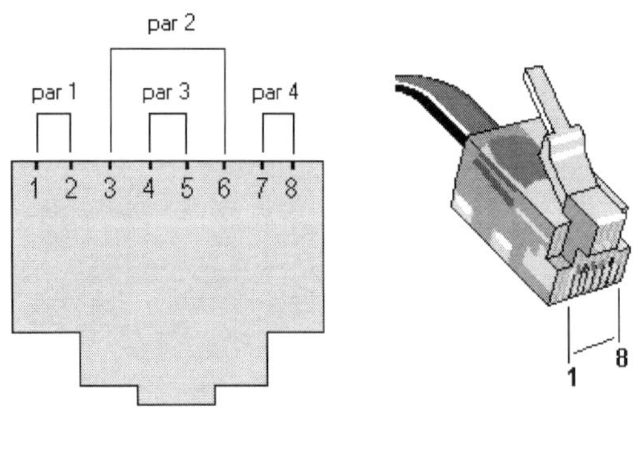

Pares de pines

Conector RJ45

2.7.2 El conector BNC

El cable coaxial fino conectado a un conector BNC fue durante bastante tiempo el soporte más utilizado para las redes locales. Todavía lo podemos ver en la industria.

Conector BNC

2.7.3 Los conectores de fibra óptica

La fibra óptica utiliza diferentes conectores que han evolucionado con el tiempo. El modelo ST (*Straight Tip*, punto preciso), de forma redondeada y con bayoneta, se utiliza sobre todo cuando las condiciones ambientales son difíciles.

Conector de fibra óptica ST

Es más frecuente el uso del conector de cuerpo exterior cuadrado de tipo SC (*Square Connector*). Ofrece una buena relación calidad/precio. Se encuentra en entornos de oficina, telefonía o TV por cable.

Conector SC y zócalo hembra correspondiente

Tiene la misma forma que el SC, pero el conector LC (*Little Connector*) es mucho más pequeño. Se inspira en el conector RJ45. Se coloca fácilmente y ocupa poco espacio, de modo que permite una conexión doble, como su «hermano mayor» SC. Sobre la interfaz de red fija (por ejemplo, un conmutador), se coloca un mini-GBIC (*Gigabit Interface Converter*) que permite la conexión. También se suele usar el término SFP (*Small Form-factor Pluggable*, de transceptor compacto conectable en caliente).

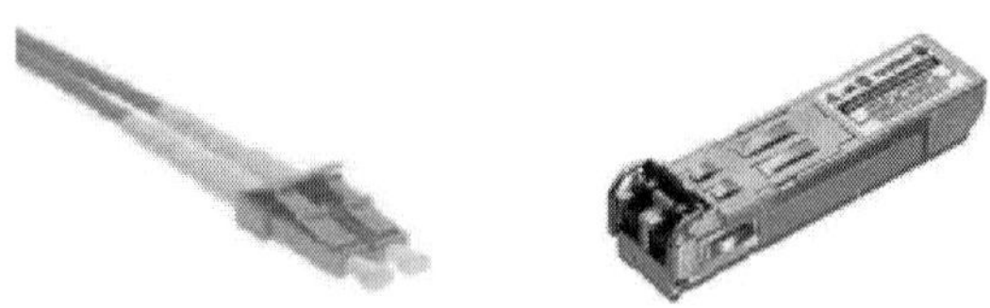

Conector LC y mini-GBIC (SFP)

Tarjeta de 4 puertos Fibre Channel (SAN) - conectores LC

La conexión de fibra óptica, aunque simplificada a lo largo de los años, sigue siendo un punto delicado de la red y un tema para especialistas. Los conectores FC (*Ferrule Connector*, conector con un anillo en el extremo) se concibieron para entornos particularmente perturbados por vibraciones. Tienen forma redonda y se cierran mediante rosca, por lo que son más seguros y precisos. Todavía se utilizan en entornos industriales o militares.

Ejemplo de conector FC

En las redes metropolitanas, como la FDDI, se pueden utilizar conectores MIC dobles.

Conectores MIC dobles

GBIC

2.7.4 Los conectores híbridos

El conector SFP es más conocido por su uso con fibra óptica, pero también existen versiones «de cobre».

Por ejemplo, existen conectores SFP+ 10 G a RJ45:

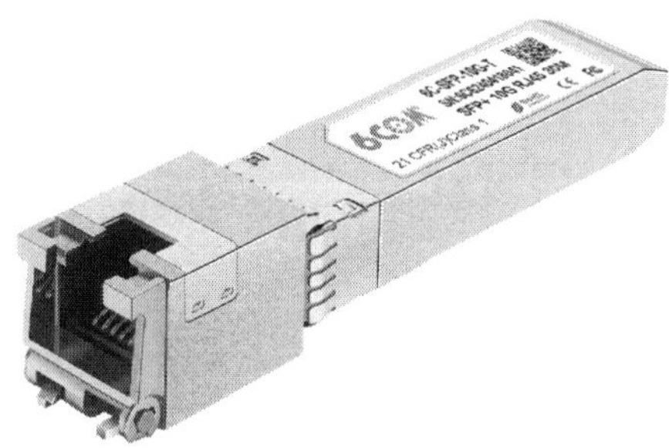

Módulo emisor-receptor SFP+ de cobre de 10G hacia RJ45 cat.6a/7

2.8 Velocidad

La unidad informática básica es el bit (*binary digit*), unidad binaria; por lo tanto, con dos combinaciones. Una sucesión de 8 bits forma un byte, que representa 256 combinaciones posibles.

La velocidad de transmisión de la información en una red es su flujo o ancho de banda. Se mide en múltiplos del número de bits por segundo.

Por ejemplo, los flujos más bajos son del orden de algunos miles, o kilo, bits por segundo (kbps o kbit/s). Si es más alta, la velocidad se mide en megabits por segundo (Mbps o Mbit/s) cuando es mil veces mayor, o en gigabits por segundo (Gbps o Gbit/s) cuando es un millón de veces más.

2.9 Otras interfaces de red

Adenñas de las soluciones completas que ofrecen los operadores del mercado, también es posible disponer de un acceso propio a Internet mediante la instalación de un router equipado con su propia tarjeta 4G.

Este equipo proporcionará conectividad Wi-Fi y/o por cable a los clientes, al tiempo que les permitirá el acceso a Internet a través de una línea habilitada mediante una tarjeta SIM (*Subscriber Identity Module*):

Router Tp-link 4G con Tarjeta SIM

Existen también los "sticks" USB, que se utilizan cada vez más:

Sticks 4G

3. Arranque desde la red

3.1 Principios

En algunas empresas, el sistema operativo de red, a nivel de las estaciones trabajo, se carga a partir de un programa escrito en memoria de solo lectura (PROM - *Programmable Read Only Memory*). Esto evita que las estaciones de trabajo deban tener obligatoriamente almacenamiento local (discos duros); entonces se utilizará una configuración de tipo **Cliente Ultra Ligero** o Cliente cero.

Cliente Ultra ligero (Cliente cero) - Axel

Observación

Por el contrario, los clientes ligeros disponen de almacenamiento local (ver capítulo Presentación de los conceptos de red).

Esta solución garantiza que no tenga lugar ningún intercambio de información entre los puestos de trabajo. Así se obtiene una mayor confidencialidad de los datos de la empresa y al mismo tiempo se evita la introducción de virus.

El equipo utilizado ofrece una tarjeta de red que arranca directamente sobre la red. En el arranque, la tarjeta de red, que conoce su propia dirección física, envía una difusión (una trama dirigida a todo el mundo) que es reconocida por un servidor. El servidor sabe entonces qué configuración de sistema operativo de red debe asociar a esta dirección.

3.2 Protocolos

Son varios los protocolos que posibilitan la inicialización a través de la red.

3.2.1 La conexión entre las direcciones física y lógica

El protocolo *Address Resolution Protocol* (ARP) resuelve la dirección lógica IPv4 de nivel 3 en dirección lógica MAC de nivel 2.

La inversa, *Reverse Address Resolution Protocol* (RARP) permite, a través de la dirección física, determinar la dirección lógica. Así pues, en su inicialización (*bootstrap*), la estación de trabajo envía una petición RARP, con el fin de obtener una dirección IPv4 correspondiente a la dirección MAC transmitida.

Una vez obtenida la dirección IP, el equipo también dispone de la dirección IP del servidor que respondió y entonces le pide un archivo a través del protocolo *Trivial FTP* (TFTP). Este archivo, de algunas decenas de kilobytes, una vez descargado, se ejecuta y permite, finalmente, contactar con un servidor BOOT-PARAM utilizando las llamadas a procedimientos remotos (RPC - *Remote Procedure Call*). La dirección IP del servidor se transmite, por último, al cliente, que a continuación descarga el sistema operativo a través de la red.

En IPv6, se utiliza el protocolo *Neighbor Discovery Protocol* (NDP) en lugar de ARP.

Observación

En Windows, para IPv4, la caché ARP se puede ver utilizando el comando: `arp -a`.

Para ver la caché NDP en IPV6, utilice el comando `netsh interface ipv6 show neighbors`.

NDP realiza más funciones, como el descubrimiento de otros equipos situados en el mismo enlace, la determinación de su dirección, así como la identificación de los routers presentes.

Permite igualmente administrar la autoconfiguración de la dirección IPv6, sin servidor DHCP, o realizar la correspondencia entre la dirección IP y la dirección MAC.

Finalmente, entre las funciones de NDP, se encuentra *Duplicate Address Detection* (DAD), que permite garantizar que una dirección autoasignada sea única.

Observación

El capítulo Protocolos de capas medias y altas proporciona información complementaria sobre IPv6.

3.2.2 El protocolo BOOTP

Es una evolución de RARP y de BOOTPARAM, que permite la integración de otros parámetros, además de la dirección IP.

3.2.3 El protocolo DHCP

Finalmente, *Dynamic Host Configuration Protocol* (DHCP) es una evolución de BOOTP, en el sentido de que también permite al cliente enviar información al servidor. Por ejemplo, un cliente Windows será capaz de enviar su nombre DNS completo a un servidor DHCP.

Además, al contrario de lo que sucedía con BOOTP, que no administra la duración del proceso de asignación de parámetros TCP/IP, el protocolo DHCP es capaz de asociar parámetros durante un periodo de tiempo (hablaremos de concesión).

Observación

Existen diferentes soluciones DHCP que a menudo conviven con la administración DNS: Microsoft, Linux (ISC DHCP), VitalQIP, Cisco Network Registrar.

El servicio DHCP se describe en el capítulo Protocolos de capas medias y altas, de este libro.

3.2.4 PXE

Preboot eXecution Environment (PXE) se ejecuta completamente en la red y se ayuda de los protocolos DHCP y TFTP. Esta técnica se ha generalizado y la mayor parte de los ordenadores que incorporan interfaces de red integradas en la placa base permiten un arranque de este tipo. Para activarlo, basta con solicitar el arranque de red en el *setup* del ordenador. Una vez se ha activado esta opción, el arranque se realiza generalmente desde la red mediante la tecla [F12].

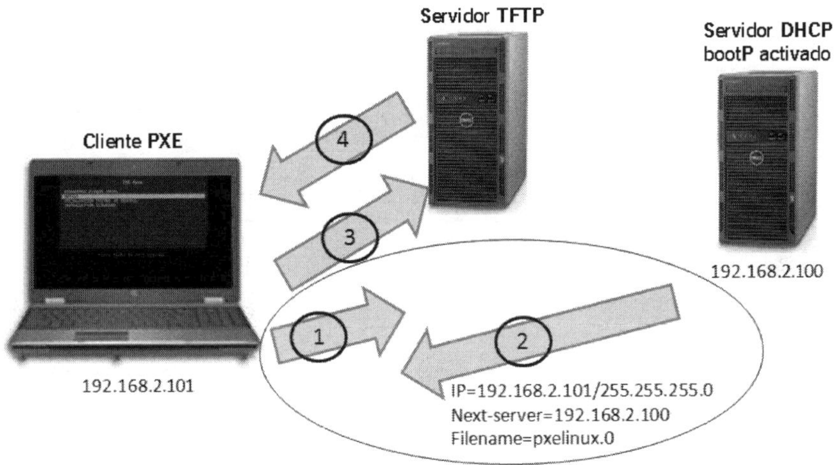

Cliente PXE, servidor DHCP, servidor TFTP

Cuando arranca el cliente PXE, inicialmente pide una configuración IP como cliente DHCP (trama de difusión enviada sobre la red local).

El servidor DHCP le da una concesión transmitiendo información adicional:

- Nombre del servidor TFTP (opción **Next-Server** para un servidor DHCP OpenSource Internet Systems Consortium u opción **66 boot server host name** para un servidor DHCP Microsoft).
- Nombre del archivo de inicio de red (opción **filename** para un servidor DHCP ISC u opción **67 boot file name** para un servidor DHCP Microsoft).

```
iPXE 1.0.0+ -- Open Source Network Boot Firmware -- http://ipxe.org
Features: DNS TFTP HTTP PXE PXEXT Menu

net0: 08:00:27:b9:f7:12 using 82540em on PCI00:03.0 (open)
  [Link:up, TX:0 TXE:0 RX:0 RXE:0]
DHCP (net0 08:00:27:b9:f7:12)...... ok
net0: 192.168.2.101/255.255.255.0
Next server: 192.168.2.100
Filename: pxelinux.0
tftp://192.168.2.100/pxelinux.0... ok

PXELINUX 4.05 0x581e199a  Copyright (C) 1994-2011 H. Peter Anvin et al
!PXE entry point found (we hope) at 9CB7:03F0 via plan A
UNDI code segment at 9CB7 len 0694
UNDI data segment at 9D21 len 25F0
Getting cached packet  01 02 03
My IP address seems to be C0A80265 192.168.2.101
ip=192.168.2.101:192.168.2.100:0.0.0.0:255.255.255.0
BOOTIF=01-08-00-27-b9-f7-12
SYSUUID=78cb5e04-4ef3-4816-bd6d-f0a82f80c9d5
TFTP prefix:
Trying to load: pxelinux.cfg/default                         ok
boot: _
```

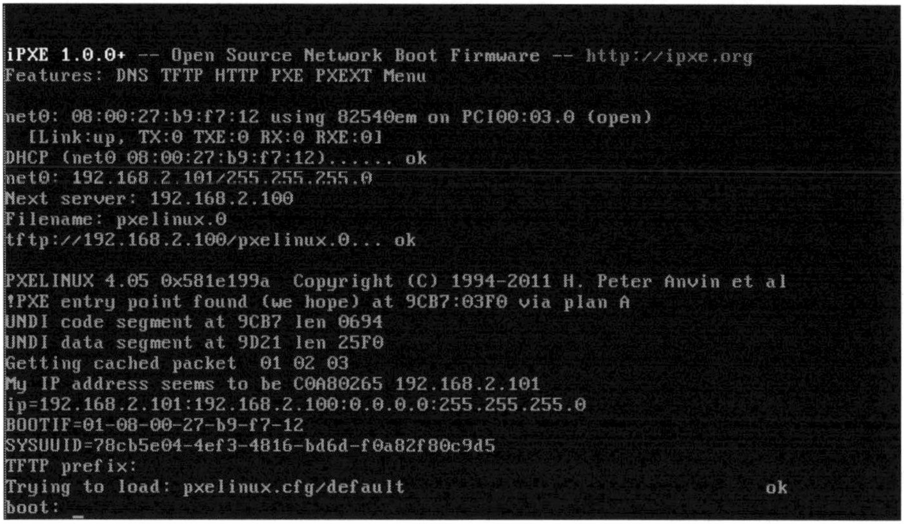

Inicio de un cliente PXE (modo línea de comandos)

Observación

En este ejemplo, el servidor DHCP también es el servidor TFTP.

El cliente PXE contacta entonces con el servidor TFTP y recupera el programa de inicio para presentar el menú al cliente PXE:

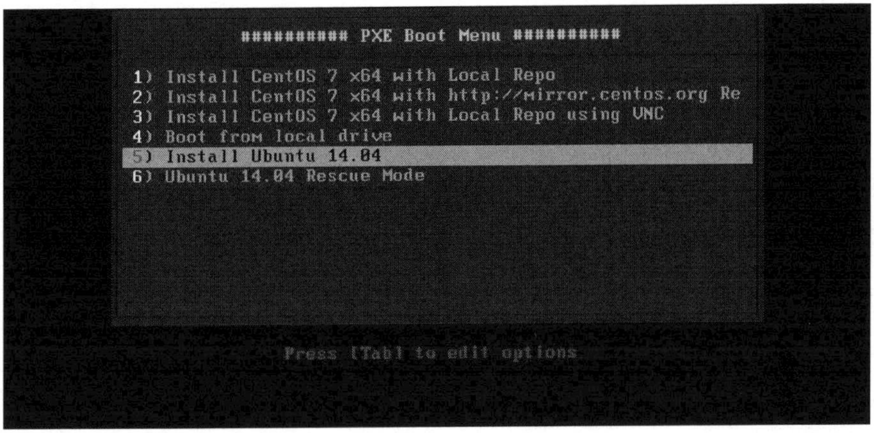

```
########## PXE Boot Menu ##########

1) Install CentOS 7 x64 with Local Repo
2) Install CentOS 7 x64 with http://mirror.centos.org Re
3) Install CentOS 7 x64 with Local Repo using VNC
4) Boot from local drive
5) Install Ubuntu 14.04
6) Ubuntu 14.04 Rescue Mode

Press [Tab] to edit options
```

Vista de un ejemplo de menú PXE

Observación

Las empresas a menudo permiten la posibilidad de reconstruir el puesto de trabajo a través de su red local, lo que es particularmente práctico cuando se trata de equipos fijos. Generalmente está previsto para la recuperación de datos, así como para la reinicialización del equipo. La acción de limpieza y sustitución se llama en inglés "swap and replace".

3.2.5 Wake-On-LAN: WOL

Se han añadido otras características adicionales a los dispositivos de un ordenador y más específicamente a las interfaces de red, como Wake On LAN (WOL), que permite iniciar un PC a distancia a través de la red ("Arranque desde la red"). Intel ofrece también una solución propietaria, **Intel vPro** (Active Management Technology), que permite dirigir un PC remotamente.

Observación

Cuando se habla de Wake-On-LAN con Wi-Fi, se utiliza el término Wake-On-WLAN o WOWLAN.

El primer requisito es que la placa base del ordenador implemente esta funcionalidad. Esto significa que la máquina está continuamente conectada a la red eléctrica y se puede arrancar mediante la solicitud de algún dispositivo: teclado, ratón o tarjeta de red.

En un momento en que se habla mucho de ahorro de energía y de GreenIT en los servicios informáticos, el Wake-On-LAN es un reto importante para lograr un ahorro significativo. De hecho, mientras usted está todavía en su cama, los informáticos trabajan para arrancar su PC remotamente y realizar actualizaciones o instalar la última versión de su software preferido. Una vez ha terminado el trabajo, solo queda apagar los ordenadores, que estarán operativos la mañana siguiente.

Observación

En la colección DataPro publicada por ediciones ENI hay un libro sobre este tema: Green IT - Claves para proyectos informáticos más responsables.

Este mecanismo también se puede utilizar para apagar todas las tardes los PC de los usuarios que no hayan seguido las recomendaciones de apagar los ordenadores al final del día o el fin de semana. Este proceso generalizado en toda una empresa que tenga varios miles de equipos puede generar un ahorro de energía muy significativo, además de mejorar la productividad de los usuarios durante la jornada, que ya no se ve interrumpida por interminables actualizaciones durante las horas de trabajo.

Desde un punto de vista de la red, el principio de arranque se basa en una trama de difusión (Ethernet directa o Ethernet/IP/UDP), llamada **Paquete mágico**.

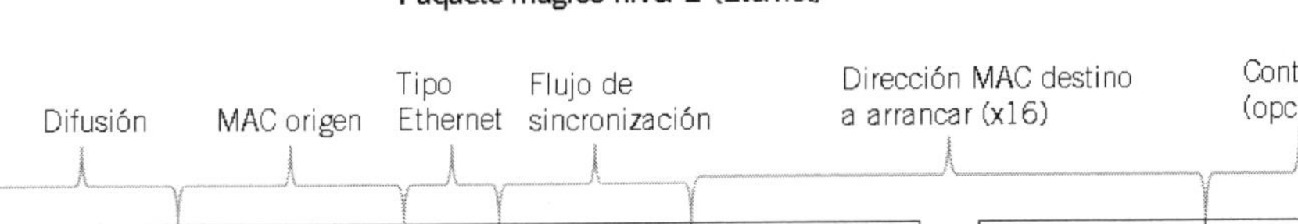

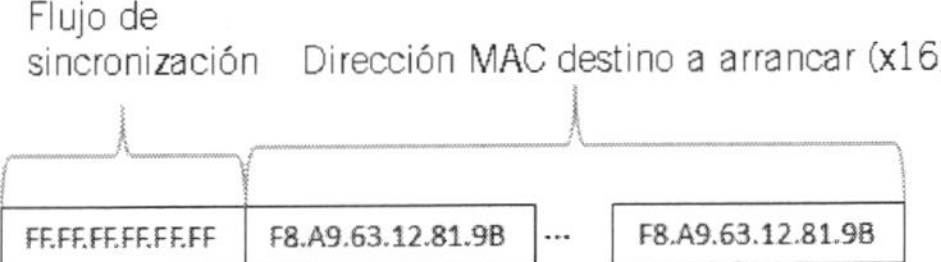

Paquete mágico encapsulado directamente en Ethernet

Tratándose de una difusión, el paso de los routers no está autorizado por defecto (a menos que se traten excepciones, autorizando las difusiones dirigidas), lo que a menudo se rechaza, y con razón, por los equipos de seguridad.

Dado que la autorización para cruzar los routers no es una solución aceptable, habrá un equipo permanentemente activo (redirector Wake-On-LAN) en cada una de las subredes que tengan equipos de trabajo. De este modo, el administrador podrá, a partir de cada una de las máquinas activas, de cada una de las redes, arrancar los ordenadores «dormidos». Una vez arrancados, puede comenzar el proceso de despliegue de las actualizaciones.

El problema que se encuentra entonces es que la máquina esperada, que es la que tiene que despertar a las demás, finalmente no arranca. Para ello, se utilizan agentes 1E que actuarán como proxy en cada una de las subredes y que transmiten su papel de agente antes de pararse (cuando hay prevista una parada). A menudo se habla de LMS (*Last Man Standing*, que se podría traducir como «el último hombre en pie»).

Observación

Microsoft Endpoint Configuration Manager, herramienta con múltiples funcionalidades, utiliza el agente 1E para realizar el arranque de los ordenadores para el despliegue de parches de seguridad durante la noche.

Algunos fabricantes ofrecen extender las funcionalidades de control remoto integrando mecanismos de arranque a través de Internet:

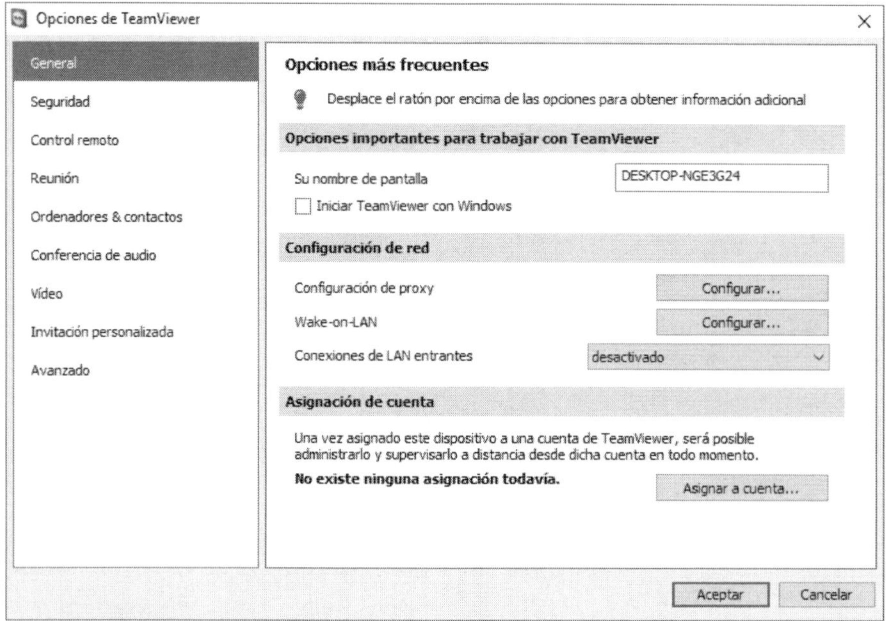

Opción Wake-On-LAN disponible en un software de control remoto a través de Internet

4. Codificación de los datos

Hablamos de datos para precisar la información original que queremos intercambiar.

De todos modos, estos datos deben utilizar uno o más canales de comunicación para llegar a los destinatarios. Por ejemplo, la voz humana puede transmitirse a través del aire o de la red telefónica conmutada una vez digitalizada.

A continuación definimos como señal la información que transita por un canal de comunicación. El paso de un lado al otro a menudo implica diferentes etapas de transformación.

4.1 Tipos de datos y de señales

Distinguiremos los datos digitales de los datos analógicos. Del mismo modo, hablaremos de señal digital cuando su representación implique un número finito de estados (p. ej., tensiones cuadradas de amplitud 20 ms). Una señal analógica está representada por una onda sinusoidal que puede tomar un sinfín de valores.

4.1.1 La señal analógica

Basta con lanzar una piedra al agua para constatar que una onda omnidireccional se propaga en forma de sinusoide. Los sonidos se propagan siguiendo los mismos principios, pero operando sobre variaciones de presión en el aire.

Este tipo de señal es fácilmente reproducible incluso en soportes limitados (físicos, por ejemplo, cables).

Una onda es una señal analógica periódica. Su primera característica es la frecuencia, cuya medida de unidad es el Hertz o hercio (Hz), y que representa el número de oscilaciones por segundo.

El periodo designa la duración de una oscilación completa en segundos. El periodo es inverso a la frecuencia. Se puede calcular también la longitud de onda, distancia en metros recorrida por una oscilación. La altura de la onda se designa como amplitud. La fase indica el sentido de la onda.

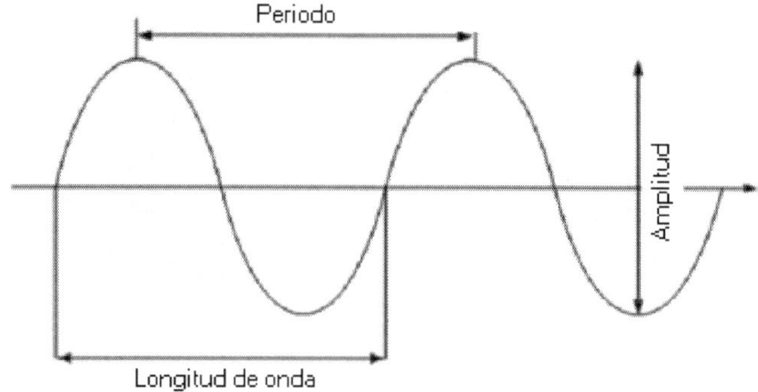

4.1.2 La señal digital

Este tipo de señal, que se basa en la sincronización por señal de reloj, permite codificar la información haciendo variar la amplitud.

La velocidad de estas señales se expresa en baudios, es decir, en el número de símbolos cifrados por segundo.

Observación

Atención: según el algoritmo utilizado para transformar la información en señal, puede que el baudio tenga o no un significado de bit por segundo. Así, si se cifra un bit elemental en forma de dos pulsos sucesivos, con el método Manchester, por ejemplo, el dispositivo tendrá que disponer de una banda de transmisión de 20 MHz (20 millones de símbolos por segundo) para una velocidad de 10 Mbps, como por ejemplo en el caso de las primeras versiones de Ethernet.

4.1.3 La utilización

	Analógicos	Digitales
Analógicos	emisoras de radio (música, voz)	CD (0 y 1 decodificados en frecuencias)
Digitales	marcar un número de teléfono (método de impulsos) módem (señales telefónicas analógicas)	terminal y ordenador central

4.2 Codificación de los datos

Para la conversión de los datos en señal transportable, es necesario realizar operaciones intermedias.

La manera de cifrar los datos se llama **codificación**.

La aplicación de una codificación sobre un conjunto determinado de datos también recibe el mismo nombre, **codificación**.

4.2.1 La codificación de los datos digitales como señales analógicas

En este caso, la señal propaga la información de forma analógica, que contiene múltiples valores. Entre ellos, solo dos, los que representan el 0 y el 1, son significativos. Se pueden utilizar diferentes modulaciones para diferenciar los datos elementales.

Amplitud modulada

La primera y más sencilla modulación consiste en hacer variar la amplitud (AM - *Amplitude Modulation*). Este método se utiliza para las comunicaciones de larga distancia, con frecuencias bajas y de potencia muy alta, como se hace en telefonía.

En el siguiente ejemplo, la amplitud vale 1 y media amplitud, 0.

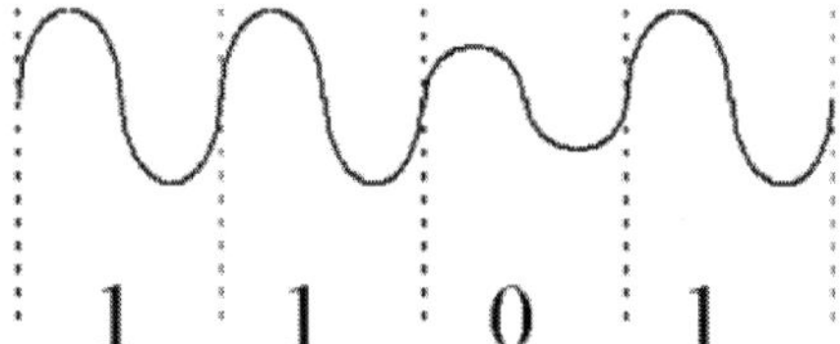

Frecuencia modulada

Una segunda modulación consiste en variar la frecuencia (FM - *Frequency Modulation*).

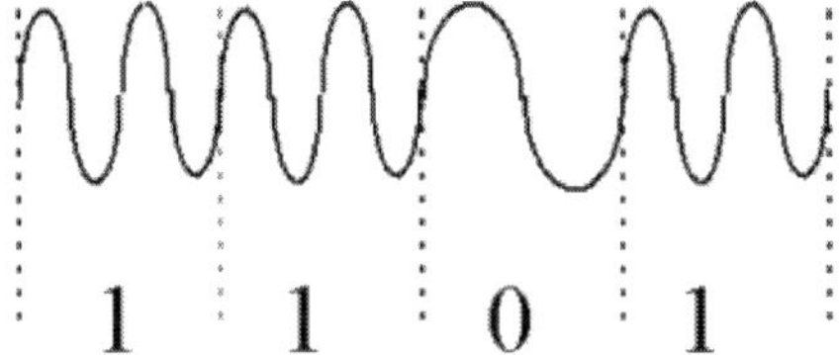

Fase modulada

La modulación de fase (PM - *Phase Modulation*) presenta básicamente dos niveles: la propia fase, cuyo grado es 0, y su fase opuesta desplazada en el tiempo, a 180°. Está especialmente recomendada para las transmisiones digitales.

En el siguiente ejemplo, el nivel 1 indica un cambio de fase; el 0, ausencia de cambio.

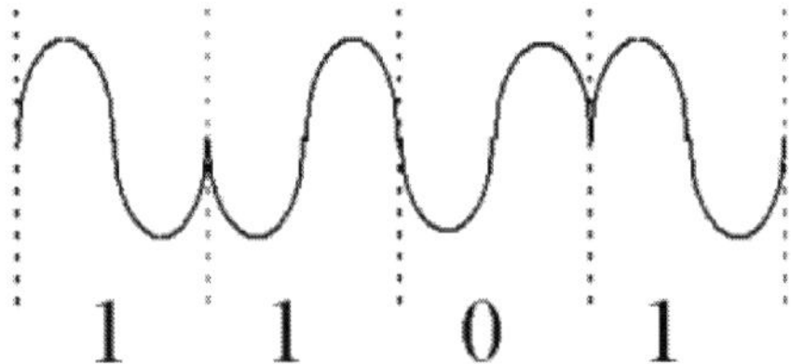

4.2.2 La codificación de los datos digitales en señales digitales

La codificación de los datos digitales en señales digitales se traduce a menudo en la transformación de símbolos binarios en un cierto número de señales cuadradas (o impulsos luminosos).

Existen dos maneras de efectuar estas codificaciones: bien traduciendo bit a bit los datos en señales, la llamada codificación en línea, o bien utilizando una tabla para convertir un conjunto de bits en una señal concreta, la codificación completa.

4.2.3 La codificación en línea

Hay muchos modelos de traducción de datos digitales en señales que se pueden utilizar. Aquí presentamos solo algunos ejemplos. Empecemos por los métodos de codificación antiguos, que siguen siendo los más fáciles de entender.

Manchester

'1': alta tensión, después baja tensión.

'0': baja tensión, después alta tensión.

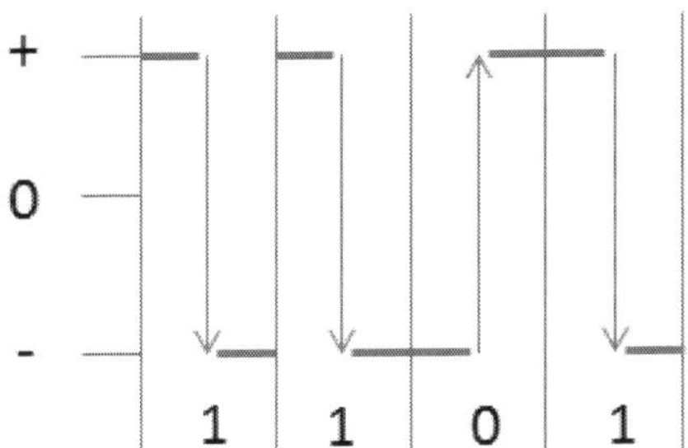

Este método se utilizaba en las redes Ethernet de 10 Mbps. La frecuencia de las tarjetas de red era entonces de 20 MHz. La eficacia de codificación es del 50%, debido a que un símbolo se codifica en dos tensiones cuadradas.

Manchester diferencial

'0' se repite la señal anterior.

'1' se invierte la señal anterior.

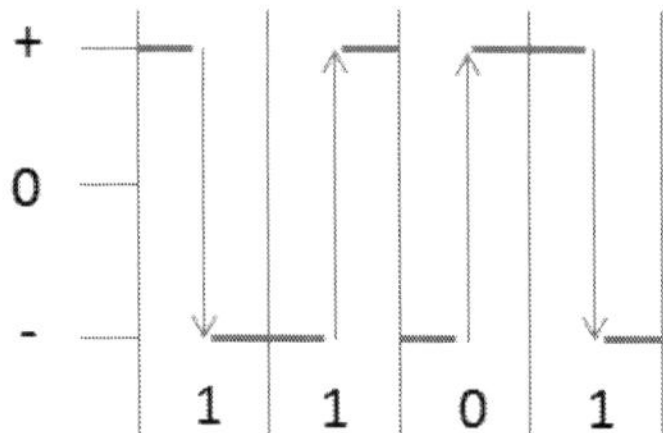

Esta codificación se utilizaba en Token Ring.

Non Return to Zero, Invert on One (NRZ-1)

'0' se repite la señal anterior.

'1' se invierte la señal anterior.

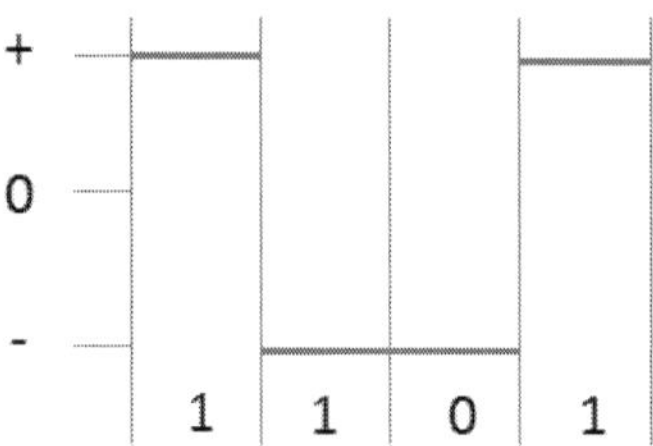

Esta codificación se utiliza en Ethernet 100 Mbps Fibre (100BaseFX) y en FDDI.

Codificación MLT3

'0' se repite la señal anterior.

'1' se codifica siguiendo los tres estados +V (tensión de referencia positiva), 0, -V (tensión de referencia negativa).

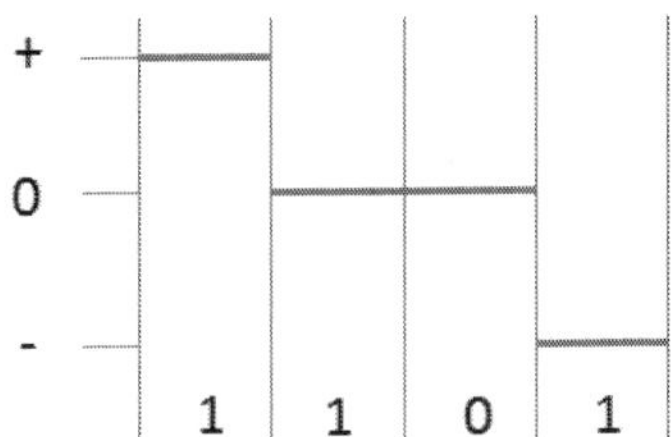

Este tipo de codificación se utiliza en Ethernet 100 Mbps de cobre (100BaseTX y 100BaseT4).

Codificación 4D-PAM5

Este método de codificación se utiliza en redes 1000Base-TX.

En este contexto, el dispositivo se conecta en dúplex completo utilizando cuatro pares trenzados (4 pares con 250 Mbps).

Este método de codificación en línea convierte 8 bits en cuatro símbolos de código(4D) utilizando cinco niveles (modulación de amplitud de impulsos): -2, -1, 0, +1 , +2.

Observación

El nivel 0 se utiliza para reportar errores.

Les símbolos utilizados darán lugar a las siguientes tensiones:

- + 2, -2 => +/- 1 Volt
- + 1, -1 => +/- 0,5 Volt

De esta forma, los 8 bits se descomponen en 2 bits en cada par, utilizando valores que van de -2 a +2.

4.2.4 La codificación completa

Una codificación completa es una codificación que implementa una tabla de correspondencia (transcodificación) que asocia n bits iniciales en m bits codificados (donde m > n). Esta tabla se genera de forma que nunca se emitan más de dos ceros consecutivos.

Una vez realizada esta correspondencia, se envían los bits sobre el soporte físico basándose en un método de codificación en línea como NRZI o MLT3.

Como ejemplo, se puede citar la codificación 4B/5B (4 bits por 5 bits) implementada en Fast Ethernet (100 Mbps). Este tipo de codificación ofrece una eficacia del 80 % (4/5) respecto a la codificación Manchester que se utilizaba en Ethernet a 10 Mbps (50 % de eficacia).

En Gigabit Ethernet (1 Gbps) se utiliza una codificación de tipo 8B/10B.

Los 10 Gbps se basan en una codificación de línea de tipo 64B/66B.

4.3 Multiplexado de señales

4.3.1 El sistema de banda básica

En una red de banda básica, cada dispositivo transmite de manera bidireccional. Las señales intercambiadas son digitales.

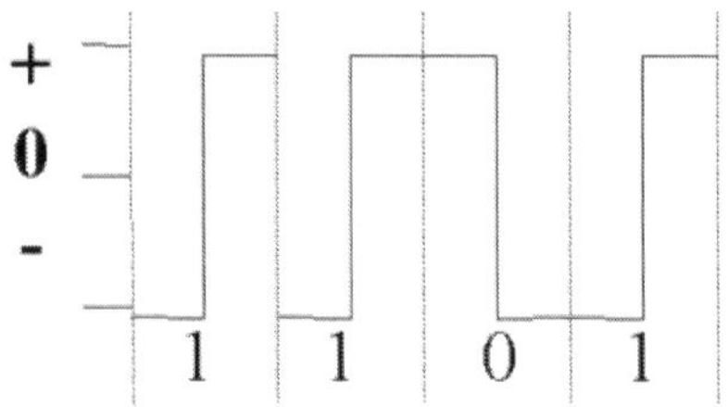

Señal original

Observación

La atenuación, la distorsión y el ruido deterioran las señales digitales muy rápidamente. Se pueden utilizar repetidores para establecer y regenerar la señal.

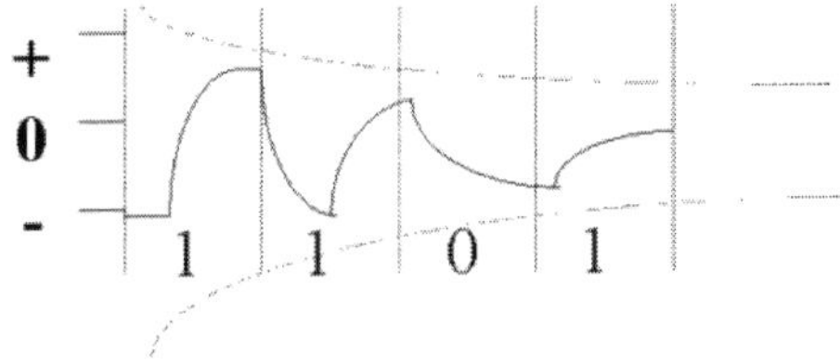

Señal después de la atenuación

4.3.2 El sistema de banda ancha

Cada dispositivo transmite de manera unidireccional. Las señales intercambiadas son analógicas.

Observación

Las señales se deterioran muy poco con respecto a la banda básica. Se utilizan amplificadores para regenerar las señales analógicas.

Es preferible hacer que los datos transiten en forma de señales analógicas en distancias importantes (p. ej., a través de módems en la RTC).

4.3.3 El multiplexado

El objetivo del multiplexado es compartir el canal de comunicación entre varios periféricos. En realidad, consiste en dividir la capacidad del canal (su ancho de banda) en varios canales.

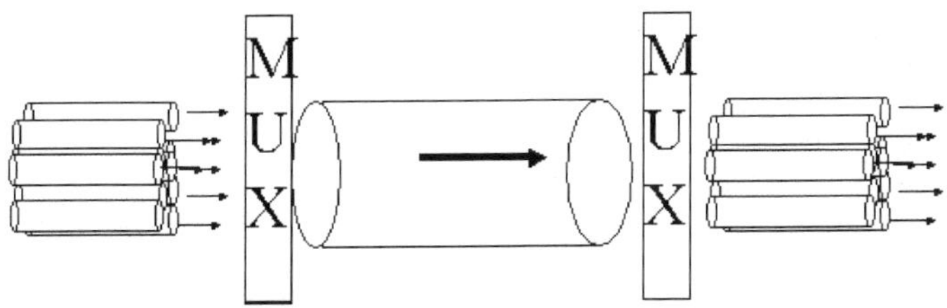

El multiplexado

Observación

Por ejemplo, sobre una línea tTransfix (enlace digital) de 64 Kbps a 155 Mbps (según las regiones) es posible multiplexar muchos flujos distintos.

Hablaremos de multiplexado de frecuencia cuando el canal principal transporta señales analógicas, y de multiplexado temporal cuando la señal es digital.

Multiplexado de frecuencia

Los datos de entrada se transforman siguiendo unos componentes frecuenciales muy bien elegidos (un portador de frecuencia). Así, cada portador se puede extraer a su llegada.

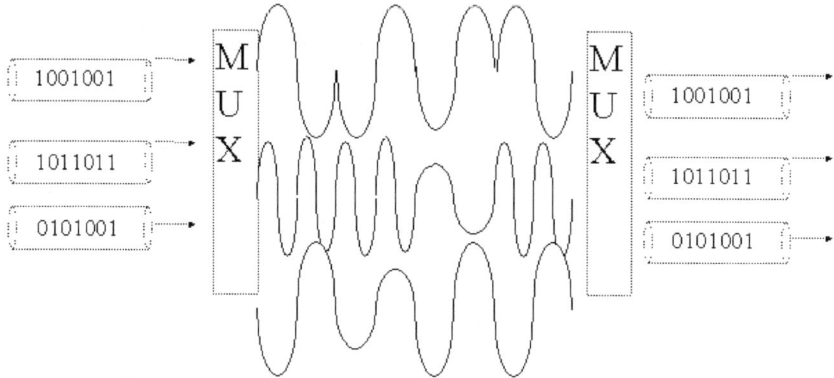

El multiplexado de frecuencia

Observación

Podemos citar como ejemplo, la televisión por cable, que va a 500 MHz, es un ejemplo. Se multiplexan 80 canales en un ancho de banda de 8 MHz. A su vez, en cada uno de estos canales se multiplexan el sonido y el vídeo.

Multiplexado temporal

En el caso del multiplexado digital, los datos se transportan secuencialmente. A cada canal se le asigna una cantidad de información por cada transporte.

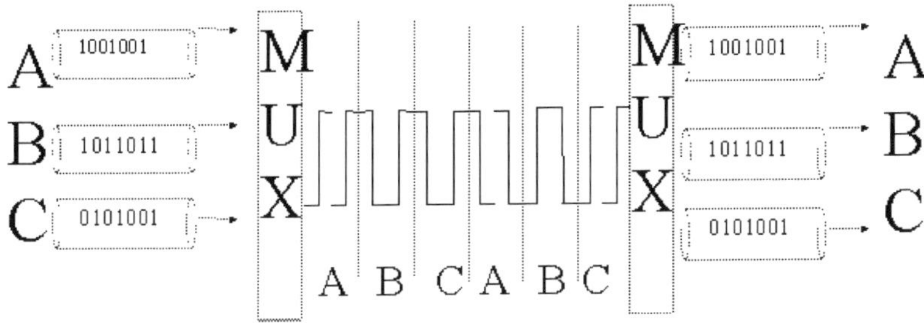

El multiplexado temporal

El inconveniente es que, si no se utiliza un canal asignado, se pierde el espacio reservado en perjuicio del resto de los canales.

5. Conversión de las señales

5.1 Definiciones

El nivel físico trabaja con las señales emitidas entre dos puntos; por un lado, en el equipo del usuario, llamado Equipo Terminal de Tratamiento de Datos (ETTD), en inglés *Data Terminal Equipment* (DTE), y en el otro lado de la red, en el Equipo Terminal de Circuito de Datos (ETCD), en inglés *Data Communications Equipment* (DCE).

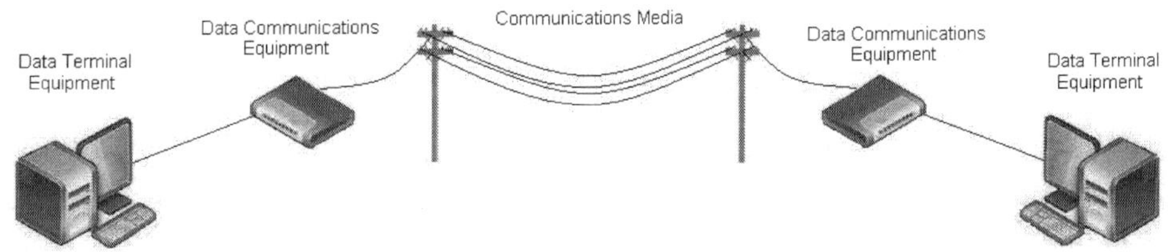

Equipos terminales e intermedios

Un ETTD puede ser un ordenador o un router, mientras que un ETCD puede ser un módem, un conmutador o un multiplexor.

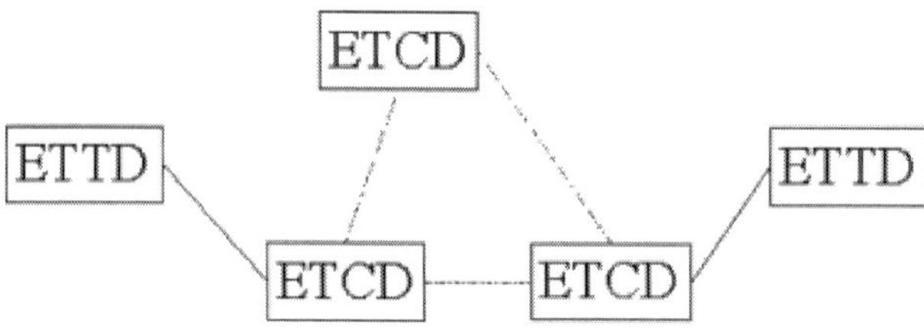

Equipos terminales e intermedios

5.2 Módem

TP-Link Modem Routeur ADSL2+ Wi-Fi FastEthernet

La función del módem es MOdular y DEModular, es decir, codificar datos digitales convirtiéndolos en señales analógicas con el fin de hacerlas recorrer distancias considerables.

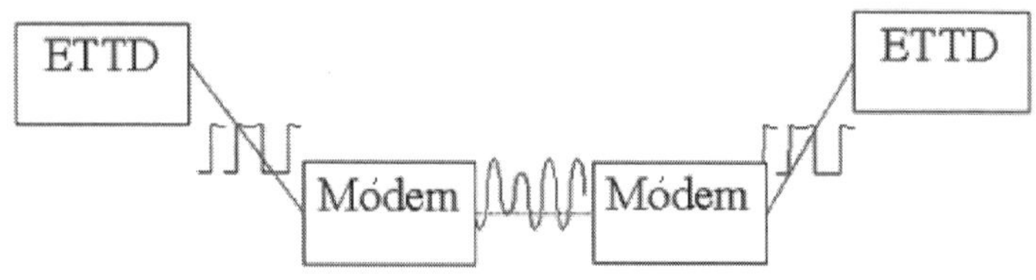

Módem y ETTD

Observación

Un módem se puede utilizar para compartir un canal (en el caso de señales analógicas) a través de portadores con frecuencias diferentes.

Para distancias cortas, por ejemplo, en una oficina, no es necesario un módem, ya que se pueden utilizar señales digitales (p. ej., RS232-C).

La mayoría de las veces, el módem se utiliza para establecer una conexión de punto a punto mediante la red telefónica, entre dos lugares distantes.

5.3 CODEC

La función del CODEC, COdificador DECodificacor, es la codificación de una señal analógica (que representa datos analógicos) para convertirla en una señal digital. En realidad, debe muestrear la señal, es decir, digitalizarla. Cualquier tarjeta de buena calidad integra un CODEC.

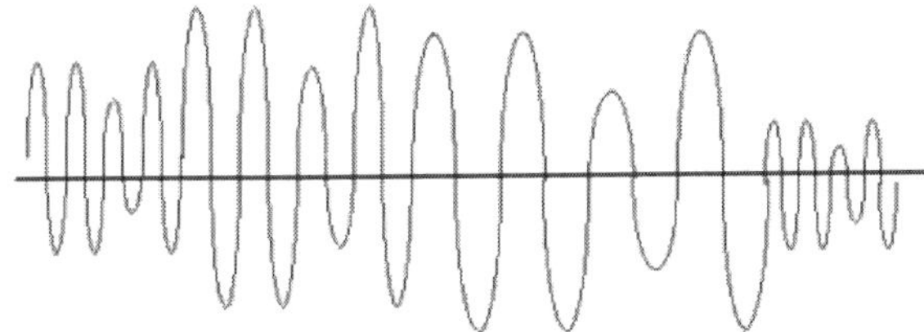

Señal original

Después de la digitalización:

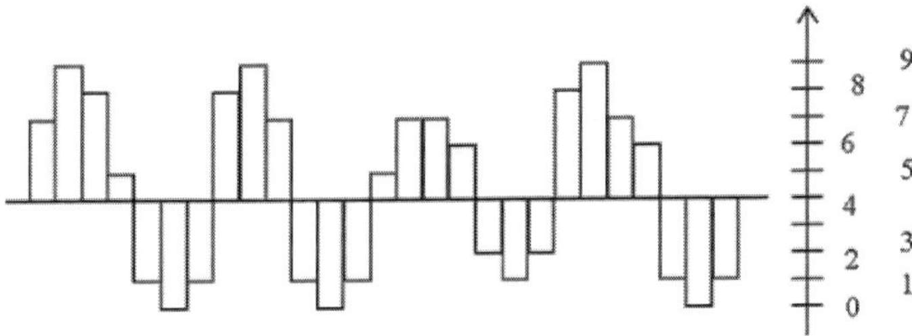

Digitalización de la señal

Señal digitalizada

(7,9,8,5,1,0,1,8,9,7,1,0,1,5,7,7,6,2,1,2,8,9,7,6,1,0,1)

Si los datos se cifran en 8 bits (valores de 0 a 255), cada valor decimal se cifra en binario en 8 símbolos. Luego solo queda aplicar el método de codificación para cifrar los símbolos '0' y '1' en forma de señales.

Señal binaria digitalizada

(00000111,00001001,00001000, ...,0000000001,0000000000,0000000001)

Observación

Podemos imaginar que muestreamos un dato analógico en dato digital, después de transportarlo mediante una señal analógica, utilizando un módem.

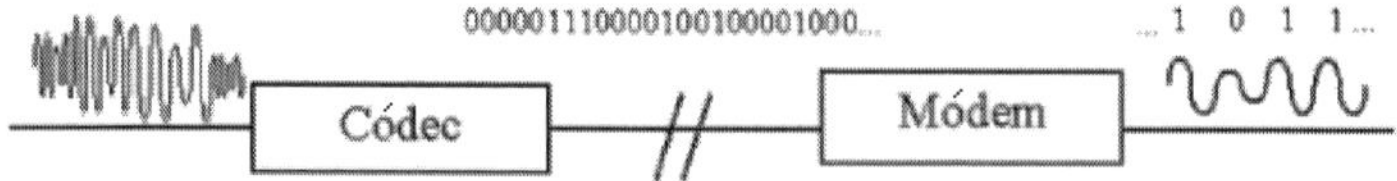

Función del códec

6. Soportes de transmisión

Un soporte de transmisión transporta datos en forma de señales entre las interfaces de red.

Hay distintos tipos de soporte en función del precio, de la simplicidad de la instalación, la velocidad, la resistencia a las interferencias, etc.

Entre estos, se distinguen los soportes limitados y los no limitados.

6.1 Soportes limitados

Son soportes físicos, como los cables que conducen la electricidad.

Los principales soportes limitados son el par trenzado, el cable coaxial y la fibra óptica.

6.1.1 El par trenzado

Un par trenzado en su forma más simple está compuesto por dos cables trenzados de cobre, cada uno protegido con una cubierta aislante. Hay varios tipos de pares trenzados: el par trenzado no blindado *Unshielded Twisted Pair* (UTP) y el par blindado *Shielded Twisted Pair* (STP) son los más extendidos.

El par trenzado blindado (STP) añade una protección por par.

Existe igualmente un tipo de pares FTP (*Foiled Twisted Pair*), que proporciona protección utilizando una tira de aluminio alrededor de los cuatro pares.

Se puede encontrar también una combinación de los dos anteriores llamada S/FTP o *Shield/Foiled Twisted Pair*.

Finalmente, otro tipo de protección consistirá en una hoja doble por par y en general. Se trata de F/FTP.

El número de pares por cable varía. El trenzado de los cables disminuye las interferencias eléctricas procedentes de los pares adyacentes y del entorno exterior.

Par trenzado no blindado

Es el tipo de par trenzado más utilizado en las redes locales. Un segmento de cable UTP puede alcanzar los 100 metros.

La mayoría de los sistemas telefónicos utilizan el tipo UTP. La popularidad de este tipo de cable se debe al hecho de que en un gran número de edificios se realiza un cableado previo para los sistemas telefónicos. No obstante, el sistema telefónico debe respetar las características propias de las redes informáticas (como el trenzado) para garantizar una buena calidad de transmisión.

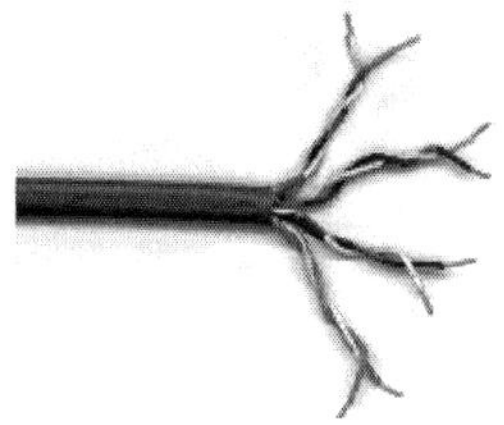

Cable de pares trenzados

Par trenzado blindado

El cable UTP es especialmente propenso a las interferencias (mezcla de señales debida a pares vecinos). El cable STP mejora la transmisión utilizando una envoltura trenzada de cobre de mejor calidad y más protectora que la empleada para el cableado UTP. Además, una envoltura de aluminio recubre cada uno de los pares trenzados.

Así, a diferencia del cable no blindado, el cable STP alcanza velocidades más elevadas para distancias ligeramente superiores.

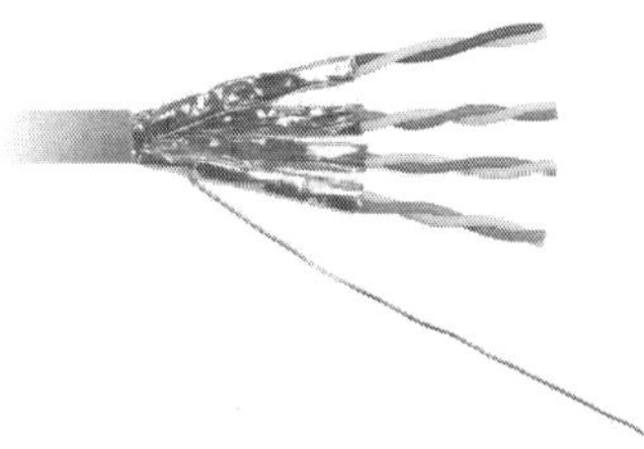

Cable STP

El cable F/UTP (*Foiled UTP*) es más resistente a interferencias externas.

Cable F/UTP

El cable S/FTP integra a la vez una protección externa global (cable trenzado con toma de tierra), al mismo tiempo que una protección de cada uno de los pares:

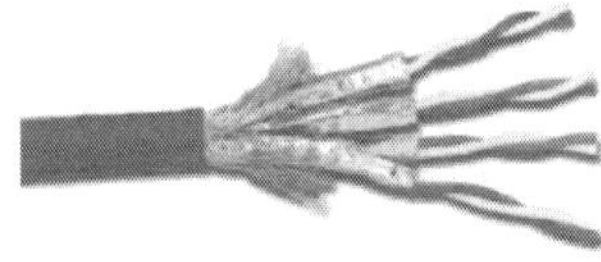

Cable S/FTP

Conectores

Existen diferentes tipos de conectores para el par trenzado; veamos los principales a continuación:

- RJ11: cable telefónico de 2 pares trenzados.
- RJ14: cable telefónico de 3 pares trenzados.
- RJ45: cable de red de 4 pares trenzados.

Para redes de gran envergadura, es posible organizar las conexiones a partir de un armario de distribución de cables.

El conector RJ45 se utiliza hoy por todas partes, ya sea para conexiones de red o de telecomunicaciones.

Conector RJ45 de plástico

Comparación de conectores RJ11 y RJ45

Observación

Atención, no lo confunda con los conectores RJ11, utilizados en los antiguos teléfonos.

Conector RJ45 blindado categoría 6a

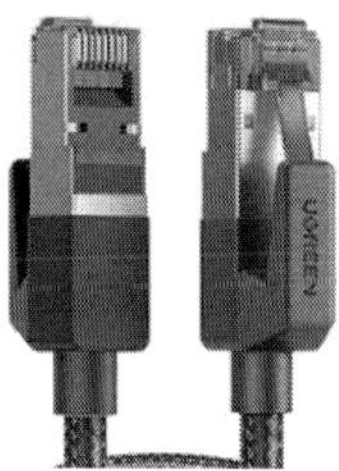

Conector RJ45 Categoría 8 (40 Gbps)

Categorías y tipos de cables de pares trenzados

El cableado UTP figura en la normativa de cableado de los edificios comerciales.

El tipo de cable se define en función de varias letras:

- U (*Unshielded*), sin protección;
- F (*Foiled*), tira de aluminio;
- S (*Shielded*), blindaje mediante una malla trenzada de aluminio;
- TP (*Twisted Pair*), blindaje realizado sobre pares trenzados.

A continuación, encontrará las ocho categorías definidas para los cables UTP por *Electronic Industries Alliance and Telecommunication Industries Associations* (EIA/TIA).

Actualmente, los cables que se utilizan más habitualmente en los edificios de viviendas son:

- U/FTP o (*Unshielded/Foiled Twisted Pair*), sin blindaje global, pero con blindaje individual por pares;
- F/FTP o (*Shielded/Foiled Twisted Pair*), con blindaje global y blindaje individual por pares.

Categorías	Tipo de cable	Características
1 (obsoleto)		Hilo telefónico UTP tradicional (no está adaptado a los sistemas modernos).
2 (obsoleto)		UTP de 4 pares que puede transmitir hasta 4 Mbps (antiguos sistemas 3270).
3	UTP	UTP de 4 pares con tres trenzados por pie (33 cm) que puede transmitir hasta 10 Mbps (antiguo estándar de red y telefonía, que actualmente solo se utiliza en los cables telefónicos).
4	UTP	UTP de 4 pares que puede transmitir hasta 16 Mbps (se utilizaba con Token Ring).
5 (1991)	UTP	UTP, STP o FTP de 4 pares, que puede transmitir hasta 100 Mbps. => Ethernet 10 y 100, (antiguamente utilizado por Token Ring 4 y 16).
5e (Enhanced) 1999	UTP	UTP, STP o FTP de 4 pares, que puede transmitir hasta 1 Gbps.
6 (2002)	UTP	La categoría 6, basada en el UTP de clase E, soporta un subconjunto de la categoría 5e. => soporta hasta 1 Gbps.
6a	FTP	La categoría 6a (aumentada) de clase E y soporta hasta 10 Gbps.

Categorías	Tipo de cable	Características
7	F/FTP	Esta categoría, basada en F/FTP de clase F, soporta hasta 10 Gbps en distancias más cortas para aplicaciones que necesiten medidas de seguridad fuertes.
7a	F/FTP	La categoría 7 aumentada permite esperar a largo plazo velocidades de hasta 100 Gbps a unos 15 metros (40 Gbps a unos 50 metros). Los conectores no están en el formato RJ45.
8.1 (2013)	U/FTP, F/UTP	En desarrollo. Retrocompatible con la categoría 6a. Permite llegar a velocidades de hasta 40 Gbps, implementando la auto negociación. Cables con una longitud máxima de 30 m.

El precio del cable aumenta en función de la categoría. Cada componente o conector que se utilice debe soportar la misma velocidad o las mismas limitaciones para una determinada categoría. Una vez realizada la instalación, se debe certificar la infraestructura implementada de acuerdo con la categoría utilizada.

Hoy en día, la categoría 6a comienza a extenderse: soporta tanto el 1 GBase-T como el 10 GBase-T.

La categoría 7 permite utilizar los 10 Gbps en condiciones de ruido elevadas.

Por último, la categoría 7a, que no utiliza conectores RJ45, no ha sido aprobada por la IEEE, que ha ratificado la 802.3ba (Ethernet 40G y 100G) en junio de 2010. No es, pues, compatible.

F/FTP categoría 7a que no utiliza los conectores RJ45

Hoy en día, a menudo se pueden encontrar conectores SFP+ como los que se utilizan para la fibra (mini-Gbic) que implementan igualmente el cableado en cobre. Estos cables «Twinax» se utilizan para la conexión directa.

Cable de conexión directa – twinax de cobre – Ethernet 10G

Evaluación de la calidad de los cables de pares trenzados

Las dos causas principales por las que una señal eléctrica se puede debilitar en un cable de cobre son el debilitamiento lineal (o atenuación expresada en dB/km), que caracteriza la pérdida de señal debida al tránsito a través de una gran distancia, y el debilitamiento paradiafónico constatado en pares trenzados influidos eléctricamente por los pares vecinos.

La atenuación caracteriza la pérdida de señal, que se acentúa a medida que esta recorre el cable. Cuanto más se debilita la señal (es decir, mayor es la resistencia para recorrer el cable), más atenuación tenemos.

El debilitamiento paradiafónico (NEXT - *Near End CrossTalk*) es la capacidad de un par de no ser perturbado por sus vecinos. Cuanto mayor es este parámetro, mejor es el cable.

En consecuencia, tenemos un par de buena calidad cuando la atenuación es escasa y el debilitamiento paradiafónico es elevado.

La calidad de los cables de pares trenzados pasa también por una protección contra las señales parásitas, reduciéndolas o evitando generarlas para no perturbar a los pares adyacentes.

El blindaje del par STP constituye un primer nivel de protección frente al exterior.

Otro medio consiste en transportar una tensión idéntica, pero de polaridad inversa por par, llamada método equilibrado. Estas dos señales opuestas generan una señal global que se anula para no afectar a los pares vecinos.

Con Token Ring existían filtros para frecuencias, que se llamaban BALUN (*BALanced UNbalanced*).

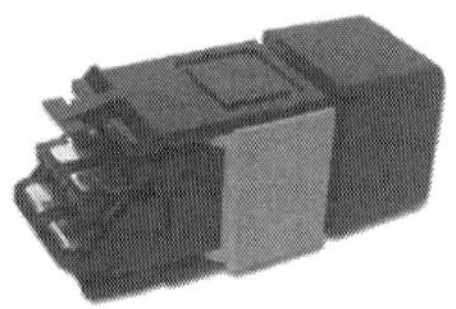

Adaptador BALUN Token Ring

Además, como el cobre es sensible a interferencias externas como motores, neones y tubos fluorescentes, se puede utilizar un casquillo metálico que hace la función de jaula de Faraday.

6.1.2 El cable coaxial

Aunque este tipo de cable hoy en día casi no está presente en las empresas, es interesante ver cuáles son sus características para comprender la evolución de las redes informáticas.

Composición

Está formado por un conductor central de cobre, por un aislante (o dieléctrico), por un segundo conductor en forma de red metálica trenzada que garantiza el blindaje y, finalmente, por una envoltura plástica que garantiza la protección mecánica del conjunto.

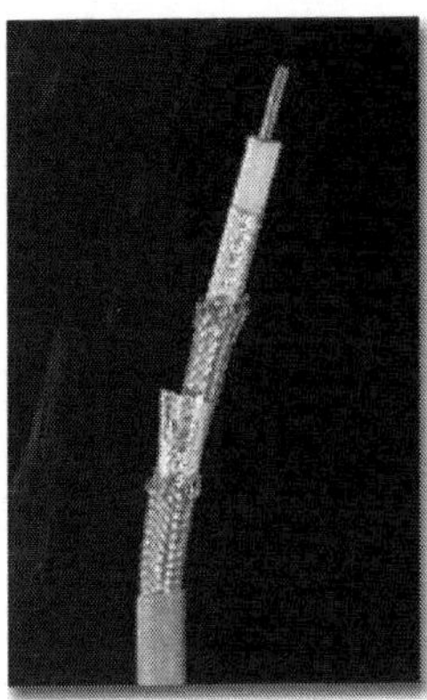

Cable coaxial y blindaje

Los cables coaxiales se clasifican según su impedancia característica (la impedancia es, en la corriente alterna, lo mismo que la resistencia en la corriente continua). Entonces, 50 Ohms (ohmios) corresponde a las transmisiones digitales y 75 Ohms a transmisiones analógicas.

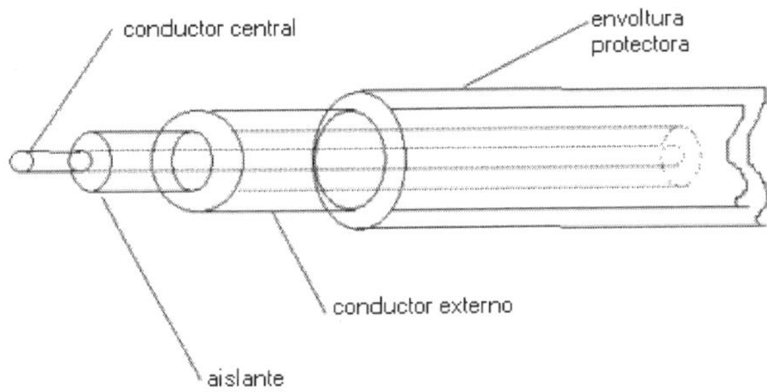

RG-8, RG-11 Cable coaxial grueso (12 mm de diámetro), Ethernet grueso o *thick Ethernet*, 50 Ohms, 10 base 5.

RG-58	Cable coaxial fino (6 mm de diámetro), Ethernet fino o *thinnet*, 10 base 2.
/U	Cable central de un hilo (medianamente adaptado para redes).
A/U	Cable central trenzado (utilizado en redes Ethernet de coaxial fino).
C/U	Especificación militar de A/U.
RG-59	Cable coaxial TV (75 Ohms).
RG-62	Cable ArcNet (93 Ohms).

Observación

Cuanto más grueso sea el hilo central de cobre, más distancia podrán recorrer las señales a través del cable. El RG-58 posibilita segmentos de 185 metros como máximo, mientras que el RG-8 u 11 permite llegar a los 500 metros.

Cable coaxial fino (RG-58) y cable coaxial grueso (RG-8) Ethernet

Categorías de cables coaxiales

Hay dos categorías de cables coaxiales. En la primera, la envoltura aislante se fabrica en PVC (policloruro de vinilo). Se trata de los cables coaxiales más utilizados y menos costosos. Sin embargo, en caso de incendio, emiten humo tóxico a partir de temperaturas bajas (alrededor de 100 °C).

La segunda categoría consta de un tipo de cables resistentes al fuego. Están fabricados con teflón y son más caros que los anteriores. Se les califica como cable para plenum. El plenum es el espacio muerto que existe entre el falso techo y el piso de arriba y que se utiliza para realizar las conexiones en una habitación.

6.1.3 La fibra óptica

La fibra óptica está compuesta por una fibra conductora de luz (de vidrio o plástico) extremadamente fina (alrededor de 10 μm (micrómetros) de diámetro). La fibra transfiere datos digitales en forma de impulsos luminosos modulados. Un diodo láser emite una señal luminosa que se recupera en el otro extremo por un fotodiodo que la transforma en señal eléctrica.

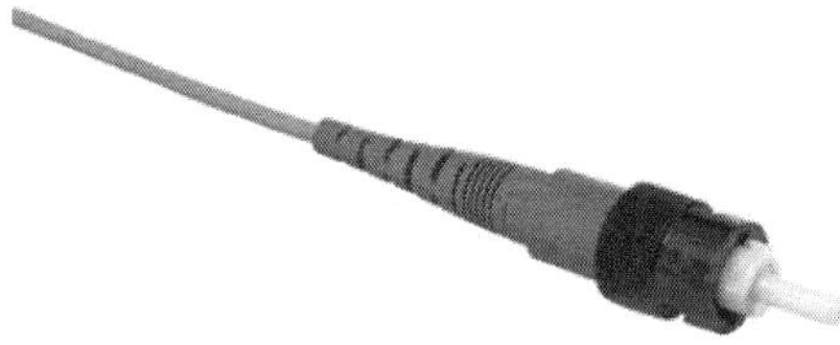

Conector de fibra óptica

Las señales transmitidas a través de la fibra óptica están protegidas contra cualquier tipo de escucha. De hecho, y contrariamente a lo que pasa con las señales eléctricas, no es posible recoger información emitida por una onda luminosa que va a través de una fibra.

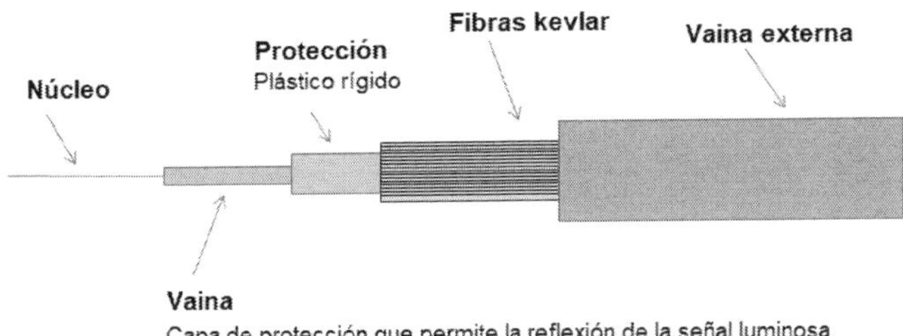

Fibra óptica

Los cables se presentan:

- en forma de una fibra única (simplex):

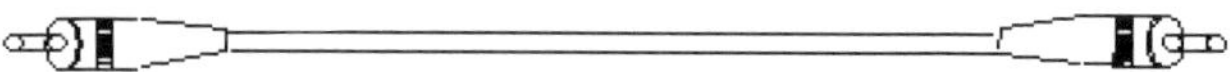

- o en forma de fibra doble con dos conectores separados:

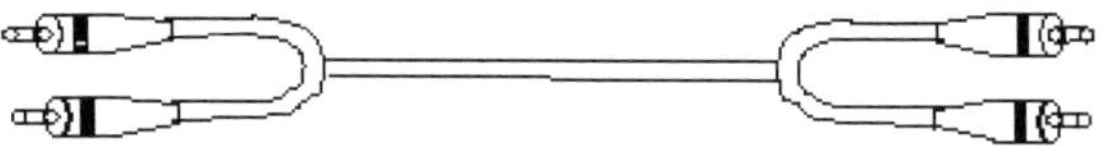

Cable de fibra dúplex (doble fibra)

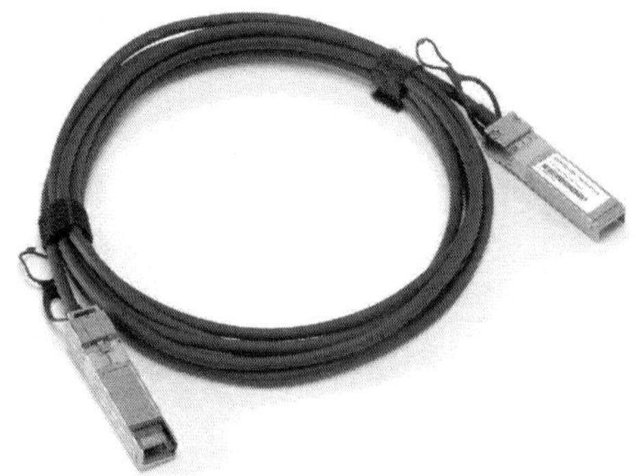

Cable óptico 10G Ethernet twinax SFP+

Podemos distinguir dos tipos de fibras:

- la **fibra monomodo**, SM o *Single Mode*, una sola señal luminosa recorre la fibra de diámetro estrecho, entre 8,5 y 9 μm en el núcleo.

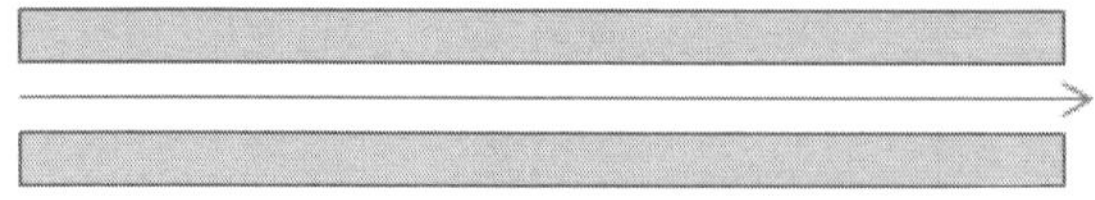

Señal luminosa única en una fibra monomodo

– la **fibra multimodo**, MM o *MultiMode*, varias señales luminosas recorren una fibra de diámetro más grande, de 50, 62,5 o 100 μm (diámetro de la funda: 125 μm).

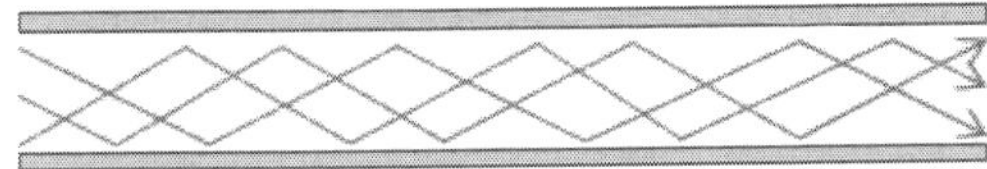

Señales luminosas en una fibra multimodo

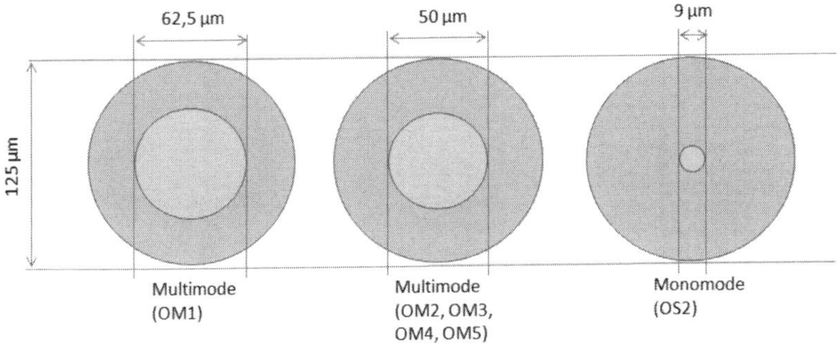

Diámetro del núcleo de una fibra óptica

La fibra monomodo (*SingleMode* o SMF, *Single Mode Fiber*) tiene un alcance de hasta 70 km, y la fibra multimodo (*MultiMode*) generalmente está limitada a algunos cientos de metros (entre 100 y 1000 metros según la velocidad utilizada).

Mini GBIC 10G BASE-SR-SFP+ MultiMode LC 300m

Mini GBIC 10G BASE-LR-SFP+ SingleMode LC 10km

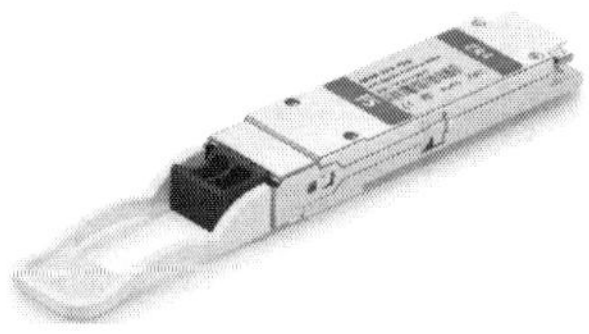

Módulo QSFP+ 40GBASE-ZR4 SingleMode LC 80 km

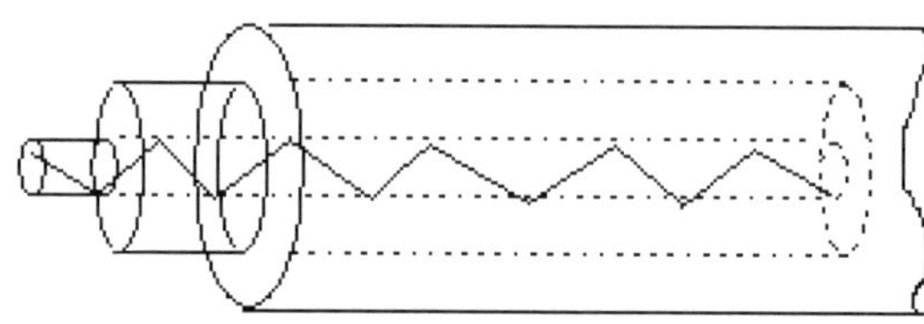

Fibra de índice escalonado

El impulso luminoso se refleja en la envoltura óptica de vidrio. Entre la categoría de las fibras multimodo, se distinguen las de índice gradual (onda sinusoidal) de las de índice escalonado (refracción en ángulo recto). En una fibra de índice gradual, el índice de refracción decrece desde el centro hacia la periferia. En una fibra de índice escalonado, no hay degradación del índice de refracción.

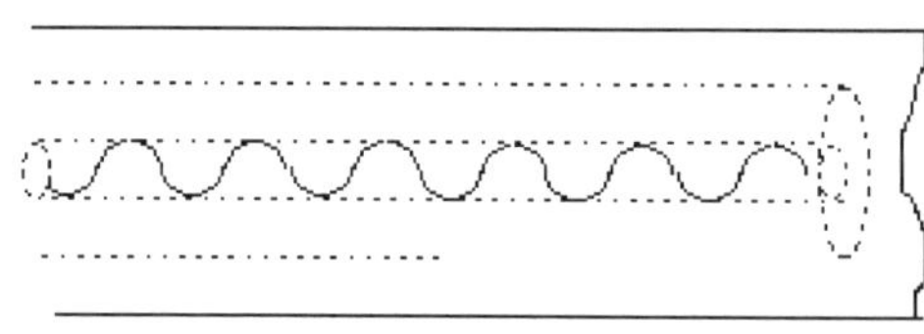

Fibra de índice gradual

Observación

La fibra es muy utilizada para interconectar redes locales Ethernet. De hecho, es posible utilizar repetidores mixtos (fibra/coaxial o fibra/par trenzado) basándose en velocidades de 10 Gbps.

La fibra solo transmite señales en un único sentido. Por ello, a menudo nos encontraremos la fibra multimodo, ya sea con dos núcleos o de doble fibra (dos cables unidos) para la emisión y la recepción. Tratándose de la fibra monomodo, generalmente se utiliza solo una fibra para emisión/recepción y los conectores SFP en los extremos utilizan longitudes de onda diferentes para el funcionamiento bidireccional (1310 nm para la transmisión y 1550 para la emisión).

Por lo tanto, al conectar su alojamiento a la red fibra, generalmente se usará una sola fibra monomodo (1FO).

La fibra es ideal para la transmisión a alta velocidad de grandes volúmenes de datos (en general 10 Gbps que pueden llegar a 10 Tbps), debido a la pureza de las señales, a la ausencia de atenuación y a la insensibilidad a las interferencias eléctricas. Permite la transmisión de datos a distancias que pueden alcanzar varios miles de kilómetros.

6.1.4 Los criterios de elección de los diferentes medios

Se pueden seleccionar distintos criterios para elegir los posibles medios de transmisión.

Generalmente, se considera el coste, el tipo de soporte para la banda de transmisión, la atenuación de la señal, la resistencia a los fenómenos electromagnéticos circundantes o también la simplicidad o complejidad de la instalación. En función del entorno y del tipo de señal transportada, aparecen una serie de dificultades. Por ejemplo, podemos citar la longitud máxima de un segmento o el número de dispositivos conectados.

En el siguiente cuadro, exponemos un resumen de los principales soportes utilizados.

Características	Par trenzado no blindado (UTP)	Par trenzado blindado (FTP)	Fibra óptica
Precio del cable	Económico (los edificios además suelen estar cableados)	Más caro que UTP	El soporte más caro de todos, aunque los precios están bajando
Longitud de un segmento	100 m	Un poco mayor que UTP	Entre 10 y 30 km
Velocidad habitual	100 Mbps (cat 5) 1 Gbps (cat 5e y 6) 10 Gbps (6a y 7) 40 Gbps (7)	100 Mbps (cat 5) 1 Gbps (cat 5e y 6) 10 Gbps (6a y 7) Adaptados a entornos con interferencias 40 Gbps (8)	De 10 Gbps a 40 Gbps
Instalación	Muy sencilla	Muy sencilla	Las conexiones de fibra deben implementarse de manera que no se bloquee el paso de la luz. Además debe respetarse un radio mínimo de curvatura
Atenuación	Elevada	Escasa	Ninguna
Sensibilidad a las interferencias	Sensible	Poco sensible	Ninguna
Utilización habitual	Redes de oficina o de tamaño mediano	Entornos con interferencias o de gran tamaño	Necesidad de alta velocidad, interconexión entre distribuidores o edificios

6.1.5 El Bucle Local Óptico Mutualizado

Hoy en día, la fibra óptica es cada vez más popular porque permite alcanzar muy buenas velocidades al mismo tiempo que ofrece muy baja latencia.

Al hablar de «Fibra hasta la casa» o FTTH (*Fiber To The Home*) se define este recorrido como el camino de la señal a través del «Bucle Local Óptico Mutualizado» (BLOM) donde el primer elemento lo forma el «Nodo de Conexión Óptico» (NCO).

Observación

De igual forma, también se utiliza el término «fibra hasta la oficina» o FTTO (Fiber To The Office).

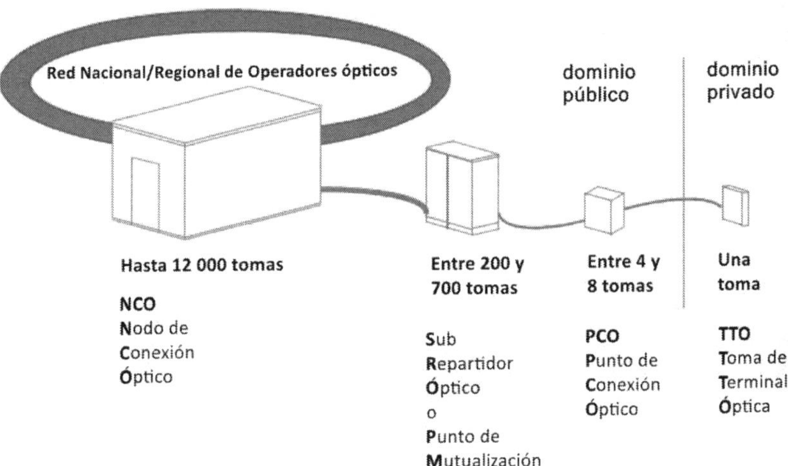

Esquema general del Bucle Local Óptico Mutualizado

El NCO lo implementa un operador específico (p. ej. Telefónica, Vodafone), que en ciertos casos lo puede subarrendar.

Nodo de Conexión Óptico

Observación

El NCO se puede comparar al NCA (Nodo de Conexión de Abonados) que se encuentra en las redes telefónicas y xDSL.

En sentido ascendente, los NCO se conectan a las redes troncales de los operadores de Internet (a escala nacional o europea). Estas redes troncales tienen velocidades de unos 800 Gbps o incluso van más allá de los Tb/s.

Sub Repartidor Óptico

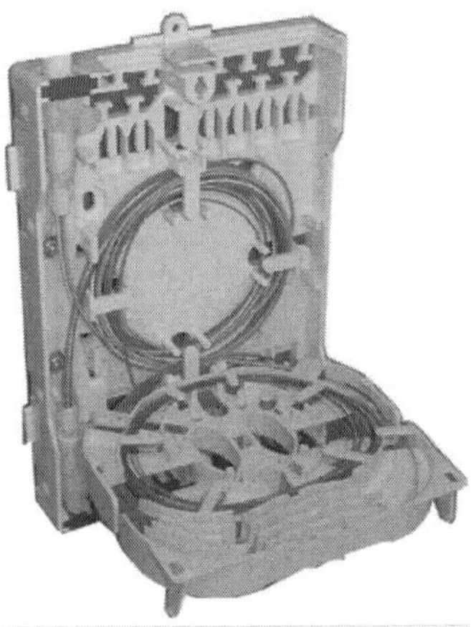

Punto de Conexión Óptico

6.1.6 Cables submarinos intercontinentales

Internet no existiría si los continentes no estuvieran unidos por cables submarinos.

Es posible visualizar estos vínculos a través de sitios especializados como, por ejemplo: https://www.submarinecablemap.com/

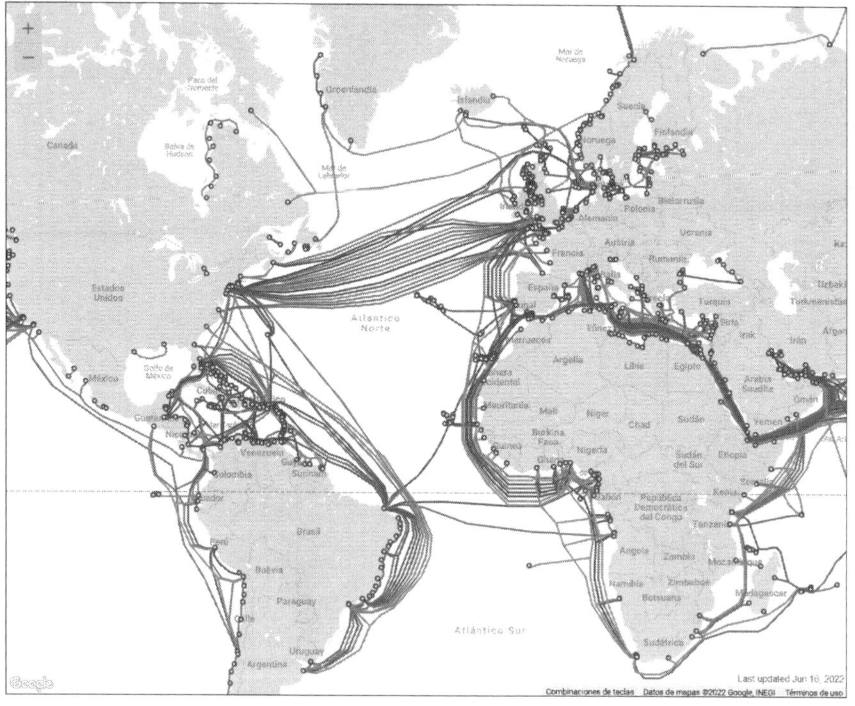

Conexiones submarinas transatlánticas

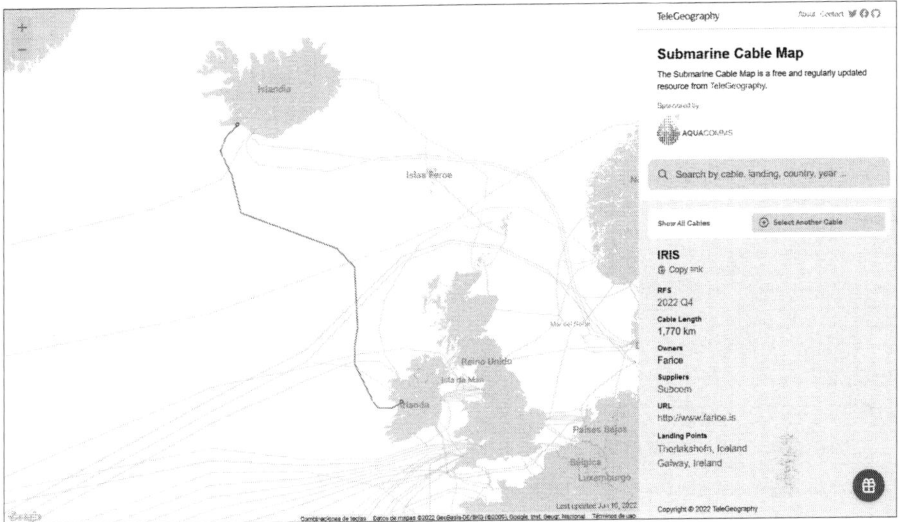

Conexión submarina transatlántica entre Islandia e Irlanda

6.2 Soportes no limitados

La tecnología de red inalámbrica aún no está lista para sustituir a los soportes limitados, debido, sobre todo, al pequeño ancho de banda, pero aun así es un buen complemento.

Estas tecnologías se encuentran en todos los ámbitos de la red. A veces la letra «W», de Wireless, colocada junto al acrónimo del ámbito, especifica que la red utiliza la interfaz inalámbrica. Para indicar que la red inalámbrica utiliza las ondas radioeléctricas, se utiliza la letra «R», de Radio.

Estas tecnologías permiten la movilidad de los usuarios en el interior de las oficinas o lugares de trabajo (itinerancia) o en el exterior (nomadismo).

6.2.1 Los infrarrojos

En este caso, se utiliza un haz de luz infrarroja para transmitir datos. Estas señales son muy sensibles a las luces potentes. No obstante, es posible alcanzar velocidades de unos 5 Gbps en distancias teóricas de algunos kilómetros.

Observación

Hay redes llamadas de visibilidad directa o por difusión (la señal rebota en las paredes de color claro, las paredes oscuras absorben las señales).

Lo interesante de esta tecnología es que los equipos no son muy costosos, ya que se fabrican en grandes cantidades. Es una solución que se adapta muy bien en interiores, pero que en exteriores no es utilizable debido a su sensibilidad a las condiciones atmosféricas.

Observación

En el capítulo Capas bajas de las redes locales, se estudiará la solución irDA en mayor profundidad.

6.2.2 El láser

Como en el caso de la transmisión por infrarrojos en visibilidad directa, esta técnica requiere un campo de visibilidad directa, ya que es sensible al problema de la alineación (entre el láser y el fotodiodo). Sin embargo, es resistente a las interferencias y perturbaciones, aunque sensible a las condiciones atmosféricas.

6.2.3 Las ondas de radio terrestres

La tecnología de transmisión por ondas de radio es la mejor valorada actualmente, cualquiera que sea el tamaño de la red. De hecho, estas ondas son fáciles de emitir, son omnidireccionales, atraviesan los edificios y también pueden alcanzar grandes distancias (hasta 1.000 km en frecuencias bajas). Para permitir un buen funcionamiento, dadas las distancias recorridas, es necesario controlar las señales de radio y las frecuencias utilizadas. Cada estado controlará la asignación de los rangos de frecuencias, sometiendo a licencia a los emisores.

Los usos de estas redes son múltiples. Por ejemplo, a través de puentes inalámbricos se pueden interconectar redes locales sin utilizar soportes limitados.

La llegada de ordenadores portátiles y otros periféricos móviles democratizó, a través de Bluetooth o Wi-Fi, el uso de las redes de radio para los usuarios.

La mayor parte de abonos de telefonía móvil admiten la transmisión de datos.

Estas ondas de radio se propagan de diferentes maneras en función del entorno en el que evolucionan.

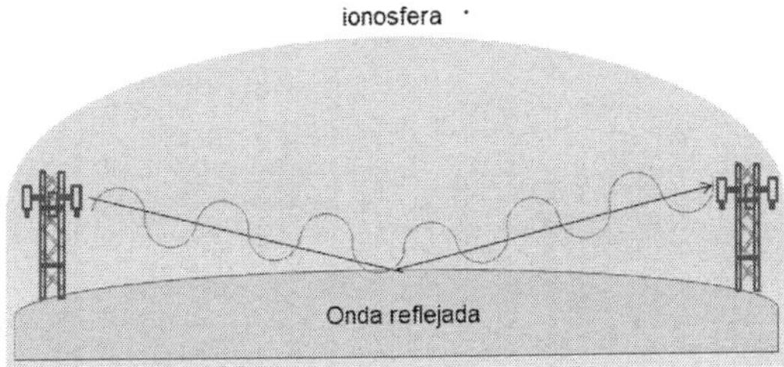

Onda reflejada

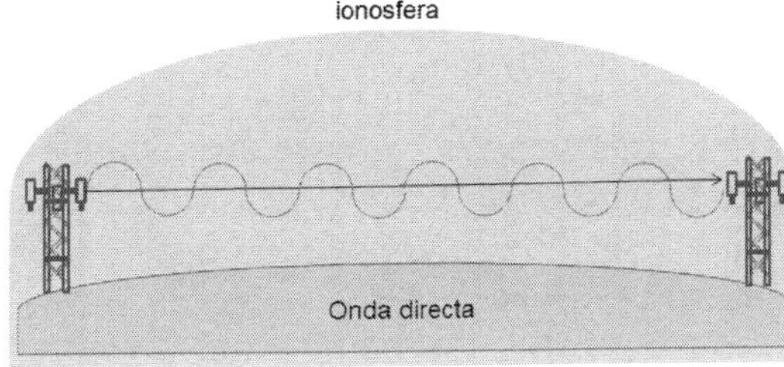

Onda directa

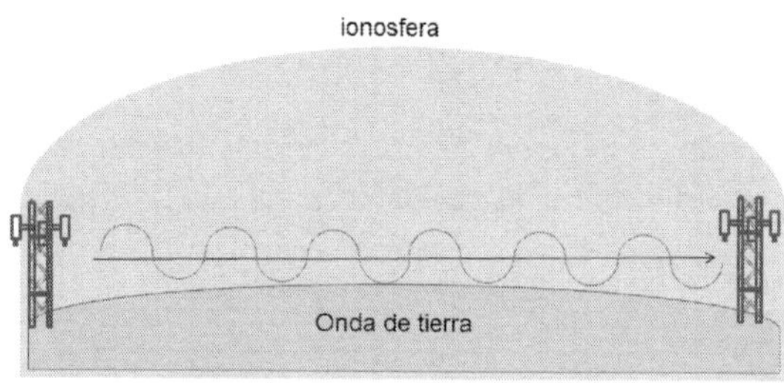

Onda de tierra

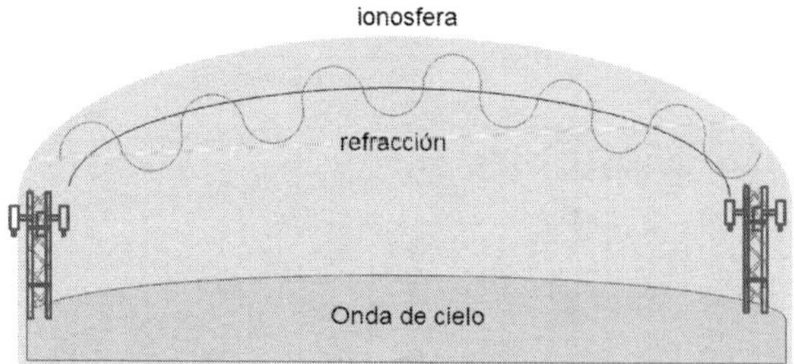

Onda de cielo

6.2.4 Las ondas de radio por satélite

Los sistemas de microondas permiten interconectar edificios distribuidos por zonas relativamente poco amplias. Es el método más utilizado en Estados Unidos para transmitir a través de largas distancias. Se obtienen resultados excelentes a través de dos puntos cuya visibilidad es directa (un satélite en órbita geoestacionaria y una conexión terrestre, entre dos edificios o a través de grandes extensiones).

En este último caso es necesario disponer de una homologación, de dos transmisores-receptores de radio, así como de antenas direccionales que deben ubicarse adecuadamente.

Observación

En el caso de estaciones de microondas vía satélite, es posible utilizar estaciones terrestres móviles (avión, barco).

6.2.5 Órbita terrestre baja

Desde los años 1990, las redes de satélites no han dejado de desarrollarse.

Entre los servicios ofrecidos, la telefonía por satélite se basa en una constelación de satélites que sustituye a las antenas retransmisoras terrestres utilizadas en la telefonía móvil tradicional.

Órbita	Altitud mínima	Altitud máxima	Nombre en inglés	Nombre completo
baja	500	2 000	LEO	Low Earth Orbit
media	5 000	12 000	MEO	Medium Earth Orbit
geoestacionaria	35 786	35 786	GEO	Geostationary Earth Orbit

Designaciones de las órbitas y altitudes asociadas

Las primeras soluciones de redes de satélites se basaban principalmente en satélites en órbita geoestacionaria, mientras que cada vez se desarrollan más soluciones basadas en constelaciones desplegadas en órbitas terrestres bajas.

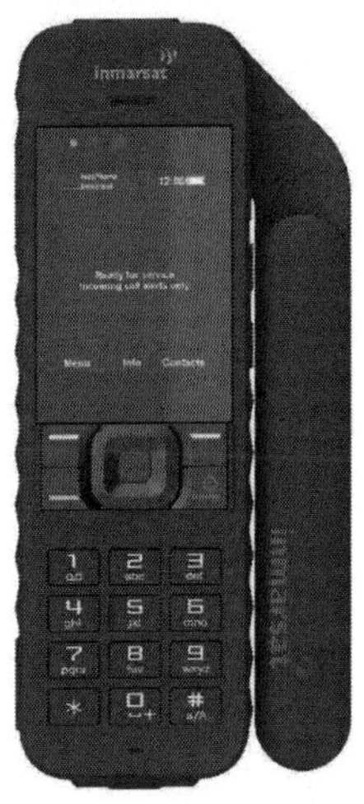

Teléfono por satélite

En la órbita geoestacionaria, los satélites son pocos y están inmóviles desde el punto de vista de la Tierra (un satélite se posiciona sobre una zona específica de la Tierra).

Debido a la gran distancia entre la Tierra y los satélites, la latencia global es relativamente alta (alrededor de unos 600 ms).

En cambio, en la órbita terrestre baja se despliegan muchos satélites (hasta varios miles); estos satélites están en movimiento en comparación con los de la órbita geoestacionaria.

Dado que los satélites en órbita terrestre baja están a distancias mucho más cortas de la Tierra, la latencia obtenida es, a menudo, bastante buena (20 ms). La cadencia de datos obtenidas en órbitas bajas es también mucho mayor (hasta los gigabits por segundo). Dada la evolución de la velocidad de transmisión de datos y la considerable disminución de la latencia, los servicios de datos se desarrollan cada vez más.

Sistema	Altitud (km)	Núm total de sat.	Cadencia datos máx	Latencia mín (ms)	Despliegue	Usos
Globalstar	1 414	48	9,6 kbps	60	1998-2000 2010-2013	Voz en el sector marítimo
Inmarsat	35 786	5 8 12 14	64 kbps	800	1982-1992 1996-1998 2005-2008 2013-2015	Voz en el sector marítimo, Datos
Iridium	780	90	4,8 kbps	400	1997-2002	Voz en el sector marítimo, Datos
Starlink	550 después 1150 y 340	4 700 12 000 42 000	20 Mbps	30	2018-2023-2025	Datos
Boeing	1 056	132			2022-2031	Datos

Sistema	Altitud (km)	Núm total de sat.	Cadencia datos máx	Latencia mín (ms)	Despliegue	Usos
Amazon (Kuiper)	590 610 630	3 236	400 Mbps		2022-2029	Datos
OneWeb	1 200	650	50 Mbps 200 Mbps	30-60	2019-2022	Datos

Ejemplo de soluciones basadas en redes de satélites

Puede encontrar información complementaria en los siguientes sitios:

https://www.globalstar.com/es-es/

https://www.inmarsat.com/

https://www.iridium.com/

https://www.starlink.com/

https://www.boeing.com/space/boeing-satellites/

https://oneweb.net/

6.2.6 Las ondas de radio según las frecuencias

A continuación, puede ver algunas de las ondas radioeléctricas que podemos encontrar en nuestra vida cotidiana:

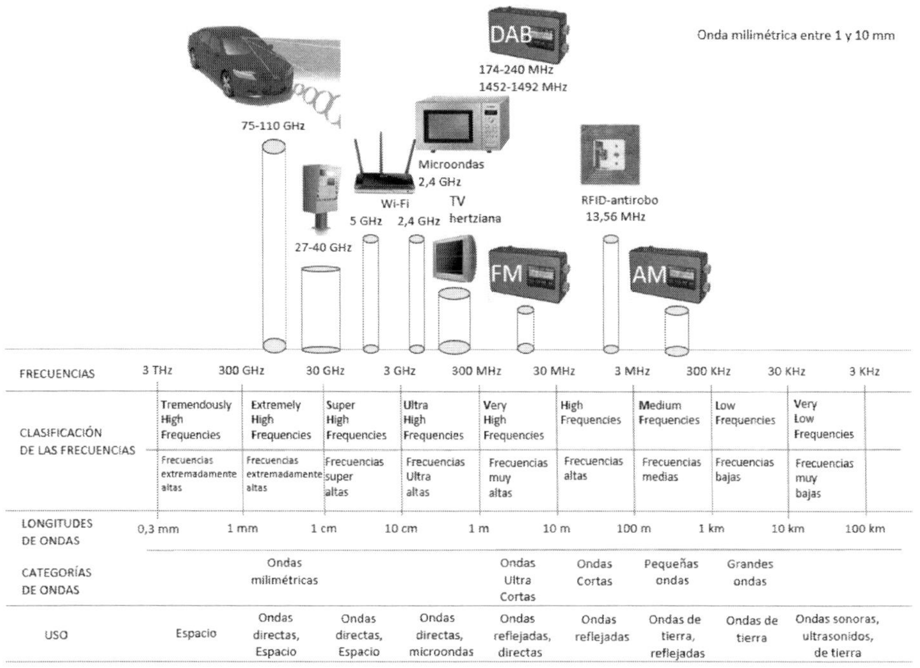

Algunas ondas radioeléctricas de la vida cotidiana

Si se observa desde un punto de vista de radio, solo la parte de telefonía, aquí puede ver las frecuencias asociadas:

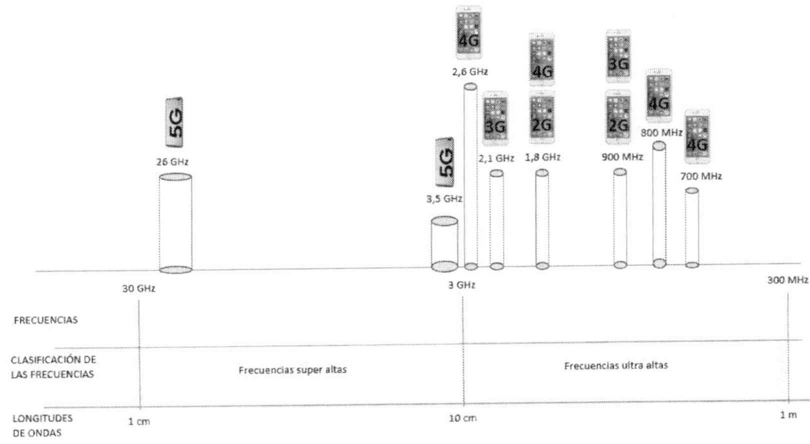

Ondas asociadas a la telefonía

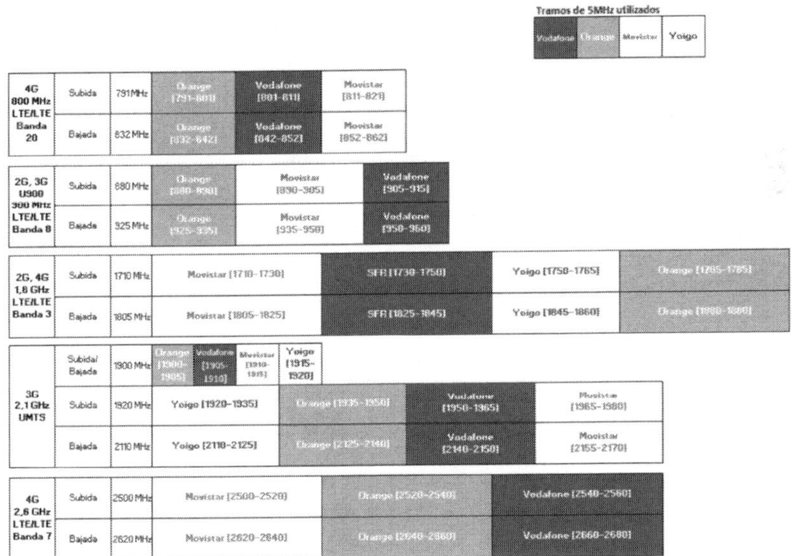

Tramos de 5MHz utilizados

Vodafone	Orange	Movistar	Yoigo

Banda						
4G 800 MHz LTE/LTE Banda 20	Subida	791 MHz	Orange [791-801]	Vodafone [801-811]	Movistar [811-821]	
	Bajada	832 MHz	Orange [832-842]	Vodafone [842-852]	Movistar [852-862]	
2G, 3G U900 900 MHz LTE/LTE Banda 8	Subida	880 MHz	Orange [880-890]	Movistar [890-905]	Vodafone [905-915]	
	Bajada	925 MHz	Orange [925-935]	Movistar [935-950]	Vodafone [950-960]	
2G, 4G 1,8 GHz LTE/LTE Banda 3	Subida	1710 MHz	Movistar [1710-1730]	SFR [1730-1750]	Yoigo [1750-1765]	Orange [1765-1785]
	Bajada	1805 MHz	Movistar [1805-1825]	SFR [1825-1845]	Yoigo [1845-1860]	Orange [1860-1880]
3G 2,1 GHz UMTS	Subida/ Bajada	1900 MHz	Orange [1900-1905]	Vodafone [1905-1910]	Movistar [1910-1915]	Yoigo [1915-1920]
	Subida	1920 MHz	Yoigo [1920-1935]	Orange [1935-1950]	Vodafone [1950-1965]	Movistar [1965-1980]
	Bajada	2110 MHz	Yoigo [2110-2125]	Orange [2125-2140]	Vodafone [2140-2150]	Movistar [2155-2170]
4G 2,6 GHz LTE/LTE Banda 7	Subida	2500 MHz	Movistar [2500-2520]	Orange [2520-2540]	Vodafone [2540-2560]	
	Bajada	2620 MHz	Movistar [2620-2640]	Orange [2640-2660]	Vodafone [2660-2680]	

Asignación de frecuencias para telefonía móvil

Las bandas de frecuencias se asignan a los operadores por tramos.

A continuación, puede ver el reparto actual:

	800 MHz 4G banda 20	900 MHz 2G/3G banda 8	1800 MHz 2G/4G banda 3	2100 MHz 3G banda 1	2600 MHz 4G banda 7	3500 MHz 5G banda 42
Movistar	10 MHz	14,8 MHz	20 MHz	15 MHz FDD 5 MHz TDD	20 MHz	90 MHz
Vodafone	10 MHz	10 MHz	20 MHz	15 MHz FDD 5 MHz TDD	20 MHz FDD 20 MHz TDD	90 MHz
Orange	10 MHz	10 MHz	20 MHz	15 MHz FDD 5 MHz TDD	20 MHz	100 MHz
MásMóvil			14,8 MHz	15 MHz FDD 5 MHz TDD	10 MHz TDD (autonómicos)	80 MHz

Bandas de frecuencias asignadas en MHz por operador

Incluso si estas bandas de frecuencia no se utilizan en cada una de las antenas desplegadas, esto ofrece una buena visión general de lo que existe.

Experimentación de la 5G milimétrica

La asignación de las frecuencias de 26 GHz está siendo realizada por los operadores históricos.

Sin embargo, la CNMC ha lanzado un amplio programa de experimentación para permitir que las empresas se apropien de estas tecnologías. Así, desde 2019 se han llevado a cabo numerosas pruebas de interés que destacan el alto ancho de banda disponible, así como aplicaciones de realidad aumentada.

La empresa de ferrocarriles francesa (SNCF) ha experimentado la realidad asistida (aR+ o assisted reality) en el ámbito del mantenimiento, para reparar un terminal de autoservicio junto a su socio, AMA, proveedor de gafas de realidad aumentada. Una persona interviene in situ y puede recibir asistencia remota de un técnico mediante la anotaciones que este último le va indicando.

Observación

Hay información adicional disponible en el sitio web de AMA: www.amaxperteye.com/fr

Otra prueba piloto es el quirófano inalámbrico; el objetivo consiste en reducir la cantidad de cables y aprovechar el extraordinario ancho de banda disponible en la banda de 26 GHz. Así, en un centro hospitalario situado en Rennes (Francia), un paciente «fantasma» fue sometido a una intervención cardíaca seguida a distancia por otro especialista en Atenas (Grecia). Esta operación se facilitó gracias a la superposición de imágenes de ecografía y radiografía transmitidas mediante 5G a 26 GHz. El principal reto consistió en lograr una superposición perfecta de las imágenes para disponer de una precisión excepcional.

Capítulo 4
Software de comunicación

1. Configuración de la tarjeta de red

El funcionamiento de una tarjeta de red implica una parametrización a nivel de hardware del periférico, que hoy asume la funcionalidad Plug and Play, y la instalación del controlador (*driver*) de la tarjeta.

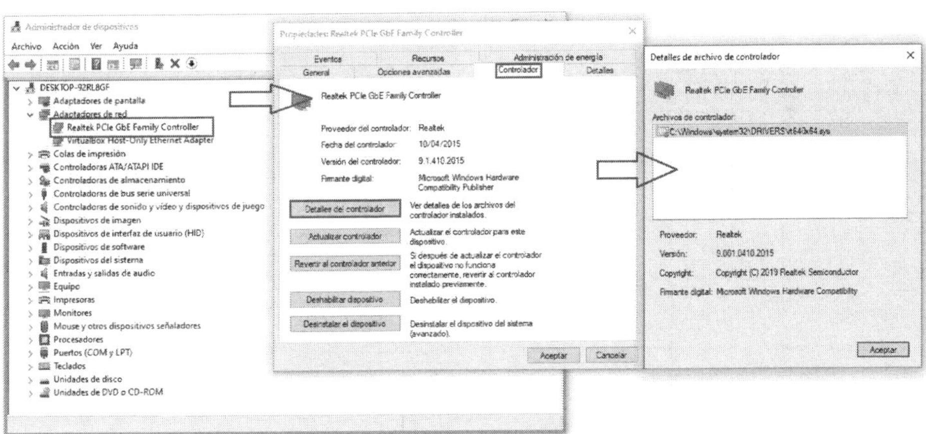

Controlador de dispositivo de una tarjeta de red en Windows 10

1.1 Configuración del hardware

En anteriores generaciones de tarjetas era necesario configurar manualmente los parámetros con ayuda de interruptores o con puentes. Posteriormente estos ajustes se hicieron con software.

Ahora, las tarjetas son Plug and Play y autoconfigurables. Los parámetros como la línea de petición de interrupción (IRQ - *Interruption ReQuest*) y el intervalo de memoria se configuran automáticamente.

Si la interfaz de red no está integrada en la placa base, basta con apagar el ordenador e instalarla en el conector adecuado.

1.2 Configuración de software

Al encender el ordenador se detecta la interfaz y se efectúa la elección de los valores que deben utilizarse, sin que entre en conflicto con otros periféricos. La modificación manual de los recursos de la tarjeta de red es una tarea para especialistas que cada vez se lleva a cabo con menor frecuencia.

La mayor parte de las tarjetas de red no permiten el acceso a esta información.

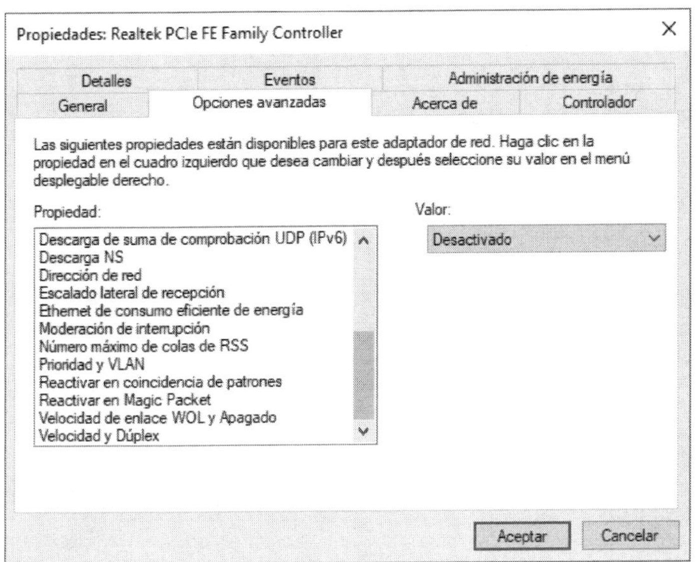

Propiedades de la tarjeta de red en Windows 10

El propio sistema operativo elige la velocidad en función de la capacidad de la tarjeta y de la velocidad máxima autorizada en la red a la cual se conecta. El modo de funcionamiento también se fija en función de las posibilidades detectadas. El modo integral (*full-duplex*) permite recibir y emitir simultáneamente. Si este no está disponible, se opera en modo semi (*half-duplex*). La dirección física, o *Medium Access Control* (MAC), provista por la tarjeta es la que se utiliza por defecto.

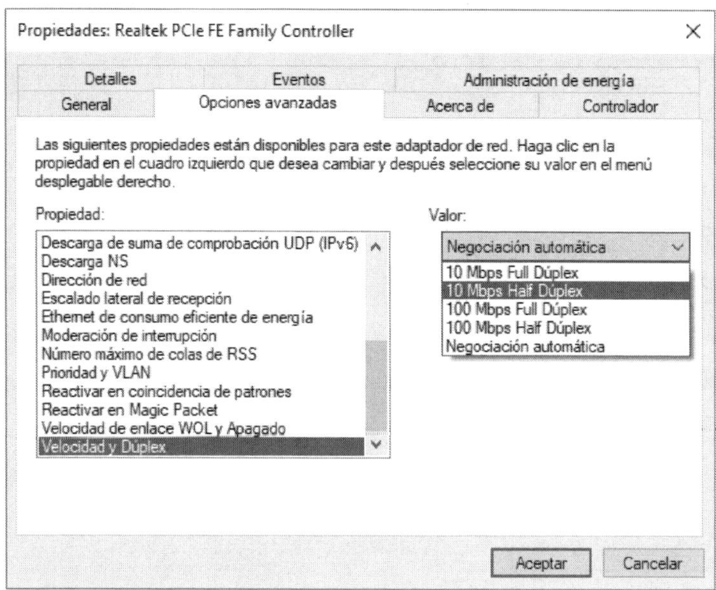

Configuración de la velocidad de una tarjeta 10/100 Mbps en Windows 10

Observación

Generalmente, nunca se recomienda modificar esta configuración; todo se negocia automáticamente entre la tarjeta de red y el switch al que está conectado el equipo. Un valor incorrecto puede afectar al funcionamiento de una parte de la red donde se encuentra conectado el equipo. Esta ilustración tiene únicamente el propósito de comprender los mecanismos subyacentes.

Lo único que falta para terminar la instalación del dispositivo es instalar el controlador adecuado para la tarjeta de red.

También se puede encontrar la posibilidad de arrancar un ordenador a petición con el Wake-On-Lan que se puede configurar para arrancar el ordenador de forma remota desde la tarjeta de red.

Las opciones para administrar este parámetro están disponibles directamente a nivel de la tarjeta de red:

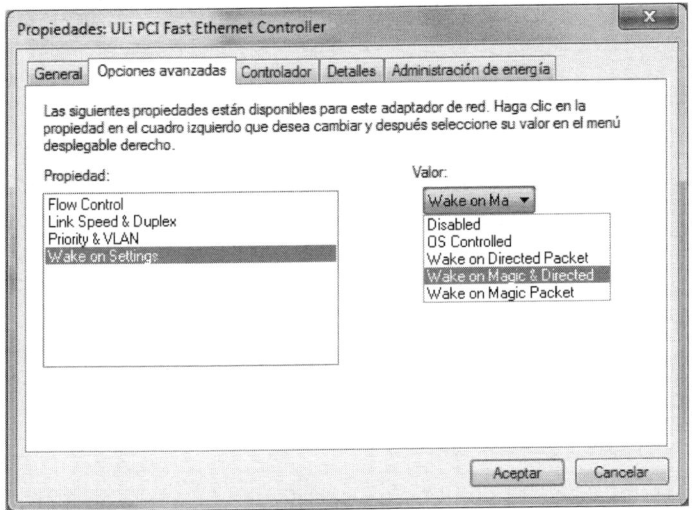

Configuración Wake On LAN de una tarjeta de red

1.3 Especificaciones NDIS y ODI

Las especificaciones de controlador de red *Network Device Interface Specification* (NDIS) y *Open Data Interface* (ODI) facilitan la independencia entre la tarjeta de red y los protocolos de capas superiores.

Así, la tarjeta de red se puede asociar a través de software a protocolos TCP/IP o a cualquier otro protocolo. Además, una misma tarjeta puede utilizar varios protocolos.

El tipo de especificación depende del sistema operativo utilizado. El ODI fue desarrollado por Novell y Apple, NDIS por Microsoft y 3Com.

Los sistemas operativos Windows, por ejemplo, utilizan NDIS, que define una interfaz de comunicación con la capa de Conexión de datos. Los niveles de especificación NDIS son las siguientes:

- NDIS 2.0: define los controladores en modo real (MS-DOS, Windows for Workgroups 3.1 u OS/2).
- NDIS 3.0, que describe un tipo de funcionamiento de los componentes en modo extendido, es decir, que el periférico puede ser administrado a través de un contexto no exclusivo, contrariamente al modo real (p. ej., Windows for Workgroups 3.11).
- NDIS 3.1, que hace referencia a Windows 95.
- NDIS 4.0, que introduce Plug and Play (Windows 95 OSR2, NT 4.0, Windows CE 3.0).
- NDIS 5.0, que mejora estos principios y que se utiliza desde Windows 98, 98 SE, ME y 2000.
- NDIS 5.1: hace referencia a los sistemas operativos Windows XP, Server 2003 y Windows CE 4.x, 5.0.
- NDIS 5.2, a partir de Windows Server 2003 SP2.
- NDIS 6.0, que optimiza los rendimientos del controlador y mejora la seguridad, soportando igualmente Wi-Fi en modo nativo (Windows Vista).
- NDIS 6.1, relativo a los sistemas operativos Windows Vista SP1 y Windows Server 2008 (SP1 implícito).
- NDIS 6.2, hace referencia a Windows 7 y Windows Server 2008 R2.
- NDIS 6.3, que permite beneficiarse de la mejora del rendimiento en un contexto Hyper-V y mejora la gestión de la energía. Esta versión corresponde a Windows 8 y Windows Server 2012.
- NDIS 6.4, que hace referencia a Windows 8.1 y Windows Server 2012 R2 sobre todo con la implementación de la calidad del servicio (QoS).
- NDIS 6.5, que corresponde a Windows 10 (1507).
- NDIS 6.6, asociada a Windows 10 (1607) y Windows Server 2016.

- NDIS 6.83, que hace referencia a Windows 10 (1903) y Windows Server 2019.
- NDIS 6.84, versión asociada a Windows 11 y Windows 10 (2004).
- NDIS 6.88 para Windows Server 2022 (23H2).
- NDIS 6.89 para Windows 11 (24H2).

2. Instalación y configuración del controlador de la tarjeta de red

2.1 Principios

La instalación del software de una tarjeta de red comienza por la instalación de su controlador (*driver*). Es posible que podamos utilizar el proporcionado por el sistema operativo o necesitar la utilización de los proporcionados por el fabricante (en CD o a través de Internet).

La descarga de un controlador desde el sitio del fabricante permite obtener la última versión desarrollada. En contraposición, puede que este controlador no sea la última versión estable.

A veces, se pueden obtener herramientas complementarias de configuraciones específicas, que complementan las funciones del sistema operativo, destinadas a las comunicaciones por cable (por ejemplo, Ethernet) o a las inalámbricas (por ejemplo, Wi-Fi).

Observación

Según el sistema operativo, los procedimientos de instalación son más o menos complejos. Por ejemplo, cuando se trata de integrar un nuevo controlador de tarjetas de red aún no desarrollado para sistemas operativos Linux. Este planteamiento específico se describe un poco más adelante en este mismo capítulo.

2.2 Utilización de una herramienta proporcionada por el fabricante

Igual que para los controladores, puede ser interesante buscar estas herramientas en los sitios web de los fabricantes de tarjetas, donde están más actualizadas.

El primer grupo de herramientas que se ofrece permite remplazar los proporcionados por el sistema operativo. Sirven esencialmente para configurar la interfaz de red con mayor precisión, ya que son específicas para cada fabricante, es decir, a la carta, y no genéricas.

Observación

Como vimos en el capítulo Transmisión de datos en la capa física, las herramientas destinadas a los servidores pueden incluir funciones de puesta en marcha de «Teaming». Permiten agrupar tarjetas de red en una sola interfaz virtual, aportando un elemento de tolerancia a fallos.

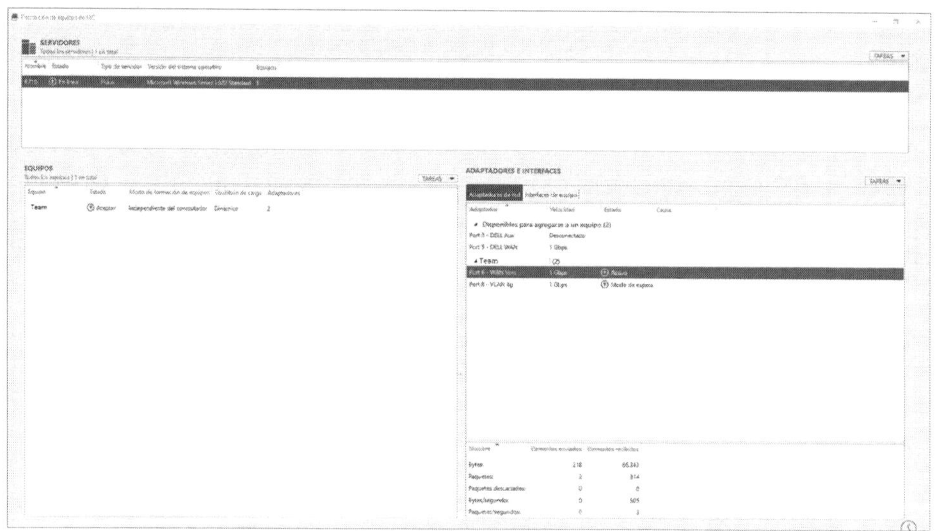

Interfaz virtual por «teaming» en Windows Server

También se pueden obtener herramientas de diagnóstico y de pruebas, incluso directamente desde la interfaz de configuración.

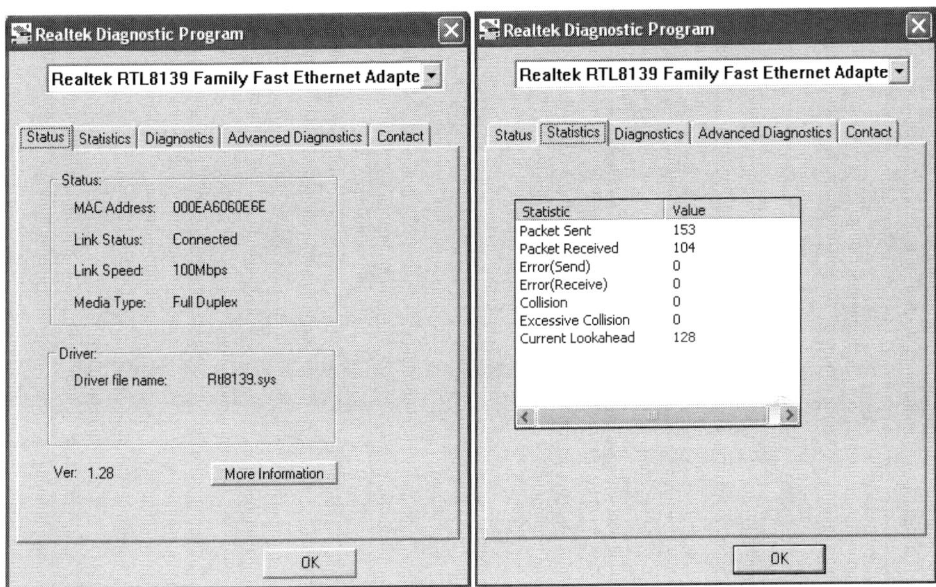

Ejemplo de herramienta de fabricante

2.3 Utilización del sistema operativo

Vamos a examinar los procedimientos de instalación de una tarjeta de red en MS Windows, Linux Red Hat, Mac OS X, Android e iPhone.

Estos sistemas operativos se encuentran aproximadamente en estos porcentajes, en España:

- En móviles Android tiene un 75 % del mercado, contra un 25 % iOS (iPhone).
- En tabletas, Android tiene un 66 % del mercado, contra un 34 % iOS.
- Para los equipos de trabajo, los sistemas Windows son de largo los mayoritarios, con cerca de un 68 %, seguidos de Mac con un 5 % y Linux con un 3 %.

Observación

La Web https://gs.statcounter.com/os-market-share permite obtener estadísticas de los sistemas operativos que se utilizan.

2.3.1 En Windows

En Windows 11, los equipos de trabajo destinados a profesionales y particulares tienen la misma base. Como para Windows Server 2022 (para servidores), el núcleo es la versión 10. Aunque las interfaces gráficas de los sistemas destinados a los equipos de trabajo o servidores no sean idénticas, la configuración de las tarjetas de red es similar. Además, los controladores de periféricos son comunes.

Desde el menú **Iniciar**, basta con buscar **Centro de redes y recursos compartidos** para acceder al entorno de configuración de redes de Windows:

Centro de redes y recursos compartidos de Windows

El vínculo **Cambiar la configuración de esta conexión** permite acceder a la configuración de las tarjetas de red del ordenador:

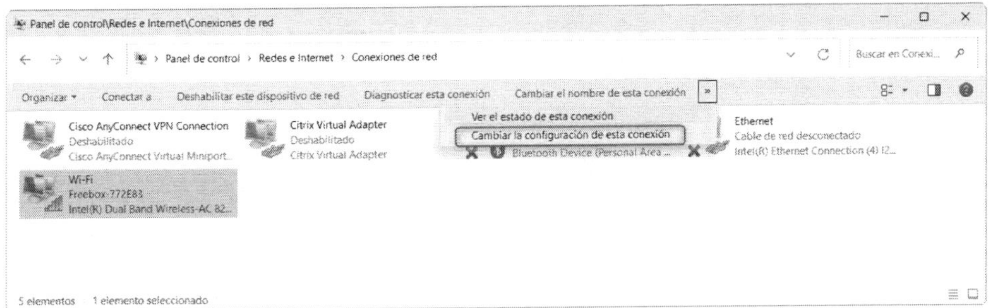

Menú contextual asociado a una conexión de red Ethernet

En función del contexto, hay numerosas opciones; por ejemplo, para **Adaptador de escritorio Intel®**:

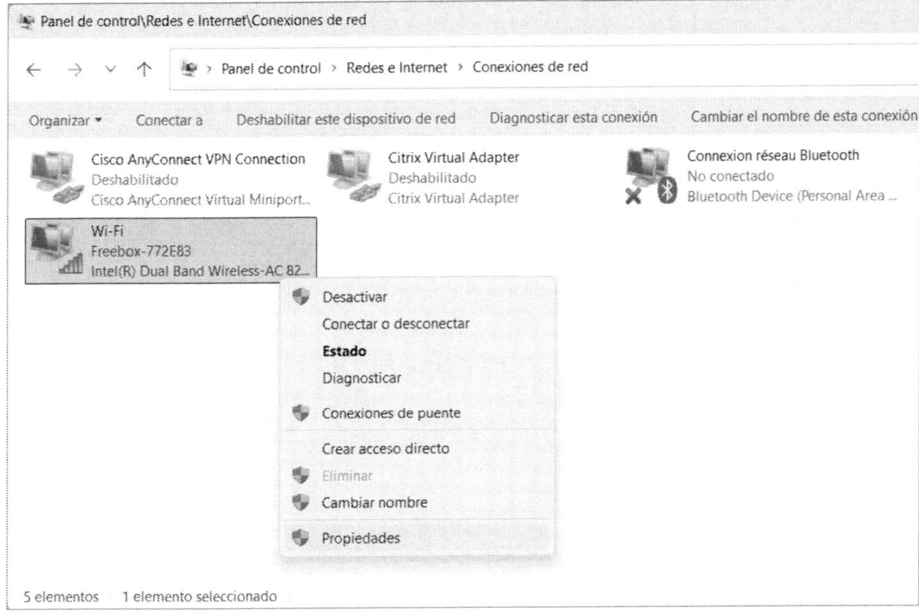

Acceso a las propiedades de la conexión Wi-Fi

Ahora es posible acceder a las diferentes propiedades, sean de software o de hardware:

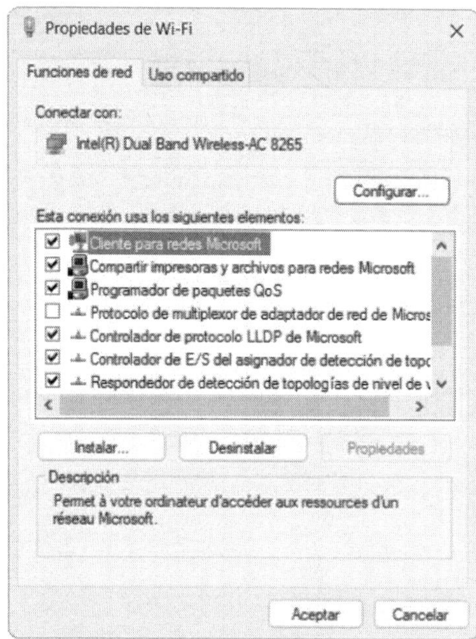

Configuración de red

2.3.2 En Linux Red Hat

Los diferentes sistemas operativos desarrollados en el núcleo de Linux han evolucionado mucho. La instalación de componentes cotidianos, entre otros, no es más complicada que en Windows.

Existen numerosas versiones de Linux. Las principales distribuciones son:

- Debian,
- Red Hat,
- Slackware,
- SuSE,
- Arch Linux.

A continuación, puede ver algunos logos de las principales versiones:

Principales distribuciones Linux

Hemos escogido para nuestro ejemplo Linux CentOS (versión libre de Linux Red Hat, cuyos ejecutables son 100 % idénticos), que se ha especializado hasta convertirse en sistema operativo de empresa. Lo que vamos a ver refleja lo que encontramos en el resto de las versiones de un sistema operativo de este tipo.

Por ejemplo, si se detecta la tarjeta de red Ethernet durante la instalación del sistema, se asocia a su controlador y a una interfaz llamada **enp0s3** (el nombre que se le da en Red Hat Enterprise Linux). Esta denominación se puede cambiar. Los servicios de red que estén asociados a ella arrancan automáticamente con el sistema.

```
root : bash - Konsole
Archivo  Editar  Ver  Marcadores  Preferencias  Ayuda
[root@localhost ~]# ifconfig enp0s3
enp0s3: flags=4163<UP,BROADCAST,RUNNING,MULTICAST>  mtu 1500
        inet 10.0.2.15  netmask 255.255.255.0  broadcast 10.0.2.255
        inet6 fe80::ff2c:d41c:47c3:2ee1  prefixlen 64  scopeid 0x20<link>
        ether 08:00:27:2e:9b:c8  txqueuelen 1000  (Ethernet)
        RX packets 31  bytes 4013 (3.9 KiB)
        RX errors 0  dropped 0  overruns 0  frame 0
        TX packets 48  bytes 4458 (4.3 KiB)
        TX errors 0  dropped 0 overruns 0  carrier 0  collisions 0

[root@localhost ~]# systemctl status network
● network.service - LSB: Bring up/down networking
   Loaded: loaded (/etc/rc.d/init.d/network; bad; vendor preset: disabled)
   Active: active (exited) since vie 2017-10-13 22:58:29 CEST; 2min 42s ago
     Docs: man:systemd-sysv-generator(8)

oct 13 22:58:28 localhost.localdomain systemd[1]: Starting LSB: Bring up/down...
oct 13 22:58:29 localhost.localdomain network[971]: Activación de la interfaz… ]
oct 13 22:58:29 localhost.localdomain network[971]: Activando interfaz enp0s3...
oct 13 22:58:29 localhost.localdomain systemd[1]: Started LSB: Bring up/down ...
Hint: Some lines were ellipsized, use -l to show in full.
[root@localhost ~]#
root : bash
```

Arranque de los servicios de red de Linux

Durante la etapa gráfica de la instalación del sistema, si la tarjeta de red se ha detectado correctamente, se muestra la configuración obtenida, como se puede ver en la siguiente pantalla.

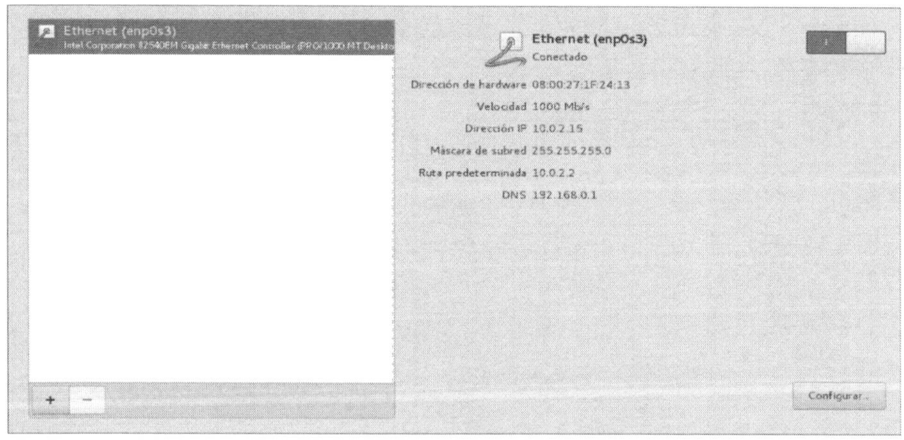

Configuración de capa media, la tarjeta se ha detectado correctamente durante la instalación

Una vez instalado, es posible volver a los parámetros de red para cambiar la configuración:

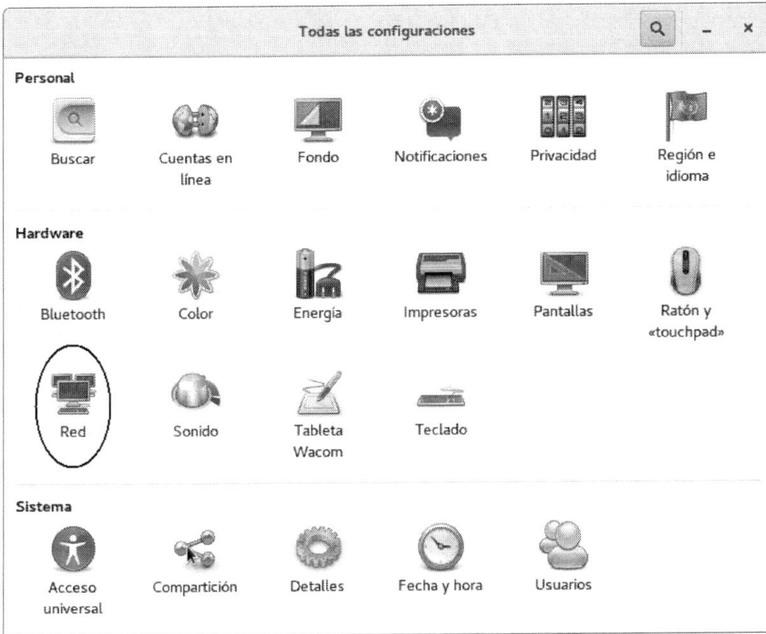

Acceso a la configuración de red después de la instalación

A continuación, se muestra una pantalla similar a la que hemos visto durante la instalación:

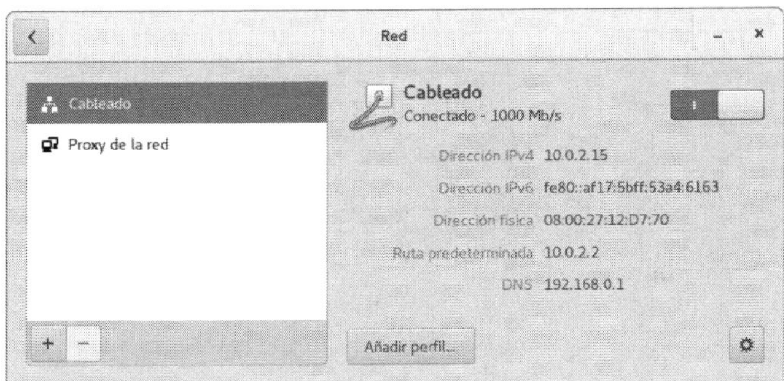

Configuración de la conexión Ethernet

En este caso, la conexión con cable (*Wired* en inglés) se identifica en primer lugar.

Se puede acceder a su configuración haciendo clic en la pequeña rueda con dientes situada abajo a la derecha.

Observación

*La opción **Proxy de la red** permite utilizar un proxy para conectarse a Internet.*

Se ofrecen diferentes configuraciones: **Seguridad**, **IPv4**, **IPv6**.

Por ejemplo, en la parte **IPv4**, se encuentra la configuración por defecto, en este caso con una asignación automática (DHCP):

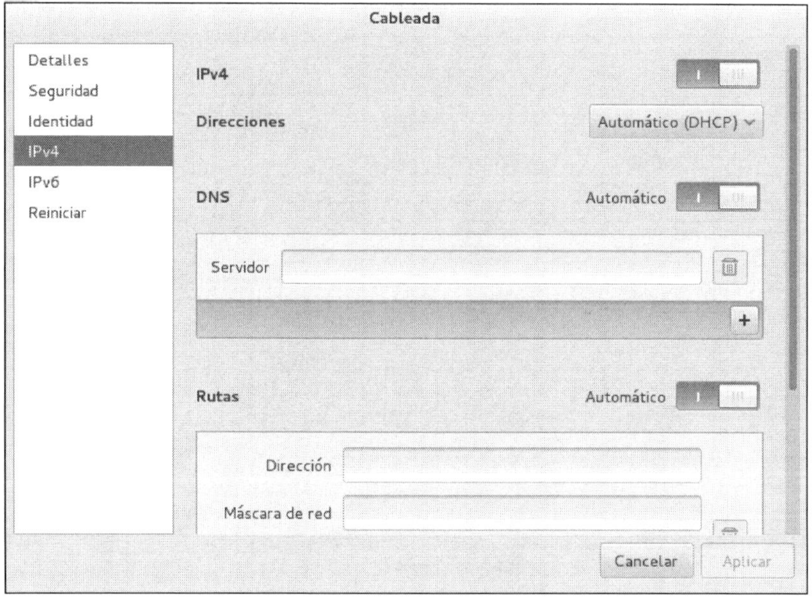

Configuración DHCP IPv4

2.3.3 En un Mac OS X

Se puede acceder a la configuración de red en Mac (MacBook) a partir del menú **Ajustes del sistema**.

Ajustes del Sistema

▶A continuación, seleccione la red Wi-Fi a la que desea conectarse.

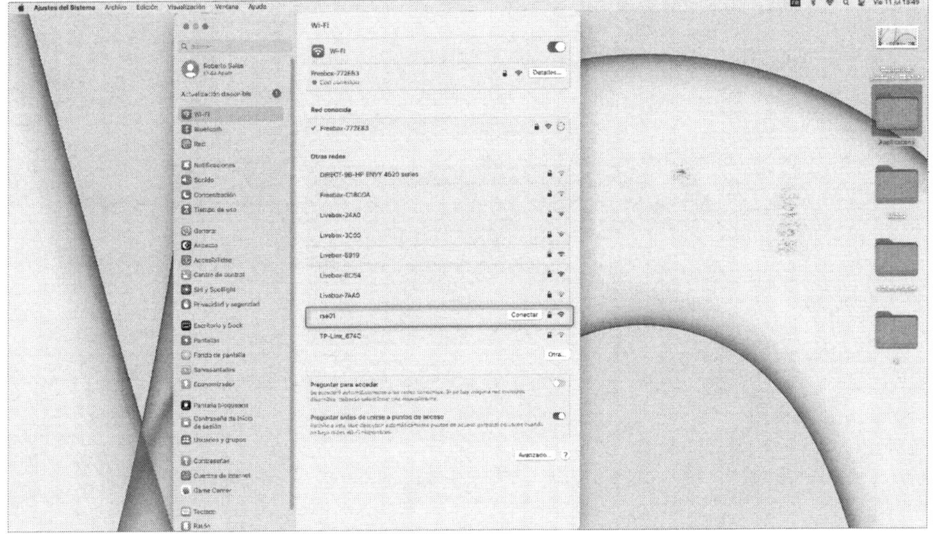

Conexión a una red Wi-Fi

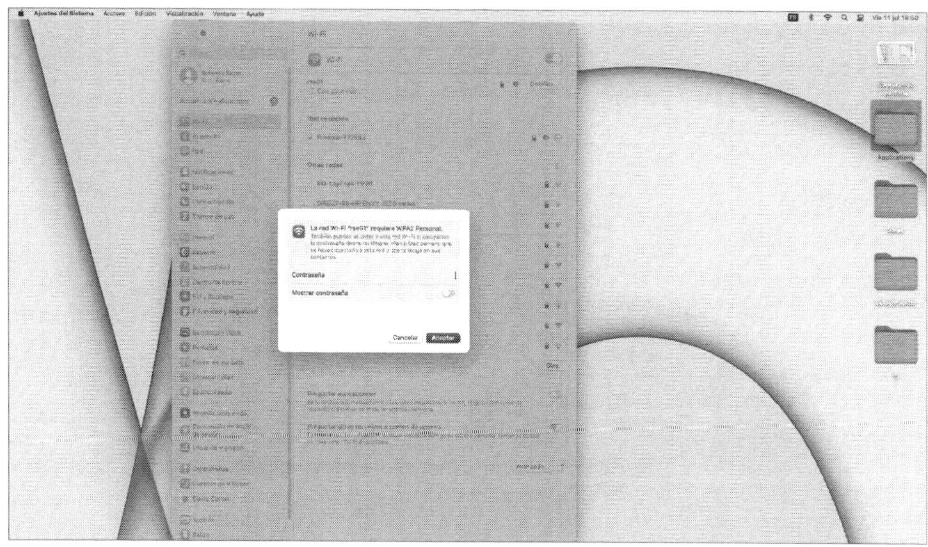

Configuración de la contraseña Wi-Fi

Una vez introducida la contraseña, confirme:

Validación de la conexión Wi-Fi

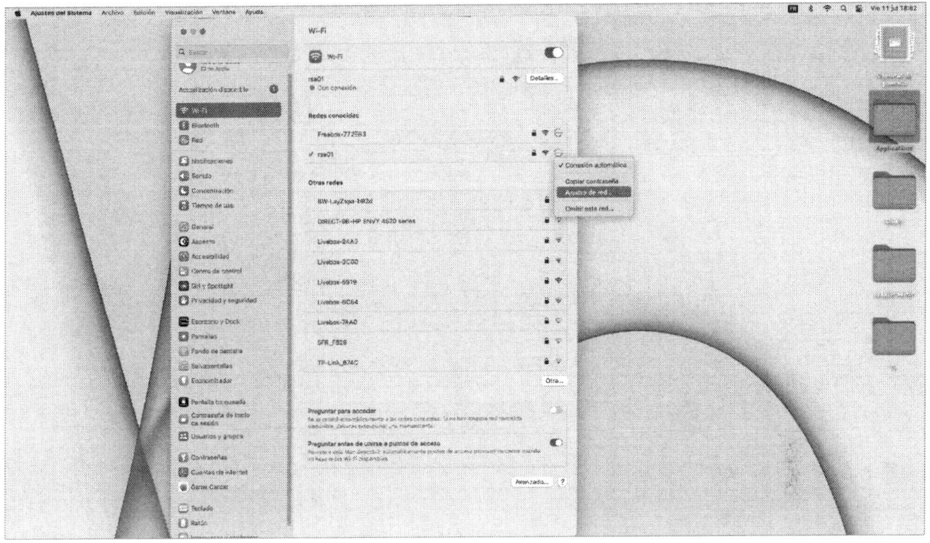

Ajustes de los parámetros de red para la conexión Wi-Fi

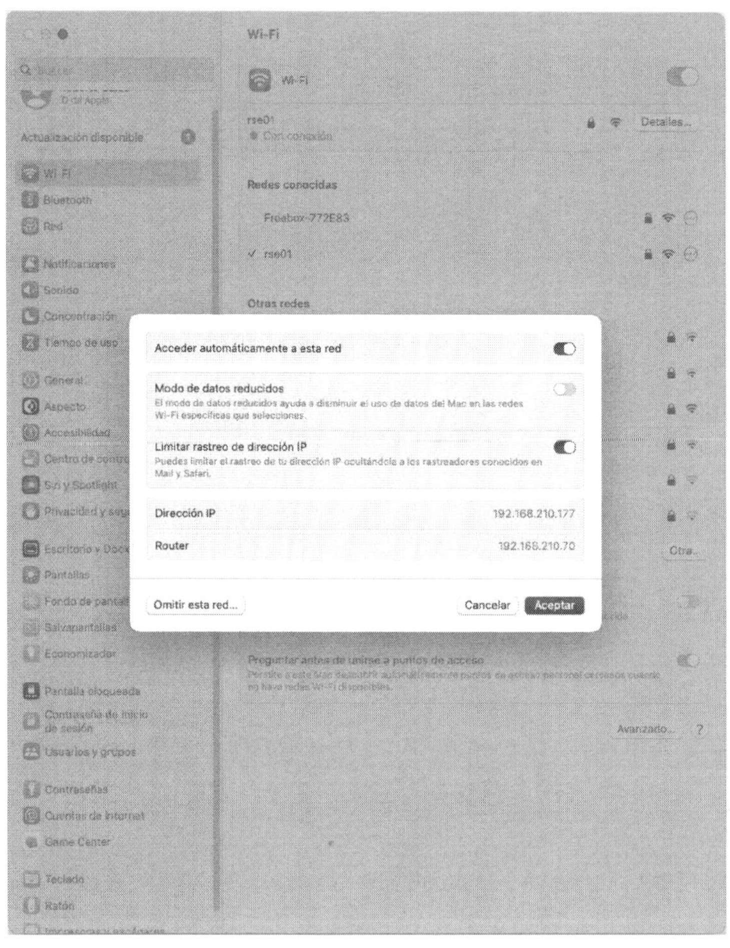

Parámetros Wi-Fi

2.3.4 En un smartphone Android

El sistema operativo Android ha evolucionado a través de diferentes versiones. Todas ellas tienen un nombre de dulce (hasta la versión 9.0) y siguen un orden alfabético. Aunque desde la versión 10 se hace referencia a las versiones principalmente por su número, para evitar confusiones entre países, se les siguen asociando nombres de dulces americanos.

Nombre de las versiones Android

Nombre	Versión	Fecha de salida
Apple Pie	1.0	23/09/2008
Banana Bread	1.1	09/02/2009
Cupcake	1.5	30/04/2009
Donut	1.6	15/09/2009
Eclair	2.0 - 2.1	26/10/2009
Froyo	2.2 - 2.2.3	20/05/2010
Gingerbread	2.3 - 2.3.7	06/12/2010
Honeycomb	3.0 - 3.2.6	22/02/2011
Ice Cream Sandwich	4.0 - 4.0.4	19/10/2011

Nombre	Versión	Fecha de salida
Jelly Bean	4.1 - 4.3.1	27/06/2012
KitKat	4.4 - 4.4.4	03/09/2013
Lollipop	5.0 - 5.1	12/11/2014
Marshmallow	6.0 - 6.0.1	05/10/2015
Nougat	7.0 - 7.11	22/08/2016
Oreo	8.0 – 8.1	21/08/2017
Pie	9.0	06/08/2018
Android 10 (Quince Tart)	10.0	03/09/2019
Android 11 (Red Velvet Cake)	11.0	08/09/2020
Android 12 (Snow Cone)	12.0	19/10/2021
Android 13 (Tiramisu)	13.0	2do semestre 2022
Android 14 (Upside Down Cake)	14.0	08/02/2023
Android 15 (Vanilla Ice Cream)	15.0	15/02/2024
Android 16 (Baklava)	16.0	verano 2025

La configuración de red en un smartphone Android es mucho más sencilla que en un ordenador. De hecho, en el momento en que se activa la red Wi-Fi, la configuración se limita a introducir la información de autenticación.

El primer paso consiste en la activación de Wi-Fi en el smartphone.

▶Para ello, acceda al menú **Ajustes**.

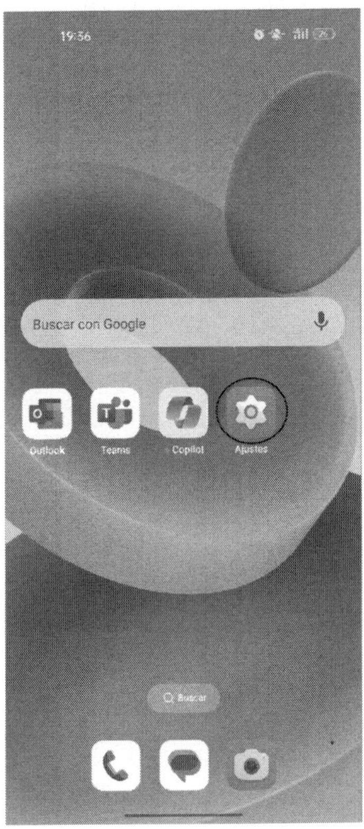

*Acceso al menú **Configuración** en un Android 14*

▶ Haga clic en **Ajustes** para mostrar el menú **Conexiones**.

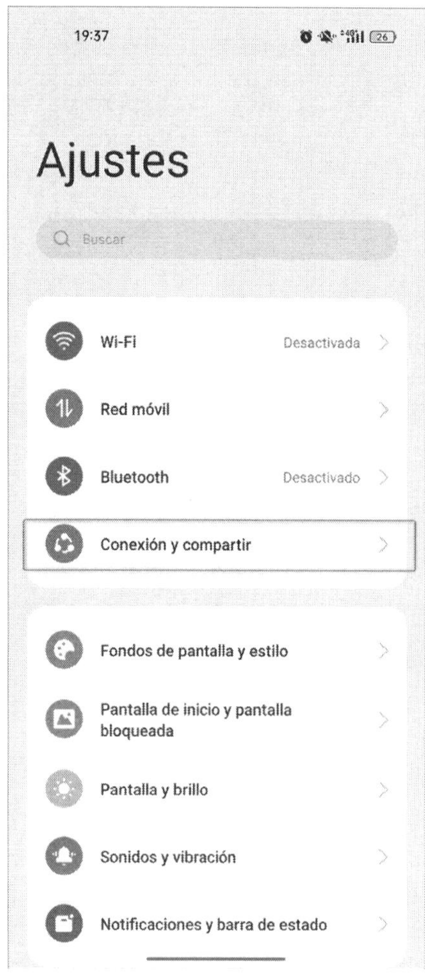

Acceso al menú ***Conexiones y compartir***

▶Junto a **Wi-Fi**, deslice el interruptor hacia la derecha para activarlo:

Detección de redes Wi-Fi

El teléfono buscará entonces las redes Wi-Fi a su alcance:

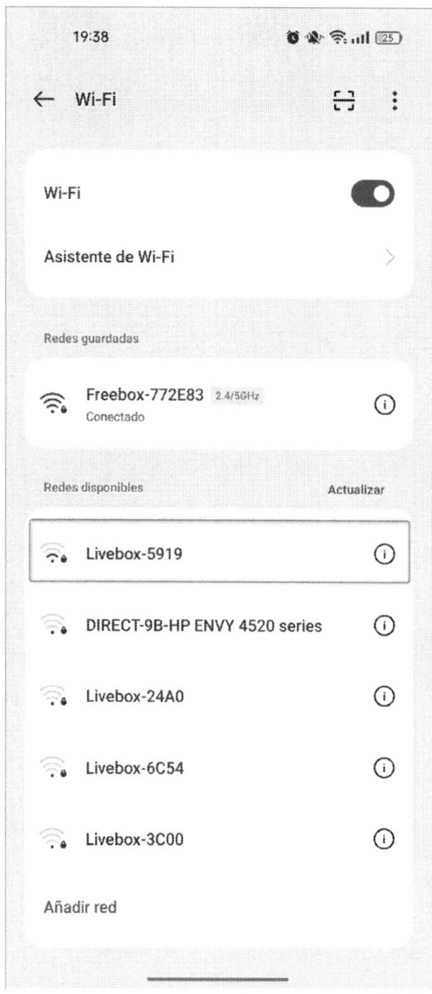

Selección de una red

Cuando aparecen varias redes, puede elegir explícitamente aquella a la que desea conectarse.

Si se requiere una autenticación, debe especificar la clave solicitada :

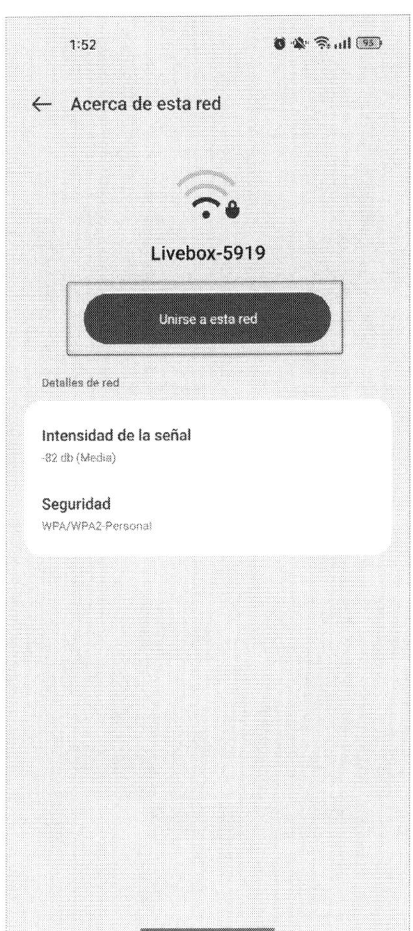

Introducción la clave compartida

Una vez introducida la clave, se intenta establecer una conexión. Si todo funciona correctamente, se asigna una dirección IP al smartphone.

Conexión establecida

La selección de la red en la que se establece la conexión permite obtener información complementaria:

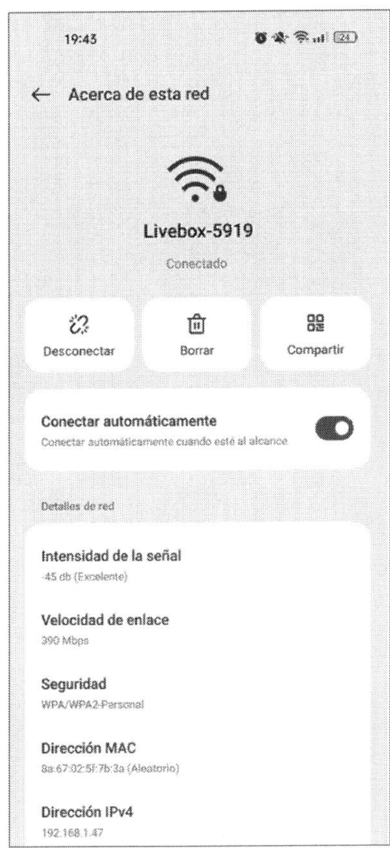

Visualización de los parámetros de conexión

En este punto, es posible lanzar un navegador web para acceder a los sitios web favoritos.

Conexión à Internet mediante Wi-Fi

2.3.5 Tethering

También puede utilizar su smartphone como punto de acceso Wi-Fi, o incluso suscribir un abono con un operador para disponer de dispositivo con una tarjeta SIM incorporada.

El término «Tethering» se puede utilizar para definir la conexión de un objeto con otro; en este caso, se trata de proporcionar acceso a internet a un dispositivo, utilizando otro dispositivo como punto de acceso.

Observación

Compruebe que su operador no le carga costes adicionales de datos en modo «Compartir conexión». De hecho, algunos operadores han utilizado esta práctica.

El smartphone puede realizar perfectamente esta función; basta con activar la opción **Punto de acceso móvil** o **hot spot**.

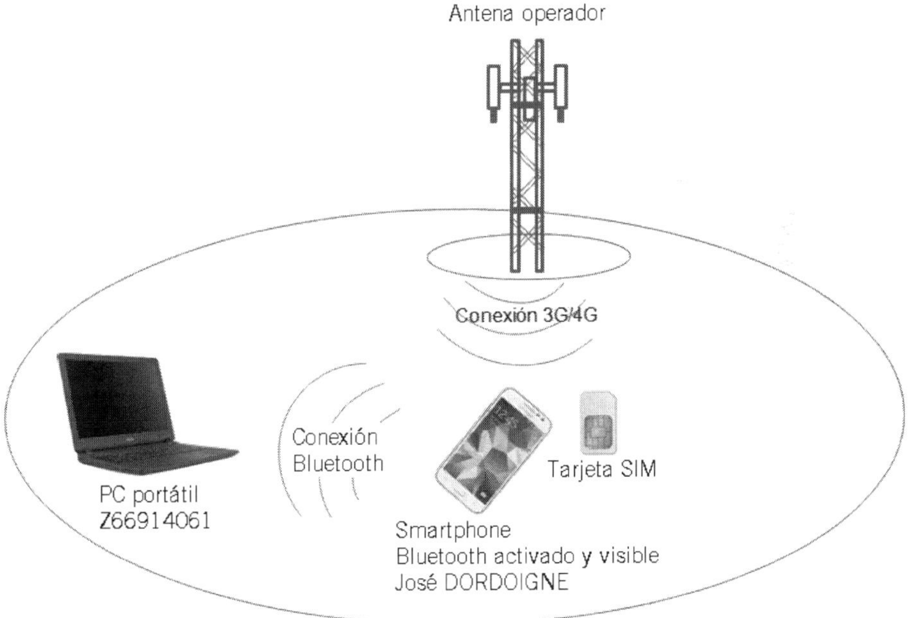

Tethering: compartir la conexión de un smartphone

De este modo, a partir de una conexión USB o de una conexión Bluetooth, se podrá conectar al smartphone que proporcionará el acceso a internet a través de la red telefónica.

Observación

Algunos smartphones también ofrecen la utilización de Wi-Fi para acceder al dispositivo que comparte su conexión de datos a Internet.

Examinemos las diferentes fases de implementación del acceso a Internet compartido de un smartphone, para permitir que un PC portátil acceda a internet.

La primera fase consiste en activar el teléfono como **Punto de acceso personal**:

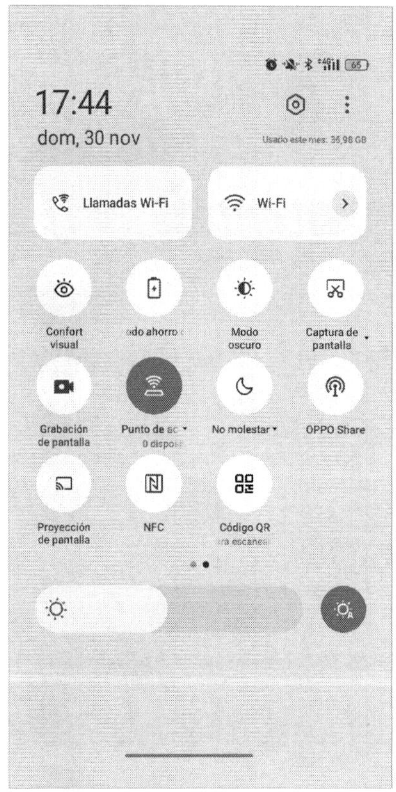

Activación del punto de acceso personal

Una vez validada la desconexión del Wi-Fi, se muestra la confguración de la **Zona Wi-Fi portátil**:

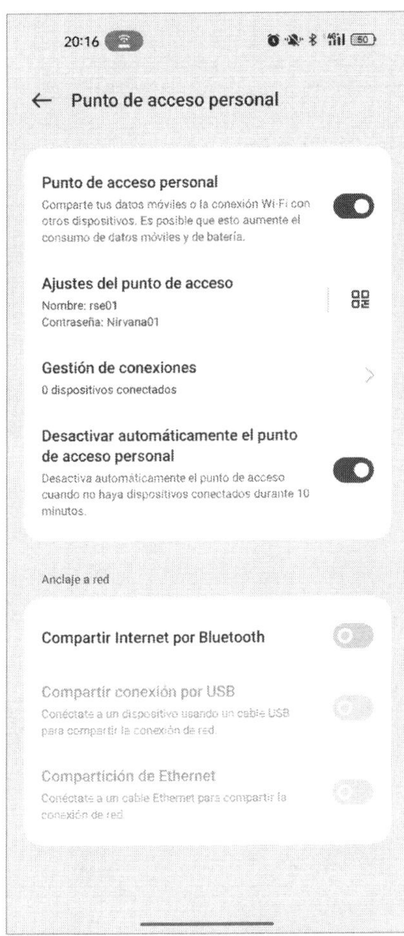

Zona Wi-Fi portátil: configuración

Debe mover el interruptor **Compartir por Bluetooth** a la derecha para habilitar que la conexión se comparta por Bluetooth:

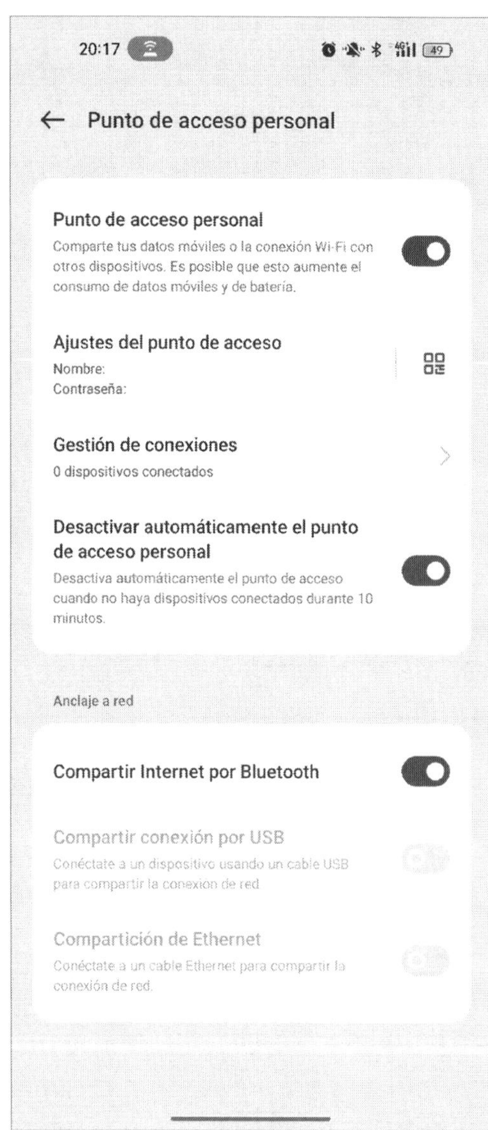

Compartir por Bluetooth

Vaya ahora al PC portátil y acceda al menú **Bluetooth y otros dispositivos** utilizando la búsqueda Windows:

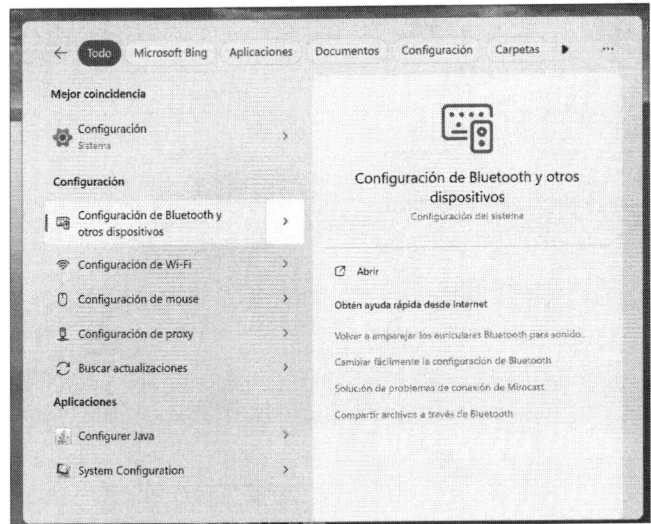

PC portátil Windows: acceso a la configuración Bluetooth

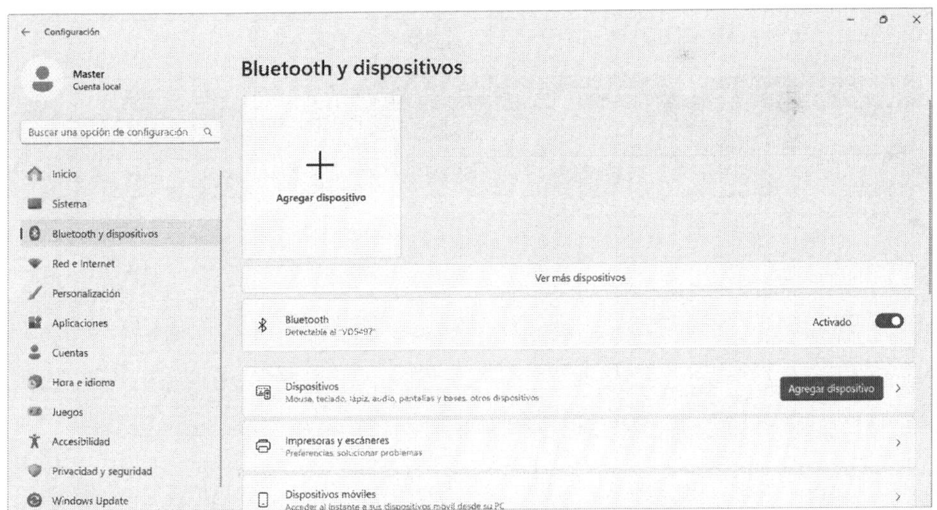

Visibilidad Bluetooth activada en PC portátil Windows

Una vez el Bluetooth está activado, haga clic en **Agregar Bluetooth u otro dispositivo**:

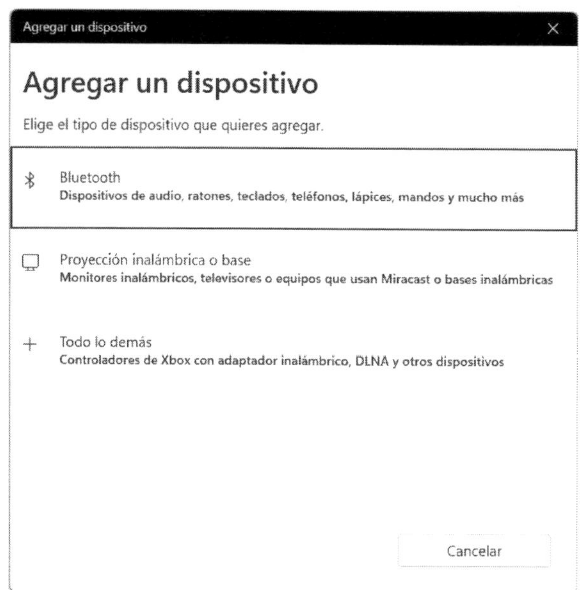

▶ Haga clic en **Bluetooth** para ver los dispositivos disponibles:

▶Haga clic en el smartphone que se va a vincular:

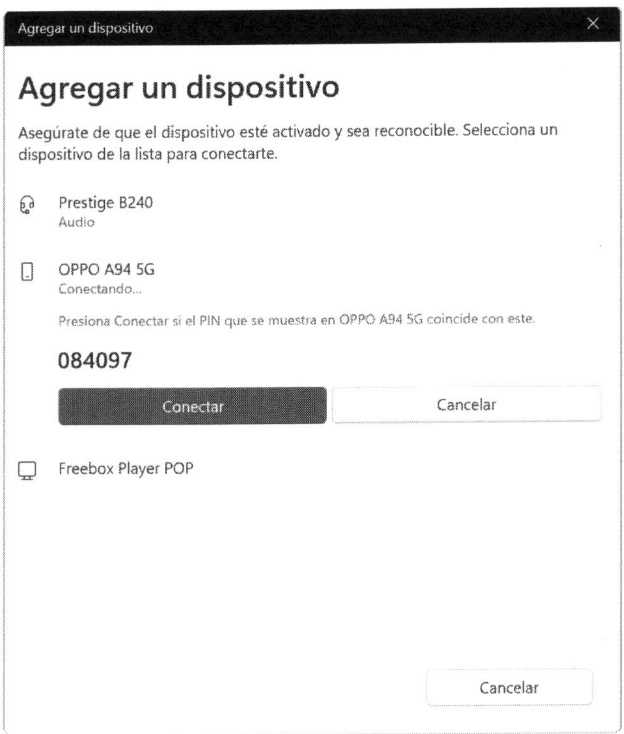

PC portátil: petición de vinculación de dispositivos

▶ Confirme que los códigos se corresponden y que el dispositivo es el correcto (en este caso, PORTATIL-JUANKI):

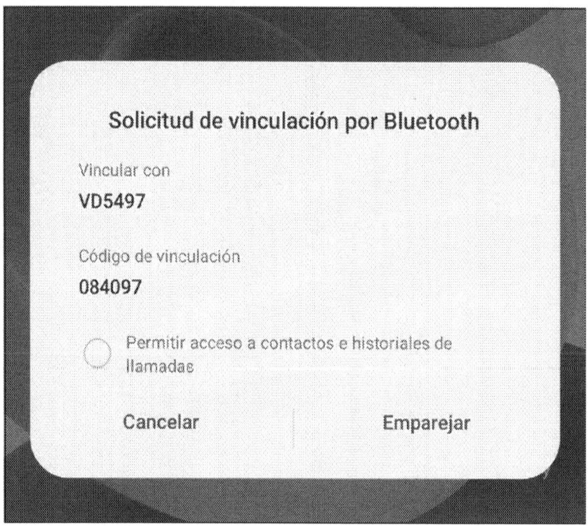

Smartphone: petición de emparejamiento Bluetooth

Cuando el smartphone confirma que se trata de un dispositivo autorizado, se hace efectivo el emparejamiento:

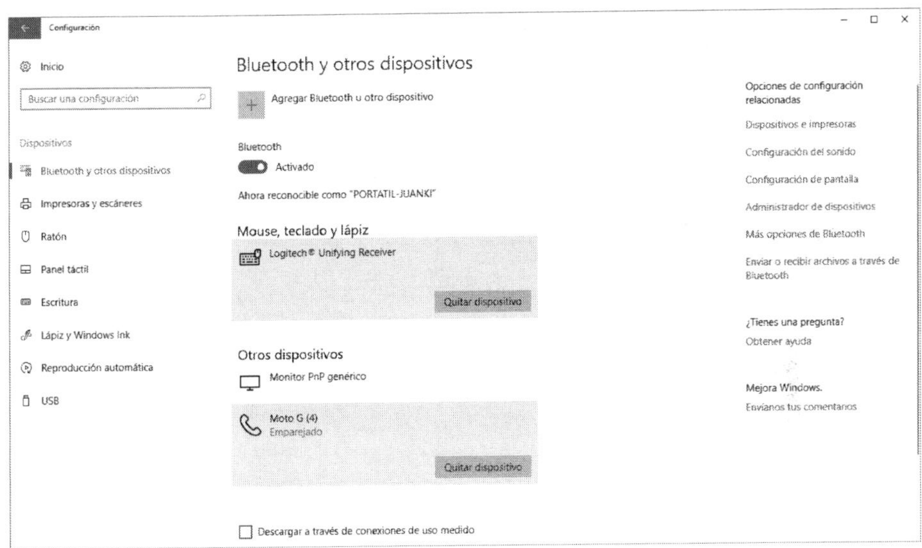

PC portátil: emparejado

También es posible guardar los dispositivos emparejados, de manera que la autentificación sea siempre automática:

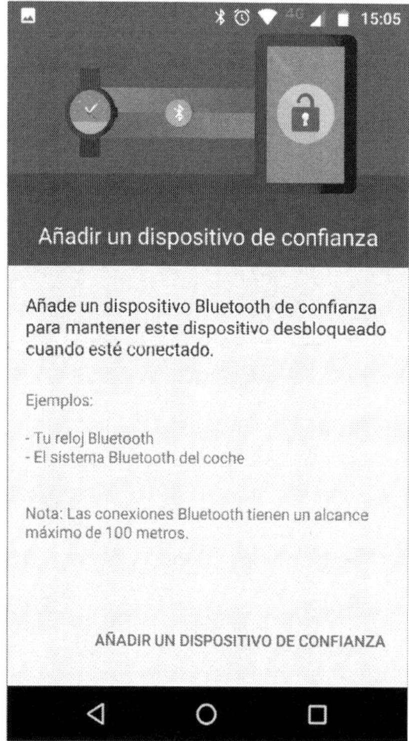

Smartphone: agregar como dispositivo de confianza

2.3.6 En un iPhone

▶Para configurar la Wi-Fi en un iPhone (iOs 17.7), acceda al icono **Ajustes**:

Acceso a los ajustes

▶En **Ajustes**, haga clic en **Wi-Fi** para acceder a la configuración:

Acceso a los ajustes Wi-Fi

▶ Si el Wi-Fi todavía no está activado, desplace el interruptor a la derecha:

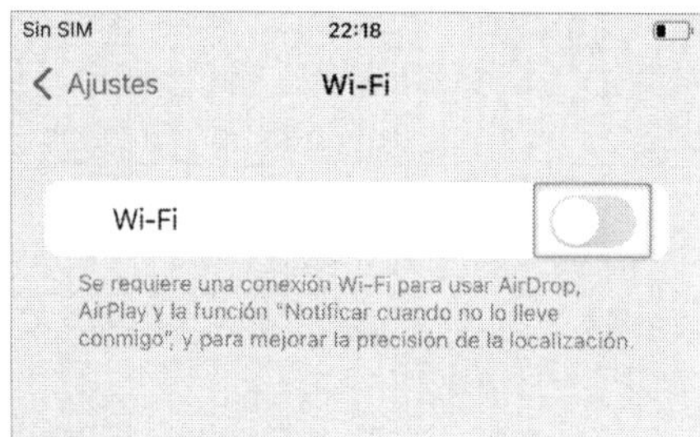

Activación del Wi-Fi

▶ Si la red no se ha configurado todavía, seleccione **REDES**:

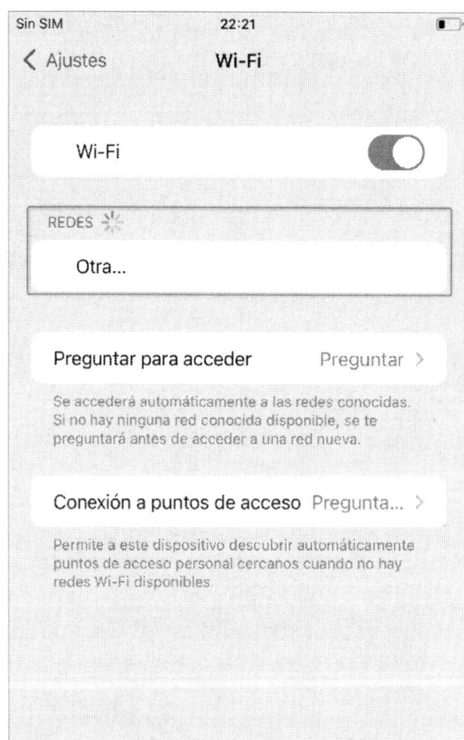

Elegir una red Wi-Fi

▶ Especifique la contraseña asociada:

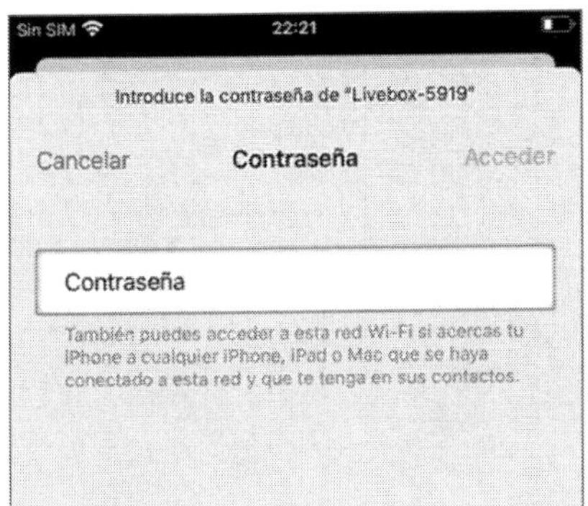

Introducción de la contraseña Wi-Fi

Si ha introducido la contraseña correctamente, se conectará:

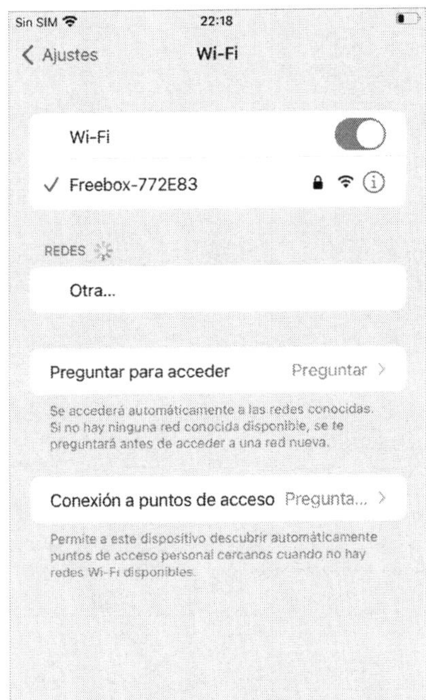

Conexión Wi-Fi: efectiva

■ Una vez seleccionado el protocolo de seguridad, especifique la clave asociada y haga clic en **Unirse**:

Visualización de información general sobre seguridad

Al desplegar la pantalla, es posible visualizar la información de conectividad TCP/IP. Cuando se establezca la conexión, podrá visualizar la configuración:

Configuración Wi-Fi obtenida

3. Pila de protocolos

Es importante saber que, en un ordenador, generalmente en los servidores, es posible encontrar varias tarjetas de red, que pueden operar con diferentes protocolos, en los que se pueden ejecutar diferentes servicios. Hablaremos de pila de protocolos para designar las capas sucesivas y los vínculos que entran en juego entre las diferentes capas.

A un determinado nivel, una capa puede trabajar con otras capas inmediatamente adyacentes. Durante la configuración del modelo de red utilizado, es posible favorecer una conexión en detrimento de otra, logrando así una optimización de la configuración.

En un ordenador con un sistema operativo Windows, por ejemplo, se puede acceder a esta configuración en los parámetros avanzados de las conexiones de red.

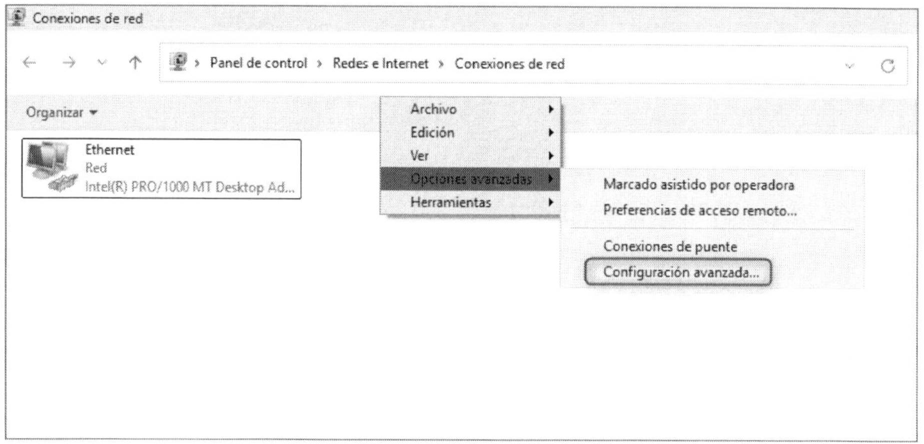

Conexiones de red en Windows 10

En la siguiente pantalla, podemos ver que se puede dar más prioridad a una interfaz de red subiéndola respecto a otras. En la pantalla inferior del cuadro de diálogo, el **Protocolo de Internet versión 4 (TCP/IPv4)** tiene prioridad respecto al **Protocolo de Internet versión 6 (TCP/IPv6)**.

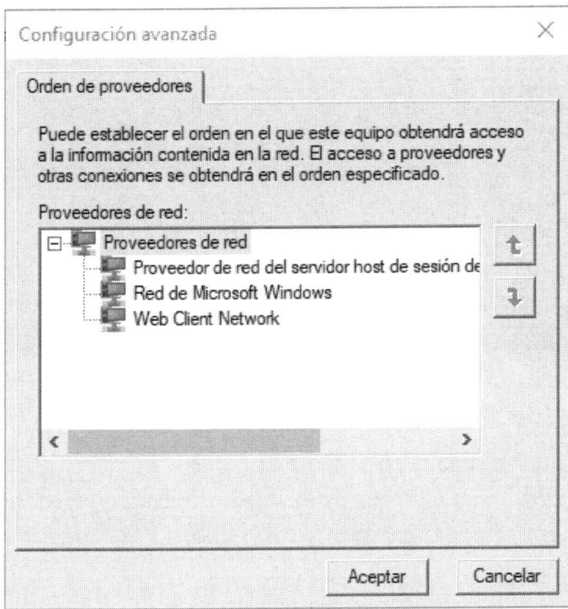

Configuración avanzada de red en Windows

4. Detección de un problema de red

4.1 Conexión física de red

Existen diferentes causas de errores vinculados a la puesta en marcha de una tarjeta de red en un sistema operativo. Vamos a ver cuáles son las más habituales y las acciones que hay que emprender para resolver el problema.

4.1.1 El tipo de cable

Es importante tener en cuenta el tipo de cable correcto, normalmente de cobre. Incluso si los conectores RJ45 parecen iguales, algunos se han adaptado específicamente para algunas velocidades y tienen que corresponder a la categoría de cable utilizada. Igualmente, se debe certificar la interconexión para una categoría dada, y no basta con disponer de cables y de conectores de categoría 6; el trabajo se debe hacer correctamente.

La conexión directa entre dos ordenadores se debe realizar con un cable cruzado. La conexión de un ordenador a una toma de red o a un concentrador (o cualquier otro elemento similar) se debe realizar con un cable directo.

- Verifique que dispone de un cable directo cuando se conecta a un *hub* (para ello, observe los hilos de colores utilizados en los dos extremos de los conectores RJ45).
- Verifique que dispone de un cable cruzado cuando se conecte directamente a otro equipo (de tarjeta de red a tarjeta de red).

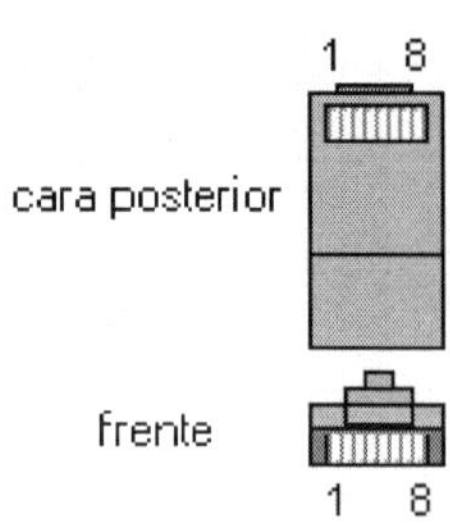

Así, para un **cable directo**, el código de color adoptado será el siguiente en cada uno de los conectores (p. ej., norma T568B):

1	Blanco-Naranja	5	Blanco-Azul
2	Naranja	6	Verde
3	Blanco-Verde	7	Blanco-Marrón
4	Azul	8	Marrón

Para un **cable cruzado**, uno de los extremos adoptará el siguiente orden:

1	Blanco-Verde	5	Blanco-Azul
2	Verde	6	Naranja
3	Blanco-Naranja	7	Blanco-Marrón
4	Azul	8	Marrón

Observación

La unión de los hilos se explica en el capítulo Transmisión de datos en la capa física - El conector RJ45.

4.1.2 El tipo de componentes

Cuando conecte una tarjeta de red a un conmutador con un cable de par trenzado directo, el conmutador gestiona automáticamente la inversión de los pares.

Observación

Prácticamente no hay equipos que no gestionen el cruce automático de pares. Sin embargo, si utiliza un cable directo en un equipo de tipo «hub», en caso de que se produzca algún problema de conexión, deberá verificar que el equipo gestiona correctamente el cruce automático.

Compruebe las características del componente:

- Velocidad soportada (por ejemplo, 10/100/1000 Mbps para la tarjeta de red, pero solo 100 Mpbs para el elemento activo).

Si conecta el ordenador a una toma de red, no olvide comprobar, o hacer comprobar, que está bien conectada y que está conectada a un equipo de red. En cualquier caso, en un ordenador, hay dos indicadores luminosos en la tarjeta de red que le permitirán comprobar si hay actividad:

Leds en una conexión Ethernet

4.2 Configuración del software de red

Con la generalización de las interfaces de red detectadas automáticamente, el problema del mal funcionamiento debido a la configuración del software es muy limitado.

En la actualidad, es muy raro tener que configurar manualmente la tarjeta, con la ayuda de herramientas del fabricante o integradas en el sistema operativo. Sin embargo, puede ser necesario hacer ajustes más precisos en las interfaces de servidores, como la configuración de un teaming (emparejar dos interfaces en modo activo/pasivo o activo/activo).

La mayoría de las veces es el mismo controlador el que puede causar un problema de software. Puede ser necesaria la instalación de una versión más reciente.

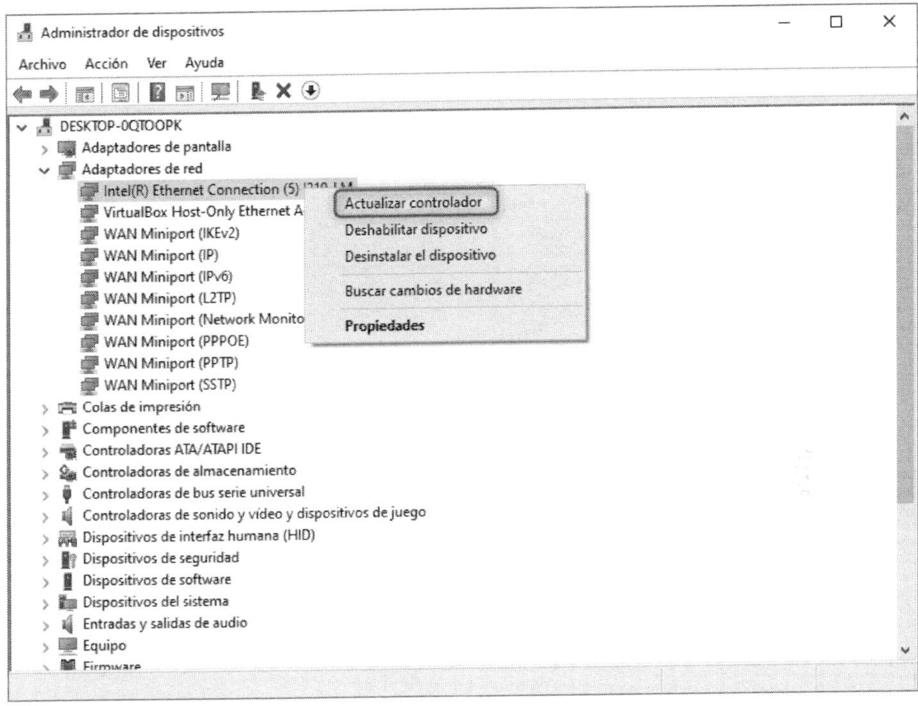

Actualización manual de un controlador de dispositivo

En cambio, algunos controladores demasiado recientes no son implementados correctamente por el sistema operativo o son defectuosos. En este caso, se recomienda probar la tarjeta con un controlador más antiguo certificado por el sistema operativo.

Capítulo 5
Arquitectura de red e interconexión

1. Topologías

Una topología caracteriza la forma en que se organizan los distintos equipos de una red para interactuar entre ellos.

1.1 Principios

Se distingue entre la topología física, en relación con el plano de la red, y la topología lógica, que identifica la forma en que la información circula por el nivel más bajo.

La interconexión entre nodos de la red se realiza en forma de conexión punto a punto, es decir, uno a uno, o en vínculos multipuntos, n nodos con n nodos.

1.2 Topologías estándar

1.2.1 El bus

La topología en bus (soporte lineal) se basa en un cableado en el que se conectan los nodos (puestos de trabajo, equipos de interconexión, periféricos). Se trata de un soporte multipuntos. El cable es el único elemento físico que constituye la red y solo los nodos generan señales.

La cantidad de cables utilizados es mínima y no se requiere un punto central. El inconveniente principal recae en el hecho de que un corte del cable en solo un punto impide que cualquier equipo pueda intercambiar información a través de la red.

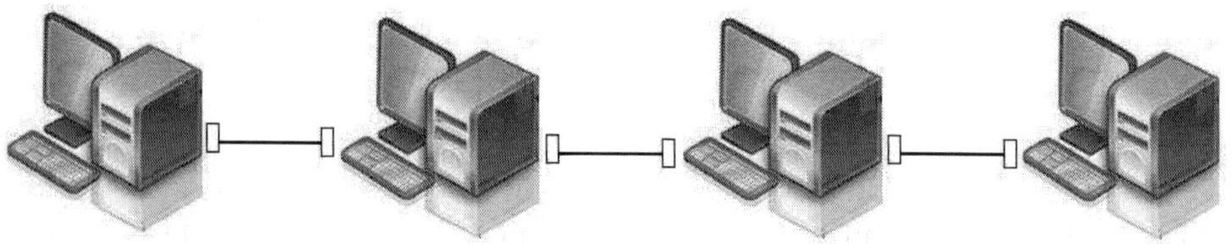

Topología en bus punto a punto

1.2.2 La estrella

La topología en estrella descansa, por su parte, en componentes activos. El componente activo restablece y regenera las señales. Integra una función de repetidor.

Estos puntos centrales se llaman *hubs*. Es posible crear una estructura jerárquica creando un número limitado de niveles.

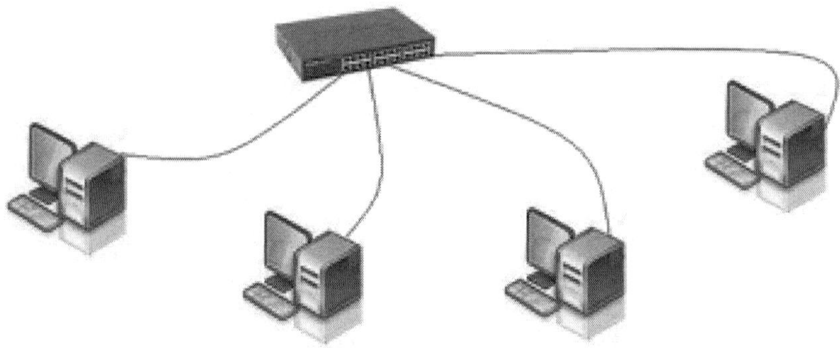

Topología en estrella

Observación

La utilización de un hub en una red Ethernet crea una topología física de estrella, aunque consideremos que su topología lógica es en bus.

1.2.3 El anillo

Esta topología se basa en un bucle cerrado, un anillo (*ring*), que comprende conexiones punto a punto entre los dispositivos. Las tramas transitan por cada nodo, que se comporta como un repetidor (elemento activo). Los *hubs* en anillo permiten insertar equipos en la red. Contienen no solo puertos para estas, sino también dos conectores macho/hembra denominados R/I (*Ring In*) y R/O (*Ring Out*) para realizar los bucles entre elementos. Permiten conexiones de cables de cobre (RJ45) o de fibra. Se diferencia entre MAU (*Multistation Access Unit*), pasivo, y CAU (*Controlled Access Unit*), activo.

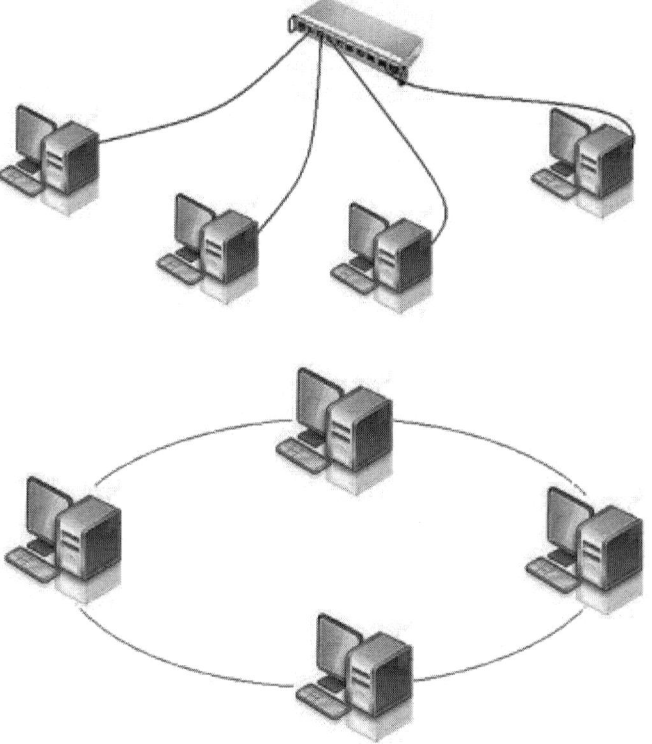

Observación

La utilización de un MAU en una red crea una topología física en estrella, mientras que la lógica es en anillo.

Observación

Aunque el Token Ring casi no se utiliza, es interesante entender bien este tipo de topología.

1.2.4 El árbol

En la estructura en árbol, los equipos se conectan de manera jerárquica entre ellos, por medio de *hubs* en cascada (*stackable hubs*). Esta conexión debe ser cruzada.

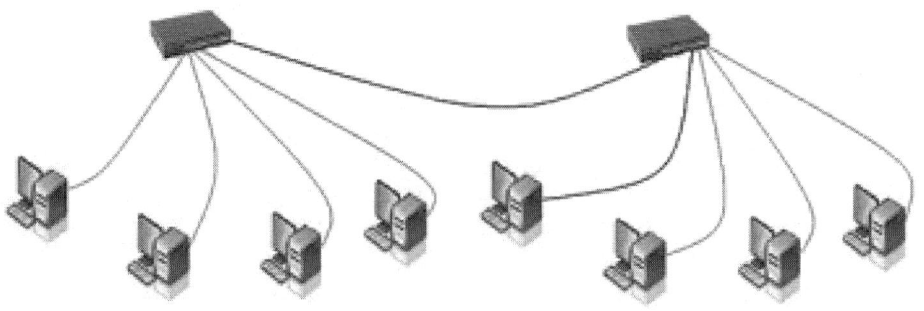

Topología en árbol o estrella jerárquica

Observación

En Ethernet con par trenzado, es posible interconectar hasta cuatro niveles de hubs.

1.2.5 Las topologías derivadas

Enmallado

Hablaremos de una red en malla para referirnos a una arquitectura constituida por topologías mixtas, como Internet (red extendida mundialmente o *World Wide Web*).

La interconexión punto a punto, mediante líneas dedicadas, por ejemplo, de dos sitios estructurados con una topología particular cada uno, constituye una red híbrida.

Bus en estrella

Los elementos activos de la red, en los que se conectan las estaciones de trabajo, pueden estar conectados entre sí en bus.

Varios *hubs* conectados entre sí mediante una red troncal (a menudo de fibra óptica) forman una red con topología de bus en estrella.

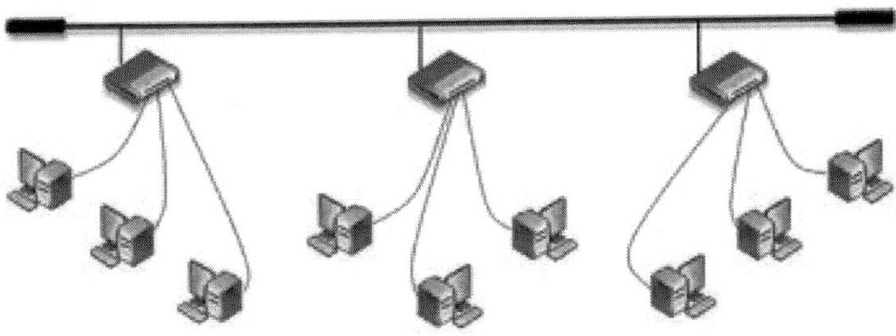

Topología de bus en estrella

Anillo en estrella

Se habla de anillo en estrella cuando se conectan varias estrellas entre ellas.

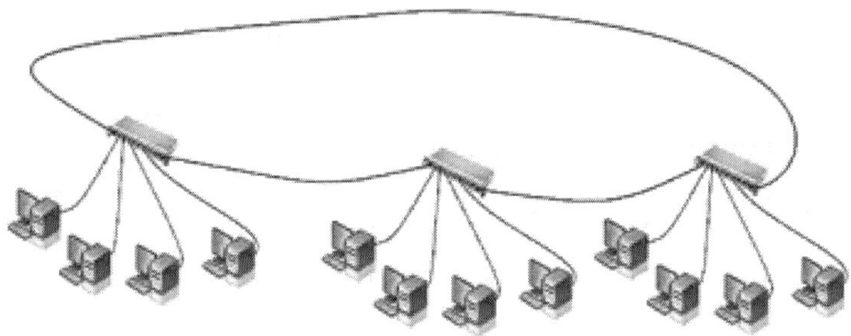

Topología de anillo en estrella

Se pueden encontrar topologías de anillo en estrella en edificios anexos de empresas: los edificios se conectan mediante fibras que toman forma de anillo y que alimentan los diferentes espacios técnicos de los edificios.

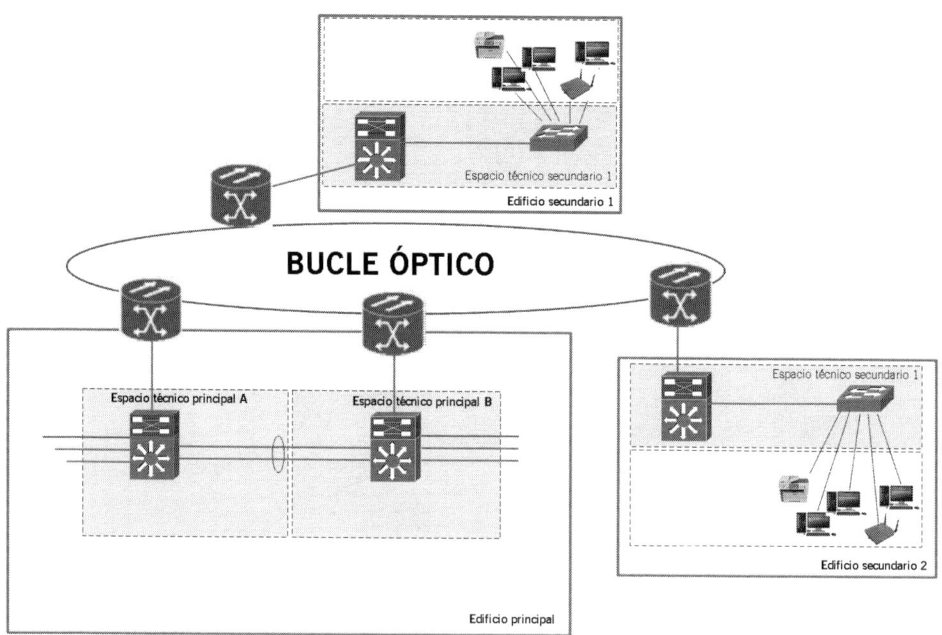

Ejemplo de topología de anillo en estrella

1.2.6 El caso de las redes inalámbricas

Conexión punto a punto

A través de una interfaz de red inalámbrica se pueden comunicar directamente dos nodos. También se le llama conexión de tipo punto a punto (*peer to peer*) o *ad hoc*. Una configuración como esta es posible con las tecnologías Bluetooth o Wi-Fi.

Conexión multipuntos

Un componente centralizador, como el punto de acceso (AP - *Access Point*) y Wi-Fi centralizan las comunicaciones. También permiten la interconexión con la red cableada local.

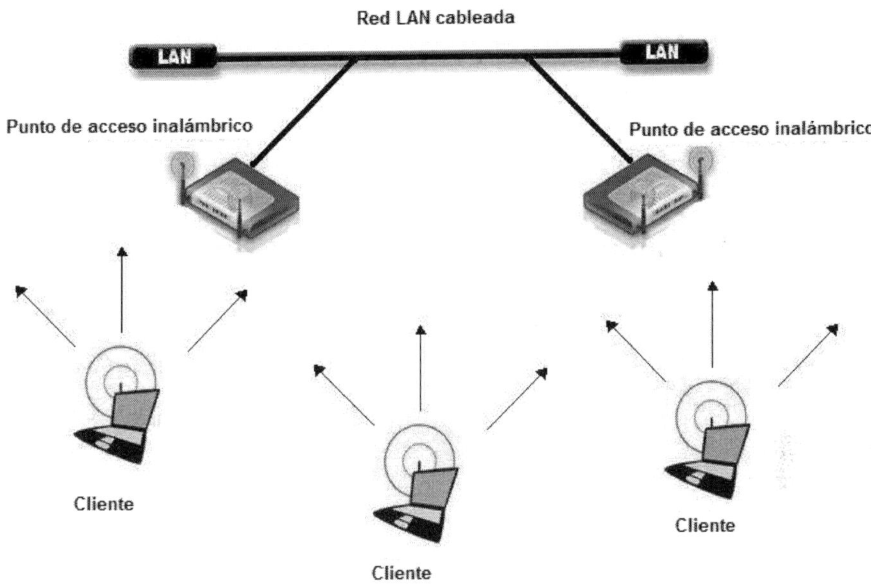

Observación

Las nuevas tecnologías de redes inalámbricas auguran un uso de tipo de red en malla (mesh), cuyas estaciones de trabajo podrán retransmitir la comunicación a múltiples puntos.

2. Elección de la topología de red adaptada

No hace tanto tiempo, se planteaba la cuestión de elegir entre las topologías en bus, en estrella o en anillo.

En ocasiones todavía encontramos esta última, pero son raros los diseños de red modernos que utilizan este tipo de red. Podemos encontrar el bus en las redes industriales.

Las redes locales de oficina ya están estandarizadas, tanto en los protocolos utilizados como en las topologías. Lo normal es la red en estrella, con una conexión directa de las estaciones de trabajo y los servidores a los *hubs*. Estos *hubs* están conectados entre sí, a menudo por buses de fibra óptica. Esta topología permite organizar una red productiva a un precio razonable.

3. Gestión de la comunicación

La circulación de la información a través de la red, el tipo de transmisión y el compartir los medios son aspectos importantes de la arquitectura.

3.1 Dirección del flujo de información

Hay muchas direcciones o sentidos posibles para la gran cantidad de datos que circulan en una red, que dependen, sobre todo, del soporte de transmisión y de las tecnologías utilizadas.

3.1.1 El modo simplex

Este modo solo utiliza un único sentido de transferencia de información. Generalmente hay un único emisor, al que corresponden n receptores, que además son poco costosos.

Observación

La emisión de programas de radio es un ejemplo de utilización de comunicaciones en modo simplex.

La fibra óptica normalmente se utiliza en modo *simplex*. Por ello, para posibilitar una comunicación bidireccional, se deben utilizar al menos dos fibras.

3.1.2 El modo half-duplex

Cada interfaz es, a la vez, emisora y receptora. Se alternan los dos sentidos de comunicación.

Observación

Las radios de aficionados (CB - Citizen Band) o los walkie-talkies se basan en este modo.

El cable coaxial es un buen ejemplo de soporte *half-duplex*.

3.1.3 El modo full-duplex

En este modo, los dos extremos pueden transmitir simultáneamente. Es la solución más costosa, pero también la más eficaz.

Observación

Las comunicaciones telefónicas son de tipo full-duplex.

El soporte en cable de par trenzado es un medio de comunicación de transmisión *full-duplex*. Una tarjeta de red conectada al equipo adecuado puede utilizar simultáneamente un par de hilos para la emisión y otro par para la recepción. Del mismo modo, cuando está contectado a fibra en su hogar, se utiliza una sola fibra monomodo para transmitir y recibir simultáneamente (con longitudes de onda diferentes).

3.2 Tipos de transmisión

Los datos transmitidos deben ser sincronizados por el receptor para leerlos. Para ello se pueden utilizar varios tipos de transmisión. Los principales son las siguientes:

- Síncrona, utiliza un reloj para transmitir flujos continuos.
- Asíncrona, permite administrar un intercambio no previsto u ocasional, comenzando por un bit de inicio (*start*) y terminando por un bit de parada.
- Isócrona, en el que se fija la periodicidad, pero independientemente de ningún reloj, para dar una señal continua.

En las redes locales, se utilizan especialmente los dos primeros tipos. La siguiente tabla muestra sus características con más detalle.

	Síncrona	Asíncrona
Ventajas	Más eficaz. Alta velocidad. Mejor detección de errores.	Sencilla. Material barato.
Inconvenientes	Los circuitos de emisión y recepción son más complejos y caros.	La asignación a trama de cada carácter y la detección de los errores corresponde a un 20 o 30 % de la velocidad útil. El bit de paridad solo detecta un error. Transferencia lenta.

3.3 Métodos de acceso al soporte

En un canal punto a punto, un emisor puede transmitir libremente. En cambio, cuando el soporte es compartido por varios periféricos, es necesario administrar la forma en que se intercambian datos.

Estos intercambios dependen de la arquitectura de red, es decir, de la topología lógica.

Un modo de acceso define las normas que regulan el acceso a cada componente, la transmisión y la liberación del canal compartido. Se distinguen esencialmente tres modos: el de contención, el *polling* y el paso de testigo.

3.3.1 La contención

En el modo de acceso por contención, cada equipo emite cuando lo necesita, después de escuchar el canal o el portador (CS - *Carrier Sense*), que debe estar disponible. Se escucha la trama emitida para comprobar que ninguna señal perturba la emisión. Es este caso no hay ningún arbitraje del canal.

Dos equipos pueden emitir simultáneamente, lo que puede conducir a una sobretensión en el caso de un cable coaxial, o a una recepción de información sobre el par receptor mientras se emiten algunos datos sobre el otro par (par trenzado). Este estado se denomina de colisión y es necesario detectarlo.

Estas situaciones ocurren si respetamos algunas de las condiciones (por ejemplo, el alcance máximo de la red). Por ello, con Ethernet, el tamaño de una trama no debe ser inferior a 64 bytes, de manera que el equipo emisor sea capaz de detectar la colisión antes de haber enviado el último byte de la trama.

Observación

Como dato orientativo, un bit de dato de una trama en Ethernet de 10 Mbps estaba representado por una señal que se extendía sobre 23 metros. Lo que implica que la trama más pequeña Ethernet (de 64 bytes) podía tener una extensión de más de 10 km.

Cuando se produce una colisión, el primer equipo que lo detecta prolonga su emisión a través de una señal especial (trama de interferencia o JAM), con el fin de avisar a los otros equipos de que hubo una colisión.

En este caso, se define aleatoriamente un tiempo de espera para cada equipo que emitía en el momento de la colisión. Así no intentarán reanudar el control del canal en el mismo momento.

Las dos implementaciones más extendidas de la contención son CSMA/CD y CSMA/CA.

CSMA corresponde a la escucha del portador (*Carrier Sense*) en un soporte compartido (*Multiple Access*). Las dos implementaciones se distinguen por el hecho de que una detecta las colisiones (*Collision Detection*) y la otra intenta evitarlas (*Collision Avoidance*).

El segundo caso es una alternativa con relación al modo anteriormente mencionado. De hecho, en vez de intentar transmitir los datos arriesgándose a una colisión (después de escuchar el soporte), el dispositivo envía una trama preliminar para informar a los otros equipos de que quiere utilizar el canal (para enviar su trama de datos).

Observación

CSMA/CD corresponde a la implementación Ethernet, mientras que CSMA/CA es la adoptada por la norma 802.11 (Wi-Fi).

La principal ventaja de esta gestión de soporte es su simplicidad. Sin embargo, el método no es determinista, ya que el tiempo de acceso al canal no es previsible. Además, no hay gestiones de prioridad posibles para dispositivos que necesitan acceder rápidamente al soporte compartido.

3.3.2 La pregunta (polling)

Con este método se designa a un equipo de la red como administrador del acceso al canal. Este hardware, que es el supervisor, pregunta en un orden predeterminado a cada uno de los nodos si tienen información para transmitir. A menudo, el supervisor es un *hub* o *switch* y el hardware secundario son los nodos de la estrella.

La ventaja de este método es que se centralizan todos los accesos al canal. Además, el tiempo de acceso y el volumen de datos manejado en este soporte son previsibles y fijos.

Sin embargo, utiliza una parte del ancho de banda de la red para emitir mensajes de gestión (preguntas, advertencias, entregas...), lo que implica un mayor coste de ancho de banda.

3.3.3 El paso de testigo

En el método del paso de testigo, las tramas van pasando de equipo en equipo, y cada uno de estos se comporta como un repetidor. Inicialmente, una pequeña trama, el testigo (*token*), se repite de equipo en equipo hasta que una máquina que desee emitir lo conserva durante un tiempo determinado. Este método de acceso se utiliza generalmente en arquitecturas de anillo (*ring*).

Este testigo es, por decirlo de algún modo, un mensaje de autorización que ofrece la exclusividad del soporte a la estación que lo posee. Esta emite una trama que se repetirá en cada estación hasta dar la vuelta al anillo. A su paso, el destinatario de la trama, que ve pasar la señal, realiza una copia, si no es errónea y si dispone de suficiente espacio en el *buffer* de recepción. El destinatario marca la trama copiada con el fin de informar al emisor de que se ha leído.

Después de haber dado la vuelta al anillo, el emisor retira la trama, que libera al testigo dejándolo disponible para el próximo equipo.

El paso de testigo aplica una solución determinista que permite un buen control del soporte. La velocidad máxima real alcanzada es mucho más elevada que con el método de contención, propenso a las colisiones.

Observación

Hay varias normas de paso de testigo para las topologías de anillo (IEEE 802.5, Token Ring o FDDI), pero también para las topologías de bus (IEEE 802.4). Todavía se encuentran redes que implementan Token Ring o FDDI.

Incluso aunque Token ya no se use hoy en día, entender cómo funciona sigue siendo importante si se quiere entender la tecnología de las redes locales.

La tecnología del paso de testigo requiere un mecanismo de gestión de sistema más avanzado que el de la contención. Pero es más eficaz en las redes con una carga importante, por tanto, más propensas a las colisiones. Por ejemplo, elegimos un nodo como supervisor para, entre otras cosas, generar un nuevo testigo en caso de perderlo.

3.4 Tecnologías de conmutación

3.4.1 La conmutación de circuitos

Este tipo de conmutación establece una conexión física temporal mientras dura el proceso de comunicación.

Observación

La conmutación de circuito se utiliza en la red telefónica conmutada (RTC).

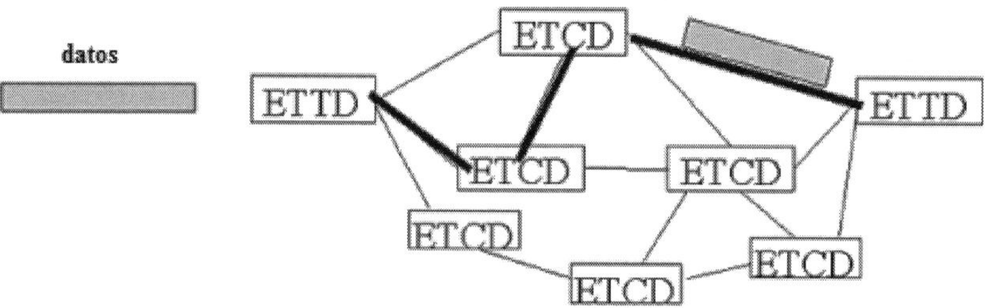

Conmutación de circuito

3.4.2 La conmutación de mensajes

Con este tipo de conmutación no es necesario establecer una ruta dedicada entre los dos equipos que se comunican. En realidad, cuando un equipo envía un mensaje, la dirección del destinatario se añade al paquete. Entonces el mensaje se transmite en un solo bloque de nodo en nodo. Cada nodo recibe el mensaje completo, lo almacena unos instantes y luego lo transmite al siguiente nodo: es lo que se llama *store and forward*.

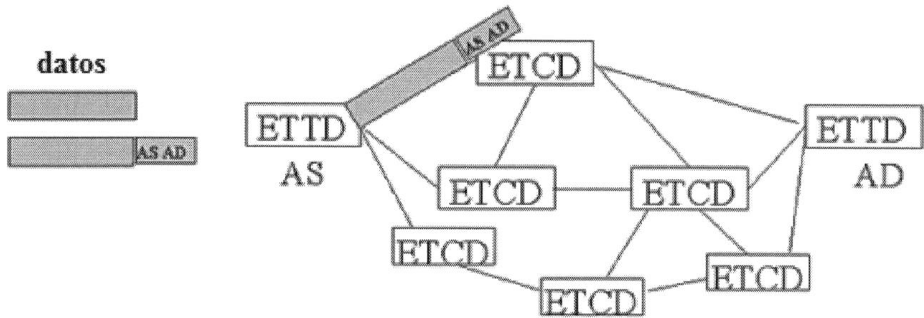

Conmutación de mensajes

3.4.3 La conmutación de paquetes

La conmutación de paquetes combina la de mensajes y la de circuitos. Se utilizan generalmente dos técnicas. En los dos casos se divide un mensaje en paquetes, cada uno de los cuales contiene las direcciones de origen y de destino.

Datagrama

En la conmutación de paquetes por datagrama, cada datagrama sigue su propio camino (en el sentido de la conmutación de mensajes). Por lo tanto, además de la dirección del destinatario, es necesario numerar en secuencia los datagramas, con el fin de volver a poner en orden los paquetes reconstruyéndolos como mensajes a la llegada. De hecho, como un datagrama sigue su propio camino, puede que llegue antes que otro emitido con anterioridad.

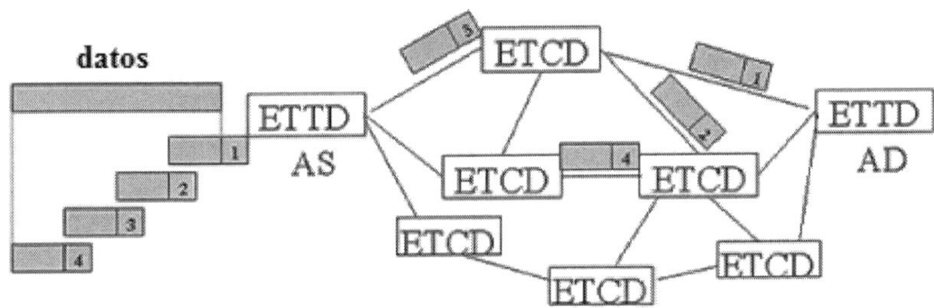

Conmutación por datagramas

Circuito virtual

Los circuitos virtuales (CV) requieren el establecimiento de conexiones lógicas entre el emisor y el receptor. Se establece una conexión lógica al principio de un intercambio con el fin de decidir todos los parámetros inherentes a la comunicación: la elección del camino, el tamaño del paquete, las entregas necesarias, el control de flujo, la gestión de errores. Los circuitos virtuales permiten la asignación por demanda del ancho de banda.

Observación

Esta técnica se estandarizó como X.25.

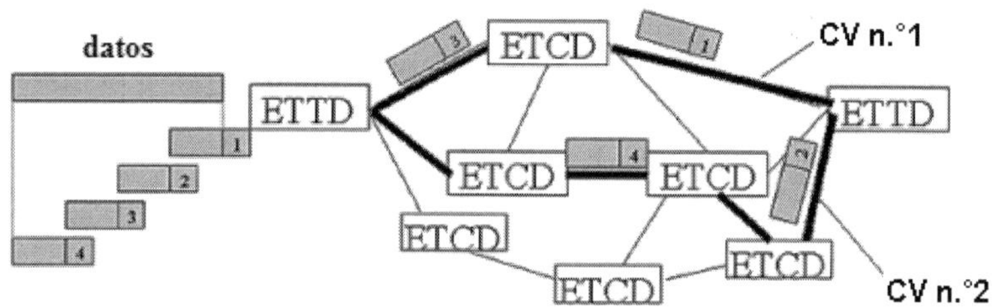

Conmutación por circuitos virtuales

4. Interconexión de redes

Cada topología tiene sus límites en términos de longitud máxima del segmento, número de equipos por segmento, etc. Una de las necesidades actuales es la de aumentar el número posible de equipos de red o interconectar redes del mismo tipo (topología, modo de acceso) o de tipos diferentes.

4.1 Principios

Existe hardware que permite interconectar las redes. También permite segmentar las redes de gran tamaño en sectores más manejables.

En una red Ethernet, por ejemplo, el dominio de colisión se refiere a la extensión máxima que alcanza la trama en una red física.

Observación

En Ethernet, el hecho de dividir una red en dos dominios de colisión por medio de un puente permite desatascar la red.

Usaremos la expresión **dominio de difusión** para identificar el alcance de una red sobre la cual una trama física, cuya dirección MAC de destino es una dirección de difusión (es decir, FF.FF.FF.FF.FF.FF), puede extenderse. Puede ser interesante reducir los dominios de difusión a través de routers, debido a que algunos servicios trabajan solamente por medio de difusiones.

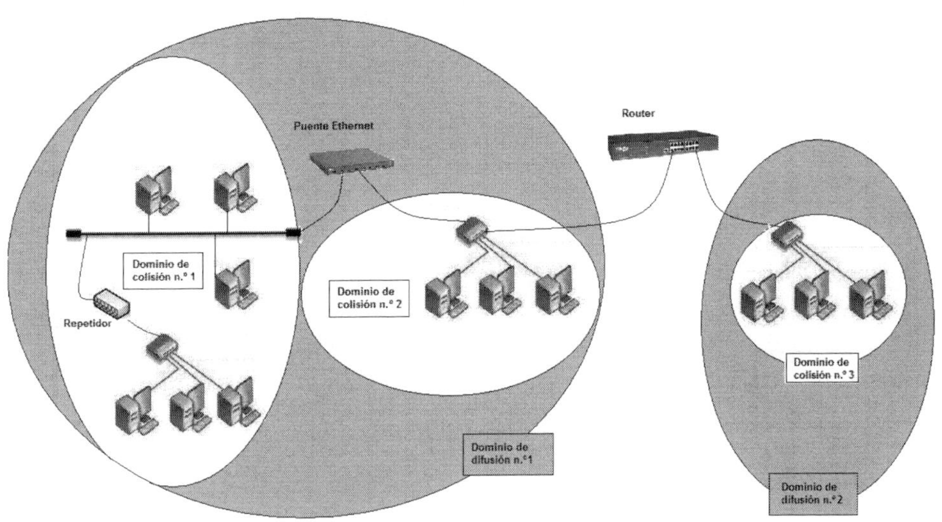

Observación

Por ejemplo, un ordenador que arranca, emite una trama de difusión para encontrar un servidor que pueda proporcionarle los parámetros TCP/IP (servidor DHCP o Dynamic Host Configuration Protocol).

4.2 Componentes de interconexión y modelo OSI

En primer lugar, es muy importante comprender la relación que existe entre el modelo OSI, TCP/IP y los componentes de interconexión de red.

Según el nivel de funcionamiento de cada componente, podemos distinguir entre los que se basan en la dirección MAC y los que utilizan la dirección IP para filtrar los accesos.

El término inglés **layer** se utiliza a menudo para designar el nivel de funcionamiento de un equipo. Por ejemplo, se hablará de switch L2 o L3, o incluso de **switch multilayer** (conmutador con funcionalidades de router capaz de tratar los nivele 2 y 3).

	Modelo OSI				Modelo TCP/IP
7	Aplicación		Puerta de enlace		Aplicación
6	Presentación				
5	Sesión				
4	Transporte				Transporte
3	Red	Router		Dirección IP	Internet
2	Conexión	Puente, *Switch*		Dirección MAC	Interfaz de red
1	Física	Repetidor, *hub*, tarjeta de red			

Observación

Los conmutadores más avanzados son capaces de manejar los datos en la capa Red, a pesar de no ser esta su función original. Del mismo modo, los cortafuegos avanzados, comúnmente llamados cortafuegos de aplicación, pueden bloquear algunos tipos de solicitudes analizando directamente los contenidos de aplicaciones de mensajes (nivel 3 a 7).

4.3 Descripción funcional de los componentes

4.3.1 El repetidor

Un repetidor (*transceiver*) actúa en la capa Física del modelo OSI. Vuelve a empaquetar los datos recibidos y los retransmite con el fin de aumentar la distancia de transmisión. Es necesario transformar la señal en datos y luego los datos en señal, ya que las señales digitales son propensas a una atenuación muy marcada.

Repetidor fibra/par trenzado

Observación

Las señales cuadradas tienen una incontenible tendencia a perder amplitud (a «aplanarse») y triangularse.

Un repetidor actúa en un mismo soporte físico, salvo si el repetidor asume la interconexión de soportes heterogéneos.

El repetidor no tiene ninguna información de la semántica de los campos de la trama (capa MAC). Se limita a descifrar las señales para reconvertirlas en bits elementales. Por lo tanto, es incapaz de saber si una trama es válida o no. Sin embargo, un repetidor debe ser capaz de detectar una colisión para poder propagarla por el otro lado.

A pesar de trabajar en el nivel 1, tampoco es capaz de interconectar los cables que funcionan a velocidades diferentes. No es aconsejable utilizar un repetidor en casos de mucho tráfico de red. No es posible utilizar un repetidor si los segmentos usan modos de acceso diferentes, ya que los modos de acceso se administran en la capa MAC.

Observación

Un concentrador (hub) activo también puede hacer la función de repetidor. Es muy raro encontrar actualmente repetidores que se limiten a esta única función.

4.3.2 El puente

Función

Un puente (*bridge*) actúa en la capa Conexión de datos. Permite vincular dos o más soportes físicos diferentes, a condición de que se utilicen en ambos lados los mismos formatos de direcciones MAC.

Puente inalámbrico

Un puente interconecta redes de velocidades diferentes gracias a un funcionamiento de «almacenar y enviar» (*store and forward*). Como contrapartida, puede producirse una saturación de los *buffers* internos, generando una pérdida de tramas. Un puente permite la extensión de una red cuya amplitud máxima se ha alcanzado con repetidores. Las funcionalidades del puente pueden codificarse totalmente en un hardware autónomo.

Actualmente se encuentran a menudo equipos que permiten extender la cobertura de la red Wi-Fi en casa. Este componente actúa como un repetidor inalámbrico. Este tipo de dispositivos generalmente tiene una conexión de red Ethernet que le permite actuar como puente.

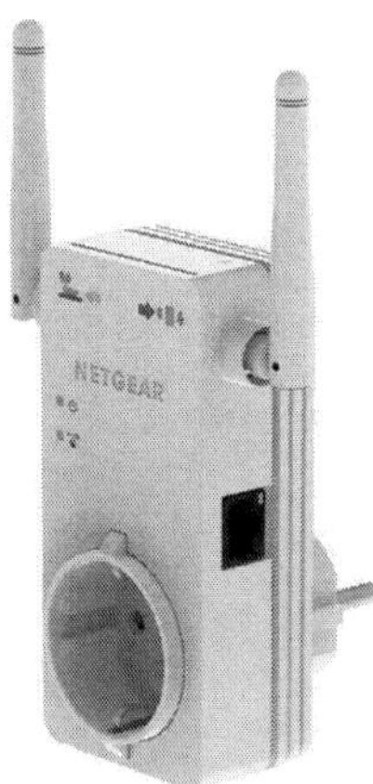

Extensión de red Wi-Fi

Acción de filtrado

El puente realiza una acción de filtrado sobre el tráfico que ve pasar. Observando la dirección MAC fuente del paquete que llega, es capaz de saber en qué lugar se encuentra la fuente de emisión (aprendizaje del puente). Algunos puentes son programables, lo que permite efectuar una acción de filtrado en algunos campos del paquete Ethernet. Se pueden utilizar para segmentar una red demasiado cargada.

Además, un puente es capaz de detectar una trama no válida: trama demasiado corta, demasiado larga o que tenga un CRC (código de control de error o *Cyclic Redundancy Check*) erróneo.

Aprendizaje

El puente va conociendo poco a poco las direcciones de origen de los dispositivos que originan paquetes y su correspondencia de conexión hacia los puertos (algunos dispositivos, como las impresoras, nunca aparecerán en las tablas de los puentes). A cada dirección de origen se le asocia una duración determinada. Cuando esta duración expira, se suprime el mapeo de las tablas del puente.

Direccionamiento

En algunos casos, el acceso a las direcciones físicas permite no dejar pasar una trama de la que sabe que el destinatario no está al otro lado.

Por el contrario, cuando el puente no sabe dónde se encuentra el destinatario, deja pasar la trama. Además de transmitir los datos destinados a un único destinatario (*unicast*) si es preciso, el puente deja pasar aquellos destinados a un grupo (multidifusión o *multicast*) o a todos (difusión o *broadcast*).

No es necesario asignar direcciones a los puentes; las direcciones de sus interfaces jamás aparecerán en los paquetes, excepto cuando se trata de tramas de servicio intercambiadas entre puentes.

Coherencia del modo de acceso

Al contrario que un repetidor, un puente es capaz de evitar las colisiones sin repetirlas en el otro segmento.

Gracias a sus *buffers*, el puente es capaz de guardar un paquete y de no emitirlo hasta que la red esté dispuesta a recibir la información del otro lado (modo CSMA/CD para Ethernet, o paso de testigo para Token Ring).

Gestión de bucles

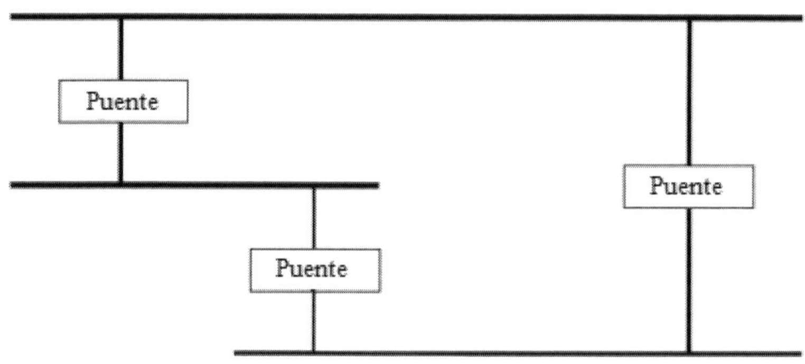

Bucle en una red Ethernet

La generalización de las interconexiones de redes a través de puentes ha llevado a configuraciones cada vez más complejas. Por ello, los fabricantes han desarrollado un algoritmo de detección de bucle llamado *Spanning Tree Algorithm* (IEEE 802.1D) para Ethernet. En un tipo de configuración bastante particular, si los puentes no detectan el bucle, este genera una circulación continua de tramas que inundan la red. El mismo puente puede detectar el bucle, dirigiendo la trama hacia uno de sus propios puertos mientras está a la escucha de esta trama en otro puerto. En cuanto se detecta el bucle, es necesario desactivar momentáneamente uno de los puertos que participan en el bucle.

Observación

Existe una dirección MAC 01.80.C2.00.00.00, definida para que los puentes puedan dialogar entre ellos.

Interconexión de redes

Basta con utilizar un puente con el fin de desatascar el tráfico (demasiadas colisiones, sobre todo en Ethernet) para tener una red segmentada en dos dominios de colisión diferentes.

Un puente, por definición, solo permite interconectar redes que tengan el mismo método de acceso. Por lo tanto, hablaremos de puentes Ethernet o de puentes Token Ring. Sin embargo, existen puentes que integran la transmisión de trama y que permiten la interconexión de topologías que administran modos de acceso diferentes. Hay que tener en cuenta que la dificultad reside en la detección de bucle que se realiza en Ethernet gracias a Spanning Tree, mientras que en Token Ring se aplicaba el algoritmo del origen del enrutamiento.

Los puentes y las métricas asociadas

Los puentes se pueden dividir según dos características:

- **La capacidad de filtrado**: la capacidad de filtrado corresponde al número de paquetes por puerto que un puente puede tratar, para saber si el paquete se debe transmitir.

Observación

Por ejemplo, en Ethernet a 10 Mbps, hay que filtrar 14 880 paquetes por segundo, con buffers no superiores a 10 KB.

- **La capacidad de transferencia**: la capacidad de transferencia mide el número de paquetes que se pueden transferir en un segundo a otro segmento.

Algoritmo de Spanning Tree

La red se está convirtiendo cada día en más indispensable y necesita mecanismos de tolerancia a fallos. La red de nivel 2, al contrario que la de nivel 3, no sabe administrar directamente los múltiples caminos entre un emisor y un receptor. Así, en el caso de los bucles de nivel 2, un conmutador ve que se puede acceder a un ordenador a través de varios de sus puertos (la misma dirección MAC se verá en varios puertos diferentes); en este caso, se generarán tramas duplicadas que pueden llevar al colapso de la red.

El Spanning Tree, literalmente «árbol de expansión», ofrece una solución de neutralización de bucles, que se han introducido voluntariamente en la topología Ethernet para tener mayor tolerancia a fallos.

El algoritmo permite construir, a partir de la topología existente, una arborescencia desde la raíz de un árbol para llegar a cada segmento de la red.

A partir del momento donde el Spanning Tree se ha activado en todos los conmutadores, se opera una neutralización de los bucles calculando el «mejor camino» para el acceso a cada segmento.

Observación

Las versiones de Spanning Tree se basan ahora en un funcionamiento multi-instancias (MSTP o Multi-instance Spanning Tree Protocol); esto se traduce en dos cálculos de Spanning Tree, uno por cada uno de los núcleos de red implementados. Por ejemplo, se puede calcular un Spanning Tree para todas las VLAN impares y otro para todas las VLAN pares. Se fuerza el algoritmo para que los dos núcleos de red de la infraestructura se conviertan en "puente raíz" para todos los grupos de VLAN (pares e impares). Así tendremos un reparto Activo/Activo del funcionamiento resultante.

Tomemos por ejemplo el siguiente esquema de red basado en una arquitectura Cisco a tres niveles (núcleo, distribución, acceso):

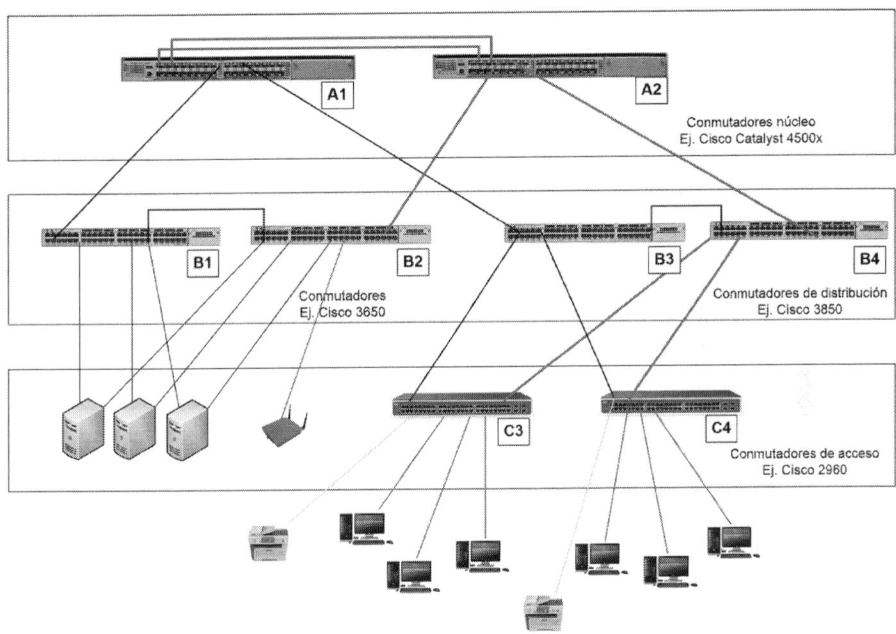

Ejemplo de arquitectura de red Cisco

El núcleo está formado por dos conmutadores multinivel agregados que están interconectados por un doble enlace de nivel 2 (en un contexto Cisco, se hablará de Etherchannel).

El núcleo constituye el eje principal sobre el que están conectados los conmutadores de distribución (nivel 2) (generalmente por medio de fibra).

En la distribución encontraremos servidores con doble conexión, o incluso conmutadores de acceso en los que se conectarán las estaciones de trabajo.

Observación

Toda esta interconexión se realiza en el nivel 2, introduciendo varios bucles a propósito, para crear redundancia y garantizar la tolerancia a fallos en general de la arquitectura. Es entonces cuando Spanning Tree juega su papel de neutralización de bucles de nivel 2.

Para influir en el cálculo, vamos a asignar manualmente valores más fiables a las prioridades de los conmutadores "núcleo". Estas prioridades se entienden para un conjunto dado de VLAN. En el siguiente ejemplo, calculamos un único árbol cuando en realidad hay dos (un árbol para las VLAN pares y un árbol para las VLAN impares). Definimos las prioridades para que A1 se convierta en el puente raíz de las VLAN impares y A2 el puente raíz de las VLAN pares. Aquí, nuestro cálculo se centra en el árbol construido a partir de A1 como puente raíz.

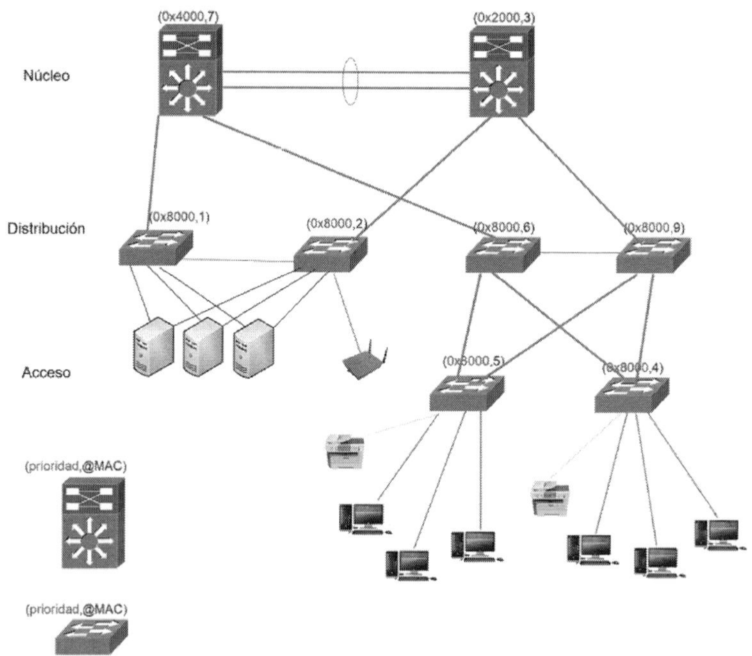

Asignación de prioridades para influir en el cálculo del STP

El algoritmo utilizado permite realizar un cierto número de acciones. Para ello, se van a intercambiar las tramas entre conmutadores, los mensajes BPDU o *Bridge Protocol Data Unit*, para obtener la información en los conmutadores, así como la topología existente.

El concepto de «camino más corto» será introducido por medio de costes autocalculados basándose en el ancho de banda disponible.

Para ello se asociará un coste a cada puerto en función de la velocidad implementada:

Velocidad	Coste por puerto(1)	Coste por puerto(2)
10 Mbps	100	2 000 000
100 Mbps	19	200 000
1 Gbps	4	20 000
10 Gbps	2	2 000
20 Gbps	1	1 000

Hay varios valores de coste. A continuación, puede ver un cálculo con los costes más pequeños (1):

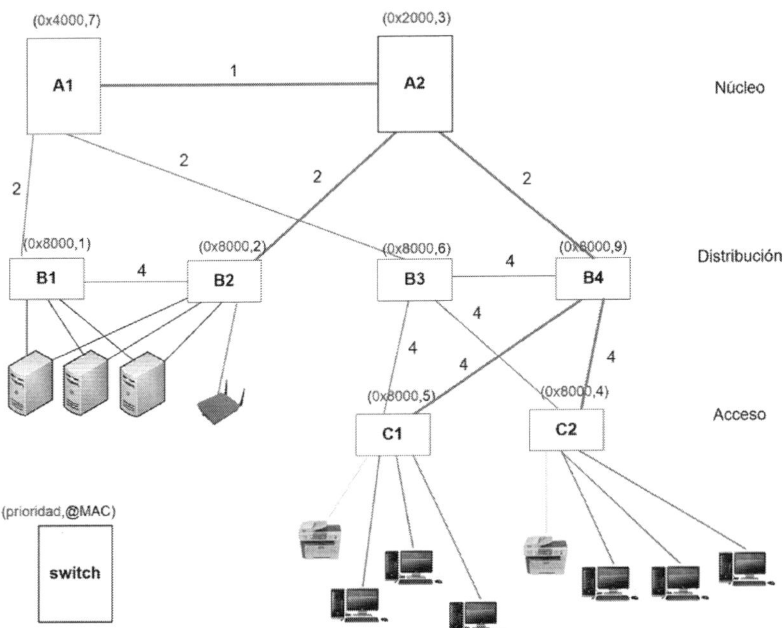

Asignación de costes

El algoritmo utilizado se basa en la suma de costes y en el ancho de banda de cada enlace disponible para calcular el camino más corto.

El algoritmo tiene como objetivo construir un árbol único neutralizando los bucles de nivel 2. Veamos cómo funciona:

1) Elección de un conmutador raíz del árbol, que disponga de la pareja (prioridad, dirección MAC) más fiable.

Observación

Para mejorar la legibilidad, hemos definido las direcciones MAC con un solo número: 1, 2, ...,9.

La definición de la prioridad más fiable nos garantiza que A2 se convertirá en puente raíz.

2) A continuación, para cada uno de los conmutadores, se va a buscar cada uno de sus puertos (*Root Port* o RP) que dé el camino más corto al puente raíz (el camino que "sea menos caro" en función de los valores de coste definidos).

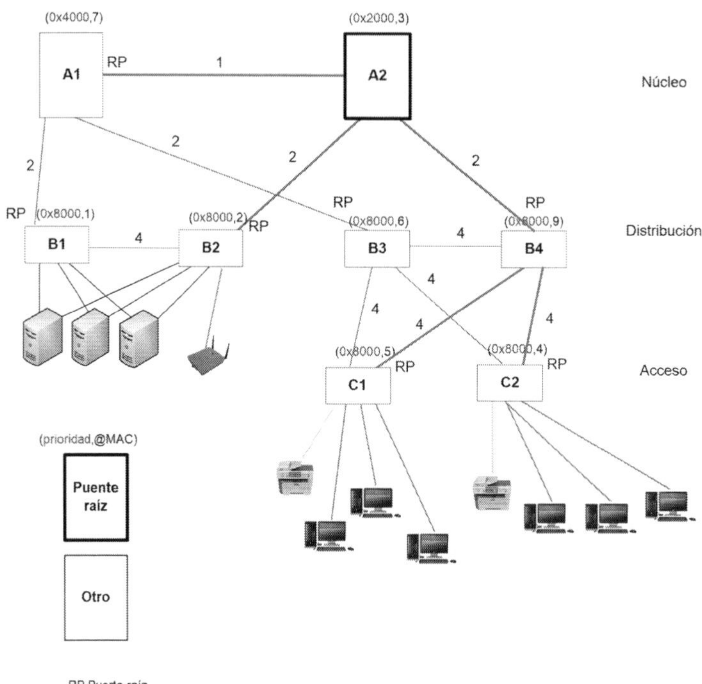

Determinación del puente raíz y de los Root Ports

3) Una vez se han identificado los puertos raíz, se pueden designar los puertos del resto de conmutadores, lo que nos permite acercarnos al puente raíz.

El RP pasará por un «puerto designado» o DP (*Designated Port*) para coger la ruta más corta.

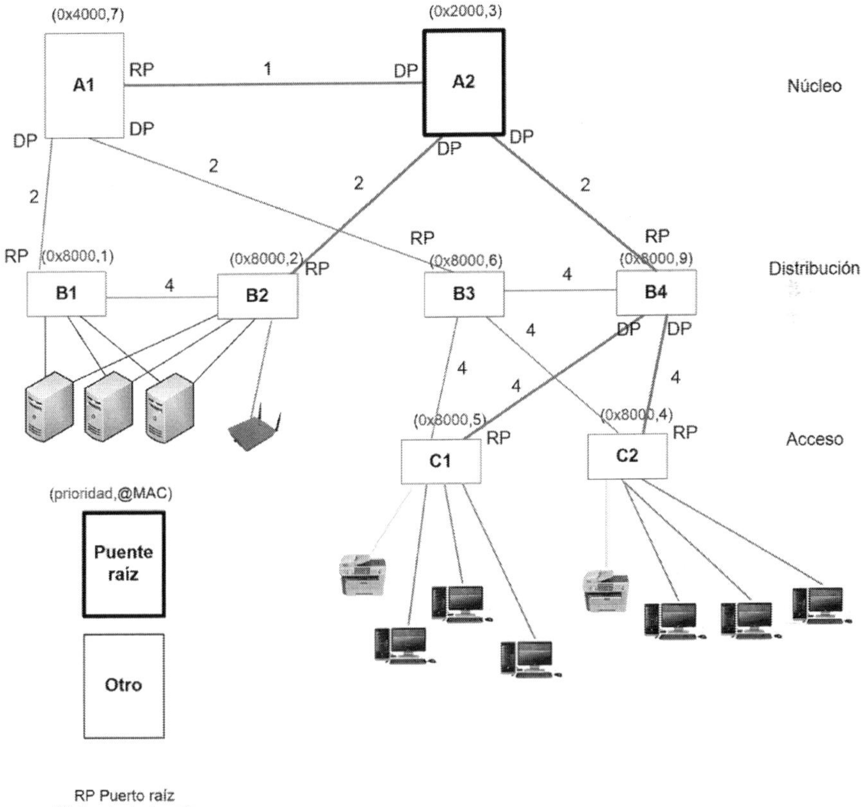

Asignación de los DP o Puertos Designados

Los puertos que no han sido elegidos en este algoritmo quedan en estado «bloqueado» para garantizar la ausencia de bucles de nivel 2 en la infraestructura.

En nuestra situación, esto es lo que obtenemos (en punteado los enlaces neutralizados por Spanning Tree):

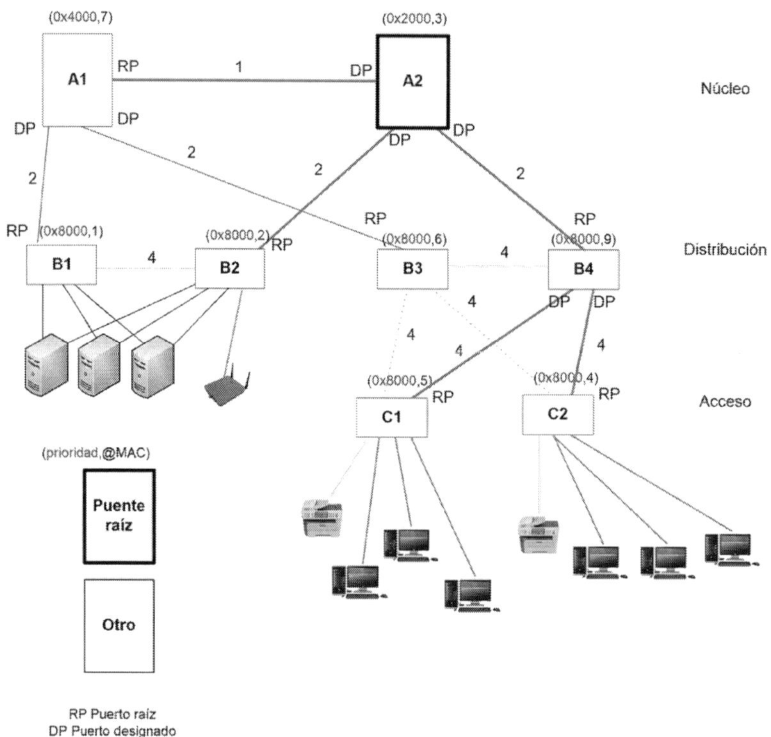

Enlaces de nivel 2 neutralizados por Spanning Tree

4) La etapa final permite la asignación de puertos complementarios para implementar la redundancia de Spanning Tree (puerto alternativo, puerto de seguridad, etc.).

Así, los puertos en origen de caminos suplementarios se «bloquean» para impedir el paso de las tramas, pero no el enrutamiento de los mensajes BPDU.

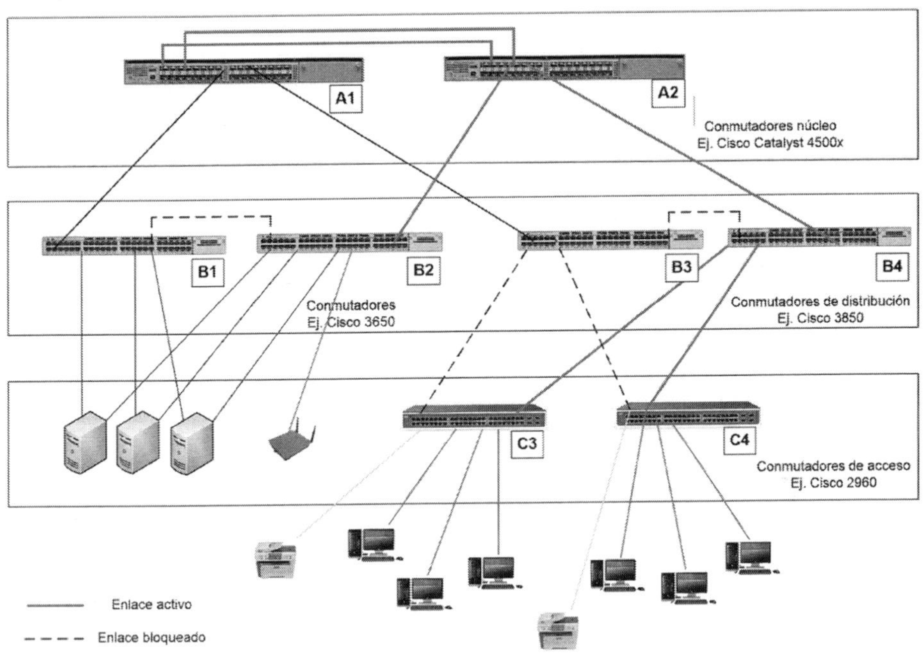

Esquema resultante del cálculo de Spanning Tree

El algoritmo debe ser capaz de reconsiderar la topología de red en cada evolución (corte de red, introducción de un vínculo suplementario, etc.).

Observación

Este nuevo cálculo interviene cada vez que se produce un cambio en la topología de red. De este modo, para evitar una desaceleración significativa, en los puertos de red de los ordenadores se activa la opción «spanning tree port fast», que evita perturbar la red significativamente en cada reconfiguración (durante una desconexión o reconexión).

4.3.3 El conmutador

Origen

El conmutador (*switch*) apareció en 1990 en Ethernet y en 1994 en Token Ring (que actualmente ya no se utiliza). Integra a la vez la funcionalidad de un *hub* y de un puente. La gestión de este hardware inteligente la realiza un microcontrolador o incluso un microprocesador.

El conmutador es un componente clave en las redes locales. En todas las redes, los equipos de trabajo y los servidores están conectados directamente a estos equipos.

Observación

Atención, el conmutador o switch designa generalmente un entorno Ethernet. En un contexto SAN, se hablará igualmente de conmutadores pero esta vez para el protocolo Fibre Channel.

Así, la red ya no tiene una característica de difusión, sino que se califica como conmutada.

Los conmutadores se dividen en función de su capacidad de tratamiento respecto del modelo OSI. Los de nivel 2 (N2 o L2 – Layer 2) o de grupo de trabajo realizan operaciones hasta la capa de datos. Por ejemplo, pueden operar con direcciones MAC de los ordenadores conectados a sus puertos.

Los de nivel 3 (N3 o L3 – Layer 3) o conmutadores de fase, pueden trabajar con encabezados de capa 3 (Red). También pueden reconocer las direcciones IP.

Observación

Por ejemplo, en una utilización típica de estos conmutadores, un núcleo de red de nivel 3 constituye el núcleo o eje de la red de la infraestructura. Los servidores están generalmente conectados a equipos de nivel 2 en la red de distribución. Los equipos de trabajo se conectan a los puertos de los conmutadores de nivel 2 que están conectados a conmutadores de nivel Distribución.

Conmutadores Ethernet

Principios

El principio de un conmutador Ethernet es posibilitar un segmento a 1 Gbps (incluso 10 Gbps) por puerto y que cada uno esté conectado a un ordenador. Cuando se transporta una trama a partir de un puerto, el conmutador establece un circuito virtual (CV) que corresponde a la dirección MAC origen y a la dirección MAC destino para los puertos especificados.

El conmutador es capaz de almacenar una serie de direcciones MAC por puerto (por ejemplo, 1000 entradas por puerto). Las siguientes tramas se conmutan directamente hacia el destinatario correcto, utilizando el CV previamente establecido.

Se trata de una función de puenteo, si bien la conmutación puede hacerse en paralelo en el conjunto de los puertos gracias a la capacidad del conmutador.

Un conmutador puede tener hasta 48 puertos, más dos de interconexión (mediante cable cruzado o fibra óptica).

Tipos de conmutación

Existen varias clases de conmutación.

La conmutación al vuelo (*on the fly* o *cut through*) responde a un tratamiento simultáneo de tramas, sin almacenamiento intermedio. La ventaja es que el conmutador solo necesita de un pequeño *buffer* y que el tiempo de latencia es inexistente. Sin embargo, deja pasar las tramas erróneas y se transmiten las colisiones.

En la conmutación «almacena y reenvía» (*store and forward*), se almacena la trama, se analiza y a continuación se encamina hacia el destinatario correcto. Esta técnica tiene la ventaja de eliminar las tramas erróneas.

En Ethernet, el conmutador permite segmentar la red en varios dominios de colisión. En un caso ideal, si se coloca un equipo por puerto, se obtiene una red sin colisión.

La mejora de calidad de los cables cruzados de cobre permite una comunicación a 10 Gbps de bajo coste. Por eso actualmente estas velocidades son normales en las conexiones de red de los servidores y entre conmutadores.

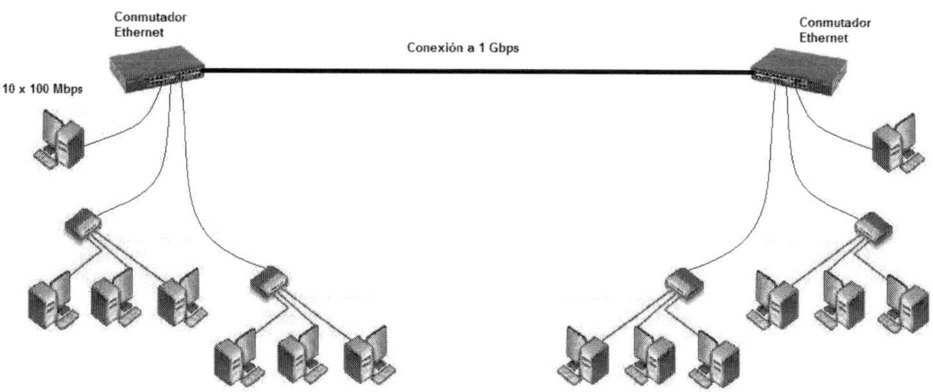

Administración

Muchos conmutadores proporcionan funcionalidades de administración, seguimiento, segmentación de la red y neutralización de bucles (heredadas de Spanning Tree, IEEE 802.1D en Ethernet).

En general, disponen de una dirección IP que permite al administrador conectarse a distancia, por Telnet o HTTP, o directamente a través de un terminal serie.

La siguiente pantalla muestra la configuración de los puertos en un conmutador de la marca Netgear.

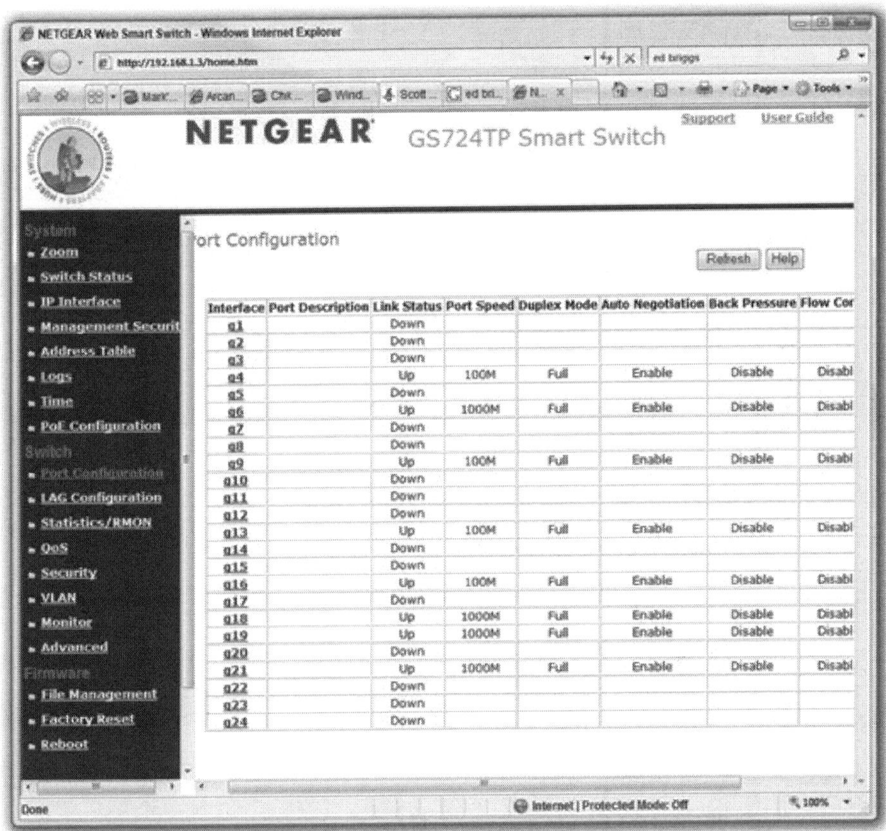

Interface	Port Description	Link Status	Port Speed	Duplex Mode	Auto Negotiation	Back Pressure	Flow Cor
g1		Down					
g2		Down					
g3		Down					
g4		Up	100M	Full	Enable	Disable	Disabl
g5		Down					
g6		Up	1000M	Full	Enable	Disable	Disabl
g7		Down					
g8		Down					
g9		Up	100M	Full	Enable	Disable	Disabl
g10		Down					
g11		Down					
g12		Down					
g13		Up	100M	Full	Enable	Disable	Disabl
g14		Down					
g15		Down					
g16		Up	100M	Full	Enable	Disable	Disabl
g17		Down					
g18		Up	1000M	Full	Enable	Disable	Disabl
g19		Up	1000M	Full	Enable	Disable	Disabl
g20		Down					
g21		Up	1000M	Full	Enable	Disable	Disabl
g22		Down					
g23		Down					
g24		Down					

Administración de un conmutador a través de una interfaz web

El concepto de VLAN

El objetivo de una red local virtual (VLAN - *Virtual Local Area Network*) es la segmentación lógica de las redes. De este modo, es posible controlar o incluso impedir cualquier diálogo entre equipos interconectados en un mismo conmutador, mediante listas de control de acceso.

La división lógica se puede efectuar de varias maneras. Una VLAN, calificada como implícita, se puede realizar a partir de distintos criterios:

- los números de los puertos del conmutador, capa 1 OSI;
- las direcciones MAC de los dispositivos conectados, capa 2 OSI;
- el protocolo utilizado, capa 3 OSI.

Observación

Este último caso se reserva para conmutadores modernos, llamados de nivel 3.

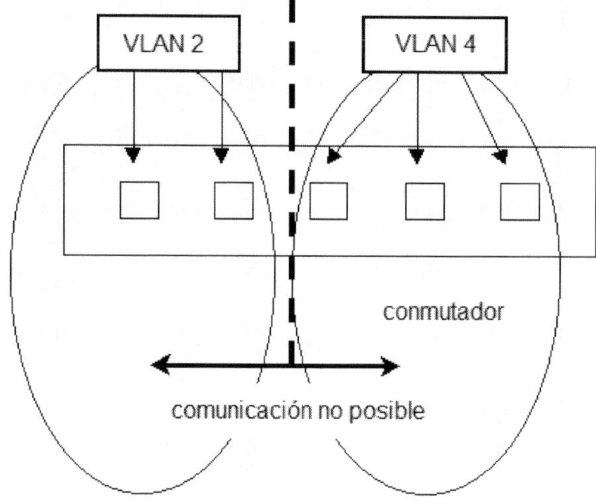

Principio de estanqueidad entre VLAN

Por ejemplo, en una VLAN basada en las direcciones MAC, las que correspondan a una de las VLAN no podrán comunicarse con las que correspondan a otra, salvo si las VLAN están enrutadas (es decir, si los rúters de la infraestructura autorizan los intercambios de tramas entre subredes asociadas a las VLAN).

Tipo de VLAN	Capa OSI	Ventajas	Desventajas
VLAN por puerto	1	– Estanqueidad máxima en caso de intrusión. – Facilidad de configuración por asignación de VLAN en un puerto de un conmutador.	– Configuración pesada a implementar en cada conmutador. – Necesidad de modificar la configuración en cada cambio de puesto. – No hay arquitectura centralizada, cada conmutador dispone de su propia tabla de correspondencia.
Dirección MAC	2	– Posibilidad de centralización de las direcciones MAC para una asignación automática en la VLAN (a través de VMPS o *VLAN Membership Policy Server*).	– Ofrece una seguridad menor que la VLAN por puerto, ya que es posible suplantar una dirección MAC.
Protocolo utilizado	3	– El conmutador asigna automáticamente una máquina a la VLAN en función de información diversa incluido el perfil del hardware (impresora, PC portátil) y a menudo de un certificado. Se hablará de NAC (*Network Access Control* para Cisco o de *Network Access Protocol* para Microsoft) para designar el protocolo que administra el control de acceso a la red.	– Las demoras relacionadas con la desencapsulación de las tramas para extraer la dirección IP. – Necesidad de utilizar equipos costosos que aseguren la implementación hasta el nivel 3.

Por ejemplo, en un conmutador Cisco de tipo 2950, aquí puede ver la configuración que tenemos en un primer momento respecto a las VLAN. Todos los puertos se colocan por defecto en la VLAN 1(lo que significa que ninguna VLAN está configurada):

```
RI2950-24>enable
RI2950-24#sh int status
Port      Name               Status       Vlan       Duplex  Speed Type
Fa0/1                        notconnect   1          auto    auto  10/100BaseTX
Fa0/2                        notconnect   1          auto    auto  10/100BaseTX
Fa0/3                        notconnect   1          auto    auto  10/100BaseTX
Fa0/4                        notconnect   1          auto    auto  10/100BaseTX
Fa0/5                        notconnect   1          auto    auto  10/100BaseTX
Fa0/6                        notconnect   1          auto    auto  10/100BaseTX
Fa0/7                        notconnect   1          auto    auto  10/100BaseTX
Fa0/8                        notconnect   1          auto    auto  10/100BaseTX
Fa0/9                        notconnect   1          auto    auto  10/100BaseTX
Fa0/10                       notconnect   1          auto    auto  10/100BaseTX
Fa0/11                       notconnect   1          auto    auto  10/100BaseTX
Fa0/12                       notconnect   1          auto    auto  10/100BaseTX
Fa0/13                       notconnect   1          auto    auto  10/100BaseTX
Fa0/14                       notconnect   1          auto    auto  10/100BaseTX
Fa0/15                       notconnect   1          auto    auto  10/100BaseTX
Fa0/16                       notconnect   1          auto    auto  10/100BaseTX
Fa0/17                       notconnect   1          auto    auto  10/100BaseTX
Fa0/18                       notconnect   1          auto    auto  10/100BaseTX
Fa0/19                       notconnect   1          auto    auto  10/100BaseTX
Fa0/20                       notconnect   1          auto    auto  10/100BaseTX
Fa0/21                       notconnect   1          auto    auto  10/100BaseTX
Fa0/22                       notconnect   1          auto    auto  10/100BaseTX
Fa0/23                       connected    1          auto    auto  10/100BaseTX
Fa0/24                       notconnect   1          auto    auto  10/100BaseTX

RI2950-24#
```

Configuración por defecto de un conmutador sin VLAN

Para configurar los cinco primeros puertos FastEthernet (Fa0/1 a Fa0/5), se vamos definen los puertos uno por uno de la siguiente forma:

- para los dos primeros puertos, se asocian a VLAN 2.
- para los tres puertos siguientes se define VLAN 4.

```
RI2950-24#conf t
Enter configuration commands, one per line.  End with CNTL/Z.
RI2950-24(config)#int fa0/1
RI2950-24(config-if)#switchport mode access
RI2950-24(config-if)#switchport access vlan 2
RI2950-24(config-if)#exit
RI2950-24(config)#int fa0/2
RI2950-24(config-if)#switchport mode access
RI2950-24(config-if)#switchport access vlan 2
RI2950-24(config-if)#exit
RI2950-24(config)#int fa0/3
RI2950-24(config-if)#switchport mode access
RI2950-24(config-if)#switchport access vlan 4
RI2950-24(config-if)#int fa0/4
RI2950-24(config-if)#switchport mode access
RI2950-24(config-if)#switchport access vlan 4
RI2950-24(config-if)#int fa0/5
RI2950-24(config-if)#switchport mode access
RI2950-24(config-if)#switchport access vlan 4
RI2950-24(config-if)#exit
RI2950-24(config)#exit
RI2950-24#
```

Configuración estática de VLAN sobre puertos de switch de nivel 2

Cada interfaz se configura para funcionar en nivel 2 (switchport mode access), y a continuación se asocia a un número de VLAN.

Definimos así las VLAN correspondientes:

```
RI2950-24#
%SYS-5-CONFIG_I: Configured from console by console
sh int status
Port      Name               Status       Vlan       Duplex  Speed Type
Fa0/1                        notconnect   2          auto    auto  10/100BaseTX
Fa0/2                        notconnect   2          auto    auto  10/100BaseTX
Fa0/3                        notconnect   4          auto    auto  10/100BaseTX
Fa0/4                        notconnect   4          auto    auto  10/100BaseTX
Fa0/5                        notconnect   4          auto    auto  10/100BaseTX
Fa0/6                        notconnect   1          auto    auto  10/100BaseTX
Fa0/7                        notconnect   1          auto    auto  10/100BaseTX
Fa0/8                        notconnect   1          auto    auto  10/100BaseTX
Fa0/9                        notconnect   1          auto    auto  10/100BaseTX
Fa0/10                       notconnect   1          auto    auto  10/100BaseTX
Fa0/11                       notconnect   1          auto    auto  10/100BaseTX
Fa0/12                       notconnect   1          auto    auto  10/100BaseTX
Fa0/13                       notconnect   1          auto    auto  10/100BaseTX
Fa0/14                       notconnect   1          auto    auto  10/100BaseTX
Fa0/15                       notconnect   1          auto    auto  10/100BaseTX
Fa0/16                       notconnect   1          auto    auto  10/100BaseTX
Fa0/17                       notconnect   1          auto    auto  10/100BaseTX
Fa0/18                       notconnect   1          auto    auto  10/100BaseTX
Fa0/19                       notconnect   1          auto    auto  10/100BaseTX
Fa0/20                       notconnect   1          auto    auto  10/100BaseTX
Fa0/21                       notconnect   1          auto    auto  10/100BaseTX
Fa0/22                       notconnect   1          auto    auto  10/100BaseTX
Fa0/23                       connected    1          auto    auto  10/100BaseTX
Fa0/24                       notconnect   1          auto    auto  10/100BaseTX

RI2950-24#
```

Visualización de las VLAN estáticas configuradas

Observación

Puede descargar gratuitamente la herramienta Packet Tracer que nos ha permitido realizar esta configuración:
https://www.netacad.com/es/courses/packet-tracer

Para configurar una conexión jerárquica entre conmutadores de diferentes niveles (núcleo, distribución y acceso), hay que utilizar puertos configurados para dejar pasar varias VLAN (en función de los utilizados en los conmutadores de los extremos). Este tipo de puerto que implementa el etiquetado de tramas mediante el protocolo 802.1q se llama "trunk".

De este modo, para configurar la interfaz FastEthernet 0/23:

- se definirá el modo trunk,
- se autorizará únicamente VLAN 2 y 4.

Para ello se teclearán los siguientes comandos:

```
RI2950-24#conf t
Enter configuration commands, one per line.  End with CNTL/Z.
RI2950-24(config)#int fa 0/23
RI2950-24(config-if)#switchport mode trunk
RI2950-24(config-if)#switchport trunk allowed vlan 2,4
RI2950-24(config-if)#exit
RI2950-24(config)#
```

Configuración de un puerto trunk en un conmutador Cisco

Observación

Esta operación generalmente se debe realizar sobre el puerto del conmutador vinculada a la conexión tipo «trunk».

Para visualizar la conexión «trunk», vamos a utilizar el siguiente comando (show interface trunk):

```
RI2950-24#sh int trunk
Port        Mode         Encapsulation  Status        Native vlan
Fa0/23      on           802.1q         trunking      1

Port        Vlans allowed on trunk
Fa0/23      2,4

Port        Vlans allowed and active in management domain
Fa0/23      2,4

Port        Vlans in spanning tree forwarding state and not pruned
Fa0/23      2,4

RI2950-24#
```

Visualización de la configuración de un puerto trunk

Existen dos tipos de VLAN: las **VLAN implícitas** y las **VLAN explícitas**.

En el funcionamiento de la VLAN implícita, no se modifican las tramas. La pertenencia a una VLAN se basa en el número del puerto, en las direcciones MAC o en un protocolo específico.

En función de esta pertenencia a una VLAN, se rechazará o autorizará la transmisión. Una VLAN implícita sobreentiende una ausencia de marcaje (modificación) de las tramas. Hablaremos entonces de *untagged VLAN*.

El funcionamiento de VLAN explícita se basa en el marcaje de las tramas (*tagged VLAN*) atendiendo a la norma IEEE 802.1Q.

Este último enfoque permite administrar la segmentación en un entorno de varios conmutadores. Así, se puede rechazar una trama procedente de una *tagged VLAN* de otro conmutador.

Cuando se dispone de varios conmutadores, es posible configurar las conexiones que hay entre los dos dispositivos para optimizar los intercambios. Hablaremos de *Port trunking* para designar la facultad de asociar varias conexiones punto a punto, o de *switch meshing* para designar una malla de conexiones entre un conjunto de conmutadores. Este último enfoque permite poner en práctica una redundancia en conexiones múltiples, designando los mejores caminos entre dos direcciones MAC gracias a distintos criterios, como el tamaño del *buffer* utilizado en cada conmutador y las velocidades asociadas.

VLAN de toda una sede

En el seno de la sede de una empresa, el objetivo de utilizar las VLAN es poder segmentar «virtualmente» la red. De este modo, se podrá definir una VLAN para cada una de las categorías de dispositivos (PC, impresoras, servidores), o por tipo de acceso (Wi-Fi, administración, copia de seguridad) o incluso por función.

De hecho, así es más fácil garantizar la privacidad. Normalmente, los equipos se podrán comunicar entre sí, pero deberán pasar un nivel 3, la puerta de enlace predeterminada (enrutador). Si en una VLAN específica se implementa una herramienta de captura de tramas, estará limitada, como mínimo, a las tramas autorizadas en esa VLAN.

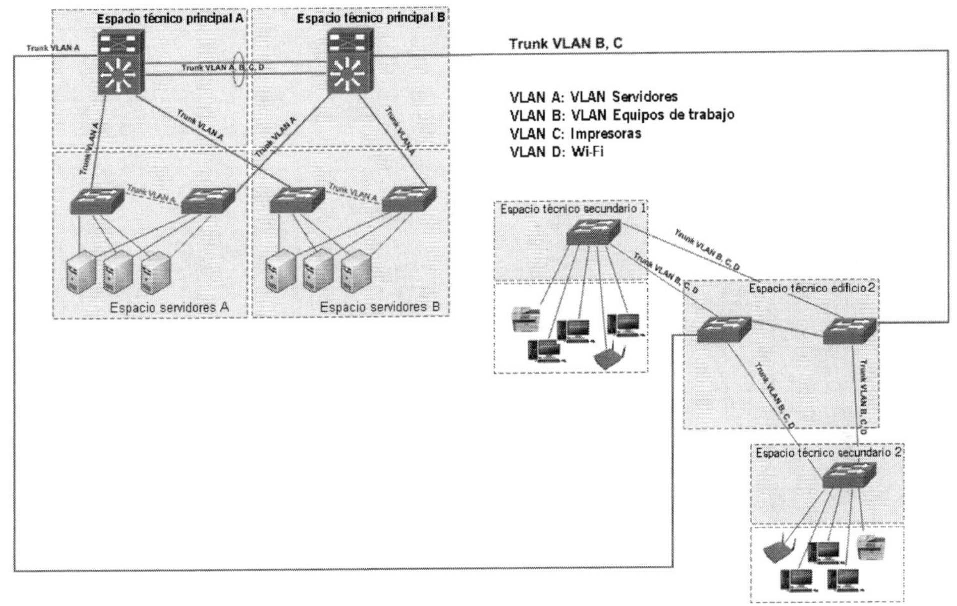

VLAN a escala de la sede de una empresa

Desde un punto de vista práctico, los ordenadores se conectarán en un armario de conexiones. Esta toma está en una bahía de red para conectarse a un conmutador de acceso. El puerto del conmutador está dedicado a una VLAN específica (en el caso más simple, en modo VLAN estático por puerto).

Los conmutadores de acceso se conectarán a los conmutadores de distribución mediante vínculos llamados «trunk» o enlace, en los cuales el número de VLAN se etiquetará en cada trama intercambiada.

El trunk (término de CISCO) permite solo el paso de tramas etiquetadas cuyas VLAN están definidas

En un supuesto ideal, una VLAN corresponde a una subred. Sin embargo, no siempre es posible crear una topología de red de nivel 2 en un sitio con un tamaño grande sin introducir el nivel 3.

Finalmente, los conmutadores de distribución se conectan a los núcleos de redes que son los conmutadores Multilayers (niveles 2 y 3). De este modo, para el conjunto de puertos de nivel 2 de los núcleos de red, se definirá una asociación a una VLAN en concreto. A esta VLAN se le asignará una dirección de una puerta de enlace que se definirá en los núcleos de red.

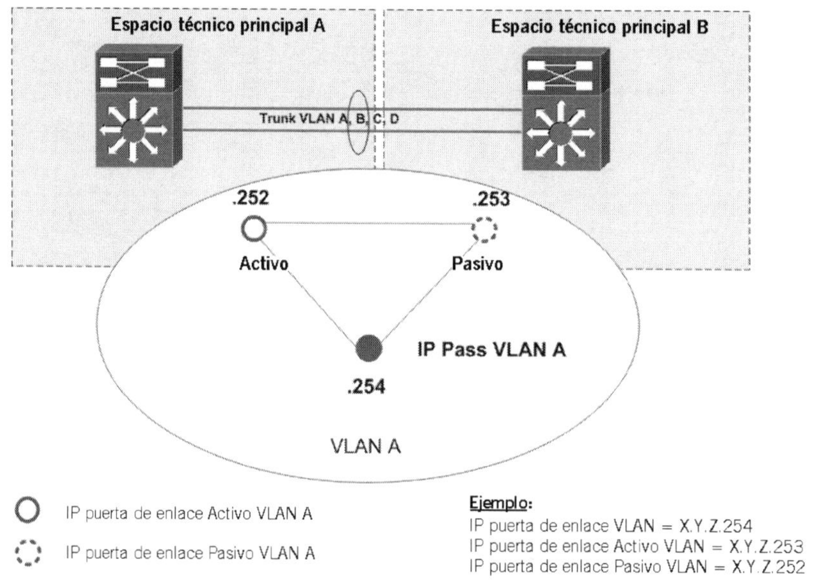

Definición de una puerta de enlace por VLAN en los núcleos de red

Para garantizar un nivel de tolerancia a errores importante se puede asociar a cada subred definida un protocolo de tipo HSRP (*Host Standby Router Protocol* de CISCO, RFC 2281), o VRRP (*Virtual Router Redundancy Protocol*, implementación estandarizada, RFC 5798).

Observación

El protocolo HSRP se explica más adelante en este capítulo.

A continuación, puede ver las URL de los RFC correspondientes:

- RFC HSRP: https://tools.ietf.org/html/rfc2281

- RFC VRRP: https://tools.ietf.org/html/rfc5798

VLAN en un entorno virtualizado

Cuando se trabaja en un entorno virtualizado, se dispone de conmutadores virtuales (vSwitch), en los que se pueden conectar las máquinas virtuales (VM o *Virtual Machine*), por medio de su(s) tarjeta(s) de red virtual(es) (llamadas VNIC o *Virtual Network Interface Card*). En nuestro ejemplo, hemos nombrado las interfaces físicas con la convención VMware: vmnicx (VMware Network Interface Card). Las VLAN 10, 20, 30 y 50 se asociarán a subredes IP específicas.

El conmutador virtual se puede configurar para implementar VLAN específicas. Estos conmutadores o vSwitches se conectan virtualmente a las interfaces físicas del host (máquina física).

Finalmente, desde un punto de vista de la red física, si varias VLAN se deben ir al conmutador físico, se utilizará una conexión cuyas tramas estén etiquetadas (IEEE 802.1q). Estas tramas se tienen en cuenta en función de su VLAN en el conmutador físico que continuará el enrutamiento. El puerto en el conmutador está configurado con un comando del tipo **switchport mode trunk/switchport trunk allowed VLAN 10,20** (para CISCO).

También se puede configurar una interfaz física asociándola directamente a una VLAN por un puerto específico (en Cisco se utilizará el comando **switchport mode access/switchport access VLAN 50**).

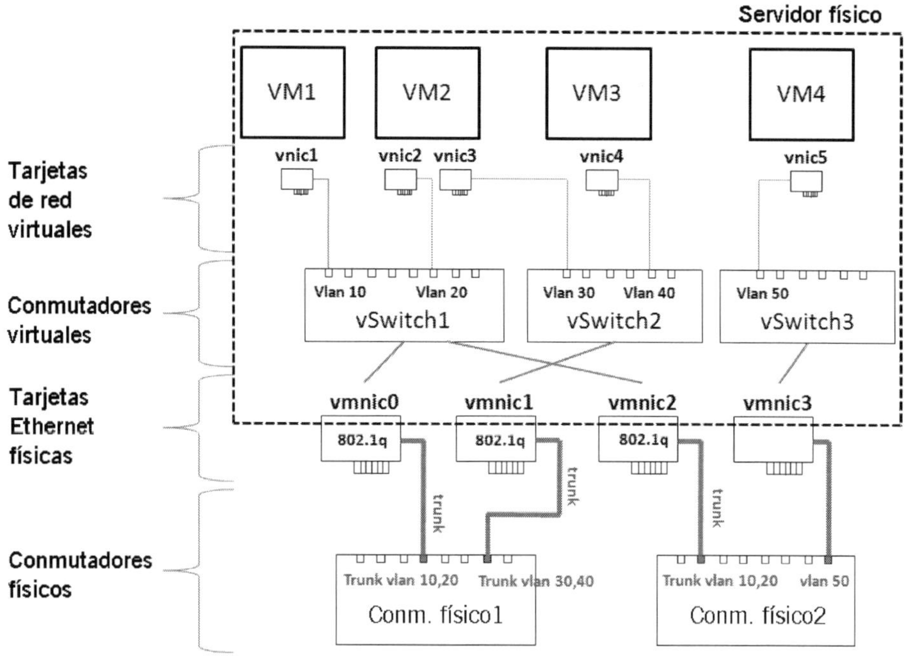

VLAN entre entorno virtualizado y la red física

Virtualización de conmutadores: VSS

Virtual Switching System (VSS) o sistema de conmutación virtual es una funcionalidad Cisco que permite ver un solo conmutador lógico en lugar de dos conmutadores físicos desplegados (Catalyst 650X). Esta solución permite remplazar con ventajas el Spanning Tree que a menudo aporta complejidad añadida al entorno de nivel 2 existente.

Observación

Según los fabricantes, existen soluciones equivalentes en términos de funcionalidad. Se puede citar en particular VSF (Virtual Switching Framework ofrecido por HPE Aruba).

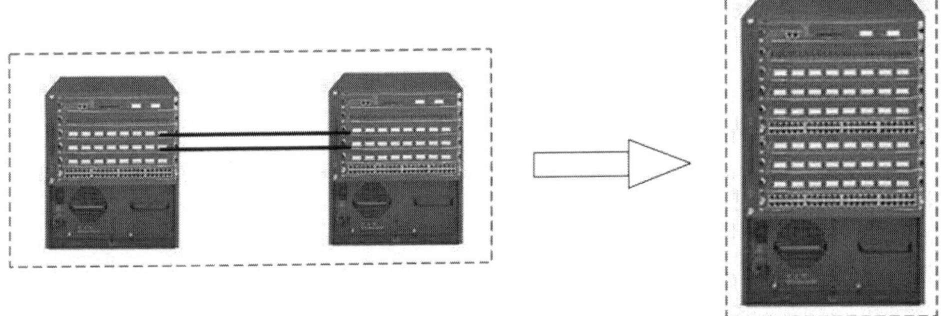

Equivalente lógico a dos Catalyst 4500-X con VSS

Observación

El catalyst 3850, más reciente, también dispone de funcionalidades VSS.

Cada chasis se puede desplegar en una sala técnica distinta, lo que permite ofrecer una solución con gran tolerancia a fallos.

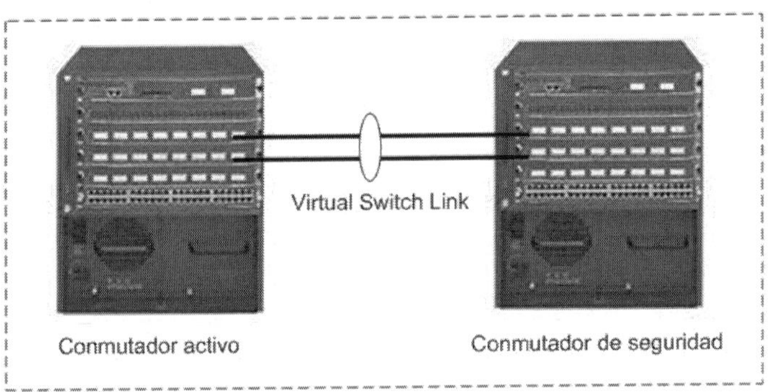

Conexión de dos conmutadores en VSS

En un sistema VSS, uno de los chasis se designa como conmutador virtual activo y el otro como conmutador virtual secundario. De este modo, solo se elige una de las tarjetas de supervisión como punto de gestión central. De hecho, se puede acceder a las configuraciones de nivel 1, 2 y 3 a través de una configuración única de la tarjeta de supervisión activa.

4.3.4 El router

Principio

El router es un dispositivo de interconexión que tiene acceso a toda la información de las capas 1, 2 y 3, en particular, a las direcciones lógicas que son independientes del método de acceso y de la topología física.

Atrás quedaron los tiempos en que los núcleos de red eran chasis grandes que pesaban varias decenas de kilos (como los cisco catalyst 650x o 450x); los conmutadores multinivel son mucho más densos y parecen conmutadores normales (nivel 2):

El router puede parecer físicamente un conmutador o tener forma de armario:

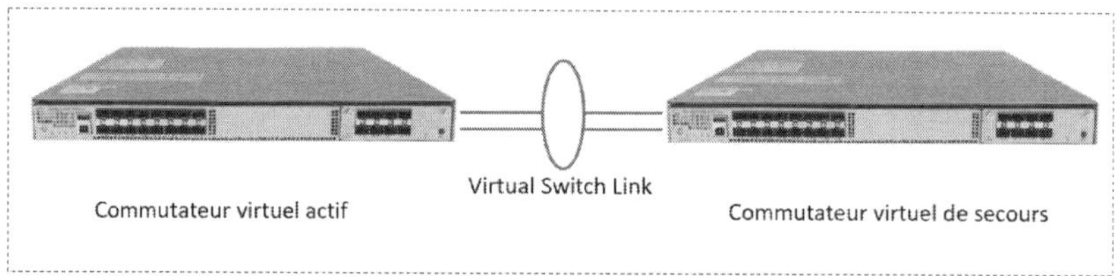

Conmutador multinivel (ej.: Cisco 3850)

El router modifica la capa física para cambiar el soporte, la capa MAC, para precisar las nuevas direcciones MAC, la suya y la del próximo periférico intermedio (probablemente otro router), teniendo en cuenta el nuevo modo de acceso. Las direcciones lógicas permiten tener una visión lógica de la intrarred, lo que lleva al router a conocer los distintos caminos posibles para alcanzar un destinatario.

El router debe conocer la lista de todas las redes lógicas existentes, que conserva en una tabla. Estos datos se actualizan, ya sea una sola vez al iniciar el dispositivo, lo que llamaremos enrutamiento estático, o bien de manera regular gracias a que los routers se informan entre ellos de las modificaciones de topologías en la intrarred; en este caso, se habla de enrutamiento dinámico.

Observación

En algunos casos y por razones de seguridad, todas las tablas de enrutamiento pueden ser predefinidas y fijadas.

Una tabla de enrutamiento contiene el conjunto de las direcciones de red conocidas, la manera de conectarse a las otras redes (la dirección lógica del próximo dispositivo que permite llegar a la red del destinatario en el que se encuentra el servidor), los distintos caminos entre routers y los costes vinculados al envío de los datos. Un router también puede hacer la función de barrera de seguridad (cortafuegos) filtrando algunas direcciones lógicas.

El concepto de enrutamiento solo es posible a condición de que los protocolos utilizados sean enrutables, es decir, que administren una dirección lógica compuesta por un número de red y un número de servidor en la red.

Un router, por definición, no deja pasar una difusión (número de redes diferentes).

Un router puede configurarse mediante una conexión de tipo terminal conectada a uno de sus puertos serie, o a través de la red, por ejemplo, mediante SSH sobre TCP/IP. Los puertos serie han evolucionado y están disponibles mediante conectores RJ45 en el lado del router y USB en el lado de la estación de trabajo.

Cable de consola Cisco USB a RJ45

Exploración de las rutas

Existen algoritmos de camino único y algoritmos de caminos múltiples que posibilitan una distribución de la carga.

Además, se distingue entre los algoritmos de dominio de enrutamiento plano y los de dominio jerárquico, que evitan que los routers tengan que aprender todas las redes lógicas posibles.

En todos los casos, un router debe elegir el mejor camino posible según distintos criterios. El número de saltos (*hops*) corresponde al número de desvíos para cambiar de red, es decir, el número de routers por los que se debe pasar. El tick da cuenta del tiempo de travesía necesario en la red. El coste de la línea, la densidad del tráfico, la velocidad de las líneas recorridas, así como su fiabilidad, son otros criterios para poder elegir el mejor camino.

Tipos de routers

Estáticos

En este caso, el administrador inicializa manualmente la tabla de enrutamiento (por ejemplo, mediante SSH). Los caminos posibles están predefinidos y los routers intermedios no toman ninguna decisión de enrutamiento.

Dinámicos

A menudo, se configura la primera ruta manualmente y se escoge el mejor camino al pasar por cada router de la red.

Elección de una distancia

Vector de distancia

Cada router construye su propia tabla de enrutamiento, en la que combina la información de las tablas de sus vecinos inmediatos.

El inconveniente reside en el hecho de que este tipo de algoritmo genera mucho tráfico en la red. Las tablas de enrutamiento completas se difunden por defecto cada 30 segundos. Además, requiere un tiempo de convergencia bastante largo.

Ejemplo:

IP e IPX aceptan *Routing Internet Protocol* (RIP).

Estados de conexión

La exploración de las rutas se basa en una difusión global inicial; a continuación, se difunde cada modificación por separado. Así, las tablas de enrutamiento están permanentemente al día.

Ejemplos:

Open Shortest Path First (OSPF) es utilizado por IP (trabaja a nivel jerárquico).

Podemos citar igualmente los protocolos de enrutamiento IGRP (*Interior Gateway Routing Protocol*) y EIGRP (*Enhanced IGRP*), desarrollados por CISCO. Muy fiable y extensibles, solucionan las limitaciones de RIP.

Ejemplo de protocolos de enrutamiento

RIP

El protocolo RIP (*Routing Information Protocol*), inicialmente especificado en la RFC 1058 (RIPv1) y posteriormente en la RFC 2453 (RIPv2), es un protocolo de enrutamiento interno y utiliza un algoritmo de vector de distancias. Hoy en día ya no se utiliza, pero sigue siendo interesante debido a su rudimentario enfoque.

Observación

Puede ver las RFC RIP v1 y RIP v2 en estos enlaces: https://tools.ietf.org/html/rfc1058 y https://tools.ietf.org/html/rfc2453.

La RFC 7868 es la relativa a EIGRP: https://tools.ietf.org/html/rfc7868.

Usa el número de saltos como medida para la selección del camino. Establece como ruta inaccesible un número de saltos superior a 15. Cada router RIP envía el contenido de su tabla de enrutamiento, por defecto cada 30 segundos, a sus vecinos.

Cuando un router recibe una actualización que incluye una nueva subred o una modificación, el router actualiza su tabla de enrutamiento. A nivel de cada router, el valor del número de saltos se incrementa en una unidad.

Después de haber actualizado su tabla de enrutamiento, el router comienza a transmitir las actualizaciones de enrutamiento para informar a los demás routers de la red. El envío de estas actualizaciones, llamadas actualizaciones desencadenadas, es independiente del envío de actualizaciones regulares por los routers RIP.

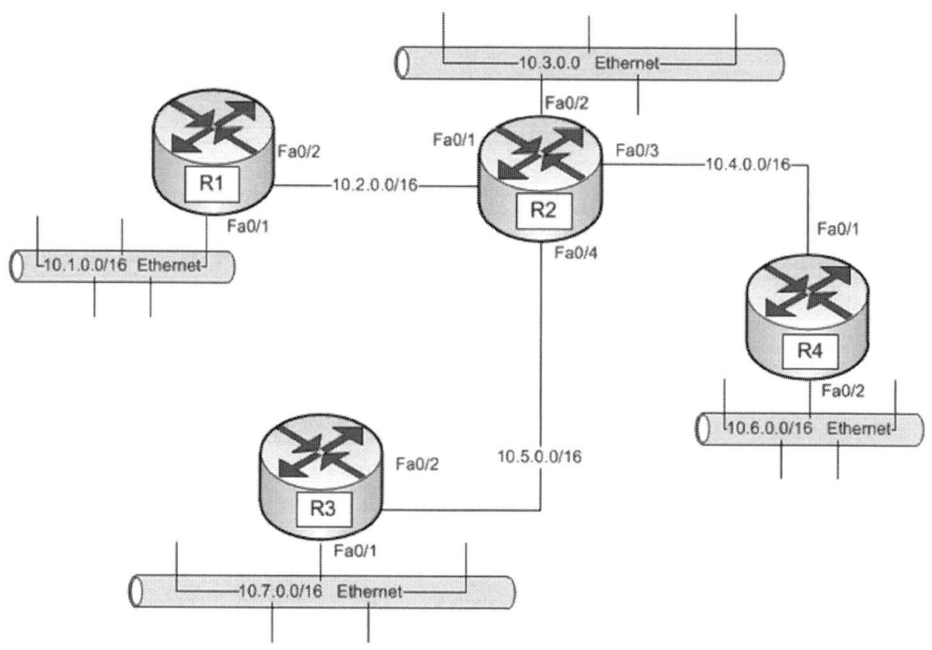

Entorno de red y RIP

Inicialmente, los routers conocen las redes a las que están conectados. Lo que da:

Router R1	Red	Interfaz	Salto
	10.1.0.0/16	Fa0/1	0
	10.2.0.0/16	Fa0/2	0

Router R2	Red	Interfaz	Salto
	10.2.0.0/16	Fa0/1	0
	10.3.0.0/16	Fa0/2	0
	10.4.0.0/16	Fa0/3	0
	10.5.0.0/16	Fa0/4	0

Router R3	Red	Interfaz	Salto
	10.7.0.0/16	Fa0/1	0
	10.5.0.0/16	Fa0/2	0

Router R4	Red	Interfaz	Salto
	10.4.0.0/16	Fa0/1	0
	10.6.0.0/16	Fa0/2	0

Cuando R1 difunda su tabla de enrutamiento a su vecino R2, R2 descubrirá la existencia de la red 10.1.0.0/16 por su interfaz Fa0/1:

Router R2	Red	Interfaz	Salto
	10.2.0.0/16	Fa0/1	0
	10.3.0.0/16	Fa0/2	0
	10.4.0.0/16	Fa0/3	0
	10.5.0.0/16	Fa0/4	0
	10.1.0.0/16	**Fa0/1**	**1**

A continuación, por actualización desencadenada, R3 y R4 descubren la misma red:

Router R3	Red	Interfaz	Salto
	10.7.0.0/16	Fa0/1	0
	10.5.0.0/16	Fa0/2	0
	10.1.0.0/16	**Fa0/2**	**2**

Router R4	Red	Interfaz	Salto
	10.4.0.0/16	Fa0/1	0
	10.6.0.0/16	Fa0/2	0
	10.1.0.0/16	**Fa0/1**	**2**

De manera similar, R3 enviará su tabla de enrutamiento a su vecino R2, que descubrirá que puede acceder a red 10.7.0.0/16 en un salto por su interfaz Fa0/4.

R2, a su vez, propagará la existencia de la red 10.7.0.0/16 a sus vecinos R1 y R4 en dos saltos.

R4 descubrirá a R2 la existencia de la red 10.6.0.0/16. R2 propagará esta información a sus vecinos R1 y R3.

Una vez se ha realizado la convergencia completa de RIP, se obtiene la siguiente información:

Router R1	Red	Interfaz	Salto
	10.1.0.0/16	Fa0/1	0
	10.2.0.0/16	Fa0/2	0
	10.7.0.0/16	**Fa0/2**	**2**
	10.6.0.0/16	**Fa0/2**	**2**
	10.3.0.0/16	**Fa0/2**	**1**
	10.4.0.0/16	**Fa0/2**	**1**

Router R1	Red	Interfaz	Salto
	10.5.0.0/16	**Fa0/2**	**1**

Router R2	Red	Interfaz	Salto
	10.2.0.0/16	Fa0/1	0
	10.3.0.0/16	Fa0/2	0
	10.4.0.0/16	Fa0/3	0
	10.5.0.0/16	Fa0/4	0
	10.1.0.0/16	**Fa0/1**	**1**
	10.7.0.0/16	**Fa0/4**	**1**
	10.6.0.0/16	**Fa0/3**	**1**

Router R3	Red	Interfaz	Salto
	10.7.0.0/16	Fa0/1	0
	10.5.0.0/16	Fa0/2	0
	10.1.0.0/16	**Fa0/2**	**2**
	10.6.0.0/16	**Fa0/2**	**2**
	10.3.0.0/16	**Fa0/2**	**1**
	10.4.0.0/16	**Fa0/2**	**1**
	10.5.0.0/16	**Fa0/2**	**1**

Router R4	Red	Interfaz	Salto
	10.4.0.0/16	Fa0/1	0
	10.6.0.0/16	Fa0/2	0
	10.1.0.0/16	**Fa0/1**	**2**
	10.7.0.0/16	**Fa0/1**	**2**
	10.2.0.0/16	**Fa0/1**	**1**
	10.3.0.0/16	**Fa0/1**	**1**

Router R4	Red	Interfaz	Salto
	10.5.0.0/16	Fa0/1	1

Si estamos haciendo una pequeña simulación en Packet Tracer, esto es lo primero que debemos definir como configuración en los routers.

En detalle, a continuación, las operaciones efectuadas para el router R2:

- definición del nombre R1;
- activación del enrutamiento IP.

En la interfaz Fa0/1:

– definición como interfaz de nivel 3;

– definición de la dirección IP como 10.1.0.254;

– activación de la interfaz.

En la interfaz Fa0/2:

– definición como interfaz de nivel 3;

– definición de la dirección IP como 10.2.0.254;

– activación de la interfaz;

– enrutamiento RIP;

– activación del protocolo de enrutamiento RIP;

– definición de la subred 10.0.0.0 por medio del protocolo RIP.

Los comandos Cisco correspondientes son los siguientes:

```
Switch>en
Switch#conf t
Enter configuration commands, one per line.  End with CNTL/Z.
Switch(config)#hostname R1
R1(config)#ip routing
R1(config)#int fa0/1
R1(config-if)#no switchport
R1(config-if)#ip address 10.1.0.254 255.255.0.0
R1(config-if)#no shut
R1(config-if)#int fa0/2
R1(config-if)#no switchport
R1(config-if)#ip address 10.2.0.254 255.255.0.0
R1(config-if)#no shut
R1(config-if)#exit
R1(config)#router rip
R1(config-router)#network 10.0.0.0
R1(config-router)#exit
R1(config)#exit
R1#
```

Configuración del router R1

```
Switch>en
Switch#conf t
Enter configuration commands, one per line.  End with CNTL/Z.
Switch(config)#hostname R2
R2(config)#ip routing
R2(config)#int fa0/1
R2(config-if)#no switchport
R2(config-if)#ip address 10.2.0.253 255.255.0.0
R2(config-if)#no shut
R2(config-if)#int fa0/2
R2(config-if)#no switchport
R2(config-if)#ip address 10.3.0.254 255.255.0.0
R2(config-if)#no shut
R2(config-if)#int fa0/3
R2(config-if)#no switchport
R2(config-if)#ip address 10.4.0.254 255.255.0.0
R2(config-if)#no shut
R2(config-if)#int fa0/4
R2(config-if)#no switchport
R2(config-if)#ip address 10.5.0.254 255.255.0.0
R2(config-if)#no shut
R2(config-if)#exit
R2(config)#router rip
R2(config-router)#network 10.0.0.0
R2(config-router)#exit
R2(config)#exit
R2#
```

Configuración del router R2

```
Switch>en
Switch#conf t
Enter configuration commands, one per line.  End with CNTL/Z.
Switch(config)#hostname R3
R3(config)#ip routing
R3(config)#int fa0/1
R3(config-if)#no switchport
R3(config-if)#ip address 10.7.0.254 255.255.0.0
R3(config-if)#no shut
R3(config-if)#int fa0/2
R3(config-if)#no switchport
R3(config-if)#ip address 10.5.0.253 255.255.0.0
R3(config-if)#no shut
R3(config-if)#exit
R3(config)#router rip
R3(config-router)#network 10.0.0.0
R3(config-router)#exit
R3(config)#exit
R3#
```

Configuración del router R3

```
Switch>en
Switch#conf t
Enter configuration commands, one per line.  End with CNTL/Z.
Switch(config)#hostname R4
R4(config)#ip routing
R4(config)#int fa0/1
R4(config-if)#no switchport
R4(config-if)#ip address 10.4.0.253 255.255.0.0
R4(config-if)#no shut
R4(config-if)#int fa0/2
R4(config-if)#no switchport
R4(config-if)#ip address 10.6.0.254 255.255.0.0
R4(config-if)#no shut
R4(config-if)#exit
R4(config)#router rip
R4(config-router)#network 10.0.0.0
R4(config-router)#exit
R4(config)#exit
R4#
```

Configuración del router R4

Una vez se han sincronizado, esto es lo que muestran los routers:

```
R1>en
R1#sh ip route
Codes: C - connected, S - static, I - IGRP, R - RIP, M - mobile, B - BGP
       D - EIGRP, EX - EIGRP external, O - OSPF, IA - OSPF inter area
       N1 - OSPF NSSA external type 1, N2 - OSPF NSSA external type 2
       E1 - OSPF external type 1, E2 - OSPF external type 2, E - EGP
       i - IS-IS, L1 - IS-IS level-1, L2 - IS-IS level-2, ia - IS-IS inter area
       * - candidate default, U - per-user static route, o - ODR
       P - periodic downloaded static route

Gateway of last resort is not set

     10.0.0.0/16 is subnetted, 7 subnets
C       10.1.0.0 is directly connected, FastEthernet0/1
C       10.2.0.0 is directly connected, FastEthernet0/2
R       10.3.0.0 [120/1] via 10.2.0.253, 00:00:20, FastEthernet0/2
R       10.4.0.0 [120/1] via 10.2.0.253, 00:00:20, FastEthernet0/2
R       10.5.0.0 [120/1] via 10.2.0.253, 00:00:20, FastEthernet0/2
R       10.6.0.0 [120/2] via 10.2.0.253, 00:00:20, FastEthernet0/2
R       10.7.0.0 [120/2] via 10.2.0.253, 00:00:20, FastEthernet0/2

R1#
```

Visualización de la tabla RIP convergente en R1

```
R2>en
R2#sh ip route
Codes: C - connected, S - static, I - IGRP, R - RIP, M - mobile, B - BGP
       D - EIGRP, EX - EIGRP external, O - OSPF, IA - OSPF inter area
       N1 - OSPF NSSA external type 1, N2 - OSPF NSSA external type 2
       E1 - OSPF external type 1, E2 - OSPF external type 2, E - EGP
       i - IS-IS, L1 - IS-IS level-1, L2 - IS-IS level-2, ia - IS-IS inter area
       * - candidate default, U - per-user static route, o - ODR
       P - periodic downloaded static route

Gateway of last resort is not set

     10.0.0.0/16 is subnetted, 7 subnets
R       10.1.0.0 [120/1] via 10.2.0.254, 00:00:07, FastEthernet0/1
C       10.2.0.0 is directly connected, FastEthernet0/1
C       10.3.0.0 is directly connected, FastEthernet0/2
C       10.4.0.0 is directly connected, FastEthernet0/3
C       10.5.0.0 is directly connected, FastEthernet0/4
R       10.6.0.0 [120/1] via 10.4.0.253, 00:00:29, FastEthernet0/3
R       10.7.0.0 [120/1] via 10.5.0.253, 00:00:07, FastEthernet0/4

R2#
```

Visualización de la tabla RIP convergente en R2

```
R3>en
R3#sh ip route
Codes: C - connected, S - static, I - IGRP, R - RIP, M - mobile, B - BGP
       D - EIGRP, EX - EIGRP external, O - OSPF, IA - OSPF inter area
       N1 - OSPF NSSA external type 1, N2 - OSPF NSSA external type 2
       E1 - OSPF external type 1, E2 - OSPF external type 2, E - EGP
       i - IS-IS, L1 - IS-IS level-1, L2 - IS-IS level-2, ia - IS-IS inter area
       * - candidate default, U - per-user static route, o - ODR
       P - periodic downloaded static route

Gateway of last resort is not set

     10.0.0.0/16 is subnetted, 7 subnets
R       10.1.0.0 [120/2] via 10.5.0.254, 00:00:22, FastEthernet0/2
R       10.2.0.0 [120/1] via 10.5.0.254, 00:00:22, FastEthernet0/2
R       10.3.0.0 [120/1] via 10.5.0.254, 00:00:22, FastEthernet0/2
R       10.4.0.0 [120/1] via 10.5.0.254, 00:00:22, FastEthernet0/2
C       10.5.0.0 is directly connected, FastEthernet0/2
R       10.6.0.0 [120/2] via 10.5.0.254, 00:00:22, FastEthernet0/2
C       10.7.0.0 is directly connected, FastEthernet0/1

R3#
```

Visualización de la tabla RIP convergente en R3

```
R4>en
R4#sh ip route
Codes: C - connected, S - static, I - IGRP, R - RIP, M - mobile, B - BGP
       D - EIGRP, EX - EIGRP external, O - OSPF, IA - OSPF inter area
       N1 - OSPF NSSA external type 1, N2 - OSPF NSSA external type 2
       E1 - OSPF external type 1, E2 - OSPF external type 2, E - EGP
       i - IS-IS, L1 - IS-IS level-1, L2 - IS-IS level-2, ia - IS-IS inter area
       * - candidate default, U - per-user static route, o - ODR
       P - periodic downloaded static route

Gateway of last resort is not set

     10.0.0.0/16 is subnetted, 7 subnets
R       10.1.0.0 [120/2] via 10.4.0.254, 00:00:16, FastEthernet0/1
R       10.2.0.0 [120/1] via 10.4.0.254, 00:00:16, FastEthernet0/1
R       10.3.0.0 [120/1] via 10.4.0.254, 00:00:16, FastEthernet0/1
C       10.4.0.0 is directly connected, FastEthernet0/1
R       10.5.0.0 [120/1] via 10.4.0.254, 00:00:16, FastEthernet0/1
C       10.6.0.0 is directly connected, FastEthernet0/2
R       10.7.0.0 [120/2] via 10.4.0.254, 00:00:16, FastEthernet0/1

R4#
```

Visualización de la tabla RIP convergente en R4

Las principales ventajas relativas a RIP son las siguientes:

- Funcionamiento simple.
- Protocolo disponible en todas partes.

Los principales inconvenientes de RIP son los siguientes:

- Número de saltos limitado a 15.
- Convergencia lenta.
- Envío de toda la tabla cada vez.

OSPF

El protocolo OSPF (*Open Shortest Path First*) está especificado en la RFC 2328. Se trata de un protocolo abierto, de estado de enlace, que funciona como protocolo interno, dentro de un entorno delimitado (AS o *Autonomous System*).

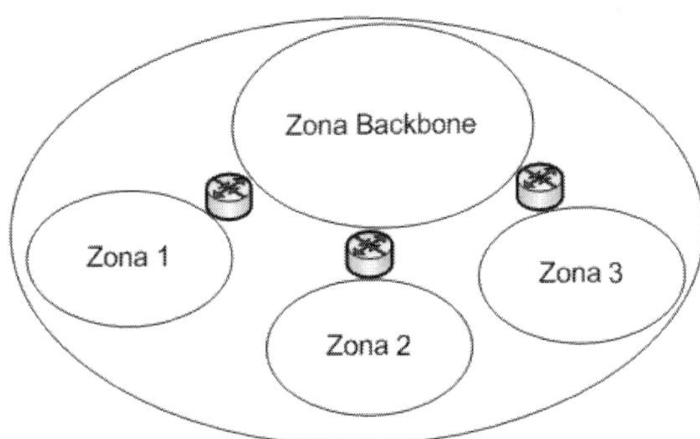

Autonomous System OSPF

El AS se divide en zonas OSPF (*Área*) que están conectadas a una zona principal o zona *backbone*.

Observación

Puede ver la RFC en esta URL: https://tools.ietf.org/html/rfc2328

No se aconseja tener más de 50 routers por zona OSPF, lo que representa ya una red muy importante.

Se basa en el algoritmo *Shortest Path First* o SPF para calcular el coste más fiable a un destino en una zona determinada.

El algoritmo utilizado es Dijkstra.

El coste utilizado para el cálculo del camino más corto debe ser inversamente proporcional al ancho de banda utilizado. Se puede definir manualmente o calcular dividiendo por ejemplo 100 000 000 por el ancho de banda en bps:

Red	Velocidad	Coste
Token Ring	16 Mbps	6
Ethernet	100 Mbps	1
Línea T1	1,524 Mbps	65
Línea 56k	56 kbps	1785

Observación

Si se tiene en cuenta los 10 Gbps de Ethernet, se puede utilizar una fórmula como 10 000 000 000/ancho de banda en bps para calcular manualmente el conjunto de los costes de red.

En cada una de las zonas se mantiene una tabla de estado de vínculos que se graba en un DR (*Designated Router* o router designado), a continuación, se guarda en un BDR (*Backup Designated Router* o router designado de seguridad). Este DR sirve como punto central de los intercambios con todos los routers de la zona.

En OSPF, los routers se informan de la evolución de la topología (desconexión de un vínculo, reconexión, descubrimiento de un nuevo router) enviando únicamente las actualizaciones de enrutamiento al router designado de la zona.

OSPF implementa tres tipos de operaciones: en una zona, entre dos zonas y entre dos AS.

Observación

Un router de zona de frontera o ABR (Area Border Router) permite el intercambio de información entre zonas.

Todos los routers mantienen actualizada una base de datos topológica en función de las modificaciones que se van realizando. Cada router recalcula su arborescencia SPF para buscar los nuevos caminos más cortos a cada red. Así, actualizan su tabla de enrutamiento en función del mejor camino recalculado.

La convergencia del algoritmo es muy rápida. Además, se encarga de la autenticación de las rutas.

En OSPF, se utilizan tres protocolos:

- Hello.
- Inundación (*flooding*).
- Intercambio.

El protocolo Hello permite a los routers verificar los vínculos con sus vecinos. Los paquetes Hello contienen información, como el identificador del router, el intervalo Hello, los vecinos próximos al router (comparten su información de enrutamiento), el identificador de la zona en la que se encuentra el router, así como la prioridad.

El protocolo de inundación lo utiliza un router que detecta cambios en la red, y que quiere avisar rápidamente a los demás de esta modificación.

El protocolo de intercambio es un mecanismo que permite a los routers intercambiar su información de base de datos topológica. Al finalizar el proceso de intercambio, los routers próximos están completamente sincronizados.

Las ventajas principales de OSPF son las siguientes:

- Una convergencia rápida.
- El algoritmo tiene un buen rendimiento para neutralizar los bucles de nivel 3.
- Los routers se intercambian información del estado de los vínculos con sus vecinos, lo que permite a cada uno hacerse su propia idea del camino más corto.

Los principales inconvenientes son los siguientes:

- Un algoritmo complejo de elección de roles específicos para la implementación de OSPF.

– El algoritmo utilizado consume muchos recursos del procesador.

BGP

El protocolo BGP (*Border Gateway Protocol*) en su versión actual, la 4, está descrito en la RFC4271. Se trata de un protocolo externo, es decir, que permite el intercambio de las tablas de enrutamiento entre dos *Autonomous System*. Funciona basándose en reglas de decisión tomadas a lo largo de los AS cruzados, en lugar de utilizar una métrica, como en los otros protocolos; en este sentido, está clasificado dentro de los protocolos de tipo **vector de caminos**.

Observación

Puede ver la RFC en la siguiente dirección: https://tools.ietf.org/html/rfc4271.

Hoy en día, un AS está codificado en 16 bits y corresponde generalmente a un proveedor de acceso o a una gran empresa. De hecho, a nivel mundial solo puede haber 65535 AS posibles.

BGP relaciona dos AS diferentes para permitir el intercambio de información de enrutamiento. Sin embargo, como cada AS defiende sus propios intereses, es importante poder controlar la información que proviene del otro AS.

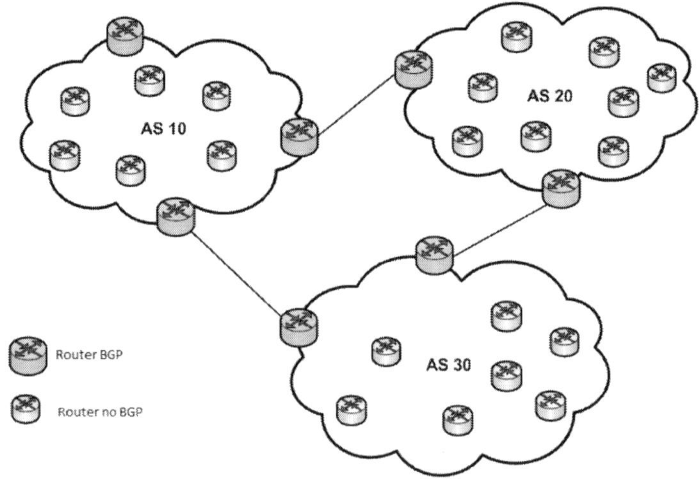

Arquitectura BGP

BGP es un protocolo de intercambio entre dos AS y funciona con dos modos posibles de asociación:

- cliente-proveedor;
- costes compartidos.

El modo «cliente-proveedor» permite a una gran empresa, que tiene un AS, disponer de conectividad a internet a través de un proveedor (que tiene igualmente un AS).

El modo «costes compartidos» es una relación de igual a igual, donde cada una de las partes acepta el intercambio de los paquetes a través de un punto de interconexión.

Otra de las particularidades de BGP es que se basa en una conexión TCP (fiable) para realizar los intercambios de las tablas de enrutamiento (TCP 179).

Con BGP se intercambian diversos tipos de mensajes:

- OPEN;
- UPDATE;
- KEEPALIVE;
- NOTIFICATION.

La apertura de sesión se realiza a través de un mensaje OPEN. Al principio, los routers BGP se intercambiaban la totalidad de sus tablas. Ahora, se utilizan los mensajes de tipo UPDATE para intercambiar actualizaciones.

La sesión BGP se mantiene a través de mensajes KEEPALIVE.

Finalmente, los mensajes NOTIFICATION permiten generar las excepciones.

BGP, para elegir la mejor ruta con objeto de llegar a una red lejana y propagarla a otro AS, está sujeta a numerosas reglas. Entre ellas, podemos encontrar como criterios, por orden de prioridad, los siguientes:

- el peso (preferencia administrativa local);
- la preferencia local (dentro del AS);
- la preferencia de una red cuyo origen es el router local;
- la preferencia de un camino que atraviesa un mínimo de AS;

- la preferencia de un camino aprendido por un protocolo interno en lugar de un protocolo externo;
- la preferencia siguiendo la métrica comunicada por el AS origen;
- la preferencia de las rutas BGP aprendidas por routers externos respecto a routers internos;
- el coste de protocolo interior;
- la asociación BGP para las rutas más estables;
- el identificador del router.

Tolerancia a fallos de una puerta de enlace por defecto: HSRP

Hot Standby Router Protocol o HSRP es un protocolo creado para permitir el restablecimiento transparente en caso de fallo de una puerta de enlace por defecto.

HSRP permite seleccionar, dentro de un grupo de routers, un router activo y un router de emergencia. El router activo es el que se encarga de los paquetes. El router de emergencia es el que se convertirá en activo cuando el falle el principal.

A continuación, puede ver una configuración HSRP con dos routers que tienen una interfaz en la red 10.1.0.0/16. Se define como IP virtual para la subred una dirección IP de puerta de enlace por defecto, 10.1.0.254. Cada router dispone de una dirección IP definida para una interfaz en la subred.

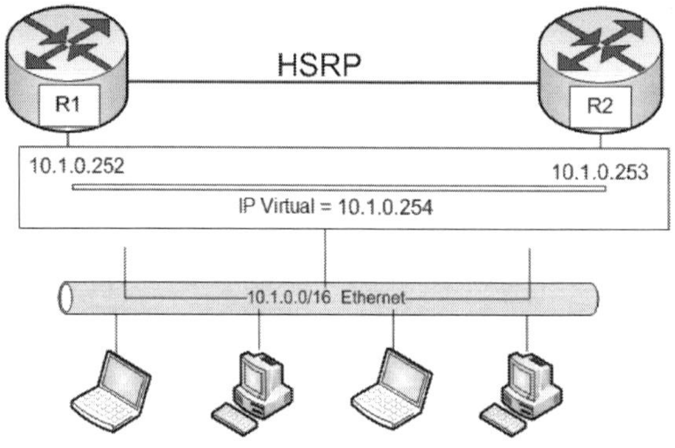

Dirección IP virtual y HSRP

La mayor parte de los huéspedes IP no disponen más que de una sola dirección IP de puerta de enlace configurada. Así, cuando se implementa HSRP, la dirección virtual HSRP se configura en los huéspedes, en lugar de una dirección IP de un router físico.

HSRP es útil cuando los huéspedes no incorporan protocolos de descubrimiento de routers como *ICMP Router Discovery Protocol* (IRDP) y no es capaz de bascular a otro router cuando el que tiene configurado no está disponible.

Cuando HSRP se utiliza en un segmento de red, proporciona una dirección MAC virtual, así como una dirección IP que se comparte en un grupo de routers que ejecutan HSRP. Para n routers que ejecutan HSRP, se asignan n+1 direcciones IP y direcciones MAC.

HSRP se basa en un mecanismo de prioridad para determinar qué router HSRP configurado debe ser el router activo. Para definir un router como activo, es necesario asignar la prioridad más elevada entre todos los routers HSRP del grupo.

Los dispositivos HSRP intercambian mensajes Hello multicast para detectar el fallo de un router y para designar el router activo y los routers de emergencia.

Cuando el router activo falla al enviar un mensaje Hello en un periodo de tiempo definido, el router de emergencia que tiene la prioridad más alta se convierte en el router activo. Este mecanismo de transición es completamente transparente para los huéspedes de la red.

Veamos como esto se traduce desde un punto de vista de la configuración de los equipos.

Por ejemplo, si se consideran dos interfaces de nivel 3 configuradas sobre dos routers R1 y R2 (como se ve arriba).

Se va a definir un grupo HSRP específico (en este caso el grupo 1), con R1 que tiene una prioridad más alta (110 es más grande que 105) y relojes a 5 y 10 segundos (tiempo de basculación).

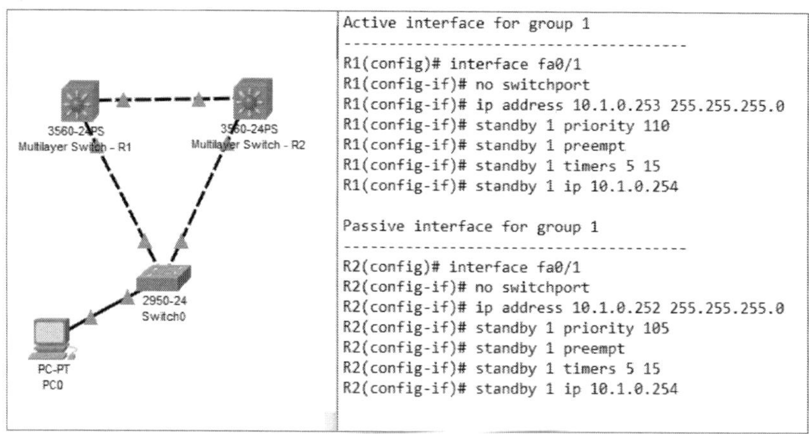

Configuración HSRP en dos interfaces físicas de nivel 3

De este modo, cuando la interfaz activa no está disponible, se produce una basculación y se generan mensajes HSRP:

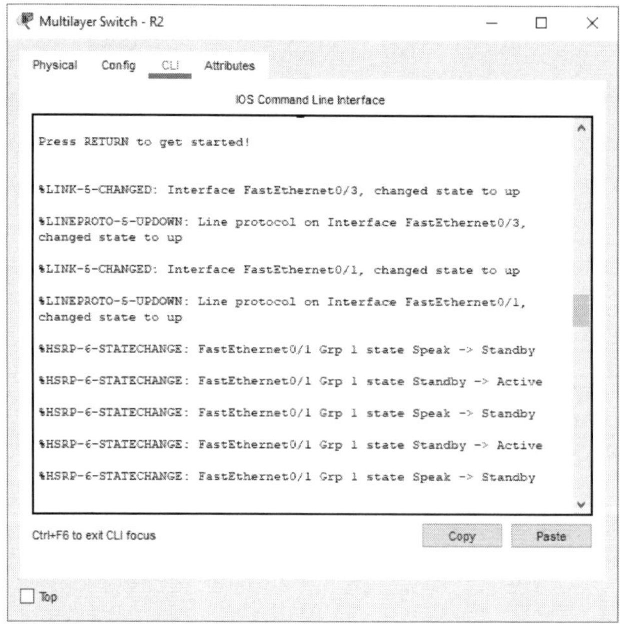

Ejemplo de mensaje HSRP

En la práctica, en una red de tamaño mediano o grande, las direcciones IP implementadas con HSRP son las pasarelas por defecto de clientes (estaciones de trabajo, servidores, etc.) definidas como interfaces de cada VLAN. Se configurará un grupo HSRP por cada una de las VLAN.

Entonces se obtiene una configuración definida usando los siguientes comandos:

```
Active interface for group 200
--------------------------------------
R1(config)# interface vlan 200
R1(config-if)# ip address 10.200.0.253 255.255.255.0
R1(config-if)# standby version 2
R1(config-if)# standby 200 priority 110
R1(config-if)# standby 200 preempt
R1(config-if)# standby 200 timers 5 15
R1(config-if)# standby 200 ip 10.200.0.254

Passive interface for group 200
--------------------------------------
R2(config)# interface vlan 200
R2(config-if)# ip address 10.200.0.252 255.255.255.0
R2(config-if)# standby version 2
R2(config-if)# standby 200 priority 105
R2(config-if)# standby 200 preempt
R2(config-if)# standby 200 timers 5 15
R2(config-if)# standby 200 ip 10.200.0.254
```

Configuración HSRP en una interfaz VLAN

En el ejemplo anterior, los dispositivos asociados al VLAN 200 tendrán como pasarela predefinida la dirección IP 10.200.0.254; según el caso, ésta se asociará a 10.200.0.253 (R1) o 10.200.0.252 (R2).

4.3.5 La puerta de enlace

Es una máquina, generalmente un servidor dedicado o un dispositivo, que opera entre las capas 3 a 7 como traductor de las capas medias y altas, en particular, para la optimización de los datos.

Juniper SRX 5600 - Services Gateway

Con la generalización del uso de TCP/IP, las puertas de enlace se utilizan menos. Las encontraremos, sobre todo, para la interconexión entre estos protocolos y los grandes entornos que utilizan *System Network Architecture* (SNA).

Observación

Atención, en este caso el término puerta de enlace se utiliza para definir un traductor de capas altas, que no tiene nada que ver con el término «puerta de enlace» que se utiliza en un entorno TCP/IP que hace referencia al enrutador, punto de salida de red de nivel 2.

4.4 Elección de los dispositivos de conexión apropiados

Para facilitar la elección entre los distintos dispositivos de interconexión recién mencionados, examinaremos las distintas características de cada uno. Precisaremos en qué situación conviene más un dispositivo que otro.

4.4.1 El repetidor

Este actúa en la capa física del modelo OSI. Permite extender la longitud máxima de un segmento, ampliando la señal, al mismo tiempo que interconectar dos soportes físicos diferentes.

No es capaz de trabajar a nivel semántico el contenido de una trama; sin embargo, es capaz de detectar una colisión y de propagarla hacia el otro lado.

A pesar de trabajar en el nivel 1, tampoco es capaz de interconectar cables que funcionen a velocidades diferentes.

Actualmente hablamos de función de repetidor (o concentrador) incorporada a un elemento activo de la red, más que de un componente dedicado.

4.4.2 El puente

Posibilita la interconexión de redes que tienen la misma capa de Conexión de datos (el mismo direccionamiento MAC y el mismo modo de acceso) para ejecutar una acción de filtrado basándose en las direcciones físicas, lo que permite desatascar una red sobrecargada.

Deja pasar la multidifusión (*multicast*) y la difusión (*broadcast*), así como las tramas cuya dirección de destino es desconocida. Es capaz de detectar y de administrar los bucles de interconexión.

Actualmente, en las redes locales, estas funcionalidades las implementan los conmutadores.

4.4.3 El conmutador

Se comporta como un puente multicable. Permite introducir una arquitectura centralizada de interconexión desde otras LAN. Como se encuentra en el centro de la topología, es un medio privilegiado para seguir la utilización de la red.

En una red Ethernet, permite implementar una red troncal rápida, al mismo tiempo que aislar dominios de colisión distintos, a nivel de cada puerto.

Con un cableado en pares trenzados entre los equipos y el conmutador, es posible trabajar con tarjetas de red directamente en *full-duplex* para duplicar la capacidad global de la red.

El conmutador también se puede utilizar para interconectar dos LAN a velocidades elevadas, dependiendo de las capacidades de los medios físicos empleados.

4.4.4 El router

No deja pasar las difusiones (excepto para algunos routers en que esta opción puede activarse).

Permite elegir el mejor camino posible entre las direcciones lógicas.

No deja pasar un paquete cuya dirección de destino sea desconocida.

Es necesario utilizar un protocolo enrutable, salvo si la función de puente es posible (es el caso de un router puente o b-router).

4.4.5 La puerta de enlace

Actúa como una traductora de capas medias y también de las otras: tablas de caracteres, características internacionales o incluso traducción de protocolos.

Evita que se deban instalar componentes de red en cada cliente y ofrece un acceso universal que minimiza la heterogeneidad de la red.

4.5 Ejemplo de topología de red local segura

En un sitio global, podemos encontrar los diferentes equipos estudiados para ofrecer una arquitectura sólida, redundante y con una tolerancia a errores robusta.

Generalmente, se dispone de una fuente de alimentación eléctrica redundante con equipos que disponen de varias alimentaciones eléctricas.

Debería haber, como mínimo, dos salas blancas, separadas entre sí al menos unos centenares de metros.

En cada una de las salas habrá dos núcleos de red que aseguren el nivel 2 y el nivel 3.

Se ofrece una arquitectura de tres niveles (CISCO): núcleo, distribución y acceso.

También se activará un Spanning Tree para implementar conexiones de nivel 2 redundantes, neutralizando los bucles que se creen.

En el siguiente esquema, se han representado números que permiten identificar los puntos donde puede fallar la red.

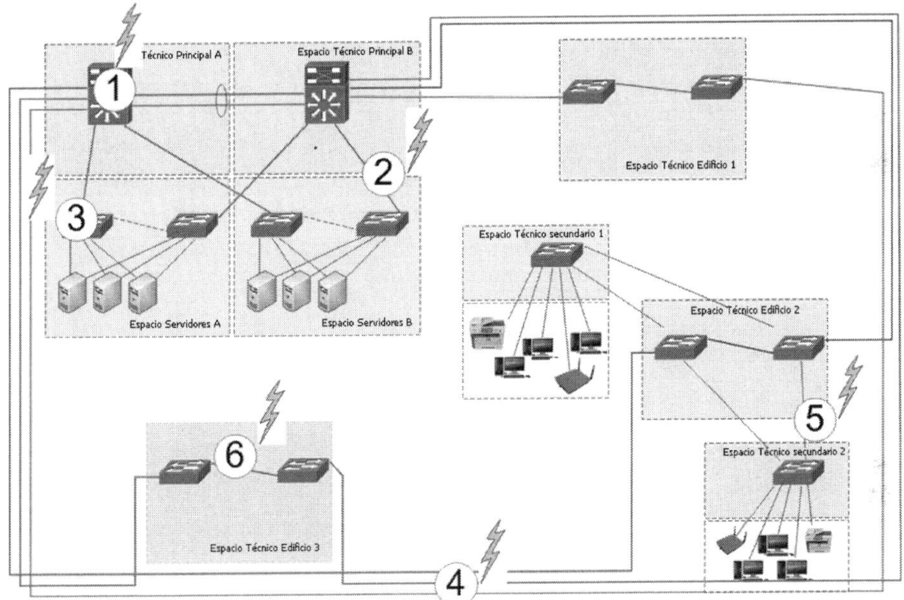

Topología de red local segura

(1) Uno de los núcleos de la red del sitio tiene un error: el error es transparente.

(2) Se corta una conexión entre el núcleo y la distribución. El Spanning Tree se recalcula para que la red continúe funcionando con normalidad.

(3) Hay un error en un conmutador de distribución. Este conmutador da acceso directo a los servidores y, como estos servidores están conectados a dos ubicaciones, no hay corte del servicio.

(4) El anillo de fibra que rodea el sitio ha sido cortado (por una pala mecánica). Tratándose de una conexión de nivel 2 en bucle, el Spanning Tree se recalcula para ofrecer una nueva ruta de nivel 2 única.

(5) Se interrumpe una conexión entre dos conmutadores (Distribución y Acceso). La ruta de nivel 2 se recalcula para asegurar la continuidad del servicio (siempre que exista una ruta disponible).

Capítulo 6
Capas bajas de las redes locales

1. Capas bajas e IEEE

Numerosos protocolos concretan las capas bajas del modelo OSI, es decir, la capa física y de Conexión de datos, que siguen siendo independientes de las capas superiores.

Distintos organismos, como el *Institute of Electrical and Electronic Engineers* (IEEE) han estandarizado estas tecnologías.

1.1 Diferenciación de las capas

La capa física se asocia a la interfaz mediante cable o de forma inalámbrica. Se definen distintas características, como el método de acceso al soporte, la codificación, las topologías soportadas, la velocidad...

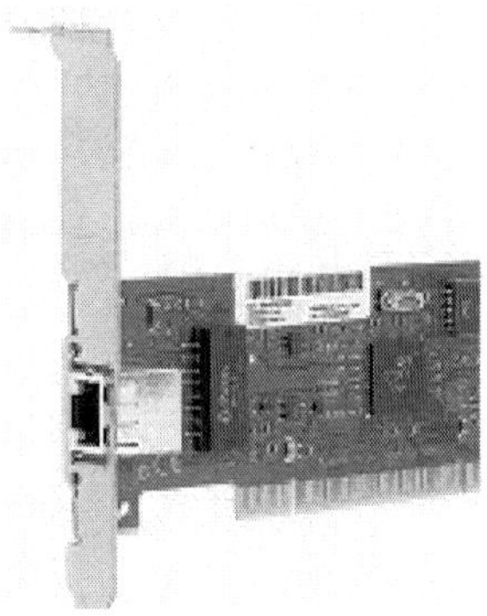

La tarjeta de red

El proyecto 802 del IEEE divide el nivel Conexión de datos en dos capas inferiores. La primera se llama control de acceso a los medios de comunicación o *Medium Access Control* (MAC) y es inherente a cada tipo de red. La segunda se llama control de la conexión lógica o *Logical Link Control* (LLC), es independiente del tipo de red y está estandarizada como 802.2.

<table>
<tr><td>Conexión</td><td colspan="3">IEE 802.2 (LLC)</td></tr>
<tr><td>Física</td><td>IEEE
802.3
CSMA/CD</td><td>IEEE
802.4
Token Bus</td><td>IEEE
802.5
Token
Ring</td></tr>
</table>

Las normas 802.x del IEEE

1.2 IEEE 802.1

Esta especificación es una introducción a las normas 802 e implica las relaciones globales entre todas las otras especificaciones. Tiene en cuenta los problemas relativos a la gestión de los sistemas y a la interconexión de redes.

Por ejemplo, el algoritmo de *Spanning tree*, que soluciona los problemas de bucles en las redes Ethernet, se describe en 802.1D. La implementación Rapid STP está descrito en 802.1w y la de Multi Instance STP en 802.1s.

El marcado en las VLAN explícitas se define en 802.1Q. La gestión de las prioridades se aborda en 802.1P.

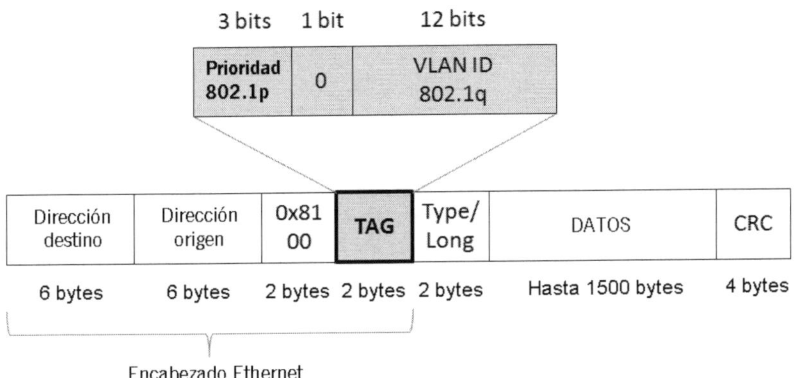

Trama Ethernet que muestra la gestión de prioridad por VLAN

1.3 IEEE 802.2

1.3.1 Principios de Logical Link Control (LLC)

El control de capa de conexión define servicios estándar, cualquiera que sea la topología y el método de acceso al soporte. Controlan conexiones punto a punto o multipunto en soportes limitados o ilimitados, en *half-duplex* o en *full-duplex*, en redes de conmutación de paquetes o de circuitos.

LLC puede garantizar la integridad de la transmisión de extremo a extremo entre dos estaciones.

Observación

High level Data Link Control (HDLC) es un protocolo creado en 1979 que corresponde a una etapa intermedia de LLC.

1.3.2 Tipos de servicio

Históricamente, los protocolos LLC se definieron para gestionar tres tipos de servicio.

Servicio sin conexión ni confirmación (tipo 1)

Es el servicio más simple y menos fiable. Es también el más utilizado, ya que a menudo la mayoría de los protocolos utilizan un transporte seguro (capa 4 OSI).

Servicio orientado a la conexión (tipo 2)

Consta de una conexión lógica entre el emisor y el receptor.

Servicio sin conexión con confirmación (tipo 3)

Cada trama se confirma individualmente, pero no existe conexión lógica entre las dos estaciones.

2. Ethernet e IEEE 802.3

2.1 Generalidades

El protocolo Ethernet aparece en 1980 como resultado de los trabajos de DEC, Intel y Xerox. Como es tan económico, está siempre presente en cualquier instalación. Su evolución se estandarizó en la norma IEEE 802.3, que cubre la capa física y una parte de la capa de Conexión de datos. Hay algunas diferencias entre Ethernet y 802.3, pero no disociaremos estas dos normas.

802.3 utiliza los servicios de la capa LLC. El modo de acceso al soporte es por contención, a través de *Carrier Sense Multiple Access/Collision Detection* (CSMA/CD). Este método de acceso al soporte significa literalmente «escucha del portador» en un entorno «de acceso múltiple» con implementación de «detección de colisiones».

2.2 Características de la capa física

802.3 ofrece distintas opciones de capa física. Las denominaciones utilizadas toman en cuenta la velocidad, el soporte, el tipo de señal y la longitud del segmento.

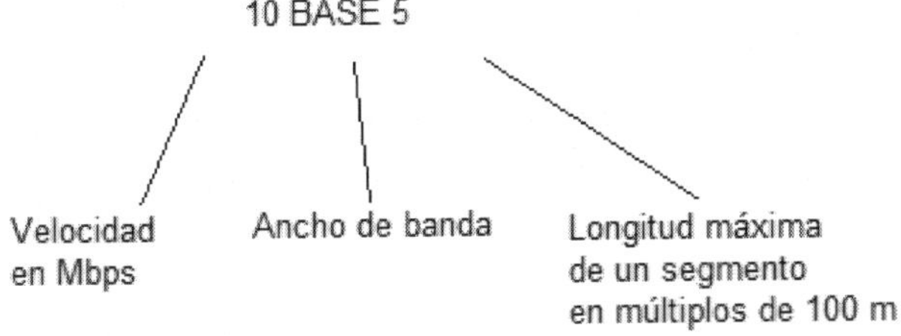

10 base 2 corresponde a una red Ethernet con cable coaxial fino (10 Mbps, señalización digital para segmentos de 200 metros como máximo; en realidad, 185 metros).

10 base T corresponde a una Ethernet con par trenzado (T por *Twisted pair*).

100 base T es una implementación de Ethernet a 100 Mbps con par trenzado (categoría 5).

1000 base T (norma IEEE 802.3ab) corresponde a una solución basada en el par trenzado UTP categoría 5e (máximo 100 metros).

10 G base T se basa en la definición IEEE 802.3an y establece la velocidad a 10 Gbps para el par trenzado en longitudes máximas de 100 metros.

Una trama tiene una longitud mínima de 64 bytes y máxima de 1518 bytes.

2.2.1 Las especificidades de Ethernet

Ethernet se definió para una velocidad de 10 Mbps. En un principio se conectaban los nodos de la red con cable coaxial grueso (*thick*) o fino (*thin*). Más tarde, la casi totalidad de las implementaciones de este tipo de red utilizan el par trenzado o incluso la fibra óptica.

10 base 2

Una red Ethernet que utiliza el coaxial fino RG58, de 5 mm de diámetro, se llama *thin-net* o *cheap-net*.

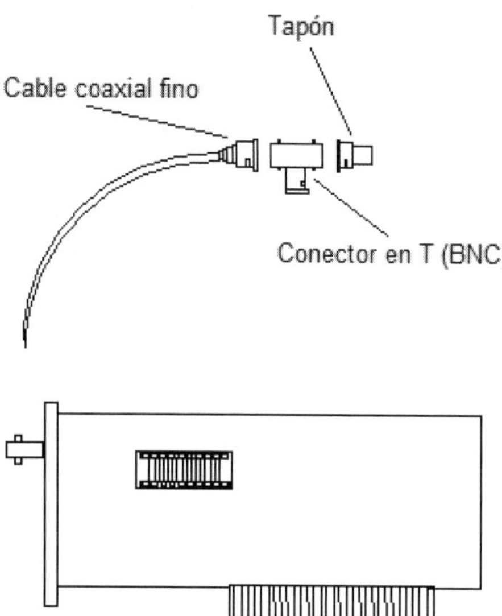

La topología preferida es el bus, y los segmentos no deben exceder los 185 metros (debido al importante factor de atenuación). Utilizaremos conectores *British Naval Connector* (BNC) para conectar los nodos.

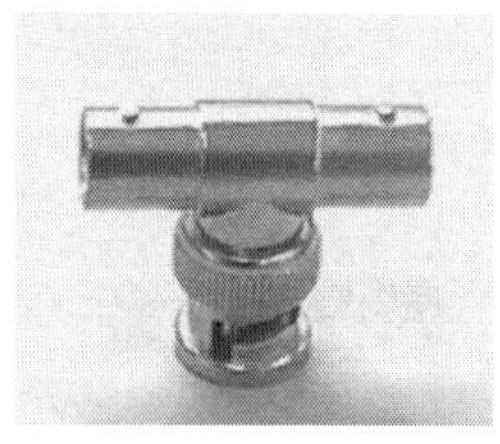

Conector en «T»

La distancia mínima entre dos conectores T es de 0,5 m. El número máximo de estaciones es de 30 por segmento. El alcance de la red no debe superar los 925 metros (interconectando como máximo 5 segmentos con 4 repetidores). Es necesario colocar una resistencia o tapón de terminación en cada extremo del segmento. El transmisor-receptor que permite la circulación de las señales está integrado en la tarjeta de red de 10 base 2.

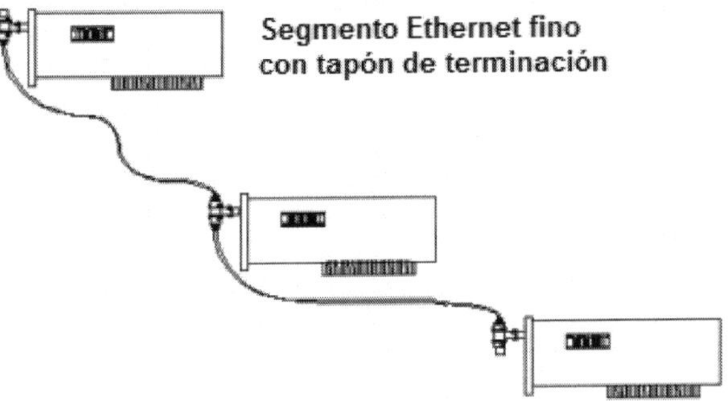

10 base 5

El soporte coaxial grueso RG11, de 10 mm de diámetro, casi ha desaparecido, aunque todavía se utiliza en entornos muy sensibles a las interferencias electromagnéticas.

Cable coaxial grueso

Las redes Ethernet que utilizan el cable coaxial grueso también se conocen con los nombres *thick-net*, gran Ethernet o Ethernet gruesa, en función de su volumen y de su rigidez. El modo de acceso CSMA/CD funciona como en 10 base 2, en una topología de bus. Los segmentos llegan a los 500 metros, lo que confiere a la red un alcance máximo de 2500 metros.

Observación

En Ethernet, se habla a menudo de la regla 5-4-3, que permite tener como máximo 5 segmentos interconectados por 4 repetidores. De los 5 segmentos, solo 3 deben estar conectados a equipos de trabajo. Así, en la Ethernet fina, el alcance máximo de la red es de 925 metros contra 2500 en la Ethernet gruesa. Esta regla se aplicaba en la época en que la red Ethernet no estaba completamente conmutada y en que las colisiones se podían propagar a segmentos enteros de redes.

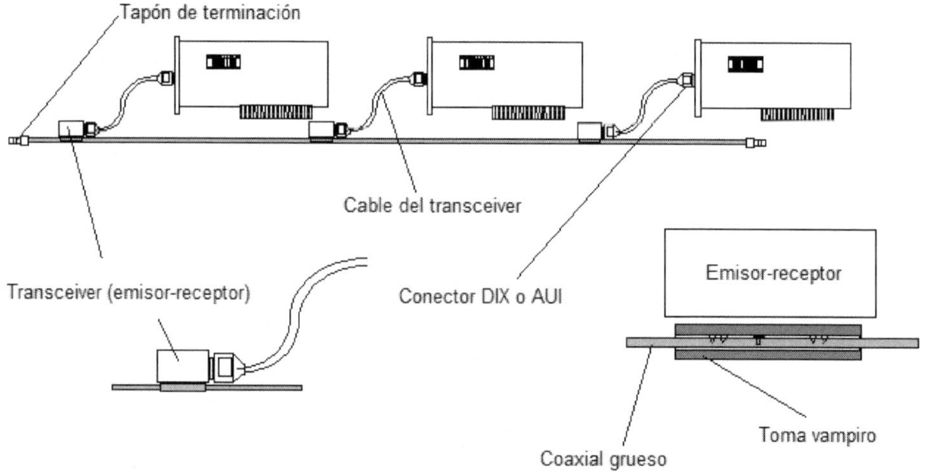

En el caso del 10 base 5, el emisor-receptor (transceptor o *transceiver*) es externo y puede alejarse de la tarjeta de red a unos 50 metros. El cable que conecta el *Access Unit Interface* (AUI) o *Digital Intel Xerox* (DIX) de la tarjeta con el *transceiver* a través del cable coaxial grueso se llama cable emisor-receptor. La distancia mínima entre dos *transceivers* es de 2,5 metros y no se deben tener más de 100 *transceivers* por segmento.

Observación

El emisor-receptor externo a menudo se conecta al cable grueso utilizando una toma vampiro. También encontramos adaptadores AUI/RJ45, que disponen de un emisor-receptor integrado que permite conectar la tarjeta de red 10 base T utilizando un conector AUI.

10 base T

Las redes Ethernet en estrella utilizan el cable de cobre de par trenzado. Se emplean cuatro hilos, acoplados a conectores RJ45. El cable utilizado es de categoría 3 o 5 y puede estar blindado o no.

Cable 10 base T

La red se forma por centralización en un conmutador (*switch*). La longitud del cable entre el hardware que se desea conectar y el elemento activo no debería, teóricamente, exceder los 100 m. Con la mejora de calidad de los cables esta distancia se puede superar en la práctica, aunque no se recomienda.

Aunque la imagen externa, proporcionada por la conexión entre los distintos puertos del elemento activo, se parece a una estrella, los nodos de la red componen una topología en bus. Se puede ampliar la red conectando los elementos activos en cascada, para obtener una topología en árbol, o interconectándolos mediante un bus (con frecuencia de fibra óptica).

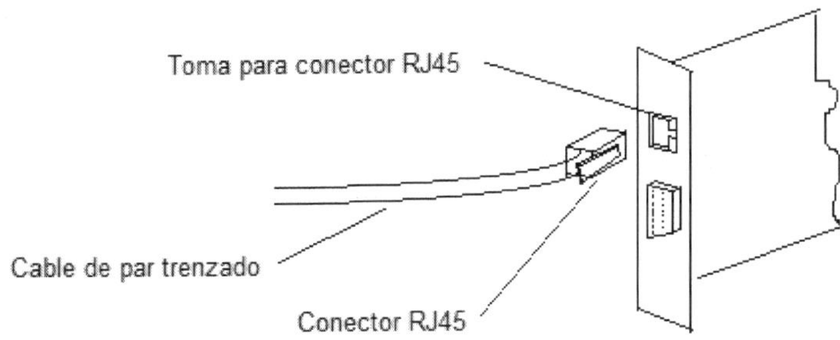

Ethernet y la fibra óptica

Fiber Optic Inter Repeater Link (FOIRL) fue la primera implementación de la fibra óptica en una red Ethernet.

La fibra óptica se puede utilizar para la conexión de dos LAN situadas a distancias relativamente cercanas (uno o dos kilómetros).

La interconexión puede efectuarse por medio de un repetidor, de un puente o incluso de una estrella óptica activa (gestión de colisiones).

Observación

Siempre hay que utilizar dos fibras, que son soportes simplex, para asegurar la emisión y la recepción.

La utilización de la fibra a bajas velocidades ha permitido crear soluciones para Ethernet, con longitudes de segmentos que llegan hasta a varias decenas de kilómetros. Una posibilidad es utilizar la fibra para interconectar LAN distantes con ayuda de repetidores mixtos (fibra/par trenzado, por ejemplo).

A finales de 1993, se definieron algunos estándares para Ethernet y la fibra óptica. Se les designa con el nombre 10 base F. Estas especificaciones definen tres tipos de segmentos: 10 base FL (*Fiber Link*), 10 base FB (*Fiber Backbone*) y 10 base FP (*Fiber Passive*).

10 base FL

Esta norma, que sustituye al antiguo FOIRL, define un segmento de punto a punto que puede alcanzar los 2 km, a condición de que solo se utilicen equipos 10 base FL. Si se utiliza algún equipo FOIRL, el segmento no llegará a más de 1 km. Un segmento 10 base FL puede unir dos ordenadores o dos repetidores, o un ordenador a un puerto de un repetidor.

Repetidor 10 base FL

10 base FB

Esta especificación permite definir una topología basada en fibra óptica, como troncal de una arquitectura de estrella. Esta implementación describe una indicación sincrónica que permite ir más allá del número de repetidores aceptados por Ethernet. Las conexiones 10 base FB no conectan ordenadores; se utilizan solamente para conectar estrellas ópticas 10 base FB con objeto de construir una columna troncal. Cada segmento puede alcanzar los 2 km. Además, esta última norma permite el diagnóstico a distancia de los fallos.

Cable 10 base FB

10 base FP

Este conjunto de especificaciones define una estrella pasiva que enlaza varios ordenadores conectados a una fibra óptica sin utilizar repetidor. Un segmento 10 base FP no debe superar 500 m. Una estrella pasiva 10 base FP puede conectar hasta 33 ordenadores.

Observación

Cada vez es menos frecuente encontrar en uso redes Ethernet a 10 Mbps. La mayoría de las implementaciones presentadas con anterioridad ya no se utilizan en absoluto. Sin embargo, sí representan bases en torno a las cuales se han desarrollado técnicas más recientes.

2.2.2 Las especificidades de Fast Ethernet

Con el aumento del tráfico de red necesario en las empresas, la velocidad nativa de 10 Mbps de Ethernet ya no es suficiente. En 1994 apareció Fast Ethernet, su sucesor (estándar IEEE 802.3u), que ofrecía un ancho de banda 10 veces superior sin ser más caro.

Durante sus primeras aplicaciones concretas, Fast Ethernet, con su implementación de 10/100 Mbps, permitió tener en cuenta lo que ya existía. Esta capacidad de transición facilitó su puesta en marcha inicial.

El cableado utilizado era el par trenzado de cobre de categoría 5 como mínimo, con conector RJ45, o de fibra óptica.

Fast Ehernet utilizaba, igual que su predecesor, CSMA/CD. Las topologías son las mismas.

100 base T4

100 base T4 utilizaba cuatro pares trenzados UTP de categoría 3 como mínimo. Los conectores eran compatibles con 10 base T y 100 base T4, para el cual utiliza dos pares suplementarios. La codificación era de tipo 8B/6T y utilizaba tres de los cuatro pares para transmitir en cada sentido, y el cuarto par para la detección de colisiones.

Esta solución permitía inicialmente recuperar arquitecturas basadas en cables de categoría 3. Estos ya no se utilizan y el 100 base T4 ya no resulta interesante.

100 base TX

Esta implementación utilizaba par trenzado de categoría 5 como mínimo, blindado o no. La inserción de los cables en los conectores RJ45 era compatible con 10 base T. Durante mucho tiempo ha sido uno de los estándares más utilizados.

100 base SX

Esta norma se ha presentado para sustituir la norma anterior y ofrece un modo full-duplex utilizando dos pares trenzados (limitado a 100 metros). Se puede implementar en estrella o en bus lineal.

Mini GBIC 100 Base SX

100 base FX

100 base FX se basaba en la fibra óptica (dos fibras).

Tarjeta de red para fibra óptica

Observación

Fast Ethernet se impuso como el estándar durante muchos años. Actualmente, las estaciones de trabajo disponen de tarjetas de red Ethernet 10/100/1000 Mbps (con autonegociación de la velocidad).

2.2.3 Gigabit Ethernet

Esta evolución la estandarizó IEEE con el número 802.3z. La banda ancha más rápida, de 1 Gbps, obliga a revisar las bases de la comunicación. Por ejemplo, los cables de categoría 5 normalmente no se han diseñado para conseguir frecuencias tan rápidas como las necesarias en este caso. La denominación 5e (*enhanced*) designa cables capaces de soportar frecuencias de 100 MHz.

Se asegura la compatibilidad con sus predecesores, de donde procede el calificativo para el hardware: 10/100/1000 Mbps.

Observación

Para migrar una instalación existente a gigabit Ethernet, normalmente es necesario hacer un reciclaje. A menudo, aunque el hardware sea adecuado, el cableado no puede soportar la velocidad de una manera fiable.

A 1 Gbps, la gestión de las colisiones es muy delicada. A esta velocidad, las arquitecturas son completamente conmutadas.

Se reconoce un cierto número de implementaciones, como:

- 1000 base T (o 1000 base TX): comparable a 100 base T, pero 10 veces más rápida, admite el par de cobre trenzado de categoría 5 (o mejor de 5e) y 6 en cables con un máximo de 100 metros.
- 1000 base SX (*Short Wave*): para la explotación de fibras ópticas multimodo en distancias más cortas, del orden de 550 metros como mínimo.
- 1000 base LX (*Long Wave*): utiliza la fibra óptica multimodo o monomodo para un máximo de 2 a 5 kilómetros.

Conmutador compatible con varios conectores de fibra a través de GBIC

Gigabit Ethernet, en otro tiempo destinado a enlaces troncales y a las conexiones con los servidores, ahora se utiliza en las estaciones de trabajo (par trenzado).

Hay una norma complementaria, 802.3x, que define la adaptación de la velocidad con las redes menos rápidas. Como los *buffers* de entrada/salida no son limitados y, por lo tanto, no pueden absorber las diferencias de velocidad, se activa un control de flujo que indica al emisor cuándo tiene que hacer una pausa en la transmisión.

2.2.4 10 Gigabit Ethernet

En el año 2002, IEEE aprobó el 10 Gigabit Ethernet como 802.3ae, sucesor del 802.3z. Sigue siendo compatible con sus predecesores, pero ya no se limita a las redes locales, sino que también se utiliza a nivel metropolitano y de redes extensas.

El objetivo es continuar utilizando el mismo formato de tramas que en la disposición Ethernet original. En contraposición, es indispensable la comunicación de tipo *full-duplex*.

Se han definido siete especificaciones:

- 10GBASE-CX4 (802.3 ak) utiliza un cable de cobre especial en una distancia máxima de 15 metros.
- 10GBASE-T (802.3an) con un cable de cobre de categoría 6 (200 MHz), 6a (500 MHz) y 7 (600 MHz), que asegura distancias de comunicación inferiores a 100 metros.
- 10GBASE-SR (*Short Range*) tiene un alcance de 26 a 82 metros con fibra óptica multimodo (pero puede alcanzar 300 metros con una nueva generación de fibra).
- 10GBASE-LX4 trabaja con multiplexado por división de longitud de onda y aumenta las distancias soportadas a 240 o incluso 300 metros, con la fibra óptica multimodo (soporta 10 kilómetros con una fibra monomodo).
- 10GBASE-LR (*Low Range*) utiliza fibra óptica monomodo para comunicaciones de hasta 10 kilómetros.
- 10GBASE-ER (*Extended Range*) permite distancias de 40 kilómetros, siempre con fibra monomodo.

- 10GBASE-LRM (*Long Range Multimode*, 802.3aq), permite implementar FDDI en distancias de hasta 200 metros.

Observación

Varios fabricantes de hardware han hecho evolucionar el 10GBASE-ER en 10GBASE-ZR para ampliar la distancia hasta a 80 kilómetros.

2.2.5 40/100 Gigabit Ethernet

Inicialmente, la norma IEEE 802.3ba se publicó en junio de 2010. A continuación se enriqueció por la 802.3bg-2011, la 8023bj-2014 y por la 802.3bm-2015.

Define velocidades que van de 40 a 100 Gbps para soportes de tipo de fibra óptica o par trenzado.

Existen soluciones basadas en la utilización del cobre para distancias limitadas a 10 metros:

- 40GBASE-CR4
- 100GBASE-CR10

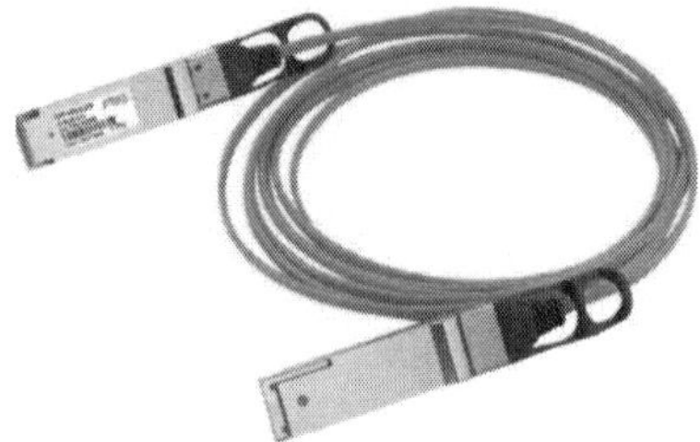

Cable 40GBASE-CR4 (QSFP+)

Otras soluciones se basan en la fibra multimodo, pero no permiten más que distancias limitadas (100 a 125 metros):

- 40GBASE-SR4
- 100GBASE-SR10

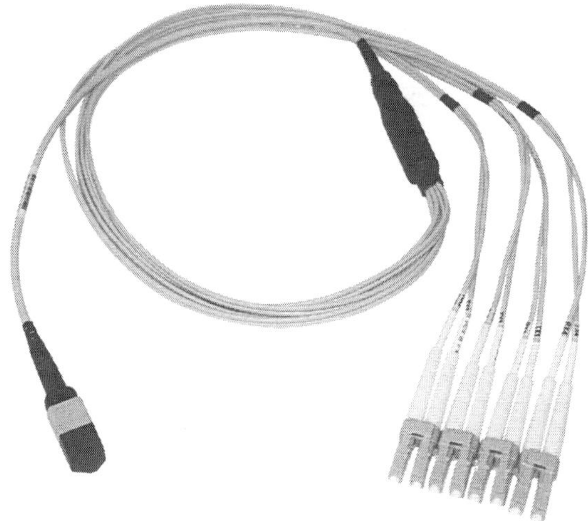

Cable 40GBASE-SR4 (MTP/4x LC) fibra multimodo - 3 metros

Las que se basan en la fibra monomodo permiten llegar a los 10 kilómetros con 40GBASE-LR4 y a los 40 kilómetros con 100GBASE-ER4.

Conector 100GBASE-ER4 para fibra monomodo

Bastante reciente y todavía costosa, Ethernet a 40 Gbps y a 100 Gbps comienzan a aparecer poco a poco.

El cable twinax ha aparecido en los chasis de bahías de servidores. Permite disponer de una conectividad simplificada de cobre con una velocidad de 100 Gbps con un conector directo de cobre (DAC o *Direct Attach Copper*):

Cable de cobre twinax pasivo 100 Gbps Ethernet (QSFP8 a 4xSFP28)

Observación

Este tipo de cable implementa conexiones a 25 Gbps que provienen de la norma IEEE 802.3by.

2.2.6 Recapitulación

A continuación, exponemos un cuadro recopilatorio con las aplicaciones más frecuentes de las redes locales.

Denominación	Soporte	Longitud máxima del segmento	Velocidad	Topología
1000 Base TX	UTP Cat 5e como mínimo	100 metros	1 Gbps	Estrella (conmutador)
1000 Base SX	Fibra multimodo doble 62.5/125 μm	550 metros	1 Gbps	Estrella o bus/ punto a punto

Denominación	Soporte	Longitud máxima del segmento	Velocidad	Topología
1000 Base LX	Soporta ondas láser en fibra óptica multimodo y monomodo	5 km	1 Gbps	Estrella o bus/ punto a punto
10GBASE-T	Soporte de cobre	100 metros	10 Gbps	Estrella/punto a punto
10GBASE-LX4	Fibra multimodo o monomodo	10 km	10 Gbps	Subsistemas de campo
10GBASE-LR4	Fibra monomodo	10 km	40 Gbps	Subsistemas de campo/ núcleo de red
100GBASE-ER4	Fibra monomodo	40 km	100 Gbps	Interconexión de sitios

2.3 Encabezados de trama Ethernet

La trama Ethernet, con muy pocas diferencias respecto a la 802.3, está formada por tres partes. En primer lugar, el encabezado, que comprende un preámbulo de 7 bytes que permite la sincronización. A continuación, un delimitador de inicio de trama (SFD - *Start of Frame Delimiter*), de 1 byte, que indica el inicio de la información que de entrada tiene las direcciones origen y destino. El campo EtherType, de 2 bytes, indica el protocolo de capa superior que se utiliza. No existe en 802.3, y su utilización permite no considerar el uso de LLC. Por ejemplo, este campo informa el valor 800 para IP.

El campo de datos, que contiene la información de nivel 3, debe tener un tamaño mínimo de 46 bytes. Si es preciso, se añaden algunos bits de relleno (*padding*) para obtener este valor. El tamaño máximo de este contenido es de 1500 bytes y se denomina *Maximum Transfer Unit* (MTU). Finalmente, un código de control de error *Cyclic Redundancy Check* (CRC) indica el delimitador de fin de trama *Frame Check Sequence* (FCS).

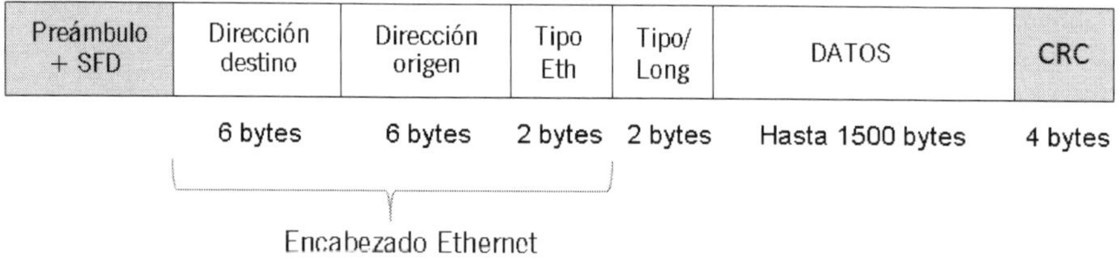

Trama Ethernet con preámbulo y CRC

2.4 Las tarjetas híbridas Ethernet/SAN

Con la virtualización, cada vez nos acercamos más a la convergencia de las tecnologías Ethernet y SAN (almacenamiento). Esto significa que los equipos de red no se van a diferenciar desde un punto de vista del hardware. Por ejemplo, CISCO UCS (*Unified Computing System*) ofrece un conjunto de equipos que permiten la implementación global de la virtualización incluyendo todos los componentes necesarios. En este caso se hablará de infraestructura convergente.

La **hiperconvergencia** o infraestructura hiperconvergente define una infraestructura que pone a disposición un conjunto compartido de recursos de disco, distribuidos y redundantes, que permiten la deduplicación, compresión y optimización de la ubicación de los datos. Los datos más utilizados se ubican en discos rápidos (SSD), mientras que el resto se colocan en discos mecánicos. Este enfoque es únicamente por software (*software defined*).

Algunas tarjetas de red Ethernet pueden gestionar tanto el protocolo de red Ethernet como la encapsulación del protocolo Fibre Channel SAN (FCoE o *Fibre Channel over Ethernet*): la tarjeta CISCO UCS VIC 1225 (*Virtual Interface Card*) es un ejemplo de este tipo de tarjeta.

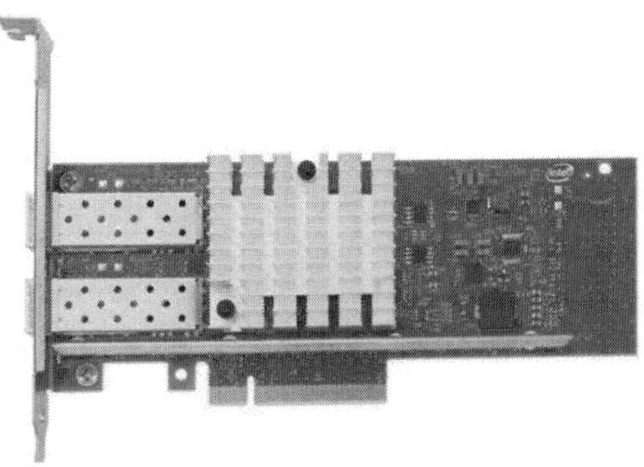

CISCO UCS VIC 1225 (tarjeta Ethernet/SAN) conectores SFP+

CISCO ofrece una solución global, que se basa en su conmutador Nexus para gestionar la interconexión con todos los equipos (Ethernet, FCoE).

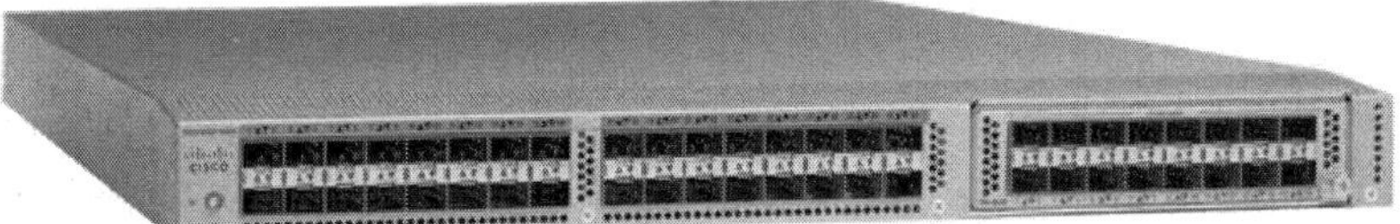

Conmutador CISCO Nexus 5548

Algunos chasis de servidores CISCO permiten ofrecer una solución en forma de servidores Blade (láminas). El protocolo de transporte utilizado sigue siendo con la encapsulación Fibre Channel para la parte de almacenamiento (FCoE) a la salida del chasis.

Chasis CISCO UCS 5108 (compuesto por 8 servidores Blade B200 M4)

3. Token Ring e IEEE 802.5

El protocolo de red cableada local Token Ring ha estado respaldado mucho tiempo por su fabricante, IBM. Su competidor, Ethernet, menos costoso y fácil de utilizar, aunque menos eficaz, ha acabado por reemplazarlo.

Este tipo de red, estandarizada como 802.5 por IEEE casi no se encuentra. Sin embargo, sigue siendo interesante comprender las bases de funcionamiento de este tipo muy particular de arquitectura.

3.1 Configuración de la red

La norma 802.5 se basa en el método del paso de testigo en una topología de anillo. Hay distintas combinaciones posibles para los anchos de banda, 4 Mbps, 16 Mbps y 100 Mbps, en función del cableado utilizado, UTP, STP o fibra multimodo.

Los equipos se conectan en estrella (topología física) al *Multistation Access Unit* (MAU).

Los MAU más antiguos disponen de tomas macho y hembra, y se utilizan conectores DB9 para conectar las tarjetas a los MAU, a través de un cable Token Ring específico.

MAU

Cable Token Ring

La topología lógica es en anillo punto a punto, donde cada máquina actúa como repetidor.

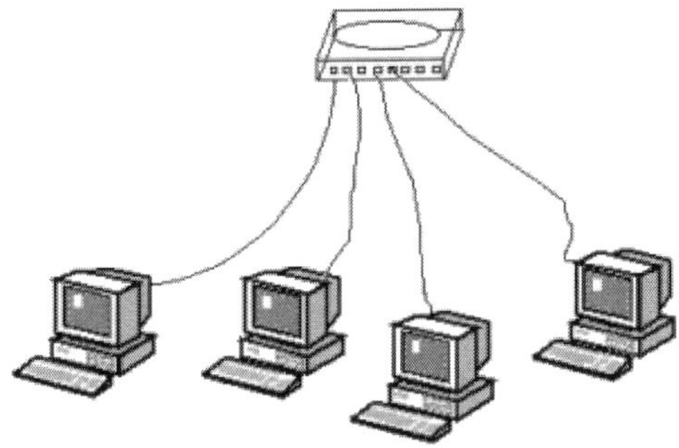

Topología física en estrella

Los MAU pueden interconectarse, agrandando así el anillo principal, que utiliza los dos puertos *Ring In* (entrada en el anillo) y *Ring Out* (salida del anillo). Las tramas circulan en el sentido RI - RO.

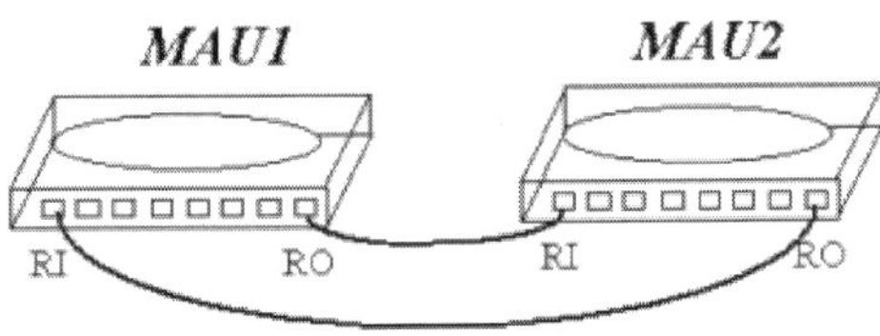

Observación

Según el tipo de MAU utilizado, estos pueden repetir las señales o no hacerlo. El direccionamiento MAC de Token Ring se basa en un formato particular directamente vinculado a la topología y al algoritmo Source routing utilizado por los puentes.

Desde un punto de vista lógico, una vez los equipos están conectados al MAU, ocurre como si los ordenadores estuvieran conectados entre ellos en topología de anillo punto a punto:

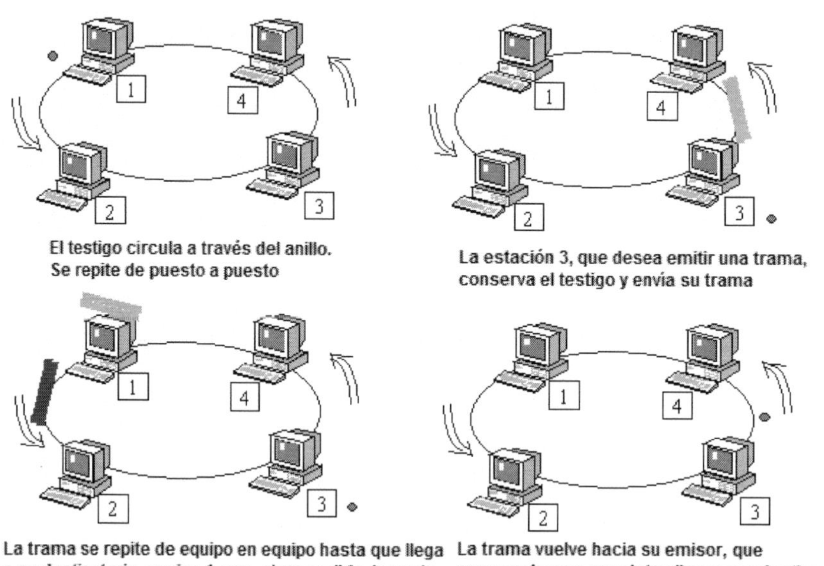

Además, es posible que un equipo reserve el próximo testigo con un determinado nivel de prioridad. Así pues, el testigo regenerado solo lo podrá utilizar un equipo que disponga del nivel de prioridad adecuado (o al menos igual al del testigo). Sin prioridad, el primer equipo por el que pasa el testigo es el que lo utiliza.

Observación

La implementación a 16 Mbps trabaja como FDDI, en el sentido de que el testigo se vuelve a emitir inmediatamente después del envío de la trama.

Desde un punto de vista lógico, el testigo se transmite de ordenador a ordenador. Desde un punto de vista físico, cada conexión de par trenzado permite añadir un ordenador, ampliando el anillo punto a punto.

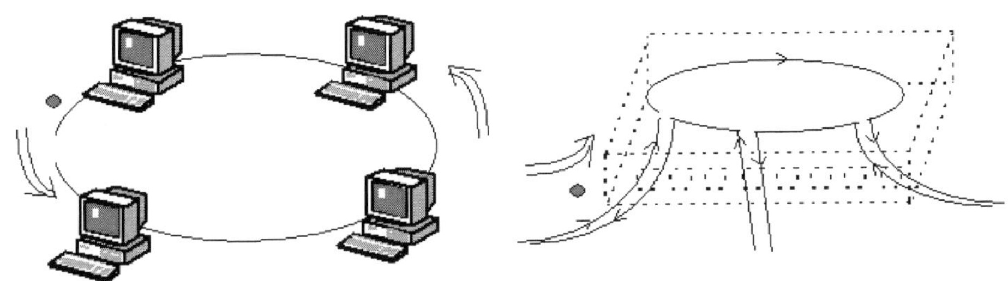

Circulación del testigo en un anillo

Los MAU integran tolerancia a errores. Se configuran para prevenir una avería en un equipo (desconexión automática del anillo).

Un anillo Token Ring puede conectar hasta 260 equipos a 4 Mbps (136 equipos a 16 Mbps) y la longitud aconsejada entre lóbulos (conexión de los equipos a los MAU) es de 45 metros en UTP y 100 metros en STP.

El soporte utilizado son dos pares trenzados blindados (p. ej., tipo 1) o fibra óptica. Los tipos de conectores son DB9 para las tarjetas de red y tomas macho/hembra para la conexión a los MAU.

El tipo de codificación utilizado es Manchester diferencial.

La distancia entre dos MAU no puede superar los 45 metros con UTP, 200 metros con STP o hasta 1 km con fibra.

El alcance máximo de la red Token Ring, es decir, la longitud máxima del anillo principal (teniendo en cuenta la distancia MAU - equipo) varía según el número de MAU, repetidores y el tipo de localizaciones conectadas. Los distintos fabricantes ponen a disposición tablas de cálculo para contabilizar el tiempo de propagación de una trama, dependiendo de la longitud máxima del anillo.

Observación

La longitud mínima de una trama es de 21 bytes y puede llegar a los 4 493 bytes a 4 Mbps y 18 000 bytes a 16 Mbps.

3.2 Autorreconfiguración del anillo

Un punto importante en Token Ring es la gestión del anillo mediante un equipo dedicado (aquel que lleve más tiempo conectado, ya que este hecho le proporciona la dirección MAC más alta): el supervisor activo. Este equipo se encarga de solucionar una serie de problemas, como:

- La detección de la pérdida del testigo (cuando inesperadamente desaparece la estación que posee el testigo).
- La eliminación de una trama que completó su ciclo (el emisor desaparece antes de eliminar su trama del anillo).
- La detección de los errores en los mecanismos de prioridad (un testigo no debe generarse con la misma prioridad dos veces seguidas, salvo si su prioridad es la más baja).

Observación

Cada siete segundos, aproximadamente, el supervisor activo efectúa la comprobación del buen funcionamiento del conjunto, transmitiendo un testigo a su vecino inmediato. Cada equipo repite el testigo y a su paso guarda la dirección del supervisor activo, así como la dirección de su antecesor. Cuando el supervisor recupera el testigo, la prueba ha tenido éxito.

Debemos tener en cuenta que el problema puede generarse en el propio supervisor activo, que por ejemplo se puede detener inesperadamente. Si una estación no tiene más notificaciones de su predecesor, al cabo de siete segundos toma la iniciativa de enviar un mensaje a través del anillo con la siguiente información: su propia dirección, la dirección de su predecesor, que no ha notificado, y el tipo de problema detectado. Este proceso permite aislar las partes del anillo que plantean problemas. Durante el proceso, cada tarjeta Token Ring se desconecta del anillo y realiza pruebas internas para saber si ella es el origen del problema. Si no se detecta ningún problema, la tarjeta se vuelve a instalar automáticamente en el anillo. En cualquier otro caso, el administrador debe configurar manualmente la tarjeta para que funcione de nuevo en la topología.

4. Wi-Fi e IEEE 802.11

Las conexiones inalámbricas de tipo Radio LAN (RLAN) encontraron estándares adecuados gracias a los trabajos de los grupos IEEE 802.11.

4.1 Presentación

En 1997 el grupo de trabajo 802.11 estandariza, después de varios años de trabajo, la definición de redes de tipo Wireless LAN, que se retocó en 1999. Como en el caso de 802.3, estas especificaciones cubren las capas física y Conexión de datos del modelo OSI. Esta última está dividida en dos subcapas: *Medium Access Control* (MAC), para el acceso al soporte de transmisión, y *Logical Link Control* (LLC), para el control de la transmisión.

En la capa física, 802.11 define tres modos de transmisión. El primero está basado en la difusión infrarroja, que finalmente no se utilizará en las implementaciones de estas especificaciones. Las otras dos tecnologías utilizan la transmisión por radio. Finalmente, una sola, denominada *Direct Sequence Spread Spectrum* (DSSS), se implementará.

Las especificaciones 802.11 interesan tanto a algunos fabricantes que en 1999 forman la asociación *Wireless Ethernet Compatibility Alliance* (WECA). Su objetivo no es solamente promover este nuevo estándar, sino también certificar dispositivos con el fin de garantizar su buen funcionamiento. El certificado *Wireless Fidelity* (Wi-Fi), patente de interoperabilidad, se otorga después de algunas pruebas. Finalmente, este organismo se rebautiza como Wi-Fi Alliance.

Después de las pruebas de compatibilidad, el fabricante del hardware puede etiquetar las cajas con el siguiente logotipo, siempre que respete los estándares exigidos.

Logo Wi-Fi

El estándar Wi-Fi permite la conectividad a distancias que superan algunas decenas de metros. La utilización de antenas permite alcanzar varios centenares de metros.

4.2 Normas de la capa física

Hay muchas especificaciones añadidas a la 802.11 original. La carrera de las velocidades todavía continúa y actualmente el ancho de banda es impresionante gracias sobre todo a la agregación de canales y a la utilización de varias antenas simultáneamente.

A continuación, puede ver una tabla con las diferentes frecuencias utilizadas en función de las normas existentes. En la tabla hemos indicado solo la letra correspondiente al proyecto IEEE 802.11 asociado. Por ejemplo, «ad» hace referencia a «IEEE 802.11ad». Ocurre lo mismo con el resto (a, b, g, n, ac, ax y be).

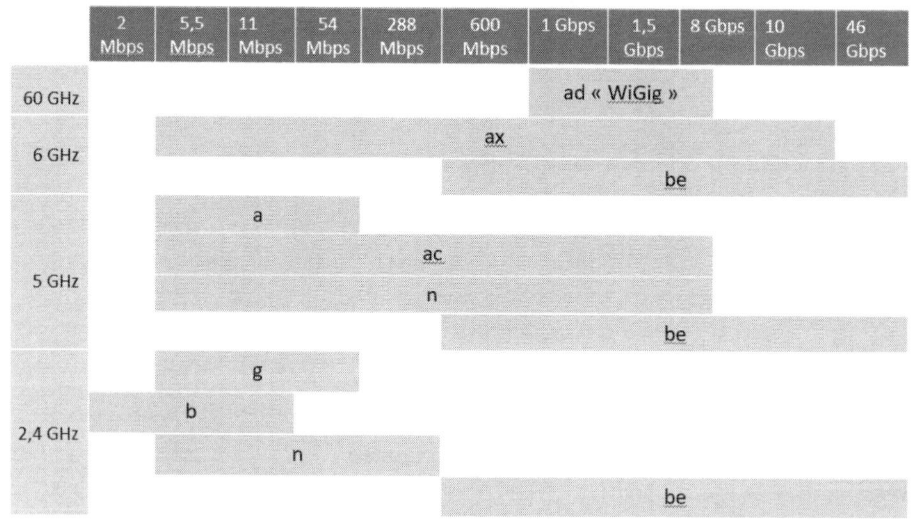

Frecuencias de radio utilizadas en Europa para la Wi-Fi

4.2.1 802.11b

Esta norma, publicada en septiembre de 1999, aumenta la velocidad máxima de transmisión a 11 Mbps, con velocidades que pueden llegar a 5,5, 2 y 1 Mbps. La frecuencia de trabajo es de 2,4 GHz.

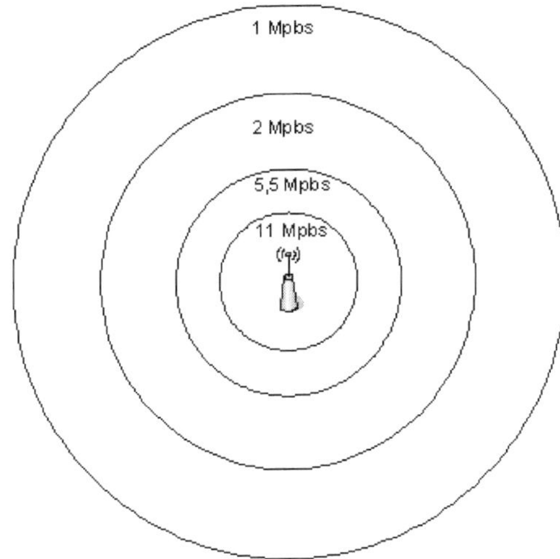

Rangos de velocidad disponibles (802.11b)

A partir de ahora, la red tiene un nombre, el SSID (*Service Set IDentifier*).

Hay varios canales disponibles en rangos de 22 MHz. Los canales más utilizados son los que no se superponen, los canales 1, 6 y 11:

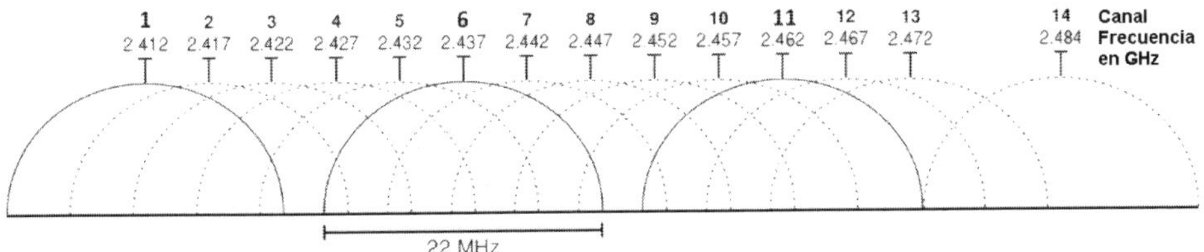

Canales 1, 6 y 11 y frecuencias de radio a 2,4 GHz para la norma 802.11b

Tanto los dispositivos como los terminales Wi-Fi están preparados para escanear las diferentes frecuencias.

4.2.2 802.11a

Como la norma 802.11b, la 802.11a se publicó en septiembre de 1999. Pero, en cambio, su capa física puede trabajar a 5 GHz. La transmisión máxima es de 54 Mbps. Como en la anterior, las velocidades pueden ser a 48, 36, 24, 18, 12, 9 y 6 Mbps.

A causa del cambio de frecuencia, las antenas para la norma 802.11a son incompatibles con las de la 802.11b.

4.2.3 802.11g

Este estándar, ratificado en junio de 2003, es el sucesor del 802.11b. También utiliza la banda de los 2,4 GHz y permite velocidades de 54 Mbps. Las velocidades posibles son las mismas que las del 802.11a, es decir, 48, 36, 24, 18, 12, 9 y 6 Mbps.

4.2.4 802.11n

La especificación 802.11g sigue siendo, desde 2003, la más explotada comercialmente. IEEE ha finalizado la evolución de la 802.11n en septiembre de 2009.

Después de las versiones 1.0 y 1.1, el grupo de trabajo de IEEE adoptó, en marzo de 2007, la versión 2.0 del borrador, que se acerca al estándar definitivo. En términos de capacidad, la 802.11n en versión borrador incluía ya la calidad del servicio (QoS - *Quality of Service*), WMM (*Wi-Fi MultiMedia*) para las aplicaciones de VoIP (*Voice over IP*) y el *streaming*.

Las evoluciones que se tenían que definir eran importantes, ya que se trataba de mejorar a la vez, considerablemente, la velocidad y la cobertura de radio. Se pusieron en marcha varios procedimientos y fue difícil garantizar sus definiciones en el ámbito del estándar.

En primer lugar, se realizó un trabajo sobre la señal (capa Física). Este avance permitió prever una velocidad de 65 Mbps en lugar de los 54 Mbps de las especificaciones anteriores.

La segunda mejora en las transmisiones la han realizado una serie de técnicas relativas a la tecnología MIMO (*Multiple Input Multiple Output*). Por multiplexado espacial, se pueden tratar simultáneamente hasta cuatro flujos en lugar de uno solo. Utilizando más antenas de recepción que flujos, es posible recibir señales de varios caminos.

La especificación 802.11n utiliza bandas de frecuencia de 2,4 y 5 GHz. Con esta última, es posible duplicar la longitud del canal, lo que permite ganar aún más velocidad. La velocidad máxima de la versión final de 802.11n es de 200 Mbps. Las técnicas utilizadas permiten en teoría alcanzar los 600 Mbps.

Observación

Según los equipos, se dispondrá o bien de una de las frecuencias, o bien de las dos opciones exclusivas o de las dos opciones simultáneamente.

El alcance en interiores es de 50 metros y de 125 metros en exteriores.

4.2.5 802.11ac

La 802.11ac se normalizó en enero de 2014. Utiliza la banda de frecuencias de 5 GHz a 6 GHz y puede llegar a 7 Gbps de velocidad gracias a los diferentes mecanismos utilizados.

Esta norma garantiza una compatibilidad ascendente con la 802.11n en la banda de frecuencias de los 5 GHz.

Se basa en un modo de funcionamiento **MIMO** (*Multiple Input, Multiple Output*), en el que se utilizan varias antenas de emisión y de recepción, que permiten multiplicar la capacidad y aumentar así el ancho de banda.

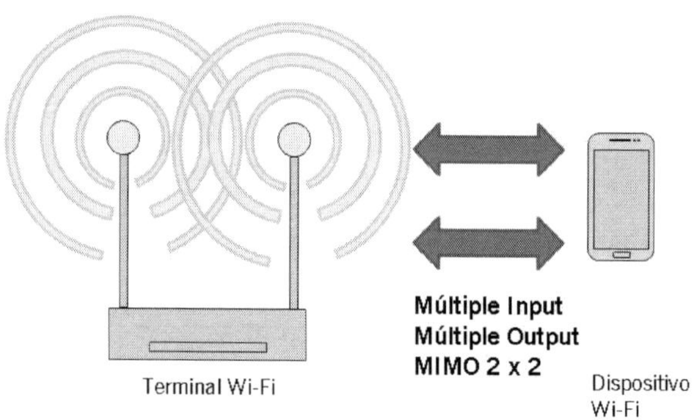

Conexiones múltiples MIMO (ejemplo Wi-Fi n y ac)

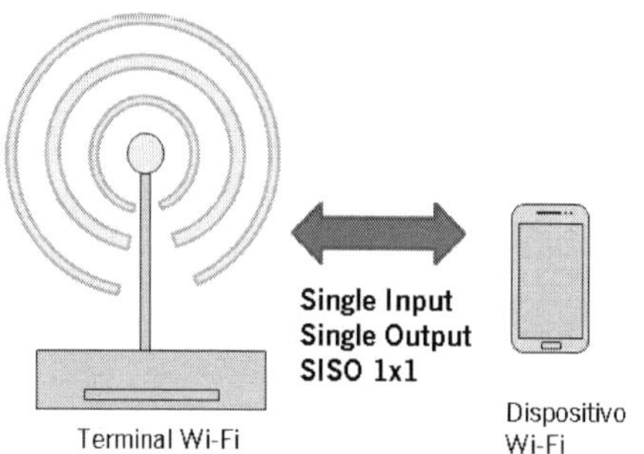

Conexión única SISO (ejemplo Wi-Fi a y g)

También se caracteriza por el modo de codificación OFDM (*Orthogonal Frequency Division Multiplexing*) y OFDMA (*Orthogonal Frequency Division Multiple Access*).

El iPad Air 2 de Apple y la Surface Pro 3 de Microsoft implementaron esta norma Wi-Fi desde su salida al mercado.

Esta norma también ofrece una difusión direccional, lo contrario de un modo de funcionamiento tradicional, en que la señal se transmite de manera omnidireccional.

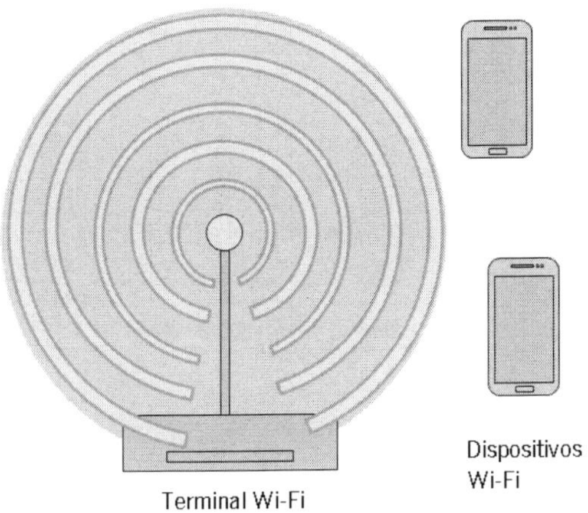

Difusión clásica Wi-Fi n

Este modo de difusión dirigida, llamado **beamforming**, consigue una mejor concentración de la señal y permite disminuir considerablemente el consumo eléctrico del equipo.

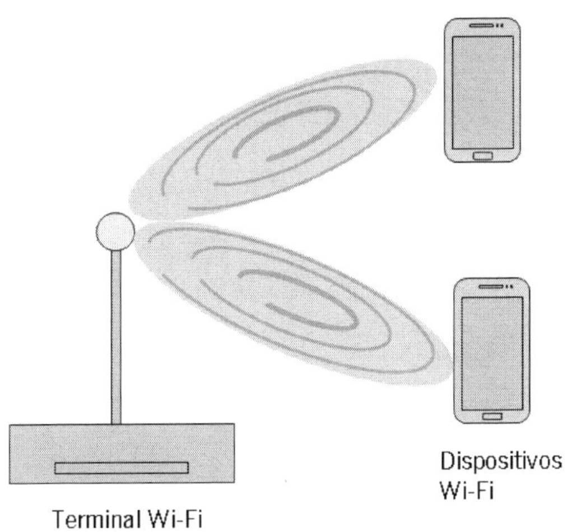

Difusión dirigida (beamforming) Wi-Fi ac

4.2.6 802.11ad

Esta norma, llamada WiGig o Wi-Fi Gigabytes, comenzó a desarrollarse en mayo de 2009 y se publicó la versión 1.0 en mayo de 2010. WiGig se basa en frecuencias de alrededor de los 60 GHz y permite alcanzar velocidades de 8 Gbps. En 2017 se comienza a implementar.

Una de sus particularidades es no funcionar más que en distancias limitadas (del orden de 10 metros como máximo).

Logo WiGig

Entre los primeros enrutadores que implementan esta norma, se encuentra el AD 700 de Netgear.

Enrutador Netgear nighthawk AD700 (802.11ad)

El iPhone 8, que ha salido al mercado en septiembre de 2017, es el primer smartphone que implementó esta norma.

Varios ordenadores portátiles fueron los precursores para este estándar.

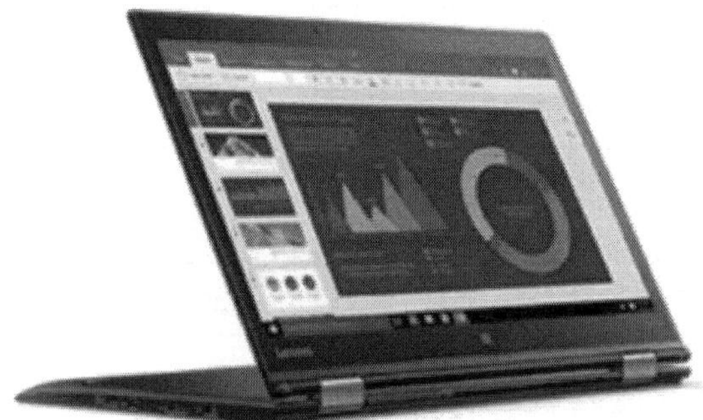

Thinkpad X1 YOGA (802.11ad) ordenador convertible

4.2.7 802.11ah - Wi-Fi HaLow

El programa 802.11ah se introdujo en septiembre de 2016 con un objetivo bien claro: ofrecer una solución de baja frecuencia (inferior a 1 GHz, en el tramo 863-868 MHz en Europa) capaz de atravesar paredes gracias a una gran robustez de la señal (alcanzado distancias el doble de grandes, hasta 1 km en zonas densas) y ofreciendo un consumo energético más bajo. La contrapartida es el funcionamiento a velocidades relativamente bajas (hasta 7,8 Mbps en Europa).

Observación

Según la longitud del espectro utilizado (en función del país), las velocidades pueden variar de 4 Mbps como máximo para 1 MHz a 78 Mbps para 16 MHz; Europa utilizaría un ancho de banda de 2 MHz.

Uno de los objetivos esperados es ofrecer una solución de comunicación para los objetos conectados entre ellos, sin generar interferencias con el resto de las frecuencias utilizadas (2,4, 5 y 60 GHz). Todo ello abre numerosas perspectivas alrededor de «el hogar inteligente», «el coche conectado», «la ciudad inteligente» o en entornos industriales.

Además, aunque HaLow encapsula el protocolo IP, el ensamblaje de las capas es diferente. Así pues, es necesario prever extensiones a las soluciones existentes para permitir una administración y gestión de una red Wi-Fi HaLow.

4.2.8 802.11ax - High Efficiency WLAN (HEW)

Este grupo de trabajo se centra específicamente en las problemáticas Wi-Fi en zonas densas (estaciones, estadios, aeropuertos). Esta norma corresponde a la norma Wi-Fi 6.

Está destinado a ser retrocompatible con las normas a, b, g, n, ac (2,4 GHz y 5 GHz), ofreciendo velocidades similares a 802.11ac, incluso en caso de mucho tráfico. En 2021 se agregó la frecuencia de 6 GHz a la norma.

De hecho, uno de los problemas importantes es el mal funcionamiento del CSMA/CA (*Carrier Sense Multiple Access/Collision Avoidance*) en un contexto de zonas densas, utilizado por las normas Wi-Fi actuales. En esta situación, esta norma garantiza una velocidad media cuatro veces mayor. CCA/CA (*Clear Channel Assessment/Collision Avoidance*) sustituye a CSMA/CA y ofrece una solución eficaz para repartir el canal de manera equitativa en un contexto de mucho tráfico. Su eficacia es inversamente proporcional al número de antenas implicadas.

Otro punto que provoca problemas es la recuperación de áreas por puntos de acceso (AP o *Access Point*). De hecho, cuando un usuario (smartphone B) se encuentra en la intersección de dos áreas, aunque esté asociado a un AP específico (AP2), también será tenido en cuenta por el otro AP (AP1), lo que contribuye a ralentizar el tiempo de acceso para el resto de los usuarios, como el del smartphone A.

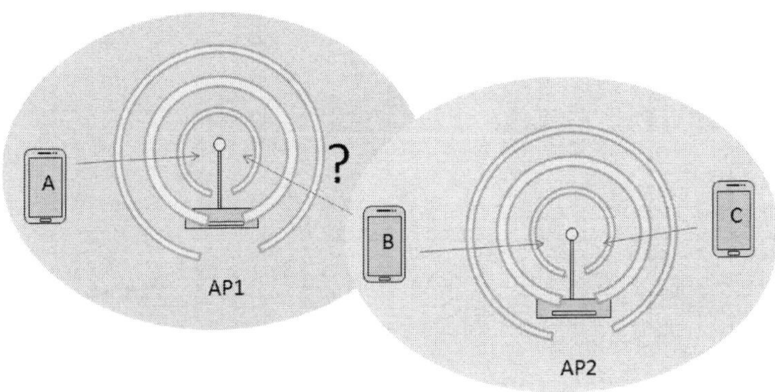

Superposición de áreas Wi-Fi

4.2.9 802.11be - Extremely High Throughput (EHT)

IEEE 802.11be corresponde al estandard Wi-Fi 7.

Esta norma se basa en los rangos de frecuencia de 2.4 GHz, 5 GHz y 6 GHz.

El principal objetivo de esta norma es aumentar considerablemente el flujo de datos (hasta 40 Gbps) ofreciendo al mismo tiempo una latencia extremadamente baja, del orden de 1 ms.

A modo de comparación, la latencia asociada a Wi-Fi 6 es de unos 20 ms, frente a los 30 ms de Wi-Fi 5.

El protocolo MIMO se ha mejorado y ofrece un ancho de banda de 320 MHz (16 x 20 MHz en comparación con las versiones más antiguas).

Samsung Galaxy S24 Ultra 802.11a/b/g/n/ac/ax/be

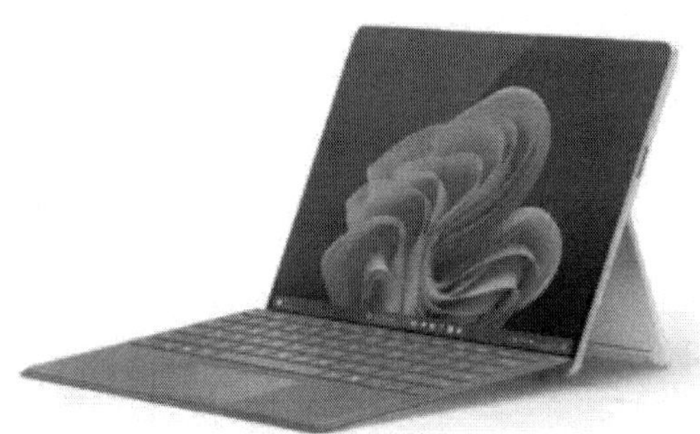

PC Híbrido Microsoft Surface Pro Copilot+ PC con Wi-Fi 7

4.2.10 Normas y logos Wi-Fi

Se ha propuesto una introducción de logotipos complementarios para designar los últimos estándares Wi-Fi.

Logo de certificación Wi-Fi 6E

De este modo, se hablará de Wi-Fi n donde n va de 1 a 7. A continuación puede ver alguno de los logos asociados:

Logos Wi-Fi 4 (802.11n), 5 (802.11ac), 6 (802.11ax), 7 (802.11be)

A continuación, puede ver las correspondencias entre las normas IEEE y los nombres de las normas Wi-Fi. Tenga en cuenta que los espectros de frecuencias asignados en Estados Unidos y Europa no son estrictamente los mismos.

Nombre de la norma	**Norma IEEE**	**Frecuencia utilizada**	**Velocidad teórica**	**Alcance**	**Ancho de canal (MHz)**	**MIMO**
Wi-Fi 1	802.11a	5 Ghz	54 Mbps	Débil	20	No
NoWi-Fi 2	802.11b	2,4 Ghz	11 Mbps	Correcto	20	No
Wi-Fi 3	802.11g	2,4 Ghz	54 Mbps	Correcto	20	No
Wi-Fi 4	802.11n	2,4 y 5 Ghz	150 Mbps	Bueno	20	No
		5 GHz	600 Mbps	Correcteo	20, 40	Sí
Wi-Fi 5	802.11ac	5 Ghz	433 Mbps	Correcto	20, 40	Sí
	802.11ad	60 Ghz	2 Gbps	Muy débil	20, 40, 80, 160	Sí
Wi-Fi 6	802.11ax	2,4 y 5 Ghz	1,2 Gbps	Correcto	2160	Sí
Wi-Fi 6E	802.11axe	2,4; 5 y 6 Ghz	1,2 Gbps	Correcto	20, 40, 80, 160	Sí
Wi-Fi 7	802.11be	2,4 GHz, 5 GHz et 6 GHz	46 Gbps	Correcto	80, 160	Sí

Comparación de normas Wi-Fi

4.3 Hardware

La elección del hardware Wi-Fi requiere, en primer lugar, asegurarse de su compatibilidad con la norma de la capa física.

4.3.1 La tarjeta de red

Una adaptador Wi-Fi está compuesto por un chip conectado a una antena. Está integrado al equipo informático, ordenador portátil, smartphone, tableta... o incluido en una tarjeta periférica.

En el caso de una solución integrada, la antena también lo está. Por ejemplo, en un ordenador portátil se coloca a lo largo de la pantalla. Los fabricantes también pueden adoptar la tecnología Intel Centrino, que incluye Wi-Fi en una solución integral.

Hay muchos modelos de tarjetas Wi-Fi que permiten incorporar esta función a un ordenador. Actualmente, el más utilizado es el formato USB. Se habla de «Dongle Wi-Fi». Algunos adaptadores tienen antenas externas.

Tipos de adaptadores Wi-Fi

4.3.2 El equipo de infraestructura

Se utilizan principalmente dos dispositivos. Su objetivo es la interconexión de la red Wi-Fi a la red cableada Ethernet, lo que se denomina sistema de distribución (DS - *Distribution System*).

Punto de acceso

El punto de acceso (AP - *Access Point*) es el principal componente de la infraestructura de una red Wi-Fi. Como concentrador, centraliza todas las comunicaciones de los equipos que están asociados.

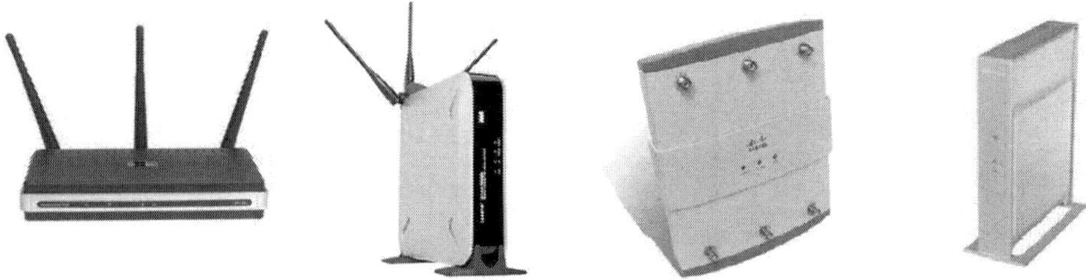

Concentradores Wi-Fi

Puente

La función principal de un puente (*bridge*) Wi-Fi es interconectar dos redes cableadas Ethernet a través de la interfaz inalámbrica. Los puentes Wi-Fi ofrecen una solución de bajo presupuesto para conectar las redes Ethernet de diferentes edificios, sin tener que recurrir a la fibra óptica, que, por supuesto, es más rápida.

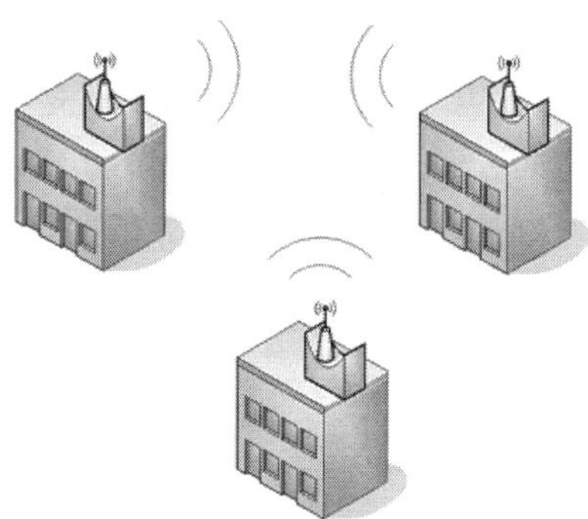

Los puentes Wi-Fi permiten la conexión entre edificios

4.3.3 Los dispositivos Wi-Fi

Los terminales Wi-Fi más frecuentes siguen siendo los ordenadores, sobre todo los portátiles, y los dispositivos móviles, como los asistentes personales (PDA). En las oficinas, otros dispositivos se comunican ya por Wi-Fi: videoproyectores, impresoras, cámaras...

A nivel industrial o en almacenes, los lectores de código de barras, que hace mucho que son inalámbricos, han adoptado el estándar Wi-Fi.

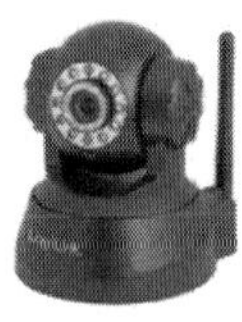
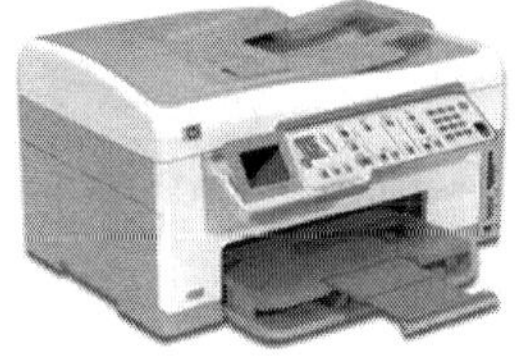

Dispositivos Wi-Fi

El éxito de la telefonía IP (VoIP) ha llevado a los fabricantes a ofrecer soluciones inalámbricas sobre la red Wi-Fi (VoWi-Fi). Estas recurren actualmente a funcionamientos propietarios, por ejemplo, para la itinerancia, mientras se esperan los estándares.

4.4 Arquitectura

La primera arquitectura definida en la norma 802.11 permite una comunicación de igual a igual entre al menos dos equipos. Se denomina *Independent Basic Service Set* (IBSS) y se utiliza para crear redes *ad hoc*.

La segunda arquitectura requiere un punto de acceso. En este caso, *Basic Service Set* (BSS) actúa como administrador para las estaciones periféricas que se le asocian. Todas las comunicaciones deben pasar por él.

Una red de mayor amplitud, con varios puntos de acceso, se llama *Extended Service Set* (ESS). Este tipo de red permite el desplazamiento por el interior de la empresa, asociándose sucesivamente a los puntos de acceso más cercanos y sin producir cortes de comunicación. Esta capacidad es la itinerancia o *roaming*.

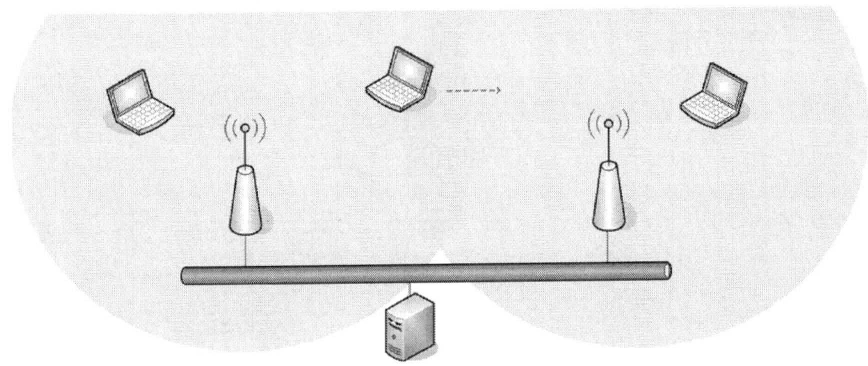

Wi-Fi e itinerancia

4.5 Seguridad

4.5.1 Introducción

A lo largo del tiempo ha habido diferentes desarrollos de Wi-Fi, buscando cada vez hacer más segura la red.

Varios enfoques pueden reducir considerablemente los riesgos de seguridad, adoptando algunas reglas y eligiendo la configuración que mejor se adapte, en función del contexto de uso y de la existencia o no de una infraestructura de autentificación que se base en un mecanismo de certificados.

Área de cobertura

Un primer enfoque es considerar el área que los terminales Wi-Fi tienen que cubrir. De hecho, es importante que una red Wi-Fi privada no salga a un espacio público. Hay que elegir cuidadosamente la ubicación de los terminales y no dudar en disminuir su potencia (en los terminales más avanzados), si es necesario, para limitar el alcance de la señal de radio.

Contraseñas por defecto

Aunque parezca evidente, es importante modificar la contraseña del administrador del terminal cuyos valores por defecto están disponibles en Internet.

Observación

La web www.routerpasswords.com proporciona las contraseñas de administrador por defecto en función del fabricante del router.

Ocultación de la red

El nombre por defecto que utiliza la red o SSID (*Service Set IDentifier*) proporciona información sobre el hardware utilizado, así que da información adicional a los piratas para poder conectarse.

Se aconseja que el nombre no identifique ni el tipo de hardware ni la empresa asociada (o el particular).

También se recomienda ocultar el SSID para que el terminal no haga difusión del nombre de la red.

Filtrado de dispositivos

También se puede implementar un filtrado de todas las direcciones MAC de los dispositivos que tienen acceso a la Wi-Fi. Esto proporciona una garantía adicional, pero no ayuda a mejorar el cifrado de la transmisión.

Cifrado de las comunicaciones

Un elemento importante cuando se conecta a un terminal Wi-Fi público es garantizar que la información introducida en los formularios no será interceptada por personas con malas intenciones.

Diversos protocolos han ido viendo la luz en función de los fallos que se han ido descubriendo o de la robustez del método utilizado.

La solución más simple que se encuentra para particulares es la utilización de una clave secreta (PSK) o *Pre Shared Key* (clave precompartida). Esta variación existe sea cual sea el protocolo de seguridad utilizado.

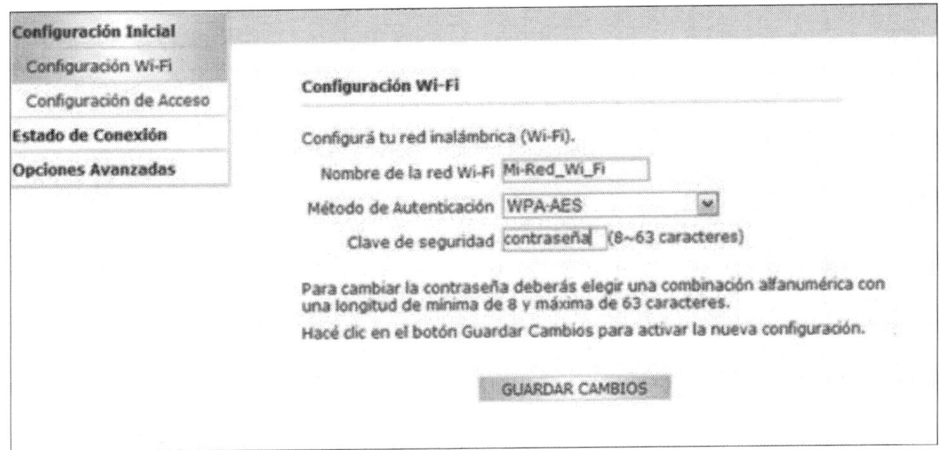

Ejemplo de protecciones disponibles en un enrutador (clave secreta)

La solución más avanzada consistirá en verificar, para cada dispositivo, que está autorizado, a través de una infraestructura de autentificación. Según el entorno utilizado, se basará en un servidor AAA (*Authentication, Autorization and Accounting*: ¿quién se conecta? ¿Con qué permisos? Con seguimiento de las conexiones) llamado TACACS o CAS, o RADIUS (*Remote Authentication Dial In User Service*) en un entorno Microsoft.

Observación

TACACS (Terminal Access Controller Access-Control System; Sistema de control de acceso mediante control del acceso desde terminales).

El protocolo cliente/servidor que se implementa para tener acceso a la red es 802.1X (control de acceso a la red basado en los puertos o *Port Based Network Access Control*).

Independientemente de las soluciones integradas en el Wi-Fi utilizado, que veremos enseguida, una vez se ha establecido la conexión Wi-Fi, también es posible cifrar voluntariamente el tráfico Wi-Fi utilizando una VPN (*Virtual Private Network*). Algunos fabricantes ofrecen soluciones llave en mano, incluidos los smartphones, para conectarse a un servidor VPN situado en otro continente.

4.5.2 WEP

El protocolo WEP (*Wired Equivalent Privacy*) proporciona un mecanismo básico de cifrado. No se aconseja continuar utilizándolo, dado que existen numerosas herramientas para romper este protocolo. WEP utiliza el algoritmo RC4 (cifrado/descifrado simétrico).

Inicialmente, se debe definir una clave secreta (40 bits o 128 bits). Esta clave de sesión (clave compartida) debe introducirse en cada uno de los dispositivos que quieran acceder a la Wi-Fi. Esta clave se usa para generar una clave pseudoaleatoria de la longitud de la trama, que se utilizará como máscara para cifrar la trama (con un XOR, O Exclusivo).

Si esta clave se revela, cualquiera puede conectarse a la red y descifrar los datos transmitidos.

Un ataque por «fuerza bruta» probando todas las combinaciones permite encontrar esta clave con cierta facilidad.

Además, «el ataque FMS», publicado en 2001 y que recibe este nombre por las iniciales de sus autores (Fluhrer, Mantin, Shamir), permite encontrar la clave capturando un volumen de tramas suficientemente grande.

Si quiere seguir utilizando WEP, al menos elija una clave de 128 bits (16 bytes).

Observación

Numerosas herramientas, como AirSnort, Weplap y Aircrack, implementan este ataque.

4.5.3 WPA/WPA 2

El Wi-Fi Protected Access se finalizó en 2003 en respuesta a las numerosas vulnerabilidades de WEP. WPA implementa la mayor parte de las funcionalidades descritas en la norma 802.11i, que se había completado totalmente en esa época.

El diseño del protocolo se basa en la utilización de un servidor de autenticación basado en 802.1X, que es necesario para la distribución de claves para cada uno de los usuarios.

El cifrado WPA se basa en el protocolo TKIP (*Temporal Key Integrity Protocol*), que utiliza claves más largas que las claves WEP. Este protocolo TKIP permite el intercambio dinámico de las claves y la modificación de las claves hasta varias veces por segundo.

Existen dos variantes de WPA (v1 o v2):

- WPA-Personal
- WPA-Entreprise

El WPA-Personal (personal) no necesita servidor de autenticación; cada equipo se autentica directamente con el punto de acceso a través de una clave de 256 bits.

La versión Entreprise (empresarial) (WPA 2) se fundamenta en la utilización de un servicio AAA y se basa necesariamente en un cifrado AES (*Advanced Encryption Standard*).

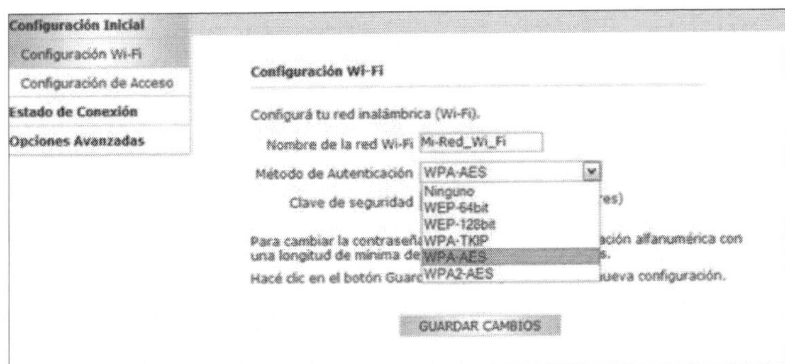

Configuración del protocolo de codificación

De este modo, WPA garantiza no solamente la autenticación, sino también el cifrado. Igualmente, protege la integridad de las tramas firmándolas. Así, es casi imposible realizar ataques de modificación de las tramas y de su CRC (*Cyclic Redundancy Check*) como con WEP. Ofrece igualmente un mecanismo para contar tramas que impide la repetición por parte de los atacantes.

Observación

El algoritmo utilizado por la identificación de los mensajes es el MIC (Message Integrity Code), llamado también «Mickael».

Otra implementación más básica, disponible generalmente para los particulares y las pymes, es la utilización de una clave compartida (*Pre-Shared Key* o PSK).

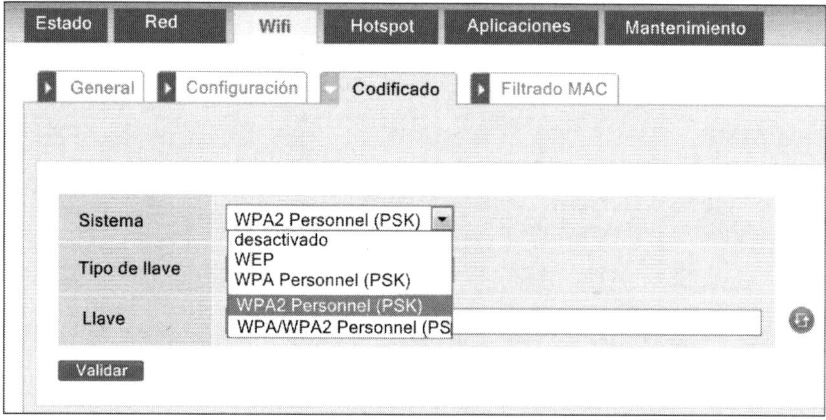

Ejemplo de elección de la seguridad Wi-Fi en un router de internet

WPA 2 (Enterprise) es la versión del protocolo que respeta escrupulosamente la norma IEEE 802.11i (ratificado en junio de 2004).

El cifrado se implementa a través del protocolo AES (*Advanced Encryption Standard*).

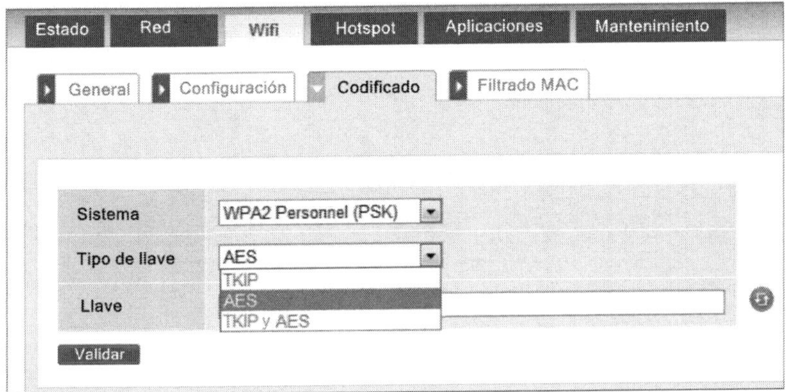

Configuración WPA 2 con AES

Observación

Desde 2006, es obligatoria la compatibilidad WPA 2 para los equipos certificados Wi-Fi.

4.5.4 WPA 3

WPA 3 fue ratificado en 2018 y constituye una nueva evolución aún más segura que WPA 2. Esta versión fue diseñada para corregir todos los problemas de seguridad encontrados por su predecesor.

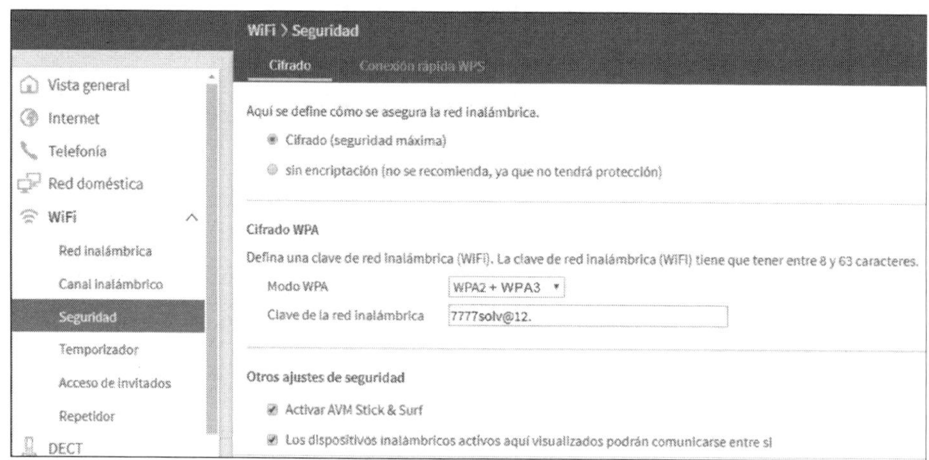

Configuraciones disponibles en una caja digital de internet

WPA 3 Personal

Estos son los principales cambios en comparación con la WPA 2 Personnel:

Protección robusta de las contraseñas

La autenticación SAE (*Simultaneous Authentication of Equals*) basada en contraseñas seguras sustituye a la clave compartida (*PSK o Pre Shared Key*) usada con WPA 2.

Mayor seguridad

WPA 3 Personnel ha sido diseñado para resistir los ataques de tipo Fuerza Bruta (*Brute Force*).

Mantener secretos

WPA 3 protege los datos transmitidos incluso si la contraseña se ve comprometida.

Contraseñas fáciles de recordar

Uno de los problemas más molestos de WPA 2 Personnel es la necesidad de memorizar contraseñas complejas creadas para garantizar una mayor seguridad de la red Wi-Fi. Con esta nueva versión, es posible elegir contraseñas más sencillas, ya que la seguridad de la red es menos fácil de «romper».

Uso simplificado para los usuarios

Aunque la seguridad aumenta, no hay ninguna complejidad adicional para el usuario a la hora de configurar el acceso.

WPA 3 Entreprise

Las nuevas características se presentan a continuación.

Seguridad mínima

Con el fin de proteger mejor los datos privados de gobiernos, instituciones y empresas, se ha implementado un modo de seguridad mínimo y herramientas criptográficas de 192 bits.

Cifrado autentificado

El cifrado garantiza la protección de los datos. Con WPA 3 Enterprise, el emisor y el receptor también se autentican (autenticación mutua)

WPA 3 Entreprise se usa el algoritmo GCMP de 256 bits (*Galois/Counter Mode Protocol*) para realizar el cifrado de autenticación.

Intercambio de llaves y autenticación

Para poder enviar mensajes cifrados, debe haber previamente un intercambio de llaves criptográficas.

WPA 3 Entreprise se basa en los algoritmos 384 bits siguientes:

- para el intercambio de llaves, Elliptic Curve Diffie-Hellman o ECDH.
- para la autenticación del emisor, Elliptic Curve Digital Signature Algorithm o ECDSA.

Generación de llaves y confirmación

Las llaves se generan a partir de un valor secreto (contraseña o frase de paso) utilizando el algoritmo Hashed Message Authentication Mode (HMAC) de 384 bits; la confirmación se implementa utilizando el Secure Hash Algorithm (HMAC-SHA384).

Protección de las tramas de gestión

Las tramas de gestión se difunden para permitir que un cliente inalámbrico negocie con un punto de acceso Wi-Fi (*Wireless Access Point*).

Este mecanismo proporciona seguridad a las tramas de difusión no cifradas, así como a los mensajes de gestión transmitidos entre dispositivos inalámbricos.

La versión WPA 3 Entreprise utiliza el algoritmo BIG GMAC 256 (*Broadcast/Multicast Integrity Protocol Galois Message Authentication Code*) para la protección de tramas de gestión.

Este protocolo protege contra una amplia gama de mecanismos que un atacante podría utilizar para «romper» la red.

4.6 Utilización

En primer lugar, se debe considerar esta tecnología como la versión inalámbrica de Ethernet. Se presenta como la respuesta a las exigencias de movilidad dentro de las empresas. Más allá del uso administrativo, que se traduce en un equipo colocado en una mesa, Wi-Fi permite una verdadera itinerancia.

Otra utilización importante es la extensión de la red en la empresa. Llevar la red local allí donde aún no está disponible es, a partir de ahora, mucho más fácil que teniendo que llevar el cable. Además de la facilidad y rapidez de la implementación, el coste representa un criterio de elección importante.

Un *Hot-Spot* permite un acceso a Internet a través de la tecnología Wi-Fi. También se le conoce con el nombre de Acceso Público a Internet (API).

4.7 Encabezado de trama Wi-Fi

La capa *Medium Access Control* (MAC), capa inferior base de la Conexión de datos, constituye el núcleo de Wi-Fi.

Esta capa debe administrar los canales de comunicación o, más bien, la ausencia de canales de comunicación físicos, caracterizados por una frecuencia de radio. Este canal debe compartirse entre los distintos nodos de la red. Cada uno posee su propia dirección MAC, como en Ethernet.

Observación

El mecanismo de gestión de los soportes de comunicación no puede utilizar la detección de colisiones, impensable en una red inalámbrica. Por ello se usa una solución que evita las tramas de tipo CSMA/CA.

La gestión de la división del ancho de banda no es, ni mucho menos, la única utilización de la capa MAC. Antes de emitir datos hacia un punto de acceso, un equipo debe conectarse a *Basic Service Set* (BSS), la red del equipo administrador. Pero antes será necesario un proceso de asociación, y antes de eso, puede que el punto de acceso pida la autentificación del equipo.

También pueden presentarse otras problemáticas a este nivel. Se gestionan la fragmentación/desfragmentación de las tramas transmitidas, así como la administración de la capacidad para comunicar a distintas velocidades. Tampoco se deben olvidar los controles de error y el ahorro de energía. La seguridad también se puede administrar en la capa MAC.

El encabezado de trama Wi-Fi es claramente más complejo que su par Ethernet. El cuerpo de la trama tiene un tamaño máximo de 7956 bytes. Se observa que se reservan cuatro campos para las direcciones MAC. Esto permite el uso de las direcciones fuente y destino, y de puntos de acceso como intermediarios.

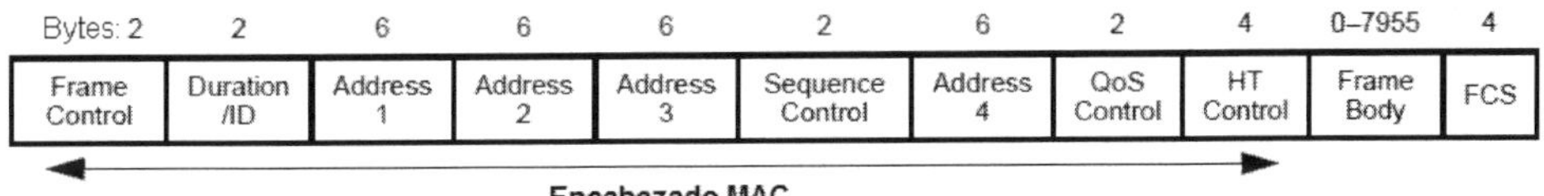

Construcción de un encabezado de trama Wi-Fi

El proyecto de enmienda 802.11n draft, entre otras cosas, ha dado como resultado algunas modificaciones en la capa MAC, tanto en el formato del encabezado como en su contenido. Se ha añadido un campo destinado a la calidad del servicio (QoS - *Quality of Service*) después de la Dirección 4.

5. Bluetooth e IEEE 802.15

El éxito de las tecnologías de red que utilizan la radio se confirma con Bluetooth, que se ha convertido en el estándar comercial de las redes de tipo RPAN (*Radio Personal Area Network*) y otras comunicaciones entre dispositivos.

Bluetooth fue creado para competir con Wi-Fi con menor coste, con las mismas propiedades, con un consumo de energía menor, pero en distancias más limitadas.

Allí donde los equipos Wi-Fi disponen de una autonomía de algunas horas, los equipos Bluetooth con pilas pueden funcionar durante varios días en su primera versión (802.15.1) y hasta varios años en la última (802.15.4). Esto abre un conjunto considerable de posibilidades, sobre todo en un mundo en el que cada vez hay más objetos conectados.

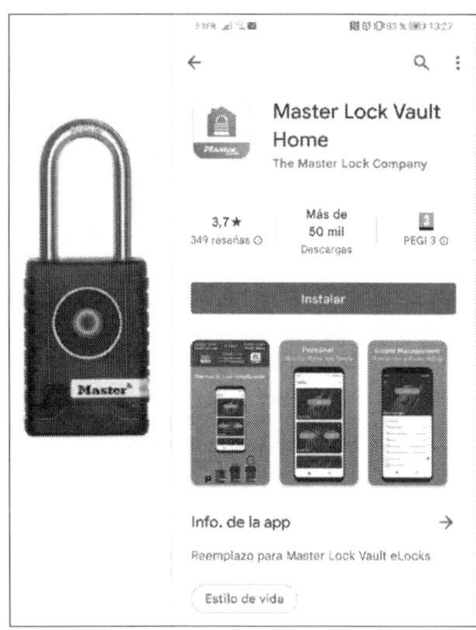

Candado conectado por Bluetooth y su aplicación

5.1 Antecedentes

Lanzado en 1994 por la empresa Ericsson, esta tecnología lleva el nombre de un rey danés, Harald II. Apodado Harald II Blåtand (diente azul - *blue tooth*), fue un gran consumidor de arándanos que unificó Dinamarca, así como una parte de Suecia y Noruega, en el siglo IX. Este nombre señala la voluntad, por parte de Ericsson, de unificar el mundo de la telefonía móvil.

Otros grandes fabricantes, como Nokia, Intel, Microsoft, Toshiba e IBM, se unieron a Ericsson a partir de 1998 para formar la Bluetooth *Special Interest Group* (SIG), que actualmente cuenta con más de 10 000 miembros.

Observación

Hay numerosa información disponible en el sitio oficial de «Bluetooth Special Interest Group»: www.bluetooth.com.

Logo Bluetooth

Destinado a permitir la comunicación entre equipos muy heterogéneos y poco distantes, Bluetooth integra, en un chip de menos de un centímetro, características muy avanzadas.

5.2 Estandarización

La especificación 1.0, publicada en julio de 1999, se adapta a las transmisiones de voz, datos e imágenes. Su velocidad teórica es de 1 Mbps. Su frecuencia de trabajo es la misma que la de Wi-Fi, 2,4 GHz (en el rango 2,4 GHz - 2,4835 GHz, libre de derechos y utilizable en cualquier parte del mundo). Es muy económica en cuanto a energía.

La segunda especificación data de finales del año 2004. Es todavía más económica en términos energéticos y, teóricamente, alcanza velocidades de 10 Mbps, lo que permite la transmisión de vídeos.

Dispositivos Bluetooth

El grupo IEEE 802.15 (WPAN WG - *Wireless Personal Area Network Working Group*) eligió basarse en Bluetooth para su estándar. De hecho, se formaron cuatro subdivisiones entre los grupos de proyecto o Tasks Groups.

Del proyecto 802.15.1, publicado en junio de 2002, ha resultado un estándar basado en Bluetooth v1.1 y una velocidad máxima de 1 Mbps.

El segundo, 802.15.2, que finalmente no ha salido a la luz, tenía como misión la coexistencia entre WPAN (802.15) y WLAN (802.11).

La solución de alta velocidad (HR - *High Rate*) del grupo 802.15.3 se finalizó en junio de 2003. Permite la transferencia de archivos de vídeo y audio en *streaming*, basándose en la tecnología *Ultra Wide Band* (UWB), procedente del ejército estadounidense. Este estándar es capaz de alcanzar velocidades de varios cientos de megabits por segundo, a una distancia de varias decenas de metros. Además, esta solución permite atravesar obstáculos, como los muros de un edificio.

Finalmente, en el otro extremo, la solución de baja velocidad, con un importante ahorro de energía, la del grupo 802.15.4, se aprobó en 2006. Esta norma, también llamado **ZigBee**, es la prolongación de HomeRF (radiofrecuencia en casa) y puede utilizarse para transmitir comandos que permiten, por ejemplo, controlar una red de bombillas mediante Wi-Fi, con una aplicación para smartphone. Su velocidad es de 250 Kbps como máximo a una distancia de unos 10 metros.

Se habla de **LowPAN** (*Low Power wireless Area Network* o red inalámbrica de baja potencia) para definir un conjunto de dispositivos con recursos limitados (procesador, memoria, baterías).

6LowPAN corresponde a la implementación del protocolo IPv6 que se basa en el protocolo 802.15.4.

A finales de 2019, las principales empresas se alían uniendo sus fuerzas para crear una iniciativa destinada a acelerar la convergencia y adopción de productos para el hogar inteligente: CHIP (*Connected Home over IP*, la casa conectada vía IP).

En 2021, CHIP fue rebautizado como *Matter* por el ***Connectivity Standards Alliance***.

LEEDARSON

Algunos colaboradores de la norma Open Source Matter

Observación

El sitio oficial de Matter está disponible en la URL https://csa-iot.org/all-solutions/matter/.

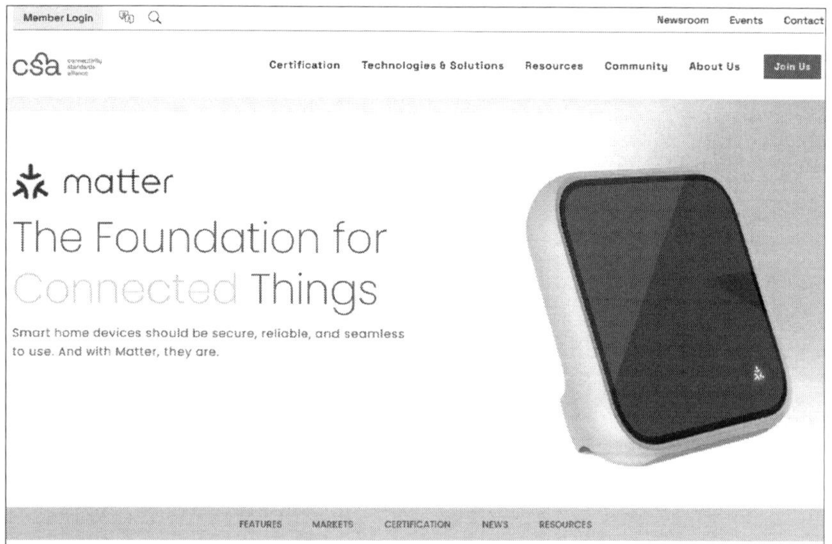

Sitio oficial de la Connectivity Standards Alliance

5.3 Red Bluetooth

Los equipos Bluetooth pueden interconectarse de dos maneras.

La primera consiste en formar una única red, el *piconet*, que comprende un terminal administrador que asume hasta siete terminales esclavos. Todas las comunicaciones, incluso entre esclavos, se administran y transitan por el administrador.

Una segunda solución es interconectar varias redes en estrella. Estas forman una *scatternet*, en la cual el administrador de un *piconet* puede convertirse en el esclavo de otro *piconet*.

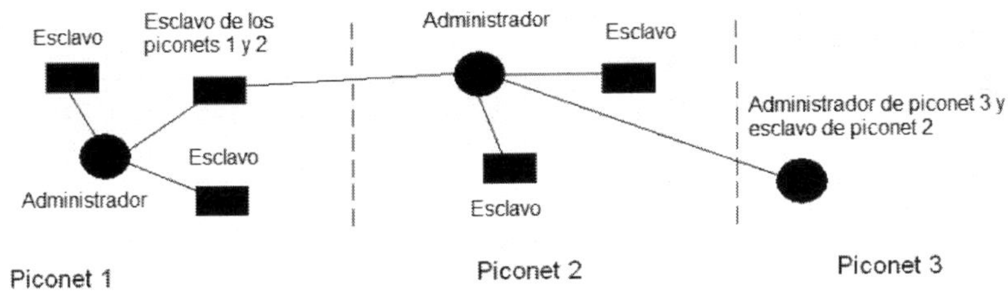

En estos esquemas, se suministran distintas velocidades entre equipos, para un total de 1 Mbps en la especificación 1.0. Una comunicación bidireccional *full-duplex* alcanzará alrededor de 434 Kbps en cada sentido, mientras que otra que esté desequilibrada alcanzará 732 Kbps en un sentido y 58 Kbps en el otro.

Bluetooth en realidad se diseñó para diferentes propósitos. Las funcionalidades de un dispositivo forman un repertorio de perfiles. Para que dos dispositivos se puedan comunicar, deben utilizar la misma funcionalidad. Entre los diferentes perfiles, podemos citar los siguientes:

- GAP (*Generic Access Profile*), que define los procedimientos de búsqueda de dispositivos, de conexión y de seguridad.
- HS Profile (*Headset Profile*), para los kits de manos libres.
- LAN Access Profile.
- Fax Profile.
- FTP (*File Transfer Profile*).
- CTP (*Cordless Telephony Profile*).

Una red TCP/IP de radio entre diferentes máquinas (*Ad hoc*) se puede construir gracias al perfil de red local de Bluetooth.

5.4 Clases de equipos

Existen tres clases de dispositivos Bluetooth:

- Clase 1, de una potencia de 100 mW, para grandes distancias (100 metros, sin obstáculos). Esta clase necesita una regulación de la potencia en los aparatos y no se debe utilizar en dispositivos cercanos al cuerpo humano.
- Clase 2, de una potencia de 2,5 mW, para distancias medias, de entre 15 y 20 metros.
- Clase 3, de una potencia de 1 mW, para pequeñas distancias, del orden de algunos metros.

La mayor parte de los equipos comercializados son de las clases 2 o 3. Esta tecnología se utiliza mucho para kits universales de manos libres para teléfonos móviles. También se encuentra en conexiones entre dispositivos (smartphones...) o entre ordenadores y periféricos (impresoras...). En este último caso, sustituye a los cables USB.

Ejemplos de dispositivos que utilizan Bluetooth

Dispositivos Bluetooth 5

6. Otras tecnologías

En las capas bajas de las redes pequeñas, se pueden encontrar otras tecnologías. Entre ellas, el Bucle Local Eléctrico (BLE, más conocido como PLC) parece una prometedora tecnología alternativa a la LAN.

6.1 Otros estándares de IEEE

Se han abandonado algunos grupos de trabajo (p. ej., 802.2, 802.4, 802.5, 802.6, 802.7, 802.8, 802.9, 802.10, 802.12 y 802.14), mientras que se han creado otros a medida que evolucionan las tecnologías.

IEEE 802 LAN/MAN Standards Committee

The IEEE 802 LAN/MAN Standards Committee (LMSC) develops and maintains networking standards and recommended practices for local, metropolitan, and other area networks, using an open and accredited process, and advocates them on a global basis. The most widely used standards are for Ethernet, Bridging and Virtual Bridged LANs Wireless LAN, Wireless PAN, Wireless MAN, Wireless Coexistence, Media Independent Handover Services, and Wireless RAN. An individual Working Group provides the focus for each area.

Get 802 standards

- Get 802 Standards
- (IEEE-SA / IEEE 802 LMSC 2016 "Get IEEE802" Program Guideline)

IEEE 802 LMSC **Working Groups, Technical Advisory Groups, Study Groups, and Standing Committees**

- 802.1 Higher Layer LAN Protocols Working Group
- 802.3 Ethernet Working Group
- 802.11 Wireless LAN Working Group
- 802.15 Wireless Specialty Network (WSN) Working Group
- 802.18 Radio Regulatory TAG
- 802.19 Wireless Coexistence Working Group
- 802.24 Vertical Applications TAG
- IEEE 802 LMSC Standing Committees
- List of Hibernating and Disbanded Working Groups and Study Groups

Extracto del sitio web de IEEE donde se puede ver el estado de los diferentes estándares

Vamos a examinar estos nuevos grupos que se han definido y los temas que cubren.

6.1.1 802.16

Este grupo de trabajo se centra en el desarrollo de los estándares y mejoras para soportar y desplegar las redes inalámbricas de tipo MAN (*Metropolitan Area Network*). Una de las aplicaciones es WiMAX, que se describe en el capítulo Protocolos de redes MAN y WAN - sección Interconexión de la red local.

Observación

Puede encontrar información adicional en el sitio web: http://www.ieee802.org/16/

6.1.2 802.17

En el caso de redes de tipo MAN o WAN, se utiliza ampliamente la fibra óptica en topologías en anillo. Estos anillos usan protocolos que no están optimizados, ni son adaptables a las peticiones bajo demanda de diferentes características, como «la velocidad de implementación», la asignación del ancho de banda y de la velocidad, la reducción de costes de hardware y de administración.

Logo del grupo de trabajo 802.17

El grupo de trabajo *Resilient Packet Ring* contribuye al desarrollo de los estándares y al despliegue de ofertas adaptables alrededor de la fibra óptica en anillo.

Observación

Puede encontrar información adicional en el sitio web: http://www.ieee802.org/17/

6.1.3 802.18

Este grupo de trabajo centra su actividad en la normalización de las comunicaciones radioeléctricas.

Observación

Puede encontrar información adicional en el sitio web: https://www.ieee802.org/18/

6.1.4 802.19

Este grupo se ocupa de la cohabitación con otros estándares inalámbricos.

Observación

Puede encontrar información adicional en el sitio web: https://www.ieee802.org/19/

6.1.5 802.21

Este grupo se ocupa de la interoperabilidad entre dispositivos heterogéneos basados en tipos de red distintos.

Observación

Puede encontrar información adicional en el sitio web: https://www.ieee802.org/21/

6.1.6 802.22

Este grupo de trabajo se ocupa de las redes regionales inalámbricas.

Observación

Puede encontrar información adicional en el sitio web: https://www.ieee802.org/22/

6.1.7 802.24

Este grupo se ocupa de las redes eléctricas inteligentes o Smart grid.

Observación

Encontrará información adicional en el sitio web: https://www.ieee802.org/24/

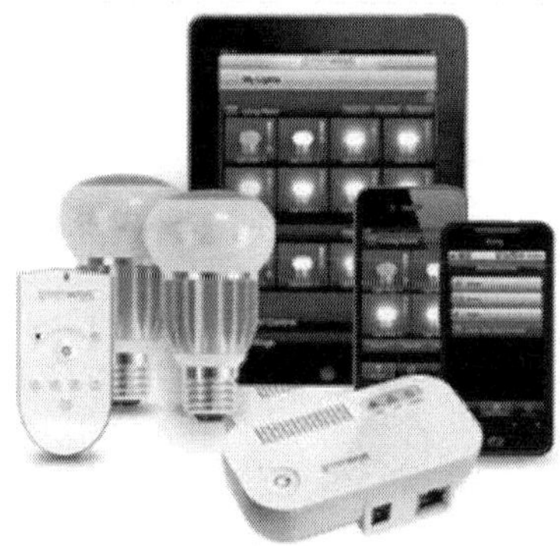

Equipamiento eléctrico con el que se puede operar a distancia

6.2 Infrared Data Association (IrDA)

Con la utilización del soporte infrarrojo (literalmente, «por debajo de la luz visible roja») IrDA define una secuencia de protocolos que permiten garantizar la comunicación entre dispositivos. Es un protocolo antiguo, de finales de los años 1990, que se utilizaba sobre todo para la transferencia de archivos entre ordenadores y PDA (de la época) y que ha tenido una fuerte competencia con el Wi-Fi y el Bluetooth, aunque actualmente todavía está disponible. Se utiliza sobre todo en entornos con muchas interferencias donde las ondas de radio no se pueden aprovechar fácilmente. Se continúa utilizando mandos a distancia infrarrojos que no interfieren con las ondas de TV.

Existen dos normas principales IrDA.

Logo IrDA

El sitio del grupo de trabajo es http://www.irda.org/.

6.2.1 El protocolo IrDA DATA

IrDA DATA es un estándar de intercambios bidireccionales, adaptado a la transferencia de datos. Tiene múltiples aplicaciones: ordenadores, impresoras, cámaras digitales, teléfonos móviles y potencialmente cualquier dispositivo móvil.

Ratón por infrarrojos

Adaptador USB por infrarrojos para PC

Impresora térmica por infrarrojos

Está compuesto por una serie de protocolos obligatorios:

PHY (físico): dependiendo de la potencia eléctrica utilizada, este protocolo garantiza una comunicación a 2 metros como máximo entre dispositivos. Las versiones de escaso consumo de energía permiten el intercambio de información a una distancia máxima de 20 cm y hasta 30 cm si el destino es un dispositivo estándar. La versión original de este protocolo, llamado **IRSimple**, garantiza la comunicación bidireccional a una velocidad de entre 9,4 Kbps y 4 Mbps. Los paquetes de datos se protegen gracias a un CRC.

La nueva versión, adoptada en marzo de 2009, llamada **Giga-IR**, ofrece velocidades de hasta 1 Gbps.

IrDA Link Access Protocol (IrLAP): este protocolo administra el establecimiento de la conexión entre dispositivos garantizando una trasferencia de datos ordenada y fiable. También se encarga de la localización automática de dispositivos, atribución de los roles primario y secundario y negociación de parámetros QoS (Calidad del servicio).

IrDA Link Management Protocol (IrLMP): este protocolo asegura el multiplexado, permitiendo la utilización de diferentes canales a nivel IrLAP. Como este último, se encarga de la localización automática, pero solo para los protocolos y servicios.

Según su utilización, se aplican algunos protocolos opcionales:

- Tiny TP, control del flujo IrLMP de segmentación y de montaje.
- IrCOMM, emulación de puertos COM (o serie).
- IrOBEX, servicios de intercambio de objetos entre dispositivos infrarrojos (vcard, vcalendar...).
- IrLAN, acceso a redes locales (modo punto a punto, punto de acceso o alojado).

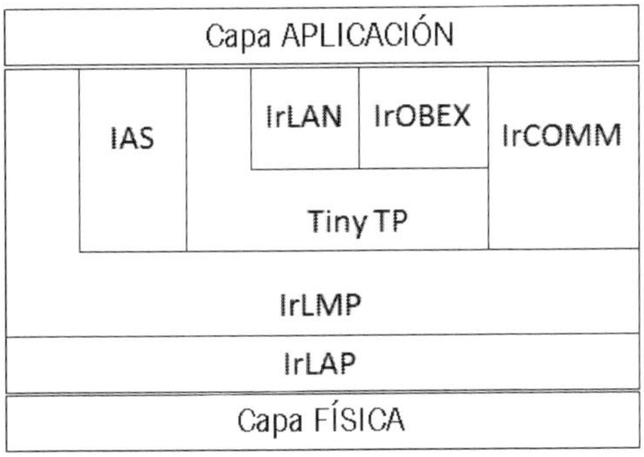

Capa APLICACIÓN
IAS
IrLAN
IrOBEX
IrCOMM
Tiny TP
IrLMP
IrLAP
Capa FÍSICA

Pila de protocolos IrDA

6.2.2 El protocolo IrDA CONTROL

Este estándar define los intercambios entre dispositivos (teclado, ratón, joystick...). Se compone de tres protocolos obligatorios.

PHY (físico): asegura una comunicación bidireccional a una velocidad de 75 kbps, para una distancia máxima de 5 metros. Los paquetes de datos se protegen gracias a un CRC. Este protocolo está optimizado para componentes de escaso consumo energético.

MAC: permite la comunicación simultánea entre dispositivos (hasta 8) y tiempos de respuesta breves. Asegura el direccionamiento dinámico de los dispositivos (*asymmetric* MAC).

LLC: detecta los errores y transmite los datos.

La aplicación de las tecnologías IrDA aún no está totalmente adaptada para las redes informáticas, a causa de la limitación de velocidad impuesta por el soporte y su relativa sensibilidad a las interferencias, al contrario de lo que ocurre con las tecnologías que utilizan ondas de radio.

6.3 Bucle local eléctrico (BLE)

6.3.1 Principios

La transmisión mediante el bucle local eléctrico (BLE o "último kilómetro"), en inglés *Power Line Communications* (PLC) o *Broadband Power Line* (BPL), existe desde los años cincuenta. La técnica utilizada en aquella época era unidireccional y solo obtenía velocidades bajas. Sigue siendo utilizada, por ejemplo, para el encendido y apagado del alumbrado público y la conmutación de los contadores eléctricos entre tarifas diurnas y nocturnas.

Hacia finales de los años noventa, las investigaciones permitieron al BLE convertirse en bidireccional y permitir velocidades más altas. Esta solución puede implementarse para comunicaciones dentro de edificios o a distancias cortas. Otras utilidades, como el acceso a Internet por BLE, serán posibles a corto plazo. En España, se está legislando al respecto. La eléctrica que está más avanzada en este sentido es Endesa.

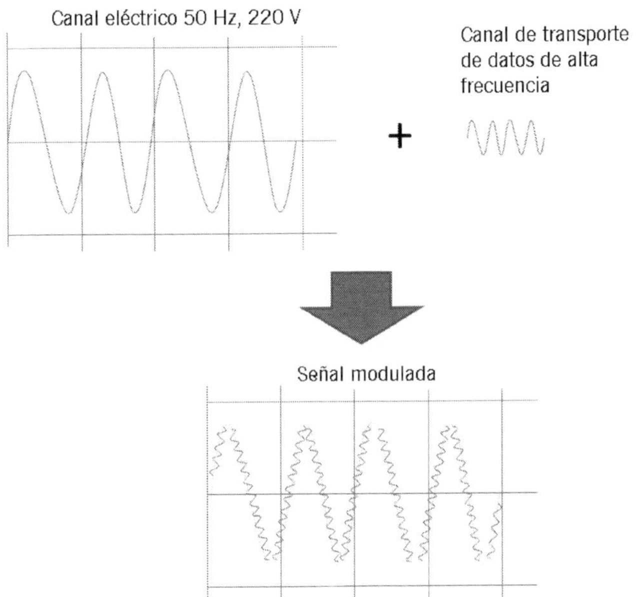

Transporte de datos por medio de una señal de alta frecuencia en un PLC

En el ámbito de la utilización de las líneas eléctricas para redes locales, se creó un consorcio en Estados Unidos llamado *HomePlug Powerline Alliance*. Agrupa a diferentes agentes del sector, como por ejemplo Intel, Linksys y Motorola, con el objetivo de trabajar en un marco estándar para el bucle local eléctrico.

Se han definido certificaciones y pruebas para comprobar la interoperabilidad de los componentes. Tras la validación, el fabricante tiene permiso para utilizar el logotipo correspondiente; por ejemplo, en la caja del hardware.

Logos HomePlug

La primera certificación fue **HomePlug 1.0**, que ofrecía velocidades teóricas de 14 y luego de 85 Mbps. A esta certificación inicial le sucedió **HomePlug AV** (HPAV), destinada a la red multimedia doméstica. Compatible con la versión 1.0, permite velocidades teóricas de 200 Mbps. Es más segura, y ofrece la calidad del servicio (QoS) y el *streaming* de audio y vídeo.

Las otras dos siglas corresponden a las especificaciones **HomePlug Access BPL** (*Broadband Power Line*) para el acceso de alta velocidad en las viviendas, y **HomePlug CC** (*Command & Control*) para el control de dispositivos (control de la iluminación, climatización...) a través de esta tecnología.

El consorcio HomePlug se acerca igualmente a IEEE y a su grupo P1901 (https://sagroups.ieee.org/1901), destinado a estandarizar este tipo de comunicaciones.

La norma común, que permite la interoperabilidad de los tres grandes sistemas PLC, se finalizó en 2010: IEEE STD 1901-2010. Esta norma prevé la utilización de adaptadores domésticos que pueden llegar, en teoría, a la velocidad de 500 Mbps.

Finalmente, la norma **HomePlug AV2** apareció en diciembre de 2011 y ofrece velocidades teóricas de hasta 1 Gbps basándose en un mecanismo MIMO (*Multiple Input and Multiple Output*). Su particularidad es que puede utilizar el cable neutro y el cable de tierra cuando la línea no tiene la calidad suficiente.

6.3.2 El funcionamiento

Esta tecnología utiliza la red de instalación eléctrica de un edificio para transportar datos informáticos. Por ello se emplea una potencia mucho menor y altas frecuencias (banda 1,6 a 30 MHz) en los cables eléctricos. Los filtros permiten diferenciar esta señal superpuesta a los 220 V y 50 Hz, conservando solo los datos informáticos.

Esta señal es recibida por cualquier adaptador BLE conectado a la red eléctrica interna. A continuación, este dispositivo transforma el impulso en señal Ethernet, como el USB, al cual se puede conectar el ordenador.

Adaptador BLE

El transporte de frecuencias altas a través de los cables eléctricos puede plantear un problema de interferencias radioeléctricas. La potencia suministrada no debe ser demasiado elevada para no impedir el funcionamiento de los aparatos que no son de red. Además, estas interferencias pueden tener como consecuencia una falta de seguridad en las comunicaciones. HomePlug ahora integra el cifrado de los datos *Advanced Encryption Standard* (AES) de 128 bits.

La capa física de HomePlug utiliza la modulación por intervalo de espectro, o *Spread Spectrum*, con la técnica de transmisión *Orthogonal Frequency Division Multiplexing* (OFDM). El modo de acceso es de tipo CSMA/CA (*Carrier Sense Multiple Access with Collision Avoidance*). Es el mismo método de acceso que el que se utiliza en las comunicaciones Wi-Fi.

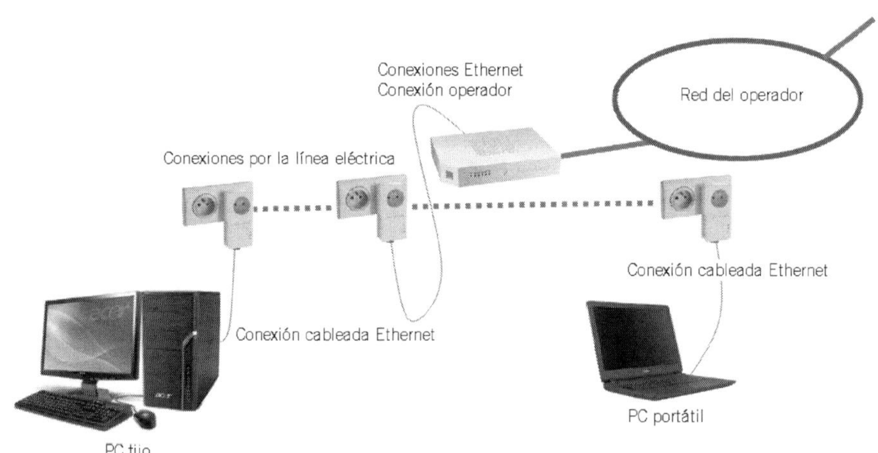

Red BLE en un domicilio particular

Aunque el BLE carece de normalización para la empresa, con velocidades un poco más altas, puede ser un buen complemento para Wi-Fi. De hecho, la interconexión de la red Wi-Fi con la troncal Ethernet no siempre es posible, por ejemplo, por motivos de distancia. En tal caso, la implementación de una extensión con BLE puede proporcionar una gran flexibilidad.

Es muy probable que las evoluciones de esta prometedora tecnología permitan rápidamente un uso aún más interesante en la empresa, incluso en exteriores.

7. El universo de los objetos conectados, IoT

7.1 Introducción

Desde hace algunos años se habla de **objetos conectados** o **Internet of Things** o **IoT**, literalmente «Internet de las cosas».

Numerosos dispositivos han evolucionado progresivamente para ofrecer sensores integrados a través de API (interfaz de programación de aplicaciones) que permiten a las aplicaciones consolidar información o a los objetos comunicarse entre ellos.

Numerosas aplicaciones ofrecen conectarse a los objetos y sensores disponibles en el espacio público o privado.

A menudo, la aplicación puede obtener la información recogida por estos dispositivos y también puede enviar órdenes a estos objetos (ajuste de un termostato, arranque de un coche, sincronización de datos recogidos...).

Están apareciendo diferentes conceptos que sitúan estas funcionalidades alrededor de un ecosistema específico: ciudad inteligente o **smart city**, **hogar inteligente**, **vehículo conectado**.

En una ciudad, se podrá ofrecer información contextual: meteorología, tráfico, eventos, disponibilidad del transporte público (coche compartido, autobús, tren, avión).

Los componentes que entran en juego en este contexto son la **persona**, el **objeto conectado** y la **localización física** de la persona. Este individuo, consumidor en potencia, dispone frecuentemente de un smartphone con una conexión ilimitada a Internet, que le sirve como canal principal para comunicarse con estos objetos o para recibir publicidad.

En este entorno, se hablará de:

- **M2M** o **Machine to Machine**, para definir la relación que existe entre un objeto conectado y otro,
- **C2C** o **Consumer to Consumer**, para definir la relación que existe entre los consumidores.

Por ejemplo, aplicaciones como TripAdvisor o eltenedor permiten proporcionar información precisa sobre opiniones compartidas.

Pero el modelo no se detiene aquí. Actualmente algunos sitios ofrecen a particulares alquilar su propia vivienda o su coche por un periodo de tiempo puntual, solo en un modo colaborativo y con un interés económico. Esto deja entrever una infinidad de posibilidades, incluso si esto realmente cuestiona el modelo establecido durante décadas.

Sitio https://es.getaround.com: alquiler de coches entre particulares

7.2 Evolución de los objetos conectados

La primera generación de objetos conectados hace referencia a funcionalidades de recogida de datos, ofreciendo evaluaciones de un conjunto de indicadores recogidos.

Podemos encontrar el asistente en modo coach deportivo, que ofrece un resumen muy completo de las sesiones deportivas realizadas puntualmente.

Otros objetos empiezan a ofrecer un seguimiento global y continuo de la actividad del individuo, tanto de día como durante la noche. La tendencia con el reloj conectado es hacer un seguimiento continuo de nuestro estado de salud, incluso transmitir esta información a nuestra compañía de seguros, que puede ofrecer regalos en el sentido de mejorar el bienestar del asegurado (caso del Reino Unido, por ejemplo).

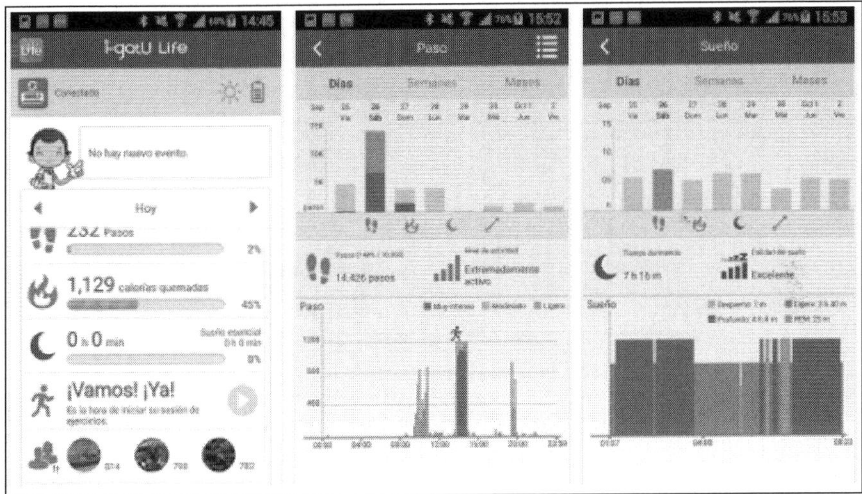

Ejemplo de la aplicación i-gotU Life

Algunas mutuas en España ofrecen el reembolso de los objetos conectados en el marco de un seguimiento del bienestar del individuo.

Pero hay que ir con cuidado de que no se franquee el límite que sería, por ejemplo, penalizar las personas que no tengan un estilo de vida parecido al de la mayoría. En España, la AGPD sigue esto de cerca.

La segunda generación va más lejos y ofrece coaching personalizado integrando los elementos recogidos. Por ejemplo, el tenedor conectado le permitirá comer menos deprisa vibrando cuando el ritmo es demasiado rápido y recogiendo datos.

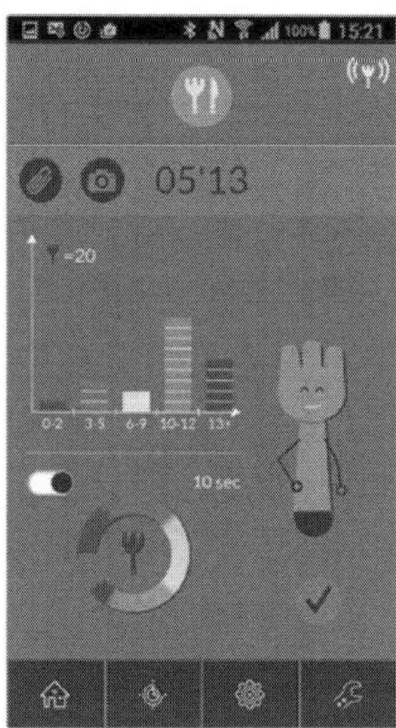

Tenedor Slow Control 10S Fork - bluetooth

La tercera generación da autonomía a los objetos conectados. Por ejemplo, usted dispone de un sistema de cámaras conectadas que le avisan cuando detectan un intruso en su casa (detección de movimiento, encendido de las luces, inicio de grabación de vídeo, sistema de identificación para saber si los individuos son personas conocidas o no y envío de una alerta inmediatamente a su móvil). Entonces usted tiene la posibilidad de interactuar con los ladrones hablando para disuadirles. Su detector de humos y de monóxido de carbono también puede avisarle en función de situaciones identificadas.

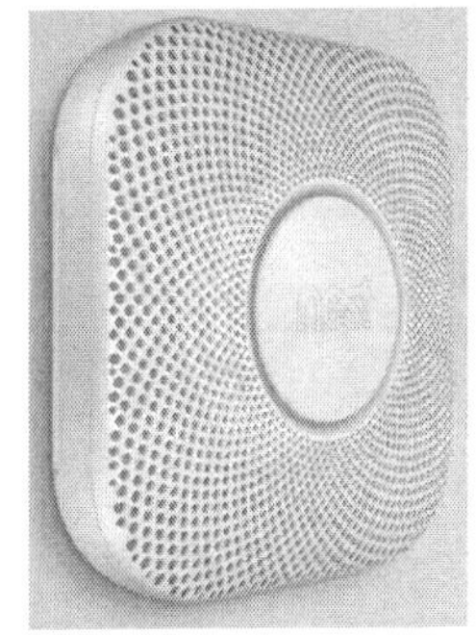

Termostato conectado, detector de humos y de monóxido de carbono y cámara interior (NEST)

7.3 Acceso a los objetos conectados

El smartphone juega un papel fundamental en nuestro mundo físico conectado. Nos proporciona el acceso a un mundo consumista virtual que, además, nos facilita el acceso al mundo físico. Esta facilidad de acceso tiene un coste oculto que no es desinteresado. Estamos geolocalizados casi siempre y todos los sitios que recorremos guardan la menor información respecto a nuestro comportamiento y preferencias.

Observación

En Europa, una primera fase de toma de conciencia ha permitido forzar a los sitios web europeos a advertir al usuario que sus acciones se rastrean a través de las cookies, con la posibilidad de rechazar este rastreo.

Información sobre las Cookies

Como todos los sitios que visita, utilizamos cookies (trazadores). Estos nos permiten hacer funcionar ciertas características como las redes sociales y comprender cómo navega por nuestro sitio. Para saber más, haga clic aquí

He comprendido | Cerrar

Ejemplo de mensaje que aparece en un sitio web en Europa

Cada vez más, el smartphone no se comparte en la familia, ya que cada uno tiene el suyo y con una conexión a internet casi ilimitada. Las empresas disponen de un medio para dirigirse individualmente a los consumidores en potencia que somos.

Pero ¿en qué medida esta facilidad de acceso no se convierte en una dependencia de los gigantes de Internet (Amazon, Google o Apple, por ejemplo)?

En una situación de movilidad, por ejemplo, en un centro comercial, es técnicamente posible ofrecer, mediante una orientación inteligente, por SMS o MMS, una oferta o promoción. De este modo, si llega un cliente de la marca identificado al cartel o, por el contrario, si sale en una dirección que hace pensar que no pasará por delante de la tienda, puede ser interesante hacerle una propuesta comercial.

7.4 Problemas planteados por objetos conectados

Se planean muchas preguntas alrededor de la privacidad y de la seguridad de los datos personales en un contexto de objetos conectados.

¿Quién posee y controla estos datos?

¿Qué pasará cuando los objetos conectados de la casa quieran compartir grandes cantidades de datos sobre nuestro modo de vida?

¿Cómo impedir que intrusos (hackers) tomen el control de nuestro hogar inteligente robando información sensible relativa a nuestra vida privada?

Los fabricantes de automóviles han tenido que revisar sus coches y hacer pruebas de hackeo en vehículos conectados cuyo nivel de seguridad no era suficiente.

También se plantean otras preguntas.

¿Cómo interactuarán las personas con los objetos conectados en el futuro?

¿Qué nivel de delegación y control estarán dispuestos a aceptar los individuos sin tener la impresión de depender totalmente de una máquina?

¿Hay que confiar en los objetos conectados y queremos realmente ser dependientes de ellos?

¿Cómo pueden ayudarnos estos objetos cotidianamente para hacer frente a una falta de autonomía de una persona en situación de dependencia?

Todas estas preguntas permitirán definir el enfoque de los objetos conectados.

Capítulo 7
Protocolos de redes MAN y WAN

1. Interconexión de la red local

En los últimos años, las solicitudes de interconexión entre empresas (lugares distantes) o con Internet han aumentado vertiginosamente. En relación con esta red interconectada, los usuarios particulares tampoco se han quedado atrás.

Paralelamente, las tecnologías que facilitan estas conexiones han experimentado un progreso considerable. Muchas soluciones utilizan soportes públicos, como la línea de la red telefónica conmutada (RTC) o el cable de fibra óptica, que también puede desplegarse en el marco de interconexiones privadas. Igual que las redes pequeñas, también las redes de radio evolucionan.

1.1 Utilización de la red telefónica

La red telefónica conmutada con cables de cobre sigue siendo el soporte principal de las comunicaciones más allá de la red local. Es, de hecho, poco común diseñar un edificio residencial o de oficinas sin esta interconexión de red.

Por lo general se ha destinado a las transmisiones de voz, pero es plenamente operativo desde un punto de vista técnico para transmitir datos.

Podemos distinguir dos partes de la red telefónica conmutada. La primera, llamada bucle local (BL), es propiedad casi en su totalidad de Telefónica y conecta las centrales de este operador con los edificios de los clientes finales. Por encima de ella, una red central asume la comunicación.

Observación

La red central de Telefónica transmite la información en forma digital desde hace mucho tiempo. En primer lugar, la voz se codifica (muestreo). Antes de enviarse al bucle local del destinatario correspondiente, se descodifica. Esta red central no tiene ninguna dificultad en transmitir datos informáticos.

En el interior de las centrales, los equipos *Digital Subscriber Line Access Multiplexer* (DSLAM) interconectan al abonado con la red central del operador. Inicialmente, solo Telefónica instalaba DSLAM en sus propias centrales. Desde hace algunos años, otros operadores pueden instalar sus dispositivos e interconectar su red central (digital) al bucle local.

En este acceso desglosado parcial, la comunicación telefónica se sigue produciendo a través de los servicios de Telefónica, mientras que el operador alternativo se ocupa de la circulación de los datos. Un acceso desglosado total indica que el operador alternativo se encarga por completo de las comunicaciones. En este caso, el abono a Telefónica lo hace el operador alternativo, y no el cliente final.

Observación

En una zona de acceso no desglosado, la central solo contiene equipos de Telefónica.

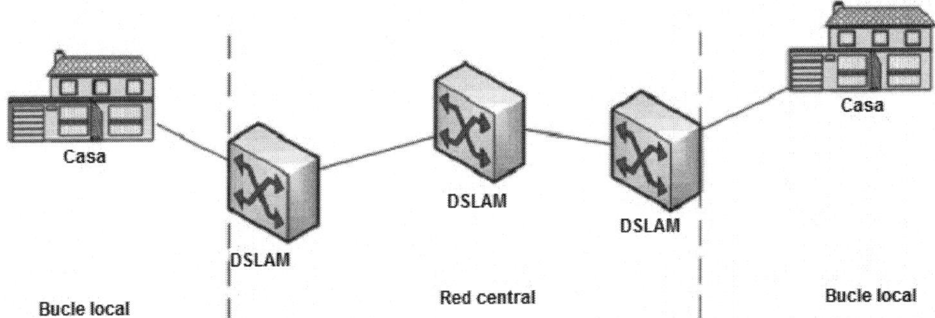

Para transferir datos a través de la línea RTC, el módem analógico ha sido durante mucho tiempo la solución más utilizada. Sin embargo, poco a poco ha caído en desuso y ahora se emplea sobre todo para proporcionar únicamente funcionalidades de fax. Los propios módems de la red digital de servicios integrados (RDSI) han sido abandonados por la adopción masiva en España de la *Asymmetric Digital Subscriber Line* (ADSL), aunque esta tecnología no está disponible en todos los lugares.

Otras técnicas, como las líneas dedicadas (LD), pueden beneficiarse de este soporte a través de la línea RTC.

1.2 Red digital de servicios integrados (RDSI)

1.2.1 Principios

La red digital de servicios integrados (ISDN - *Integrated Services Digital Network*) es un conjunto de normas establecidas por la ex-CCITT (ITU-T) para transformar la red telefónica conmutada (analógica en sus inicios) en una red digital mundial.

Observación

En España, Telefónica ofrecía un acceso RDSI para su red y lo comercializó con dicho nombre. Aunque compiten con otras tecnologías más recientes, las ofertas RDSI siguen estando presentes.

Una red completamente digitalizada permite la transmisión de cualquier tipo de información, voz, vídeo o datos. A través de la línea RTC se pueden ejecutar muchas aplicaciones: transferencia de archivos, videoconferencia, audioconferencia, fax.

Como la RDSI es un estándar internacional, la compatibilidad entre países está garantizada.

1.2.2 Correspondencia con el modelo OSI

La RDSI cubre las tres primeras capas del modelo OSI. En la primera, la capa física, la RDSI proporciona un multiplexado temporal entre los distintos elementos. Localmente, un módem RDSI permite la conexión entre el terminal y la red. Se utiliza el conector RJ45 y las interfaces S/T (S para el abonado, T para la red).

La capa de Conexión está garantizada por el protocolo *Link Access Protocol on the D-Channel Multipoint* (LAP-D), que implementa direcciones multipunto y de difusión, así como la gestión del canal D.

A nivel de la capa de Red, hay disponibles dos canales distintos. El llamado básico (Canal B) se utiliza para la transferencia de información. El canal de datos (Canal D) se utiliza para la digitalización, el establecimiento de la comunicación, la identificación del interlocutor y otros servicios.

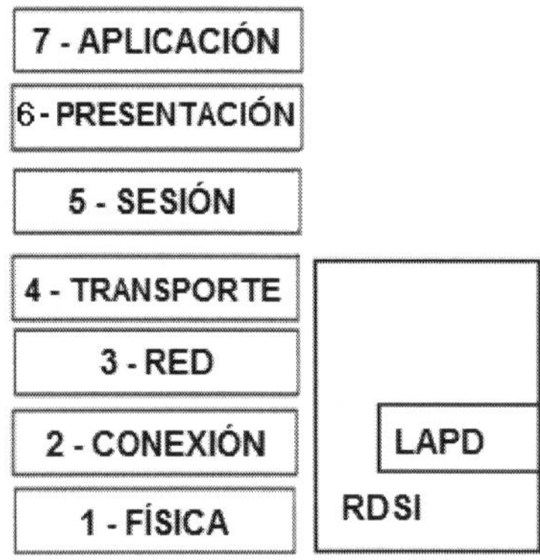

RDSI y OSI

1.2.3 Tipos de acceso disponibles

Se han definido dos tipos de acceso para el usuario en relación con la velocidad básica necesaria para transmitir la voz, 64 Kbps.

Observación

En Europa, la voz en la red telefónica se digitaliza a 8000 muestreos por segundo, es decir, 1 cada 125 microsegundos. Se define cada impulso en 8 bits (256 niveles posibles). Así, esta codificación de modulación por impulsos codificados (MIC) transmite a 64 Kbps. Esta unidad es la base de la RDSI.

El acceso básico incluye:

- 2 canales B a 64 Kbps cada uno (o sea, 128 Kbps por agregación de línea) para la transmisión de los datos.
- 1 canal D a 16 Kbps para la señalización.

Observación

Gracias a la compresión RDSI, es posible alcanzar hasta 400 Kbps.

El acceso primario proporciona:

- 30 canales B a 64 Kbps cada uno.
- 1 canal D a 64 Kbps.

Observación

En EE. UU. y en Japón, el acceso primario corresponde a 1 canal D y a 23 canales B.

En España, por ejemplo, las ofertas comerciales son adaptaciones de estos accesos.

La RDSI es un servicio conmutado; por lo tanto, se factura al usuario en función de la duración de comunicación y la distancia recorrida. Por supuesto, también se tiene en cuenta el tipo de acceso.

1.3 Línea dedicada (LD)

1.3.1 Los principios

Una línea dedicada es permanente y se alquila forzosamente a un operador telefónico, en la mayoría de los casos a Telefónica. Interconecta dos números predefinidos punto a punto. No es necesario marcar el número del destinatario.

La facturación depende de la distancia y la velocidad ofrecida.

Las líneas dedicadas son accesibles desde cualquier punto del planeta. Debido a su coste, es una solución que utilizan mayoritariamente las empresas.

Telefónica comercializa este servicio bajo el nombre Plan Novacom.

1.3.2 Velocidades

Con las líneas dedicadas, las velocidades son simétricas. En Europa se estandarizan con el nombre Ex y en EE. UU. con los niveles Tx.

Por ejemplo, las principales velocidades europeas son:

- E1, a 2,048 Mbps, equivalente 30*64 Kbps.
- E2, a 8,848 Mbps, equivalente 4*E1.
- E3, a 34,368 Mbps, equivalente 4*E2.
- E4, a 139,264 Mbps, equivalente 4*E3.

Entre las velocidades americanas, podemos citar:

- T1, a 1,544 Mbps, equivalente 24*64 Kbps.
- T2, a 6,312 Mbps, equivalente 4*T1.
- T3, a 44,736 Mbps, equivalente 7*T2.

1.4 Tecnologías xDSL

1.4.1 Principios

Con anterioridad hemos visto que, a través del bucle local de la red telefónica conmutada, la señal se transmite habitualmente en forma analógica, y se transforma en digital a través del circuito troncal. Las tecnologías de transmisión, como la *Asymmetric Digital Subscriber Line* (ADSL), permiten utilizar las frecuencias no usadas por la señal analógica. Permiten velocidades digitales muy elevadas, forzando el cable de cobre hasta el máximo de sus posibilidades.

De esta manera, se obtienen velocidades proporcionales, pero en distancias cortas dentro del bucle local. De hecho, la pérdida de calidad de esta señal a través del cable de cobre es muy rápida.

Para que una línea telefónica sea apta para una conexión ADSL, el abonado debe estar situado como máximo a 5 kilómetros de la central a la cual se conecta. Con ADSL 2+, esta distancia se incrementa alrededor de 1,5 kilómetros. No todo el mundo se puede conectar a alta velocidad a Internet mediante ADSL.

En casa del abonado, un módem específico permite dar el formato adecuado a la señal antes de enviarla por el soporte de cobre telefónico. El ordenador está conectado a este módem por un cable de par trenzado, con conectores RJ45 o por cable USB. Desde el punto de vista del software, se crea en el ordenador una configuración *Point to Point over Ethernet* (PPoE), que permite la conexión hasta el Proveedor de Acceso a Internet (PAI) o *Internet Service Provider* (ISP).

1.4.2 Los diferentes servicios

La primera solución comercial que se ofreció fue ADSL. Se definió en 1995 y ofrecía la utilización de un canal telefónico analógico o RDSI. Las velocidades previstas eran de:

- 800 Kbps máximo de velocidad de subida (desde el abonado a la central).
- 8,192 Mbps máximo de velocidad de bajada (desde la central al abonado).

Gracias a los avances tecnológicos, hoy en día se puede llegar a:

- 1,024 Kbps de subida.
- 28,672 Mbps de bajada.

Las tecnologías DSL dependen mucho de la distancia hasta la central. Por eso, la velocidad máxima ADSL no se alcanza al sobrepasar los 2,4 kilómetros de bucle local. La evolución *Reach Extended* ADSL prolonga esta distancia alrededor de 800 metros más.

Después de este primer tipo de ADSL, han surgido otros, como:

- *High bit rate DSL* o **HDSL**, simétrica a 2 Mbps como máximo a unos 3,6 kilómetros.
- *Symmetric DSL* o **SDSL**, a 2 Mbps como máximo para distancias de unos 2 400 metros, pero con tiempos de espera muy convincentes.
- *Single-pair High-speed DSL* o **SHDSL**, de 144 Kbps a 2,3 Mbps, hasta 5 400 metros, pero con una velocidad fija garantizada (importante para las videoconferencias).
- *Very high bit-rate DSL* o **VDSL**, que llega hasta 55 Mbps de bajada y 8 Mbps de subida en modo asimétrico. En modo simétrico, la velocidad puede llegar a 34 Mbps.
- *Very high bit-rate DSL 2* o **VDSL2**, capaz de picos de bajada de hasta 100 Mbps, pero a 300 m de la central como distancia máxima (por encima, similar al ADSL 2+ presentada anteriormente, pero para 3 500 metros).

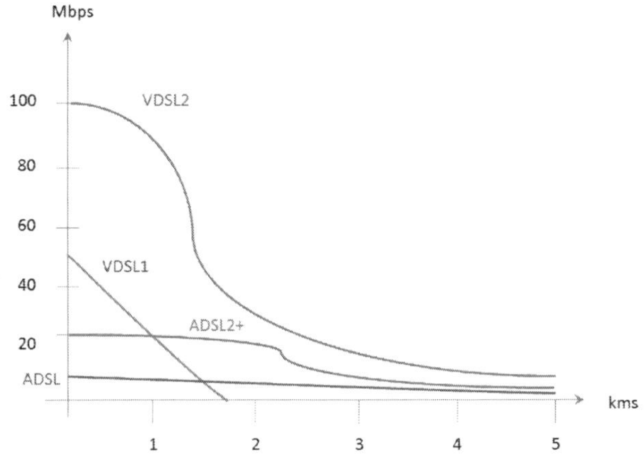

Velocidades xDSL en función del alcance

Dirigida principalmente a particulares, la ADSL ha evolucionado y hoy muchos proveedores de conexión ofrecen a sus clientes el uso de la tecnología ADSL 2+, que puede alcanzar picos de 20 Mbps, pero a 2,5 kilómetros como máximo. Para distancias mayores, está el ADSL clásico. En los extremos, tanto el módem como el DSLAM se han tenido que adaptar al ADSL 2+.

Observación

Cada vez con más frecuencia, los ISP ofrecen velocidades en ATM, la que se da entre la red internet y el DSLAM del ISP. La velocidad real es la IP, alrededor de un 25 % más lenta.

En España, sobre todo gracias a estas tecnologías xDSL, el acceso a Internet a alta velocidad se ha convertido en una realidad. Las comunicaciones son ahora tan fiables y rápidas que un gran número de empresas abandonan las costosas líneas dedicadas para contratar redes privadas virtuales (VPN - *Virtual Private Network*) permanentes, controladas por la empresa. Para ello, basta con configurar dos enrutadores, que crearán un túnel seguro a través de Internet, sin otro compromiso con los operadores que la contratación necesaria.

1.4.3 Las ofertas «Todo en uno»

Con la desagrupación total y el aumento de la velocidad, los proveedores de acceso a Internet hacen ofertas que van mucho más allá del simple acceso a Internet de banda ancha.

Estas ofertas, denominadas «Todo en uno», incluyen varios servicios en un solo contrato:

- acceso a internet de banda ancha,
- tarifa plana telefónica, sobre IP (VoIP),
- telefonía móvil,
- televisión, con una amplia gama de canales de pago.

Estas ofertas solo están disponibles para los abonados más próximos a los DSLAM o que tengan acceso a fibra óptica.

La interfaz entre la toma telefónica y los distintos dispositivos (televisión, ordenador, teléfono...) se hace con módems especiales adaptados para el «Todo en uno». Los conectores que se utilizan son RJ11, RJ45 y SCART.

A continuación, se muestran los módems-enrutadores de los tres operadores principales en España. Ahora se dispone de las funcionalidades ADSL2+, VDSL2 y Fibra FTTH (*Fiber To The Home* o Fibra en casa), así como el Wi-Fi 11ac (a/b/g/n) y el formato Ultra Alta Definición (4K).

Observación

También se habla de FTTLa (Fiber To The Last amplifier o fibra hasta el último amplificador), FTTB (Fiber To The Building o fibra hasta el edificio) y FTTC (Fiber To The Cabinet o fibra hasta el subdistribuidor).

Livebox 7 (Orange)

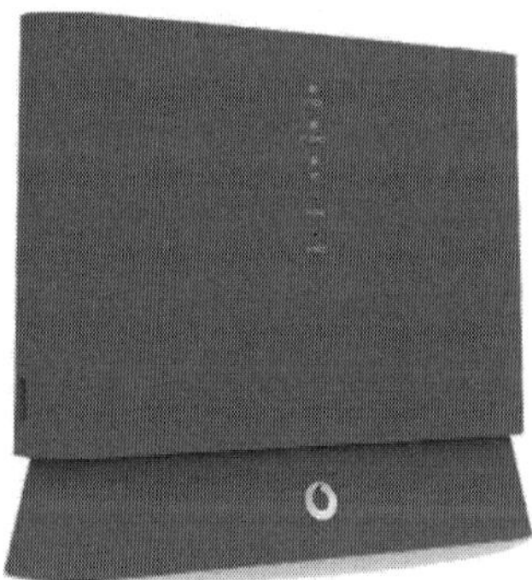

Módem router Sercomm H500-s (Vodafone)

Módem router Smart WiFi 6 (Movistar)

Observación

En España, los diferentes ISP llaman a estos dispositivos «box».

1.5 Cable público

Algunos núcleos urbanos ofrecen una solución alternativa de acceso a Internet a través del cable de fibra óptica. Al contrario que en las tecnologías DSL, hay que conectar a los abonados a la arquitectura de red de fibra óptica a medida que se den de alta.

España ha dado poco apoyo a este soporte, muy costoso de instalar. La competencia de las tecnologías DSL, que se basan en una red que cubre ya todo el territorio, ha tenido mucha influencia. Por el contrario, empiezan a verse los límites de las tecnologías DSL, y el cable, que ofrece velocidades mucho mejores, aún tiene futuro. Por el momento, solo está disponible en núcleos urbanos muy grandes.

Las ofertas propuestas por los operadores de cable son muy similares a las del ADSL, con velocidades actualmente equivalentes e incluso superiores. Estos operadores también ofrecen el «Todo en uno».

1.6 WiMax

1.6.1 El bucle local inalámbrico

Las soluciones de acceso a Internet de alta velocidad DSL utilizan las líneas RTC. Desgraciadamente, estas tecnologías no pueden cubrir toda la población, y no permiten el acceso de alta velocidad a Internet a todo el mundo. Hay que tener en cuenta que el cableado de fibra óptica se reserva a núcleos urbanos cuya densidad de población sea muy alta.

La utilización de la solución Bucle Local Inalámbrico (BLI) permite evitar esta problemática. BLI se convierte así en una solución complementaria a las tecnologías xDSL y al cable público, que permite a los entornos profesionales y a los hogares acceder a Internet a alta velocidad.

Mediante las autorizaciones adecuadas, otros operadores alternativos a Telefónica pueden crear sus propias redes BLI.

Para los proveedores de acceso a Internet, la BLI es una solución a algunos problemas de acceso desglosado. De hecho, para estos operadores es muy difícil reproducir una red de telecomunicaciones completa que llegue al cliente final. En ofertas de acceso desglosado parciales, el operador alternativo conecta el bucle local, que pertenece a Telefónica, con su propia red. Para esto, coloca sus equipos de transmisión en los locales del operador principal, del cual es competidor. La desagrupación total implica, además, que el ISP alquile la línea de bucle local. Por ello es comprensible que la utilización de BLI permita simplificar algunas operaciones.

1.6.2 La solución WiMax

El grupo de trabajo IEEE 802.16 *Broadband Wireless Access Working Group* (BWAWG) estandariza las soluciones de tipo RMAN utilizables por BLI. Para promoverlas, Intel y Alvarion crearon en 2002 una asociación, la *Worldwide Interoperability Microwave Access* (WiMax) *forum*. Actualmente, esta agrupación cuenta con numerosas empresas asociadas.

Además de la promoción de esta tecnología, el objetivo de esta asociación es facilitar la certificación de hardware para garantizar su compatibilidad.

El logo WiMax

El estándar IEEE 802.16a, ratificado en enero de 2003, sirvió de base a WiMax. Permite velocidades simétricas que teóricamente llegan a los 70 Mbps, dentro de un alcance cercano a los 50 kilómetros. En realidad, los operadores hablan de una velocidad real máxima de 12 Mbps para un alcance de 10 a 20 kilómetros, en función del entorno.

Algunas antenas de infraestructura pueden bastar para poner en marcha una conexión punto a multipunto a nivel de una comarca. Este primer estándar, que solo regula la conexión fija, evolucionó levemente al 802.16d, también llamado 802.16-2004, ratificado en junio de 2004.

La evolución 802.16e, aprobada en diciembre de 2005, trae la movilidad a WiMax. Prevé el paso de una antena a otra (*Hand-over*) y el desplazamiento a bordo de un vehículo sin interferencias en la comunicación. Su velocidad teórica es de 30 Mbps y su alcance es de 3,5 kilómetros. Para comunicarse, los ordenadores portátiles y otros equipos móviles han de tener integrado un componente dedicado.

La nueva versión 2 de WiMax (IEEE 802.16m) fue ratificada a final de 2012.

Esta versión permite velocidades teóricas de 1 Gbps. Este estándar debe permitir la convergencia de las tecnologías Wi-Fi, WiMax y 4G.

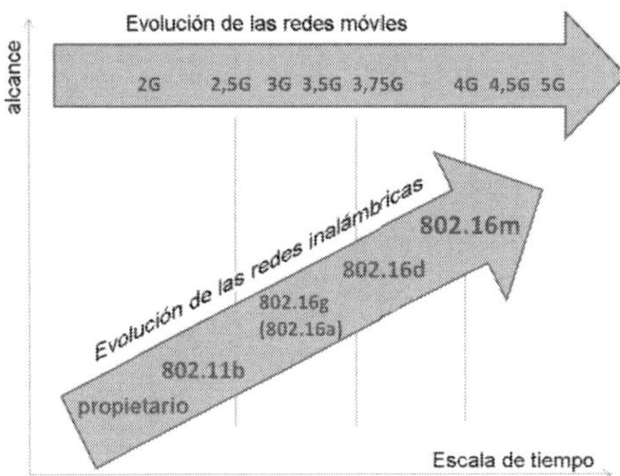

Convergencia de las redes móviles e inalámbricas

1.7 Redes móviles

1.7.1 Inicios

Hace ya algunos años, la telefonía móvil invadió nuestra vida diaria. También en este ámbito, la convergencia de las redes de voz y datos está de actualidad.

En estas redes, una antena (RAN - *Radio Access Network*) cubre una determinada zona geográfica. Todos los puntos que pueden alcanzarse a partir de este equipo forman una celda. Una estación de base, vinculada a la antena, desempeña el papel de servidor para todos los clientes de la celda. Una red central (CN - *Core Network*) conecta entre sí las distintas estaciones básicas.

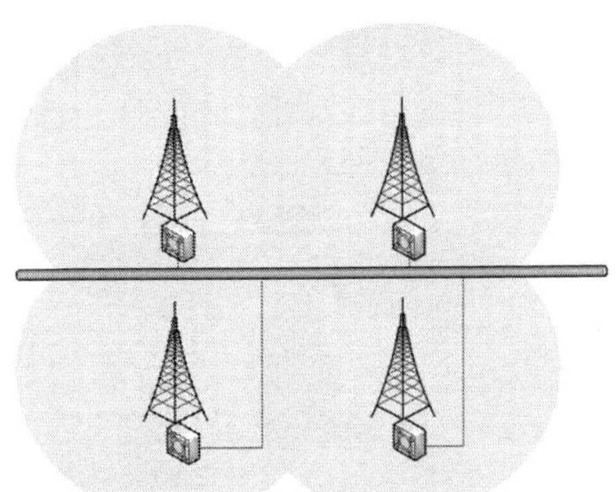

Esta organización en celdas geográficas permite la transferencia de datos entre ellas durante la comunicación. De hecho, el equipo móvil verifica continuamente la calidad de las señales recibidas. Si su estación de base no le proporciona la mejor señal posible, pide un cambio al administrador de la red central. Esta acción de comunicación tiene el nombre de *hand-over*, *handover* o *handoff*. En telefonía móvil, la capacidad de *roaming* o itinerancia implica un acuerdo entre operadores para acceder a su red desde el extranjero.

Estos conceptos y denominaciones se pueden encontrar en redes de tamaño inferior, RMAN o RLAN. El término *hand-over* indica también, a veces, un cambio de tecnología.

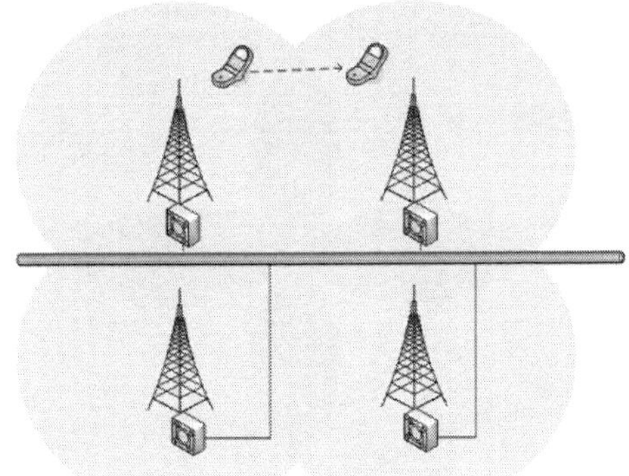

1.7.2 El comienzo

A finales de los años 1970, la red Radiocom 2000 se convirtió en la primera generación o **1G** de telefonía móvil. El funcionamiento era completamente analógico, con conmutación de circuito. La red estaba formada por celdas de algunos kilómetros de alcance.

A principios de los años 1980, la Conferencia Europea de Correos y Telecomunicaciones (CEPT) empezó a estandarizar un sistema digital de telefonía móvil. Y para ello reservó las bandas de frecuencias cercanas a los 900 MHz. En 1987, el grupo de estudio GSM, Grupo Especial Móvil, del CEPT lanza el sistema de telefonía *Global System for Mobile* (GSM). En esta segunda generación o **2G**, el transporte es digital y optimizado para la voz.

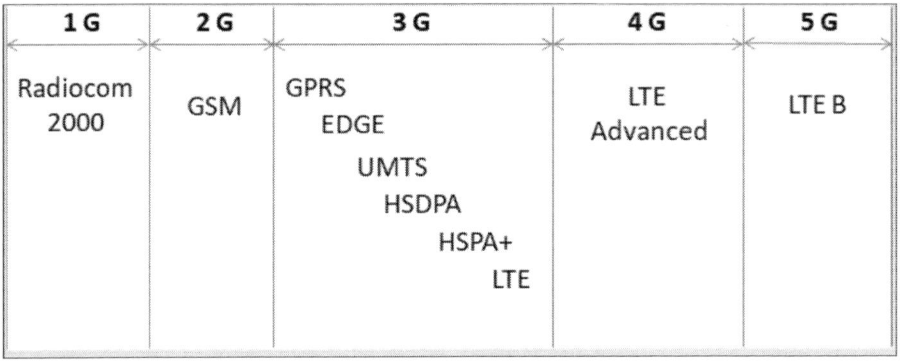

1G	2G	3G	4G	5G
Radiocom 2000	GSM	GPRS EDGE UMTS HSDPA HSPA+ LTE	LTE Advanced	LTE B

Generaciones de teléfonos móviles y de redes celulares

La evolución de este último, que utiliza la banda de 1800 MHz, el *Digital Cellular System* (DCS 1800), se establece rápidamente en 1990.

Teléfono portátil Radiocom 2000 de 1991

No hay ninguna razón técnica que se oponga a esta evolución y se intenta un primer servicio de datos a través de GSM: *Wireless Application Protocol* (WAP). Los datos se modulan con la señal de voz para reconstruirse a continuación por demodulación. Su velocidad es de 9,6 Kbps.

1.7.3 La evolución hacia el transporte de datos

La solución WAP, que fue un fracaso comercial, encontró un sucesor con *General Packet Radio Service* o GPRS, al que a veces se denomina generación 2.5. Se trata de una verdadera adaptación de las redes móviles a la transferencia de datos. La conexión puede ser permanente, puesto que utiliza la técnica de conmutación de paquetes. En los terminales, GSM es quien administra las transferencias de voz (la facturación depende del tiempo de comunicación), mientras que GPRS administra la transferencia de datos (la facturación depende del volumen de datos transferidos).

Esta nueva tecnología permite una velocidad teórica que llega hasta los 115 Kbps, realmente 40 Kbps, adaptando su velocidad a la calidad de la red. Gracias a ella, las PDA pueden comunicarse realmente y han aparecido otras soluciones.

Terminales móviles utilizables para datos

GPRS evoluciona a **EDGE** (*Enhanced Data for GSM Evolution*), tecnología igualmente dedicada a la transferencia de datos en paquetes. Reutiliza las infraestructuras de las redes GSM existentes y permite aumentar la velocidad de transferencia. Puede alcanzar una velocidad de 384 Kbps. EDGE se considera como una solución intermedia entre GPRS y UMTS y se le llama la generación 2.75.

Pero, a pesar de todo, estas velocidades siguen siendo insuficientes y es difícil ofrecer aplicaciones multimedia con GPRS o EDGE, como por ejemplo la televisión o la videotelefonía. Además, a escala mundial, los distintos sistemas de comunicación móvil 2G son incompatibles. La Unión Internacional de las Telecomunicaciones (UIT) propuso en 1985 la definición del programa *Future Public Land Mobile Telecommunications System* (FPLMTS) para utilizar una banda de frecuencias única y ofrecer accesos de hasta 2 Mbps.

El conjunto de especificaciones de este programa, finalmente bautizado como sistema *International Mobile Telecommunication 2000* (IMT 2000), llamó la atención del ETSI, que propuso su solución como respuesta: *Universal Mobile Telecommunications System* o UMTS. Otros organismos se agruparon en torno a esta solución para formar el consorcio *3rd Generation Partnership Project* (3GPP), que adopta UMTS a nivel mundial a principios de 1998. EE.UU. finalmente prefirió adoptar el sistema CDMA2000, resultado de los trabajos del grupo 3GPP2.

La 2G empezó a ser desmantelada en 2025 por los primeros operadores, con una finalización prevista para finales de 2026. Esto no está exento de inconvenientes, ya que algunas conexiones siguen basadas en este protocolo: por ejemplo, los ascensores.

1.7.4 La tercera generación (3G) de telefonía móvil

En Europa, UMTS se convierte en la tercera generación o **3G** de telefonía móvil.

Se establece una velocidad máxima de 384 Kbps de recepción para contrarrestar las grandes dificultades del *hand-over*. Ahora es posible la transferencia de datos entre dos móviles a la velocidad de un automóvil. Además, es posible intercambiar datos entre 2G y 3G sin pérdida de información.

La inversión necesaria por parte de los operadores de telefonía móvil para pasar a UMTS es importante. Las velocidades siguen siendo muy limitadas para aplicaciones que permitan recuperar la inversión. Rápidamente el UTMS evolucionó a HSDPA (*High Speed Downlink Packet Access*), considerado como el ADSL para la telefonía móvil. Esta generación **3G+** permite velocidades de más de 7 Mbps.

Tarjetas módem 3G o 3G+ en formato PCCard o USB

La futura revolución de las redes inalámbricas podría ser la utilización del estándar de comunicación *Unlicensed Mobile Access* o **UMA**. Permitirá el *roaming* entre redes 2G o 3G a Wi-Fi o Bluetooth, sin cortes de comunicación. Esta solución, llamada *Intelligent Transportation Systems* (ITS), podría hacer necesaria la utilización de una dirección IP fija.

Se ha anunciado que la 3G se eliminará progresivamente a finales de 2028.

1.7.5 La cuarta generación (4G)

La **4G** o cuarta generación hace referencia a un conjunto de criterios, tanto de velocidad como de calidad del servicio. Esta generación se conoce también como *Long Term Evolution* o **LTE**. Gracias a la utilización de múltiples conexiones de radio simultáneas, se puede incrementar la velocidad sustancialmente. Además, una menor latencia permite mejorar claramente la implementación de aplicaciones en tiempo real.

De hecho, mientras que las velocidades teóricas de 3G+ tienen un tope de 42 Mbps (7 Mbps en la práctica), la LTE anuncia velocidades teóricas de 100 Mbps de descarga y 50 Mbps de subida.

Para muchos operadores, el desarrollo de smartphones ha generado un tráfico de datos que se ha disparado en los dos últimos años. Algunas grandes ciudades tienen problemas de saturación en horas punta.

Después del lanzamiento, por parte de TeliaSonera, de la primera red operativa en Suecia en septiembre de 2009, Ericsson ha desplegado la alta velocidad móvil y MetroPCS la opera en EE. UU. (Dallas y Fort Worth, en Texas).

En junio de 2011, la CMT (Comisión del Mercado de las Telecomunicaciones) ha asignado en concurso las licencias 4G LTE (*Long Term Evolution*).

Observación

Tenga en cuenta que la CMT publica regularmente información en su sitio web https://www.cnmc.es.

Orange se ha hecho con las frecuencias de los 900 MHz por 443 millones de euros y ha obtenido 10 MHz.

Yoigo ha obtenido 30 MHz de las frecuencias de los 1800 MHz por 300 millones de euros. Telefónica ha adquirido 20 MHz en la banda de 800 MHz, 10 MHz en la banda de 900 MHz y 40 MHz de la banda de 2,6 GHz por un total de 668 millones de euros.

En verano de 2014, se comenzó a desplegar la nueva versión **4G+** (LTE-Advanced), y quedaban pocos smartphones que no soportaran 4G.

Samsung ha sido uno de los primeros en implementar 4G+ en sus smartphones:

Samsung Galaxy S5 LTE A (4G+)

Del mismo modo, se comercializan módems portátiles para permitir la conexión con 4G+ desde cualquier dispositivo:

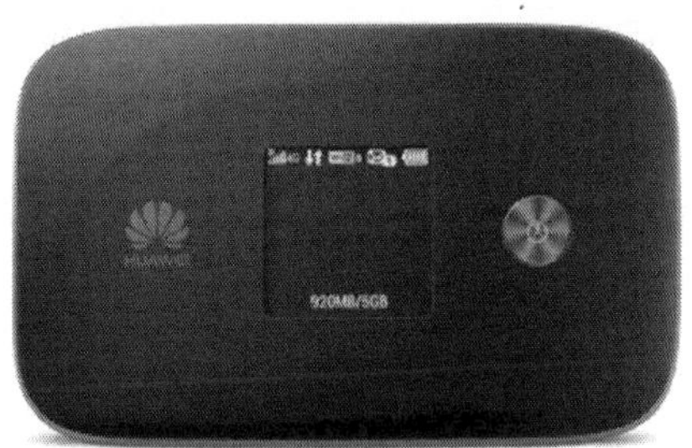

Módem 4G+ Huawei E5786

1.7.6 La quinta generación (5G)

Introducción

El 5G se anuncia prometiendo un importante giro tecnológico.

El ancho de banda teórico ofrecido de 20 Gbps (ultra alta velocidad) así como la latencia asociada (inferior a 1 ms) van a permitir una democratización de los usos digitales del consumidor, tanto para el gran público como para la industria.

Usos

Se pueden concretar numerosos usos gracias al 5G.

Podemos citar en particular las siguientes aplicaciones:

E-salud

- telemedicina
- telecirugía
- seguimiento remoto

Ocio y multimedia

- video ultra HD
- realidad virtual
- medios integrados
- contenidos del usuario

Transportes

- Automóvil autónomo (asistencia a la conducción, al aparcamiento, optimización del recorrido en tiempo real, servicios de pago a bordo –peajes, parkings–, gestión de los accidentes con llamadas de urgencia).
- Sistema de transporte inteligente (*Intelligent Transport Service*).
- Comunicación entre vehículos (comunicaciones que permiten a los vehículos tomar decisiones sin intervención humana).

Ciudad inteligente (smart city).

- gestión energética
- seguridad pública
- territorios conectados (estacionamiento, recogida de basuras, circulación, alumbrado público)

Experimentación

El 13 de noviembre de 2014, Samsung publicó un vídeo con ensayos en los que se obtenían velocidades de 1,2 Gbps a 110 km/h. Al parar, la velocidad obtenida alcanzaba los 7,5 Gbps.

Récord de velocidad realizado en 2014 por Samsung en 5G a 110 km/h

En el país más conectado del mundo, Corea de Sur, el **5G** ya funciona. De hecho, este país es uno de los más avanzados en materia de tecnología móvil Dispone ya de una sólida red 4G y acoge a las empresas Samsung y LG Electronics. Corea del Sur ha invertido más de mil millones de euros para poder disponer del 5G.

Desde que el 5G ha aparecido en numerosas ciudades del Reino Unido (incluida Londres) en el verano de 2019, a través de los operadores BT (que ha comprado EE) y Vodafone UK; O2 también hizo lo mismo con sus competidores en otoño de 2019.

De hecho, los operadores ingleses han anticipado la llegada del 5G comprando rangos de frecuencias (3,4 GHz) desde 2018:

Operador	Rango de frecuencias	Importe (en M€)	Despliegue
Vodafone	50 MHz	422	Julio 2019
BT (compra de EE)	40 MHz	342	Mayo 2019
Three	20 MHz	171	Agosto 2019
Telefónica (compra de O2)	40 MHz	359	Octubre 2019

En España, Orange, Vodafone y Movistar comenzaron sus pruebas en 2018, lo mismo que en Alemania con los operadores T-Mobile (Deutsche Telekom), Vodafone D2 y O2/Telefónica.

Observación

Se puede seguir el despliegue del 5G en un mapa del mundo, en la URL https://www.nperf.com/es/map/5g.

Xiaomi Mi MIX3 smartphone 5G

La velocidad es un problema importante, ya que el consumo de contenido multimedia 4K cada vez es mayor (llega la ultra alta definición u 8K).

Velocidades y latencias según la tecnología

En teoría, el 5G anuncia una velocidad muy alta (comparable a la fibra, diez veces mayor que el 4G, entre 100 Mbps y algunos gigabits/s), mientras que el 4G se acerca a las velocidades del ADSL.

A continuación, puede ver un resumen de las velocidades y de la latencia en función de la tecnología y denominaciones de las redes telefónicas.

Tecnologías telefónicas y denominaciones			Velocidad		
			Teórica	Práctica	Latencia
			Máxima	Media	ms
2G	2G	GSM (Global System for Mobile communications)	9,6 kbps	9 kbps	120
2.5G	G	GPRS (General Packet Radio Service)	171 kbps	50 kbps	120
2.75G	E	EDGE (Enhanced Data Rate for GSM Evolution)	384 kbps	150 kbps	120
3G	3G	UMTS (Universal Mobil Telecommunications System)	2 Mbps	384 kbps	120
3.5G	H	HSDPA Cat 10 (High-Speed Downlink Packet Access)	14,4 Mbps	3,6 Mbps	120
3.75G	H+	HSPA+ (High Speed Packet Access+)	21 Mbps	5 Mbps	120
3.75G	H+	HSPA+ (doble canal) o H+	42 Mbps	10 Mbps	120
4G	4G	LTE (Long Term Evolution)	150 Mbps	50 Mbps	70
4.5G	4G+	LTE-A (LTE Advanced)	450 Mbps	100 Mbps	10
5G	5G	LTE-A PRO (LTE Advanced PRO)	20 Gbps	10 Gbps	1

Tecnologías telefónicas y velocidades asociadas

Despliegue en Europa

Se han definido varias fases para realizar este despliegue lo antes posible y en las mejores condiciones:

- Junio 2018: licitación de frecuencias.
- Otoño 2019: asignación de frecuencias.
- Inicio 2020: asignación de frecuencias (en Europa, 3,5 GHz y 26 GHz).
- 2020: primeros despliegues (al menos una ciudad por estado miembro de la UE).

– 2025: cobertura de las principales zonas urbanas y de los grandes ejes de transporte.

Observación

El sitio del observatorio europeo del 5G (en inglés) publica regularmente numerosa información sobre el tema, tanto sobre el despliegue en Europa como en el resto del mundo en esta URL: https://5gobservatory.eu

Cabe señalar que la convocatoria de solicitudes especifica que IPv6 debe estar disponible de forma nativa en la solución propuesta, para garantizar la comunicación de los objetos conectados.

Una parte de estas bandas de frecuencias actualmente se utilizan para otros fines, pero en los próximos años se deberán restituir.

Las frecuencias identificadas son:

– la **banda principal**: 3,5 GHz (3410 MHz a 3460 MHz), que ofrece una buena relación entre ancho de banda disponible y propiedades asociadas a estas frecuencias (alcance, penetración),
– la banda de los 26 GHz (24,25 GHz a 27,5 GHz), que se asignará más tarde (ondas milimétricas o mmWaves),
– la banda de los 700 MHz, que actualmente es utilizada por la TDT.

Observación

Las frecuencias altas disponen de grandes bloques, lo que permite una velocidad muy grande, aunque tienen un alcance y una capacidad de penetración limitados. Por ello serán muy útiles en entornos muy densos (alcance limitado y ancho de banda elevado).

En Europa se utilizarán nuevas frecuencias (3,5 GHz y 26 GHz), pero otras (700 MHz y 800 Mhz) se reutilizarán.

La banda de los 26 GHz (milimétricos) permite una velocidad muy alta, pero con una capacidad de penetración y un alcance limitados.

En noviembre de 2019, la conferencia mundial (CMR-19) organizada por la UIT tenía como objetivo asignar otras bandas de frecuencias, entre las cuales: 31,8-33,4 GHz, 37-43,5 GHz, 45,5-50,2 GHz, 50,4-52,6 GHz, 66-76 GHz, 81-86 GHz. Para el gran público, el uso de estas frecuencias es inédito.

Tecnologías asociadas

A finales de 2018, Qualcomm fue el primero en anunciar una combinación de chipset y módem adaptado al 5G (855 y X50).

A mediados de 2019, llegan los primeros smartphones 5G, que integran estos componentes.

Samsung Galaxy S10 5G

El 5G utiliza antenas inteligentes con **MIMO masivo**.

Observación

El 4G+ ya utiliza MIMO (Multiple Input Multiple Output). Sin embargo, el término "Masivo" hace referencia al hecho que cada antena unitaria contiene hasta 128 conectores (por los 12 en 4G+). Además, mientras que MIMO se basa en una comunicación half-duplex con 8 conectores para recepción y 4 para emisión, el MIMO masivo funciona en full-duplex en los 128 conectores.

En tanto que las antenas 4G hacen difusión en multi-direccional, las antenas 5G realizan **beamforming** (haz focalizado en una zona determinada donde se encuentran los usuarios).

Así, las antenas se activan a petición, lo que también permite un ahorro significativo de energía, (las antenas solo se utilizan cuando es necesario).

En situación de movimiento, se seguirá al usuario para asegurar una continuidad de la comunicación: hablaremos de **beamtracking**.

El 5G también utiliza **Network Slicing**, literalmente "descomposición" en trozos de la red; el objetivo es definir una configuración particular para esta porción de red en función del uso: velocidad, latencia, densidad. Esta gestión es dinámica y permite el cambio de frecuencias en función de las necesidades.

En las zonas densas (a distancias de 300 metros, en paradas de autobús o en alto) se deben desplegar **antenas en miniatura** o **small cells**. De hecho, las ondas milimétricas (26 GHz) tienen un alcance máximo de algunos cientos de metros. El objetivo es multiplicar las antenas para evitar cuellos de botella.

La utilización de frecuencias complementarias (como las de 700 MHz) permitirá agrandar la zona de cobertura.

Finalmente, encontraremos el **5G no autónomo** (NSA o no standalone) y el **5G autónomo (SA)**. Esta primera versión a permite desplegar rápidamente el 5G en una infraestructura 4G existente (LTE) sin llegar al rendimiento esperado.

Desde 2024, comenzaron a implementarse las primeras redes 5G autónomas: baja latencia y altas velocidades de transmisión; a medida que avance su despliegue, esto revolucionará considerablemente los usos y aplicaciones.

1.8 Fiber Distributed Data Interface (FDDI)

Esta tecnología de red metropolitana (MAN) fue desarrollada por los pioneros de la Sperry Corporation en 1982. Fue propuesta a ANSI y después estandarizada por ISO con el número 9314. Es compatible con LLC e incluye una capa inferior MAC.

1.8.1 Principios

FDDI define una comunicación en un anillo doble con testigo contrarrotatorio, uno para cada sentido.

Originalmente, la velocidad es de 2*100 Mbps, a través de una fibra óptica monomodo o multimodo. Esta velocidad aumentó a 2*155 Mbps en FDDI-2, luego a 2*2,5 Gbps con la evolución *FDDI Follow On LAN* (FFOL).

Observación

FDDI 2 funciona de manera síncrona, lo que permite transmisiones multimedia y transmisión de voz.

Hay alternativas que utilizan el par trenzado, como la *Copper Distributed Data Interface* (CDDI).

La distancia máxima entre dos conexiones es de 2 km con una fibra multimodo y de 60 km con una fibra monomodo.

1.8.2 Topología

La red FDDI puede conectarse directamente al ordenador o a un *hub*.

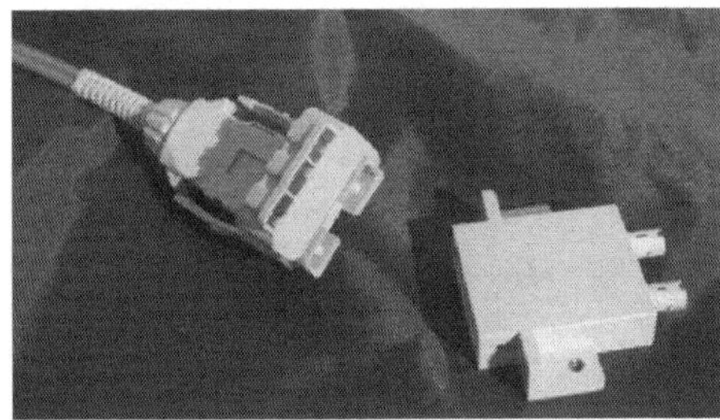

Conectores FDDI

Se pueden utilizar diferentes métodos de conexión con diferentes tipos de conector:

- A, doble conexión en cada anillo.
- B, doble conexión en un único anillo.
- C, concentrador conectado al doble anillo para conectar las estaciones B.

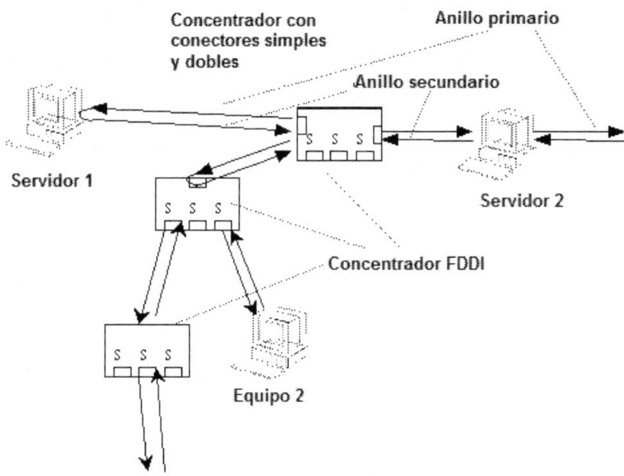

Conexión FDDI en árbol con tolerancia a fallos

1.8.3 Funcionamiento

FDDI está calculada para redes de tipo MAN, pero puede ser utilizada como medio de interconexión entre LAN (troncales). El LLC utiliza sus servicios y su tecnología es cercana al 802.5.

Mejora el paso de testigo. En cuanto se emite el testigo, se produce una disminución de carga que permite repetir las tramas de equipo en equipo y poner al testigo en última posición para que las máquinas lo puedan registrar. De esta manera, agregan sobre el testigo su propia información, que irá al final de cada ciclo de tramas.

La arquitectura de dos anillos con sentidos contrarios de circulación permite retomar el ciclo automáticamente en caso de fallo, y de esta manera se garantiza una fuerte tolerancia a fallos en los equipos.

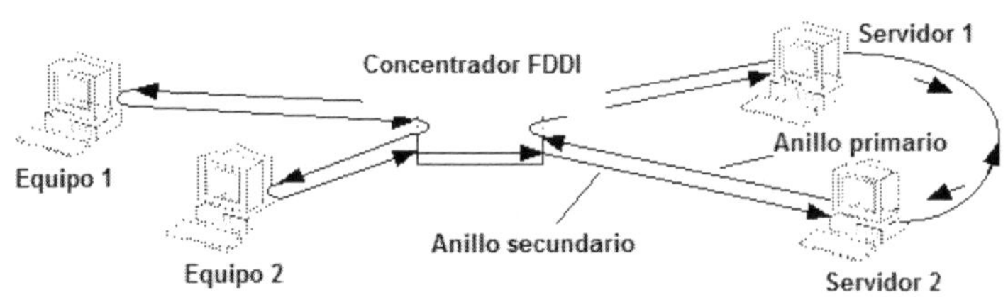

En FDDI es posible disponer de 500 estaciones en un anillo de 100 km de perímetro. Cuando cada estación participa de la tolerancia a fallos en caso de corte, el reinicio del ciclo aumenta el tamaño total del anillo a cerca de 200 km y a 1000 máquinas.

Cada equipo se comporta como un repetidor, función que es necesaria cada 2 km.

Después de una vuelta al anillo, una trama puede presentar distintos estados que permitirán a su emisor saber si la recibieron correctamente. El estado inalterado indica que el destinatario no vio pasar la trama. En cualquier otro caso, el receptor modifica la trama para indicar que la copió o que la rechazó, debido a un error de CRC o por falta de espacio en el *buffer* de recepción del destinatario de la trama.

La codificación completa es de tipo NRZI - 4B / 5T.

1.9 Asynchronous Transfer Mode (ATM)

ATM nació de la fusión de la telefonía y la informática. El ATM Forum mantiene esta tecnología desde 1991.

1.9.1 Principios

ATM debía permitir la transmisión de voz, vídeo y datos en redes de gran tamaño y a grandes velocidades. Para ello fue necesario adoptar un método que permitiera una velocidad no variable (asincronismo) para los flujos multimedia.

Se implementó una conmutación de paquetes de tamaño fijo y reducido, las celdas. Esta conmutación de celdas permite velocidades de 155 Mbps, 622 Mbps o más. Se acopla con una clase de conmutación de nivel físico por instauración de circuitos virtuales multiplexados.

ATM se utiliza tanto como troncal en redes de tamaño relativamente pequeño como en las redes WAN.

1.9.2 El enlace de celdas

ATM es una forma de enlace de celdas (*Cell relay*). Una celda ATM es una trama fija, de 53 bytes, de los cuales 48 son de datos.

Este valor es una prueba de isocronismo para el muestreo. Como hemos visto anteriormente, se prevé que la digitalización de la voz contenga un byte cada 125 microsegundos. Se necesitan 6 milésimas tanto para completar como para vaciar una celda del receptor. Entre estas dos acciones, el transporte no debe excederse demasiado en el tiempo.

En una red ATM, cada equipo emite continuamente, aunque las celdas estén desocupadas. Esta tecnología también tiene en cuenta los soportes de comunicación, los considera como una clase de memoria física durante el enrutamiento de las celdas.

Las celdas son de dos tipos y sus encabezados son diferentes:

- *Network Node Interface* (NNI), entre dos nodos de red.
- *User Network Interface* (UNI), para la entrada y salida de la red.

1.9.3 Regulación del tráfico

El protocolo ATM integra una asignación dinámica del ancho de banda, gracias a un multiplexado temporal asíncrono.

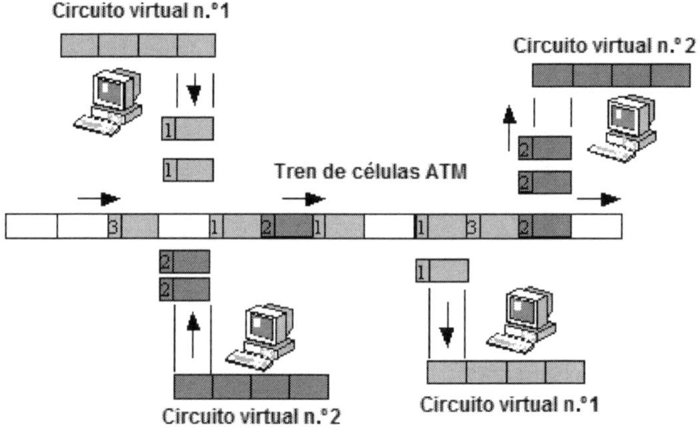

Gracias a este multiplexado, la conexión se efectúa a dos niveles. Las vías virtuales (VCI - *Virtual Channel Identifier*) son dos secciones identificadas por un número constante de VCI. En el interior de estas vías, los caminos virtuales (VPI - *Virtual Path Identifier*) aseguran las conexiones estáticas semipermanentes.

Las conmutaciones se realizan a dos niveles:

- en los paneles de conexión, cuya única función es la conmutación de señales.
- en los conmutadores, que actúan sobre VCI y los VPI.

Una celda de supervisión permite el establecimiento del circuito virtual. Utiliza una tabla de enrutamiento y determina la relación entre las vías de entrada y salida para cada nodo. Las relaciones se resumen en una tabla de conmutación.

1.9.4 Tipos de servicios

Con ATM se han definido cuatro clases:

- A, emulación de circuito de velocidad constante y flujo isócrono.
- B, emulación de circuito de velocidad variable y flujo isócrono.
- C, emulación de paquetes con conexión.
- D, emulación de paquetes sin conexión.

Los servicios que se asocian a estas clases:

- *Constant Bit Rate* (CBR), para voz y vídeo no comprimidos.
- *Variable Bit Rate* (VBR), para voz y vídeo comprimidos.
- *Available Bit Rate* (ABR), para la transmisión de datos e interconexión de redes locales.
- *Unspecified Bit Rate* (UBR), para la transmisión de datos.

Los tres primeros servicios implican parámetros de calidad de servicio y tipo de tráfico.

1.9.5 Topología y velocidades

La tecnología ATM abarca casi por completo desde la capa 1 a la 3 del modelo OSI.

El nivel físico, que se encarga de adaptar las celdas al soporte, se divide en dos partes:

- *Transmission Convergence* (TC) se encarga de la implementación.
- *Physical Medium* (PM) transmite en la red física.

Se definen tres modos de funcionamiento en la capa física:

- *Plesiochronous Digital Hierarchy* (PDH), que utiliza las infraestructuras existentes.
- *Synchronous Digital Hierarchy* (SDH), que a largo plazo debería ser el único que se utilice.
- Celdas, para las redes privadas, en las que estas se pueden transmitir directamente sobre el soporte de transmisión.

A nivel de Conexión de datos, la propia capa ATM se encarga del transporte de las celdas de extremo a extremo, con la conmutación y el multiplexado necesarios. Soluciona los problemas de congestión, controla el flujo y adapta, si es preciso, la velocidad, insertando o eliminando celdas vacías. ATM es capaz de implementar la calidad del servicio.

Además, *ATM Adaptation Layer* (AAL) hace la conexión entre ATM y las capas superiores. Se divide en:

- *Segmentation And Reassembly* (SAR).
- *Convergence Sublayer* (CS).

AAL gestiona la segmentación y el montaje de la información, así como el tratamiento de errores y la recuperación de la señal del reloj.

Las velocidades son las descritas en el apartado de las líneas dedicadas, que pueden utilizar ATM, como las tecnologías DSL. Entre ellas podemos encontrar las velocidades europeas E1, E2, E3 y E4. Las redes ATM de velocidades muy altas utilizan el modo de funcionamiento SDH.

1.10 Synchronous Optical Network (SONET) y Synchronous Digital Hierarchy (SDH)

1.10.1 Antecedentes

Desde sus comienzos, la transmisión telefónica de voz ha sufrido dos dificultades importantes:

- Un elevado número de comunicaciones simultáneas deben transitar por un mismo soporte físico.
- La interconexión de líneas entre grandes operadores debe soportar grandes diferencias de velocidad.

En los años 1970 se utilizaba una tecnología llamada *Plesiochronous Digital Hierarchy* (PDH), que tuvo que evolucionar para poder cumplir con las crecientes demandas de transferencia. Progresivamente, fueron surgiendo otras necesidades. Para responder a estas demandas, los operadores tuvieron que adaptar sus ofertas, sobre todo en cuanto a la flexibilidad.

Para responder a esta problemática nacieron nuevos enfoques, *Synchronous Optical Network* (SONET) en Europa y *Synchronous Digital Hierarchy* (SDH) en EE. UU.

La UIT-T estandarizó la propuesta de SDH.

1.10.2 Las características de SDH

Las ventajas de SDH con respecto a PDH son importantes:

- Facilidad de inserción de una trama en el interior de un multiplex.
- Velocidades elevadas que se reservan para el mantenimiento y el seguimiento del grupo.
- Posibilidad de evolucionar alcanzando altas velocidades (la limitación es solo técnica).
- Arquitectura de red mejor adaptada a la seguridad de las comunicaciones.
- Mayor modularidad de los equipos.

Desde mediados de los años 1980, se emprendieron numerosos trabajos para permitir que los operadores de telecomunicaciones pudieran hacer evolucionar sus infraestructuras de red óptica.

Finalmente, en 1988 se llegó a acuerdos internacionales que permitieron coincidir en una serie de recomendaciones para el SDH:

- G. 707: velocidad binaria de SDH.
- G. 708: interfaz de nodo de red para SDH.
- G. 709: estructura de multiplexado síncrona.

Luego se añadieron otras normas para enriquecer el SDH.

1.10.3 Velocidades

Con SONET, los niveles se clasifican en *Optical Container* (OC). Algunos ejemplos de velocidades son:

- OC-1, a 51,84 Mbps.
- OC-3, a 155,52 Mbps.
- OC-9, a 466,65 Mbps.
- OC-24, a 1,244 Gbps.
- OC-48, a 2,488 Gbps.

Las velocidades SDH se codifican como *Synchronous Transport Module* (STM):

- STM-1, a 155,52 Mbps.
- STM-3, a 466,65 Mbps.
- STM-8, a 1,244 Gbps.
- STM-16, a 2,488 Gbps...

Observación

La velocidad OC-3/STM-3, cercana a 155 Mbps, a menudo se relaciona con ATM.

1.11 X.25

La especificación X.25 del CCITT data de 1974. Originalmente, se trataba de conectar terminales distantes con grandes sistemas, para lo que se utilizaba la RTC, pero resultó poco fiable.

Previa al modelo OSI, esta especificación describe un conjunto de protocolos integrados en una red de conmutación de paquetes por circuitos virtuales.

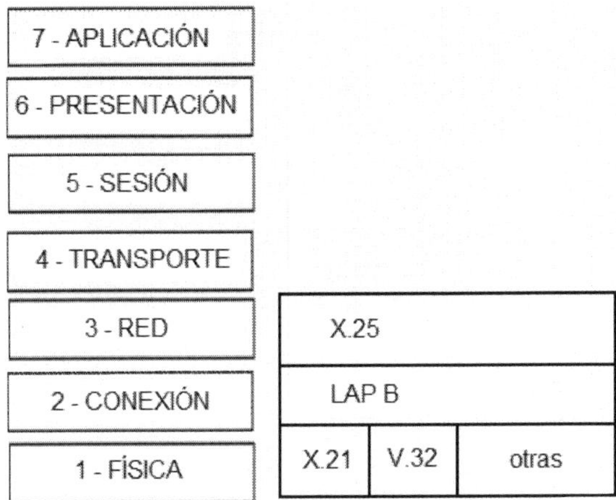

Comparación del modelo OSI y X.25

La especificación X.25 se extiende sobre las tres primeras capas del modelo OSI y se basa en el protocolo *Link Access Protocol B* (LAP B). Hay numerosos estándares disponibles para la capa física.

Asimismo, X.25 integra la identificación de paquetes y un reconocimiento de estos. Este protocolo administra, para cada circuito virtual, la recuperación de errores y el control de flujo. La arquitectura física de X.25 inicialmente fue pensada para la red telefónica existente, que no era muy fiable. Sin embargo, esta corrección de errores asociada al control de flujo retrasa considerablemente X.25.

Sus velocidades no se adaptan a la conexión de una LAN. A pesar de todo, X.25 constituye una norma utilizada internacionalmente. Se desarrolla sobre todo en países que carecen de infraestructuras modernas.

En una red X.25, el equipo terminal (ETTD o DTE) se identifica con relación a ETCD o DCE. El conmutador se denomina *Packet Switching Exchange* (PSE).

El *Packet Assembler/Disassembler* (PAD) permite que un terminal no X.25 se conecte a la red, Iberpac en España. También es posible acceder a la red X.25 a través de la RTC (definida por la norma X.32).

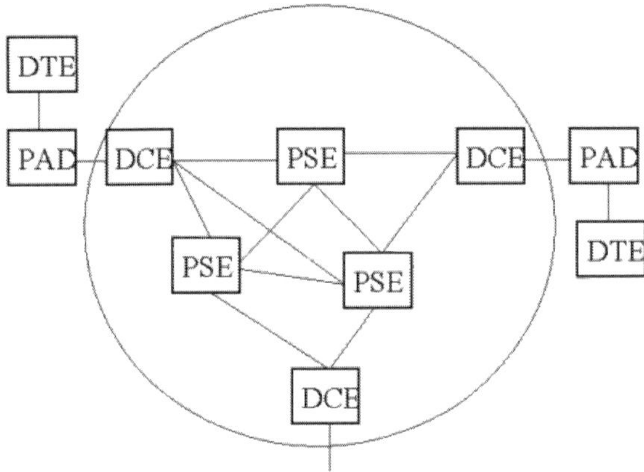

Ejemplo de arquitectura X.25

Por ejemplo, Telefónica ofrece, con Iberpac, la conexión directa a X.25 cuyas velocidades fluctúan entre los 9,6 Kbps y los 1920 Kbps. Permite una conectividad universal con todos los abonados, así como con todos los usuarios de una red pública X.25 conectada al nodo de tránsito internacional.

También puede realizarse el acceso a través de la red telefónica conmutada, RTC, o de una conexión a la red digital de servicios integrados (RDSI).

1.12 Frame Relay

El enlace de tramas (*Frame Relay*) se concibió para simplificar los protocolos, transportando una trama de extremo a extremo, sin tener que acceder al nivel de red en los nodos intermedios. El direccionamiento y el enrutamiento se realizan en la capa 2 del modelo OSI. Los paquetes de la capa de red se encapsulan directamente, cualquiera que sea el protocolo, con lo que se logran velocidades relativamente elevadas.

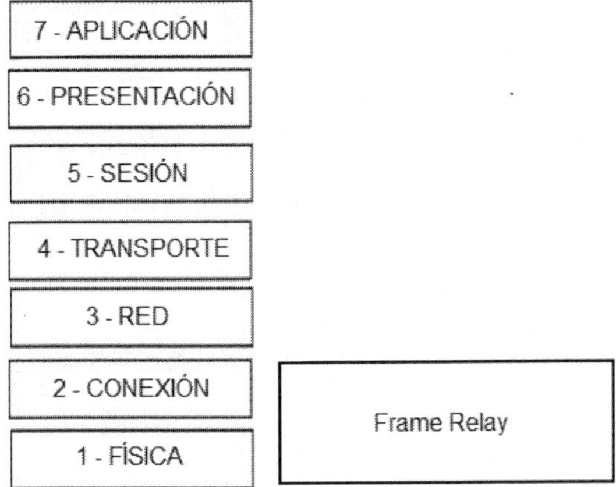

Comparación del modelo OSI y Frame Relay

Aunque el Frame Relay se suele cualificar de conmutación rápida de paquetes (*Fast Packet Switching*), realmente realiza una conmutación en la trama (capa 2 OSI), para lo que debe ponerse en marcha un circuito virtual sobre esta capa, cuyo papel también es la recuperación de fallos. En cada extremo (EOP - *Elements Of Procedure*), se hace un reconocimiento y una reinserción, así como el control de flujo.

Para llegar a la red Frame Relay, los datos se transportan mediante una línea dedicada (LD) hacia un conmutador Frame Relay.

1.13 MPLS

1.13.1 Origen

El MPLS o *Multiprotocol Label Switching* significa literalmente conmutación multiprotocolo por etiqueta.

Su origen se encuentra principalmente a causa del funcionamiento de IP y de su modo no conectado. En cada router cruzado, el datagrama toma una decisión de enrutamiento que no tiene por qué ser necesariamente previsible por el emisor. El peso asignado a una ruta (número de routers cruzados, coste inverso de la banda ancha utilizada o ponderación definida por el administrador, etc.) permite tomar decisiones correctas.

Sin embargo, los proveedores de acceso tenían la necesidad de controlar mejor la banda ancha y de optimizar el flujo basado en la calidad del servicio bien definido.

Por lo tanto, se centró la atención en la implementación:

- de un modo conectado para el protocolo de nivel 3,
- del establecimiento de una ruta bien definida que corresponda al ancho de banda deseado,
- del control del flujo correspondiente que permita gestionar un servicio para los clientes del operador,

MPLS apareció entonces para responder a estas necesidades.

A menudo, se utiliza para interconectar los centros de una misma empresa por medio de una VPN (*Virtual Private Network* o red privada virtual):

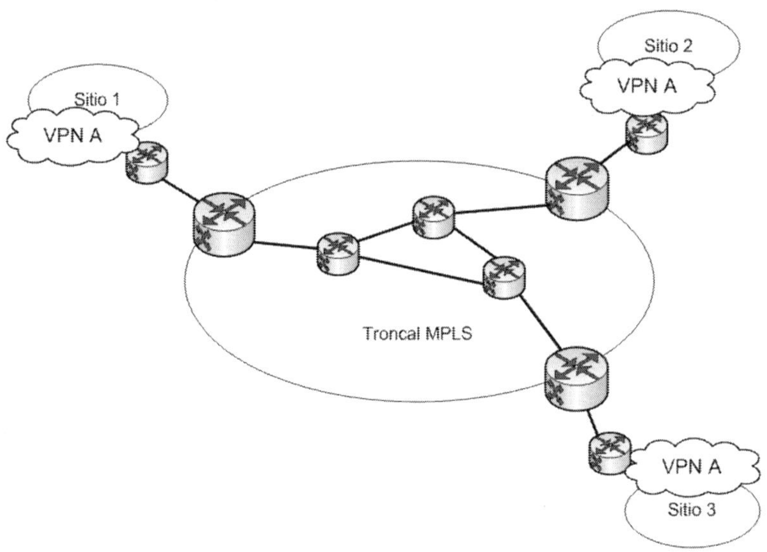

VPN de capa 3 MPLS

1.13.2 Principios

Multiprotocol Label Switching (MPLS) es una norma reciente, propuesta por el IETF, que combina tanto el transporte de nivel 3 como el convertido en IP y la conmutación de nivel 2 utilizada en la Frame Relay o ATM.

Los servicios de capa 3 OSI que ofrece la norma MPLS son bastante importantes, ya que se puede disponer de muy buenas velocidades. Gracias a su flexibilidad, permite integrar distintos protocolos de la capa OSI 3, incluyendo, por supuesto, IPv4 e IPv6. El MPLS, al no estar limitado por la tecnología de nivel 2, se muestra independiente de la infraestructura y puede utilizar los servicios ATM, Frame Relay, SDH, Ethernet...

MPLS se concibió para implementar fácilmente una buena calidad de servicio (QoS - *Quality of Service*) durante los transportes y para todo tipo de datos. Como ATM, el MPLS utiliza la adición de flujo reduciendo al máximo el número de conexiones con el fin de ganar eficacia.

1.13.3 El circuito virtual y el etiquetado

MPLS atenúa la falta de visibilidad del transporte IP, en el cual solamente se controla el salto siguiente. En primer lugar, la transmisión de datos se efectúa sobre una ruta (LSP - *Label Switched Path*), una especie de circuito virtual establecido antes de la transmisión, desde la fuente hasta el destino. Los nodos intermedios, que participan en la implementación de este circuito, se llaman *Label Switched Router* (LSR). Administran una tabla de conmutación llamada *Label Switching Forwarding Table* (LSFT), que puede ser más compleja, pero más eficaz que una tabla de enrutamiento «clásica». Los nodos de acceso a la red MPLS son los *Label Edge Router* (LER).

Cuando un paquete llega a una red MPLS, se le asigna una etiqueta (label). Puede insertarse entre la capa 2 y el encabezamiento de la capa 3, o en el campo de enrutamiento del nivel 2 en función de los protocolos utilizados. Esta etiqueta está en función del grupo o de la clase de flujo *Forwarding Equivalent Class* (FEC) del paquete. También a los clasificados como FEC se les trata de igual manera, recorriendo el mismo camino.

Observación

Generalized MPLS (GMPLS) extiende este concepto introduciendo otras diferenciaciones como referencia. Así, ya no es solo el paquete el que se sitúa, sino también un número de longitud de onda, un periodo...

1.13.4 Enrutamiento

En MPLS están previstos dos tipos de enrutamiento.

En el primero, los nodos de salida administran el enrutamiento gracias al protocolo *Label Distribution Protocol* (LDP). Los nodos intermedios *Label Switched Router* (LSR) utilizan los procedimientos y mensajes LDP para construir el camino salto a salto. Los protocolos habituales de enrutamiento de Internet, como el *Open Shortest Path First* (OSPF) o *Routing Internet Protocol* (RIP), generalmente se utilizan para la gestión de las tablas de conmutación LSFT.

El enrutamiento explícito (*Explicit Routing*) permite utilizar los recursos de la red de la manera más eficaz posible. Permite realizar la ingeniería de tráfico, distribuyéndose por el conjunto de la red para evitar las congestiones. No se trata, como sucedía con el enrutamiento IP, de determinar el camino más corto, sino el más eficaz.

2. Acceso remoto y redes privadas virtuales

El acceso a la red local de una ubicación desde el exterior, para el teletrabajo o para la interconexión entre dos sitios, por ejemplo, requiere la instalación de soluciones específicas.

Estos accesos remotos utilizan la modalidad punto a punto entre dos terminales localizables por medio de una dirección (como una IP pública) o un número de teléfono.

2.1 Utilización y evolución

Estos servicios se pueden clasificar en dos categorías.

Si el acceso directo se realiza a través de un protocolo WAN, se habla de servicios de acceso remoto (RAS - *Remote Access Service*). A menudo se utiliza una solución por módem, con una facturación de la comunicación según tiempo y distancia.

Con la democratización de la conexión a Internet, las comunicaciones por acceso remoto con un módem analógico son poco comunes. Hoy en día lo normal es privatizar la comunicación en la red pública Internet. Para esto, se crea un túnel de aislamiento virtual y la comunicación cifrada se produce entre dos terminales, conectados a la red. Se habla de red privada virtual (RPV o VPN - *Virtual Private Network*).

La reducción de coste que implica la adopción de VPN ha generalizado su uso, tanto en la comunicación permanente entre lugares distantes como para accesos específicos de un puesto de trabajo en una empresa.

2.2 Protocolo de acceso remoto

El protocolo de nivel físico *Serial Line IP* (SLIP), que no era seguro, tiene su sucesor en el *Point to Point Protocol* (PPP), que cubre las dos capas bajas del modelo OSI.

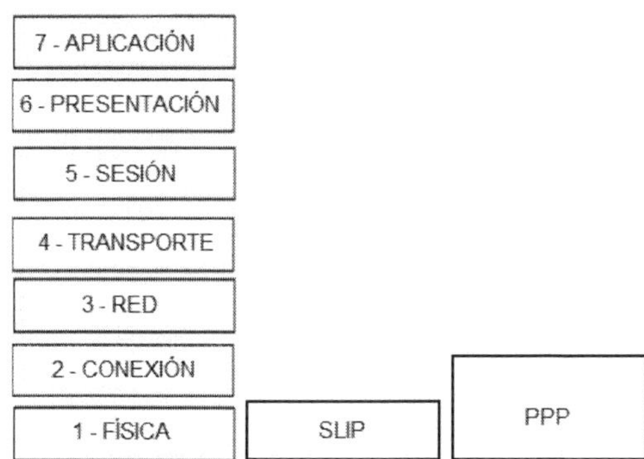

Comparación de los modelos OSI, SLIP y PPP

PPP dispone de funcionalidades complementarias, como el control de errores y la seguridad. Soporta diferentes protocolos LAN de la capa de red.

2.3 Red privada virtual

Esta comunicación también es punto a punto entre un cliente y su servidor. El protocolo PPP se utiliza para el transporte.

2.3.1 Establecimiento de la conexión

Para poner en marcha la sesión VPN, en primer lugar, se debe establecer una conexión a la red desde los dos extremos de la comunicación.

Tanto el cliente como el servidor deben soportar los diferentes protocolos que se utilizarán, a nivel de la comunicación, de la autentificación y del cifrado.

Para la parte Servidor, los firewalls adaptativos para toda la empresa también se pueden usar como concentradores de conexión VPN.

Cisco ASA (Adaptative Security Appliance) 5505 Firewall/VPN

2.3.2 Autentificación

Cuando el cliente VPN pide acceso a su servidor, se exige, sobre todo, la autentificación del usuario.

La transferencia, la información de identificación y la contraseña se controlan de manera más o menos segura a través de una serie de protocolos estandarizados mediante PPP:

- *Password Authentication Protocol* (PAP) es poco recomendable, ya que la contraseña circula sin cifrarse.
- *Challenge Handshake Authentication Protocol* (CHAP) solo transmite una parte de la contraseña. Es un método más seguro que el anterior, pero aún es muy vulnerable en términos de seguridad.
- Microsoft CHAP versión 1 (MS-CHAPv1) y versión 2 (MS-CHAPv2) son versiones mejoradas del anterior.

La verdadera confirmación de la seguridad llega con el mecanismo *Extensible Authentication Protocol* (EAP), que permite diferentes medios de autentificación, incluso el uso de un soporte físico o de la biometría.

2.3.3 El cifrado

Una vez que se supera la etapa de autentificación, se puede establecer el túnel de comunicación a distintos niveles del modelo OSI:

- capa 2, con *Layer 2 Transport Protocol* (L2TP).
- capa 3, con *Point To Point Tunneling Protocol* (PPTP) o *IP Security* (IPsec).
- capas superiores con, por ejemplo, SSL/TLS.

Los dos protocolos PPTP y L2TP utilizan PPP para transportar los datos. L2TP reduce los encabezados, con una compresión de 4 bytes en lugar de 6.

El protocolo *Microsoft Point to Point Encryption* (MPPE) proporciona el cifrado en PPTP, utilizando el algoritmo RC4. Se pueden usar contraseñas de 40, 56 o 128 bits. La autentificación, por ejemplo, se puede asegurar con MS-CHAPv1 o MS-CHAPv2. La solución PPTP/MPPE es la más antigua y tiende a utilizarse cada vez menos.

Si es necesaria la confidencialidad de la información transmitida por L2TP, el estándar de capa 3 IPsec garantiza la seguridad. Actualmente se recomienda la utilización de L2TP/IPsec para la realización de un túnel VPN en las capas 2 y 3.

Recientemente han aparecido nuevos tipos de red VPN. Considerando que todos los equipos de trabajo pueden interpretar las tramas SSL/TLS, por ejemplo, gracias a los navegadores, la VPN-SSL favorece una solución sin despliegue ni instalación de cliente (*client less*). Además, el tráfico seguro por este método utiliza un puerto generalmente abierto en los cortafuegos, el TCP 443, correspondiente a HTTPS.

Capítulo 8
Protocolos de capas medias y altas

1. Principales familias de protocolos

Con la aparición de las redes locales, se utilizaron distintos protocolos de capas medias y altas, a menudo vinculados a un editor de programas. Con el tiempo se han ido sustituyendo por el estándar de hecho TCP/IP.

1.1 IPX/SPX

1.1.1 Antecedentes

Históricamente, se ha utilizado esta familia de protocolos con las redes Novell NetWare hasta la versión 3.12. TCP/IP ya estaba disponible en esta versión, pero IPX/SPX era absolutamente necesario para asegurar el buen funcionamiento del sistema operativo, además de, en algunas ocasiones, el TCP/IP. Hoy en día casi nadie lo utiliza, incluso aunque lleve mucho tiempo configurado en las impresoras de red.

1.1.2 Protocolos

Internetwork Packet eXchange (IPX) actúa en las capas de red y transporte. Provee, como IP, un servicio sin conexión ni seguridad.

IPX es enrutable e identifica un equipo a través de una dirección lógica que no requiere, como IP, un plan de direccionamiento estático. Una dirección IPX es la concatenación de un número de red externo, en 4 bytes, y de la dirección MAC del dispositivo, en 6 bytes. La asignación de direcciones IPX es automática y, por añadidura, la resolución de direcciones lógicas en direcciones físicas es instantánea, ya que la dirección física forma parte de la dirección IPX.

Observación

Las direcciones IPX se presentan, por ejemplo, de la siguiente manera: 0000CAFE: 00-A0-00-26-37-10, donde 0000CAFE es el número de red lógica en hexadecimal en 4 bytes y 00-A0-00-26-37-10 es la dirección MAC de la tarjeta de red.

En NetWare, no se debe confundir el número de red externo (vinculado a los dispositivos) con el número de red interno (vinculado a las aplicaciones). Este último está vinculado a la estructura interna de Novell que asocia las aplicaciones de un servidor a un número de nodo y un número de red. El servidor funciona entonces como un router interno que conmuta la red física (número de red externo) con la red lógica (las aplicaciones del servidor). Así pues, un servidor Novell posee dos direcciones de red, una dirección interna y otra externa.

Como para IP, todos los nodos conectados a la misma red física deben tener el mismo número de red (externo) y cada dirección IPX debe ser única en la red. Del mismo modo, los números de red internos utilizados deben ser únicos.

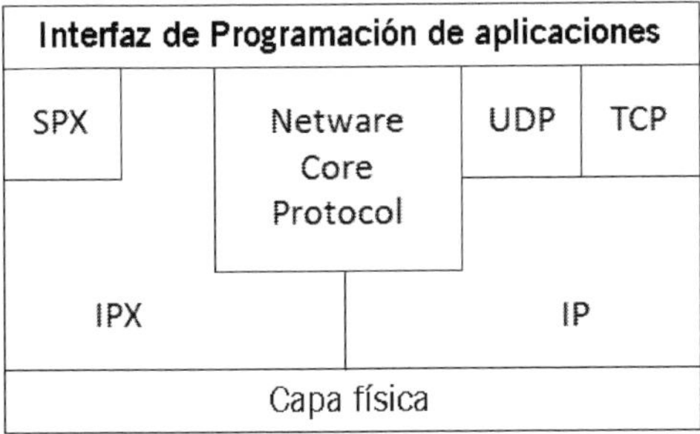

Protocolos IPX/SPX y TCP/IP

Una de las particularidades de IPX es la de poder provocar un cortocircuito en el modelo OSI, al dirigirse directamente a la capa 5 del destinatario y no por fuerza a SPX. Los protocolos IP + TCP corresponden a IPX + SPX, mientras que los protocolos IP + UDP corresponden únicamente a IPX.

Sequenced Packet eXchange (SPX) se aplica en la capa Transporte del modelo OSI y garantiza una entrega fiable de los paquetes (orientada a la conexión).

1.2 NetBIOS

1.2.1 Antecedentes

Network Basic Input/Output System (NetBIOS) fue introducido por IBM en 1985, quien lo optimizó para redes pequeñas. Su implementación es sencilla, pero no es enrutable. Introduce nombres NetBIOS para identificar los puestos de la red, sin administrar direcciones lógicas. No existe más que una resolución de nombre en direcciones MAC. Además, es el propio equipo el que administra esta solución enviando una difusión a la red.

1.2.2 Principio

La simplicidad de este protocolo y el hecho de que consuma pocos recursos de memoria hace que NetBIOS todavía sea utilizado por los productos de Microsoft, IBM y Novell.

Las *Application Programming Interface* (API) NetBIOS se han desarrollado ampliamente para PC, para permitir una independencia del protocolo subyacente utilizado.

Las fuentes de NetBIOS están disponibles, encapsuladas en tramas LLC (802.2) o encapsuladas en IPX o en TCP/IP.

Muchos de los productos Microsoft todavía funcionan con NetBIOS. Históricamente, era posible utilizar cualquier otro protocolo de capas 3 y 4, como TCP/IP, IPX/SPX o NetBEUI.

<table>
<tr><td colspan="5">NetBIOS</td></tr>
<tr><td rowspan="2">NetBEUI</td><td>SPX</td><td></td><td>UDP</td><td>TCP</td></tr>
<tr><td colspan="2">IPX</td><td colspan="2">IP</td></tr>
<tr><td colspan="3">802.2 / 802.3</td><td colspan="2">Ethernet</td></tr>
<tr><td colspan="5">Capa Física</td></tr>
</table>

NetBIOS y los protocolos de red de capas medias

NetBIOS sigue estando presente en los sistemas operativos MS Windows, a través de NBT (*NetBIOS over TCP/IP*), aunque ya no sea necesario seguir utilizándolo (excepto si dispone de una aplicación antigua que todavía lo requiera).

NetBIOS sobre TCP/IP (también denominado NBT) se basa en tres servicios principales:

- la resolución de nombres mediante el NetBIOS Name Service, NBNS (UDP/TCP puerto 137);
- el modo datagrama o servicio de datagramas NetBIOS, NBDS (UDP puerto 138);
- el modo sesión, o servicio de sesión NetBIOS, NBSS (TCP puerto 139).

Hasta la llegada de Windows 2000, los sistemas operativos de Microsoft obligaban a utilizar NetBIOS, en particular por su popular servicio de archivos *Server Message Block* (SMB).

En las versiones Unix/Linux que implementan SaMBa (SMB rescrito por Andrew Tridgel), NetBIOS se instala automáticamente en forma de un demonio nmbd.

Logo SAMBA

1.2.3 Los nombres NetBIOS

Utilización

Una estación de trabajo o un servidor Windows se pueden localizar por su nombre NetBIOS, de 15 caracteres, más un 16^{avo} de identificación del servicio.

Los nombres NetBIOS se resuelven por medio de difusiones, utilizando un archivo local LMHosts o a través de un servidor *Windows Internet Name Service* (WINS).

Utilizar o no NetBIOS con TCP/IP se puede definir en la **Configuración avanzada de TCP/IP**:

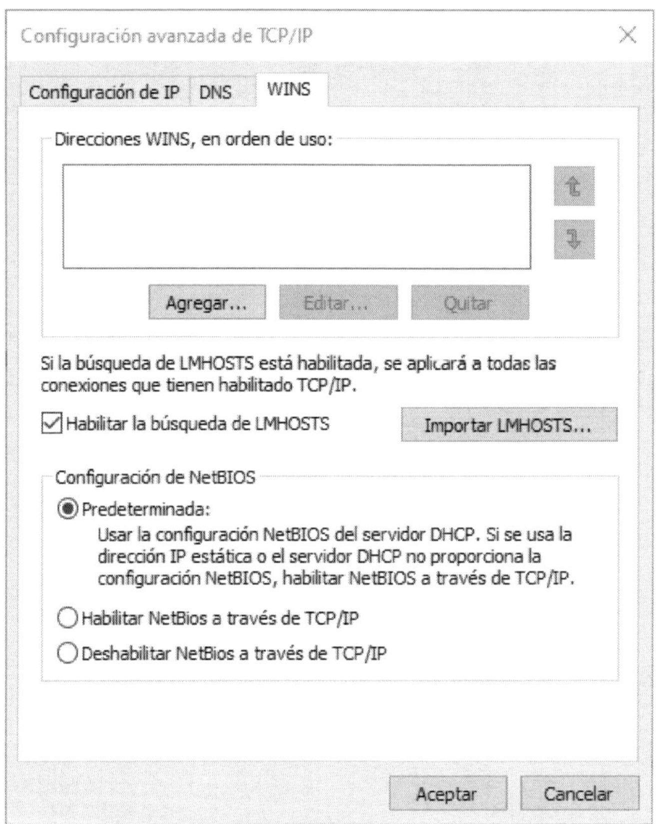

Configuración de la resolución NetBIOS con TCP/IP

Observación

Observe que un ordenador UNIX/Linux no responde nunca a una petición de resolución de nombre NetBIOS por difusión, al contrario de lo que pasa con un ordenador que tiene un sistema operativo de Microsoft.

Constitución

En una red NetBIOS, cada ordenador debe disponer de un nombre único de 15 caracteres como máximo.

Los nombres NetBIOS puede contener todos los caracteres alfanuméricos, además de los siguientes: ! @ # $ % ^ & ( ) - _ ' { } . ~

Observación

No se pueden utilizar caracteres que se puedan asociar a caracteres genéricos, como el asterisco o la interrogación.

Se aconseja no usar espacios en los nombres NetBIOS, aunque algunas aplicaciones los pueden manejar. Así, se puede utilizar el siguiente comando, siempre que se envíen los parámetros entre dobles comillas:

```
Net view "\\EL SERVIDOR"
```

Implementación de una nomenclatura NetBIOS

Es necesario establecer una denominación para cada equipo, del tal modo que facilite su identificación. Por ejemplo, se puede considerar una denominación en función de su ubicación física, de su sistema operativo o del usuario que trabaja con el equipo.

Configuración de un nombre NetBIOS de ordenador

Es necesario introducir un nombre para el ordenador durante la instalación del sistema operativo. El nombre se puede modificar en cualquier momento, siempre que se tengan permisos.

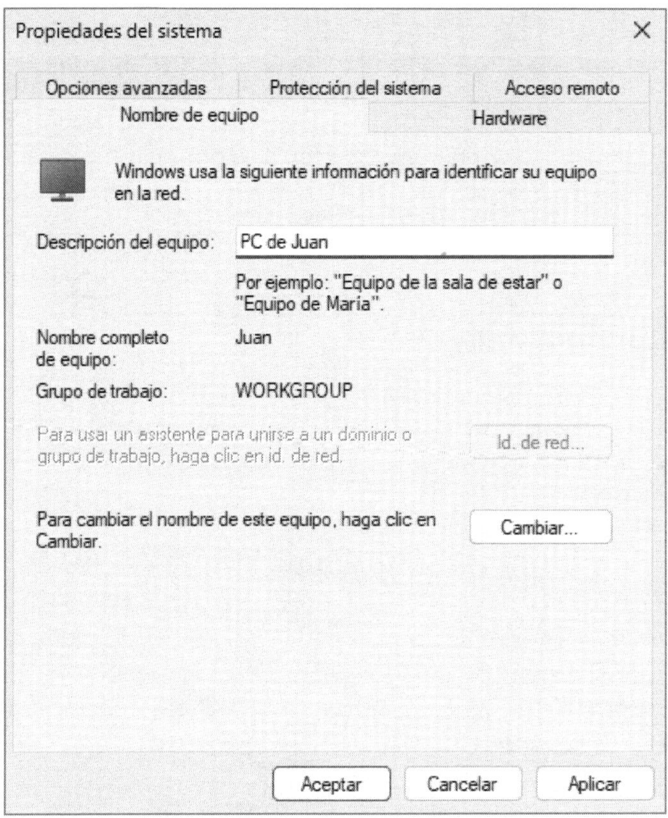

Nombre completo del ordenador Windows

Este nombre NetBIOS sirve para construir identificadores para las aplicaciones NetBIOS que se ejecutan localmente en el ordenador. Esto nombres son accesibles en un ordenador que disponga de un sistema operativo Windows que ejecute NBT (*NetBIOS over TCP/IP*).

Por ejemplo, a partir de la línea de comando en un ordenador con Windows, obtenemos la siguiente lista de nombre registrados localmente y en remoto en un servidor Windows de red.

```
C:\Users\Juan>nbtstat -n

Ethernet:
Dirección IP del nodo: [172.16.0.1] Id. de ámbito : []

        Tabla de nombres locales NetBIOS

   Nombre                 Tipo           Estado
   ----------------------------------------------
   WIN11-PC-1      <20>  Único          Registrado
   WIN11-PC-1      <20>  Único          Registrado
   WORKGROUP       <00>  Único          Registrado
```

Observación

He aquí algunos identificadores NetBIOS habituales: NombreOrdenador <00> Cliente para redes Microsoft y NombreOrdenador <20> Compartir archivos, impresión Microsoft.

1.3 TCP/IP

1.3.1 Antecedentes

La red ARPANET, nombre de la organización militar *Advanced Research Projects Agency* (ARPA), nació en 1969. La creó el *Department of Defense* (DoD) de EE. UU. para conectar diferentes sitios informatizados y en un primer momento conectó cuatro institutos universitarios. Se conectaron de forma progresiva una serie de centros militares y de investigación, públicos y privados, que participaron activamente en esta implementación.

A principios de los años setenta, Bob Kahn, del *Defense ARPA* (DARPA), ex-ARPA, trabajó con Vinton Cerf, investigador del Stanford Institute, en nuevos protocolos que permitieran conectar redes. Así nació TCP/IP. En 1976, ARPANET migra a TCP/IP. En 1978, una segunda red se conecta a ARPANET; utiliza las líneas telefónicas y toma el nombre de Internet.

Observación

Hoy en día, ARPANET es una parte de Internet que el DoD utiliza para investigación y desarrollo.

La integración de los protocolos de internet en el Unix *Berkeley Software Distribution* (BSD) y la difusión casi gratuita en las universidades contribuyó a mejorar el éxito de esta suite.

1.3.2 La suite de protocolos

La familia TCP/IP, de la que participan decenas de protocolos, define un modelo en cuatro capas de red.

Se trata los de protocolos de comunicación y de aplicación más conocidos para conectar sistemas heterogéneos, independientemente de la capa física.

Transmission Control Protocol (TCP) es un protocolo de transporte que asegura un servicio fiable, orientado a la conexión para un flujo importante de bytes.

Al contrario que TCP, *User Datagram Protocol* (UDP) es el protocolo de transporte no orientado a la conexión. Es más rápido, pero menos fiable.

Internet Protocol (IP) proporciona un sistema de entrega de paquetes, sin conexión y no fiable. Administra las direcciones lógicas, que dividen el identificador del nodo en un número de red lógico y un número de dispositivo de 4 bytes (en IP versión 4).

Observación

El protocolo IPv6, o IP Next Generation (NG), está disponible en los sistemas operativos, pero no es utilizado plenamente en las empresas.

Una de las claves del éxito de los protocolos de internet reside en el hecho de que el modelo propuesto es independiente de las capas física y de Conexión de datos (capas 1 y 2 del modelo OSI).

1.3.3 Correspondencia con el modelo OSI

Es importante recordar que el modelo TCP/IP se propuso diez años antes que el modelo OSI, y que este se inspiró mucho en algunos protocolos de TCP/IP; sin embargo, cabe remarcar que el modelo OSI define un modelo de siete capas y que los protocolos de Internet funcionan sobre cuatro de ellas.

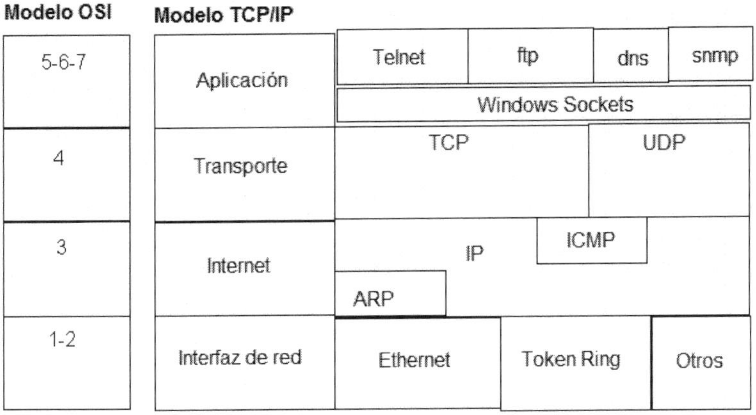

Modelo OSI	Modelo TCP/IP	
5-6-7	Aplicación	Telnet, ftp, dns, snmp / Windows Sockets
4	Transporte	TCP, UDP
3	Internet	IP, ICMP, ARP
1-2	Interfaz de red	Ethernet, Token Ring, Otros

1.3.4 La implementación en las empresas

Las cualidades de la suite de protocolos TCP/IP, como su capacidad de funcionamiento en cualquier tamaño de red, su eficacia y su carácter evolutivo, hacen que las empresas muestren gran interés por estos protocolos. Inicialmente, interconectaban las redes a través de Internet, sobre todo para aplicaciones de servicio de mensajería y web.

Poco a poco, se han ido adoptando estos protocolos, estandarizados y no vinculados a ningún fabricante o editor específicos, dentro de las redes locales. Las intranets han comenzado a expandirse, utilizando los mismos protocolos y principios que Internet y, como el anonimato es una de sus características, se ha hecho necesario implementar la autentificación del empleado para que pueda acceder a su empresa.

El nombre extranet designa la capacidad que tiene el usuario de acceder a la red local de tipo intranet desde fuera. Aplicando siempre las mismas normas a nivel de red, la autentificación permite reconocer a los usuarios externos de la empresa, que tendrán menos privilegios.

2. Protocolo IP versión 4

2.1 Principios

IP genera una entrega de paquetes sin conexión y sin garantía. Uno de sus principales inconvenientes es que necesita la implementación de un plan de direccionamiento explícito. Cada nodo de red se tiene que identificar con una dirección IP. Esta se divide en dos partes: un número de red lógico y una dirección de equipo en la red lógica.

Observación

Se podría representar el número de red IP como el nombre de una calle y el número de servidor como una dirección de esa calle.

Uno de los aspectos interesantes de IP es que se puede configurar para que se garantice un tipo de servicio específico. Entre estos, se puede citar la implementación de un envío urgente de un paquete que se debe transmitir rápidamente, o de políticas para incrementar la velocidad cuando se debe transferir una gran cantidad de información, o bien optimizar la fiabilidad en la transmisión para un flujo en el que no se puede permitir que haya ningún error.

2.2 Direccionamiento

2.2.1 La dirección IPv4

La utilización de TCP/IP requiere que el administrador defina un plan de direccionamiento, asignando una dirección IP para cada nodo activo de red.

Una dirección IP versión 4 se representa con 4 bytes. Se utiliza la notación decimal punteada, es decir, cada byte se separa con un punto: 132.148.67.2

Según el valor del primer byte, es posible conocer la clase de dirección IP, es decir, el número de bytes utilizados para el número de red y los que quedan para el equipo.

Observación

Esto no siempre es cierto. De hecho, es posible, en algunos casos, recurrir al subnetting, es decir, se utiliza una parte de los bits del servidor pertenecientes a cierta clase para cifrar un número de subred. Se habla de supernetting cuando es una parte del número de red de la clase predeterminada la que se utiliza para cifrar equipos suplementarios.

2.2.2 La máscara

Enfoque directo

Se utiliza una máscara de red secundaria para identificar la parte de la dirección IP que corresponde a la red, de la parte que identifica al nodo. Si se escribe la dirección IP en forma binaria, cualquier bit asociado al número de red se representará como '1' en la máscara y como '0' si no está asociado.

Un byte cuyo valor binario es 1111 1111 equivale a 255 en decimal. Como la dirección IP se representa con 4 bytes (32 bits), las máscaras pueden ser:

- 255.0.0.0
- 255.255.0.0
- 255.255.255.0

Observación

Más adelante veremos que una máscara no puede tomar como valor 255.255.255.255.

Enfoque computacional

La tarjeta de red o el router que ejecuten IP efectuarán un cálculo simple para encontrar el número lógico de red:

RL = IP Y máscara binaria

Observación

En la calculadora de Windows en modo «Programador», el Y binario se representa con el operador «And».

Así, si A dispone de la siguiente información:

IPA = 131.107.8.1

mA = 255.255.0.0

RLA = IPA Y mA

RLA = 131 Y 255 . 107 Y 255. 8 Y 0. 1 Y 0

Luego RLA = 131.107.0.0

La descomposición opera como en la clase B, en dos bytes para el número de red y dos bytes para el número de equipo.

Si ahora la máscara utilizada es 255.255.255.0, el número de red lógico es el siguiente:

RLA = 131 Y 255. 107 Y 255. 8 Y 255. 1 Y 0

O sea:

RLA = 131.107.8.0 y la descomposición opera en 3 + 1.

2.2.3 Clases de direcciones

Clases

Para identificar un equipo de manera única, se definen tres clases de direcciones.

Clase A, el primer byte se ubica entre 1 y 126. Se utilizan 7 bits para el número de red y 24 bits para identificar el equipo. Una red de clase A puede soportar hasta 16 millones de equipos (2^{24}-2 posibilidades).

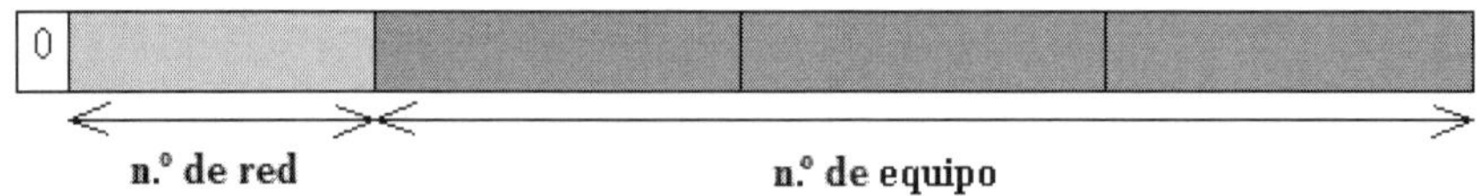

Observación

Por ejemplo, 112.2.1.4 es una dirección de clase A. '112' define el número de red y '2.1.4' el número de equipo.

En una clase B, el primer byte varía entre 128 y 191. Con 14 bits se hace el cifrado del número de red, y con 16 bits, el número de equipo. Se puede definir hasta 65 534 equipos en una misma red (2^{16}-2). La máscara por defecto es 255.255.0.0.

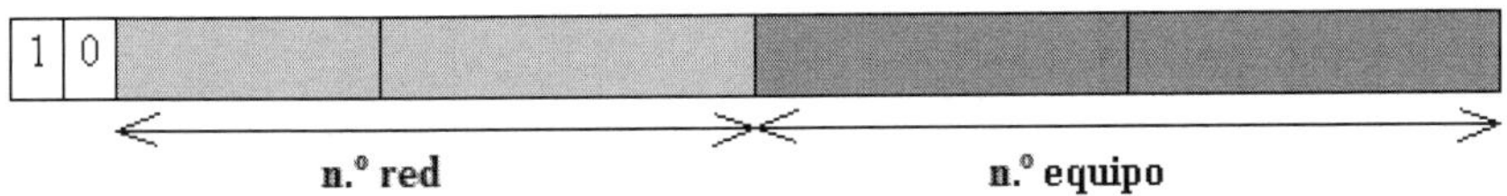

Observación

132.148.67.2 es de clase B. '132.148' es el número de red, y '67.2', el número de equipo.

La clase C está definida por un primer byte variable de 192 a 223. Se utilizan 21 bits para la red y 8 para el equipo. Podemos tener hasta 254 equipos por red en clase C.

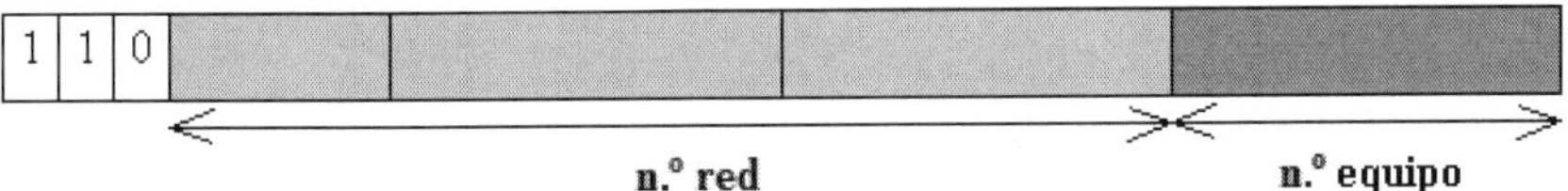

Observación

193.10.2.117 es de clase C. '192.10.2' es la parte que identifica la red, y '117', el equipo.

Si nos centramos en el primer byte de la dirección IP, más concretamente en la primera mitad más significativa (4 bits de la izquierda), se mantienen los siguientes rangos en función de las clases:

Binario		Decimal		Límites		Clase
Mín.	Máx.	Mín.	Máx.	Mín.	Máx.	
0000 0000	**0**111 1111	0	127	1	126	A
1000 0000	**10**11 1111	128	191	128	191	B
1100 0000	**110**1 1111	192	223	192	223	C
1110 0000	**1110** 1111	224	239	224	239	D

Binario		Decimal		Límites		Clase
Mín.	**Máx.**	**Mín.**	**Máx.**	**Mín.**	**Máx.**	
1111 0000	**1111** 1111	240	255	240	255	E

Descomposición del primer byte de una dirección IPv4

Observación

Las direcciones de clase A empiezan en el 0 y terminan en el 127 para el primer byte. Para el direccionamiento de un ordenador, no hay que utilizar las direcciones que empiezan en 0 ya que no existe ninguna red 0, ni las que comienzan por 127(127.0.0.1 a 127.255.255.254) porque identifican al equipo local (localhost).

La dirección IPv4, según la clase, se descompone de este modo:

Escritura en binario del primer byte	Clase	Descripción	Red	Parte host
0xxx xxxx	A	Unicast	1 byte	3 bytes
10xx xxxx	B	Unicast	2 bytes	2 bytes
110x xxxx	C	Unicast	3 bytes	1 byte
1110 xxxx	D	Multicast	4 bytes	0 byte
1111 xxxx	E	Experimental	X	X

Para encontrar las máscaras de cada clase, en binario, basta con colocar 1 en lo(s) byte(s) de la parte de red; una dirección está compuesta de 32 bits repartidos en 4 bytes (4 x 8 bits):

		Byte 1	Byte 2	Byte 3	Byte 4
Clase A	Binario	**1111 1111**	0000 0000	0000 0000	0000 0000
	Decimal	**255**	0	0	0
Clase B	Binario	**1111 1111**	1111 1111	0000 0000	0000 0000
	Decimal	**255**	255	0	0

		Byte 1	**Byte 2**	**Byte 3**	**Byte 4**
Clase C	Binario	**1111 1111**	1111 1111	1111 1111	0000 0000
	Decimal	**255**	255	255	0

El resultado obtenido es el siguiente:

Para la clase **A**, una máscara en **255.0.0.0**.

Para la clase **B**, una máscara en **255.255.0.0**.

Para la clase **C**, una máscara en **255.255.255.0**.

Direcciones particulares

Un número de red o un número de equipo no pueden tener todos sus bits en 0 o en 1. Estos casos particulares se reservan para situaciones concretas.

Por ejemplo, para una difusión, todos los bits del «equipo» de la dirección IP se ponen a '1'.

Por ejemplo, la dirección 132.148.255.255 identifica a todos los equipos de la red 132.148.

Observación

Hay que tener en cuenta que en algunos sistemas Unix es posible configurar una difusión con todos los bits en '0', para mantener la compatibilidad con otros sistemas.

El número de red actual se anota poniendo todos los bits del equipo en '0'.

Por ejemplo, 132.148.0.0 se asocia con el número de red lógico 132.148.

A veces se puede identificar una estación de la red sustituyendo el número de red por '0'.

Por ejemplo, 0.0.67.2 corresponde al equipo 132.148.67.2 de la red 132.148.0.0.

En cuanto a la dirección de bucle local 127.0.0.1, pertenece a la propia tarjeta de red, sin salir a la red.

2.2.4 Direcciones privadas

Hay un cierto número de direcciones IP que se reservan para utilizarlas en la red interna. Estas direcciones definidas en RFC 1918 permiten asegurar a un servidor Proxy (que administra la conexión a internet de una empresa) una diferenciación satisfactoria entre la red pública (Internet) y la red privada (intranet). Así, cada empresa conectada a Internet puede utilizar las mismas direcciones IP privadas internamente y diferenciar los accesos a Internet por medio de una única dirección IP pública externa.

Estas direcciones IP privadas son:

- 10.0.0.0 en 10.255.255.255.
- 172.16.0.0 en 172.31.255.255.
- 192.168.0.0 en 192.168.255.255.

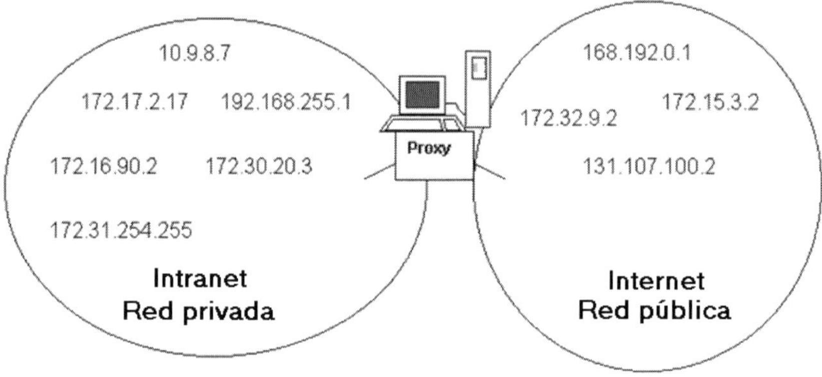

Direccionamiento privado/público y proxy

2.2.5 Las direcciones APIPA

Microsoft utiliza la asignación automática de IP privadas o *Automatic Private IP Addressing* (APIPA) para proporcionar una dirección IP a aquellos ordenadores que no encuentran un servidor DHCP. De este modo, todos los ordenadores que se encuentran en la misma situación pueden comunicarse entre ellos a pesar de todo.

Este rango de direcciones va de 169.254.0.0 a 169.254.255.255.

Observación

Los dos últimos bytes de la dirección se generan utilizando como entrada la dirección MAC, que inicializa el algoritmo de generación aleatoria. La RFC 3927 describe las características de APIPA: https://datatracker.ietf.org/doc/rfc3927

2.3 El direccionamiento sin clase

2.3.1 Principios

Con el creciente aumento del número de ordenadores conectados a Internet, las direcciones IP versión 4 aún disponibles se hacen cada vez más escasas. Gracias a la generalización de la utilización de servidores Proxy y rangos de direcciones IP privadas (RFC 1918), ha sido posible añadir grupos de miles de ordenadores, simplemente asignando una dirección IP pública al Proxy. Así, la escasez de IP se hace menos problemática de lo que se había previsto.

Sin embargo, la descomposición en clases generó un derroche colosal de direcciones, que se ha evitado reasignando algunos rangos.

Por ejemplo, imaginemos que a una empresa se le ha asignado un rango de direcciones de 60.0.0.0 a 60.255.255.255 y que, en realidad, solo utiliza desde la subclase 60.1 a 60.10. ¿Cómo hacer para recuperar de las direcciones 60.11 a la 60.255?

Basta con considerar las direcciones IP no como de clase A, sino más bien de clase B. Así, un router sabrá diferenciar entre las direcciones del primer tramo y las del segundo tramo.

Consideremos ahora que las clases de direcciones ya no existen y que, por lo tanto, la máscara utilizada no es necesariamente la de la clase predeterminada.

Por ejemplo, una empresa que quiere poner en línea algunos servidores puede pedir que se le asigne el siguiente rango de 8 direcciones: 61.178.203.56 a 61.178.203.63. Se le proporcionará con una máscara 255.255.255.248 (es decir, que 5 bits del 4.° byte se utilizarán para las redes y 3 bits para los huéspedes). El prefijo correspondiente es 61.178.203.56. El último byte, escrito en binario, proporciona los siguientes valores:

56 = 0011 1000

57 = 0011 1001

58 = 0011 1010

59 = 0011 1011

60 = 0011 1100

61 = 0011 1101

62 = 0011 1110

63 = 0011 1111

Los 5 bits de peso del último byte se asocian a una parte que define el número lógico de red.

Una máscara 255.255.255.248 en binario corresponde a 1111 1111.1111 1111.1111 1111.11111000.

11111000 representa la escritura binaria del último byte de la máscara y equivale a 248 (128 + 64 + 32 + 16 + 8).

2.3.2 La notación CIDR

La notación *Classless InterDomain Routing* (CIDR) ofrece una escritura sintética de la máscara de red secundaria.

Así, si la máscara es 255.0.0.0, significa que habrá 8 bits en 1 para la escritura binaria de la máscara, lo que se escribirá como /8.

Generalmente se anotará como **/n**, donde n representa el número de bits en 1 de la máscara, es decir, el número de bits de la dirección IP que servirán para cifrar una parte de la red lógica.

Observación

En la mayoría de los casos, los bits en 1 de la máscara serán los bits de peso (los del extremo izquierdo) y nunca se debe confundir el 1 con el 0 en la máscara.

Así, la máscara 255.255.0.0 se escribirá /16 en notación CIDR.

La máscara 255.255.255.0 se escribirá /24.

Según el ejemplo anterior, la máscara 255.255.255.248 se escribirá /29.

La utilización de una asignación de direcciones sin clase ofrece una descomposición de las direcciones IP por medio de máscaras /8 a /30.

Observación

Algún hardware implementa la introducción de la máscara en notación CIDR.

La siguiente tabla enumera algunos valores posibles:

Máscara decimal	Byte 1	Byte 2	Byte 3	Byte 4	Notación CIDR
255.0.0.0	**1111 1111**	0000 0000	0000 0000	0000 0000	/8
255.240.0.0	**1111 1111**	**1111** 0000	0000 0000	0000 0000	/12
255.252.0.0	**1111 1111**	**1111 11**00	0000 0000	0000 0000	/14
255.255.0.0	**1111 1111**	**1111 1111**	0000 0000	0000 0000	/16
255.255.224.0	**1111 1111**	**1111 1111**	**111**0 0000	0000 0000	/19
255.255.248.0	**1111 1111**	**1111 1111**	**1111 1**000	0000 0000	/21
255.255.255.0	**1111 1111**	**1111 1111**	**1111 1111**	0000 0000	/24
255.255.255.248	**1111 1111**	**1111 1111**	**1111 1111**	**1111 1**000	/29

Correspondencia de la máscara decimal vs máscara binaria y notación CIDR

Si nos basamos en la escritura simplificada /n, podemos expresar un conjunto de direcciones. A continuación, puede ver algunos ejemplos de rangos de direcciones conocidos:

Rango CIDR	Rango completo	Comentario
0/1	0.0.0.0 a 127.255.255.255	Clase A
128/2	128.0.0.0 a 191.255.255.255	Clase B
192/3	192.0.0.0 a 223.255.255.255	Clase C
224/4	224.0.0.0 a 239.255.255.255	Clase D
240/4	240.0.0.0 a 255.255.255.255	Clase E
10/8	10.0.0.0 a 10.255.255.255	Rango de direcciones privadas (RFC 1918)
172.16/12	172.16.0.0 a 172.31.255.255	Rango de direcciones privadas (RFC 1918)
192.168/16	192.168.0.0 a 192.168.255.255	Rango de direcciones privadas (RFC 1918)

Observación

Tenga cuidado de no confundir la máscara de una dirección IP con la máscara que identifica un conjunto de direcciones. La segunda máscara se utiliza generalmente en un cortafuegos para expresar un conjunto de direcciones afectadas por una regla. Por ejemplo, 172.20.0.1/32 designará exactamente la dirección IP 172.20.0.1, mientras que 172.20.0.1/16 designará la subred por defecto (clase B histórica).

2.3.3 El papel de la máscara de red

Inicio de un paquete de datos

En el capítulo Estandarización de protocolos, hemos visto que una tarjeta de red comprueba si el destinatario se encuentra en la misma red lógica. Según sea el caso, esta tarjeta de red recurre a la puerta de enlace predeterminada o se dirige directamente a su destinatario.

Llamemos A al emisor. Conoce su dirección IP (IPA), su máscara (mA) y la dirección física de la tarjeta de red (FISA).

Como emisora del paquete de datos, esta máquina A solo conoce del destino la dirección IP. En las explicaciones siguientes, denominaremos B al equipo de destino, y a su dirección IP, IPB.

Para poder enviar el paquete de datos, A tiene que saber, en primer lugar, si la red lógica de B (RLB) es la misma que la suya (RLA). Ahora bien, A solo conoce la dirección IPB, pero no la máscara correspondiente. Por lo tanto, le es imposible encontrar RLB directamente.

Por eso A tiene que hallar un modo de encontrar RLB. Para ello, A utiliza su propia máscara mA, junto con la dirección IPB. Efectúa su propia interpretación de lo que podría ser RLB.

Tampoco podemos olvidar el tratamiento de nivel 2. En efecto, A y B pueden o no estar sobre la misma red.

Observación

Citaremos para los siguientes ejemplos el protocolo ARP, que se explicará más adelante. Por ahora, debemos saber que ARP permite interrogar a la red de difusión para encontrar la dirección de nivel 2 de una estación y establecer la relación con su dirección IP. Para no efectuar sistemáticamente esta consulta, se mantiene una caché que permite guardar una lista de direcciones MAC y sus direcciones IP correspondientes.

Teóricamente, se pueden identificar cuatro casos:

1) A interpreta RLB como equivalente a RLA y A y B están en la misma red de nivel 2.

2) A interpreta RLB como no equivalente a RLA y A y B están en la misma red de nivel 2.

3) A interpreta RLB como equivalente a RLA y A y B no están en la misma red de nivel 2.

4) A interpreta RLB como no equivalente a RLA, A y B no están en la misma red de nivel 2.

Observación

Podemos señalar que el tercer caso parece incoherente. De hecho, puede parecer ilógico prolongar una misma red IP más allá del espacio de difusión de nivel 2.

Vamos a estudiar las interpretaciones de direcciones con ejemplos sencillos: el funcionamiento de una consulta «ping». La comunicación es necesariamente doble, con el tratamiento de la ida (pregunta) y el de la vuelta (retorno) de los paquetes de datos.

Incidencias de máscaras erróneas sobre la distribución de los paquetes de datos IP

Aquí vamos a examinar una comunicación en una red que dispone de una asignación de direcciones incorrecta o de máscaras erróneas.

En la configuración que se presenta a continuación, podemos observar que mA, mB y mC son distintas entre sí. Además, mB y mC no corresponden a la máscara del router (puerta de enlace) mX. La red lógica que puede ser determinada al nivel de la puerta de enlace es 172.16.0.0. Observemos que la IPC no puede corresponder a una dirección en esta red lógica. Por el otro lado de nuestro router, RLD es diferente a RLE y RLY.

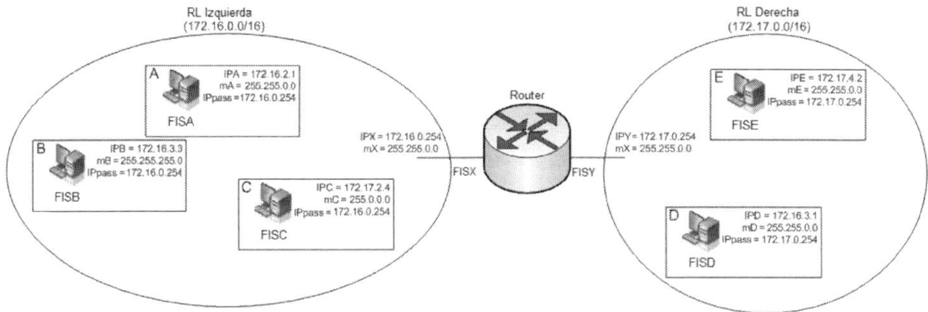

Vamos a explicar esta arquitectura para estudiar la incidencia de una máscara errónea en la distribución de los paquetes de datos. Para ello vamos a desglosar los mecanismos subyacentes relacionados con la instalación de la comunicación.

Envío de A hacia B

Como hemos visto anteriormente, el emisor A trata de comparar su red lógica con la del destinatario B. Los datos de cada uno son los siguientes:

IPA = 172.16.2.1 y mA = 255.255.0.0, por lo que RLA es igual a 172.16.0.0.

IPB = 172.16.3.3 y mA = 255.255.0.0, por lo que RLB visto por A es igual a 172.16.0.0.

Observamos que hay igualdad entre RLA y RLB supuesta por A. Por otra parte, A y B están en la misma red de nivel 2. Por este motivo es normal considerar que A y B estén en la misma red lógica.

Para crear su paquete de datos, A busca en primer lugar la dirección de nivel 2 (MAC) de B. Si no dispone de esta información en memoria, difunde una consulta de nivel 2, ARP. Esta consulta llegará al conjunto de equipos de la parte izquierda del diagrama. El router bloquea esta difusión.

Cuando dispone de su propia dirección física y de la de B, A emite una trama de FISA hacia FISB (nivel 2) y un paquete de datos de IPA hacia IPB (nivel 3).

El destinatario B recibe los datos.

Envío de B hacia A

El proceso es igual que en el caso anterior: B intenta encontrar la red lógica de A para compararla con la suya.

IPB = 172.16.3.3 y mB = 255.255.255.0, por lo que RLB es igual a 172.16.3.0.

IPA = 172.16.2.1 y mB = 255.255.255.0, por lo que RLA visto por B es igual a 172.16.2.0.

Observamos que la asignación de direcciones de nivel 3 es diferente entre los dos equipos, aunque pertenecen a la misma red de difusión y parecen pertenecer a la misma subred IP. Esto parece poco lógico.

Tanto es así que B, al constatar que debe cambiar de red lógica para llegar a A, se dirige a la IP de enlace, el router de la red lógica.

En primer lugar, se debe conocer a través de una consulta ARP de la caché correspondiente de B la dirección física FISX correspondiente a IPX. La trama está construida de FISB hacia FISX, para dirigir la información hacia el router. El paquete de datos, por su parte, informa que IPB es el emisor e IPA el destinatario.

Una vez que ha llegado al router, este debe tratar la información.

Distribución de un paquete de datos a través del router

Cuando recibe el paquete de datos, el router consulta su tabla de transporte para encontrar una ruta que corresponda a la red supuesta de A, aplicando la máscara especificada.

La siguiente tabla de transporte es la de un ordenador Linux equipado con dos tarjetas de red que simula nuestro router.

```
[root@linus /root]# netstat -rn
Kernel IP routing table
Destination    Gateway        Genmask          Flags MSS Window  irtt Iface
172.17.0.2     0.0.0.0          255.255.255.255 UH       0 0       0 eth0
192.168.6.0    172.16.206.1     255.255.255.0   UG       0 0       0 eth1
192.168.5.0    172.16.205.1     255.255.255.0   UG       0 0       0 eth1
192.168.4.0    172.16.104.1     255.255.255.0   UG       0 0       0 eth1
192.168.3.0    172.16.103.1     255.255.255.0   UG       0 0       0 eth1
192.168.2.0    172.16.102.1     255.255.255.0   UG       0 0       0 eth1
192.168.1.0    172.16.101.1     255.255.255.0   UG       0 0       0 eth1
192.168.16.0   172.16.206.1     255.255.255.0   UG       0 0       0 eth1
192.168.15.0   172.16.205.1     255.255.255.0   UG       0 0       0 eth1
192.168.14.0   172.16.104.1     255.255.255.0   UG       0 0       0 eth1
192.168.13.0   172.16.103.1     255.255.255.0   UG       0 0       0 eth1
192.168.12.0   172.16.102.1     255.255.255.0   UG       0 0       0 eth1
192.168.11.0   172.16.101.1     255.255.255.0   UG       0 0       0 eth1
10.108.2.0     172.17.208.208   255.255.255.0   UG       0 0       0 eth0
192.168.8.0    172.16.208.1     255.255.255.0   UG       0 0       0 eth1
172.16.0.0     0.0.0.0          255.255.0.0     U        0 0       0 eth1
172.17.0.0     0.0.0.0          255.255.0.0     U        0 0       0 eth0
127.0.0.0      0.0.0.0          255.0.0.0       U        0 0       0 lo
[root@linus /root]#
```

En la red 172.16, se declaran varias rutas que permiten el acceso a otras redes lógicas.

Por ejemplo, se puede acceder a las redes 192.168.5.0/24 y 192.168.15.0/24 a partir del router que tiene la dirección IP 172.16.205.1, en la red 172.16.0.0/16.

Observación

Para identificar una dirección de destino exacta con relación a una entrada de la tabla de enrutamiento, se utiliza una máscara 255.255.255.255, es decir, que la dirección IP comparada deberá volver a dar exactamente la dirección IP examinada.

Observación

Por el contrario, se definirá una ruta predeterminada con 0.0.0.0 con una máscara 0.0.0.0. Cualquiera que sea la dirección de destino examinada, encontrará inevitablemente el resultado 0.0.0.0. Esta ruta ineludiblemente se examina en último lugar en una tabla y corresponde a una clase de itinerario BIS o de «Otras direcciones» en un router.

De esta manera, el router conoce la existencia de las redes lógicas 172.16.0.0/16 (izquierda) y 172.17.0.0/16 (derecha). Dispone de sus propias máscaras para las redes lógicas que conoce.

Cuando recibe el paquete de datos, el router compara las rutas y se da cuenta de que la red lógica de A está a la izquierda. Entonces, reconstruye un paquete de datos utilizando IPA y FISA.

La información llegará a su destino, incluso aunque la dirección lógica parezca errónea. Por el contrario, aunque A y B estén en la misma red de nivel 2, no pueden comunicarse directamente y la información tiene que circular por el router.

Envío de A hacia C

Después de superponer su máscara en IPC, A ve a C en una red lógica distinta de la suya y por tanto se dirige al router. Sin embargo, al contrario que en el caso anterior, el router envía el paquete de datos por el lado derecho a la red lógica 172.17.0.0. El equipo C no puede responder a la consulta ARP porque no está en esa red lógica. Por lo tanto, la información no se puede transmitir al destinatario final.

Envío de A hacia D

A interpreta la dirección IPD como si estuviera en la misma red lógica que la suya, IPA. Por lo tanto, intenta dirigir directamente la información mediante una difusión ARP. Esta no puede pasar el router y no llega a destino. La comunicación se detiene.

Envío de A hacia E

Este caso presenta una coherencia completa en cuanto a asignación de direcciones lógica respecto al espacio de difusión. El paquete de datos se envía al router y llega a su destino.

2.3.4 La descomposición en subredes

Contexto

Primera hipótesis

Imaginemos que trabajamos en una gran empresa que dispone de varios emplazamientos, una sede y cinco sucursales. Cada sucursal se conecta a Internet pasando por la sede por medio de una conexión dedicada. Solo la sede dispone de conexión directa a Internet.

Somos los responsables de la implementación del plan de asignación de direcciones a nivel local. Por ejemplo, el arquitecto que definió el plan de asignación de direcciones nacional nos impone utilizar un único rango de direcciones privadas (según la RFC 1918), que es 172.16.0.0 - 172.16.255.255.

Ahora bien, *in situ* tenemos un gran número de puestos de red y varios routers.

Necesariamente debemos utilizar este prefijo impuesto para efectuar una descomposición de este rango en varios rangos distintos para cada una de las redes lógicas.

Segunda hipótesis

Nos asignan un pequeño rango de direcciones IP públicas para publicar servidores en Internet. Sin embargo, a causa de la infraestructura de red existente, debemos utilizar este único rango de direcciones para desplegar dos rangos en vez de uno.

Primera solución (enfoque intuitivo)

Imaginemos que en la sucursal deben disponer de 5 redes lógicas. Por tanto, debemos dividir el rango que tenemos en 5 rangos de direcciones.

Una primera solución sencilla y evidente consiste en pasar de un identificador de red lógico cifrado de 2 bytes a un identificador cifrado de 3 bytes.

Así, podríamos tener:

- RL1 = 172.16.1.0/24, como rango de direcciones 172.16.1.0 a 172.16.1.255.
- RL2 = 172.16.2.0/24, como rango de direcciones 172.16.2.0 a 172.16.2.255.
- RL3 = 172.16.3.0/24, como rango de direcciones 172.16.3.0 a 172.16.3.255.
- RL4 = 172.16.4.0/24, como rango de direcciones 172.16.4.0 a 172.16.4.255.
- RL5 = 172.16.5.0/24, como rango de direcciones 172.16.5.0 a 172.16.5.255.

Estos rangos son teóricos. Hay que reservar las direcciones utilizables, aquellas en las que todos los bits del equipo son 0 o 1. Los rangos irán realmente de 172.16.x.1 a 172.16.x.254.

Una red lógica 172.16.0.0/16 tiene 65.534 ($2^{16} - 2$) direcciones IP utilizables.

Estas redes lógicas con una máscara de 24 bits solo pueden direccionar 254 direcciones IP cada una, es decir, 5 x 254 = 1270 direcciones.

La diferencia con las direcciones utilizables es notable. Como contrapartida, la máscara de clase C simplifica este planteamiento.

Por el contrario, a menos que necesitemos 254 redes lógicas, la pérdida de direcciones IP es muy elevada.

Segunda solución (la buena)

Hipótesis básica

Ahora, el objetivo consiste en encontrar una descomposición que optimice el número de redes secundarias requeridas. Si retomamos el ejemplo anterior, se busca una codificación que permita conservar un máximo de equipos en función del número de redes lógicas.

Tomemos, por ejemplo, una subred 172.16.0.0 y un número de redes lógicas NmRL = 5. Considerando que el número máximo de equipos por red lógica es NmH = 200.

Se plantea la siguiente cuestión: ¿cuántos bits de la parte inicialmente disponible en el host son necesarios para cifrar NmRL redes lógicas?

Cada una de estas RL será de hecho una subred, cuyo número está compuesto por el de la red lógica y el identificador de subred (IDSR).

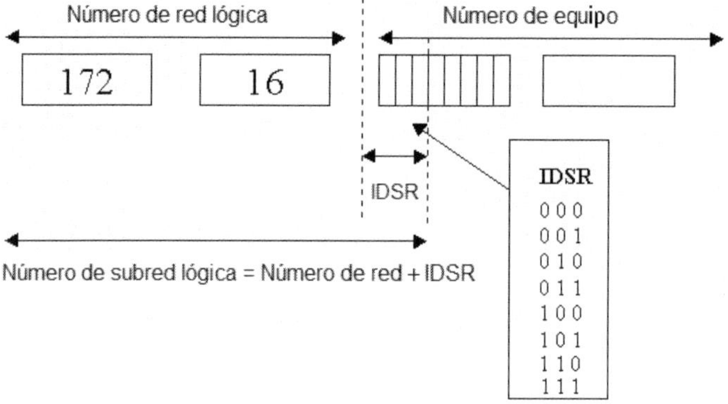

Etapa 1: cálculo del número de bits para cifrar el número de redes lógicas

Es necesario encontrar el número de bits (NmBITS) necesario para cifrar el número de redes lógicas (NmRL).

NmRL tiene que ser inferior o igual a 2^{NmBITS}.

Para simplificarlo, a continuación, se puede ver un cuadro para realizar los cálculos.

La primera columna indica el número de bits utilizados (NmUtil).

La segunda expresa el número de posibilidades de cifrado para NmUtil (NmPos). La primera línea muestra dos posibilidades, 0 o 1. La siguiente línea se multiplica por 2.

La tercera columna, NmRetenidos, contiene el número de direcciones realmente utilizadas una vez hemos eliminado todas aquellas en que todos los bits son 0 o 1. Para esto, siempre se resta 2 de la anterior.

Tenga en cuenta que, desde la RFC 1878, un identificador de subred (IDSR) puede tener todos sus bits a 0 o todos sus bits a 1. Sin embargo, determinado hardware no actualizado puede ser un problema en este caso. No lo tendremos en cuenta para nuestros cálculos.

mSRbin representa en binario la máscara de subred lógica, a partir del tercer byte. mSRdec da la misma información en formato decimal.

Lo que nos da el siguiente cuadro:

NmUtil	NmPos	NmRetenidos	mSRbin	mSRdec
1	2	0	1000 0000	128
2	4	2	1100 0000	192
3	**8**	**6**	**1110 0000**	**224**
4	16	14	1111 0000	240
5	32	30	1111 1000	248
6	64	62	1111 1100	252
7	128	126	1111 1110	254
8	256	254	1111 1111	255
9	512	510	11111 1111. 1000 0000	255.128
10	1024	1022	11111 1111. 1100 0000	255.192
11	2048	2046	11111 1111. 1110 0000	255.224
12	4096	4094	11111 1111. 1111 0000	255.240
13	8192	8190	11111 1111. 1111 1000	255.248

El valor que debemos encontrar para NmBits lo encontramos en el cuadro buscando en la columna NmRetenidos el valor inmediatamente superior o igual.

En el ejemplo, para NmRL = 5, el valor correspondiente es NmRetenido = 6, y por tanto NmUtil = NmBITS = 3, que es el valor que leemos en la misma línea.

El cuadro nos indica que son necesarios 3 bits para cifrar 5 subredes lógicas.

Etapa 2: obtención de la máscara CIDR

La máscara en notación CIDR se obtiene sumando al valor inicial el número de bits encontrados.

Así, /16 + 3 pasa a ser /19.

Etapa 3: obtención de la máscara decimal

Al leer el cuadro, en las columnas mSRbin y mSRdec, es fácil leer el byte en binario o en decimal que corresponde a la máscara.

En este ejemplo, la máscara retomará los 16 primeros bits del prefijo inicial, al cual se añadirá el byte mSRbin, y luego un byte a 0.

La máscara que se obtiene es 255.255.224.0.

Etapa 4: cálculo de los IDSR

Para enumerar los identificadores de subred (IDSR), basta con contar en binario de 0 a NmPos - 1.

Así, en el caso que nos ocupa, vamos a trabajar con 3 bits (NmBITS).

La enumeración nos lleva a lo siguiente:

Decimal	Binario en NmBITS
0	*000*
1	001
2	010
3	011

Decimal	Binario en NmBITS
4	100
5	101
6	110
7	111

Etapa 5: obtención de los números de subred

El prefijo de los dos primeros bytes sigue siendo: 172.16.

El tercer byte comienza en binario por 001. Los dos últimos bytes variables en binario son: 001x xxxx.xxxx xxxx.

x representa un valor 0 o 1 asignado.

El identificador de subred lógica escrito en binario en realidad será un prefijo cifrado de 19 bits:

172	.16	.?	.0
10101100	.0001 0000	.001 x xxxx	.xxxx xxxx

Así, este tercer byte, al considerar el identificador de red secundaria lógico (todos los bits del equipo a 0), tendrá como valor:

0010 0000, o sea, 32 en decimal, y por tanto el valor 172.16.32 /19 para RL1.

Lo mismo sucede para el resto de las redes lógicas.

Para RL2:

172	.16	.?	.0
10101100	.0001 0000	.010 x xxxx	.xxxx xxx

Así obtenemos como tercer byte 0100 0000, o sea, 64 en decimal, y por tanto 172.16.64 /19 para RL2.

Del mismo modo:

- RL3 = 172.16.96.0/19
- RL4 = 172.16.128.0/19
- RL5 = 172.16.160.0/19
- RL6 = 172.16.192.0/19 (no solicitado en este caso)

Podemos observar que el identificador de subred lógica aumenta en 32 cada vez. Este valor se denomina **incremento**.

Observación

De hecho, esto ocurre porque, en binario, cuando se añade 0 a la derecha se multiplica por 2. Aquí añadimos 5 ceros; por lo tanto, multiplicamos los valores numéricos decimales de 1 a 6 por 32 (=2^5= 2 x 2 x 2 x 2 x 2).

Etapa 6: expresión de los rangos de direcciones de redes secundarias

En esta última etapa, solo nos queda expresar todas las posibilidades, es decir, la lista de las direcciones IP que se asignarán a los equipos en el entorno de red.

A cada equipo se le asignará la misma máscara, cualquiera que sea la subred en cuestión, es decir /19 o 255.255.224.0 en decimal.

Finalmente, retomamos los números de red secundaria encontrados y exponemos todas las posibilidades:

- RL1 = 172.16.32.0/19
- RL2 = 172.16.64.0/19
- RL3 = 172.16.96.0/19
- RL4 = 172.16.128.0/19
- RL5 = 172.16.160.0/19

Para cada red lógica, expresaremos en binario la escritura de las direcciones del equipo. Para encontrar el valor más pequeño, todos los bits de la parte del equipo se ponen a 0. Para encontrar el valor más alto, pondremos todos los bits del equipo a 1.

Así, para RL1, tendremos:

172	.16	.32	.0
10101100	.0001 0000	.001 x xxxx	.xxxx xxxx

La dirección en que todos los bits del equipo están a 0 nos da:

10101100	.0001 0000	.001 0 0000	.0000 0000

que es el propio número de red.

Y con todos los bits a 1, obtendremos:

10101100	.0001 0000	.001 1 1111	.1111 1111

De ahí el rango de direcciones, rango RL1: 172.16.32.0 a 172.16.63.255

Ahora debemos quitar las dos direcciones en que todos los bits del equipo son 0 y aquellas en que todos los bits son 1, que son, 172.16.32.0 (que es la de la red lógica) y 172.16.63.255 (dirección de difusión de la red lógica).

De igual modo, se deduce:

- Rango RL2: 172.16.64.1 a 172.16.95.254.
- Rango RL3: 172.16.96.1 a 172.16.127.254.
- Rango RL4: 172.16.128.1 a 172.16.159.254.
- Rango RL5: 172.16.160.1 a 172.16.191.254.

A continuación, asignaremos todas estas direcciones IP con la máscara calculada, es decir, /19 o 255.255.224.0.

2.3.5 Factorización de las tablas de enrutamiento

En cuanto hemos definido una asignación de direcciones de subred, podemos seguir la operación a partir del resultado anteriormente obtenido. Así pues, podríamos asignar el rango de subred RL4 para servir de punto de partida a un nuevo plan de asignación de direcciones basándose, por ejemplo, en 172.16.128.0/19 y así sucesivamente... Por ello es fácil comprender que se asignen algunos prefijos IP para Europa, que un país como España pueda necesitar una asignación mucho más grande y que a Barcelona, por ejemplo, se le asigne un rango del tipo 60.189.235.56/29.

La máscara también puede variar de una tabla de transporte a otra para finalmente ser cada vez más precisa.

Observación

Esto solo es posible si las direcciones IP se han asignado de manera óptima y los routers están conectados jerárquicamente.

Esto es lo que llamaremos *Variable Length Scalable Mask* (VLSM) o máscara de subred de longitud variable.

De acuerdo con esta atribución inteligente de las direcciones, puede ser fácil conocer con precisión, en función de un prefijo dado, el origen geográfico del destinatario y, en consecuencia, construir tablas de enrutamiento simplificadas.

Imaginemos, por ejemplo, el caso de una tabla de enrutamiento con la siguiente información:

Red	Máscara	Interfaz	Puerta de enlace
193.19.32.0	255.255.255.0	197.2.1.254	197.2.1.253
193.19.33.0	255.255.255.0	197.2.1.254	197.2.1.253
193.19.34.0	255.255.255.0	197.2.1.254	197.2.1.253
193.19.35.0	255.255.255.0	197.2.1.254	197.2.1.253
193.19.36.0	255.255.255.0	197.2.1.254	197.2.1.253
193.19.37.0	255.255.255.0	197.2.1.254	197.2.1.253
193.19.38.0	255.255.255.0	197.2.1.254	197.2.1.253

Red	Máscara	Interfaz	Puerta de enlace
193.19.39.0	255.255.255.0	197.2.1.254	197.2.1.253

¿Qué ruta podría sustituir a las rutas existentes?

En este caso, basta con comprobar que la interfaz y la puerta de enlace son idénticas y que el conjunto de las rutas puede descomponerse en factores. En el ejemplo, el prefijo común a todas las redes es 193.19.32 para una máscara de 21 bits.

Decimal	Escritura binaria del tercer byte
193.19.**32**.0	**0010 0**000
193.19.**33**.0	**0010 0**001
193.19.**34**.0	**0010 0**010
193.19.**35**.0	**0010 0**011
193.19.**36**.0	**0010 0**100
193.19.**37**.0	**0010 0**101
193.19.**38**.0	**0010 0**110
193.19.**39**.0	**0010 0**111

Así, queda claro que solo varían los 3 bits importantes del tercer byte.

La ruta equivalente que sustituirá a los 8 restantes será en este caso:

193.19.32.0	255.255.248.0	197.2.1.254	197.2.1.253

3. Protocolo IP versión 6

3.1 Introducción

En 1992, el hecho de constatar la escasez de direcciones y el aumento de las tablas de enrutamiento dio lugar al inicio del proyecto IP Siguiente Generación (IP NG).

Se trataba igualmente de implementar de manera nativa las numerosas opciones disponibles con IPv4, trabajando en cuatro temas principales: la autoconfiguración, la movilidad, la implementación de multicast y sobre todo la seguridad (autentificación y confidencialidad).

En diciembre de 1995, se publicó la RFC 1883 «Internet Protocol Version 6».

Desde entonces, varias evoluciones se han llevado a cabo, siendo la RFC 8200 la referencia desde julio del 2017: (https://datatracker.ietf.org/doc/rfc28200).

En junio de 1998, nació una red experimental: la **6Bone** (troncal IPv6), para permitir probar IPv6 en condiciones reales. Esta red utilizaba los prefijos 3FFE::/16 (RFC 3701). Esta red se cerró el 6 de junio de 2006 (¡06/06/06!) una vez concluyó el experimento.

3.2 Principios

IPv6, o IP *Next Generation* (NG), es la nueva versión de IP (*Internet Protocol*), que debe sustituir al protocolo IPv4. Esta migración es progresiva, pero se debe realizar rápidamente.

IPv6 mantiene las principales funcionalidades de su predecesor y además cubre sus carencias con la incorporación de nuevas funciones.

En primer lugar, se ha ampliado el espacio de asignación de direcciones de 4 bytes (32 bits) a 16 bytes (128 bits). Desde el principio, este era uno de los objetivos principales de esta nueva versión. De hecho, no se esperaba que IPv4 tuviera tanto éxito, vinculado al de Internet.

Además, IPv6 simplifica los encabezamientos de los paquetes de datos, con solamente 7 campos en lugar de 14. Así, los tratamientos por parte de los routers pueden ser más rápidos aumentando de este modo la velocidad. Las funcionalidades de traducción de direcciones (NAT - *Network Address Translation*) ya no son necesarias, lo que simplifica la arquitectura de red.

A nivel de seguridad, IPv6 incluye de forma nativa IPsec (*IP Security*). Este protocolo de seguridad se explicará más tarde en su totalidad.

Entre las características de esta nueva generación, podemos citar las siguientes:

- una configuración Plug and Play, gracias a los mecanismos de autoconfiguración de las máquinas.
- un enrutamiento más eficaz, con una reducción de las tablas de transporte.
- identificación de los flujos para el servicio integrado.
- mecanismos estándar de seguridad.
- movilidad.
- número casi ilimitado de direcciones IP.
- compatibilidad ascendente mantenida con IPv4, que garantiza una migración progresiva.

3.3 Estructura de una dirección IP

3.3.1 Categorías de direcciones

En IPv6, existen tres tipos de direcciones que corresponden a identificadores de 128 bits para interfaces o grupos de interfaces:

- unicast,
- multicast,
- anycast.

Una dirección **unicast** hace referencia a un identificador asociado a una sola interfaz, mientras que una dirección **multicast** hace referencia a un identificador de grupo cuyos miembros son interfaces: se va a asignar el identificador multicast a la interfaz.

El concepto de dirección **anycast** designa la interfaz «más cercana», miembro de un grupo, desde un punto de vista de la métrica utilizada (en el sentido de los protocolos de enrutamiento).

Observación

No existe el concepto de dirección de difusión (o broadcast) como se daba en IPv4. Las direcciones multicast sustituyen el broadcast definiendo además un ámbito de aplicación de esta dirección.

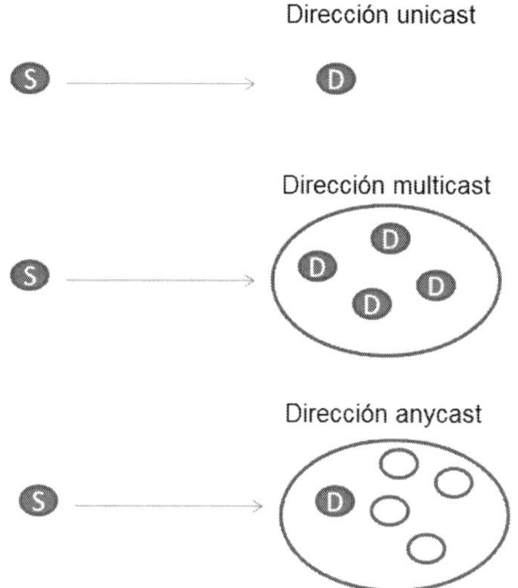

Tipos de direcciones IPv6

Por lo tanto, un paquete enviado a una dirección *unicast* se entregará únicamente a la interfaz identificada por esta dirección.

Un paquete enviado a una dirección *multicast* se transmitirá a todas las interfaces identificadas con esta dirección.

Finalmente, un paquete enviado a una dirección *anycast* se transmitirá solamente a una de las interfaces (la más próxima) identificadas con esta dirección.

3.3.2 Ámbito de una dirección

Una dirección dispone de un ámbito más o menos importante según su categoría. Al contrario que IPv4, que separaba las direcciones públicas de las privadas, con IPv6 por una parte las direcciones tienen una visibilidad mayor o menor y por otra parte una misma interfaz dispone de diferentes direcciones IP con una visibilidad diferente.

Una dirección unicast o anycast puede disponer de los siguientes ámbitos:

- Ámbito **global** (ámbito mundial, Internet).
- Ámbito **local** (ámbito local, número limitado de sitios interconectados).
- Ámbito de **conexión local** (ámbito limitado a una subred no enrutada).

Teóricamente, una dirección multicast se puede descomponer basándose en los siguientes niveles:

- ámbito **global** (mundial).
- ámbito **local en la empresa** (varios sitios de una misma empresa).
- ámbito **local en el sitio** (sitio único).
- ámbito **local del administrador** (el ámbito más pequeño que se puede configurar administrativamente con independencia de la topología física).
- ámbito **local de la subred** (subred).
- ámbito de **conexión local** (vecinos conectados en una misma conexión).
- ámbito de **interfaz local** (interfaz).

El ámbito de la dirección se identificará por el prefijo de esta dirección, para las direcciones unicast y anycast, o por el campo **Ámbito** presente en el prefijo de una dirección multicast.

3.3.3 Dirección unicast

Las direcciones unicast pueden identificar un nodo de manera única (tarjeta de red o interfaz de router).

De manera general, las direcciones IPv6 *unicast* se presentan de la misma manera que las direcciones IPv4 sin clase CIDR (*Classless Inter Domain Routing*).

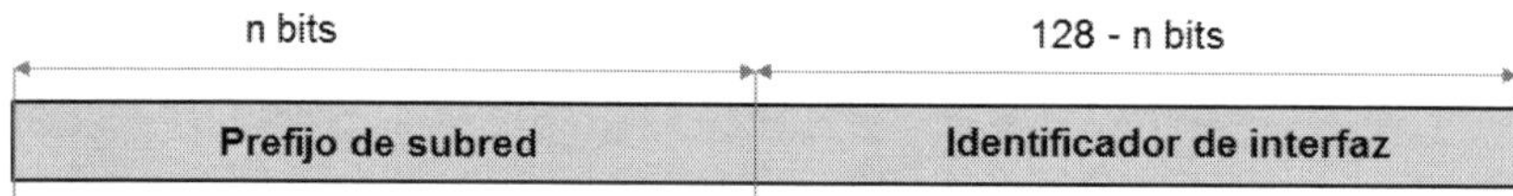

Hemos visto que estas direcciones pueden ser de ámbito global, de sitio o de conexión local.

Observación

También existen direcciones IPv6 que llevan encapsuladas direcciones IPv4.

Veremos un poco más tarde cómo funciona el establecimiento de la dirección en función de su ámbito y de su categoría.

3.3.4 Notación

Existen diferentes maneras de representar las direcciones IPv6.

La forma más usual es **xx : xx : xx : xx : xx : xx : xx : xx**.

donde «**xx**» corresponde a la representación hexadecimal de una palabra (2 bytes o 16 bits).

Ejemplos:

FEDC:BA98:7654:3210:FEDC:BA98:7654:3210

2001:0:0:0:8:800:200C:417A

Observación

No es necesario escribir los ceros consecutivos de una palabra. Sin embargo, debe haber al menos una cifra por campo, excepto en el caso de utilización de la forma abreviada (ver más adelante).

Teniendo en cuenta los diferentes métodos de obtención de las direcciones, es habitual disponer de direcciones que tengan numerosos ceros consecutivos. Para facilitar la escritura de estas direcciones, una sintaxis especial, **la forma abreviada**, permite comprimir y simplificar esta escritura.

La utilización de «::» permite indicar uno o varios grupos de 16 bits de ceros.

Atención, este doble «:» solo debe aparecer una vez en una dirección. Se puede utilizar para comprimir los ceros iniciales o finales de la dirección.

La siguiente tabla permite ver las formas abreviadas que se pueden utilizar:

Ejemplo de dirección	Categoría	Forma abreviada
1080:0:0:0:8:800:200C:417A	una dirección *unicast*	1080::8:800:200C:417A
FF01:0:0:0:0:0:0:101	una dirección *multicast*	FF01::101
0:0:0:0:0:0:0:1	la dirección de bucle local	::1
0:0:0:0:0:0:0:0	una dirección no especificada	::

Existe una forma alternativa y a veces más práctica si se trabaja en un entorno mixto (IPv4 y v6):

xx : xx : xx : xx : xx : xx : a . b . c . d, donde:

- «**xx**» representa la escritura hexadecimal de seis palabras (12 bytes) más significativas.
- «**a.b.c.d**» representa la dirección IPv4 en notación decimal punteada (4 bytes menos significativos).

A continuación, ofrecemos algunos ejemplos:

Ejemplo de dirección	Forma abreviada
0:0:0:0:0:0:192.168.1.1	::192.168.1.1
0:0:0:0:0:FFFF:57.146.31.60	::FFFF:57.146.31.60

Finalmente, la **representación de los prefijos de las direcciones** sigue el mismo principio que la notación CIDR utilizada en IPv4:

Dirección-IP-v6/longitud del prefijo, donde:

- «**Dirección-IP-v6**» se escribe siguiendo las reglas presentadas anteriormente.
- «**longitud-de-prefijo**» es un valor decimal que indica cuántos bits significativos (a la izquierda) forman parte del prefijo.

Así, el prefijo de 60 bits hexadecimal 200300000000ABC se escribe:

2003:0000:0000:ABC0:0000:0000:0000:0000/60

2003::ABC0:0:0:0:0/60

2003:0:0:ABC0::/60

Igualmente se puede escribir, como en IPv4, la dirección del nodo seguido del prefijo asociado a la red:

2003:0:0:ABC0:123:4567:89AB:CDEF/60

3.3.5 Identificador EUI-64

Concepto de identificador

Los identificadores de interfaz para las direcciones *unicast* en IPv6 permiten identificar las interfaces en una conexión dada. Este identificador debe ser único para una subred dada y lo puede ser también para un ámbito mayor, incluso global (Internet).

En algunos casos, el identificador se obtendrá directamente a partir de la dirección MAC (nivel 2) de la interfaz.

Este identificador se puede usar en el mismo nodo siempre que se utilice en interfaces diferentes conectadas en subredes diferentes.

Observe que no hay relación directa entre la singularidad del identificador de interfaz y la singularidad de direcciones IP. Por lo tanto, es posible crear una dirección *unicast* global disponiendo de un identificador de interfaz de ámbito no global, o crear una dirección local de sitio, con un identificador de ámbito global.

Además, cualquier dirección *unicast*, excepto aquellas que comienzan en binario por «**000**», deben tener un identificador de interfaz:

- de una longitud de 64 bits;
- construido según el formato EUI-64 modificado.

El identificador de interfaz, basado en el formato EUI-64 modificado, es de ámbito global, ya que está construido a partir de la dirección MAC. Por el contrario, el identificador es de ámbito local cuando no tiene ninguna información única o permanente para construir el identificador de interfaz (por ejemplo: conexión serie, terminaciones de túneles).

Construcción de un identificador EUI-64 modificado

Observe a continuación la dirección MAC asignada a la tarjeta de red y la dirección IPv6 correspondiente que se le ha autoasignado:

```
Administrador: Símbolo del sistema

Adaptador de Ethernet Conexión de área local:

   Sufijo DNS específico para la conexión. . :
   Descripción . . . . . . . . . . . . . . . : ULi PCI Fast Ethernet Controller
   Dirección física. . . . . . . . . . . . . : 00-18-F3-AE-07-4A
   DHCP habilitado . . . . . . . . . . . . . : sí
   Configuración automática habilitada . . . : sí
   Vínculo: dirección IPv6 local. . . : fe80::218:f3ff:feae:74a%4(Preferido)

   Dirección IPv4. . . . . . . . . . . . . . : 192.168.1.105(Preferido)
   Máscara de subred . . . . . . . . . . . . : 255.255.255.0
   Concesión obtenida. . . . . . . . . . . . : lunes, 04 de abril de 2011 7:20:5
3
   La concesión expira . . . . . . . . . . . : martes, 05 de abril de 2011 7:20:
52
   Puerta de enlace predeterminada . . . . . : 192.168.1.1
   Servidor DHCP . . . . . . . . . . . . . . : 192.168.1.1
   IAID DHCPv6 . . . . . . . . . . . . . . . : 234886031
   DUID de cliente DHCPv6. . . . . . . . . . : 00-01-00-01-15-04-5E-F2-00-13-8F-
7D-EE-13
   Servidores DNS. . . . . . . . . . . . . . : 192.168.1.1
   NetBIOS sobre TCP/IP. . . . . . . . . . . : habilitado
```

En este caso, la dirección MAC es 00-18-F3-AE-07-4A.

Los tres primeros bytes identifican al fabricante o OUI (*Organizationally Unique Identifier* - http://standards-oui.ieee.org/oui.txt) y los tres últimos identifican el hardware.

La dirección autoasignada es FE80::218:F3FF:FEAE:74A.

Observación

Observe que el «%4» define un índice para esta interfaz y define por tanto la asignación de esta misma dirección en otra interfaz de la misma máquina, a condición de que se conecte en otra subred.

El identificador EUI-64 se construye a partir de la dirección MAC, insertando los dos bytes «**FF FE**» entre la OUI y la parte base de la dirección MAC.

El identificador EUI-64 modificado se obtiene poniendo a «1» el primer bit del byte significativo del OUI.

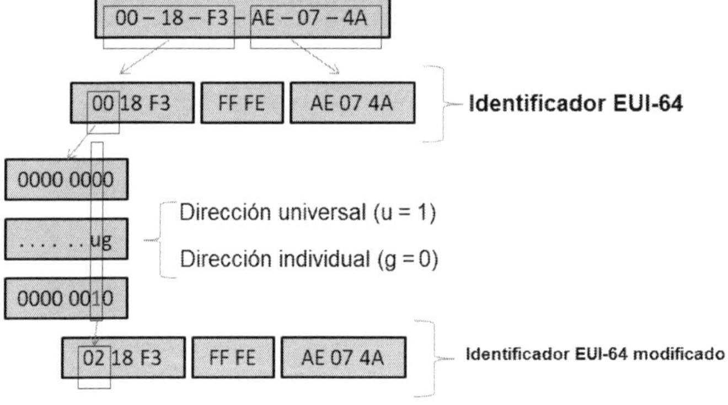

Finalmente encontramos:

FE80::218:F3FF:FEAE:74A

3.3.6 Direcciones reservadas

Existen diversas direcciones reservadas en IPv6.

El bucle local

La dirección de bucle local es

0000:0000:0000:0000:0000:0000:0000:0001

En escritura abreviada ::1

Observación

Esta dirección equivale a 127.0.0.1 en IPv4.

Observación

Cuando no se define ninguna dirección, se utiliza 0000:0000:0000:0000:0000:0000:0000:0000. También se puede escribir 0:0:0:0:0:0:0:0, o incluso :: (doble «:»).

Las direcciones de transición IPv4 - IPv6

Para asegurar una transición entre las dos versiones, en ciertas circunstancias se pueden utilizar las direcciones IPv6 que se basan en direcciones IPv4.

Se puede utilizar una dirección IPv4 mapeada cuando se trate de comunicar, sea en IPv4, sea en IPv6, a partir de un equipo que disponga de doble pila de protocolo (IPv4/v6).

Esta dirección se puede representar utilizando una mezcla de las notaciones IPv6/v4.

Se escribirá en notación abreviada de la siguiente manera:

::FFFF:<dirección-ipv4-notación-decimal-punteada>

Por ejemplo, ::FFFF:192.168.1.200

Se podrá utilizar también la notación hexadecimal y escribir la dirección así:

::FFFF:C0A8:01C8

Donde 192 en base 10 (d) vale C0 en base 16 (h), o sea 192d = C0h, 168d = A8h, 1d = 1h y 200d = C8h.

En realidad, es la dirección 0000:0000:0000:0000:0000:FFFF:C0A8:01C8.

0000	0000	0000	0000	0000	FFFF	C0A8	01C8

Las direcciones IPv4 compatibles sirven para encapsular IPv6 en IPv4 (por medio de un túnel). Estas direcciones se escriben poniendo los 96 bits significativos a 0 antes de cifrar la IPv4:

::<dirección-ipv4-notación-decimal-punteada>.

Ejemplo: **::192.168.1.200**

O **::C0A8 :01C8**

O sea

0000	0000	0000	0000	0000	0000	C0A8	01C8

Observación

Tenga en cuenta que la RFC 4291 trata estas direcciones como obsoletas. No se deben utilizar.

3.3.7 Descomposición de rangos para la IETF

Introducción

Los rangos de direcciones IPv6 (RFC 4291) se han descompuesto para IETF (*Internet Engineering Task Force*) de la siguiente manera:

Prefijo IPv6	Asignación	Referencia
0000::/8	Reservado	[RFC4291]
0100::/8	Reservado	[RFC4291]
0200::/7	Reservado (ej. NSAP)	[RFC4048]
0400::/6	Reservado (ej. IPX)	[RFC4291]
0800::/5	Reservado	[RFC4291]

Prefijo IPv6	Asignación	Referencia
1000::/4	Reservado	[RFC4291]
2000::/3	Unicast globales	[RFC4291]
4000::/3	Reservado	[RFC4291]
6000::/3	Reservado	[RFC4291]
8000::/3	Reservado	[RFC4291]
A000::/3	Reservado	[RFC4291]
C000::/3	Reservado	[RFC4291]
E000::/4	Reservado	[RFC4291]
F000::/5	Reservado	[RFC4291]
F800::/6	Reservado	[RFC4291]
FC00::/7	Unicast locales	[RFC4193]
FE00::/9	Reservado	[RFC4291]
FE80::/10	Unicast de conexión local	[RFC4291]
FEC0::/10	Obsoleto (unicast de sitio)	[RFC3879]
FF00::/8	Multicast	[RFC4291]

Observación

Se puede acceder a los documentos oficiales (RFC) en la siguiente URL: https://datatracker.ietf.org/doc/

Así, cuando se retiran las direcciones reservadas, quedan las siguientes categorías:

- las direcciones unicast globales.
- las direcciones unicast locales.
- las direcciones unicast de conexión local.
- las direcciones multicast.

Observación

Tenga en cuenta que las direcciones anycast están incluidas en el rango de direcciones «unicast globales».

Explicaciones complementarias

El prefijo IPv6 se debe interpretar de la siguiente manera:

Por ejemplo, «**FC00::/7**» significa que los «7» bits significativos presentes en los 16 bits «FC00» se fijan.

- «**F**» se codifica en 4 bits en binario como «**1111**».
- «**C**» se codifica «**1100**».
- «**0**» se escribe «**0000**» en binario.

Por lo tanto:

- El byte escrito «**FC**» en hexadecimal vale «**1111 1100**» en binario.
- «**00**» en hexadecimal se escribe «**0000 0000**» en binario.

Una vez el prefijo hexadecimal se transcribe en binario, se identifican los n bits significativos (a la izquierda) después de «/» en la escritura del prefijo.
Estos bits se deben fijar cuando se enumeran las posibles combinaciones.

FC00::/7	1111 110x.	xxxx xxxx

Así, FC00::/7 quiere decir que los bits significativos se pueden escribir con los valores «mínimo» y «máximo» siguientes:

- **1111 1100.0000 0000**
- y **1111 1101.1111 1111**

Finalmente, FC00::/7 expresa todas las direcciones cuyos prefijos están entre FC00 y FDFF.

Prefijo IPv6	Prefijo	Binario	Rango del prefijo
0000::/8	0000 0000.	xxxx xxxx	0000-00FF
0100::/8	0000 0001.	xxxx xxxx	0100-01FF

Prefijo IPv6	Prefijo	Binario	Rango del prefijo
0200::/7	0000 001x.	xxxx xxxx	0200-03FF
0400::/6	0000 01xx.	xxxx xxxx	0400-07FF
0800::/5	0000 1xxx.	xxxx xxxx	0800-0FFF
1000::/4	0001 xxxx.	xxxx xxxx	1000-1FFF
2000::/3	001x xxxx.	xxxx xxxx	2000-3FFF
4000::/3	010x xxxx.	xxxx xxxx	4000-5FFF
6000::/3	011x xxxx.	xxxx xxxx	6000-7FFF
8000::/3	100x xxxx.	xxxx xxxx	8000-9FFF
A000::/3	101x xxxx.	xxxx xxxx	A000-BFFF
C000::/3	110x xxxx.	xxxx xxxx	C000-DFFF
E000::/4	1110 xxxx.	xxxx xxxx	E000-EFFF
F000::/5	1111 0xxx.	xxxx xxxx	F000-F7FF
F800::/6	1111 10xx.	xxxx xxxx	F800-FBFF
FC00::/7	1111 110x.	xxxx xxxx	FC00-FDFF
FE00::/9	1111 1110.	0xxx xxxx	FE00-FE7F
FE80::/10	1111 1110.	10xx xxxx	FE80-FEBF
FEC0::/10	1111 1110.	11xx xxxx	FEC0-FEFF
FF00::/8	1111 1111.	xxxx xxxx	FF00-FFFF

En resumen, a continuación, se muestra la información que no hay que olvidar para identificar el tipo de una dirección IPv6:

Categoría de dirección	Prefijos	Mínimo	Máximo
Unicast global	2000::/3	2000	3FFF
Unicast local	FC00::/7	FC00	FDFF
Unicast de conexión local	FE80::/10	FE80	FEBF

Categoría de dirección	Prefijos	Mínimo	Máximo
Multicast	FF00::/8	FF00	FFFF

3.3.8 Segmentación de las categorías

Unicast global

Son las equivalentes de las direcciones públicas en IPv4.

La categoría unicast global se define de la siguiente manera:

2000::/3	001x xxxx.	xxxx xxxx	2000-3FFF

Se descompone así:

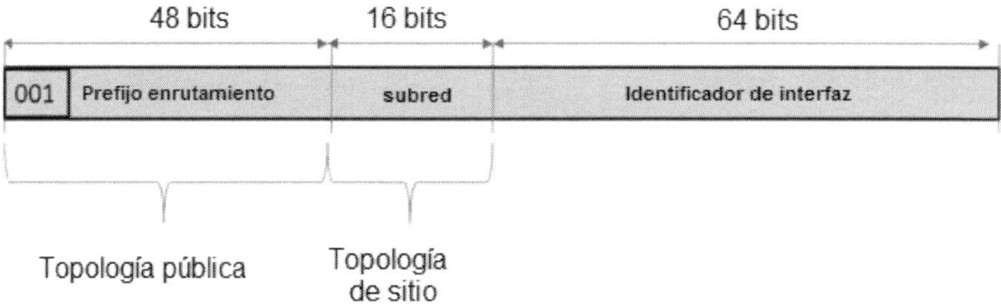

El identificador de interfaz se construye según EUI-64 modificado.

Dirección unicast local

Se trata del equivalente de las direcciones IP privadas en IPv4 (RFC 1918).

El prefijo de base que designa este tipo de direcciones es FC00-FDFF (FC::/7).

Direcciones unicast locales

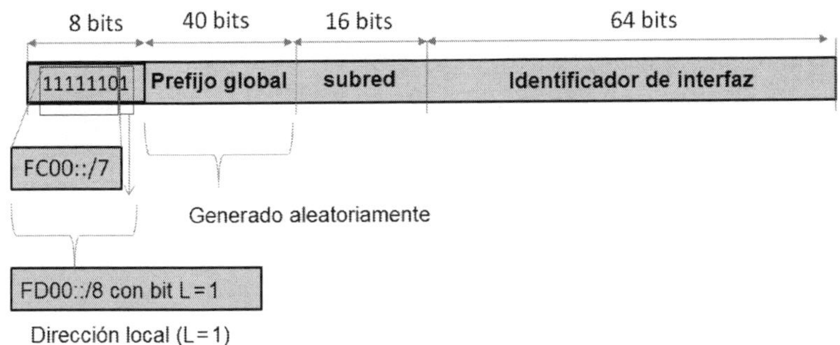

Estas direcciones no se pueden utilizar más que en un ámbito restringido. Sin embargo, dado el número de combinaciones y el algoritmo utilizado para generar aleatoriamente el prefijo global, es poco probable que en la interconexión de dos redes privadas haya un problema de rango de direcciones ya existentes.

De hecho, el algoritmo utilizado se basa en la dirección MAC de la interfaz y en la hora actual para generar este identificador.

Algunos sitios ofrecen generar identificadores a partir de la dirección MAC para ilustrar este algoritmo:

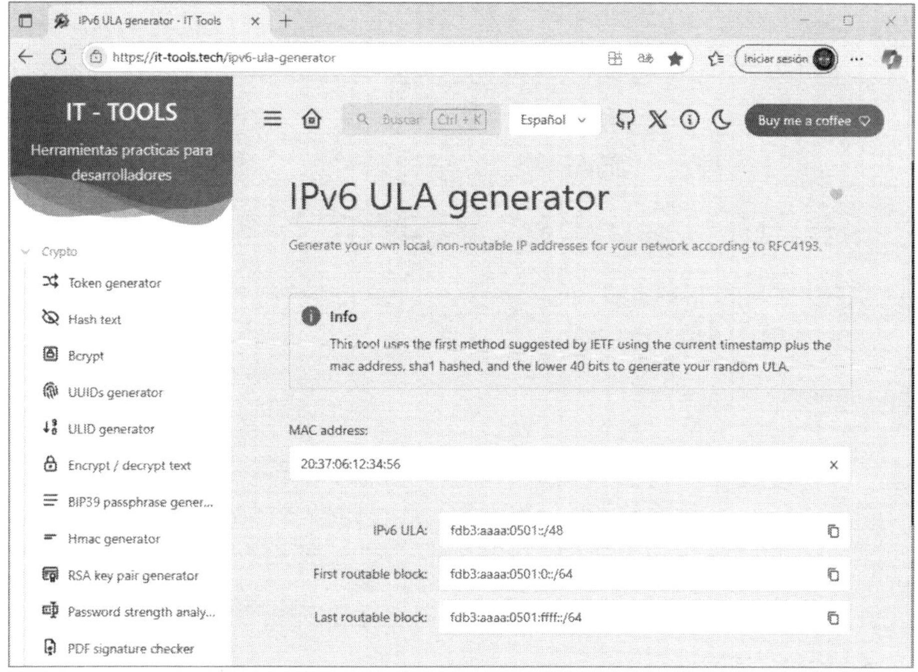

Ejemplo de sitio que permite generar un prefijo IPv6

Observación

ULA hace referencia al acrónimo Unicast Local Address, una dirección unicast local.

Unicast de conexión local

El concepto de conexión local permite a una interfaz tener una identidad en el envío de tramas iniciales de descubrimiento de red. Esta dirección se conservará incluso cuando más adelante se asigne una dirección global. Esto permite comunicar con una identidad real, al contrario que IPv4, en que la dirección tiene el valor 0.0.0.0 hasta que las fases iniciales de obtención IP hayan finalizado.

Esta dirección sirve principalmente para encontrar equipos vecinos o routers.

Esta dirección no pasa de los routers y solo sirve dentro de la subred.

La estructura de esta dirección es la siguiente:

Direcciones de conexión local

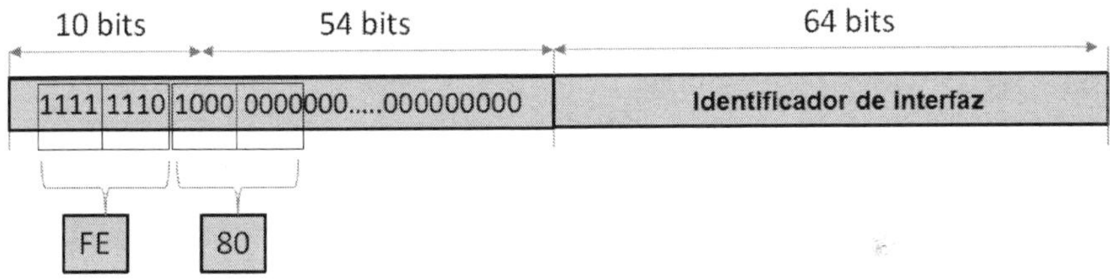

Multicast

La dirección multicast se define con un ámbito con el que puede tener una cierta visibilidad en la red, y dispone de un estado que le permite ser reconocida como permanente (oficialmente asignada por IANA) o temporal.

El prefijo asociado a las direcciones *multicast* es FF::/8, y el rango de direcciones, de FF00 a FFFF.

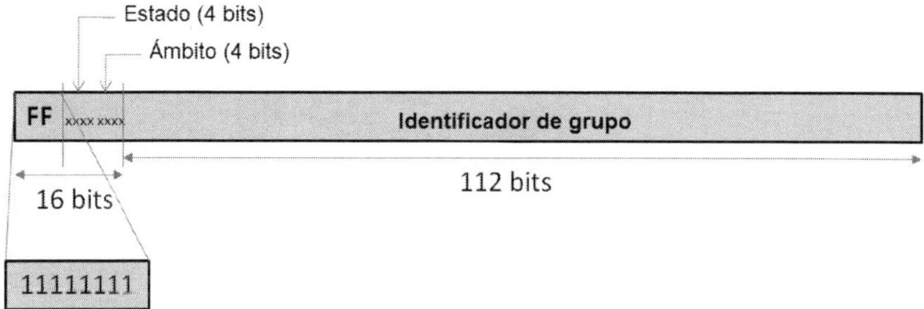

El campo **Estado** define un estado asociado a la dirección multicast de 4 bits:

0 R P T

El bit T o Transitorio indica si la dirección es temporal o permanente.

Si T = 0, la dirección multicast constituye una dirección conocida, asignada de manera permanente por IANA. Por el contrario, T = 1 indica que la dirección se ha asignado por un tiempo (Temporal) limitado y, en este caso, esta dirección solo tiene sentido en su ámbito.

El bit P, «Prefijo», indica si la dirección multicast se basa en el prefijo de red (P = 1) o no (P = 0).

Observación

P = 1 indica que la dirección se construye a partir del prefijo de red y, en este caso, se trata de una dirección asignada de manera temporal (T = 1).

La principal funcionalidad del multicast es permitir crear grupos en las comunicaciones que puedan tener lugar. Se habla de **punto de encuentro** para designar el router o el servidor alrededor del cual el grupo se tiene que registrar para acceder a cualquier servicio (RFC 3956).

El bit R indica si la dirección multicast se construye (R = 1) o no (R = 0) a partir de la dirección de red de un punto de encuentro.

■Observación

Si R = 1, P = 1 y T = 1, el prefijo de la dirección multicast es FF7::/12.

*La RFC 3956 indica el contenido del campo **Identificador de grupo** en este caso.*

El campo **Ámbito** permite especificar el ámbito de la dirección multicast:

Ámbito	Valor hexadecimal	Valor binario
Interfaz	1	0001
Conexión	2	0010
Sitio	5	0101
Organización	8	1000
Global	E	1111

Las direcciones multicast entre FF01:: y FF0F:: son direcciones reservadas.

Ejemplos:

FF02::2 identifica a todos los routers de conexión local.

FF05::1:3 identifica a todos los servidores DHCP del sitio local.

FF0E::101 corresponde a todos los servidores NTP en Internet (E = Global).

■Observación

Las direcciones reservadas están disponibles en la siguiente dirección: http://www.iana.org/assignments/ipv6-multicast-addresses/

3.3.9 Autoconfiguración de las direcciones IPv6

Tipos

Existen dos tipos de autoconfiguración:

- Con estado.
- Sin estado.

Configuración con estado

Desde que un equipo IPv6 detecta la presencia de un router, examina los mensajes de anuncio enviados por este para saber si hay algún servicio DHCPv6 configurado. Si el router responde que puede haber un servicio DHCPv6 implementado o si no se recibe ningún anuncio, el equipo IPv6 enviará un mensaje para intentar encontrar un servidor DHCPv6. Este mensaje se envía utilizando una dirección multicast específica que emplea el ámbito de conexión local, para garantizar que el mensaje no se dirija más allá del router.

Configuración sin estado

Se trata de una extensión del funcionamiento de DHCPv6. El equipo IPv6 se basa en la información recibida por el router para configurar una dirección en su interfaz. Simplemente, va a recuperar los 64 primeros bits de la dirección origen del router enviando un mensaje y completando su identificador de interfaz (EUI-64).

Por lo tanto, tan pronto como se hayan configurado manualmente las direcciones IPv6 de los routers, se les asignará un número de red correcto a todos los equipos «sin estado» (el recibido del router).

Observación

Originalmente, este tipo de configuración se concibió para que los teléfonos móviles, PDA y otros dispositivos pudieran obtener direcciones automáticamente, sin necesidad de implementar un servidor DHCPv6.

Estados de direcciones autoasignadas

Las direcciones autoconfiguradas pueden tener uno de los siguientes estados:

- Tentativa.
- Válida (Preferida, Obsoleta).
- Inválida.

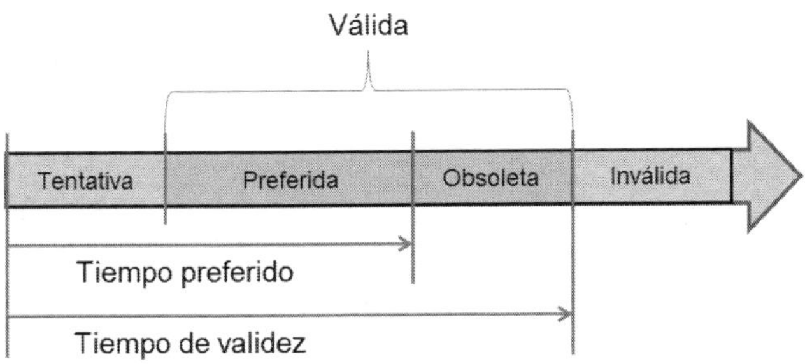

Tentativa

La dirección está en proceso de verificación. Esta prueba permitirá asegurar que no existen direcciones duplicadas. No se puede recibir ningún tráfico unicast por una dirección «tentativa». En contraposición, se pueden enviar o recibir mensajes *multicast* durante la fase de detección de direcciones duplicadas (algoritmo *Duplicate Address Detection* (DaD), basado en el protocolo *Neighbor Discovery Protocol* (NDP)).

Válida

La dirección se puede utilizar para la emisión o recepción de tráfico *unicast*. El estado «Válida» engloba también los estados «Preferida» y «Obsoleta».

El mensaje del router incluye el campo «Tiempo de validez», que corresponde a la suma de los tiempos asociados a los estados «Tentativa», «Preferida» y «Obsoleta».

Preferida

La dirección es válida, se ha comprobado que es única y se puede utilizar sin limitación.

El tiempo de vida preferido enviado por un mensaje de un router define la suma de los tiempos asociados a los estados «Tentativa» y «Preferida».

Observación

Por ejemplo, un router CISCO ofrece por defecto un Tiempo de validez de 30 días y un Tiempo de vida de 7 días.

Obsoleta

La dirección es válida, se ha comprobado que es única, pero se desaconseja su utilización para nuevas comunicaciones. Las sesiones en curso pueden continuar utilizando estas direcciones obsoletas.

Inválida

Una vez que ha pasado el Tiempo de validez, la dirección pasa al estado «Inválida». La dirección ya no se puede utilizar para la emisión/recepción de tráfico unicast.

3.4 Túneles

3.4.1 Introducción

En IPv6, el concepto de túneles es muy importante. Sobre todo, va a permitir la implementación de IPv6 en redes distantes incluso cuando la conectividad IPv6 no sea total.

De hecho, con IPv6, aparecen las nuevas interfaces de Tunneling. Se pueden encontrar tarjetas de:

- los túnel 6to4.
- los túnel Teredo.
- los túnel ISATAP (*Intra-Site Automatic Tunnel Addressing Protocol*).

En la siguiente imagen, se muestran las tarjetas Teredo e ISATAP en un ordenador Windows 8.1 con IPv6 activado (por defecto):

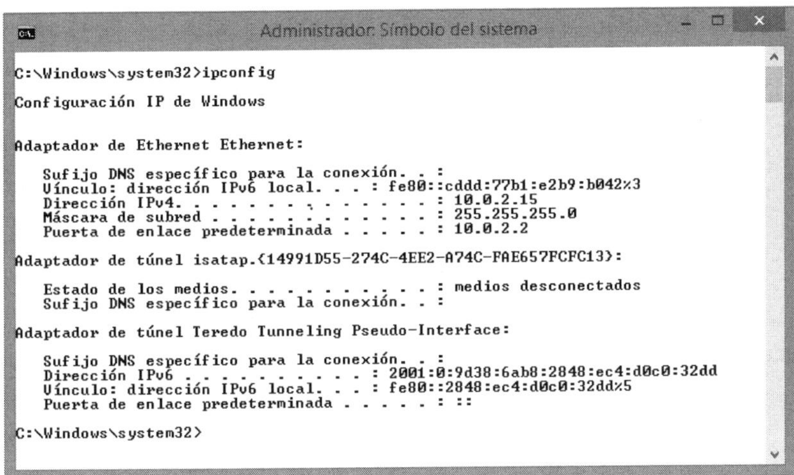

3.4.2 Tipos de túneles

Existen diferentes tipos de túneles para permitir que los equipos situados en sitios IPv6 puedan comunicarse a través de redes IPv4:

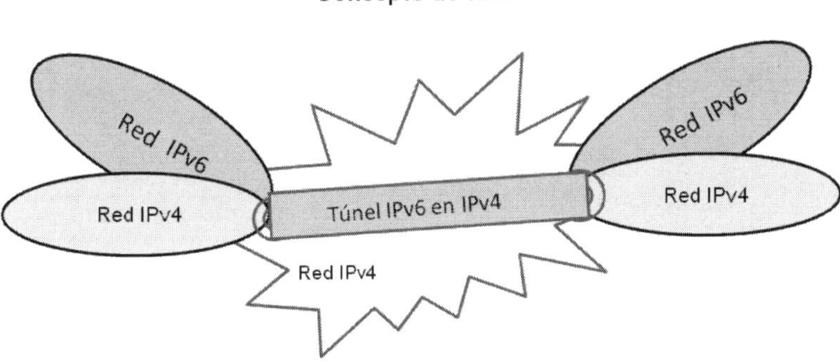

Se pueden diferenciar dos tipos de túneles, los configurados y los automáticos.

Túneles configurados

Se trata de túneles definidos manualmente por el administrador de red. Cada extremo se configura con la dirección IP del «final del túnel». De este modo, es posible implementar un túnel IPv6 a través de una red IPv4. Los dos extremos tienen que poder tratar tanto IPv4 como v6 para hacer de puerta de enlace.

Túneles automáticos

Se trata de un túnel abierto de forma dinámica, a petición. Como en el caso de los túneles configurados, el objetivo aquí es permitir ampliar la conectividad IPv6 a través de redes IPv4.

Los mecanismos de túneles automáticos más conocidos son los siguientes:

- los túneles Teredo.
- los túneles ISATAP.
- los túneles 6To4.

Túnel Teredo

El Túnel Teredo se describe en la RFC 4380 (febrero de 2006).

Se trata de pasar un túnel IPv6 en la UDP/IPv4 basándose en un mecanismo de traducción de direcciones (NAT - *Network Address Translation*).

Este mecanismo descansa en la existencia de equipos específicos (servidores o routers) que actúan como Servidor o Transmisor Teredo:

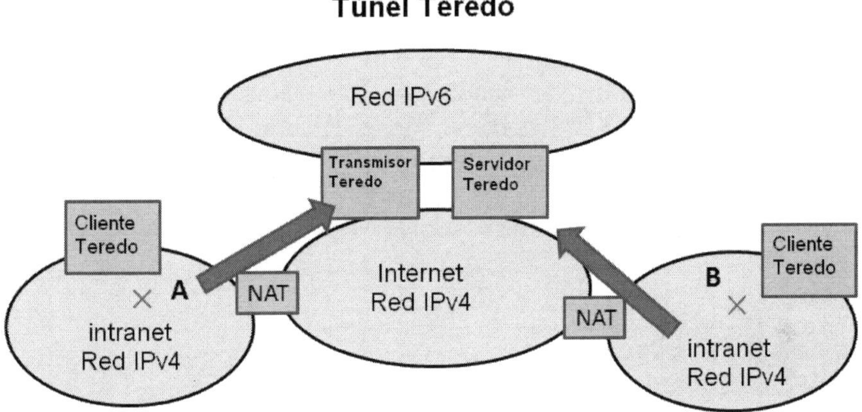

En este ejemplo, A y B se sitúan en dos redes privadas y accesibles a través de una traducción de dirección.

A1 es la interfaz pública a la que está asociado el acceso a A.

Lo mismo ocurre con B1, que permite acceder a B.

Se define un puerto específico para A1 y B1 para el acceso a un puerto similar a A y B.

Observación

La dificultad de esta configuración reside en la complejidad de la dirección obtenida y sobre todo en su falta de legibilidad.

En un principio, la idea es interesante.

La dirección IP del servidor (S) se incluye directamente en la parte de red de las direcciones de A y B.

La dirección IP publica, así como el puerto que se utiliza para el mapeado en la interfaz pública, se integra igualmente en la dirección generada.

Sin embargo, realmente falta legibilidad: hay que establecer la correspondencia de las direcciones IPv4 en hexadecimal y es necesario realizar un O Exclusivo (XOR) para obtener el valor de destino.

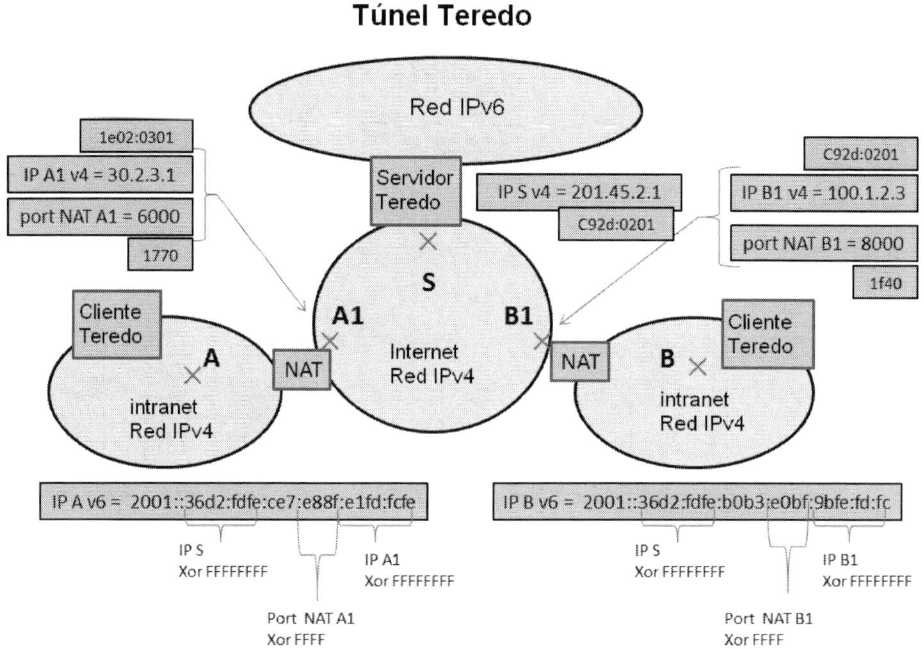

Túnel ISATAP

Se basa en la RFC 5214 (marzo de 2008).

Esto permite a los nodos que disponen de dos pilas de protocolos (IPv4/IPv6) «ver» la red IPv4 como una capa Conexión para IPv6.

El número de red utilizado puede ser un prefijo global, el correspondiente a una dirección de conexión local: **FE80::/64**

Los identificadores de interfaz se autogeneran utilizando una construcción EUI-64 modificada con un solo byte «FE» en lugar de «FF FE». De hecho, la dirección IPv4 ya utiliza 4 bytes.

La parte «izquierda» del identificador se basa en el identificador IANA «00-00-5E».

Para una dirección IP privada, el bit u se establece a 0 (por defecto):

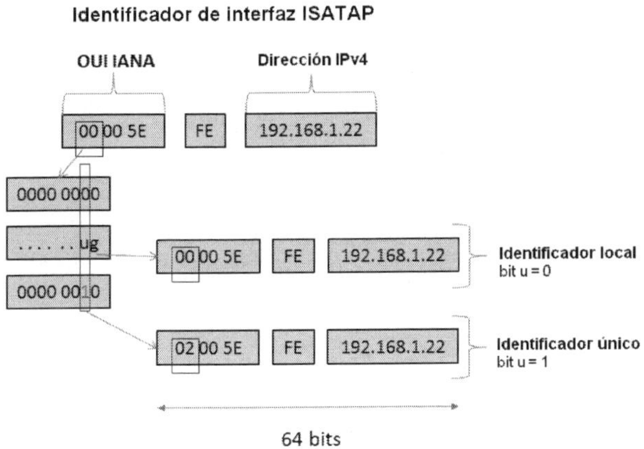

Observe la notación mixta IPv6/IPv4 provocada:

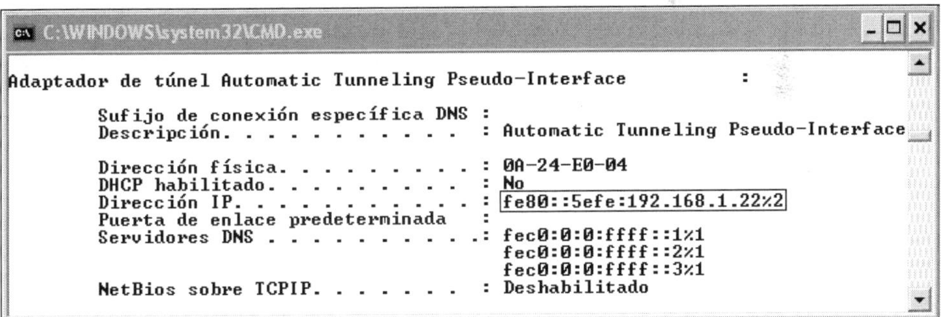

Observación

ISATAP está disponible desde Windows XP o Linux (a partir del núcleo 2.6.25), así como a partir de algunas versiones del SO Cisco (12.3T).

Existen dos tipos de configuraciones para un nodo ISATAP:

- Cliente.
- Servidor.

El nodo ISATAP cliente hace una consulta sobre una dirección IPv4 (nodo ISATAP servidor) para obtener una dirección IPv6 y así formar el túnel. El nodo servidor puede ser un SO de tipo servidor o incluso un router.

Observación

Tenga en cuenta que, al contrario que en los otros túneles, ISATAP no implementa la función NAT. Hay que pasar obligatoriamente por los routers.

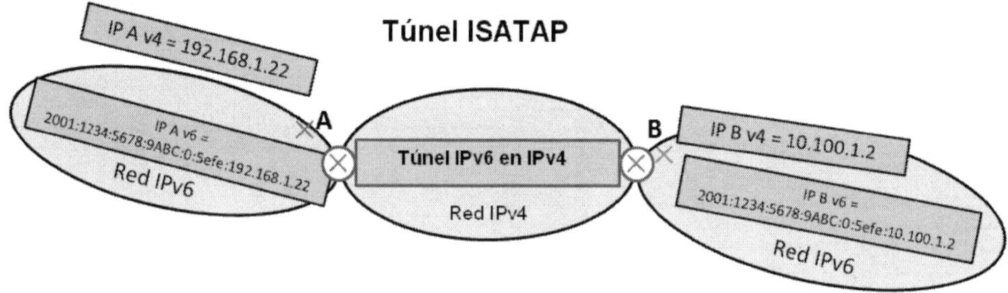

Túnel 6To4

Este tipo de túneles se define en la RFC 3056.

Se basa en un rango de direcciones reservado por la IANA: **2002::/16**

Las interfaces de túnel simplemente tienen necesidad de una dirección de origen, ya que las direcciones de destino se obtienen automáticamente a partir del destino de un paquete: la dirección IPv4 de salida del túnel se utiliza para construir el número de red de destino. Cuando se enrutan varias redes, se utiliza un sufijo complementario para diferenciarlas:

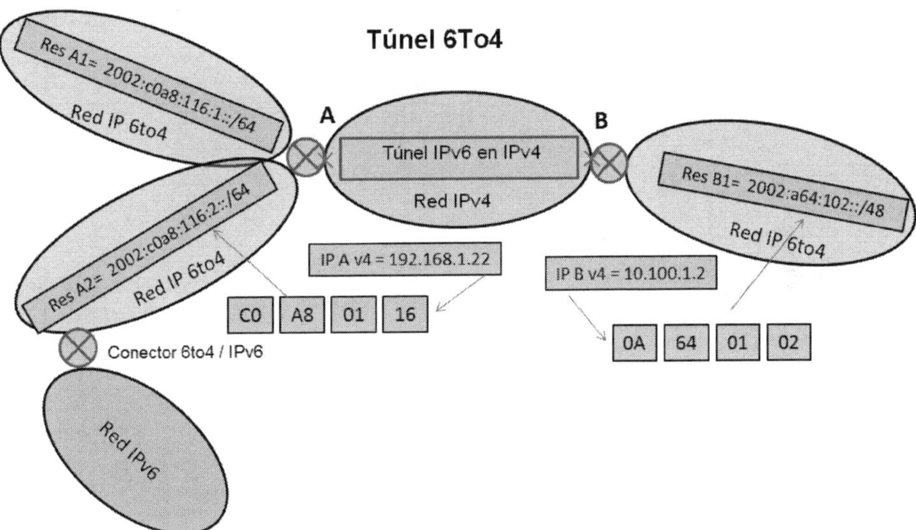

Este tipo de túnel solo permite relacionar redes 6to4. Si se quieren conectar redes IPv6, es necesario utilizar un conector específico (6to4/IPv6).

3.5 Organismos de asignación de direcciones

Existen cinco organismos repartidos por el mundo que se ocupan del registro para Internet (principalmente, los nombres de dominios DNS y las direcciones IPv4 y v6). Se habla de *Regional Internet Registries* (RIR). Su función es proporcionar una implementación global de Internet a traves de:

- la asignación de recursos de internet,
- servicios de registro,
- actividades de coordinación.

Estos cinco organismos son los siguientes:

- ARIN (*American Registry for Internet Numbers*).
- RIPE NCC (*Réseau IP Européens Network Coordination Center*).
- LACNIC (*Latin American and Caribbean Internet Address Registry*).
- AfriNIC (*African Network Information Centre*).
- APNIC (*Asia Pacific Network Information Centre*).

El sitio web www.iana.org detalla esta información:

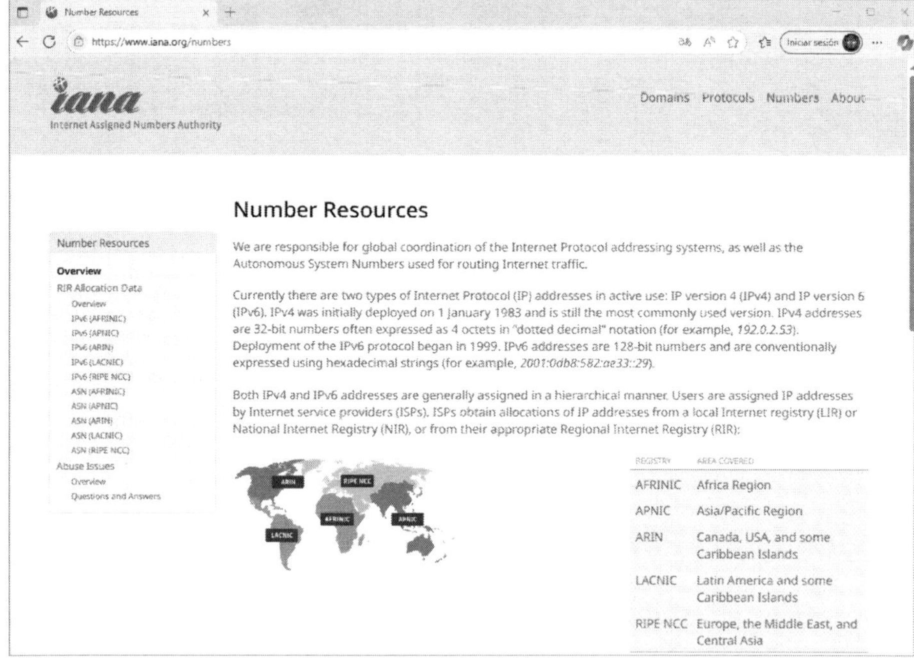

Organismos de registro por continente

Como complemento, existen organismos a nivel de cada país, los NIR (*National Internet Registries*), y algunas veces incluso una delegación más localizada, la LIR (*Local Internet Registry*), como un PAI (proveedor de acceso a Internet).

3.6 Cabecera IPv6

Esta cabecera es mucho más sencilla si se la compara con la de IPv4.

Los 32 primeros bits de la cabecera del paquete se componen de la siguiente forma:

- un número de versión de 4 bits.
- un byte para definir la clase de tráfico (prioridad).
- el resto define una etiqueta de flujo (*Flow label*) para el marcado de paquetes especiales.

Los siguientes 32 bits definen:

- la longitud útil de los datos, en 16 bits.
- el tipo de cabecera siguiente de la IPv6 (*Next Header*).
- el límite de salto (*Hop Limit*), indicando el tiempo de vida del paquete en 8 bits.

Los siguientes campos son la dirección de origen y la dirección de destino en 128 bits.

Cabecera IPv6

Versión	Clase de tráfico	Etiqueta de flujo	
Longitud útil		Cabecera siguiente	Límite de salto
Dirección de origen			
Dirección de destino			

Estos campos de tamaño fijo facilitan un tratamiento más rápido y el alineamiento en 64 bits. En relación con IPv4, hay más tratamientos de tipo *checksum*.

El concepto de TTL (*Time To Live*) se encuentra en el límite de salto. Permite que se elimine un paquete, cuando no se encuentra el destinatario, después de haber pasado por cierto número de elementos activos.

Después de la cabecera IPv6, se pueden insertar otras cabeceras. La información **Next Header** sirve para indicarlo. De este modo, se marcan los paquetes especiales.

Los tipos pueden ser los siguientes:

- *Routing Header*, para el camino de enrutamiento.
- *Fragment Header*, en caso de fragmentación de paquetes.
- *Authentication Header*, para la seguridad.
- *Hop-by-hop Options Header*, transporte de información encaminada a cada nodo.
- *Privacy Header*, para el cifrado.
- *End-to-end Options Headers*, si el destinatario debe examinar los datos.

El campo **Next Header** de la última cabecera contiene: TCP.

4. Otros protocolos de la capa Internet

4.1 Internet Control Message Protocol (ICMP)

ICMP es una especie de subcapa IP, que trabaja en paralelo con este protocolo. Su propósito es proporcionar el control y la interpretación de errores. De hecho, IP está sin conexión y no detecta anomalías en la red.

Los equipos IP utilizan el protocolo ICMP para especificar cierto número de eventos importantes en TCP, como:

- descubrimiento de los routers.
- medida de los tiempos de tránsito (PING - *Packet Internet Groper*).
- redirección de las tramas...

Los datos del paquete IP son la cabecera y los datos ICMP. En la cabecera IP, el número de servicio es 1.

El mensaje ICMP se identifica por su tipo y su código. Hay diferentes mensajes, entre los que podemos citar:

Time Exceeded

Este mensaje indica que se ha sobrepasado el tiempo de espera para el destinatario. Se puede enviar si un paquete se pierde o si su TTL (en IPv4) es 0.

En este caso, el Tipo se informa a 11 y el código a 0 o 1.

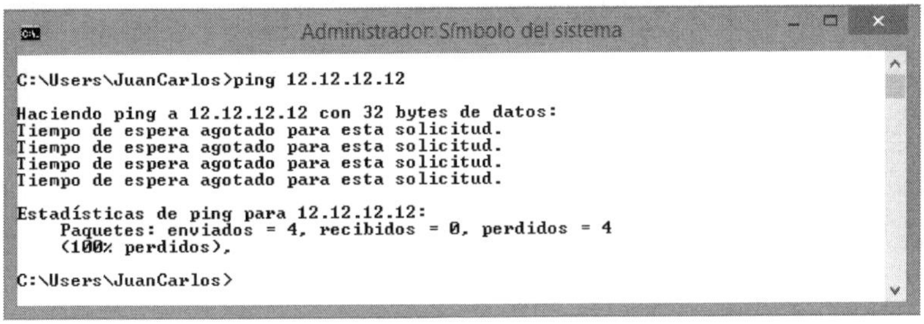

```
Administrador: Símbolo del sistema

C:\Users\JuanCarlos>ping 12.12.12.12

Haciendo ping a 12.12.12.12 con 32 bytes de datos:
Tiempo de espera agotado para esta solicitud.
Tiempo de espera agotado para esta solicitud.
Tiempo de espera agotado para esta solicitud.
Tiempo de espera agotado para esta solicitud.

Estadísticas de ping para 12.12.12.12:
    Paquetes: enviados = 4, recibidos = 0, perdidos = 4
    (100% perdidos),

C:\Users\JuanCarlos>
```

Ejemplo de mensaje «Time Exceeded» o «tiempo de espera agotado para esta solicitud»

Destination Unreachable

Este mensaje avisa que no se ha podido enrutar el paquete hacia su destino. Indica, por ejemplo, un problema en una ruta para llegar a una subred.

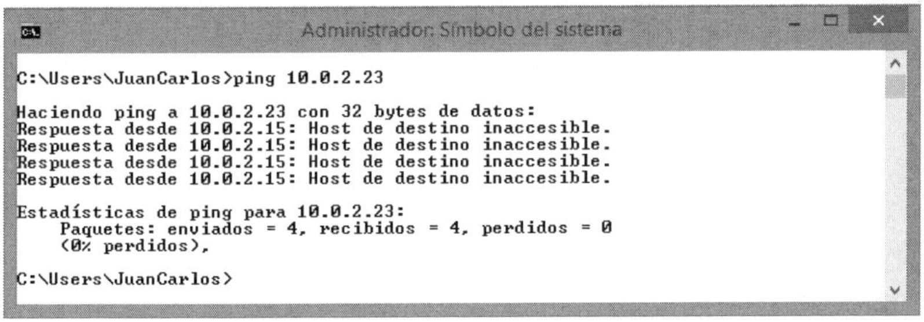

```
Administrador: Símbolo del sistema

C:\Users\JuanCarlos>ping 10.0.2.23

Haciendo ping a 10.0.2.23 con 32 bytes de datos:
Respuesta desde 10.0.2.15: Host de destino inaccesible.
Respuesta desde 10.0.2.15: Host de destino inaccesible.
Respuesta desde 10.0.2.15: Host de destino inaccesible.
Respuesta desde 10.0.2.15: Host de destino inaccesible.

Estadísticas de ping para 10.0.2.23:
    Paquetes: enviados = 4, recibidos = 4, perdidos = 0
    (0% perdidos),

C:\Users\JuanCarlos>
```

Ejemplo de mensaje «Destination Unreachable» o «Host de destino inaccesible»

Redirect

Este mensaje indica al emisor que existe un camino mejor hacia el destino.

Echo request y Echo Reply

Estos dos mensajes permiten probar si un nodo se puede comunicar con otro (petición de eco y respuesta al eco).

El comando Ping las utiliza.

```
Administrador: Símbolo del sistema
C:\Users\JuanCarlos>ping 192.168.1.1

Haciendo ping a 192.168.1.1 con 32 bytes de datos:
Respuesta desde 192.168.1.1: bytes=32 tiempo<1m TTL=64
Respuesta desde 192.168.1.1: bytes=32 tiempo<1m TTL=64
Respuesta desde 192.168.1.1: bytes=32 tiempo<1m TTL=64
Respuesta desde 192.168.1.1: bytes=32 tiempo<1m TTL=64

Estadísticas de ping para 192.168.1.1:
    Paquetes: enviados = 4, recibidos = 4, perdidos = 0
    (0% perdidos),
Tiempos aproximados de ida y vuelta en milisegundos:
    Mínimo = 0ms, Máximo = 0ms, Media = 0ms

C:\Users\JuanCarlos>
```

El tipo y el código de Echo Request se informan a 0. La respuesta positiva se indica con un mensaje de tipo 8 y el código se queda a 0.

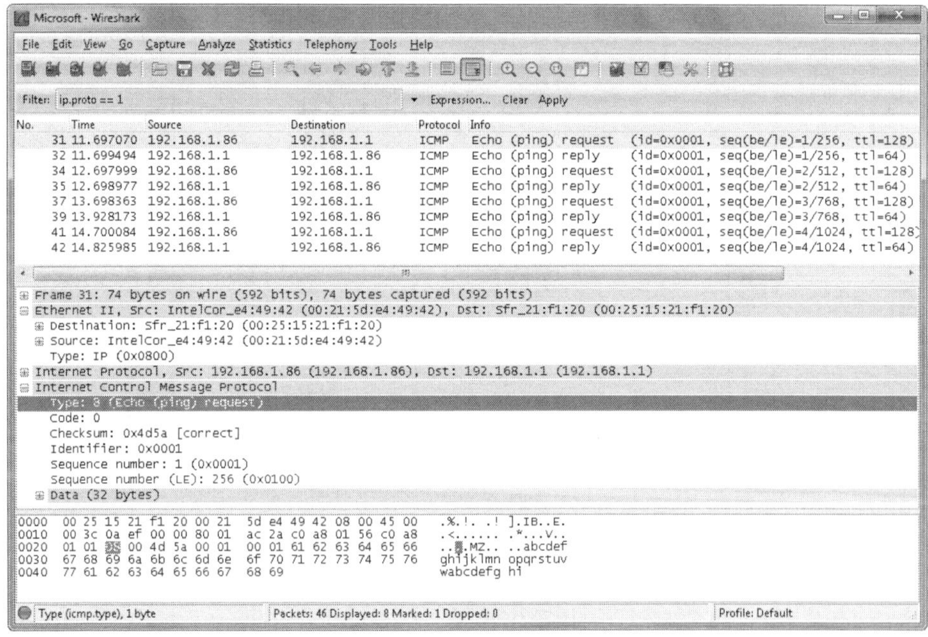

Observación

Esta trama se ha generado a partir de un comando ping 192.168.1.1 repetido cuatro veces desde un ordenador cuya dirección IP es 192.168.1.86.

4.2 Internet Group Management Protocol (IGMP)

Este protocolo de la capa de Red permite a un equipo añadirse o salir de un grupo multidifusión (*multicast*).

La cabecera IGMP se encapsula dentro de un paquete IP y tiene poca información, como, por ejemplo, un tipo que determina las diferentes acciones de identificación sobre un grupo, la información de pertenencia y de salida del grupo. También contiene la dirección del grupo al que se dirige la información.

4.3 Address Resolution Protocol (ARP) y Reverse Address Resolution Protocol (RARP)

El objetivo del protocolo ARP es determinar la dirección MAC (dirección física) de un nodo a partir de su dirección IP (dirección lógica), en IPv4.

Se emite una difusión para encontrar una información concreta. Como se ha visto anteriormente, ARP administra una tabla de correspondencia (caché) para almacenar las relaciones. Esta resolución es necesaria para poder dirigir la trama al dispositivo adecuado en la red IP local.

ARP se adapta a los protocolos de capas bajas utilizados, incorporando los mensajes en estas tramas.

RARP (*Reverse ARP*) es una resolución inversa.

A continuación, se observa el resumen de capturas de tramas ARP. El ordenador con dirección MAC 00:1F:A7:82:C3:89 busca al ordenador cuya dirección IP es 192.168.1.29.

Observe que los tres primeros bytes de la dirección MAC (OUI) se sustituyen por el nombre del fabricante SONYCOMPUTERS:

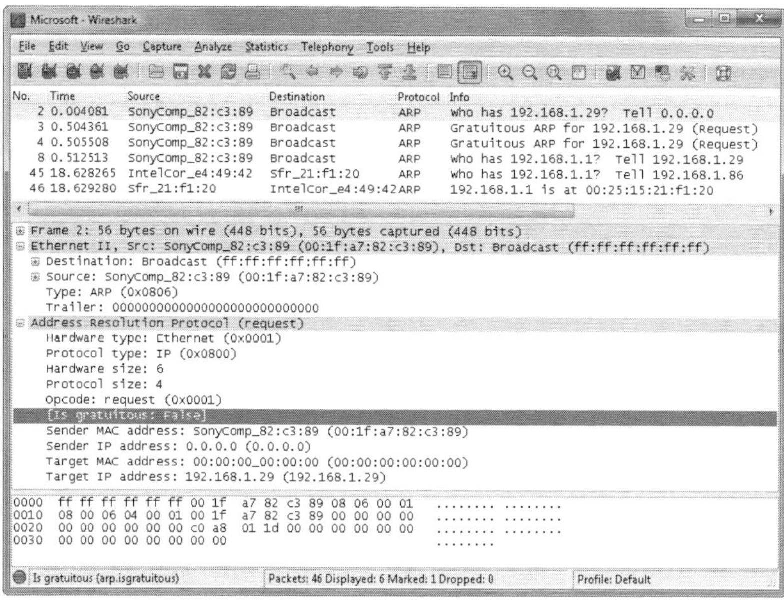

Observación

Tenga en cuenta que, al contrario que en otros protocolos, ARP no es un protocolo basado en IP. Por el contrario, lo sustituye y se encapsula directamente en la capa física (por ejemplo, Ethernet).

4.4 Internet Protocol Security (IPsec)

IPsec está diseñado para asegurar diferentes tipos de seguridad:

- confidencialidad y protección contra el análisis del tráfico, a través del cifrado.
- autenticidad de los datos y control de acceso a través de la autentificación mutua de los dos extremos de la comunicación, la firma, así como cálculos de integridad.
- protección contra la inyección de paquetes.

Observación

La repetición (replay) es una técnica que puede utilizar un intruso y que consiste en reenviar paquetes capturados durante una comunicación de red. El servidor recibe así la misma información repetida y sistemáticamente tiene que volver a procesarla y puede malinterpretar estos paquetes idénticos. Para evitar esta relectura, esta función antirrepetición añade un número de secuencia a la información. Así, el servidor es capaz de distinguir los paquetes que ya ha recibido y no volverá a tratarlos.

IPsec distingue dos niveles de protección a través de dos protocolos:

- *Authentication Header* (AH), que solo se ocupa de la autentificación, el control de integridad y la antirrepetición.
- *Encapsulating Security Payload* (ESP), que agrega la función de confidencialidad.

AH y ESP se pueden utilizar de manera conjunta o por separado, en función del nivel de protección deseado.

El primer nivel, o modo de transporte, protege una comunicación específica entre dos entidades. Así, por ejemplo, los paquetes de comunicación de una aplicación, correspondiente a un puerto TCP dado, pueden ser seguros, sin que influya en el conjunto del tráfico.

El modo túnel se utiliza para proteger todas las comunicaciones entre dos entidades.

4.5 Lista de los números de protocolos de la capa internet

Estos números de protocolos se pueden visualizar en parte en el archivo «Protocolo», que está en la misma carpeta que el archivo «Servicios» en Windows y «protocols» y «services» en Linux.

A continuación, puede ver los principales números:

N.° protocolo IP	Nombre del protocolo
0	*Internet Protocol* (IP)
1	*Internet Control Message Protocol* (ICMP), utilizado principalmente por ping

N.° protocolo IP	Nombre del protocolo
6	*Transmission Control Protocol* (TCP)
17	*User Datagram Protocol* (UDP)
47	*Generic Routing Encapsulation* (GRE), utilizado por PPTP (*Point-to-Point Tunneling Protocol*)
50	*Encapsulating Security Payload* (ESP), utilizado por IPsec
51	*Authentication Header* (AH), utilizado por IPsec

5. Voz sobre IP (VoIP)

5.1 Principios

Las redes informáticas no solo transportan datos de texto. Hoy en día se digitalizan sonidos, fotos y vídeos y se transmiten como datos informáticos en los paquetes IP.

La aplicación del transporte de las comunicaciones orales digitalizadas, voz sobre IP (VoIP - *Voice over IP*), va encontrando su lugar tanto en las empresas como en las comunicaciones entre particulares.

Observación

En concreto, las aplicaciones de telefonía que utilizan TCP/IP se denominan ToIP (Telephony over IP).

La fusión entre las dos redes, telefónica e informática, revierte en beneficio de esta última si tiene la calidad suficiente. De hecho, la transmisión de una conversación telefónica no sufre ningún corte ni retardo que pueda alterarla. Se debe implementar la calidad del servicio (QoS - *Quality of Service*) para dar prioridad a estos paquetes y se debe disponer de una velocidad suficiente.

Con la mejora de la calidad de las redes locales y remotas y la adopción de la calidad del servicio, hoy en día son frecuentes estos servicios.

5.2 Algunas definiciones importantes

Antes de describir más detalladamente la VoIP, recordemos algunos términos de la telefonía analógica.

Centralita telefónica

Este término ambiguo puede designar indiferentemente al operador que va a descolgar, el aparato multifunción a partir del cual la persona va a realizar las operaciones, el número principal de la empresa a la que se llama o incluso el desvío de la llamada para el acceso al puesto de la persona con la que se quiere hablar.

Se pueden utilizar diversas funcionalidades por medio de una centralita telefónica. Varían en función del grado de sofisticación del equipo que se emplea.

Centralita telefónica

Entre las principales funcionalidades que ofrece una centralita, encontramos la gestión de un número único, que corresponde a la empresa, y a partir del cual se distribuyen las llamadas a los diferentes puestos de los empleados.

Igualmente encontramos:

- la gestión de llamadas en espera.
- la gestión de los mensajes de voz.
- la identificación de llamada.

- la gestión de la numeración abreviada.
- la marcación directa de extensiones.
- la gestión de estadísticas y de datos de refacturación (si fuera el caso).

Cuando la centralita telefónica se convierte en un conmutador, se hablará de PABX o de IPBX (ver más abajo), donde el objetivo principal es la comunicación entre la persona que llama y la que es llamada, dentro de una misma empresa, o desde una empresa al exterior.

En telefonía analógica, el **PABX** o *Private Automatic Branch eXchange* es un conmutador telefónico privado que permite conectar los puestos telefónicos de una red interna de una empresa con los de la red telefónica pública (líneas externas).

Un IPBX o PBX-IP es un servidor de aplicaciones que puede realizar la misma función que el PABX, pero en un entorno de VoIP.

Hoy en día, algunos IPBX pueden realizar igualmente la misma función que un PABX.

Ejemplo de IPBX - PABX: centralita telefónica Aastra/Ericsson

5.3 Ventajas

La primera ventaja de la voz sobre IP es que permite la unificación en la empresa de las dos redes, telefónica e informática. Se puede ver una importante reducción de costes.

Además, si ToIP se utiliza en las comunicaciones telefónicas externas, no es necesario movilizar una línea de conmutación de circuito. Como la comunicación se puede hacer por internet por conmutación de paquetes, puede ser objeto de una tarifa plana, en función de las velocidades de subida y bajada asignadas. El coste no es proporcional al doble criterio de duración y distancia de la comunicación.

En términos aplicativos, se facilita el desarrollo del software que utiliza la voz (mensajería unificada, videoconferencia...).

De este modo, el entorno vinculado a la telefonía ha cambiado mucho. Se unen diferentes tecnologías que deben coexistir:

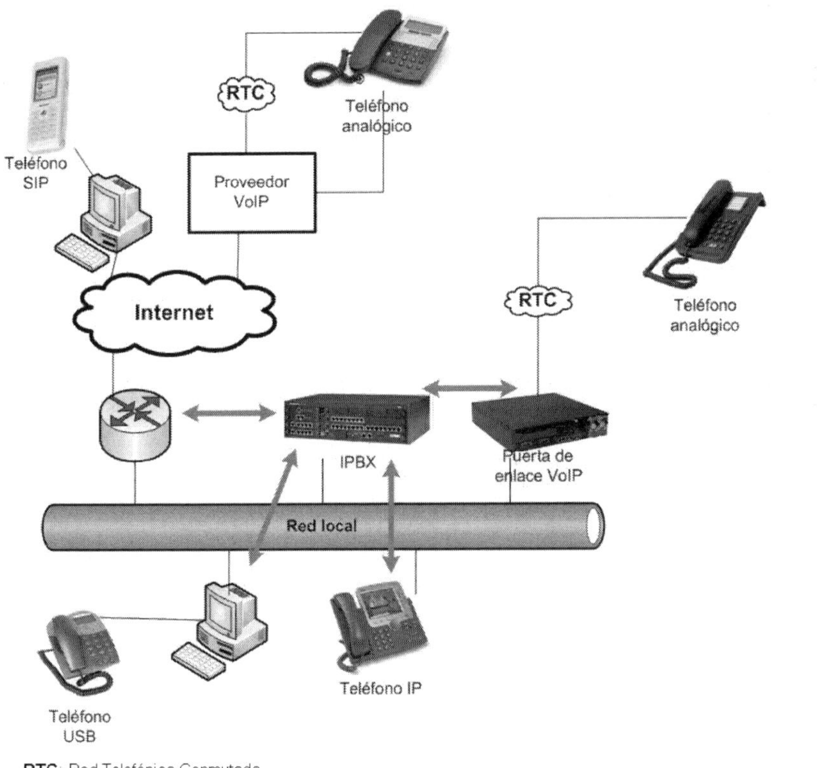

Integración de la telefonía IP en la red de una empresa

Observación

En Internet hay disponibles numerosos proveedores de VoIP. En la URL http://www.voipproviderslist.com/ puede encontrar una lista de estos proveedores.

En algunas configuraciones, los equipos de trabajo están conectados directamente al teléfono IP que actúa como conmutador de nivel 2.

Para terminar, el transporte de la voz sobre IP utiliza estándares abiertos e interoperables. La sostenibilidad de este sistema parece, pues, garantizada. Por el contrario, no se puede olvidar que el transporte tiene que ser seguro. Algunas comunicaciones deberían cifrarse para evitar que se pirateen, como cualquier dato informático confidencial.

5.4 Funcionamiento

5.4.1 El protocolo H323

La serie de protocolos H32x de la Unión Internacional de Telecomunicaciones (UIT) está dirigida a estandarizar las diferentes funciones de videoconferencia, combinando audio, vídeo y transferencia de archivos. En 1996 nace la voz por IP, por medio de H323, capaz de basarse en diferentes protocolos de comunicación, códecs de audio y códecs de vídeo.

Su uso es independiente del tamaño de la red. Su utilización es posible, tanto en redes locales, en las que el ancho de banda es grande, como en Internet, que se caracteriza por velocidades menores y mayores retrasos en la transmisión.

5.4.2 Los elementos terminales

Las dos partes de la comunicación telefónica pueden utilizar diferentes terminales que cumplan la norma H323.

Son preferibles los terminales digitales, como un PC o un teléfono diseñado para la voz por IP. Cada uno está identificado por su dirección IP. Si una de las partes utiliza un teléfono analógico, la comunicación debe pasar por una puerta de enlace.

Por ejemplo, si los dos comunicantes utilizan un PC, basta con un software de telefonía que implemente el protocolo H323 para dirigir los paquetes, gracias a la dirección IP de cada equipo. Todo el tráfico transita por la red local o Internet. El principio es el mismo si los equipos telefónicos son digitales, como en una comunicación en voz por IP en la empresa. Naturalmente, en este caso, se asocia un número de teléfono a la dirección IP del terminal.

Por el contrario, si uno de los comunicantes, o los dos, utilizan un teléfono clásico, una puerta de enlace tiene que hacer la conexión entre el transporte informático y el telefónico, asegurando así la interconexión entre los dos tipos de redes.

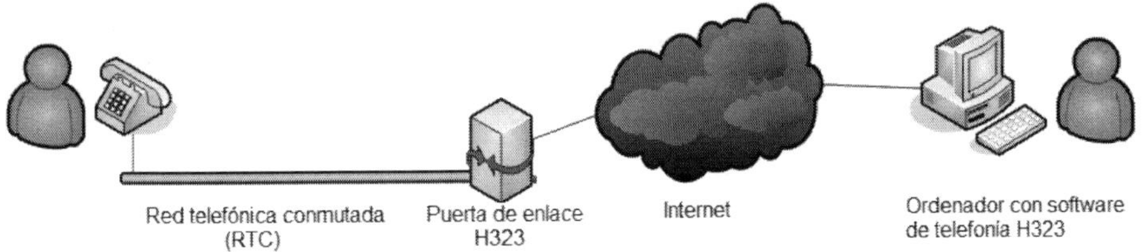

5.4.3 Las aplicaciones

Muchos proveedores de acceso a Internet, a través de su oferta «todo en uno», ofrecen la telefonía personal por VoIP (o ToIP). Para esto, deben implementar su propia puerta de enlace con objeto de interconectar al abonado con la red telefónica de Telefónica. Este abonado puede tener un número estándar, con total transparencia. Incluso, cuando se quiera comunicar con otro abonado, le basta con marcar el número correspondiente.

Observación

En casa del abonado, un router/módem conectado a la toma de teléfono tiene un software de digitalización de la voz para transportarla en paquetes IP. Para reconstruir la voz analógica que el teléfono entiende, se realiza la operación inversa.

Las aplicaciones de VoIP/ToIP en empresas son más complejas. No solamente agrupan en la red informática local los dos tipos de comunicación, sino que además ofrecen numerosas funcionalidades complementarias (buzones de voz, directorios...). Se habla de mensajería unificada.

Las llamadas telefónicas externas a través de Internet son una excepción porque no siempre se implementan.

Se pueden instalar aplicaciones de telefonía en VoIP en los ordenadores. Permiten una comunicación gratuita a través de Internet. Actualmente, el software más popular para ello es Skype. El servicio de puerta de enlace, para poder llamar a un equipo telefónico clásico, es de pago.

6. Protocolos de transporte TCP y UDP

6.1 Transmission Control Protocol (TCP)

Este protocolo está orientado a la conexión. Inicialmente se abre una sesión entre el cliente y el servidor.

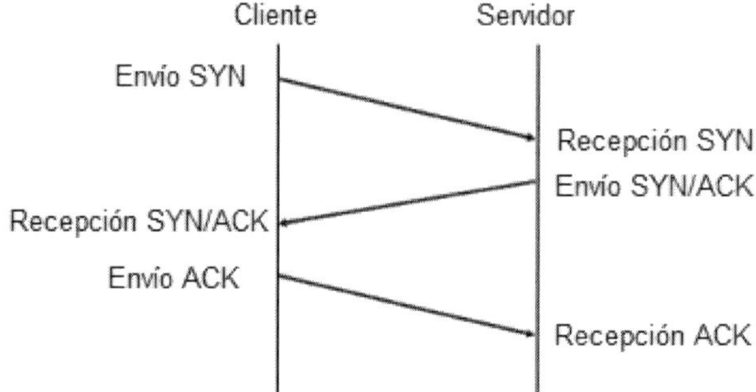

Establecimiento de una sesión TCP

Después de la apertura de sesión, TCP completa las IP que faltan asegurando así la fiabilidad del servicio. Para ello, un acuse de recibo (ACK - *Acknowledge*) responde sistemáticamente a los paquetes.

TCP asegura la llegada correcta de toda la información. En contrapartida, esta función puede ralentizar la comunicación.

Observación

Con objeto de acelerar un poco el sistema y hacer que el emisor no espere recibir el acuse de recibo para seguir enviando información, se utiliza el concepto de ventana corredera. El emisor envía una batería de información y trata los acuses de recibo a medida que le van llegando sin parar de enviar información.

Después de la comunicación, la conexión normalmente termina con un mensaje de fin de envío (END) y el acuse de recibo correspondiente. Se puede avisar de una desconexión repentina por cualquiera de las dos partes con una señal de reinicialización (RST - *Reset*).

6.2 User Datagram Protocol (UDP)

Al contrario que TCP, UDP no asegura la conexión y pasa el proceso de comprobación a la capa superior (aplicación). Funciona en modo desconectado, lo que permite ganar velocidad en grandes transmisiones, como vídeos y sonidos.

7. Capa de aplicación TCP/IP

7.1 Servicios de mensajería

7.1.1 Simple Mail Transfer Protocol (SMTP)

SMTP es un protocolo de transferencia simple que se utiliza en mensajería electrónica. Se basa en TCP e IP y no integra ninguna interfaz de usuario.

El objetivo de SMTP es transmitir mensajes (e-mails) hasta el buzón de correo del destinatario.

Este protocolo utiliza equipos distintos y nombrados según su función:

- MUA (*Mail User Agent*), cliente de mensajería.
- MTA (*Mail Transfer Agent*), transmisor de correo.
- MDA (*Mail Delivery Agent*), servicio de entrega de correo en los buzones de los destinatarios.

Observación

Este protocolo utiliza el puerto TCP 25 en el lado del servidor. La RFC 5321 describe el funcionamiento de este protocolo.

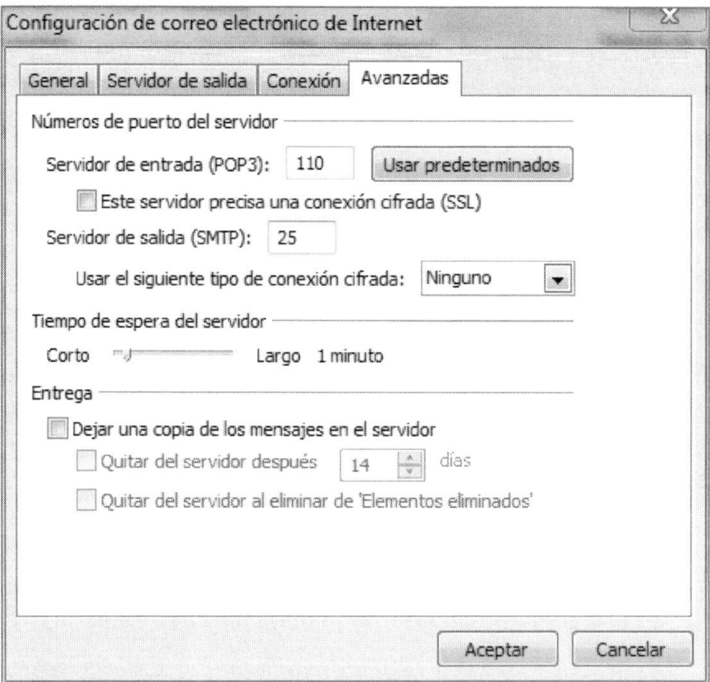

Configuración avanzada del correo electrónico en el cliente

Para el envío de un mensaje por SMTP, se deben identificar un emisor y un destinatario. Para ello, deben tener una dirección formada por la referencia del buzón, a la izquierda del signo @, y por un nombre de dominio a la derecha.

El mensaje se divide en tres partes:

- un sobre, que los agentes utilizan para el enrutamiento.
- una cabecera, que incluye las direcciones y el objeto.
- el cuerpo, que contiene el mensaje.

7.1.2 Post Office Protocol 3 (POP3)

Al contrario que SMTP, que tiene el papel de transporte, POP se dedica específicamente a la publicación y al acceso remoto a un servidor de correo.

El servidor POP se comunica con el agente usuario (*User Agent*), por ejemplo Mozilla Thunderbird, a través de una conexión síncrona. El servidor transfiere al cliente los mensajes, y después los elimina a petición del cliente.

Normalmente, el servidor solo conserva los mensajes que no se han transferido al cliente.

Observación

POP3 se define en la RFC 1939 y utiliza el puerto TCP 110 y el 995 en modo seguro.

Con POP, el cliente tiene que establecer una conexión previa con el servidor utilizando un usuario y una contraseña. Por supuesto, es el cliente de correo el que se encarga de ello. La sesión se cerrará con el comando *quit*. Una vez se ha establecido la conexión, el servidor bloquea el buzón del usuario y entra en fase de transacción.

Por defecto, con POP el nombre y la contraseña se transmiten sin cifrar. Algunos servidores POP implementan el algoritmo MD5 (*Message Digest 5*, RFC 1321) para proteger la contraseña enviada.

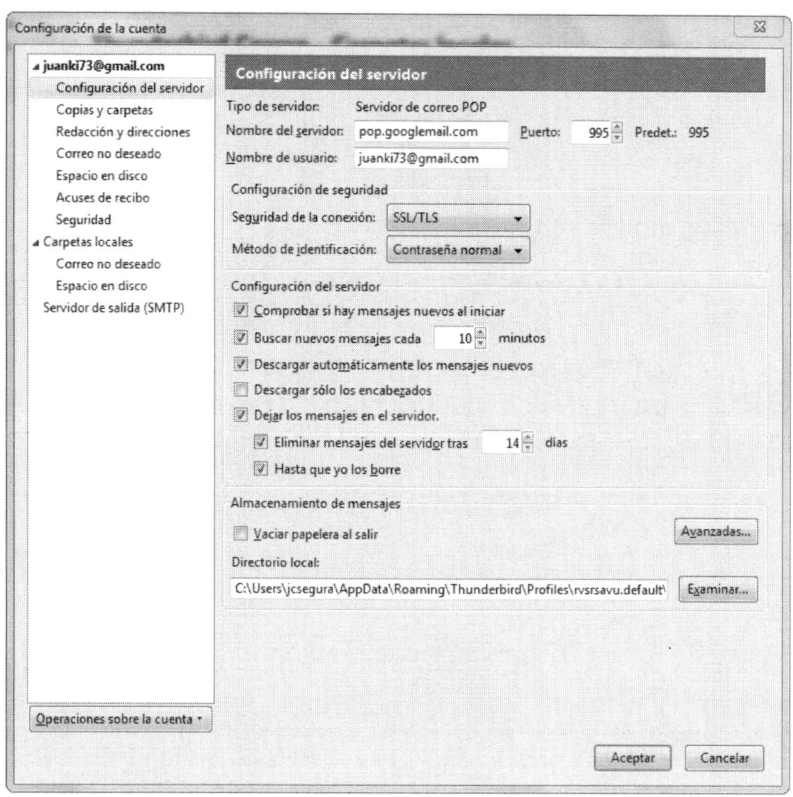

Configuración POP para Mozilla Thunderbird

7.1.3 Internet Message Access Protocol (IMAP)

IMAP permite almacenar y conservar en el servidor los correos electrónicos (e-mails), en lugar de descargarlos sistemáticamente en el cliente.

De hecho, el cliente IMAP se conforma con visualizar de forma remota las cabeceras de los mensajes y permite elegir cuáles se descargan finalmente.

IMAP tiene una gran ventaja sobre POP3 y se presentó como su sucesor. De hecho, a veces se hablaba de IMAP4 para indicar este hecho. El modo de funcionamiento de IMAP podría haber sido una ventaja crucial si la descarga de mensajes se hubiera continuado haciendo por líneas analógicas lentas, que facturaban en función del tiempo.

El crecimiento de las conexiones de banda ancha fue un primer freno para el uso de IMAP en lugar de POP3. Además, la generalización de la consulta de los mensajes directamente en los sitios web (*webmail*) ha anulado las ventajas de las funcionalidades complementarias que podían ser interesantes.

Sin embargo, desde hace algunos años, IMAP ha conseguido avanzar y la mayor parte de los operadores lo ofrece y está incluido en numerosas herramientas colaborativas.

Hay numerosos comandos disponibles en IMAP. Permiten gestionar los buzones, los mensajes, efectuar búsquedas, transferencias selectivas... Con IMAP, también es posible compartir un mismo buzón de correo entre diferentes personas.

7.2 Servicios de transferencia de archivos

7.2.1 HyperText Transfer Protocol (HTTP)

HTTP es, sobre todo, un protocolo de transferencia de archivos. *HyperText Markup Language* (HTML) se utiliza para formatear y visualizar. Los archivos transmitidos al cliente los interpreta un software navegador (*browser*).

El protocolo HTTP es utilizado por un servidor web, que almacena la información en forma de páginas de texto (HTML), imágenes, vídeos, sonidos... Cada entidad corresponde a un archivo, dentro de una jerarquía.

La versión de HTML que actualmente está en desarrollo es la versión 5, que nació en 2006. La última versión completa, la 4.01, data de 1999.

Sin embargo, la mayor parte de los navegadores de Internet, en sus últimas versiones, incorporan las novedades ofrecidas por esta versión del protocolo (Internet Explorer, Chrome, Firefox, Safari u Opera).

Observación

La URL https://html5test.co/ permite probar las funcionalidades HTML5 que soporta su navegador.

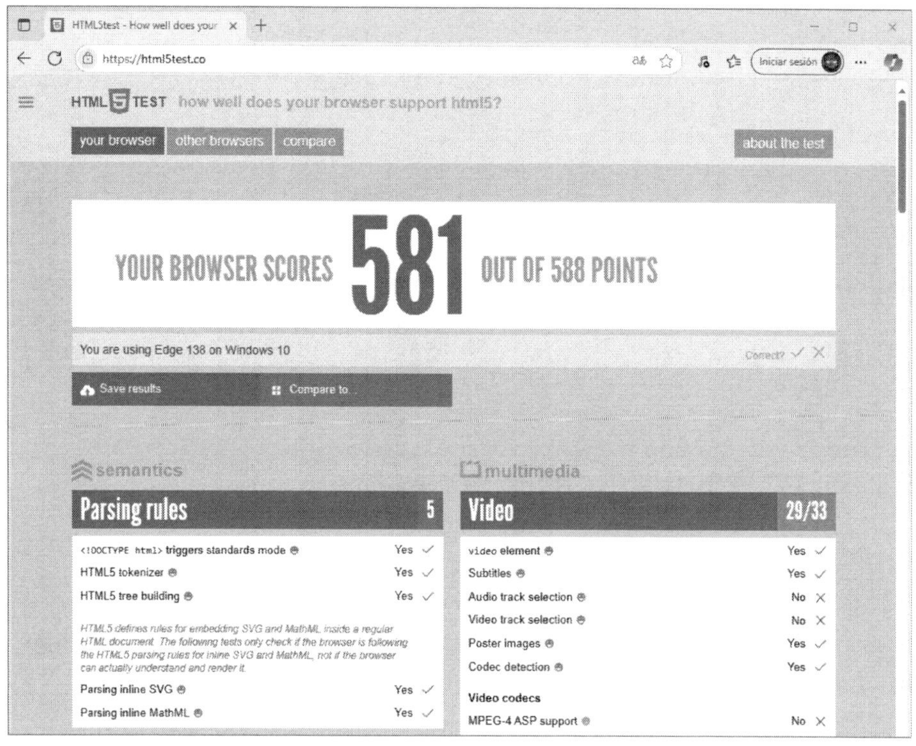

Ejemplo de puntuación obtenida en la web html5test.co

HTML5 proviene de la colaboración entre el W3C (*World Wide Web Consortium*), que sobre todo ha trabajado en XHTML 2.0 y WHATWG (*Web Hypertext Application Technology Group*), que se centró en los formularios y aplicaciones web.

Se han enunciado algunas nuevas reglas para esta nueva versión:

- Las nuevas funcionalidades deben basarse en HTML, CSS (*Cascading Style Sheet* u hojas de estilo en cascada), DOM (*Document Object Model*) y JavaScript.
- Se debe reducir al máximo la utilización de componentes externos (p. ej., Plugin Flash).
- Debe haber un perfecto control de errores.

– Numerosas etiquetas complementarias reemplazan a scripts.
– HTML5 debe ser independiente de los dispositivos.
– Los procesos de desarrollo deben ser accesibles al público.

En HTML5 solo hay una declaración <!DOCTYPE>.

De este modo, el documento HTML5 más pequeño posible se parecerá a este:

```
<!DOCTYPE html>
<html>
<head>
<title>Título del documento</title>
</head>

<body>
El contenido del documento...
</body>

</html>
```

Entre las nuevas funcionalidades de HTML5, se encuentran las siguientes:

– El elemento `<canvas>` para el diseño 2D.
– Los elementos `<audio>` y `<video>` para las funcionalidades multimedia.
– La implementación del almacenamiento local.
– Nuevos elementos que definen nuevos contenidos, como `<article>`, `<section>`, `<nav>` o `<footer>`.

Observación

`<nav>` permite definir vínculos de navegación. `<footer>` es la firma o el pie de página de un documento.

– Nuevos formularios, como *calendar*, *date*, *time*, *email*, *search* o *url*.

Para visualizar esta información, se utilizan las URL (*Uniform Resource Locator*). Una URL requiere, en primer lugar, el protocolo (http://) y a continuación el alias del servidor web y la referencia de la entidad.

Llamada a una URL en un navegador

Por ejemplo, un navegador puede mostrar la página «redes.html» del directorio «Libros» llamando a la URL http://www.eni.fr/Libros/redes.html, que está gestionada por el servidor www.eni.fr.

Para formular las comunicaciones entre clientes y servidores, el protocolo HTTP utiliza comandos, llamados métodos, en el puerto TCP 80. Estos métodos ofrecen diferentes funciones, como la llamada a páginas (*get*), el envío de formularios (*post*)...

El protocolo que se utiliza actualmente es HTTP 1.1.

De forma predeterminada, el texto transmitido entre un cliente y un servidor se realiza sin cifrar. De esta manera es perfectamente legible por cualquiera que intercepte la conversación. Para solucionar este defecto, la versión segura del protocolo, HTTPS (TCP 443), cifra la comunicación y convierte la información en confidencial.

Observación

El protocolo HTTPS también se denomina SSL (Secure Socket Layer). Su versión estándar, que se puede usar con otros protocolos, es TLS (Transport Layer Security). Esta denominación muestra una voluntad más general de cifrar la comunicación.

7.2.2 File Transfer Protocol (FTP) y Trivial FTP (TFTP)

FTP es un protocolo de transferencia de archivos basado en un método fiable e implementado en TCP. La principal ventaja de FTP es que se puede utilizar entre sistemas operativos diferentes, que se basan en sistemas de archivos heterogéneos.

El protocolo FTP ofrece dos tipos de acceso. El primero es una conexión anónima, con el identificador predeterminado anónimo. Este modo es similar a la conexión HTTP «clásica». En contraposición, podemos querer que la descarga de archivos en un sentido o en otro sea segura. Por lo tanto, es posible solicitar la autentificación de una cuenta de usuario conocida.

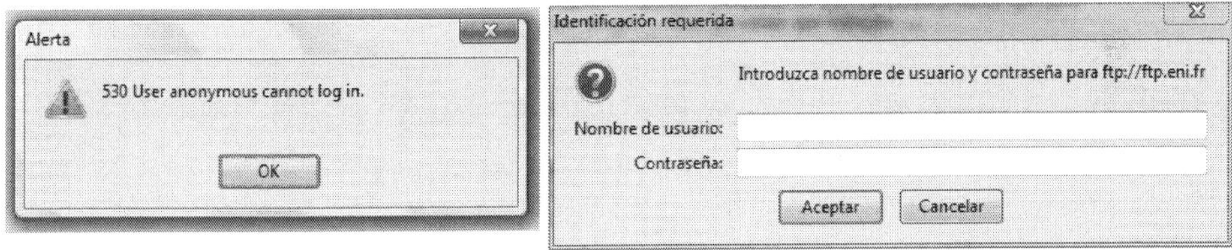

Solicitud de autentificación y mensaje que detalla la prohibición de uso anónimo

El usuario puede entonces, mediante la utilización de comandos propios de FTP, mover archivos de un directorio a otro (según los permisos de los que el usuario disponga en cada sistema).

Hay dos tipos de clientes FTP. El primero es gráfico y la mayoría de las veces tiene la forma de un navegador, que ofrece funciones como tal, como Internet Explorer o Firefox.

También se pueden utilizar clientes gráficos especialmente diseñados para ello, como FileZilla Client.

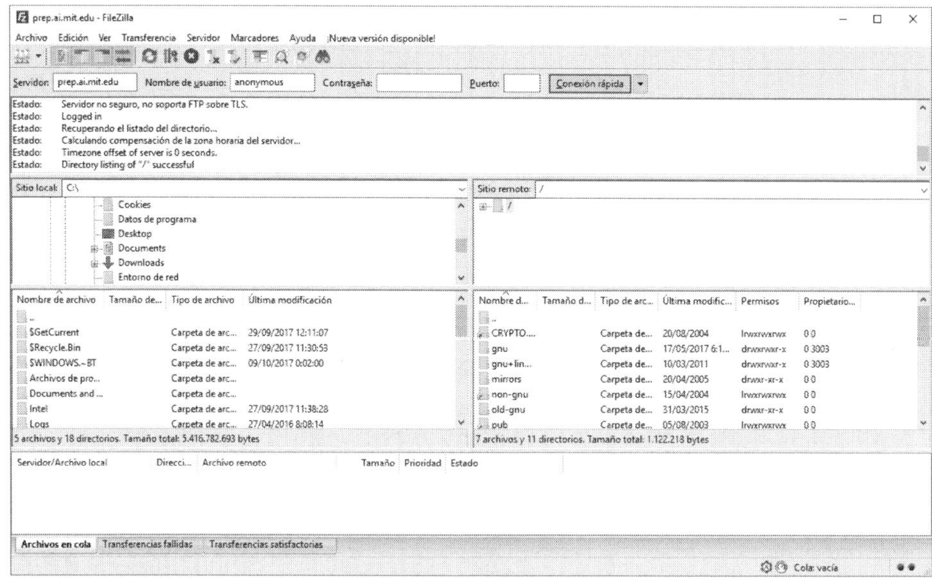

Conexión a un sitio ftp a través del cliente FileZilla

Para los puristas en Windows o Linux, está disponible el cliente de línea de comandos, como se muestra en la siguiente captura:

Ejemplo del entorno interactivo FTP

El protocolo FTP es peculiar, ya que utiliza dos conexiones separadas para su uso:

- un canal de comandos/control en el puerto 21 (lado servidor).
- un canal de datos en el puerto 20 (lado servidor).

Además, este protocolo ofrece dos modos. El primero, activo, parece un diálogo de tipo cliente/servidor, pero con la utilización de dos canales (comandos y datos). En el siguiente esquema se puede ver su funcionamiento.

El segundo modo, pasivo, se diseñó para la transferencia de archivos entre servidores. En este caso, el canal de datos no es en el puerto 20, sino en un puerto aleatorio.

Trivial FTP (TFTP) permite descargar más rápidamente la información, pero sin garantizar su integridad. Su falta de fiabilidad se basa en el hecho de que utiliza el protocolo UDP en lugar de TCP para el transporte. Este protocolo se utiliza en redes locales de diseño reciente, que podemos considerar en principio más fiables.

Se utiliza igualmente TFTP para realizar copias de seguridad de configuraciones de conmutadores o routers. Para hacer la copia de seguridad diaria de un router CISCO Router1 en un servidor TFTP, cuya dirección es 10.1.2.100, se utilizará el siguiente comando:

```
Router1#copy running-config tftp:
Address or name of remote host []? 10.1.2.100
Destination filename [router1-confg]?
Copia_de_seguridad_de_mi_router!!
1030 bytes copied in 2.489 secs (395 bytes/sec)
Router1#
```

De igual modo, para restaurar esta copia de seguridad en otro router, Router2, se puede utilizar un comando parecido:

```
Router2#copy tftp: running-config
Address or name of remote host []? 10.1.2.100
Source filename []? Copia_de_seguridad_de_mi_router
Destination filename [startup-config]?
Accessing tftp://10.1.2.100/Copia_de_seguridad_de_mi_router...
Loading Copia_de_seguridad_de_mi_router from 10.1.2.100
(via FastEthernet0/0): !
[OK - 1030 bytes]
1030 bytes copied in 9.612 secs (107 bytes/sec)
Router2#
```

7.2.3 Network File System (NFS)

Desarrollado por SUN en 1985, NFS es un sistema de archivos distribuido para entornos heterogéneos. Permite a los usuarios de ordenadores y sistemas operativos diferentes acceder a un sistema de archivos remoto, sin tener que aprender nuevos comandos.

NFS fue el primer intercambio de archivos verdaderamente operativo y constituyó un complemento indispensable del entorno de estaciones de trabajo que ofrecía SUN. La popularidad de su sistema operativo SOLARIS permitió contribuir al éxito de NFS.

A lo largo del tiempo se han creado diferentes versiones de NFS:

NFSv2 y v3 se basan en las llamadas a procedimientos remotos o RPC (*Remote Procedure Call*) y se definen respectivamente en las RFC 1094 y 1813.

La versión 2 es más antigua y está ampliamente extendida.

La versión 3 mejora un poco la gestión de errores y permite tratar bloques de tamaño variable, pero no es completamente compatible con la v2.

La versión 4 ya no utiliza los RPC que se basan en puertos aleatorios y que acarrean problemas de seguridad cuando se utilizan cortafuegos entre clientes y servidores.

Esta última versión, definida en la RFC 3530, implementa igualmente kerberos para la autentificación y permite gestionar listas de control de acceso (ACL o *Access Control List*) para permitir definir autorizaciones basándose en grupos de usuarios.

A pesar de su antigüedad, este protocolo de gestión de archivos en red está presente hoy en día en las empresas, en particular al lado de CIFS (*Common Internet File System* o sistema de archivos Microsoft).

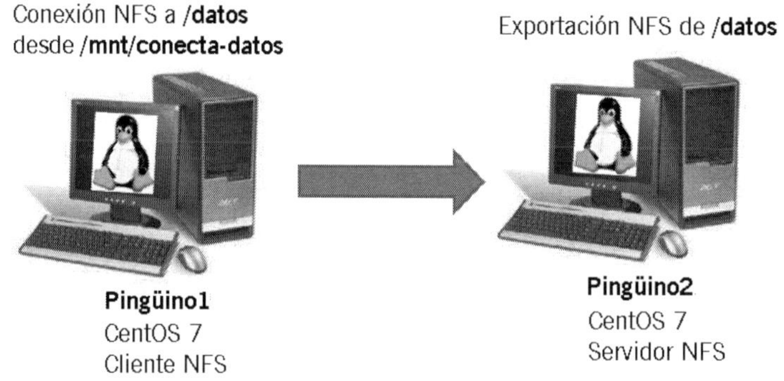

Esquema de conexión NFS Linux - Linux

Una de las particularidades de los sistemas Unix/Linux es que no trabaja con un árbol único cuya raíz es «/» (slash).

En primer lugar, el servidor NFS comparte sus datos (para NFS se habla de «exportación») indicando que directorios locales se comparten (lista de rutas), para quién (nombre de los ordenadores), con qué permisos (solo lectura –ro o *read only* –o escritura– *read write* o rw–):

Ejemplo de archivo de configuración del servidor NFS

```
# ejemplo de archivo /etc/exports
/datos    pinguino1.casa.com (ro)
/data/tratamiento    *.casa.com (rw)
```

De este modo, el cliente NFS, para poder acceder a los datos compartidos, debe realizar un montaje (una conexión de red) en su árbol local. De esta manera, «pegará» la conexión de red NFS a un directorio local, por ejemplo /mnt/conecta-datos. Para poder utilizar los datos remotos, le bastará con posicionarse en el directorio local (una vez «montado») y trabajar en la carpeta como si los datos fueran locales.

Los NAS (*Network Attached Storage*) ofrecen NFS. Incluso si este servicio es soportado geográficamente por un NAS, está disponible en un servidor Linux, eo incluso en un servidor Windows como un rol adicional.

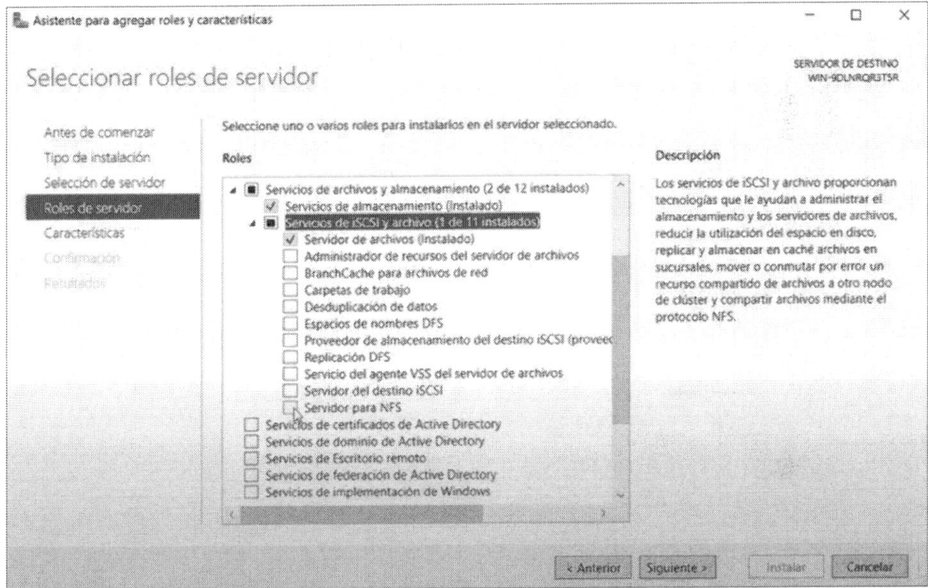

Servicio NFS en Windows Server 2025

En Windows también se encuentra disponible un cliente NFS como componente opcional que puede habilitarse.

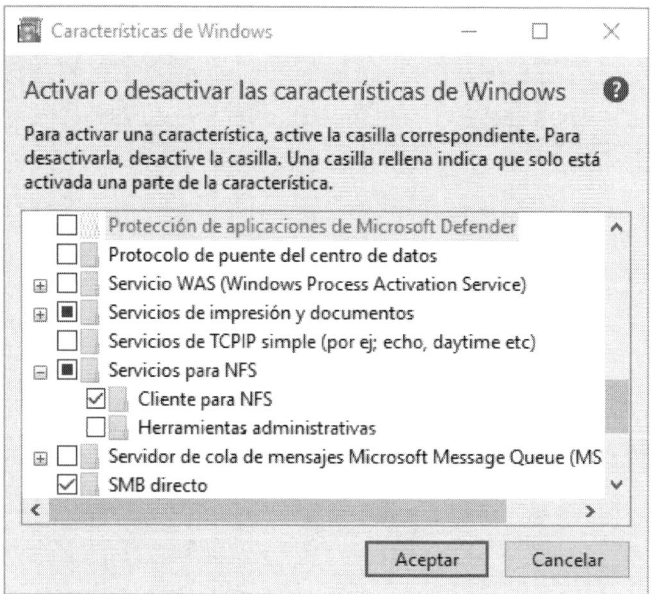

Cliente NFS en Windows 10

7.3 Servicios de administración y de gestión de red

7.3.1 Domain Name System (DNS)

Introducción

El objetivo del sistema de nombres de dominio es ofrecer una resolución basada en nombres jerárquicos y distribuidos para los huéspedes IP conectados a la red.

El sistema de nombres de dominio existe desde 1983, año en que fue creado por Paul Mockapertis (RFC 882 y 883); remplazó históricamente la gestión de un archivo *hosts* que se utilizaba al principio en Internet y que era mantenido por el *Network Information Center* del *Stanford Research Institute* (SRI).

La norma correspondiente a DNS se publicó finalmente en 1987 (RFC 1034 y 1035).

Al principio el sistema permitía solamente resolver nombres en direcciones IP, así como direcciones IP en nombres.

Observación

La resolución de dirección en nombre es una funcionalidad que se utiliza como una verificación de identidad y se implementa en UNIX, por ejemplo, para verificar el nombre de un servidor del que se tiene que hacer una copia de seguridad cuya dirección IP es conocida o verificar los huéspedes en un entorno NFS (Network File System).

El sistema ha evolucionado progresivamente para actuar como un verdadero servicio de localización de recursos: de este modo, hoy en día, un ordenador puede preguntar al servicio DNS para encontrar un servicio de mensajería correspondiente a un dominio específico (registro MX o *Mail eXchanger*), encontrar un servidor Kerberos, un servidor proxy de internet, un servidor LDAP (*Lightweight Directory Access Protocol*), un servidor SIP (*Session Initiation Protocol*) o incluso localizar un servicio de licencias Microsoft. El SRV Record o registro de servicio permite de este modo definir cualquier tipo de servicio basado en UDP o TCP.

DNS ahora implementa tanto IPv6 como IPv4 para identificar los objetos dentro de la arborescencia lógica.

Modelo lógico

El modelo lógico es independiente de la implantación física y permite una implementación completamente distribuida a través de delegaciones y de redirecciones.

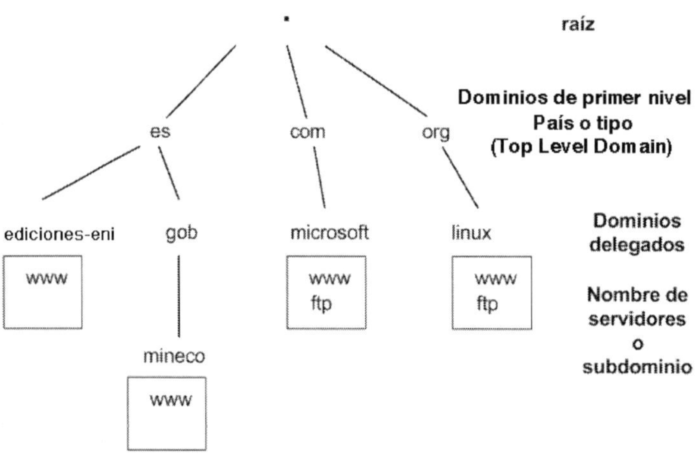

Jerarquía de nombres DNS

Observación

El detalle de las delegaciones realizadas al nivel del domino raíz y en favor de los dominios de primer nivel (Top Level Domain o TLD) está disponible en la dirección: https://www.iana.org/domains/root/db/

De este modo, el nombre www.mineco.gob.es corresponde a un alias DNS que resuelve en una dirección IP; en este caso se trata de 141.101.90.96 a 99.

```
Microsoft Windows [version 10.0.22631.3958]
(c) Microsoft Corporation. Todos los derechos reservados.

C:\Users\Juan>nslookup -
Servidor predeterminado:
Address:   192.168.1.1254

> www.mineco.gob.es
Serveur:   UnKnown
Address:   192.168.1.1254

Respuesta no autorizada:
Nombre:    www.mineco.gob.es
Address:   192.187.22.76
```

Observación

Un alias DNS es un nombre que reenvía hacia otro nombre. A nivel DNS, se definirá como un CNAME o CANONICAL NAME.

Funcionamiento

Por ejemplo, para un particular, el ordenador obtiene una dirección IP por medio del router ADSL. Entre otras cosas, se le proporciona una dirección IP de DNS. Esta dirección IP es la dirección IP interna del router que va a actuar como proxy DNS (es decir, que va a ser cliente DNS en lugar del cliente). El router dispone igualmente de una dirección IPv4 o IPv6 externa pública que a su vez va interrogar a los servidores DNS del proveedor de acceso a internet (ISP).

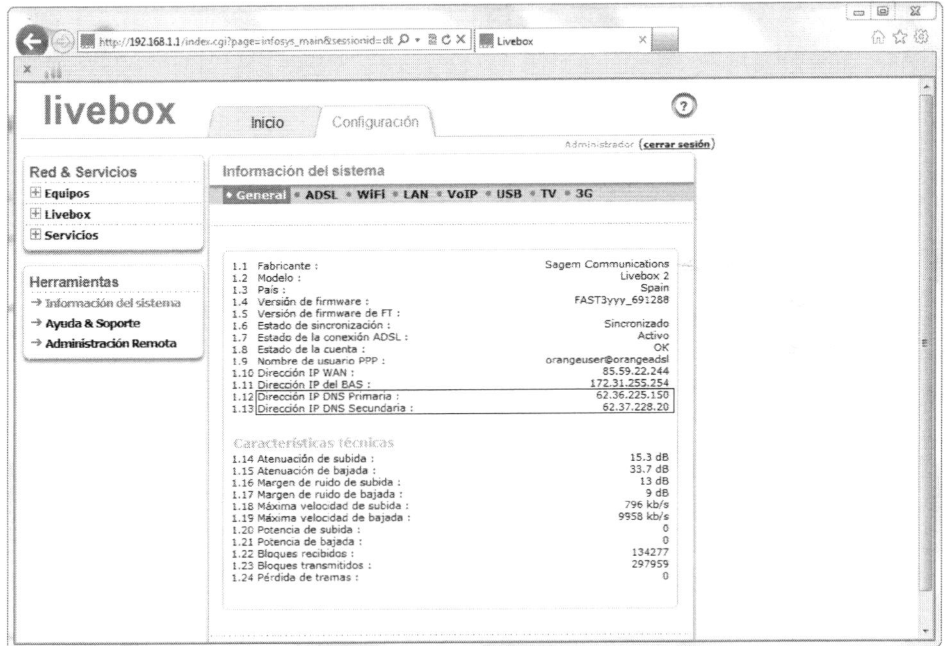

Propiedad de la dirección IP pública externa de un router ADSL

De este modo, cuando el ordenador pide resolver un nombre DNS (1), como www.mineco.gob.es, el router ADSL envía esta petición al servidor del ISP (2).

El servidor DNS del ISP pregunta de inmediato a uno de los 13 servidores raíz de internet (3), para buscar los servidores DNS que gestionan la zona **es**. El servidor raíz, que conoce el servidor que gestiona la zona es, reenvía la dirección IP del servidor DNS correspondiente.

El servidor del ISP a continuación pregunta al servidor que gestiona la zona **es** (4) para encontrar quién gestiona la zona **gob.es** (5).

Y así, igualmente, hasta que se recupera la dirección IP del servidor DNS que gestiona la zona **mineco.gob.es**.

Observación

De hecho, todos los servidores disponen de una caché y puede haber un registro no autorizado (es decir, que no gestiona la zona de destino) que se haya encontrado antes de llegar al servidor autorizado.

Una vez que el servidor DNS del ISP ha obtenido la información que se le ha pedido (en este caso, la dirección IP de www.mineco.gob.es), la pone en la caché, para transmitirla al router ADSL (7).

El router reenvía finalmente la dirección del cliente DNS de la red local (8).

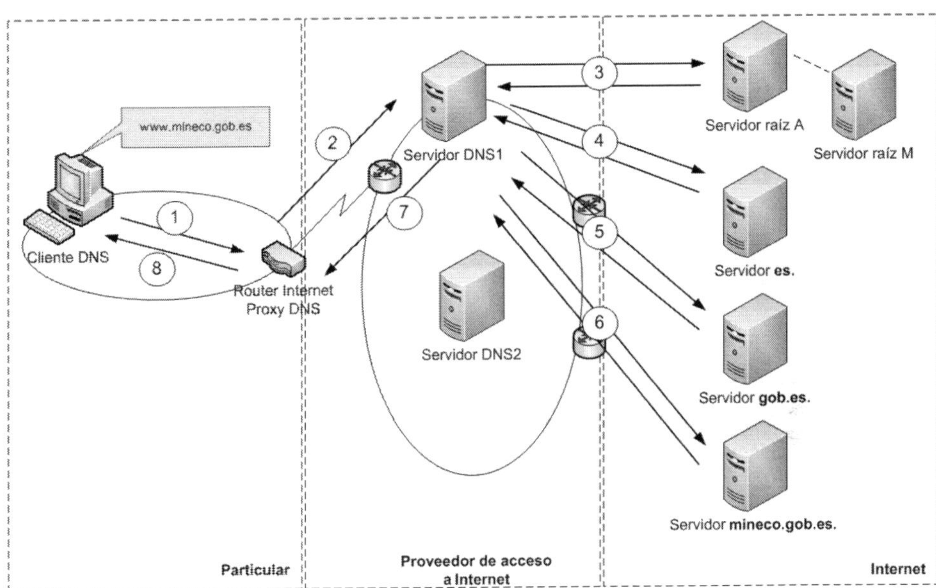

Mecanismo de resolución DNS

Existen dos tipos de peticiones: recursivas e iterativas.

Los intercambios [(1), (8)] y [(2), (7)] corresponden a peticiones recursivas.

Los intercambios (3), (4), (5) y (6) corresponden a peticiones iterativas.

Observación

Los servidores raíces que conocen todos los sufijos existentes a nivel mundial están disponibles en la URL: https://www.iana.org/domains/root/servers

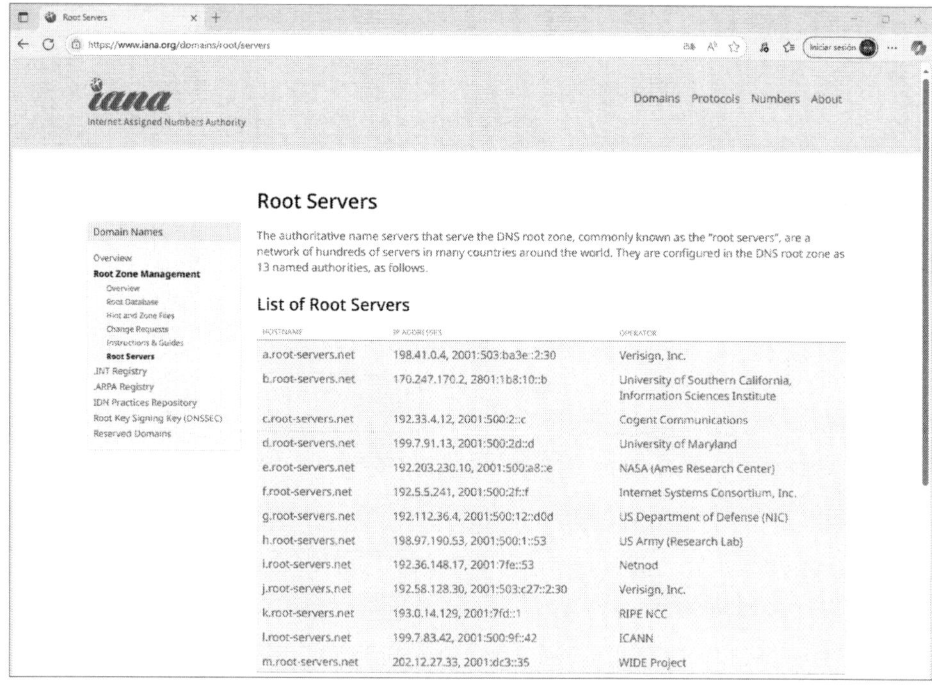

Root Servers

https://www.iana.org/domains/root/servers

iana
Internet Assigned Numbers Authority

Domains Protocols Numbers About

Domain Names
Overview
Root Zone Management
Overview
Root Database
Hint and Zone Files
Change Requests
Instructions & Guides
Root Servers
.INT Registry
.ARPA Registry
IDN Practices Repository
Root Key Signing Key (DNSSEC)
Reserved Domains

Root Servers

The authoritative name servers that serve the DNS root zone, commonly known as the "root servers", are a network of hundreds of servers in many countries around the world. They are configured in the DNS root zone as 13 named authorities, as follows.

List of Root Servers

HOSTNAME	IP ADDRESSES	OPERATOR
a.root-servers.net	198.41.0.4, 2001:503:ba3e::2:30	Verisign, Inc.
b.root-servers.net	170.247.170.2, 2801:1b8:10::b	University of Southern California, Information Sciences Institute
c.root-servers.net	192.33.4.12, 2001:500:2::c	Cogent Communications
d.root-servers.net	199.7.91.13, 2001:500:2d::d	University of Maryland
e.root-servers.net	192.203.230.10, 2001:500:a8::e	NASA (Ames Research Center)
f.root-servers.net	192.5.5.241, 2001:500:2f::f	Internet Systems Consortium, Inc.
g.root-servers.net	192.112.36.4, 2001:500:12::d0d	US Department of Defense (NIC)
h.root-servers.net	198.97.190.53, 2001:500:1::53	US Army (Research Lab)
i.root-servers.net	192.36.148.17, 2001:7fe::53	Netnod
j.root-servers.net	192.58.128.30, 2001:503:c27::2:30	Verisign, Inc.
k.root-servers.net	193.0.14.129, 2001:7fd::1	RIPE NCC
l.root-servers.net	199.7.83.42, 2001:500:9f::42	ICANN
m.root-servers.net	202.12.27.33, 2001:dc3::35	WIDE Project

Lista de servidores raíces DNS

Modelo físico

Dadas las arborescencias lógicas DNS, a continuación, hay que definir la implementación física de la solución.

Se trata de definir el número de servidores físicos que se utilizarán, el número de zonas o archivos de zonas que se implementarán y la relación entre los diferentes servidores.

Una zona corresponde a un punto de anclaje de una parte de la arborescencia lógica que se materializa mediante un archivo almacenado en un servidor.

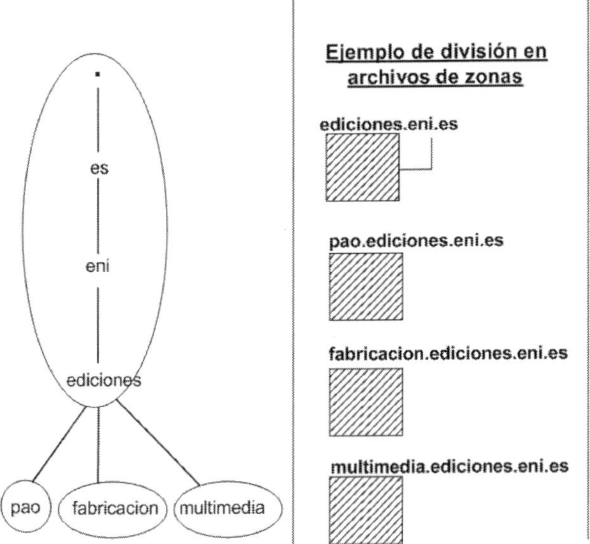

Lista de servidores raíces DNS

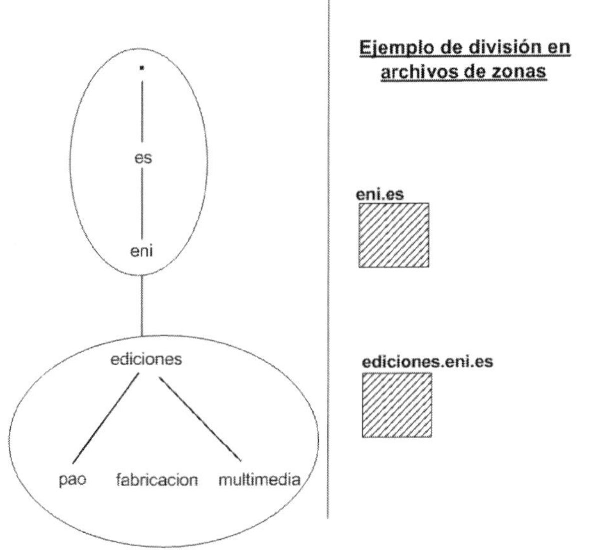

Ejemplo 2: división en zonas DNS

Servidor de nombres

Existen varios tipos de servidores de nombres. El tipo depende del origen a partir del cual el servidor obtiene su información de zona. De este modo, se habla de **servidor DNS principal** para identificar un servidor que gestiona una zona que se puede modificar. Se califica como **servidor secundario** aquel que gestiona una zona de solo lectura (copia de una zona principal o secundaria).

Un servidor dispone generalmente a la vez de zonas principales y secundarias.

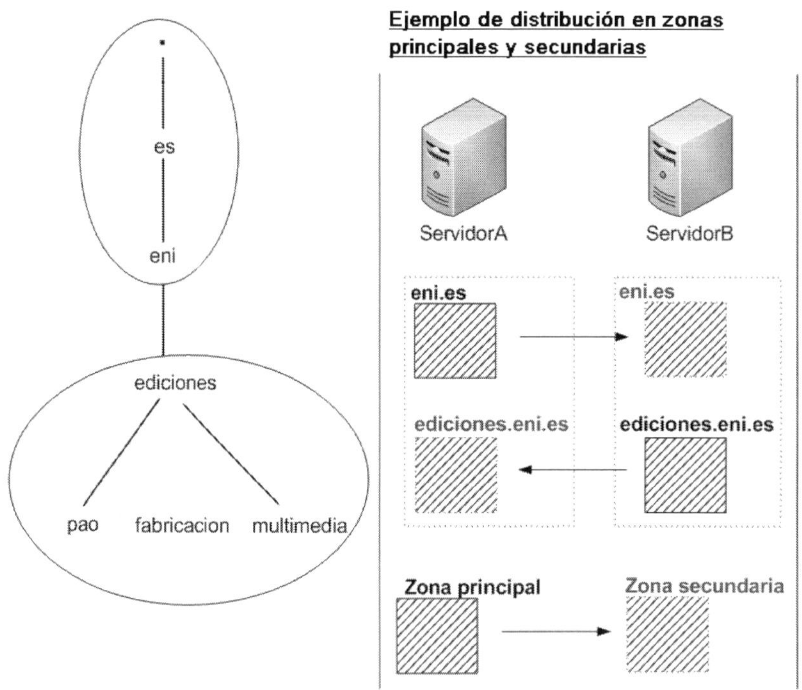

Gestión de zonas principales y secundarias

Por ejemplo, en el esquema anterior, el ServidorA alberga la zona **eni.es** como zona principal. Se realiza una replicación llamada **transferencia de zona** al ServidorB para esta zona. Inversamente, el ServidorB alberga la zona **ediciones.eni.es** como zona principal. Se hace una copia de esta zona en el ServidorA como zona secundaria.

Generalmente, un servidor alberga también zonas directas, así como varias zonas indirectas (llamadas zonas inversas).

Las zonas inversas son zonas especiales que disponen de un sufijo particular predefinido, **in-addr.arpa**. Estas zonas permiten la resolución de direcciones IP en nombres.

Por ejemplo, para una red privada, se definen zonas 10.in-addr.arpa, 172.in-addr.arpa y 192.in-addr-arpa.

Espacio de nombres privado y público

Se habla de espacios de nombres para designar los tipos de nomenclatura utilizados. De este modo, dentro de una empresa, los dispositivos y los servidores e incluso los puestos de trabajo reciben nombres jerárquicos de acuerdo con un espacio de nombres privado. Sería ideal utilizar un sufijo que no exista en Internet, por ejemplo ***.local**.

Por el contrario, para referenciar servidores que deben ser accesibles directamente desde Internet, utilizaremos sufijos oficiales, que estén reservados en Internet (por ejemplo *.es, *.eu).

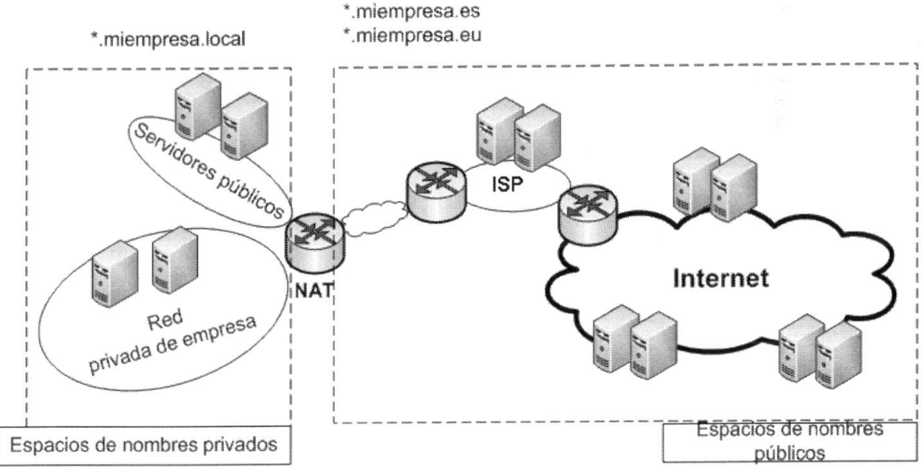

Espacios de nombres públicos y privados

Arquitectura tipo

De manera general, la función de resolución de DNS debe estar disponible **cerca** de los clientes en términos de tiempos de respuesta. Cualquier servidor DNS integra una función de caché centralizada para los clientes. Los clientes disponen de una caché local.

Generalmente, un cliente recibe al menos dos direcciones IP de servidores DNS (para garantizar tolerancia a errores).

Lo ideal es que la configuración DNS se defina en los clientes a través de un servidor DHCP (*Dynamic Host Configuration Protocol*).

Para los servidores, la configuración DNS se realiza sobre todo manualmente, a menos que en el sistema se hayan hecho reservas DHCP para los servidores.

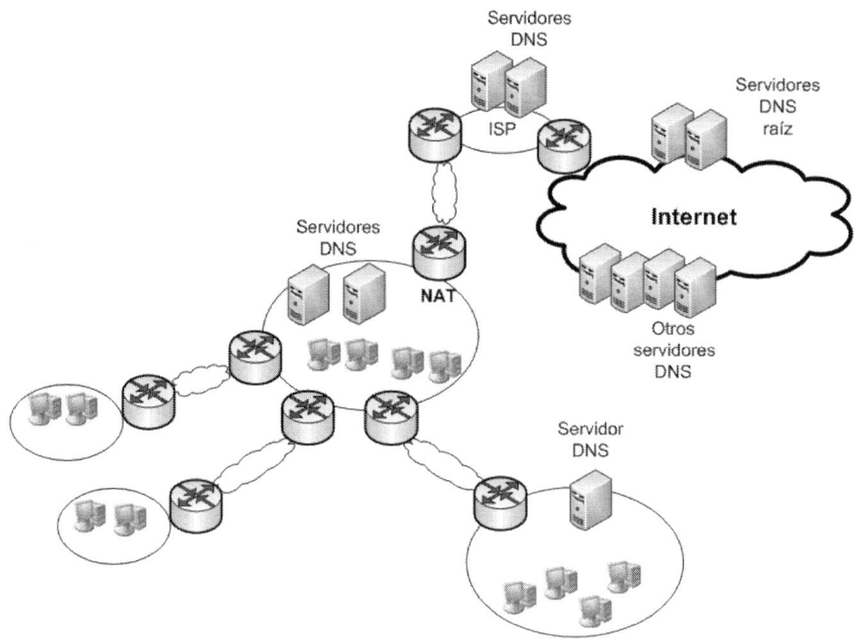

Arquitectura DNS

Implementaciones

Las principales implementaciones DNS son el software BIND del ISC (*Berkeley Name Domain* del *Internet Systems Consortium*: accesible en la dirección https://www.isc.org/software/bind), y el servicio DNS de Microsoft proporcionado por los sistemas operativos de servidor.

VERSION	STATUS	DOCUMENTATION	RELEASE DATE	EOL DATE	DOWNLOAD
9.18.37	Older Stable, ESV	BIND 9.18 ARM (HTML PDF) Release Notes (HTML)	May 2025	Q2, 2026	Download
9.20.10	Current Stable, ESV	BIND 9.20 ARM (HTML PDF) Release Notes (HTML)	June 2025	Q2, 2028	Download
9.21.9	Development	BIND 9.21 ARM (HTML PDF) Release Notes (HTML)	June 2025	Q2, 2028	Download

Página de descarga de BIND ISC

7.3.2 Dynamic Host Configuration Protocol v.4 (DHCPv4)

Introducción

Históricamente, el servicio DHCP apareció en 1993 como una extensión del protocolo BOOTP creado en 1985. El objetivo de BOOTP es iniciar una estación de trabajo sin disco. La configuración desplegada es personalizable basándose en la dirección MAC de la máquina y asociándole una dirección IP (se habla así de *Reverse Address Resolution Protocol*).

En efecto, el protocolo TCP/IP que se ha impuesto después de muchos años tiene un gran inconveniente: necesita definir para cada uno de los dispositivos como mínimo una dirección IP, una máscara, así como ocasionales parámetros complementarios.

El servicio DHCP permite definir de manera centralizada una configuración TCP/IP completa para el conjunto de los dispositivos de red (parámetros dinámicos o estáticos).

Diferentes RFC definen BOOTP y DHCP:

- RFC 951: BOOTP
- RFC 1497: opciones BOOTP **vendor extensions**
- RFC 1541: definición del protocolo DHCP
- RFC 1542: interacción entre BOOTP y DHCP
- RFC 2131: DHCP
- RFC 2132: complemento a las opciones DHCP y BOOTP **vendor extensions**

Puede consultar estas RFC en https://datatracker.ietf.org/doc/

Funcionamiento en una pequeña red

Un dispositivo, un puesto de trabajo, un teléfono IP, un lector de código de barras Wi-Fi, una impresora de red, etc., ejecutan un componente cliente DHCP que les permite comunicarse con un servidor para obtener un conjunto de parámetros TCP/IP.

Observación

Se utiliza cada vez más a menudo una reserva de dirección IP asociada a una dirección MAC. Este mecanismo permite disponer de IP fijas conservando flexibilidad de gestión al definir los ordenadores como clientes DHCP.

En general, el dispositivo se configura por defecto para utilizar un servidor DHCP.

Por ejemplo, en Windows:

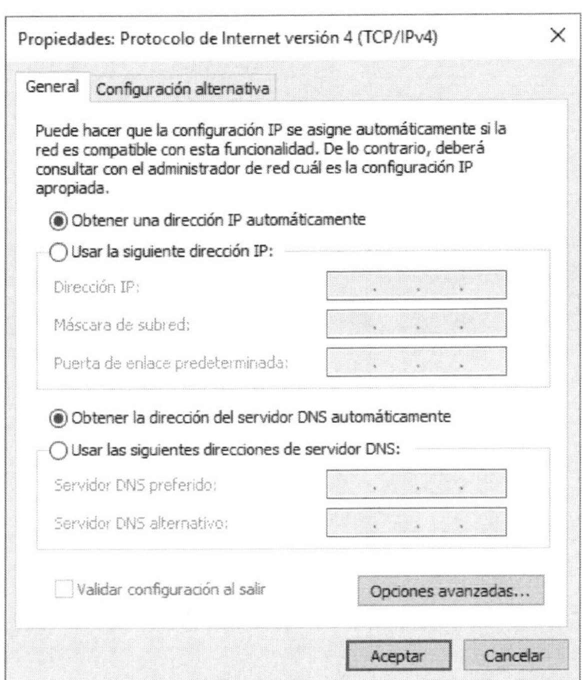

Configuración DHCP en Windows 10

O en Linux:

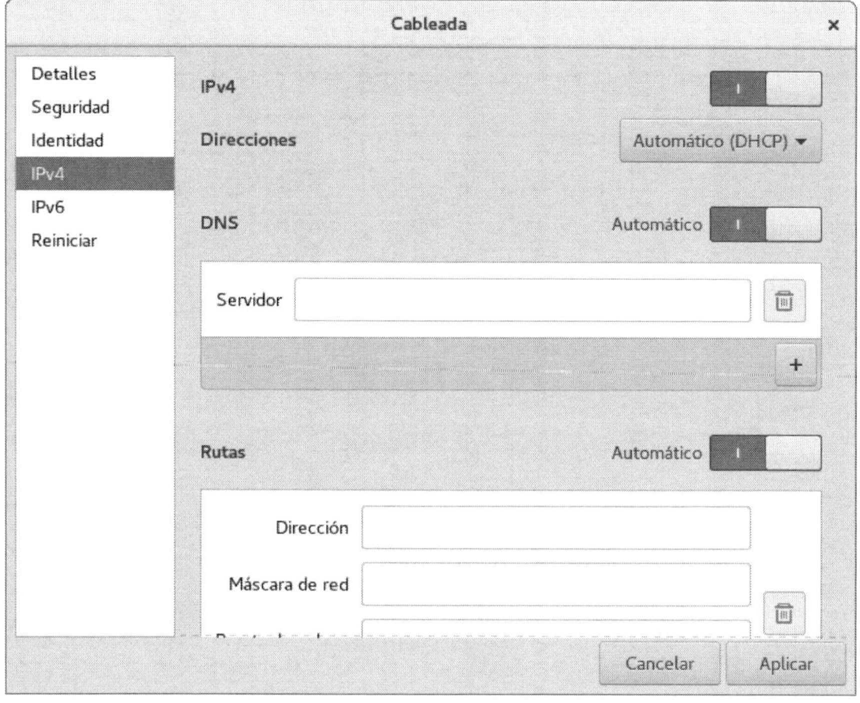

Configuración DHCP en CentOS 7

Así, si se fuerza la liberación de la dirección IPv4 para la interfaz de red enp0s3, después de que se inicie una secuencia de inicialización del cliente DHCP, podremos visualizar los mensajes entre nuestro cliente DHCP y su servidor:

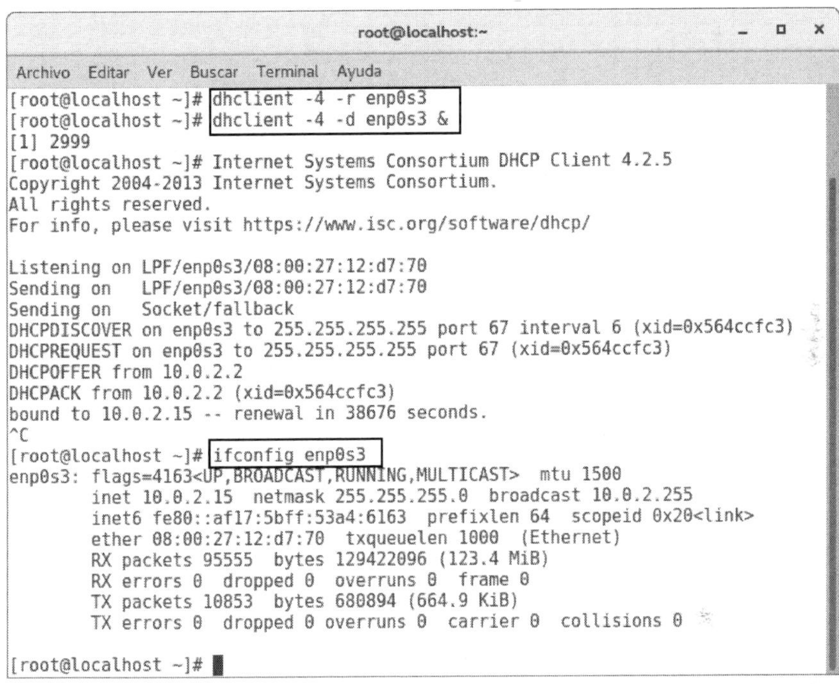

```
root@localhost:~
Archivo Editar Ver Buscar Terminal Ayuda
[root@localhost ~]# dhclient -4 -r enp0s3
[root@localhost ~]# dhclient -4 -d enp0s3 &
[1] 2999
[root@localhost ~]# Internet Systems Consortium DHCP Client 4.2.5
Copyright 2004-2013 Internet Systems Consortium.
All rights reserved.
For info, please visit https://www.isc.org/software/dhcp/

Listening on LPF/enp0s3/08:00:27:12:d7:70
Sending on   LPF/enp0s3/08:00:27:12:d7:70
Sending on   Socket/fallback
DHCPDISCOVER on enp0s3 to 255.255.255.255 port 67 interval 6 (xid=0x564ccfc3)
DHCPREQUEST on enp0s3 to 255.255.255.255 port 67 (xid=0x564ccfc3)
DHCPOFFER from 10.0.2.2
DHCPACK from 10.0.2.2 (xid=0x564ccfc3)
bound to 10.0.2.15 -- renewal in 38676 seconds.
^C
[root@localhost ~]# ifconfig enp0s3
enp0s3: flags=4163<UP,BROADCAST,RUNNING,MULTICAST>  mtu 1500
        inet 10.0.2.15  netmask 255.255.255.0  broadcast 10.0.2.255
        inet6 fe80::af17:5bff:53a4:6163  prefixlen 64  scopeid 0x20<link>
        ether 08:00:27:12:d7:70  txqueuelen 1000  (Ethernet)
        RX packets 95555  bytes 129422096 (123.4 MiB)
        RX errors 0  dropped 0  overruns 0  frame 0
        TX packets 10853  bytes 680894 (664.9 KiB)
        TX errors 0  dropped 0 overruns 0  carrier 0  collisions 0

[root@localhost ~]#
```

Relanzamiento del proceso de obtención de una dirección IP en Linux

Al arrancar la primera vez, la comunicación que permite obtener la configuración se desarrolla en varias etapas:

- (1) DHCP DISCOVER: el descubrimiento de la red.
- (2) DHCP OFFER: la propuesta de parámetros por parte de uno o varios servidores.
- (3) DHCP REQUEST: la respuesta favorable del cliente a una de las propuestas.
- (4) DHCP ACK: el acuse de recibo por el servidor teniendo en cuenta la petición del cliente.

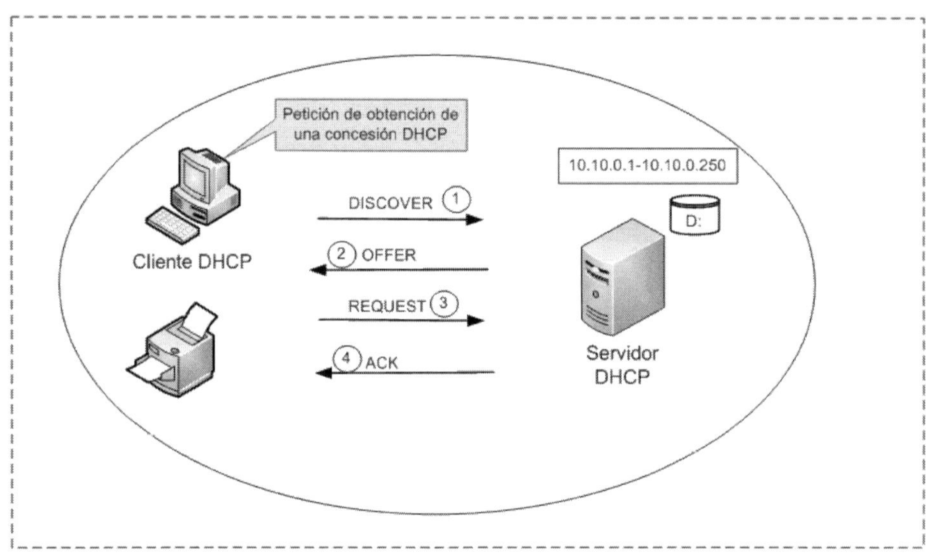

Funcionamiento de DHCP

DHCP DISCOVER

El protocolo TCP/IP se inicializa con una versión limitada (dirección IP no definida: 0.0.0.0).

Transmite en el nivel 2 a todos los ordenadores (FF.FF.FF.FF.FF.FF) una petición para obtener una concesión DHCP. Como se trata de un protocolo UDP, la dirección IP debe ser emitida por el destino. Se define como 255.255.255.255 (todo el mundo).

```
▷ Frame 297: 342 bytes on wire (2736 bits), 342 bytes captured (2736 bits) on interface 0
▷ Ethernet II, Src: a0:88:b4:d9:4c:7c (a0:88:b4:d9:4c:7c), Dst: ff:ff:ff:ff:ff:ff (ff:ff:ff:ff:ff:ff)
▷ Internet Protocol Version 4, Src: 0.0.0.0 (0.0.0.0), Dst: 255.255.255.255 (255.255.255.255)
▷ User Datagram Protocol, Src Port: bootpc (68), Dst Port: bootps (67)
▽ Bootstrap Protocol
    Message type: Boot Request (1)
    Hardware type: Ethernet
    Hardware address length: 6
    Hops: 0
    Transaction ID: 0x9c4c1195
    Seconds elapsed: 0
  ▷ Bootp flags: 0x0000 (Unicast)
    Client IP address: 0.0.0.0 (0.0.0.0)
    Your (client) IP address: 0.0.0.0 (0.0.0.0)
    Next server IP address: 0.0.0.0 (0.0.0.0)
    Relay agent IP address: 0.0.0.0 (0.0.0.0)
    Client MAC address: a0:88:b4:d9:4c:7c (a0:88:b4:d9:4c:7c)
    Client hardware address padding: 00000000000000000000
    Server host name not given
    Boot file name not given
    Magic cookie: DHCP
  ▷ Option: (53) DHCP Message Type
  ▷ Option: (61) Client identifier
  ▷ Option: (50) Requested IP Address
  ▷ Option: (12) Host Name
  ▷ Option: (60) Vendor class identifier
  ▷ Option: (55) Parameter Request List
  ▷ Option: (255) End
```

Análisis de una trama DHCP DISCOVER

Capa	Origen (cliente)	Destino (todo el mundo)
UDP	68	67
IP	0.0.0.0	255.255.255.255
Ethernet	a0:88:b4:d9:4c:7c	ff:ff:ff:ff:ff:ff

Si al cabo de un segundo el cliente no ha recibido ninguna respuesta, se transmite una nueva petición al cabo de 9, 13 y 16 segundos.

Después de estos intentos, se hace una petición cada cinco minutos.

DHCP OFFER

Algunos dispositivos que actúan como servidor DHCP (servidor, router, router ADSL) responden al cliente.

Transmiten una propuesta que tiene la siguiente información: la dirección MAC del cliente, una dirección IP, una máscara de subred, la duración de la concesión y su dirección IP.

Capa	Origen (servidor)	Destino (cliente)
UDP	67	68
IP	192.168.1.1	192.168.1.92
Ethernet	00:25:15:21:f1:20	a0:88:b4:d9:4c:7c

```
▷ Frame 298: 342 bytes on wire (2736 bits), 342 bytes captured (2736 bits) on interface 0
▷ Ethernet II, Src: 00:25:15:21:f1:20 (00:25:15:21:f1:20), Dst: a0:88:b4:d9:4c:7c (a0:88:b4:d9:4c:7c)
▷ Internet Protocol Version 4, Src: 192.168.1.1 (192.168.1.1), Dst: 192.168.1.92 (192.168.1.92)
▷ User Datagram Protocol, Src Port: bootps (67), Dst Port: bootpc (68)
▽ Bootstrap Protocol
    Message type: Boot Reply (2)
    Hardware type: Ethernet
    Hardware address length: 6
    Hops: 0
    Transaction ID: 0x9c4c1195
    Seconds elapsed: 0
  ▷ Bootp flags: 0x0000 (Unicast)
    Client IP address: 0.0.0.0 (0.0.0.0)
    Your (client) IP address: 192.168.1.92 (192.168.1.92)
    Next server IP address: 192.168.1.1 (192.168.1.1)
    Relay agent IP address: 0.0.0.0 (0.0.0.0)
    Client MAC address: a0:88:b4:d9:4c:7c (a0:88:b4:d9:4c:7c)
    Client hardware address padding: 00000000000000000000
    Server host name not given
    Boot file name not given
    Magic cookie: DHCP
  ▷ Option: (53) DHCP Message Type
  ▷ Option: (54) DHCP Server Identifier
  ▷ Option: (51) IP Address Lease Time
  ▷ Option: (58) Renewal Time Value
  ▷ Option: (59) Rebinding Time Value
  ▷ Option: (28) Broadcast Address
  ▷ Option: (3) Router
  ▷ Option: (6) Domain Name Server
  ▷ Option: (1) Subnet Mask
  ▷ Option: (255) End
    Padding
```

Análisis de una trama DHCP OFFER

El cliente selecciona una propuesta (en general, la primera que recibe).

Tenga en cuenta que, después de la RFC, el servidor intenta primero un *unicast* (para encargarse de una eventual transmisión DHCP) antes de hacer una difusión.

DHCP REQUEST

Esta respuesta permite al cliente avisar a todos los servidores que se ha captado una concesión. La información relativa a la concesión está disponible al final de la trama.

Así, el resto de los servidores pueden retirar su propuesta y dejar disponible la dirección que se había reservado.

Capa	Origen (cliente)	Destino (todo el mundo)
UDP	68	67
IP	0.0.0.0	255.255.255.255
Ethernet	a0:88:b4:d9:4c:7c	ff:ff:ff:ff:ff:ff

```
▷ Frame 299: 393 bytes on wire (3144 bits), 393 bytes captured (3144 bits) on interface 0
▷ Ethernet II, Src: a0:88:b4:d9:4c:7c (a0:88:b4:d9:4c:7c), Dst: ff:ff:ff:ff:ff:ff (ff:ff:ff:ff:ff:ff)
▷ Internet Protocol Version 4, Src: 0.0.0.0 (0.0.0.0), Dst: 255.255.255.255 (255.255.255.255)
▷ User Datagram Protocol, Src Port: bootpc (68), Dst Port: bootps (67)
▽ Bootstrap Protocol
    Message type: Boot Request (1)
    Hardware type: Ethernet
    Hardware address length: 6
    Hops: 0
    Transaction ID: 0x9c4c1195
    Seconds elapsed: 0
  ▷ Bootp flags: 0x0000 (Unicast)
    Client IP address: 0.0.0.0 (0.0.0.0)
    Your (client) IP address: 0.0.0.0 (0.0.0.0)
    Next server IP address: 0.0.0.0 (0.0.0.0)
    Relay agent IP address: 0.0.0.0 (0.0.0.0)
    Client MAC address: a0:88:b4:d9:4c:7c (a0:88:b4:d9:4c:7c)
    Client hardware address padding: 00000000000000000000
    Server host name not given
    Boot file name not given
    Magic cookie: DHCP
  ▷ Option: (53) DHCP Message Type
  ▷ Option: (61) Client identifier
  ▷ Option: (50) Requested IP Address
  ▷ Option: (54) DHCP Server Identifier
  ▷ Option: (12) Host Name
  ▷ Option: (81) Client Fully Qualified Domain Name
  ▷ Option: (60) Vendor class identifier
  ▷ Option: (55) Parameter Request List
  ▷ Option: (255) End
```

Análisis de una trama DHCP REQUEST

DHCP ACK

El servidor cuya propuesta ha sido aceptada envía una trama dirigida directamente al cliente como acuse de recibo. Se añaden otras opciones a la trama (opción 003 router, 006 Domain Name Server, 001 Subnet Mask).

Capa	Origen (servidor)	Destino (cliente)
UDP	67	68
IP	192.168.1.1	192.168.1.92
Ethernet	00:25:15:21:f1:20	a0:88:b4:d9:4c:7c

```
▷ Frame 300: 354 bytes on wire (2832 bits), 354 bytes captured (2832 bits) on interface 0
▷ Ethernet II, Src: 00:25:15:21:f1:20 (00:25:15:21:f1:20), Dst: a0:88:b4:d9:4c:7c (a0:88:b4:d9:4c:7c)
▷ Internet Protocol Version 4, Src: 192.168.1.1 (192.168.1.1), Dst: 192.168.1.92 (192.168.1.92)
▷ User Datagram Protocol, Src Port: bootps (67), Dst Port: bootpc (68)
▽ Bootstrap Protocol
    Message type: Boot Reply (2)
    Hardware type: Ethernet
    Hardware address length: 6
    Hops: 0
    Transaction ID: 0x9c4c1195
    Seconds elapsed: 0
  ▷ Bootp flags: 0x0000 (Unicast)
    Client IP address: 0.0.0.0 (0.0.0.0)
    Your (client) IP address: 192.168.1.92 (192.168.1.92)
    Next server IP address: 192.168.1.1 (192.168.1.1)
    Relay agent IP address: 0.0.0.0 (0.0.0.0)
    Client MAC address: a0:88:b4:d9:4c:7c (a0:88:b4:d9:4c:7c)
    Client hardware address padding: 00000000000000000000
    Server host name not given
    Boot file name not given
    Magic cookie: DHCP
  ▷ Option: (53) DHCP Message Type
  ▷ Option: (54) DHCP Server Identifier
  ▷ Option: (51) IP Address Lease Time
  ▷ Option: (58) Renewal Time Value
  ▷ Option: (59) Rebinding Time Value
  ▷ Option: (28) Broadcast Address
  ▷ Option: (81) Client Fully Qualified Domain Name
  ▷ Option: (3) Router
  ▷ Option: (6) Domain Name Server
  ▷ Option: (1) Subnet Mask
  ▷ Option: (255) End
```

Análisis de una trama DHCP ACK

Tenga en cuenta que, en algunas implementaciones de DHCP, el ACK se puede realizar con una difusión.

Funcionamiento en una gran red

En un entorno más grande, la arquitectura es un poco más compleja. Por una parte, las subredes IP están generalmente asociadas a una descomposición en VLAN. Así, se va a asignar una VLAN por tipo de dispositivos (estación de trabajo, servidor, lector de códigos de barras) o por uso (red principal, copias de seguridad, administración de servidores).

Por otra parte, como los clientes están generalmente en subredes diferentes de los servidores DHCP, conviene implementar un mecanismo que permita transmitir las tramas DHCP a o desde los servidores DHCP designados. De hecho, los routers detienen las tramas de difusión.

Observación

El comando asociado generalmente a los routers es «ip-helper-address». Permite designar explícitamente uno o varios servidores DHCP hacia el que se transmitirá una difusión DHCP captada en la red local.

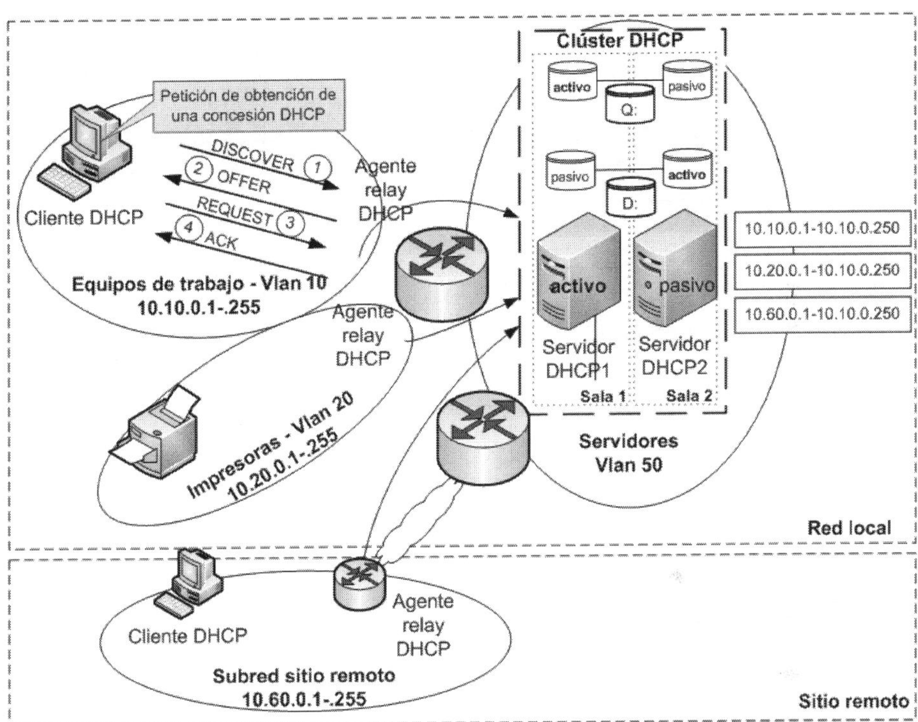

Funcionamiento DHCP en un entorno enrutado

En un entorno consecuente, el núcleo de la red está constituido generalmente por un conmutador multinivel que conoce todas las VLAN. Cada una de las interfaces que corresponden a la puerta de enlace por defecto conoce la existencia del servidor al que va a redirigir las difusiones DHCP.

Clúster DHCP

El servidor DHCP se puede ayudar de un clúster que va a ofrecer redundancia del servicio, al mismo tiempo que redundancia de los datos:

- Un disco D: contiene la configuración del servidor DHCP cuyo servicio se ejecuta en uno de los dos servidores. El servicio DHCP del otro servidor está en *standby*.
- Un disco Q corresponde al quórum. Almacena la información de la configuración actual del clúster. En caso de problemas, el servidor que puede acceder al quórum se hace cargo.

Los recursos de disco se replican en segundo plano en modo síncrono, para permitir una recuperación en caso de fallo de un disco o de la pérdida de una sala.

La dirección IP que referencia el servicio DHCP es de hecho una dirección IP virtual, que corresponde a un recurso del clúster. Este recurso se ejecuta efectivamente en uno de los nodos del clúster.

DHCP Failover

Esta funcionalidad permite asegurar la continuidad del servicio DHCP sin que se necesite un clúster para bascular. De hecho, Windows Server 2012 o ISC DHCP ofrece esta funcionalidad. De este modo, los servidores son capaces de intercambiar su información.

Agente relay DHCP

La utilización de agentes relay introduce un funcionamiento complementario.

Cuando la puerta de enlace recibe una trama DHCP que proviene de un cliente de su subred, el router transmite la trama dirigida directamente al servidor DHCP. Si la dirección IP origen identificada es 0.0.0.0, el router la sustituye por su propia dirección IP de puerta de enlace. De hecho, el servidor DHCP debe poder identificar el área de alcance DHCP para asignar una dirección IP válida al cliente.

El servidor DHCP recibe entonces la petición y examina la dirección IP de origen para asociar un rango de direcciones IP adecuado.

Selecciona por último una dirección IP disponible para enviar una propuesta directamente a la puerta de enlace. La puerta de enlace finalmente va a transmitir la propuesta a la subred local (al destino del puesto de trabajo que hace la petición en el nivel 2 y de todo el mundo en el nivel 3).

A continuación, el router transmite el mensaje DHCP REQUEST al servidor DHCP.

Finalmente, el servidor responde un DHCP ACK al cliente.

Por ejemplo, en un router (o conmutador L3), se definen las interfaces VLAN añadiendo el concepto de IP-helper (agente de transmisión DHCP) del siguiente modo:

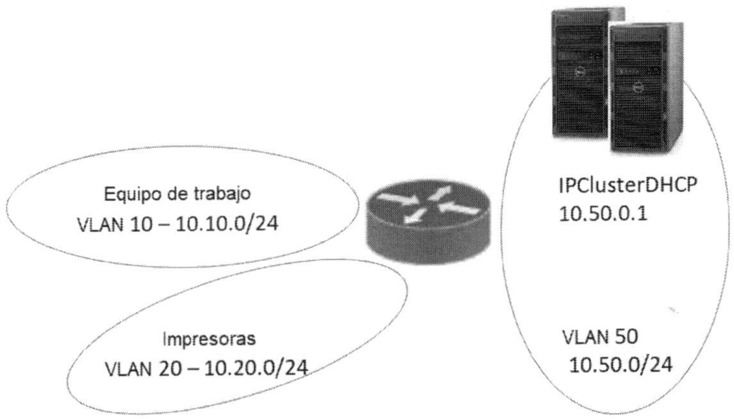

Configuración de un agente de transmisión en un contexto de VLAN

```
interface vlan 10
ip address 10.10.0.254 255.255.255.0
ip helper-address 10.50.0.1

interface vlan 20
ip address 10.20.0.254 255.255.255.0
ip helper-address 10.50.0.1
```

Configuración de interfaces VLAN para escuchar al servidor DHCP

Las interfaces del router que resuelven la solicitud DHCP se pueden dirigir directamente al clúster DHCP.

Renovación de la concesión

El cliente obtiene los parámetros TPC/IP para una duración limitada: la concesión.

Esta concesión se debe renovar regularmente para permitir al cliente seguir utilizando sus parámetros.

La renovación se produce después de que expire la mitad de la concesión. Si la petición no obtiene resultados, se realiza un nuevo intento a 7/8 de la duración de la concesión.

Observación

Este mecanismo de renovación evita generar tráfico de difusión inútil.

Cuando un equipo arranca, se repite el proceso completo; esto permite tener en cuenta los desplazamientos de los ordenadores portátiles.

El servidor también puede pedir al cliente que libere su dirección dirigiéndole un DHCP NACK.

Arquitectura tipo

Una arquitectura tipo implementa generalmente un servidor centralizado para el conjunto de la red. Por lo común, para tener en cuenta las posibles interrupciones de conexiones remotas, se configuran las concesiones para una duración lo suficientemente larga.

Igualmente es posible centralizar de forma completa la gestión de direcciones IP fijas definiendo reservas explícitas para elementos concretos (impresoras, servidores).

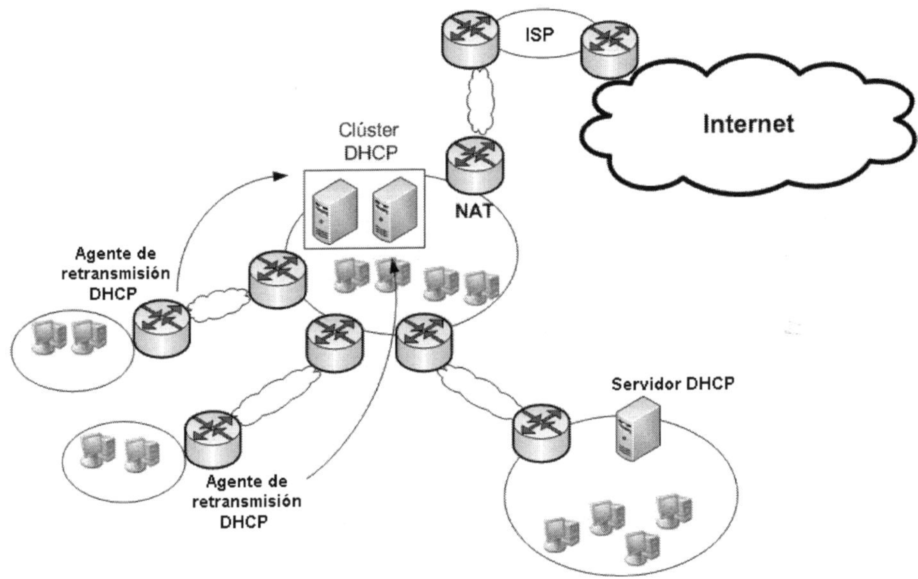

Arquitectura DHCP estándar

Implementaciones

Entre las implementaciones existentes, encontramos aquellas integradas con los sistemas operativos de servidor:

- Microsoft DHCP.
- Internet Systems Consortium DHCP: http://www.isc.org/dhcp

Encontramos también otras implementaciones:

- Nokia VitalQIP (DNS/DHCP): https://www.nokia.com/networks/bss-oss/vitalqip-ip-address-management/
- Cisco Network Registrar (DNS/DHCP) : http://www.cisco.com/

7.3.3 Telnet

Telnet es un protocolo de emulación de terminal. Establece una sesión entre una estación de trabajo (cliente Telnet) y una máquina remota (servidor Telnet). Se transmite cualquier comando escrito por el cliente y se ejecuta en el servidor Telnet. El eco del proceso remoto se redirige a la estación de trabajo, que ve el resultado del comando. Telnet debe conocer los comandos del sistema operativo remoto.

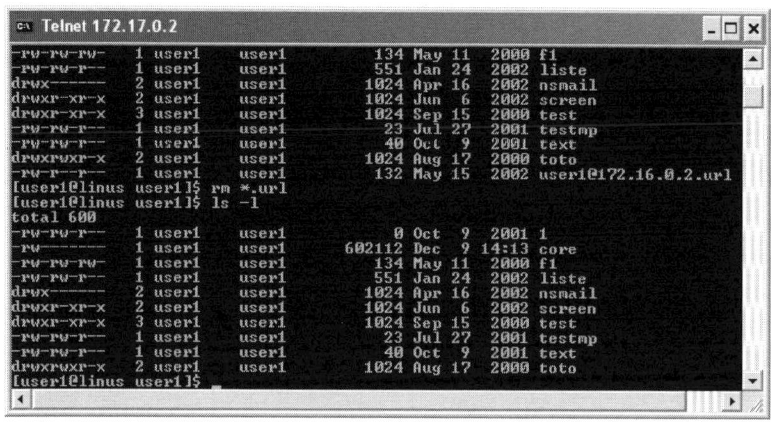

Observación

Este servicio utiliza el puerto TCP 23.

Los servidores (Windows, Linux...) u otros componentes administrables a distancia (conmutadores, routers...) pueden disponer de un servicio Telnet.

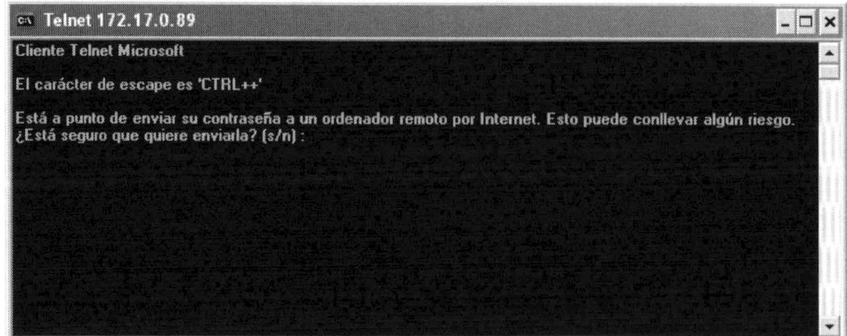

Observación

Por razones de seguridad, este servicio suele estar desactivado de manera predeterminada. Al tratarse de un protocolo antiguo, no es muy seguro. Por ejemplo, la contraseña se comunica de manera transparente. El protocolo SSH (Secure Shell) es equivalente, pero bastante más fiable a este nivel.

7.3.4 Network Time Protocol (NTP)

Introducción

El protocolo NTP o protocolo de sincronización de relojes de ordenadores en red fue propuesto en 1985 por el profesor David Mills, de la Universidad de Delaware.

Han ido apareciendo diferentes versiones:

- v1, en 1988, RFC 1059.
- v2, en 1989, RFC 1199.
- v3, en 1992, RFC 1305.
- v4, en 2010, RFC 5905.

Observación

La RFC NTPv4 está disponible en la URL: https://datatracker.ietf.org/doc/rfc5905.

Jerarquía NTP

Al más alto nivel de organización, tenemos los relojes atómicos, que sirven de referencia a nivel mundial.

Se puede consultar la hora de estos relojes, ya sea a través de receptores que recuperan la hora atómica por diferentes medios (satélite, radio, cable), ya sea a través de servidores ubicados en el primer nivel de la jerarquía. Se habla de **capa 1** (o *stratum* 1) para designar los **servidores primarios**.

Los servidores de hora de nivel inferior son los de **capa 2** y se dirigen a los servidores de capa 1. A partir de este nivel 2, se habla de **servidores secundarios**.

La norma prevé un máximo de 16 capas.

En general, los clientes se sitúan en los niveles 3 o 4.

A nivel mundial, la jerarquía se define a nivel de continentes, y a continuación de países.

De este modo, a nivel mundial, el nombre **pool.ntp.org** identifica un pool de servidores.

Observación

Puede encontrar información complementaria disponible en: https://www.ntppool.org/es/

A nivel de continentes, se definen los siguientes nombres:

Continente	Nombre
Asia	asia.pool.ntp.org
Europa	europe.pool.ntp.org
América del Norte	north-america.pool.ntp.org
Oceanía	oceania.pool.ntp.org
América del Sur	south-america.pool.ntp.org

Luego, dependiendo de cada país, hay servidores NTP disponibles.

Observación

En la URL https://www.ntppool.org/fr/zone/es hay una lista de servidores NTP españoles de diferentes capas.

Funcionamiento en un dominio Microsoft

Cuando los ordenadores están conectados a un entorno de dominio Active Directory Microsoft (directorio LDAP), el mecanismo de sincronización NTP está asegurado por defecto, sin tener que configurar los ordenadores individualmente.

Observación

De hecho, cuando se utiliza la autentificación Kerberos, es indispensable que los ordenadores estén correctamente sincronizados, ya que la autorización de acceso se da a través de testigos válidos para una duración determinada, basados en las horas de los ordenadores.

Los equipos de trabajo sincronizan su reloj en el momento de inicio de sesión con el servidor (llamado «controlador de dominio») que valida su petición.

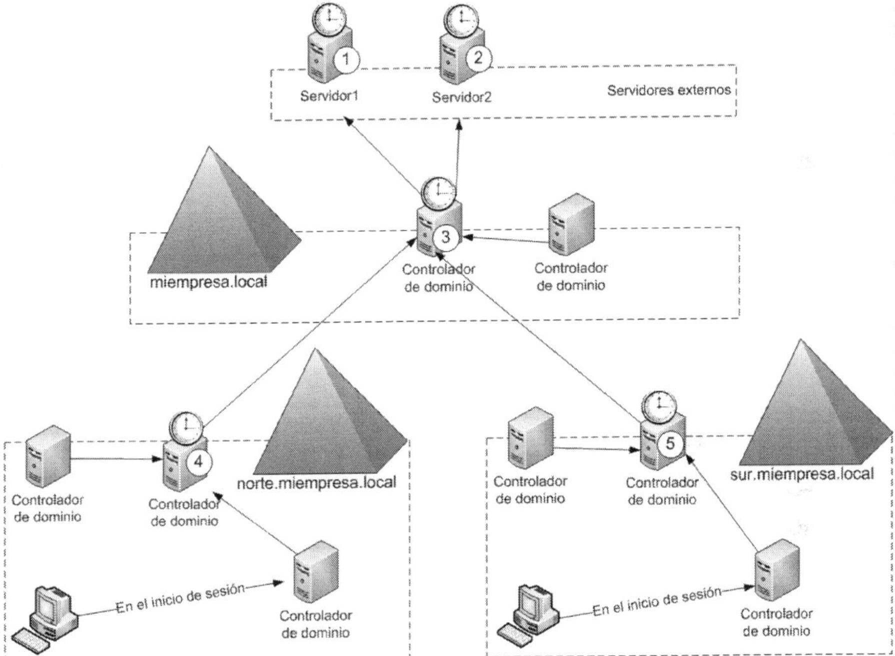

Sincronización de ordenadores en un dominio Active Directory de Microsoft

Los controladores de dominio, a su vez, se tienen que sincronizar con el servidor, que desempeña un papel que permite especialmente servir de referencia temporal: servidores (4) y (5).

A continuación, el dominio se puede organizar en diferentes niveles: se habla de dominios hijo y de dominio raíz.

Los controladores de dominio que proporcionan hora a los equipos de trabajo de los dominios hijo (norte y sur) se tienen que sincronizar a su vez con el controlador de dominio raíz que desempeña el papel de servir de referencia temporal: (3).

Por último, el servidor de referencia interno se tiene que sincronizar también con servidores externos: (1) y (2).

7.3.5 Simple Network Management Protocol (SNMP)

Dada la complejidad de un entorno informático en red, es necesario poder supervisar y gestionar de forma centralizada tanto los componentes de hardware, conmutadores, routers, como los componentes de software, bases de datos, servidores web, servicios de red.

Este desafío, extremadamente ambicioso, es posible a condición de utilizar protocolos normalizados, como SNMP.

Lo que está en juego es importante para la empresa, pero los costes asociados a una solución de este tipo suelen ser elevados. Deben ser acordes con los riesgos de pérdida de actividad y los costes generales por una indisponibilidad del servicio.

SNMP o *Simple Network Management Protocol* es un protocolo elemental que asegura el transporte entre los equipos supervisados y administrados y la consola de administración o supervisión.

El protocolo SNMP se basa en UDP y utiliza los puertos 161 y 162.

Ha evolucionado, y actualmente ofrece su versión 3, que es más segura que las anteriores, en las que la contraseña se intercambiaba sin cifrar en las tramas de red. Con la v3, un usuario con contraseña permite hacer las conexiones más seguras. También se puede encriptar el contenido de la información reportada.

Se han publicado diferentes RFC a medida que han evolucionado las versiones de SNMP. Las principales RFC son: RFC 1155 (SNMPv1), RFC 1901 (SNMPv2c) y RFC 3411 (SNMPv3).

Funcionamiento

En un entorno SNMP, en los equipos supervisados están disponibles los servicios integrados. Se les llama «agentes SNMP». Permiten interactuar con el supervisor SNMP para responder a las peticiones de información (acceso de lectura) o a peticiones de actualización de configuración (acceso de escritura).

La compartimentación SNMP existe a través de comunidades que permiten definir un espacio de trabajo común; por ejemplo, la comunidad por defecto «privada» permite autorizar el acceso de escritura a los agentes, mientras que la comunidad por defecto «pública» autoriza solo acceso de lectura.

Otro mecanismo inherente a SNMP es la alerta SNMP o «trampa», que permite programar un agente para enviar un mensaje en caso de que se supere algún límite: ancho de banda WAN saturado, servicio a punto de saturarse, vínculo WAN roto, memoria o espacio en disco saturados de un servidor en concreto.

En general, el supervisor permite mostrar de forma gráfica un estado del entorno con colores que permiten identificar rápidamente cualquier anomalía.

Este mecanismo de supervisión normalmente está junto a un mecanismo de detección automática del entorno.

Además de la recogida de información, existe también un mecanismo de *polling* que permite testar la presencia de IP «sensibles» en la infraestructura (routers, servidores concretos).

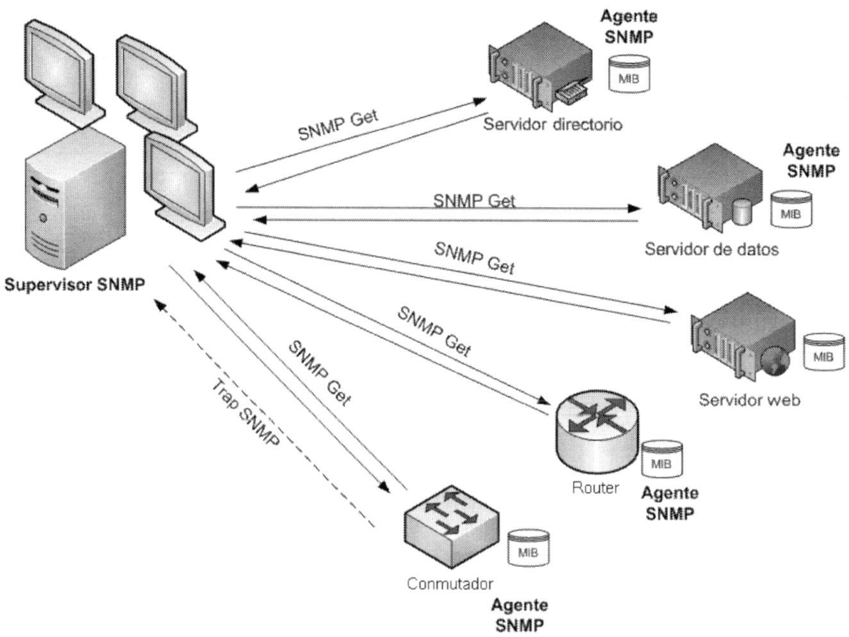

Comunicaciones SNMP supervisor - agentes

Organización de los datos SNMP

Los agentes SNMP disponen de parámetros de configuración, de estadísticas de rendimiento, de información de hardware o de software, que se organiza en una base de datos jerárquica llamada MIB (*Management Information Base*). La última versión es la MIB II.

Algunos sitios ofrecen herramientas para navegar por las MIB con objeto de buscar contadores específicos:

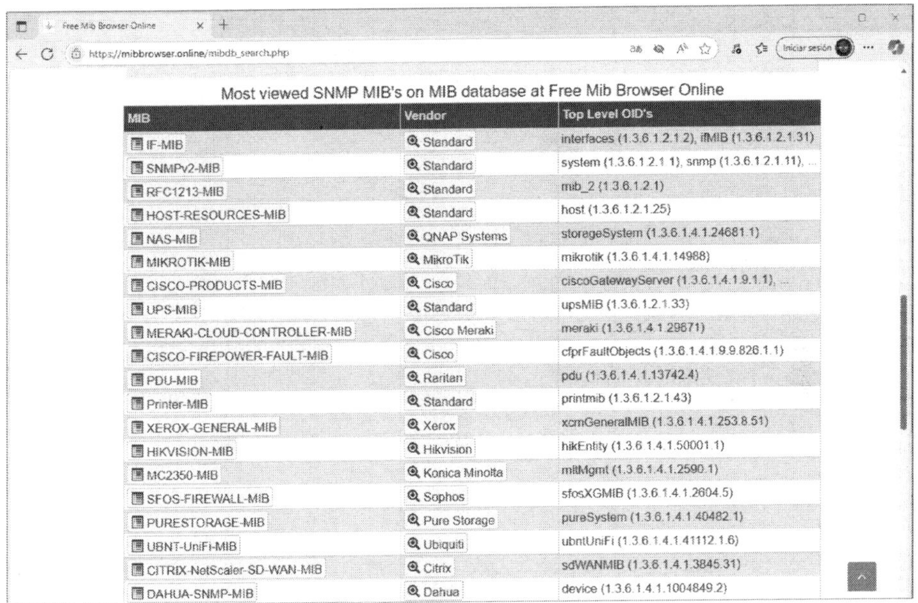

Most viewed SNMP MIB's on MIB database at Free Mib Browser Online

MIB	Vendor	Top Level OID's
IF-MIB	Standard	interfaces (1.3.6.1.2.1.2), ifMIB (1.3.6.1.2.1.31)
SNMPv2-MIB	Standard	system (1.3.6.1.2.1.1), snmp (1.3.6.1.2.1.11), ...
RFC1213-MIB	Standard	mib_2 (1.3.6.1.2.1)
HOST-RESOURCES-MIB	Standard	host (1.3.6.1.2.1.25)
NAS-MIB	QNAP Systems	storegeSystem (1.3.6.1.4.1.24681.1)
MIKROTIK-MIB	MikroTik	mikrotik (1.3.6.1.4.1.14988)
CISCO-PRODUCTS-MIB	Cisco	ciscoGatewayServer (1.3.6.1.4.1.9.1.1), ...
UPS-MIB	Standard	upsMIB (1.3.6.1.2.1.33)
MERAKI-CLOUD-CONTROLLER-MIB	Cisco Meraki	meraki (1.3.6.1.4.1.29671)
CISCO-FIREPOWER-FAULT-MIB	Cisco	cfprFaultObjects (1.3.6.1.4.1.9.9.826.1.1)
PDU-MIB	Raritan	pdu (1.3.6.1.4.1.13742.4)
Printer-MIB	Standard	printmib (1.3.6.1.2.1.43)
XEROX-GENERAL-MIB	Xerox	xcmGeneralMIB (1.3.6.1.4.1.253.8.51)
HIKVISION-MIB	Hikvision	hikEntity (1.3.6.1.4.1.50001.1)
MC2350-MIB	Konica Minolta	mltMgmt (1.3.6.1.4.1.2590.1)
SFOS-FIREWALL-MIB	Sophos	sfosXGMIB (1.3.6.1.4.1.2604.5)
PURESTORAGE-MIB	Pure Storage	pureSystem (1.3.6.1.4.1.40482.1)
UBNT-UniFi-MIB	Ubiquiti	ubntUniFi (1.3.6.1.4.1.41112.1.6)
CITRIX-NetScaler-SD-WAN-MIB	Citrix	sdWANMIB (1.3.6.1.4.1.3845.31)
DAHUA-SNMP-MIB	Dahua	device (1.3.6.1.4.1.1004849.2)

Obtención de información de SNMP en general: https://mibbrowser.online/

Así, es posible identificar claramente los contadores disponibles:

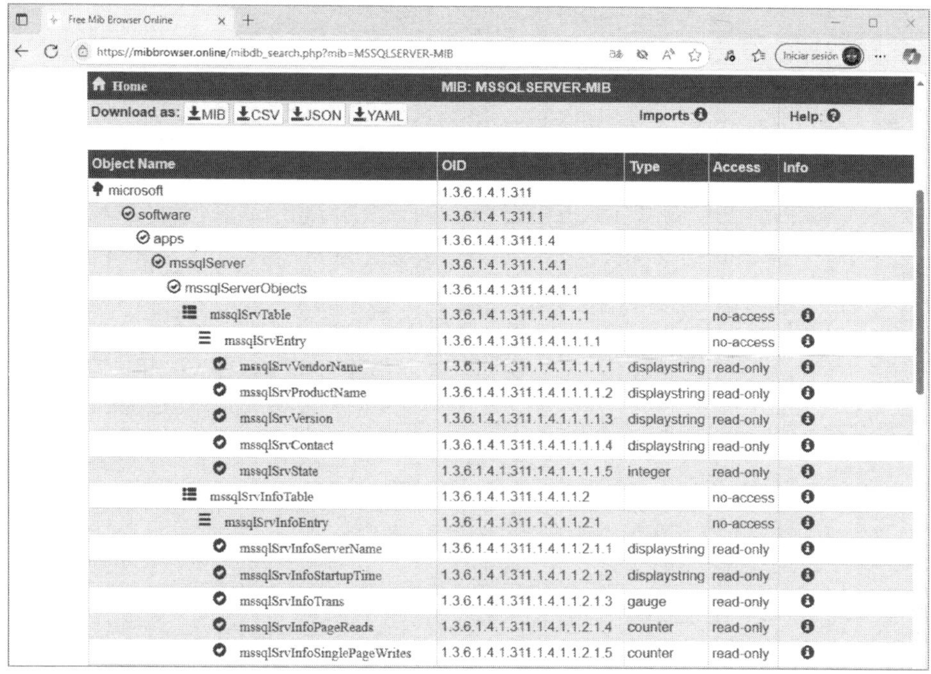

Object Name	OID	Type	Access	Info
microsoft	1.3.6.1.4.1.311			
software	1.3.6.1.4.1.311.1			
apps	1.3.6.1.4.1.311.1.4			
mssqlServer	1.3.6.1.4.1.311.1.4.1			
mssqlServerObjects	1.3.6.1.4.1.311.1.4.1.1			
mssqlSrvTable	1.3.6.1.4.1.311.1.4.1.1.1		no-access	
mssqlSrvEntry	1.3.6.1.4.1.311.1.4.1.1.1.1		no-access	
mssqlSrvVendorName	1.3.6.1.4.1.311.1.4.1.1.1.1.1	displaystring	read-only	
mssqlSrvProductName	1.3.6.1.4.1.311.1.4.1.1.1.1.2	displaystring	read-only	
mssqlSrvVersion	1.3.6.1.4.1.311.1.4.1.1.1.1.3	displaystring	read-only	
mssqlSrvContact	1.3.6.1.4.1.311.1.4.1.1.1.1.4	displaystring	read-only	
mssqlSrvState	1.3.6.1.4.1.311.1.4.1.1.1.1.5	integer	read-only	
mssqlSrvInfoTable	1.3.6.1.4.1.311.1.4.1.1.2		no-access	
mssqlSrvInfoEntry	1.3.6.1.4.1.311.1.4.1.1.2.1		no-access	
mssqlSrvInfoServerName	1.3.6.1.4.1.311.1.4.1.1.2.1.1	displaystring	read-only	
mssqlSrvInfoStartupTime	1.3.6.1.4.1.311.1.4.1.1.2.1.2	displaystring	read-only	
mssqlSrvInfoTrans	1.3.6.1.4.1.311.1.4.1.1.2.1.3	gauge	read-only	
mssqlSrvInfoPageReads	1.3.6.1.4.1.311.1.4.1.1.2.1.4	counter	read-only	
mssqlSrvInfoSinglePageWrites	1.3.6.1.4.1.311.1.4.1.1.2.1.5	counter	read-only	

Obtención de información detallada de una MIB Microsoft SQL Server

Implementación

Existen numerosas soluciones que permiten cartografiar el entorno de red para supervisarlo en tiempo real.

Las soluciones más recientes pueden monitorizar tanto infraestructuras y equipos On-Prem como aquellas disponibles en modo SaaS.

Solarwinds

Soluciones completas basadas en plataformas como Solarwinds ofrecen una amplia gama de paneles de control y mapas para monitorizar en tiempo real el estado de salud de infraestructuras, servidores o aplicaciones.

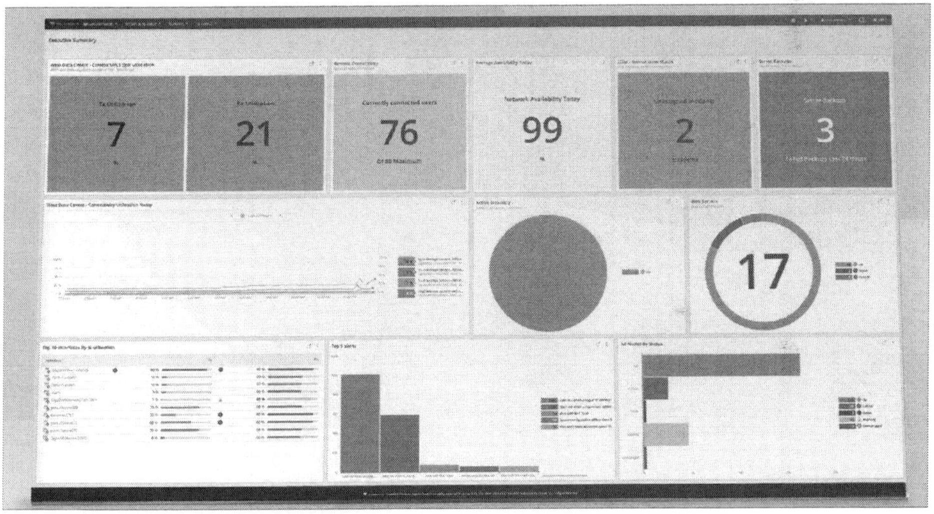

Cartografía en tiempo real con la solución solarwinds.com

Nagios

Otra solución de supervisión, llamada Nagios, se basa en componentes de código abierto. De este modo es posible, mediante la licencia libre, disponer de un conjunto de herramientas totalmente gratuitas para supervisar en tiempo real el estado de todo el sistema informático.

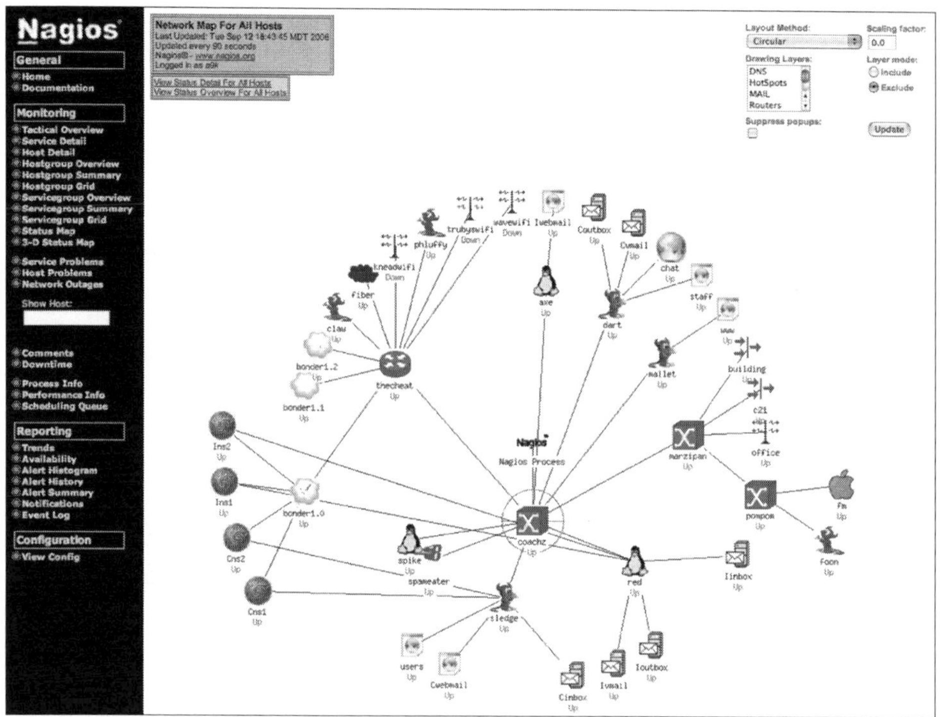

Nagios

Observación

Puede encontrar información adicional en la web oficial: https://www.nagios.org/

MRTG/PRTG (Multi Router Traffic Grapher/Paessler Router Traffic Grapher)

A veces, es necesario hacer un análisis profundo de los datos recogidos para poder observar anomalías. En estas situaciones, es preciso disponer de herramientas gráficas que permitan una visualización resumida de esta información. Herramientas como PRTG están especializadas en la visualización de información obtenida de los routers, conmutadores o cortafuegos.

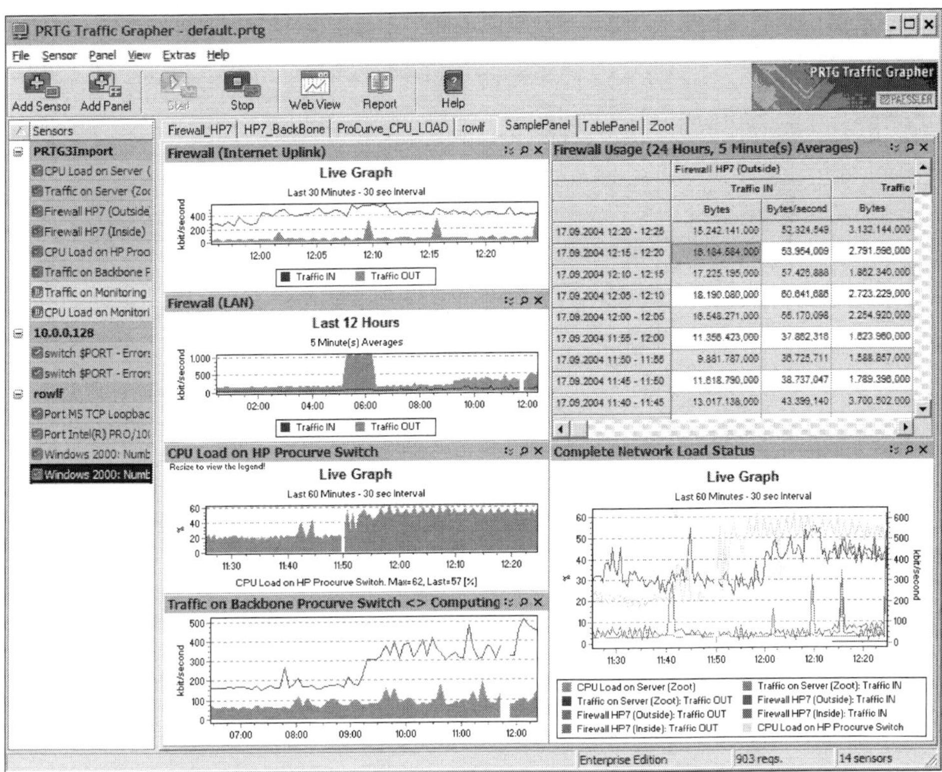

PRTG Traffic Grapher

Net Inspector

Otras utilidades, como Net Inspector, también permiten realizar una cartografía para seguir en tiempo real el estado del entorno:

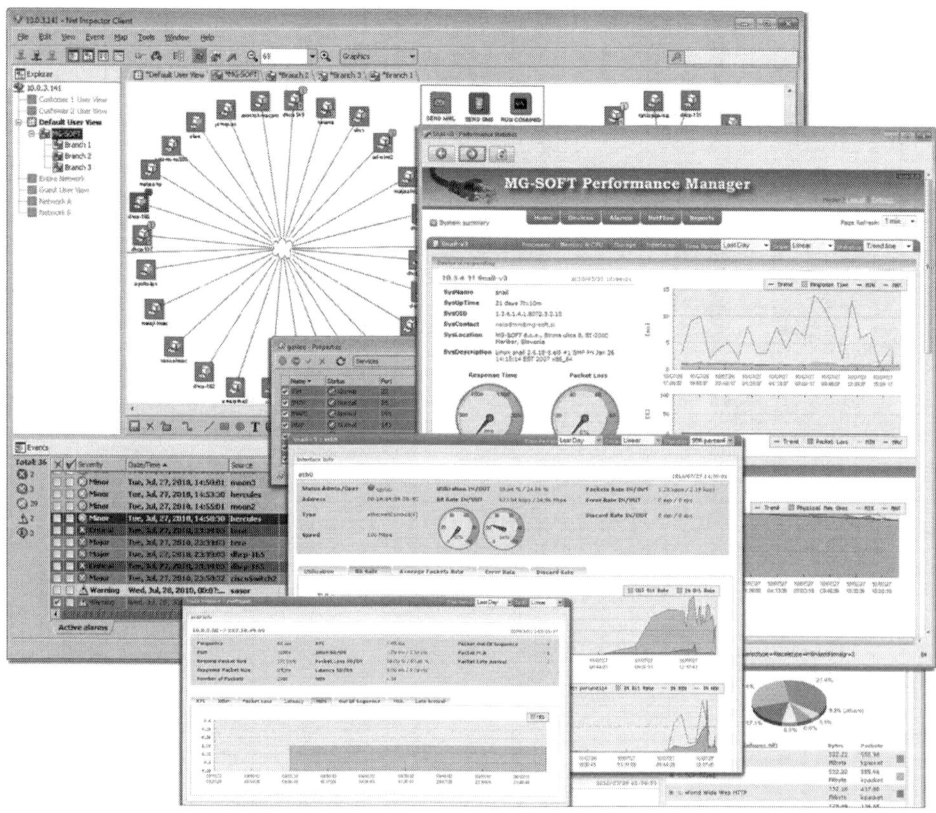

MG-SOFT Net Inspector

7.4 Servicios de autenticación

Para proteger los datos en un sistema informático, es necesario desplegar mecanismos que garanticen que la persona que accede a los datos es legítima y es quien dice pretende ser.

7.4.1 Métodos de autentificación

La autenticación combina dos conceptos importantes: la prueba de identidad, así como una colección de información complementaria (tal como una lista de grupos de miembros) que luego permitirá el acceso automático sin necesidad de volver a autenticarse: esto se conoce como *Single Sign-On* o SSO (inicio de sesión único) cuando una autenticación inicial permite la validación automática del acceso a otros recursos.

Por lo tanto, el contexto de la aplicación almacenará tanto un contexto de seguridad (pertenencia a una lista de grupos) como información confidencial vinculada al usuario (por ejemplo, el hash (función criptográfica que genera una sucesión de letras y números) de la contraseña).

Observación

En Windows, el comando whoami /all enumera los grupos a los que pertenece el usuario.

Muchas aplicaciones implementan la autenticación, en distintas formas:

- aquellas desarrolladas en modo «Windows integrado» que dependen de la autenticación de Windows (NTLM o Kerberos).
- aquellas basadas en un «token» (ficha) en modo federado (por ejemplo, SAML u OpenID Connect).

A continuación, se ofrece información complementaria sobre estos métodos de autenticación.

7.4.2 NTLM

NTLM (*New Technology LAN Manager*) es un antiguo método de autenticación patentado por Microsoft que tiene más de veinte años, basado en un mecanismo de desafío/respuesta: un cliente realiza un «desafío» (*challenge* en inglés) a un servidor para acceder a un recurso; el servidor «responde» entonces al cliente, solicitando información para permitir el acceso. En la forma más sencilla, el desafío/respuesta puede ser una simple contraseña, que el servidor solicitará y el cliente devolverá para que el acceso se autorice (véase Seguridad a nivel de recursos en el capítulo Presentación de los conceptos de red).

Observación

En la literatura técnica, la traducción «estimulación/respuesta» se utiliza a menudo para «desafío/respuesta».

NTLM funciona de un modo algo más elaborado y puede llegar a pedir un contexto de autenticación completo además de la información clásica (nombre de dominio, nombre de usuario); la contraseña no se envía necesariamente de forma directa en forma de hash (véase más adelante), sino que este hash se utiliza para cifrar una cadena aleatoria enviada por el servidor.

Una de las ventajas de esta tecnología es que permite el SSO (*Single Sign-On*), es decir, el usuario sólo tiene que proporcionar su nombre de usuario y contraseña una vez al abrir la sesión; el hash de la contraseña se almacena y se reproducirá cada vez que se necesite.

La principal debilidad de este tipo de método es que la contraseña, aunque esté almacenada en el servidor o controlador de dominio (servidor que aloja el directorio de Microsoft) en forma de un resumen criptográfico (hash), no está protegida por un mecanismo de «salado» (técnica que consiste en añadir una cadena de caracteres aleatorios al hash, protegiéndolo así de los mecanismos de ataque por «Fuerza Bruta»).

NTLM está ampliamente implantado, incluso en los nuevos sistemas por razones de compatibilidad. De hecho, como segundo recurso, cuando falla la autenticación Kerberos, es el uso de NTLM.

Del mismo modo, este protocolo se utiliza a menudo para autenticar a un proxy dentro de una intranet corporativa.

No se recomienda el uso de NTLM hoy en día porque no se basa en los nuevos métodos criptográficos recomendados, tales como AES (*Advanced Encryption Standard*, estándar de cifrado avanzado) o SHA-256 (*Secure Hash Algorithm*, algoritmo de resumen criptográfico avanzado).

¿Cómo funciona el protocolo NTLM?

NTLM autentifica a los usuarios mediante un mecanismo de desafío/respuesta.

Este proceso se basa en tres tipos de mensajes:

1) Mensaje de negociación, enviado por el cliente que especifica:

– qué características es capaz de admitir,

– qué características le gustaría utilizar.

```
> Frame 7: 292 bytes on wire (2336 bits), 292 bytes captured (2336 bits) on interface \Device\NPF_{A332641A-D102-4AD4-83D6-DA
> Ethernet II, Src: HonHaiPr_f7:51:31 (b0:10:41:f7:51:31), Dst: FreeboxS_56:b9:4e (f4:ca:e5:56:b9:4e)
> Internet Protocol Version 4, Src: 192.168.1.44, Dst: 192.168.1.254
> Transmission Control Protocol, Src Port: 3183, Dst Port: 445, Seq: 74, Ack: 207, Len: 238
> NetBIOS Session Service
v SMB2 (Server Message Block Protocol version 2)
  > SMB2 Header
  v Negotiate Protocol Request (0x00)
      [Preauth Hash: 7114efbdd0f323ebaef67aa71f5bc26972b4ff815f207ced491d9f17fdea0da4e4a31653…]
    > StructureSize: 0x0024
      Dialect count: 5
    > Security mode: 0x01, Signing enabled
      Reserved: 0000
    > Capabilities: 0x0000007f, DFS, LEASING, LARGE MTU, MULTI CHANNEL, PERSISTENT HANDLES, DIRECTORY LEASING, ENCRYPTION
      Client Guid: fbb0ea28-6a23-11ec-83df-f8a963e1c630
      NegotiateContextOffset: 0x00000070
      NegotiateContextCount: 4
      Reserved: 0000
      Dialect: SMB 2.0.2 (0x0202)
      Dialect: SMB 2.1 (0x0210)
      Dialect: SMB 3.0 (0x0300)
      Dialect: SMB 3.0.2 (0x0302)
      Dialect: SMB 3.1.1 (0x0311)
    > Negotiate Context: SMB2_PREAUTH_INTEGRITY_CAPABILITIES
    > Negotiate Context: SMB2_ENCRYPTION_CAPABILITIES
    > Negotiate Context: SMB2_COMPRESSION_CAPABILITIES
    > Negotiate Context: SMB2_NETNAME_NEGOTIATE_CONTEXT_ID
```

Mensaje de negociación con las funcionalidades que se admiten (capacidades)

2) Mensaje de solicitación (*challenge* o desafío), enviado por el servidor:

- lista de las características admitidas.
- lista de las características admitidas acordadas al cliente.
- una llave aleatoria, el «desafío» (16 bytes).

3) Mensaje de autenticación, enviada por el cliente:

- nombre del dominio.
- nombre del usuario.
- la respuesta = el desafío encriptado con el hash de la contraseña del usuario.
- el desafío.

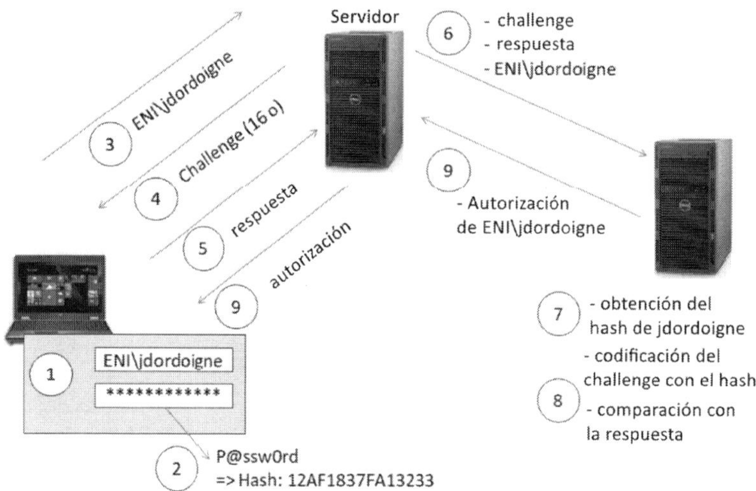

Proceso de autenticación NTLM

El proceso de autenticación NTLM sigue estos pasos:

- 1) El usuario proporciona su nombre, contraseña y nombre de dominio en su estación de trabajo (cliente).
- 2) El cliente genera un hash de la contraseña (un resumen criptográfico) y la borra.
- 3) El cliente transmite el nombre de usuario en texto sin codificar al servidor.

- 4) El servidor responde al cliente con un «desafío» transmitiendo una clave (un número aleatorio de 16 bytes).
- 5) A cambio, el cliente envía una «respuesta», que es una versión cifrada de la clave, utilizando el hash de la contraseña del usuario.
- 6) A continuación, el servidor transmite al controlador de dominio local (que puede verificar la existencia del usuario y la validez del hash de la contraseña) la información relacionada con el usuario: el desafío, la respuesta y el nombre de usuario.
- 7) El controlador de dominio extrae el hash de la contraseña del usuario de su base de datos y lo utiliza para cifrar el «desafío» (*challenge*).
- 8) El controlador de dominio puede entonces comparar la versión cifrada del desafío con la respuesta del cliente.
- 9) Si los dos son idénticos, el usuario es finalmente autentificado y se le concede el acceso.

Observación

Si la autenticación se realiza mediante una cuenta local del servidor, entonces éste comprueba en su base de datos local (base de datos SAM) la existencia de la cuenta y recupera el hash de la contraseña asociada.

7.4.3 Kerberos

Historia

El objetivo inicial de Kerberos (un derivado del proyecto Athena de 1984) era evitar que las contraseñas, incluso las cifradas, circularan por la red, teniendo en cuenta que los datos circulan por una red pública sin protección. De hecho, el principal problema de la circulación de una contraseña reside en la capacidad de interceptar las tramas y reproducirlas (sin tener que conocerlas necesariamente).

Principios

Kerberos se basa en un sistema de cifrado de claves simétricas entre dos interlocutores, que garantiza un diálogo seguro; la clave sirve tanto para para cifrar como para descifrar los intercambios. Los algoritmos de encriptación utilizados son públicos (AES, DES, 3DES).

La solución Kerberos depende de un tercero de confianza (identificado como *Key Distribution Center*, Centro de Distribución de Claves o KDC), que distribuirá las claves a los usuarios y servicios registrados en el ámbito de Kerberos.

Ejemplo

El usuario accede a su estación de trabajo (el cliente) en una red distribuida y desea acceder a recursos identificados en una base de datos centralizada que contiene el ServicePrincipalName o SPN (identificador de servicio Kerberos en red).

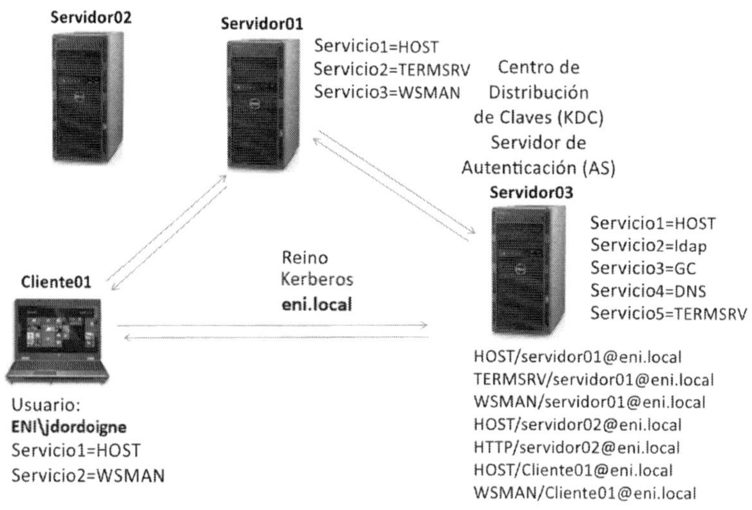

Kerberos: ServicePrincipalNames, AS y KDC

Observación

El reino de Kerberos se llama Realm en inglés.

El papel principal de un protocolo de autenticación es identificar mutuamente a las partes: en Kerberos, el cliente, el servidor y el centro de distribución de claves se autentican mutuamente.

Kerberos consta de tres partes:

- una base de datos de usuarios y servicios (*llamados Principals*).
- un servidor de autenticación (AS) que realiza la autenticación inicial y emite un «ticket» (billete) al reino Kerberos (TGT o *Ticket Granting Ticket*; ticket de autenticación).
- un servidor de concesión de tickets de servicio (TGS) que proporciona servicios basados en el TGT inicial.

Observación

En un Directorio Activo de Microsoft, los servidores que alojan la base del directorio (los controladores de dominio) ejecutan el servicio KDC y realizan la autenticación (AS). La base del directorio contiene tanto las cuentas de usuario con sus secretos, como las cuentas de ordenador con los SPN asociados.

ServicePrincipalNames o SPN

Un SPN es un nombre que identifica de forma exclusiva un servicio proporcionado por un anfitrión (host) en un dominio Kerberos. Se compone de la siguiente forma: «servicio/servidor@reino».

Cada ordenador (cliente o servidor) tiene una cuenta en el directorio que almacena los servicios que ofrece. Estos dependen de los roles instalados en los ordenadores.

Existen roles genéricos, como el de **HOST**, que reúne un conjunto de servicios y suele utilizarse para el acceso a los archivos compartidos (CIFS).

TERMSRV se refiere al uso del protocolo RDP (*Remote Desktop Protocol*) que permite la conexión remota a un servidor en modo gráfico (*Remote Desktop Services*).

WSMAN (*Web Services for Management*) es un servicio que permite la administración remota de máquinas Windows (a través de PowerShell en particular).

Para el servidor de autenticación de Microsoft (controlador de dominio), generalmente hay SPN de tipo **ldap**, **DNS**, **GC** (*Global Catalog*).

Mecanismo y mensajes de Kerberos

En principio, cada ordenador y usuario se autentifica con el reino Kerberos para obtener un TGT (*Ticket Granting Ticket*) que podría traducirse como un pase que permite el acceso al reino Kerberos.

A continuación, se suele solicitar un ticket de petición de servicio para que un usuario, desdc una estación de trabajo, pueda acceder a un recurso (por ejemplo, un recurso compartido de red de Microsoft).

Cada billete es válido por un periodo limitado.

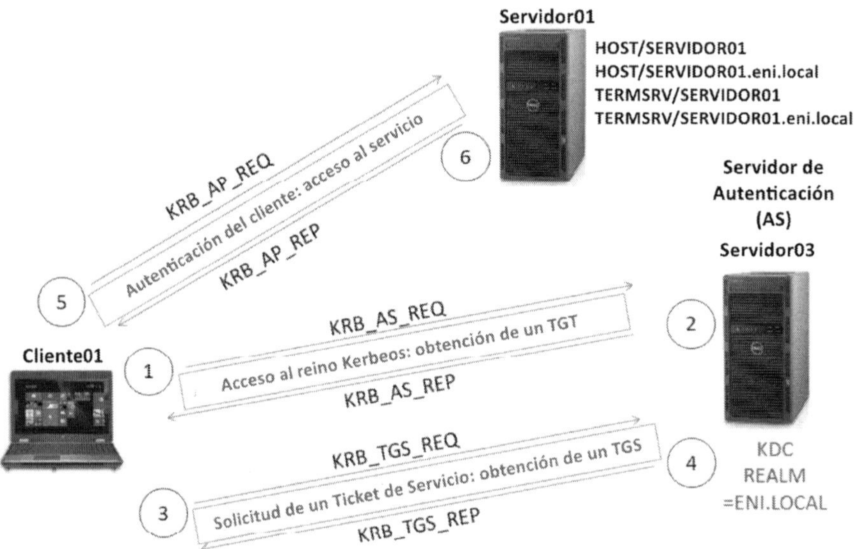

Kerberos: mecanismos y mensajes

Todos los intercambios entre las máquinas están asegurados de forma que los datos confidenciales no puedan interceptarse; para ello, o bien se utilizan directamente los secretos de las entidades (sobre todo cuando se produce un intercambio con el KDC, que conoce todos los secretos del reino), o bien se utiliza una clave de sesión para asegurar los intercambios entre pares.

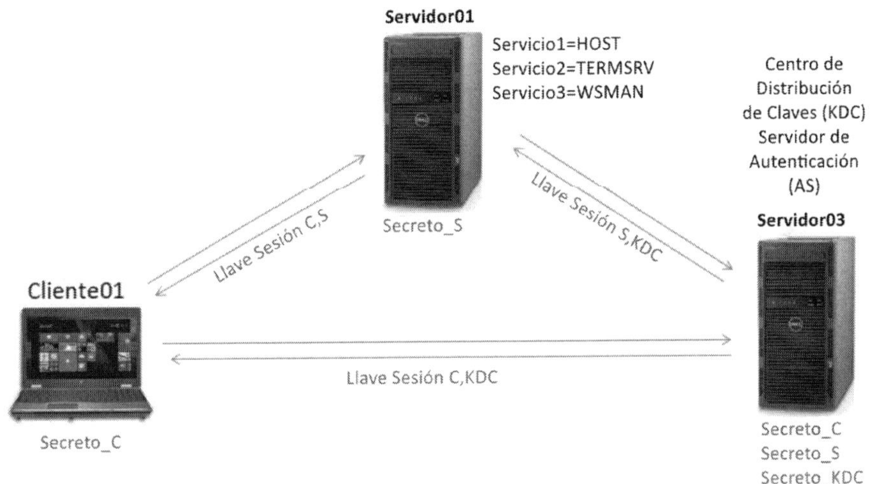

Kerberos: secretos y claves de sesión

Autenticación del cliente en el reino Kerberos

El primer paso es validar el acceso al reino (Realm) de Kerberos. Para ello, se enviarán dos mensajes «Type» en forma de pregunta/respuesta:

(1) KRB_AS_REQ: petición de autenticación al servicio Kerberos

(2) KRB_AS_REP: respuesta de la autenticación al servicio Kerberos

Los distintos mensajes se basan en varios acrónimos:

- KRB: Kerberos.
- AS: Authentication Service (servicio de autenticación).
- REQ/REP: Request/Reply (petición/respuesta).

En la siguiente imagen se muestra un ejemplo de un ticket obtenido para acceder al ámbito de Kerberos (nótese la segunda parte del ticket que está encriptada):

```
c:\Users\jdordoigne>klist tgt

LogonId     0:0x14c2d1

TGT en caché:

ServiceName          : krbtgt
TargetName (SPN)     : krbtgt
ClientName           : jdordoigne
NombredeDominio      : ENI.LOCAL
TargetDomainName     : ENI.LOCAL
AltTargetDomainName: ENI.LOCAL
Marcas de vales      : 0x40e10000 -> forwardable renewable initial pre_authent name_canonicalize
Clave de sesión      : KeyType 0x12 - AES-256-CTS-HMAC-SHA1-96
                     : KeyLength 32 - 00 00 00 00 00 00 00 00 00 00 00 00 00 00 00 00 00 00 00 00 00 00
StartTime            : 1/15/2022 21:46:26 (Local)
EndTime              : 1/16/2022 7:46:26 (Local)
RenewUntil           : 1/22/2022 21:46:26 (Local)
TimeSkew             :  + 0:00 minuto(s)
EncodedTicket        : ( tamaño: 1680)
0000  61 82 06 8c 30 82 06 88:a0 03 02 01 05 a1 10 1b  a...0...........
0010  0e 53 4f 43 49 45 54 45:2e 4d 4d 41 2e 46 52 a2  .....ENI.LOCAL..
0020  23 30 21 a0 03 02 01 02:a1 1a 30 18 1b 06 6b 72  #0!.......0...kr
0030  62 74 67 74 1b 0e 53 4f:43 49 45 54 45 2e 4d 4d  btgt..ENI.LOCAL.
0040  41 2e 46 52 a3 82 06 48:30 82 06 44 a0 03 02 01  A.FR...H0..D....
0050  12 a1 03 02 01 05 a2 82:06 36 04 82 06 32 98 5e  .........6...2.^
0060  de 88 fc 34 da 1d c2 eb:b2 2b d1 8b 5d db cc a1  ...4.....+..]...
0070  2f f8 0d 5c ad 4f b6 18:8b 5e 1c 4d a2 8c 2b d6  /..\.O...^.M..+.
0080  dd 0b 21 f4 cd dd a2 89:91 14 6b 6c 6e 9e 06 97  ..!.......kln...
```

Ejemplo de ticket TGT para el acceso al reino ENI.LOCAL

Observación

Tenga en cuenta que para solicitar el acceso al reino Kerberos en el directorio de Microsoft, el sistema utiliza el secreto de un usuario deshabilitado cuyo nombre es krbtgt (TGT Kerberos).

Petición de ticket de servicio

(3) KRB_TGS_REQ: petición de ticket de servicio Kerberos

(4) KRB_TGS_REP: respuesta a la petición

Una vez validado el acceso al reino, el cliente puede empezar a solicitar tickets de servicio, que pueden enviarse al servidor en cuestión, para acceder a los servicios deseados.

```
Cliente: JDORDOIGNE @ ENI.LOCAL
Servidor: cifs/SERVIDOR01.eni.local/eni.local @ ENI.LOCAL
Tipo de cifrado de vale Kerbeos: AES-256-CTS-HMAC-SHA1-96
Marcas de vale 0x40e10000 -> forwardable renewable pre_authent ok_as_delegate name_canonicalize
Hora de inicio: 1/15/2022 20:47:30 (Local)
Hora de finalización: 1/16/2022 6:46:28 (Local)
Hora de renovación: 1/22/2022 20:46:28 (Local)
Tipo de clave de sesión: AES-256-CTS-HMAC-SHA1-96
Marcas de caché: 0
KDC llamado: SERVIDOR03.eni.local
```

Ejemplo de un ticket TGS para acceder al servicio cifs/SERVIDOR01.ENI.LOCAL

Acceso al servidor

Una vez que el cliente tiene su ticket de servicio, puede presentarlo al servidor, que validará el acceso al recurso en cuestión.

(5) KRB_AP_REQ: petición de acceso a la aplicación

(6) KRB_AP_REP: respuesta a la petición

Así, para obtener el acceso para el usuario ENI\jdordoigne, tenemos:

- obtuvo un acceso al reino Kerberos ENI.LOCAL para jdordoigne,
- obtuvo un ticket de servicio para el acceso cifs al servidor Servidor01.eni.local,
- validó nuestra petición de acceso al servicio.

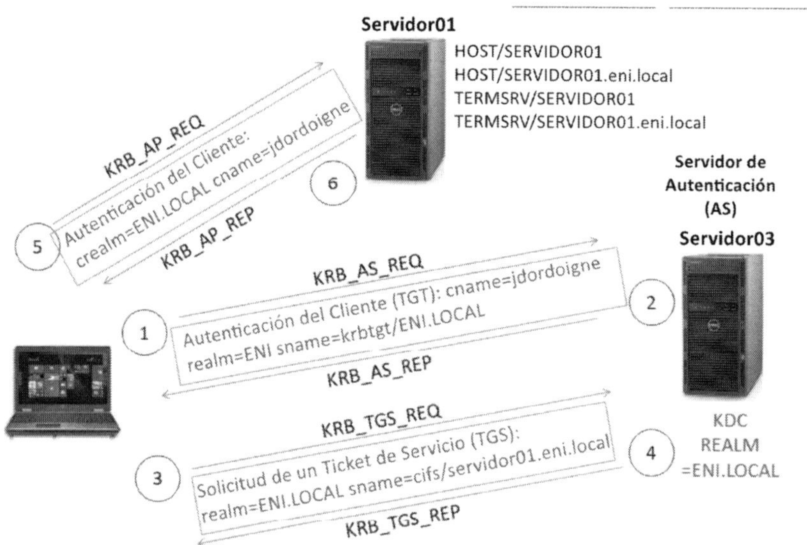

Obtención de un ticket de servicio cifs/SERVIDOR01 para ENI\jdordoigne

Donde **crealm**, se refiere al «reino del cliente», **cname** es el «nombre del usuario» y **sname** es el «nombre del servicio».

7.4.4 SAML 2.0

Esta norma 2.0 (pronunciada como Samel) fue normalizada por OASIS en 2005. Hace referencia a **Security Assertion Markup Language** o Lenguaje de Marcado de Conformaciones de Seguridad y permite la autenticación en formato SAML XML de los usuarios de la empresa para permitirles acceder a múltiples aplicaciones iniciando una sola sesión (*Single Sign-On* o SSO).

SAML proporciona la estructura XML para el intercambio de datos de autenticación y autorización entre el **proveedor de identidades** (llamado IdP o *Identity Provider*) y el **proveedor de servicios**.

Proveedor de identidades

Autentifica al usuario y permite recopilar información adicional relacionada con su identidad.

Proveedor de servicios

Protege el acceso a las aplicaciones, deniega el acceso al usuario no autentificado y lo redirige a su proveedor de identidades.

Entre los proveedores de servicios más habituales están Office 365, Salesforce, Webex, Zoom, Dropbox y ServiceNow.

Existen varios tipos de perfiles SAML que describen el conjunto de parámetros, protocolos y enlaces que pueden utilizarse en función de los casos de uso encontrados. Entre los perfiles SAML, encontraremos principalmente los relacionados con el SSO y, en particular, el **WEB Browser SSO**.

Observación

SAML 2.0 se describe en el RFC 7522:
https://datatracker.ietf.org/doc/rfc7522

7.4.5 OpenID Connect

OpenID Connect es un estándar abierto basado en el protocolo OAuth 2.0 y utiliza un token web JSON (JWT o *JSON Web Token*) que es el token de identificación (*ID Token*). Esta norma permite la autentificación del usuario en aplicaciones móviles o sitios web.

Así es posible, por ejemplo, conectarse a un sitio comercial desde una cuenta de Facebook, o a aplicaciones como YouTube desde una cuenta de Google.

Observación

Se describe JWT en la rfc 7519: https://datatracker.ietf.org/doc/rfc7519

Capítulo 9
Principios de protección de una red

1. Comprensión de la necesidad de la seguridad

Conocer los fallos potenciales y las necesidades de protección de su red es un tema importante. Esta toma de conciencia es relativamente reciente. Por ejemplo, muchos de los protocolos que se utilizan no se diseñaron originalmente para ser protocolos seguros. Entre ellos, la mayoría de los relacionados con TCP/IP.

Las interconexiones entre los sistemas se multiplicaron, especialmente a través de la red pública internet, donde aparecieron numerosos fallos. No se puede pensar en eliminar absolutamente todos los riesgos, pero se pueden reducir conociéndolos y adoptando las medidas adecuadas.

1.1 Garantías exigidas

La seguridad en red se basa en cuatro puntos clave:

- la **autentificación**, que permite asegurar la identidad para conocer el origen de las comunicaciones.
- la **confidencialidad**, que tiene por objetivo evitar cualquier fuga de información.
- la **integridad**, para prohibir o conocer las modificaciones y evitar pérdidas de información.

– la **disponibilidad**, que permite asegurar un servicio en todo momento.

Como complemento a estos cuatros temas, se puede mencionar el concepto de la **no-denegación**, cuyo objetivo es garantizar, en cualquier circunstancia, el origen de una comunicación o de una transferencia de datos. Para ello, recupera un concepto familiar de nuestra vida cotidiana, como es la firma, pero en formato electrónico.

1.2 Peligros latentes

1.2.1 La circulación de los datos

En muchas redes, la parte fundamental, o más bien la totalidad de las comunicaciones, transitan sin protección. El contenido es legible por cualquiera.

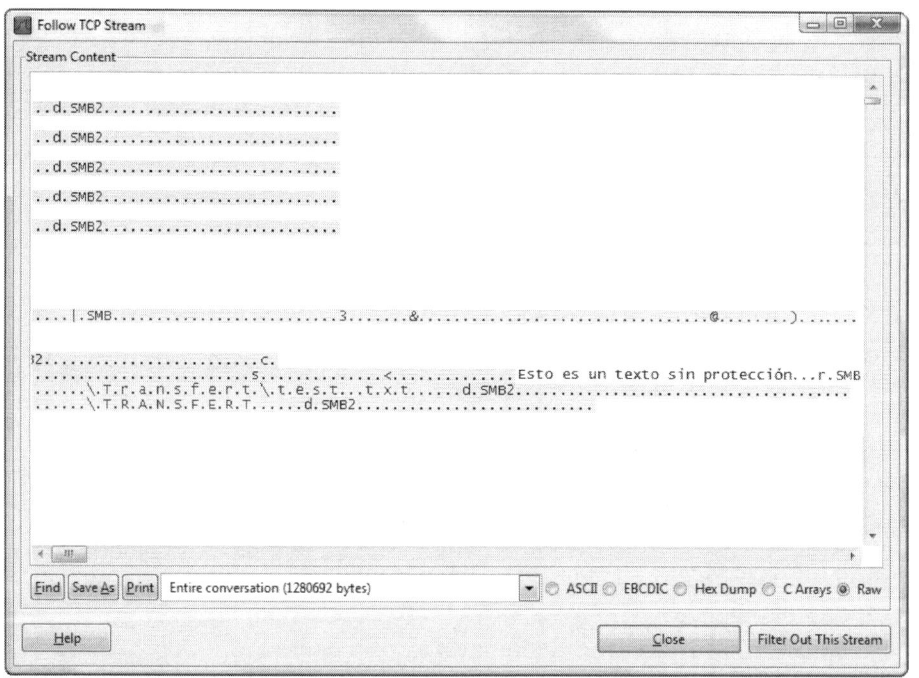

Extracto de la reconstrucción de una trama de red

El análisis de tramas anterior corresponde a una solicitud de apertura de un archivo almacenado en un servidor, hecha desde un equipo de trabajo. Podemos ver que su contenido, «esto es un texto sin protección», se ha reconstruido a través de la comunicación de red.

1.2.2 Protocolos de Red y Transporte

Los protocolos de comunicación de red pueden ser el objetivo de ataques dirigidos a sus componentes, es decir, a sus cabeceras.

Se conocen numerosos métodos para esto. Se han utilizado ampliamente las diferentes capas de un modelo como TCP/IP, en que los dos niveles, Red y Transporte, tienen algunas inconsistencias.

Por ejemplo, en *Internet Protocol* (IP), se puede suplantar la asignación lógica de direcciones. Igualmente se pueden manipular las operaciones de fragmentación/defragmentación.

Internet Control Message Protocol (ICMP) y el uso de los comandos «ping» han sido objeto de numerosos ataques.

Se puede aprovechar el establecimiento de conexión (3-way handshake) del protocolo *Transmission Control Protocol* (TCP) para apropiarse de las comunicaciones.

Esto no son más que algunas operaciones, pero existen muchas más. Afortunadamente, la experiencia ha permitido convertir estos protocolos en más fiables. De hecho, el software que los controla tiene en cuenta desde hace algún tiempo los antecedentes de los numerosos ataques que se han intentado.

Aunque estas capas no estén al abrigo de nuevas tentativas, los riesgos se reducen cada vez más.

1.2.3 Protocolos aplicativos estándares

Las últimas amenazas contemplan sobre todo las capas altas. Protocolos aplicativos estándares de TCP/IP, como *HyperText Transfer Protocol* (HTTP), *Simple Mail Transfer Protocol* (SMTP), *File Transfer Protocol* (FTP), *Domain Name System* (DNS), están especialmente amenazados. De hecho, se utilizan con tanta frecuencia que encontrar fallos de seguridad es muy sencillo.

Estos protocolos aplicativos, como los de nivel inferior, presentan numerosos fallos de seguridad debido a que su diseño es antiguo. Incluso podemos decir que es la interpretación del software la que conlleva los principales problemas.

Por ejemplo, la utilización de páginas dinámicas en Internet, cada vez más avanzada, y la de los programas complementarios, implica una programación cada vez más compleja de los navegadores web. Constantemente se descubren nuevos fallos que se deben corregir.

Otros enfoques, como el uso de archivos adjuntos en el correo electrónico, permitió una nueva posibilidad de propagación de los virus.

1.2.4 Protocolos de capas bajas

En el nivel de las capas más bajas, la protección no debe dejarse de lado, cualquiera que sea el tamaño de la red. A nivel local, el uso de conmutadores para la interconexión de ordenadores a la red Ethernet implica la protección de este protocolo. También se debe implantar seguridad para Wi-Fi.

Si la comunicación sobrepasa el ámbito de la empresa, debe ser una prioridad atenuar los peligros potenciales.

1.2.5 Riesgos a nivel de software

Los equipos en la red se han vuelto complejos. Los conmutadores, como los routers, proporcionan funciones muy importantes. Son controlados por verdaderos sistemas operativos que, como cualquier aplicación informática de red, contiene fallos potencialmente aprovechables para un ataque.

Es necesario proteger los medios de administración y las cuentas asociadas.

Estos sistemas operativos se deben actualizar igual que los servidores y los equipos de trabajo.

2. Herramientas y tipos de ataques

Además de la penetración en un sistema, los ataques por denegación del servicio (DoS - *Denial of Service*) son muy frecuentes. Tienen como objetivo solicitar un servicio de red repetidamente hasta que este no puede responder a las solicitudes legítimas, e incluso se para. Para conseguir una mayor eficacia, puede ser que miles de máquinas ataquen simultáneamente. Se habla de denegación de servicio distribuida (DDoS - *Distributed Denial of Service*).

2.1 Ingeniería social

Esta técnica, llamada en inglés *social engineering*, consiste en manipular a las personas para eludir los dispositivos de seguridad. Se parte de la idea de que el ser humano es el eslabón débil en el sistema de información y se aprovecha su ignorancia o credulidad.

La estafa mediante el *phishing*, compuesta por las palabras inglesas *phreaking* (piratería de líneas telefónicas) y *fishing* (pesca), es una variante muy eficaz. Este timo consiste en un envío por correo electrónico para incitar al usuario a divulgar sus datos confidenciales, como por ejemplo los bancarios. Primero se envía un correo electrónico que contiene un enlace a un sitio web falso que imita a uno real. A menudo, el objetivo es obtener el número de la tarjeta de crédito.

El sitio incibe.es permite comprender los fraudes en línea y ofrece un resumen de las principales alertas de phishing existentes:

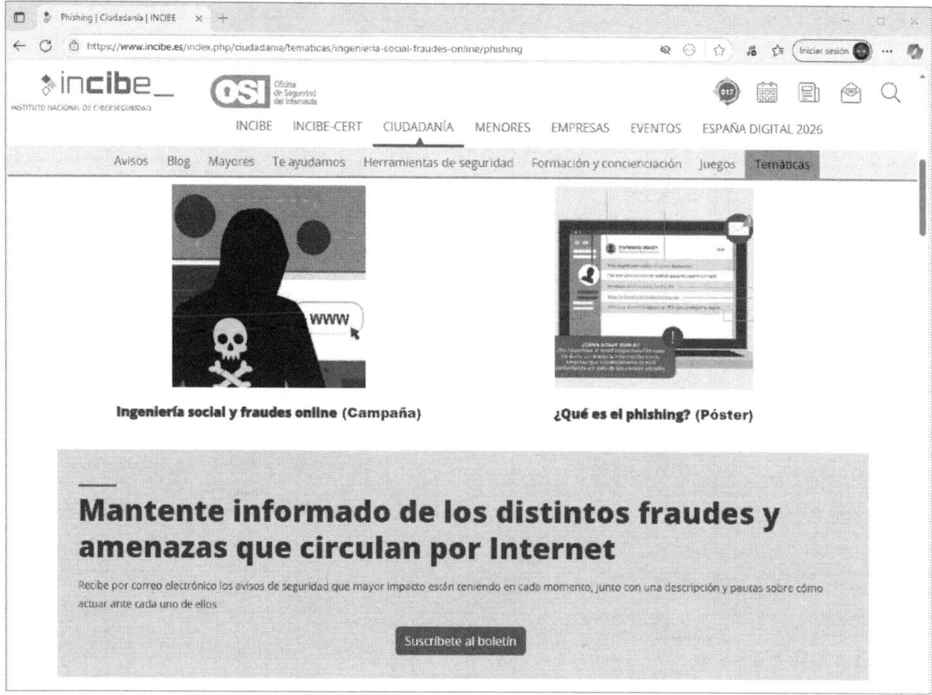

Alertas phishing en https://www.incibe.es/index.php/ciudadania/tematicas/ingenieria-social-fraudes-online/phishing

A continuación, vamos a dar una serie de consejos simples para frustrar los ataques por correo electrónico.

Comprobación del nombre del remitente

Si el nombre del remitente es desconocido y tiene un archivo adjunto, rechace directamente el mail.

Si conoce el remitente, pero no es habitual que el mail venga con un archivo adjunto, rechace el mail. Piense que a sus amigos les han podido robar su libreta de direcciones y entonces usted puede ser el objetivo de un ataque.

Generalmente, puede ver la dirección completa del remitente dejando el ratón algunos segundos sobre el nombre visualizado para evitar abrir directamente el mail y arriesgarse a una infección de su PC.

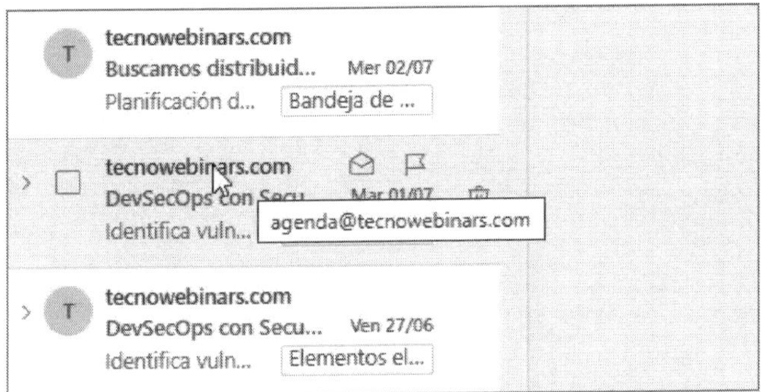

Aparición del nombre del remitente pasando el ratón

También puede ocurrir que el verdadero nombre del remitente esté oculto en un correo electrónico o que le ofrezcan una recompensa:

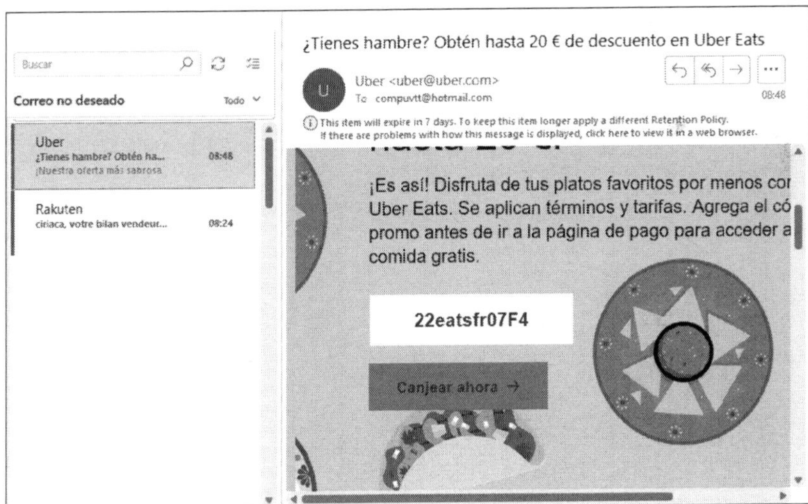

Ejemplo de una elaborada estafa "phishing"

Si hace clic en el enlace del correo electrónico y tiene instalado un módulo de análisis de reputación, puede ser que reciba el siguiente mensaje.

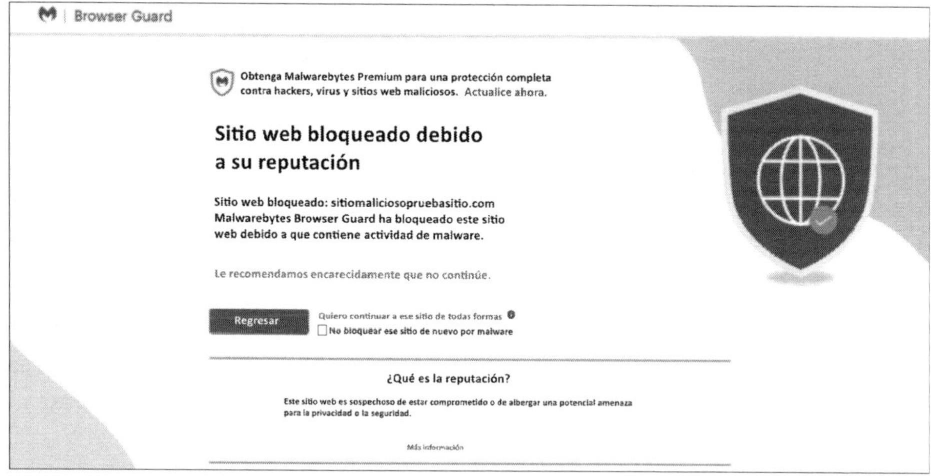

Módulo Malwarebytes de bloqueo de sitios maliciosos

También es posible apoyarse en sitios que realizan análisis adicionales:

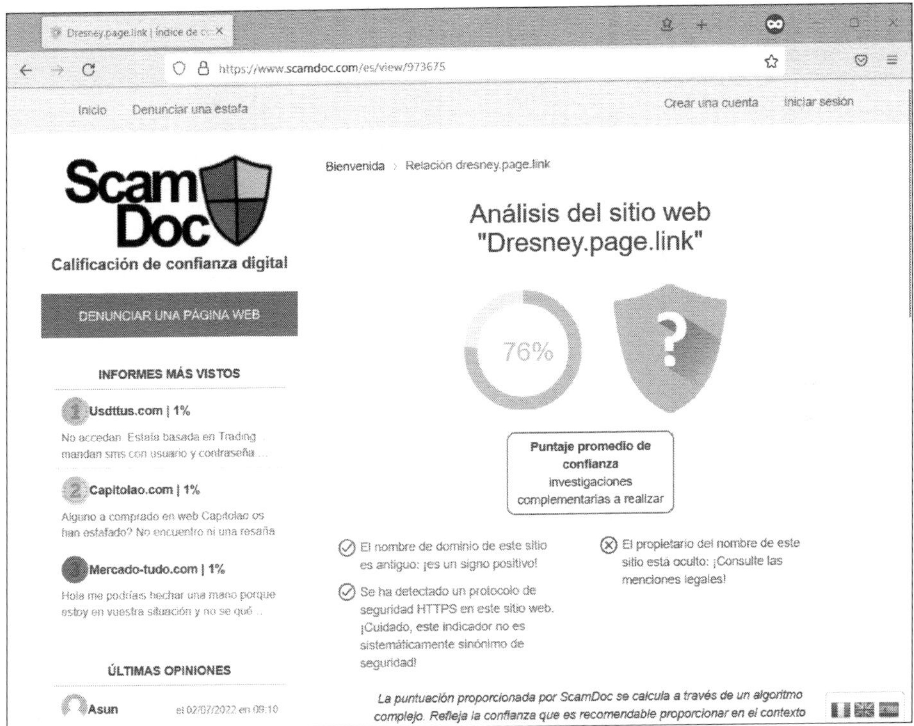

Sitio scamdoc.com/es

Autenticidad del nombre de dominio

Es importante asegurarse de que el nombre del dominio subyacente (dirección del remitente o vínculo de una URL asociada) es correcto: @nombreempresa y no @cualquiercosa-nombreempresa. Solo el '.' garantiza que se trate de un nombre de subdominio real que se pueda considerar de confianza:

Por ejemplo, a continuación, puede ver tres direcciones:

- contacto@serviciocliente-bankia.com
- contacto@serviciocliente.bankia.es
- serviciocliente@bankia.es

¿Cuáles le ofrecen más confianza?

Recuerde que el nombre de dominio .COM es muy fácil de obtener sin ninguna comprobación.

Para el dominio .ES, es más difícil, ya que se llevan a cabo un mínimo de comprobaciones cuando se realiza la petición de nombre de dominio.

En este último caso, el nombre de dominio finaliza en .com y serviciocliente no es un subdominio que utilice la banca. Por lo tanto, el nombre «serviciocliente-bankia.com» es potencialmente un nombre que no tiene nada que ver con el que usted conoce.

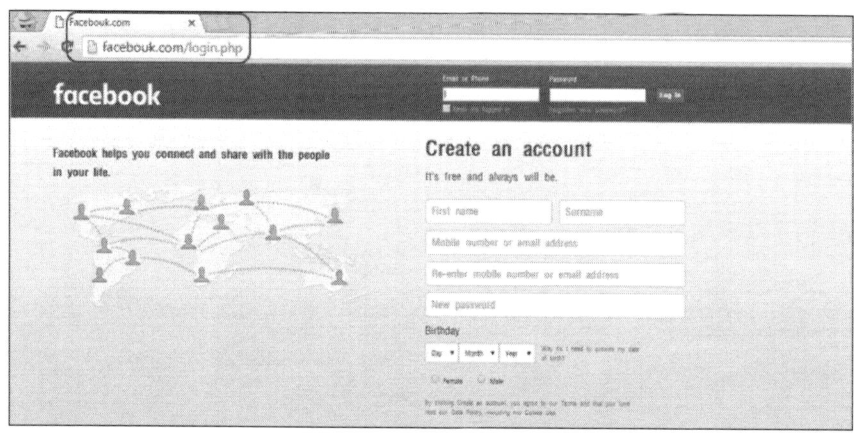

Ejemplo de sitio falso: facebook se convierte en facebouk

Comprobar la URL de los enlaces antes de hacer clic

Todos los ataques de phishing proponen acceder a una página web a través de un enlace.

- Compruebe las URL antes de hacer clic.
- Autentifique la dirección del dominio en cuestión.
- Compruebe que el enlace no le lleva al contenido activo (¡ya está en la URL!), sino a una página sin un contenido específico.

Generalmente, el nombre de la URL mostrada no corresponde al enlace real.

Si recibe un mail de un organismo oficial, de manera general, no haga clic nunca en el enlace si tiene dudas; utilice el acceso directo que tenga en sus favoritos para ir al sitio habitual.

Comprobación de los archivos adjuntos

No abra nunca archivos adjuntos por mail sin haber hecho antes un control antivirus o antimalware como mínimo.

Puede ser necesario descargar el contenido antes de poder analizarlo (en un cliente de correo web): descargue el correo sin abrir el documento y haga un análisis con el antivirus.

Circulan numerosos archivos adjuntos ejecutables (.exe, .gif, .js...). Las extensiones de estos archivos adjuntos no son directamente visibles, preste atención.

Filtros inteligentes

Los navegadores web ofrecen filtros que protegen contra el phishing.

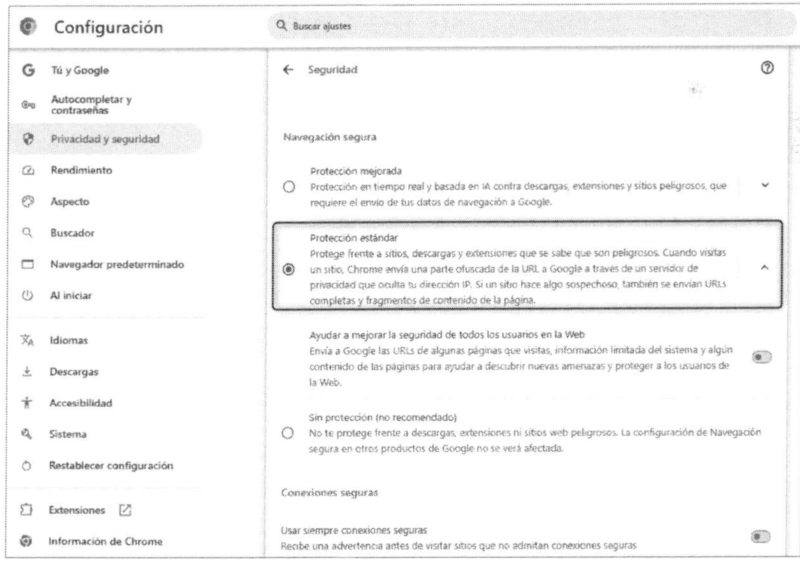

Ejemplo de filtro inteligente ofrecido por Chrome

Los sistemas operativos también ofrecen soluciones de filtrado en función de las aplicaciones utilizadas.

Filtro smartscreen en Windows 11

2.2 Escuchas de red

En un contexto de seguridad o incluso para dar soporte, es importante equiparse adecuadamente para medir la confidencialidad de los datos intercambiados o para comprender las tramas que se transmiten en la red. En el mundo del software libre, existen muchas aplicaciones. Entre ellas, **WireShark** ha reemplazado al célebre Ethereal. Es capaz de reconstruir una sesión TCP, es gratuito y tiene licencia GPL. La escucha de red o *sniffing* es sobre todo una actividad de expertos, ya que las herramientas no sustituyen a la capacidad de interpretación.

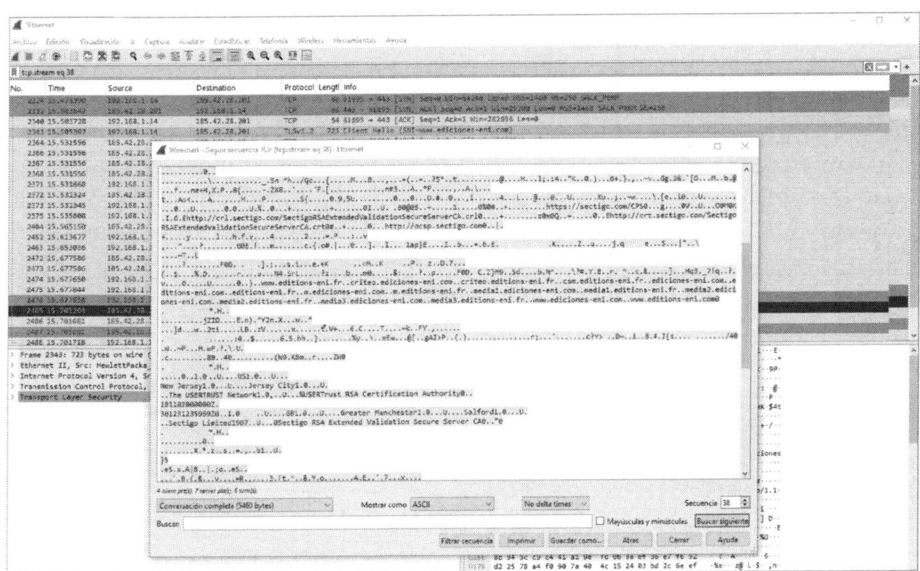

Ejemplo de seguimiento de una sesión TCP

2.3 Análisis de los puertos

En una red de tipo TCP/IP, un servicio escucha por un puerto, TCP o UDP, que le es propio. A cada uno corresponde un número entre 0 y 65 535. Históricamente, la primera serie, hasta 1024, incluye los puertos conocidos (*well known port*) de aplicaciones estándar, como:

- 80, para HTTP.
- 443 para HTTPS.
- 25, para SMTP.
- 53, para DNS.
- 21, para FTP.

El análisis de puertos consiste en recorrerlos sucesivamente. Se habla de «scan». Cuando se solicita un puerto en escucha, responde. A veces se devuelve mucha información, como se puede ver en la siguiente imagen. Este servidor Windows 2003, de prueba afortunadamente, acumula, entre otras cosas, los servicios de directorio LDAP, y las funciones de servidor HTTP y SMTP de *Internet Informations Server* (IIS). El escáner de puertos utilizado es gratuito y extremadamente fácil de utilizar.

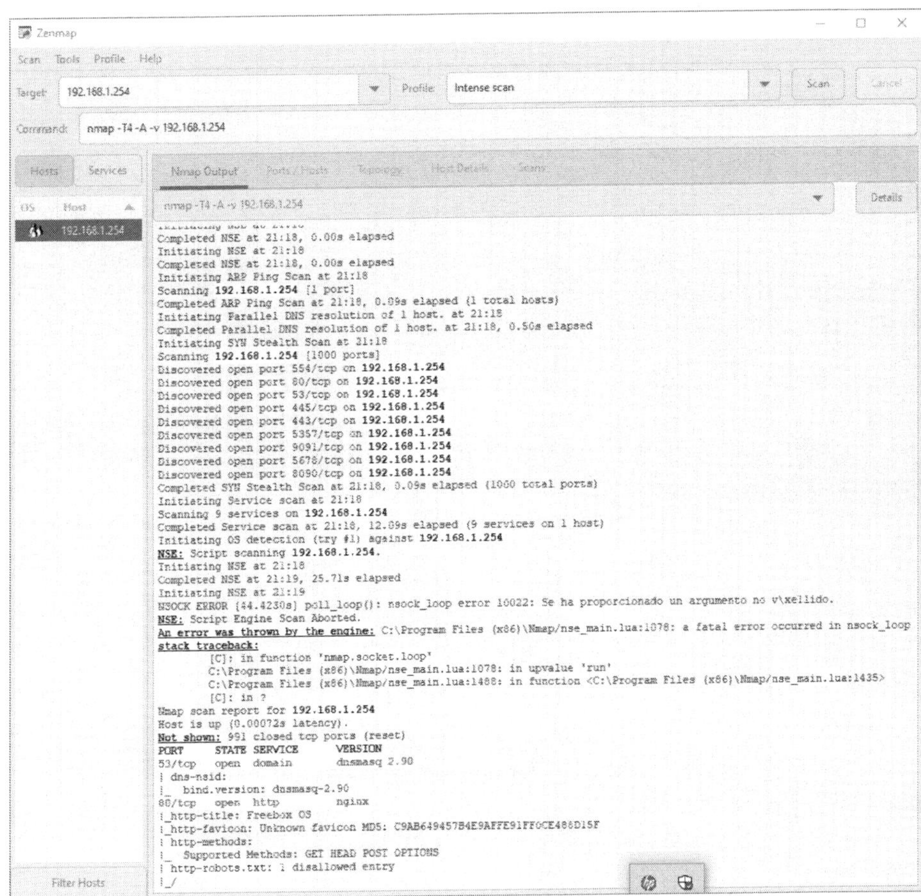

Ejemplo de análisis con Nmap de un modem internet (IP privada)

Existen numerosos programas gratuitos disponibles en Internet, como Nmap (*Network mapper*) o SuperScan. Proponen diferentes técnicas de barrido, más o menos discretas, que permiten que la escucha sea menos fácilmente detectable.

2.4 Códigos maliciosos

Estas aplicaciones se pueden componer de dos funciones diferentes:

- un posibilidad de reproducirse.
- una posibilidad de ataque, con una carga nociva.

A menudo se designan con el nombre genérico de virus, pero realmente se les puede diferenciar. Este nombre se define claramente en la RFC 1135, que puede encontrarse en la dirección https://www.ietf.org/rfc/rfc1135.txt

Un virus es un bloque de código que se introduce en un huésped para propagarse, pero hay que ejecutarlo para que se active. Es diferente del gusano (*worm*), que se propaga por el correo electrónico o por fallos de la red. El gusano no contiene necesariamente una carga nociva. La bomba lógica, que se ejecuta condicionalmente, por ejemplo, en una fecha determinada, es una tercera variación en este tema.

Estos códigos maliciosos provocan numerosos ataques. Las principales intrusiones se dan a conocer por los medios de comunicación, lo que demuestra la importancia de sus efectos.

Los códigos maliciosos disponen de dos medios importantes de propagación. El primero es seguir utilizando la credulidad de los usuarios, mediante ingeniería social. De hecho, son muchos los que no se resisten al asunto tentador de un mail que contiene un documento adjunto recibido de un remitente desconocido.

La utilización de las vulnerabilidades de las aplicaciones es la segunda vía para su transmisión. Los sistemas operativos no son los únicos afectados. Los navegadores web también son muy vulnerables.

2.5 Programas furtivos

El **caballo de Troya** (*Trojan horse*) o troyano podría entrar en la categoría de códigos maliciosos, pero no tiene las dos funciones de estos. Por el contrario, un gusano puede instalarlo en un ordenador.

Una vez instalado, este programa permanece oculto. Puede que su función sea simplemente abrir un puerto de red o utilizarse como un servidor. Así, el pirata puede tomar el control de la máquina.

Por ejemplo, podemos citar a Optix, que es un troyano. Permite a una persona maliciosa descargar y ejecutar archivos en el ordenador de su víctima.

Una vez que se ha instalado el programa, haciendo creer que se trata de un antivirus u ofreciéndolo en un paquete más completo para que pase desapercibido, el programa se copia en la carpeta Windows y modifica el registro para ejecutarse automáticamente al arrancar el ordenador.

Una vez arrancado, abre un puerto y espera que un usuario remoto le pida realizar operaciones de transferencia de archivos o de ejecución remota por medio de la siguiente utilidad.

Ejemplo de una interfaz para manejar un troyano

El software espía o **spyware** es una subcategoría de caballo de Troya. Pueden ser:

- con un objetivo comercial, recogiendo datos para orientar campañas publicitarias,
- Informadores, que recogen información y la envían discretamente.

En esta última categoría de software espía, los programas *keyloggers* se encargan de transmitir la información introducida por medio del teclado, como contraseñas o números confidenciales.

Los **bots**, diminutivo de robots, son software que permiten controlar máquinas remotas. Pasan a ser «zombies» (código durmiente) y se pueden utilizar para lanzar un ataque programado o servir de enlace para los ataques de *spam*. Un *bot* también permite desencadenar un informador durante un periodo determinado o ejecutar un caballo de Troya a petición.

En cualquier caso, este software trabaja de espaldas al usuario, pero también de los informáticos de la empresa.

2.6 Ransomware

¿Quién no ha oído hablar de Locky que circula desde febrero de 2016?

Se trata de un ransomware (cibersecuestro de datos) que cifra sus ficheros con una extensión '.locky' y que se propaga muy rápidamente a todas las máquinas accesibles en función de los permisos de los que se disponga.

Todo empieza con la recepción de un mail de tipo factura con un archivo adjunto de Word. Si abre ese documento, cuyas macros se han desactivado por defecto, un mensaje le indica que active las macros para poder utilizar todas las funcionalidades de Word (incluida la ejecución de las macros). Aquí es donde comienza la pesadilla...

Todos los documentos se vuelven irrecuperables a menos que pague un rescate para recibir un ejecutable que le permite descifrar los contenidos a los que no podía acceder.

Este virus muta y los antivirus no siempre son capaces de detectarlo.

Observación

Puede encontrar un informe completo en la web en: https://s2grupo.es/grupos-ransomware-2025/

3. Conceptos de protección en la red local

3.1 Servicios de seguridad

Para responder a la solicitud de garantías necesarias en términos de Seguridad en Sistemas Informáticos (SSI), estos servicios deben tener en cuenta los conocimientos y análisis efectuados.

Los distintos servicios de seguridad que se deben mantener son los siguientes:

- control de acceso al sistema.
- gestión de permisos.
- integridad.
- no denegación.
- autentificación.
- confidencialidad.

Esta protección se aplica tanto a la información como a los sistemas de soporte. Es muy importante que ninguno sea forzado ni olvidado. Aquí trataremos específicamente los dos principales que debe tener una red, la autentificación y la confidencialidad.

3.1.1 El control de acceso al sistema

Se trata, sobre todo, de proteger físicamente los dispositivos. Es necesario cerrar las salas de servidores, pero también las oficinas. De hecho, se puede robar dispositivos móviles que contienen información importante.

Los sistemas operativos y otras aplicaciones deben estar protegidos mediante la configuración e instalaciones regulares de parches que corrijan los posibles errores.

Las redes se pueden aislar de otras y se deben filtrar las comunicaciones.

Se debe instalar y mantener software antivirus en todos los equipos. Se puede completar con la instalación de herramientas de detección de intrusión (IDS - *Intrusion Detection System*).

3.1.2 La gestión de permisos

El software, especialmente los sistemas operativos, utilizan su propio sistema de habilitación de accesos a los archivos o a los datos. Por ejemplo, Microsoft Windows utiliza los permisos NTFS, nombre tomado del sistema de archivos. Los sistemas Unix/Linux tienen una gestión basada en los accesos de lectura (*read*), de escritura (*write*) y de ejecución (*execute*). Los fallos en las distribuciones de estos permisos pueden aparecer rápidamente si no se utiliza una política conveniente.

Además, hay permisos no vinculados a los propios datos, pero sí a posibles acciones sobre aplicaciones, que deben administrarse complementariamente.

Para facilitar la gestión de los permisos, los usuarios se registran en bases de cuentas o directorios centralizados. Los derechos y permisos se asocian así a una cuenta o a un grupo al cual pertenece esta. A continuación, el usuario debe demostrar su identidad, dándose a conocer ante una cuenta conocida.

3.1.3 La integridad

Comprobar la integridad en las transferencias es asegurarse de que no tenga lugar ninguna modificación entre el emisor y el destinatario (hombre o máquina). Puede ser un muy buen complemento de la confidencialidad.

El CRC aún es falible y cualquier pirata lo puede manipular discretamente. Pero de todos modos sigue siendo conveniente para paliar los problemas de transmisión. La aplicación de tablas de *hash*, que calculan una huella digital, sigue siendo más fiable.

Las tablas de *hash* utilizan un algoritmo de criptografía que genera un texto de longitud fija, cualquiera que sea el tamaño del de entrada. El resultado de este cálculo se llama condensado, huella o *hash*. Esta función es de dirección única, puesto que no es posible encontrar el texto de origen a partir de la huella que se comunica al destinatario. Este puede efectuar el mismo cálculo a partir del contenido de la trama enviada. Basta solo una modificación para no encontrar el mismo resultado y considerar que se ha alterado el contenido.

Los dos principales algoritmos utilizados son:

- *Message Digest 5* (MD5), que genera huellas de 128 bits.
- *Secure Hash Algorithm 1* (SHA o SHA1), que genera resultados de 160 bits.

El servicio de integridad, en términos de almacenamiento y administración de los sistemas, lo pueden ofrecer los archivos históricos y las auditorías.

3.1.4 La no denegación

Este servicio lo proporciona la firma electrónica (que no es lo mismo que la autentificación). Su reconocimiento y, por tanto, su validación, implica la confianza de un tercero. Además, añade a esta validación de identidad un cálculo de integridad con tablas de *hash*.

La firma electrónica se puede utilizar en sitios web (validación de procedencia de los datos), en mensajes de correo electrónico, en el interior de un archivo...

3.2 Autentificación

Este servicio de seguridad es particularmente importante cuando un hardware se conecta a una red, es decir, cuando da acceso a otras máquinas. En realidad, incluye dos funciones. La primera es la identificación, es decir, el reconocimiento de la identidad. La segunda, la autentificación, comprueba la identidad declarada.

Se pueden utilizar cuatro formas de comprobación:

- «Lo que conozco», como contraseña.
- «Lo que tengo», como soporte físico (tarjeta inteligente, llave USB...).
- «Lo que soy», examinando una característica humana.
- «Lo que sé hacer», como una firma manuscrita.

En la autentificación informática, este último caso requiere una pantalla táctil. Por lo tanto, no lo trataremos en esta obra.

Cuando el alcance de una red va más allá de los edificios controlados, a través de Internet o por las ondas hertzianas, hay que hacer una reflexión sobre la elección del medio de autentificación. Existen soluciones, más elaboradas que la habitual contraseña, y de bajo coste, que reducen los riesgos de suplantación de identidad.

3.2.1 La identificación

El principal medio de identificación es el «login». El usuario lo introduce y se controla en una base de datos o un archivo.

La informática permite, como en otros aspectos de la vida, el uso de una especie de carnet de identidad, el certificado electrónico, que debe ser reconocido por todos los sistemas y, por tanto, su formato es estándar. El actual es X509, en su versión 3. A petición de uno de los extremos de la comunicación, el otro presenta su certificado para justificar su identidad.

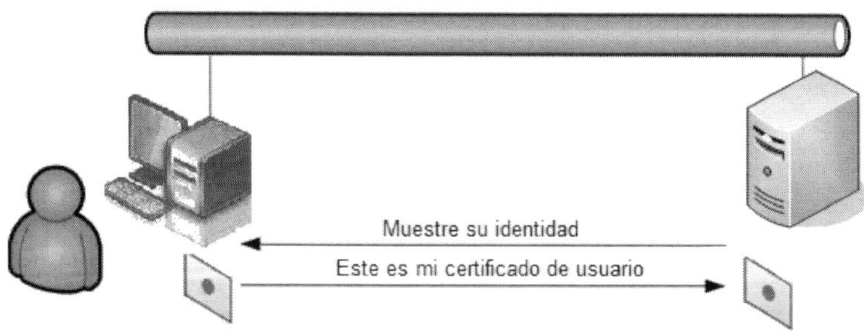

Una entidad entrega un certificado electrónico: la autoridad de certificación (CA - *Certification Authority*) o una de sus delegaciones. El ordenador que pide la comprobación debe conocer a esta entidad. Esta autoridad es la garantía de confianza.

Si no se reconoce la autoridad de certificación, aparece un mensaje explícito en el navegador (en los navegadores de nueva generación). En caso de no reconocimiento de la autoridad de certificación, esta página sustituye al cuadro de diálogo que conocemos.

Del mismo modo, si utiliza un nombre distinto del esperado para el servidor web (en este caso, la dirección IP), recibirá un mensaje de error.

Certificado cuyo nombre de sitio no coincide con el indicado

Certificado no reconocido en Firefox

Una empresa puede poner en marcha sus propios servidores de entrega y gestión de certificados. Este sistema es la infraestructura de gestión de claves (PKI - *Public Key Infrastructure*), ya que, y lo veremos más adelante, la gestión de las identidades solo es una de sus funciones.

Para evitar el despliegue y la administración de esta infraestructura, los certificados se pueden comprar a empresas especializadas. Están reconocidas a nivel mundial.

Se debe reconocer la identidad justificada por el certificado. Para esto, es necesario, en primer lugar, que la autoridad que entrega el certificado esté reconocida por el sistema que la comprueba. En los sistemas Windows, por ejemplo, están enumeradas en las propiedades del navegador (Edge), en la ficha **Contenido**. Si se despliega una infraestructura de gestión de claves para la empresa, es necesario que todos los equipos y servidores interesados la reconozcan.

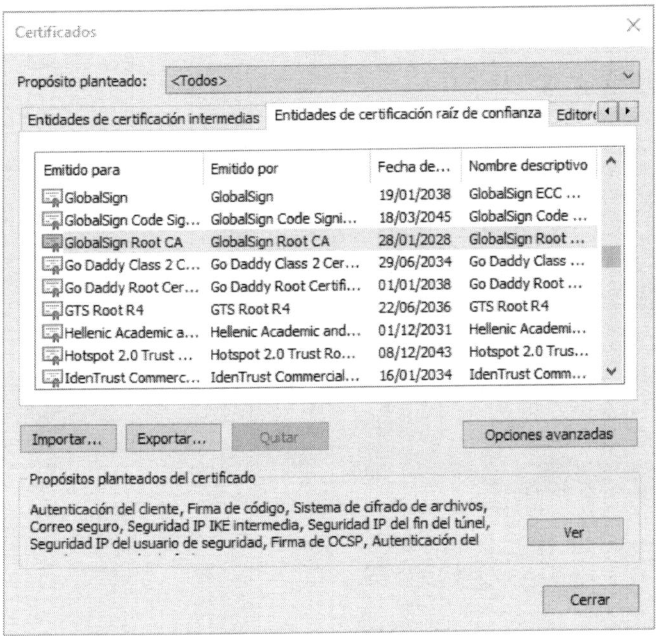

Raíces de confianza en Edge

Los certificados electrónicos pueden justificar la identidad de un usuario o de un servidor. Pero también tienen otras aplicaciones.

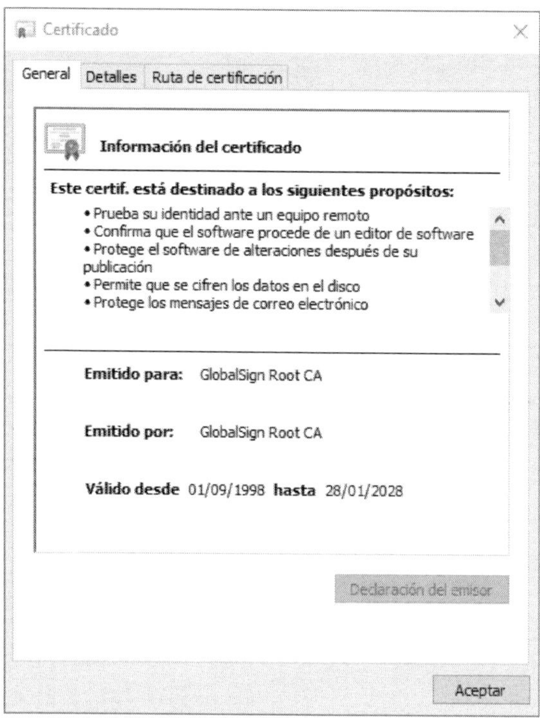

Ejemplo de certificado

3.2.2 La autentificación por contraseña

La contraseña actualmente representa el medio de autentificación más común.

La primera categoría es la contraseña estática. Se trata de una simple secuencia de caracteres alfanuméricos y especiales, elegidos por el usuario, y por un periodo que puede ser limitado o ilimitado. Para comprobar su introducción, se almacena en un archivo o una base de datos en el ordenador o en un servidor. Esta contraseña puede ser objeto de diversos ataques para intentar obtenerla, por ingeniería social, diccionario o fuerza bruta.

El uso de contraseñas dinámicas reduce la debilidad de la autentificación. Entre las técnicas utilizadas, la más usual combina el conocimiento del código de autentificación con la posesión de un soporte físico. Cada contraseña, también llamada testigo (*Token*), se puede usar una sola vez (OTP - *One Time Password*). Se ofrece al usuario por medio de un generador, la tarjeta de testigo, que la calcula aleatoriamente.

Se incluye un factor temporal para hacerla única. También es necesario el correspondiente componente informático en el servidor para que valide esta contraseña. La solución más conocida de este tipo es RSA, de Secure ID, cuyo modelo de tarjeta de testigo es el que se ve a continuación:

En cuanto a su implementación, esta solución es un poco más compleja que la anterior. Además, requiere la sincronización regular de la tarjeta de testigo con el servidor. Es muy difícil que falle, mientras no roben el componente físico o no se pierda. El acceso a este normalmente está protegido con un código PIN.

3.2.3 La autentificación con soporte físico

Ya hemos visto que las soluciones de contraseña dinámica pueden recurrir a un soporte físico. Pero este dispositivo se puede utilizar en una sola solución de autentificación. En este caso, es necesario el reconocimiento del objeto a distancia o por inserción en un lector. Este medio es mucho más seguro que el uso de una contraseña estática y resulta más sencillo que la solución con contraseña dinámica.

El soporte físico puede ser una tarjeta inteligente. Su accesibilidad lógica requiere además el conocimiento de un código, el *Personal Identification Number* (PIN). Muy utilizado en tarjetas de crédito o en el *Subscriber Identity Module* (SIM) de la telefonía móvil.

Una tarjeta inteligente requiere un lector específico. Ofrece una pequeña capacidad de memoria y puede contener contraseñas o incluso el certificado de identidad de su dueño.

Un segundo soporte puede ser una llave USB especial. Al contrario que la solución anterior, el conector, presente en todos los ordenadores modernos, permite leer su contenido. Este medio también ofrece más capacidad de memoria para el almacenamiento de información personal.

Su acceso puede estar protegido por una contraseña o incluso por reconocimiento de la huella dactilar.

3.2.4 La autentificación por biometría

Una huella dactilar es una característica biométrica. Permite comprobar directamente la identidad de la persona y no requiere nada más, ni código PIN ni contraseña. Se trata del medio más sencillo y seguro para el usuario. De hecho, ¡el usuario siempre lleva el identificador con él y es muy difícil de robar!

En contraposición, el acceso biométrico es un poco más complejo y requiere dispositivos más costosos. La huella dactilar es el mecanismo más sencillo, más utilizado que soluciones como el reconocimiento de voz o la lectura del iris.

La comprobación de la singularidad de las características del dedo es muy accesible; para ello se utilizan lectores específicos o incorporados al teclado, al ordenador portátil o al dispositivo móvil.

En contrapartida, esta autentificación no permite una disponibilidad permanente a determinada información, que se almacena en tarjetas inteligentes y llaves USB.

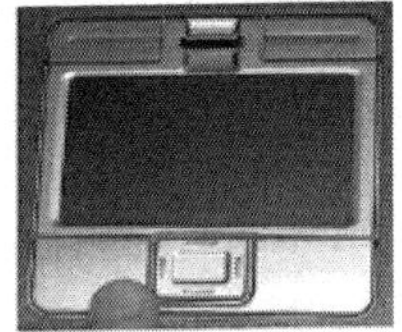
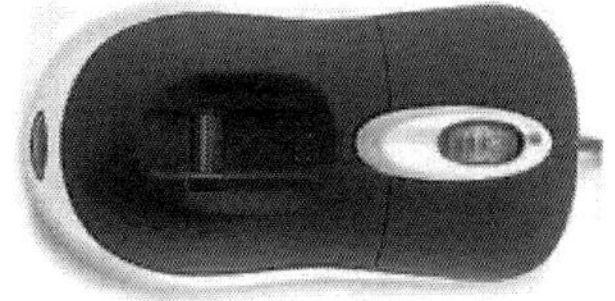

Ejemplos de dispositivos de autentificación

Observación

Los dispositivos generalmente no permiten la lectura de la huella dactilar poniendo el dedo encima. De hecho, la huella se podría recuperar si se marcase así sobre el lector. Como vemos en las fotografías anteriores, los dispositivos necesitan que se deslice el dedo sobre un escáner.

3.3 Confidencialidad

Hacer secreto un mensaje es la primera función de los sistemas de criptografía. Para esto se realiza una transformación, llamada codificación, de la información confidencial, el texto sin protección. El resultado es un texto cifrado o criptograma. El texto original se encuentra normalmente a través de una operación de descifrado.

Observación

Con frecuencia se utiliza la expresión encriptación en lugar del término cifrado.

En informática, las funciones matemáticas, los algoritmos criptográficos, generan claves que pueden servir para los cálculos de cifrado o descifrado.

Realizar un desencriptado es intentar encontrar el texto desprotegido a partir de un criptograma, sin conocer la clave de descifrado. Esta acción se cataloga como análisis criptográfico.

La necesidad de confidencialidad en el intercambio de información es aún más importante en las redes abiertas. Si el paquete no debe leerse cuando viaja entre el emisor y el receptor, es necesario cifrarlo, para que circule transparente. Esto se puede realizar en las capas bajas, medias o altas del modelo de red.

En términos de almacenamiento, si una información se considera confidencial, se debe cifrar el archivo que la contiene. Esta acción de cifrado se recomienda particularmente en dispositivos portátiles y móviles.

Se utilizan dos familias de sistemas criptográficos para hacer confidenciales las comunicaciones de red. Emplean:

- claves simétricas, utilizadas a la vez para el cifrado y el descifrado.
- claves asimétricas (par de claves privada/pública), utilizadas cada una para una de las dos tareas.

3.3.1 El cifrado con claves simétricas

Este método es el más antiguo. Se utiliza una sola y única clave generada por un algoritmo. Es necesaria tanto para la operación de cifrado como para la de descifrado.

Esta clave, que tiene que ser secreta, debe transmitirse siempre entre el emisor y el destinatario. Se trata del principal problema del uso de este sistema.

La fiabilidad del intercambio de mensajes cifrados por clave simétrica depende de dos factores:

- el tamaño de las claves.
- su frecuencia de renovación.

Es necesaria una correspondencia equilibrada entre la longitud de la clave y la potencia de cálculo solicitada. De hecho, si la clave es demasiado pequeña, se puede descubrir fácilmente y los paquetes pierden su confidencialidad. Si es muy grande, los cálculos de cifrado/descifrado pueden necesitar una capacidad de procesador incompatible con las necesidades de otras comunicaciones simultáneas o la utilización de dispositivos poco potentes (PDA, smartphone...).

Se asigna manualmente una clave estática, tanto en el emisor como en el receptor. En este caso, se puede determinar que no se renueve la clave. Esto aumenta las oportunidades que tiene un pirata de encontrarla. Es preferible el uso de métodos de utilización de claves dinámicas, es decir, renovadas regularmente.

Los algoritmos de cifrado simétricos más utilizados son:

- *Rivest's Cipher* n°4 (RC4), que utiliza claves de diferentes tamaños, generalmente hasta 256 bits.
- Triple DES, variante del algoritmo anterior, que calcula sucesivamente con 3 claves DES, 2 de ellas diferentes.
- *Advanced Encryption Standard* (AES), el más reciente, con claves de 256 bits.

Observación

El algoritmo Data Encryption Standard (DES), cuyas claves son de 56 bits, ya ha quedado obsoleto por considerarse demasiado inseguro.

3.3.2 El cifrado de claves asimétricas

Complementaria a la técnica de clave simétrica, esta utiliza dos claves distintas:

- La primera, privada, tan solo la conoce su propietario.
- La segunda, pública, que es la que se transmite.

Estas dos claves están relacionadas matemáticamente; lo que hace una solo puede deshacerlo la otra. En cambio, no es posible encontrar una por medio de la otra. Si se hace un cifrado con la clave pública, solo la clave privada correspondiente, que está protegida permanentemente, puede descifrar el mensaje.

Este método asimétrico implica no tener que generar sistemáticamente un nuevo par de claves. Eso implicaría complicaciones de administración y gestión de claves. Se prefiere que la clave tenga una vida más larga, lo que conlleva unos tamaños de clave más grandes que antes.

Cuando nos basamos en claves asimétricas para cifrar los datos, el emisor de los datos (en este caso, Teo) utiliza su propia clave para cifrar los datos iniciales. También utiliza la clave pública del destinatario (Ana), que será la única que puede descifrar el contenido. Al recibirlos, Ana utiliza en primer lugar su propia clave privada para descifrar el contenido cifrado una segunda vez con su clave pública. Una vez ha hecho esto, ya puede, con la ayuda de la clave pública de Teo, obtener el contenido del mensaje. El hecho de haber obtenido el contenido del mensaje garantiza de paso que es Teo quien lo ha cifrado (firma digital).

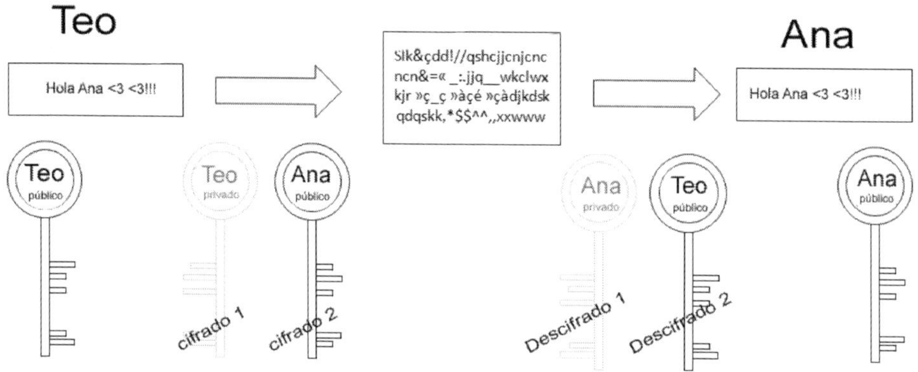

Uso de una pareja de claves para cifrar y descifrar.

La utilización de cifrados asimétricos generalmente requiere la implementación de una infraestructura de gestión de claves (PKI - *Public Key Infrastructure*), como la que se utiliza para la identificación. De hecho, hay que identificar al dueño de la clave pública. Por eso se añaden las características al certificado, que igualmente tiene la clave pública que se ha de utilizar.

En la siguiente impresión de pantalla, vemos que al fabricante se le asocia una clave pública.

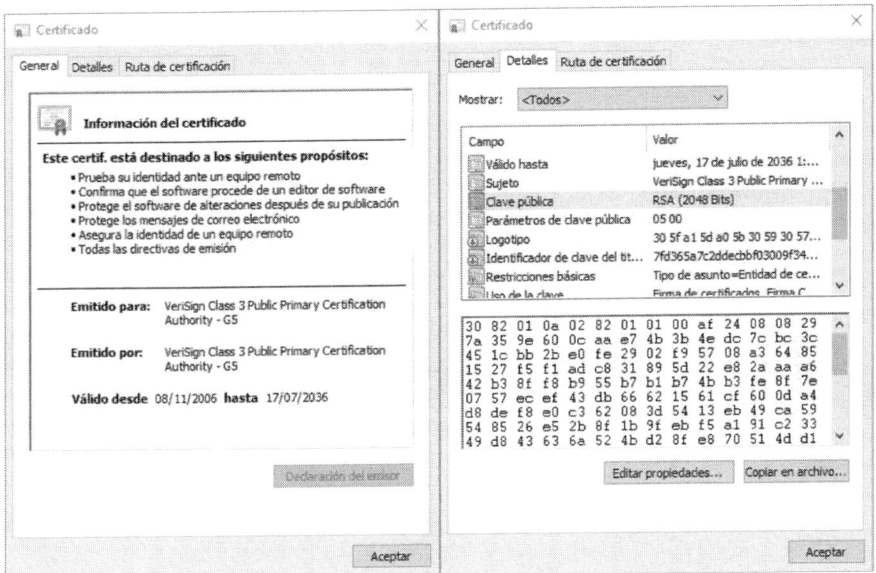

Las claves privadas se almacenan en una parte no pública del certificado.

Observación

Los certificados electrónicos también proporcionan en su parte pública el algoritmo de tabla hash utilizado para comprobar la integridad de los paquetes entregados.

El algoritmo de cifrado asimétrico más utilizado es Rivest, Shamir, Adelman (RSA), del nombre de sus tres creadores, que compite con el Diffie-Hellman. Las claves utilizadas tienen generalmente tamaños de 1024 o 2048 bits, o incluso superiores.

Para las comunicaciones de red, el cifrado con estas claves de todos los mensajes implicaría potencias de cálculo muy importantes. Es más bien la clave simétrica de cifrado la que se protege al viajar con un sistema asimétrico. A partir del momento en que cada entidad posee una clave, se puede implementar un túnel de cifrado. De hecho, la comunicación no será comprensible para cualquier otro sistema.

Secure Socket Layer (SSL), cuya versión 3 se estandariza como *Transport Layer Security* (TLS), funciona así. Este protocolo de protección de transacciones se utiliza, por ejemplo, en las comunicaciones web efectuadas por *HyperText Transfer Protocol Over TLS* (HTTPS). La implementación de esta seguridad se desarrolla del siguiente modo.

El servidor web proporciona en primer lugar su certificado, que el cliente debe reconocer. Este último genera una clave de cifrado simétrico, cifrada a su vez con la clave pública proporcionada por el certificado. Luego, esta información se reenvía al servidor, que puede encontrar la clave simétrica gracias a su clave privada. A continuación, toda la comunicación está cifrada dentro de un túnel seguro.

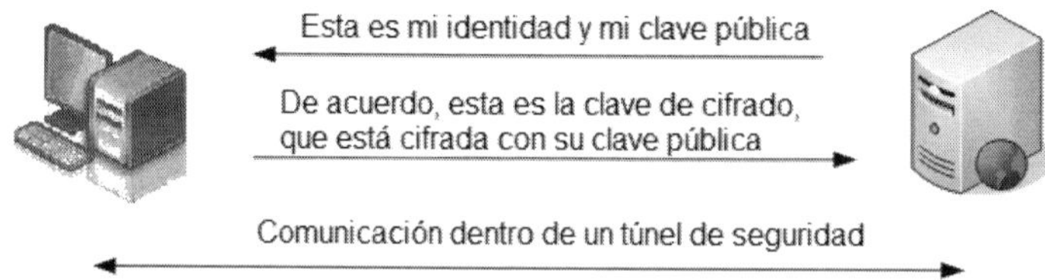

3.4 Protección de los datos de usuario

Uno de los principales problemas en materia de seguridad es la protección de los datos sensibles de la empresa. Estos datos están en manos de los usuarios.

A menudo, la empresa no tiene otra opción que permitir al usuario trabajar localmente con estos datos en dispositivos móviles, como ordenadores portátiles.

Casi siempre, la primera protección del equipo es únicamente una contraseña de administrador que nadie conoce.

Desafortunadamente, si el acceso como administrador a menudo no es posible cuando se arranca el equipo de manera normal, no sucede lo mismo cuando se utiliza algún otro sistema de tipo «Live CD» para arrancar el ordenador. Es entonces cuando se toma conciencia de que la seguridad de los datos del ordenador es mínima.

Observación

Un «Live CD» es un sistema operativo en un soporte removible que arranca completamente sin instalar nada en el disco duro del ordenador.

De este modo, si se arranca un equipo con Windows formateado en NTFS, con una versión de Knoppix de Linux, se accede fácilmente al contenido del disco Windows:

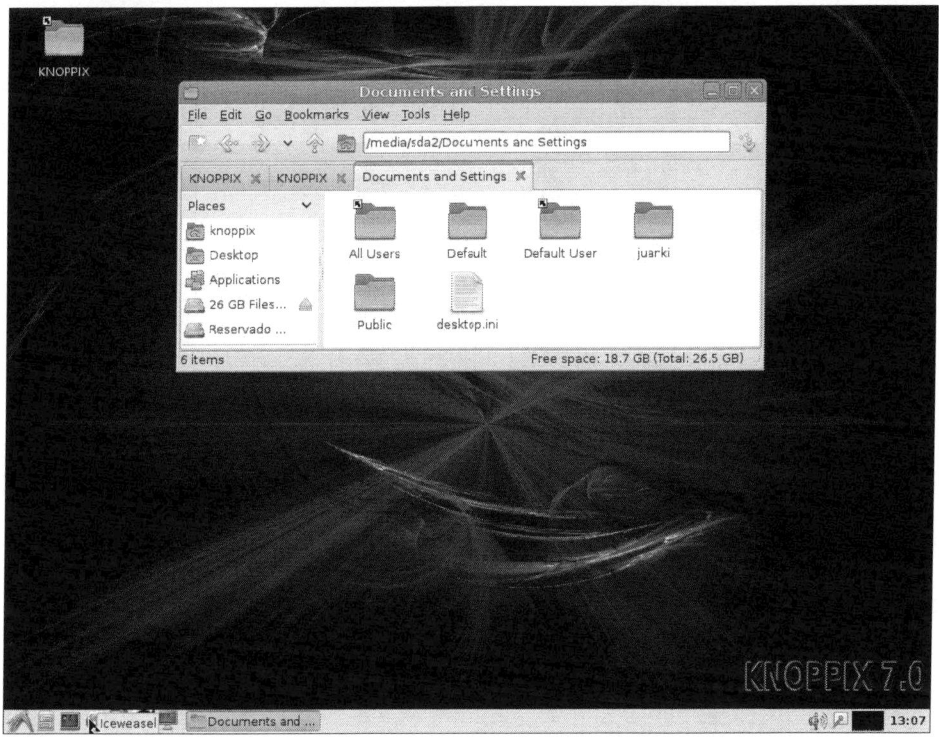

Acceso a una partición de Windows a partir de un Live CD Linux

Observación

Dispone de información complementaria sobre Knoppix en la URL: http://knoppix.net/ (alemán o inglés)

Observación

Atención, no se trata de juzgar aquí tal o cual sistema operativo. Es muy fácil recuperar una contraseña de administrador en un sistema UNIX/Linux que tenga una seguridad normal. Sin embargo, es necesario acceder físicamente a la máquina. Es por esta razón por lo que una sala de servidores tiene que estar protegida como una caja fuerte.

Por tanto, es fácil imaginar un robo de datos a partir del momento en que le roben su portátil.

Existen igualmente otros «Live CD» que ofrecen dar otro paso más y crear un nuevo acceso como administrador.

Veamos qué ofrece Microsoft por su parte.

3.4.1 Protección de la inicialización del disco

Acceso como administrador a un ordenador

Microsoft ofrece MDOP (*Microsoft Desktop Optimization Pack*), un conjunto de herramientas para empresas que han suscrito un contrato de licencias para sus equipos: este pack de optimización de los equipos integra numerosas herramientas y permite acceder a funcionalidades bajo licencias complementarias.

Observación

Dispone de más información sobre Microsoft Desktop Optimization Pack en https://learn.microsoft.com/es-es/microsoft-desktop-optimization-pack/

Así, usted puede crear discos autónomos que permiten reparar problemas en los equipos de trabajo.

Cuando arranque con el disco del sistema operativo utilizado, se le ofrecen diversas opciones:

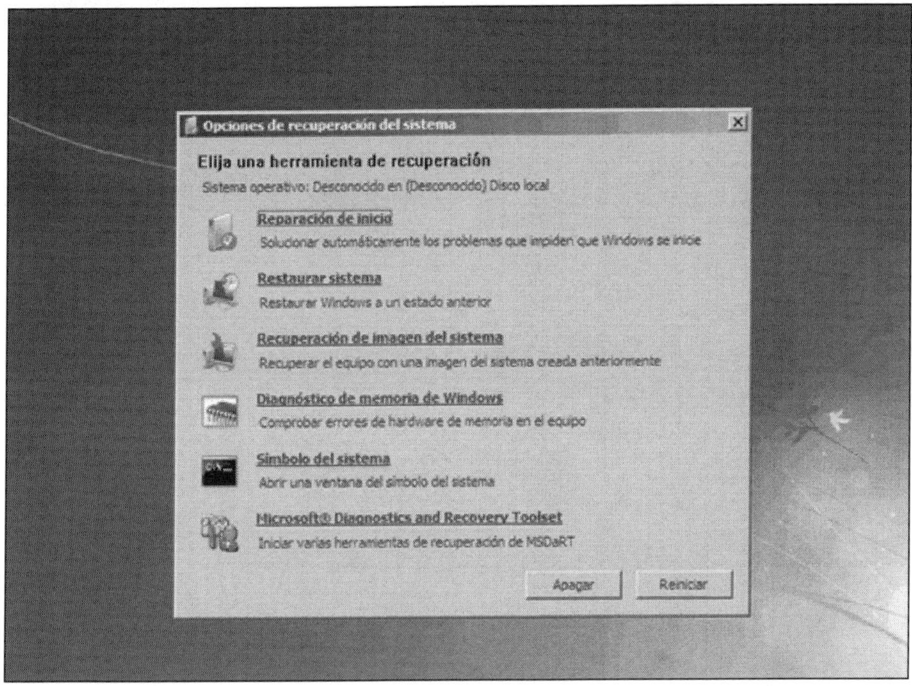

Acceso a diferentes herramientas de reparación

Entre estas herramientas, encontramos **MSDaRT** o **Microsoft Diagnostics and Recovery Toolset**, que integra **Emergency Repair Disk Comander**.

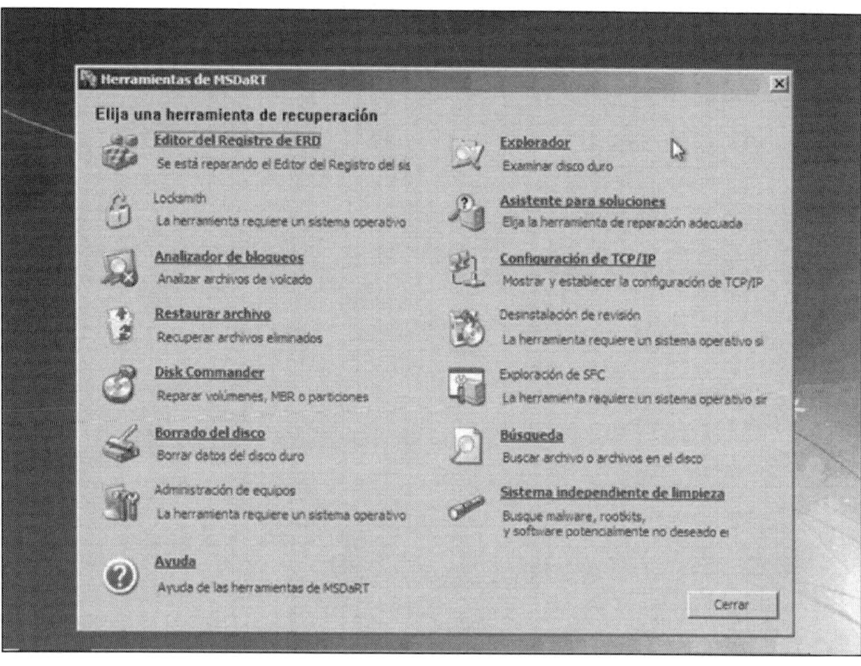

Herramientas ofrecidas por Microsoft DaRT

Se proporcionan numerosas herramientas interesantes, entre las que destaca **Locksmith**, que permite crear una nueva contraseña de administrador.

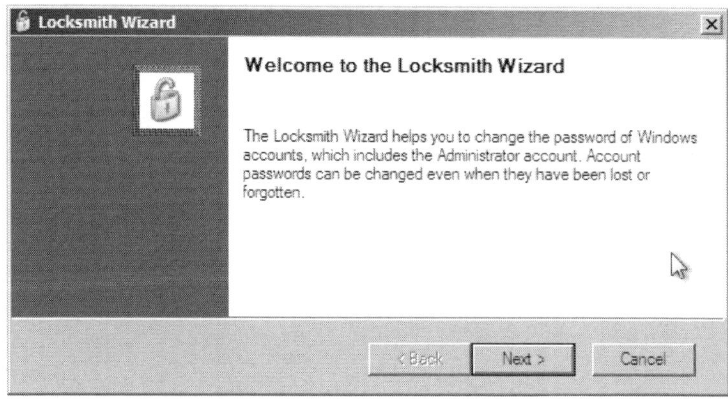

Ejecución de Locksmith

Del mismo modo, existen herramientas de Linux que permiten reiniciar la contraseña de administrador local. La interfaz no es siempre muy amigable.

```
***********************************************************************
*                                                                     *
*       Windows Reset Password / Registry Editor / Boot CD            *
*                                                                     *
*  (c) 1998-2011 Petter Nordahl-Hagen. Distributed under GNU GPL v2   *
*                                                                     *
* DISCLAIMER: THIS SOFTWARE COMES WITH ABSOLUTELY NO WARRANTIES!      *
*             THE AUTHOR CAN NOT BE HELD RESPONSIBLE FOR ANY DAMAGE   *
*             CAUSED BY THE (MIS)USE OF THIS SOFTWARE                 *
*                                                                     *
* More info at: http://pogostick.net/~pnh/ntpasswd/                   *
* Email       : pnh@pogostick.net                                     *
*                                                                     *
* CD build date: Wed May 11 20:16:09 CEST 2011                        *
***********************************************************************

Press enter to boot, or give linux kernel boot options first if needed.
Some that I have to use once in a while:
boot nousb          - to turn off USB if not used and it causes problems
boot irqpoll        - if some drivers hang with irq problem messages
boot vga=ask        - if you have problems with the videomode
boot nodrivers      - skip automatic disk driver loading

boot: _
```

Ejemplo de herramienta de Linux para reiniciar una contraseña Windows

Basta con elegir las opciones que se ofrecen por defecto para reiniciar la contraseña de administrador:

```
<>========<> chntpw Main Interactive Menu <>========<>
Loaded hives: <SAM> <SYSTEM> <SECURITY>
  1 - Edit user data and passwords
  9 - Registry editor, now with full write support!
  q - Quit (you will be asked if there is something to save)

What to do? [1] ->

===== chntpw Edit User Info & Passwords ====

| RID -|---------- Username ------------| Admin? |- Lock? --|
| 01f4 | Administrador                  | ADMIN  | dis/lock |
| 01f5 | Invit                          |        | dis/lock |
| 03e9 | Jose                           | ADMIN  |          |
| 03e8 | win7                           | ADMIN  |          |

Select: ! - quit, . - list users, 0x<RID> - User with RID (hex)
or simply enter the username to change: [Administrador]

RID     : 0500 [01f4]
Username: Administrador
fullname:
comment : Cuenta de usuario de Administracion
homedir :

User is member of 1 groups:
00000220 = Administradores (which has 3 members)

Account bits: 0x0211 =
[X] Disabled        | [ ] Homedir req.    | [ ] Passwd not req. |
[ ] Temp. duplicate | [X] Normal account  | [ ] NMS account     |
[ ] Domain trust ac | [ ] Wks trust act.  | [ ] Srv trust act   |
[X] Pwd don't expir | [ ] Auto lockout    | [ ] (unknown 0x08)  |
[ ] (unknown 0x10)  | [ ] (unknown 0x20)  | [ ] (unknown 0x40)  |

Failed login count: 0, while max tries is: 0
Total  login count: 1

 - - - - User Edit Menu:
 1 - Clear (blank) user password
 2 - Edit (set new) user password (careful with this on XP or Vista)
 3 - Promote user (make user an administrator)
 4 - Unlock and enable user account [probably locked now]
 q - Quit editing user, back to user select
Select: [q] > 1_
```

Reinicio de una contraseña de administrador

Ahora se entiende bien que nuestro sistema operativo, hoy en día, es vulnerable.

Afortunadamente, existen soluciones para fortalecer la seguridad.

En primer lugar, el hecho de poder arrancar el ordenador desde una unidad removible es un fallo de seguridad evidente.

Conviene, pues, proteger con contraseña la BIOS del ordenador para impedir cualquier modificación del arranque y configurar el arranque solo a partir del disco duro local.

Algunas empresas bloquean la utilización de dispositivos USB o solo autorizan algunos que estén homologados.

Vemos que se puede actuar a diferentes niveles:

- protección del acceso a la BIOS.
- control de acceso o de utilización de dispositivos móviles.
- control del arranque del ordenador.
- protección de datos o, lo que es lo mismo, la protección de las particiones que tienen los datos para convertirlas en inexpugnables si se arranca con otro sistema.

3.4.2 Cifrado de los discos locales

Ahora, examinemos las posibles soluciones para proteger los datos sensibles de la empresa.

Cifrado nativo de Windows

Actualmente, la mayoría de los equipos ejecutan Windows. Desde Windows Vista y la siguiente versión ofrecida (solo en Ultimate y Enterprise), es posible activar el cifrado de unidad BitLocker (*BitLocker Drive Encryption*) si el ordenador dispone de una tarjeta TPM (*Trusted Platform Module* o módulo de plataforma de confianza).

Esto va a permitir cifrar todo el disco de sistema e igualmente los discos de datos (internos o externos).

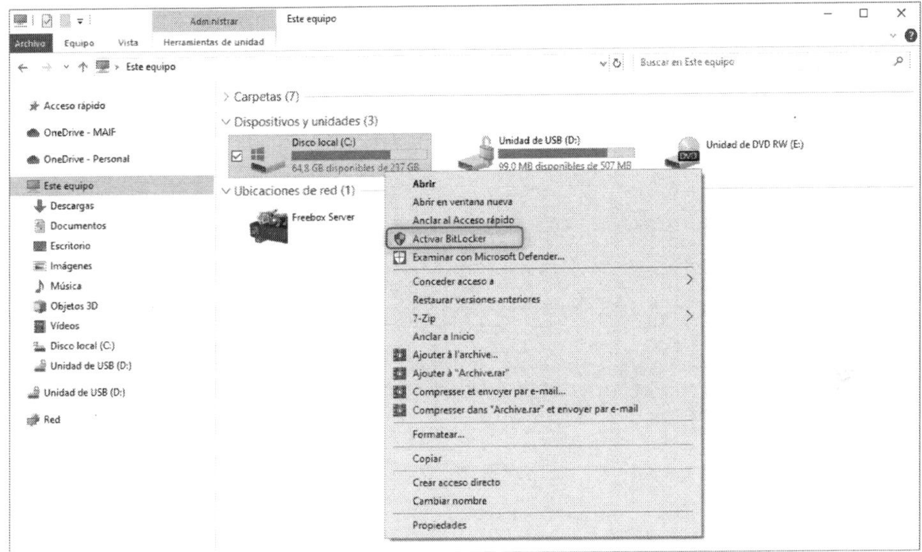

Activación de BitLocker en la partición de sistema en Windows 11

BitLocker permite cifrar todo el disco, asegurando así protección para el sistema y los datos que están almacenados. Asimismo, garantiza la integridad del sistema.

Una vez se ha activado la protección, cualquier archivo grabado se cifra automáticamente. En modo de funcionamiento normal, los archivos se descifran sobre la marcha de manera transparente. Además, si el sistema se modifica, el equipo se bloquea automáticamente.

3.4.3 Cifrado de discos USB

El cifrado de discos USB se puede implementar con la tecnología *BitLocker To Go* o «cifrado BitLocker portable».

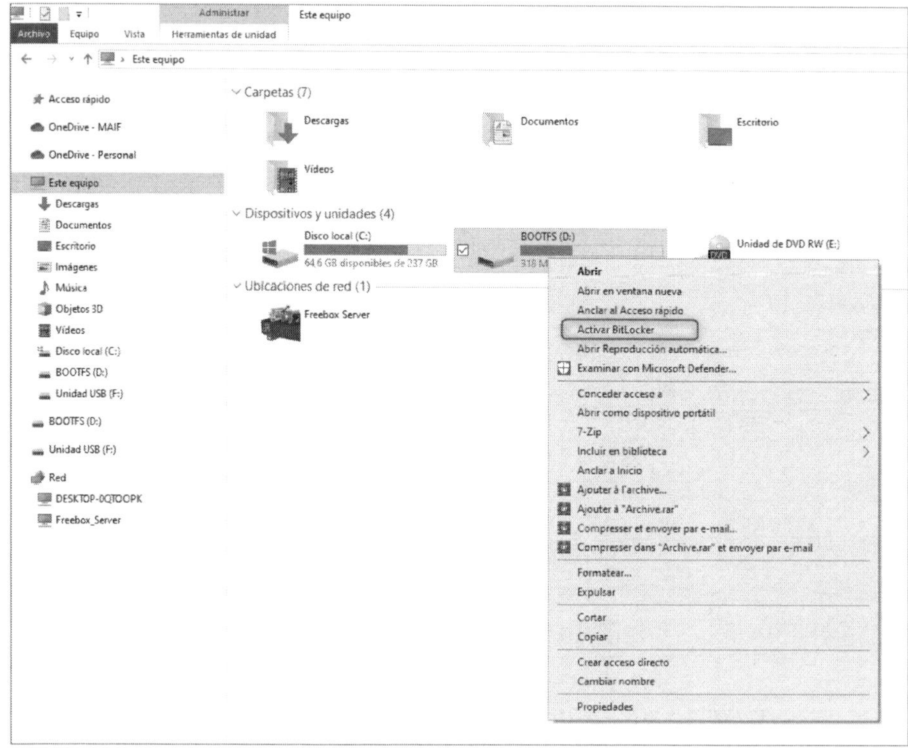

Cifrado de un disco USB externo en Windows

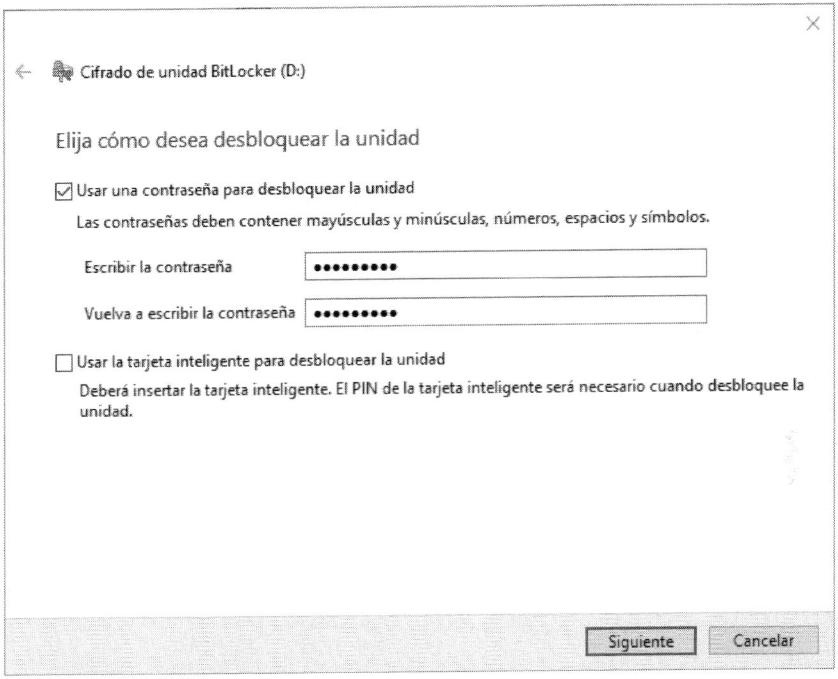

Cifrado de unidad BitLocker (D:)

Elija cómo desea desbloquear la unidad

☑ Usar una contraseña para desbloquear la unidad

Las contraseñas deben contener mayúsculas y minúsculas, números, espacios y símbolos.

Escribir la contraseña ••••••••••

Vuelva a escribir la contraseña ••••••••••

☐ Usar la tarjeta inteligente para desbloquear la unidad

Deberá insertar la tarjeta inteligente. El PIN de la tarjeta inteligente será necesario cuando desbloquee la unidad.

Siguiente Cancelar

Definición de una contraseña para el cifrado BitLocker

El cifrado de la totalidad del disco se ejecuta como tarea en segundo plano:

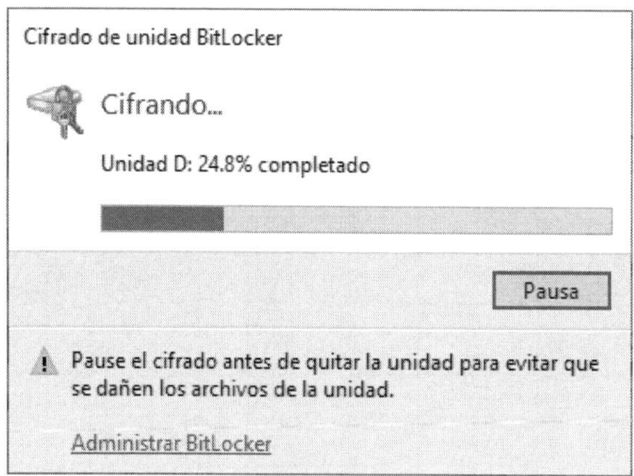

Cifrado de un disco con BitLocker To Go

3.5 Herramientas de investigación relacionadas con la seguridad

Para determinar la veracidad de un correo electrónico, la seguridad de un enlace o de un archivo adjunto, existe un buen número de herramientas en Internet. Vamos a revisar algunos sitios interesantes (y gratuitos) que proporcionan información relevante.

3.5.1 Verificación de URL

Uno de los aspectos importantes es poder verificar una URL transmitida por correo electrónico. Más allá del nombre del enlace que se muestra, se trata de saber si nos envía a un sitio malicioso.

El sitio VirusTotal ofrece analizar la reputación de una URL o un archivo a través de múltiples motores.

La web de Kaspersky también ofrece esta funcionalidad, así como el sitio Bluecoat (con categorización).

Análisis de URL

https://www.virustotal.com/gui/home/url

https://virusdesk.kaspersky.es/

https://sitereview.bluecoat.com/#/

Análisis de URL - sitio www.virustotal.com

Se utilizan varios motores para saber si podemos confiar en esta URL. Si todos muestran el resultado "clean", significa que no hay ningún elemento malicioso conocido.

Observación

Atención, cuando se trata de un sitio nuevo, todavía no hay referencias suyas y puede aparecer como "clean" durante cierto tiempo (algunas horas o días). Puede ser una buena idea comprobar la fecha de creación del dominio asociado y tener cuidado cuando ésta sea reciente (vea a continuación whois Internet).

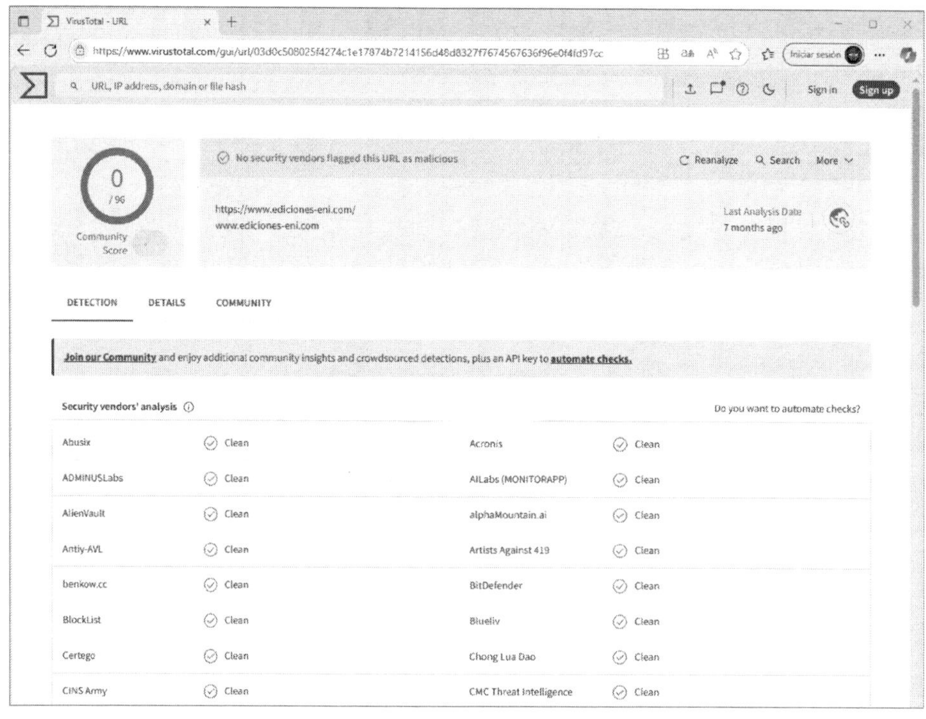

Resultado de un análisis de URL - sitio www.virustotal.com

También se puede saber la categoría de una URL concreta:

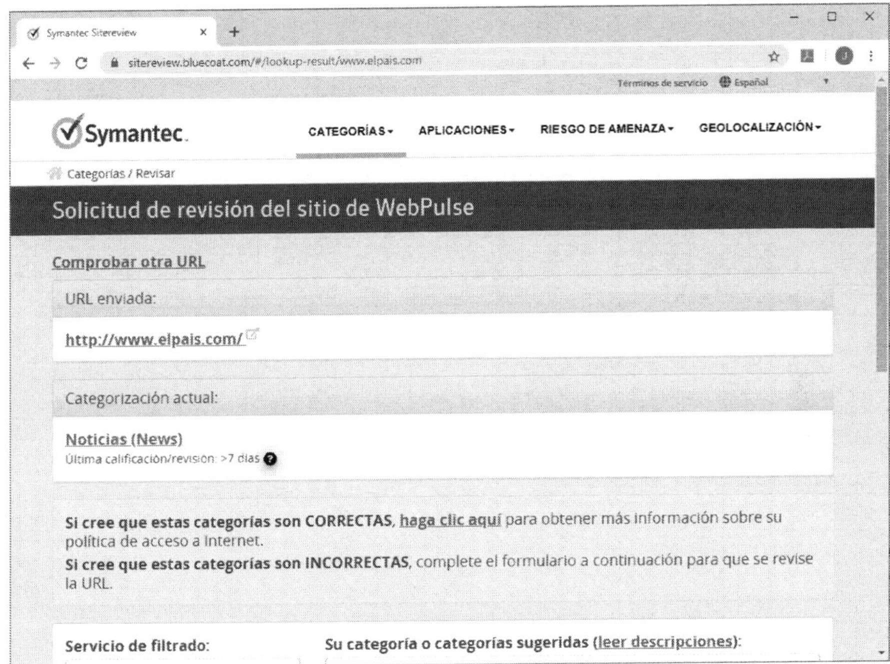

Categorización de una URL o de una web - https://sitereview.bluecoat.com/#

3.5.2 Verificación de un archivo adjunto

También existe el llamado «*sandbox*» (entorno de prueba) para subir un fichero y analizarlo. Esto permite identificar todas las acciones realizadas por este contenido activo en un entorno completamente hermético, en condiciones totalmente seguras.

Análisis de archivos: https://www.virustotal.com/gui/home/upload

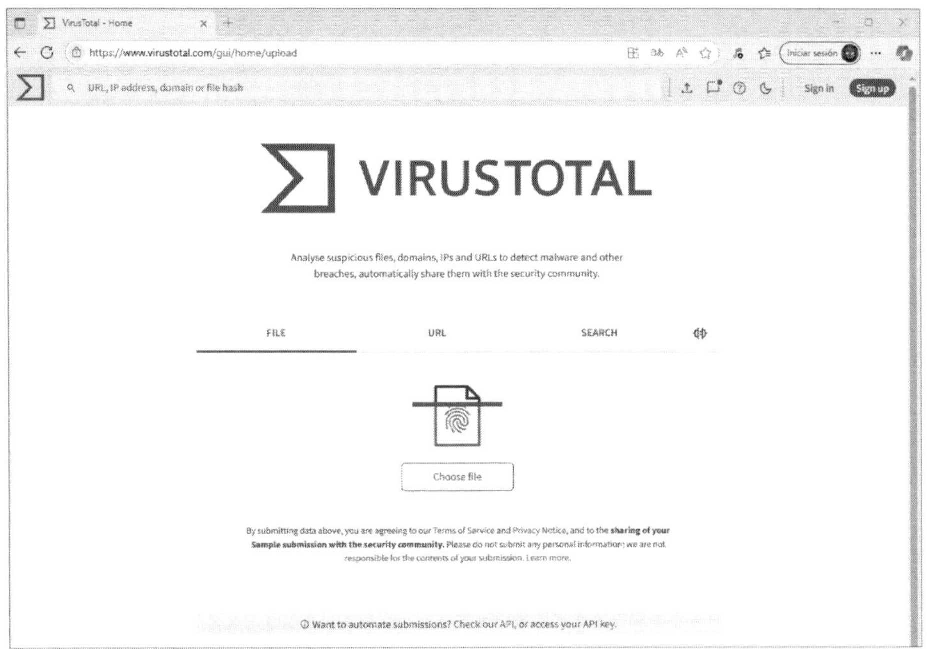

Análisis de fichero en modo sandbox - sitio www.virustotal.com

Después de subir el archivo, se puede obtener información interesante. Además de información de detección de contenido malicioso, se puede saber también que archivos están abiertos, qué claves de registro están afectadas (lectura o modificación), qué procesos, etc. (pestaña **BEHAVIOR**):

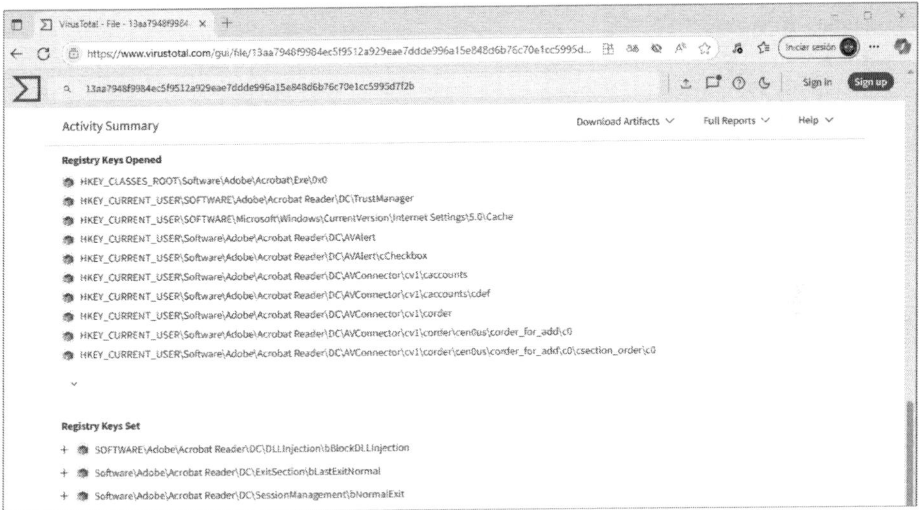

Análisis de comportamiento del archivo - sitio www.virustotal.com

Observación

La web https://virusdesk.kaspersky.es/ también ofrece análisis de ficheros.

3.5.3 Obtención de información adicional

Geolocalización de una dirección IP

Numerosos sitios ofrecen la geolocalización de direcciones IP (origen geográfico de una dirección IP).

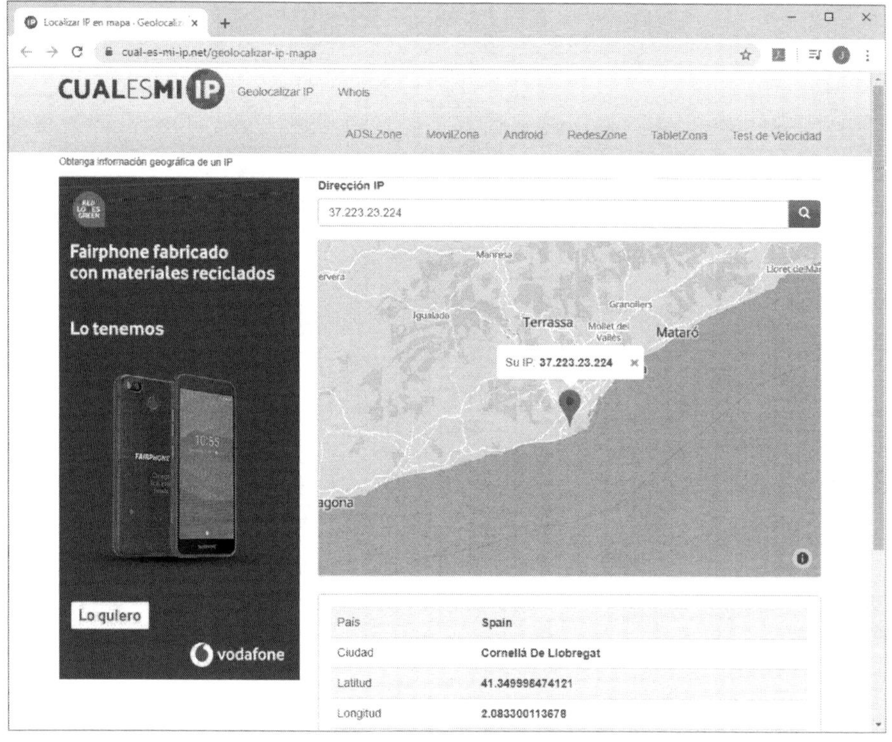

Información geográfica de una dirección IP - https://www.cual-es-mi-ip.net/geolocalizar-ip-mapa

Registro de un nombre de dominio ES

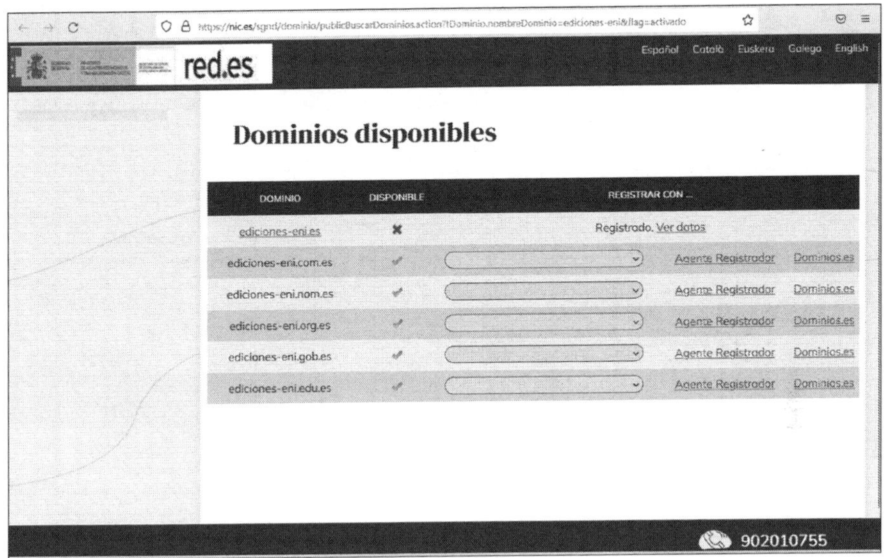

Información sobre un nombre de dominio - www.nic.es

Registro de un nombre de dominio (otros)

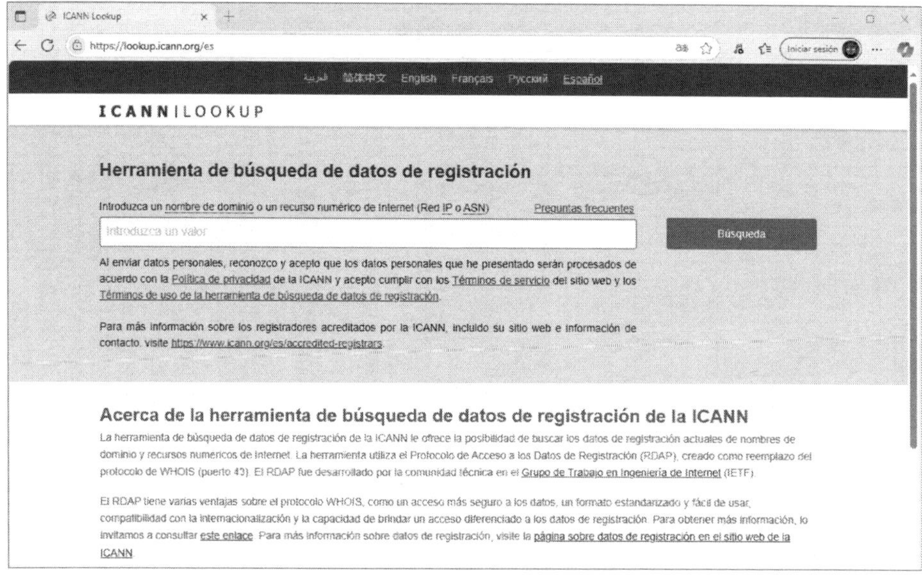

Obtención de información en ieee.org - lookup.icann.org/es

Obtención de un rango de direcciones asociado a una IP de internet

Conociendo una dirección IP de internet, puede ser interesante obtener el rango de direcciones completo que se ha asignado (por ejemplo, si una dirección IP es el origen de una conexión sospechosa).

A continuación, puede ver un ejemplo en el sitio MxToolbox que ofrece numerosas herramientas de investigación:

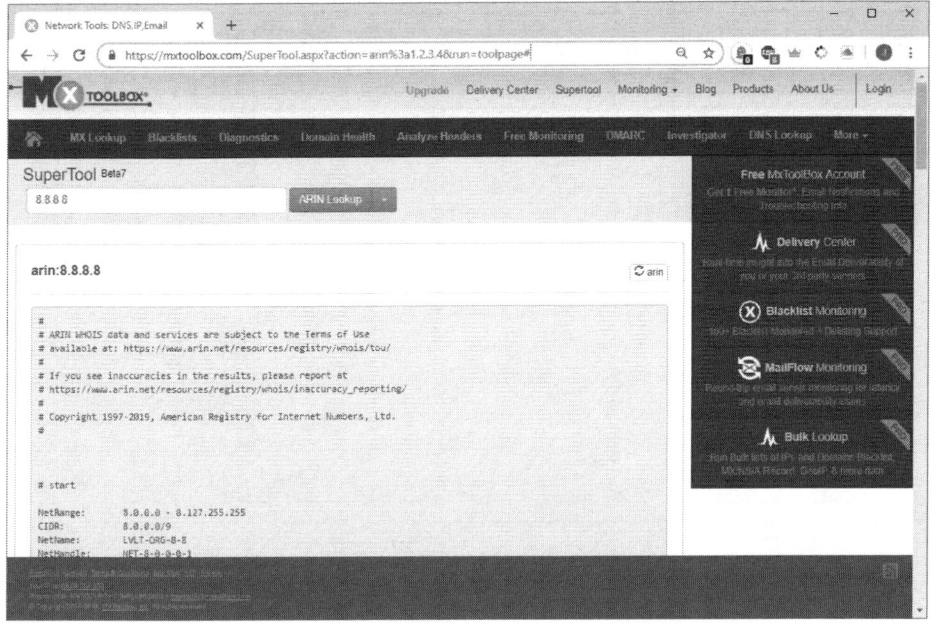

Información de un rango de IP de internet - www.mxtoolbox.com/arin.aspx

Obtención de información DNS

También puede buscar información específica basada en registros DNS (A, MX, etc.):

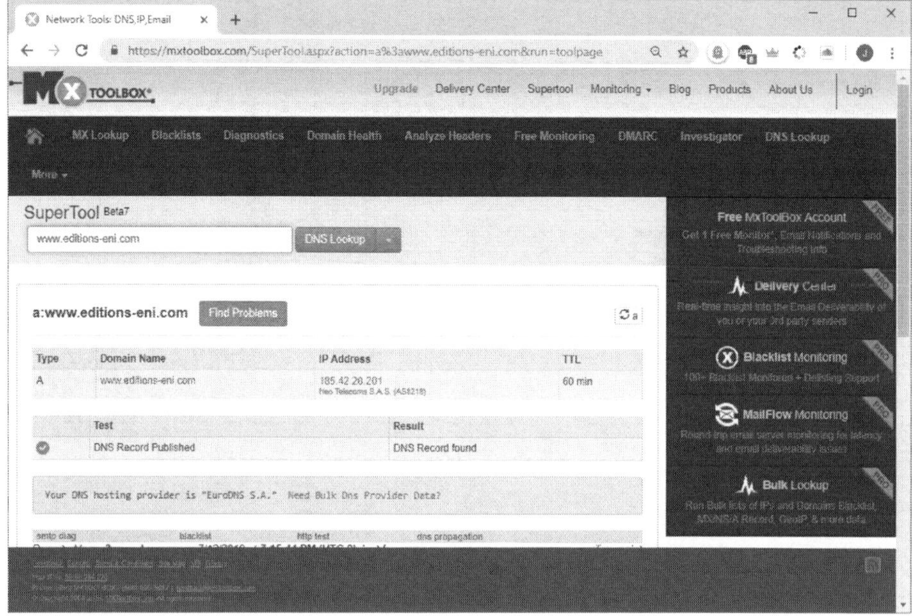

Información DNS - www.mxtoolbox.com/DNSLookup.aspx

Obtención de información de una dirección de correo electrónico

También se puede obtener información sobre una dirección de correo electrónico.

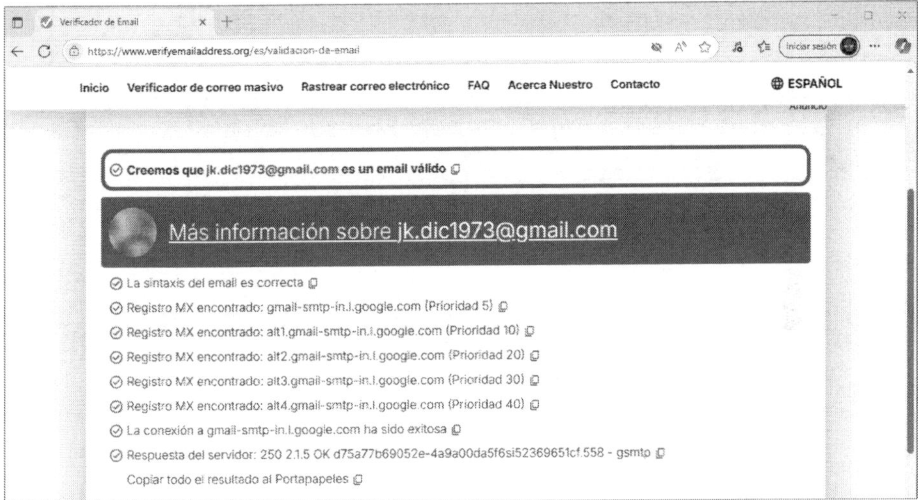

Información sobre una dirección de correo electrónico - www.verifyemailaddress.org/es

Saber si se ha filtrado una cuenta de correo electrónico

▶ Introduzca una dirección de correo y compruebe si se ha revelado la contraseña (cuando ha sido así, se muestran los primeros caracteres):

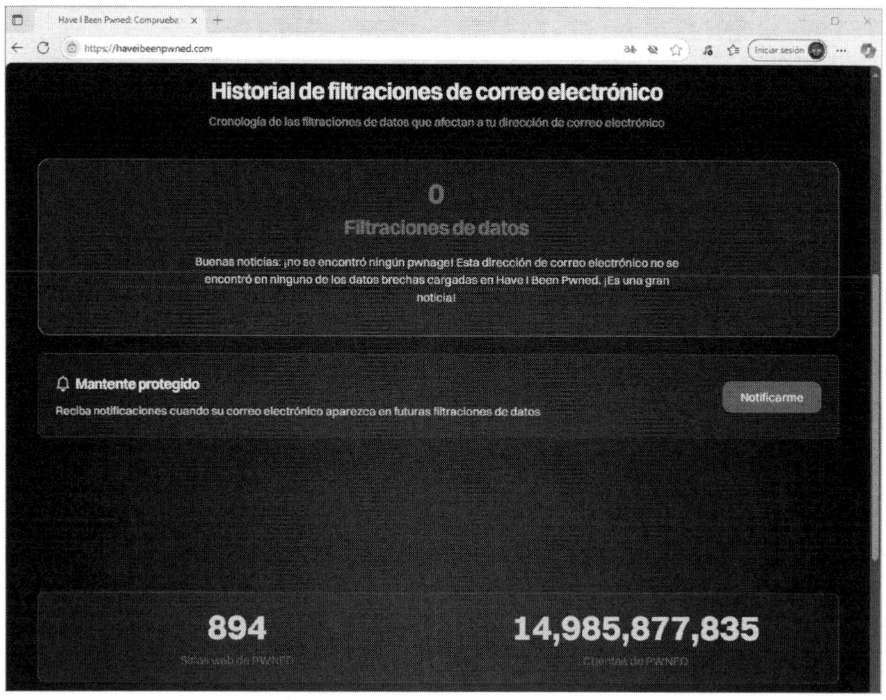

Comprobar si se ha revelado una contraseña - https://haveibeenpwned.com/

4. Protección de la interconexión de redes

Es muy raro que la red local de una empresa esté aislada. Su interconexión con Internet o cualquier otra red es algo normal. Por ello es necesario proteger las entradas y salidas de la red interna privada. Se pueden instalar diferentes equipos que se ocupen de esta protección.

4.1 Router de filtrado

Los mecanismos de filtrado que se pueden asociar a un router permiten el análisis de la capa 3 (de red) del modelo OSI.

El análisis de los paquetes entrantes y salientes se realiza, por ejemplo, en la cabecera IP, lo que permite acciones como:

- bloqueo de direcciones IP (origen y destino).
- prohibición de transmisión de protocolos de capa de Red o de Transporte utilizados (UDP, TCP o ICMP).

Algunos equipos incluyen las cabeceras de capa 4 (Transporte). Así pueden, entre otras cosas, realizar un filtrado en los puertos TCP o UDP e incluso realizar el análisis de datos de aplicación (capa 7).

4.2 Traductor de direcciones

En empresas grandes, distintas redes interconectadas pueden utilizar las mismas direcciones IP. Para que sea posible la comunicación entre nodos de los dos lados, hay que modificar las referencias del emisor del paquete, para que no haya conflicto y la transmisión sea fiable.

Los equipos de traducción de direcciones (NAT - *Network Address Translation*) se encargan de aportar esta funcionalidad. Permiten el cambio de una dirección IP por otra.

Hay tres tipos de traducción de dirección posibles:

- La traducción de puerto (PAT - *Port Address Translation*) funciona en una asignación dinámica de los puertos TCP o UDP, conservando la dirección IP original.
- La conversión dinámica de direcciones cambia la dirección IP instantáneamente, con relación a una externa disponible en una lista.
- La conversión estática de dirección, que también realiza un cambio de dirección IP, pero se mantiene una tabla que permite que se pueda sustituir una IP interna por la misma dirección IP externa.

Podemos observar que la conversión dinámica de direcciones permite disponer de menos direcciones externas que direcciones internas, lo que no ocurre en la conversión estática.

Una traducción de dirección IP también se puede realizar al salir de la red local. Esto permite ocultar la dirección privada interna. Este funcionamiento está previsto desde hace mucho tiempo y la RFC 1918 define rangos de direcciones utilizables en las redes privadas. Los tres espacios reservados son:

- 10.0.0.0, con una máscara de 8 bits (255.0.0.0).
- 172.16.0.0, con una máscara de 12 bits (de 172.16.255.254 a 172.31.255.254).
- 192.168.0.0, con una máscara de 16 bits (255.255.0.0).

Observación

Podemos observar que solo el primer rango de direcciones respeta el concepto de clase inicial, en este caso A.

Todas las demás direcciones son públicas y se pueden utilizar en Internet.

Así, por ejemplo, un equipo de la red local que realiza una solicitud a un sitio web en internet verá su dirección IP de emisor traducida en una dirección pública al salir de la LAN.

4.3 Cortafuegos

Un equipo de cortafuegos (*Firewall*) convierte las diferentes redes a las que se conecta en independientes. Al contrario que un router, no se conforma con transmitir la petición. Un cortafuegos segmenta los flujos asumiendo él mismo las peticiones. Para esto establece dos conexiones y puede realizar una acción de autentificación.

Observación

Esta segmentación también permite el cambio de la dirección del solicitante, como un mecanismo de traducción de direcciones.

La primera generación de estos equipos permitía distintos análisis en las cabeceras de los paquetes, de manera equivalente a los routers filtrantes. El cortafuegos de tabla de estado (*stateful inspection*), más reciente, conserva en memoria una tabla de las conexiones establecidas. Así, las comunicaciones entre clientes, autorizadas después de la autentificación, pueden continuar sin problema.

La nueva generación de cortafuegos, llamada de aplicación, es capaz de analizar algunos cuerpos de paquetes, como los de los protocolos SMTP, HTTP... Este nivel de análisis permite atenuar las nuevas formas de ataque, que se aprovechan de los fallos de las aplicaciones estándar.

El cortafuegos de infraestructura suele ir acompañado de un cortafuegos personal, instalado en los equipos de trabajo. Así, los equipos se protegen de ataques que podrían proceder incluso de dentro de la red local.

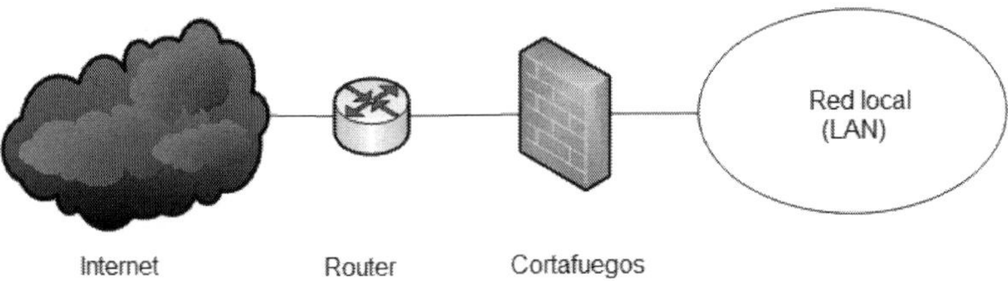

4.4 Proxy

El servidor proxy se utiliza especialmente en el ámbito del tráfico *Hyper Text Transfer Protocol* (HTTP), o incluso con *File Transfer Protocol* (FTP), en la red LAN e Internet. Se puede considerar que es un complemento del cortafuegos.

Cuando intercepta una petición hacia el exterior, el proxy la redirige como si fuera suya y a continuación almacena los datos recibidos. Seguidamente, los envía al solicitante inicial. Proxy es interesante por dos razones. En primer lugar, camufla las direcciones IP internas, puesto que la petición no llega a Internet. Y luego permite filtrar para, por ejemplo, prohibir el acceso a algunos sitios web.

Una tercera ventaja del proxy es su capacidad para administrar una memoria caché. Así pues, es posible volver a pedir un archivo o un sitio de Internet.

A nivel web, esta función es relativa. De hecho, un sitio dinámico cambia tan a menudo que se puede considerar que se carga en cada petición.

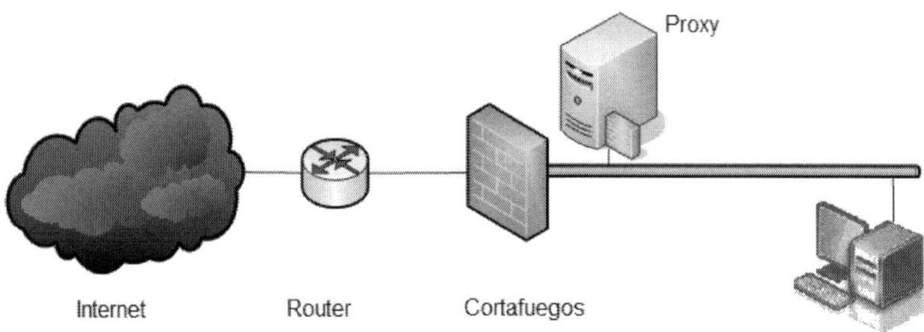

Un servidor proxy inverso (*reverse proxy*) intercepta una petición, por ejemplo, de un sitio web, procedente del exterior hacia un servidor interno. Esto permite evitar que estas peticiones lleguen a un servidor más vulnerable.

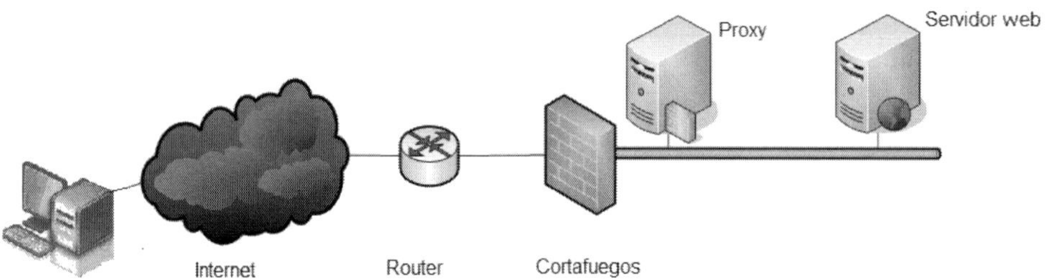

4.5 Zona desmilitarizada

La interconexión entre la red pública internet y la LAN a menudo utiliza una zona pública de *buffer* que está en la propia empresa. Esta zona se denomina «zona desmilitarizada» o *DeMilitarized Zone* (DMZ). Puede albergar diferentes servidores accesibles desde Internet, como:

- el servidor Proxy,
- el servidor web que alberga el sitio de la empresa,
- el servidor de correo, encargado de seleccionar los mensajes.

La frontera de esta DMZ se concreta con al menos un cortafuegos. En infraestructuras de pequeño tamaño, suele ser un servidor para todo. En este caso, se le denomina trirresidente.

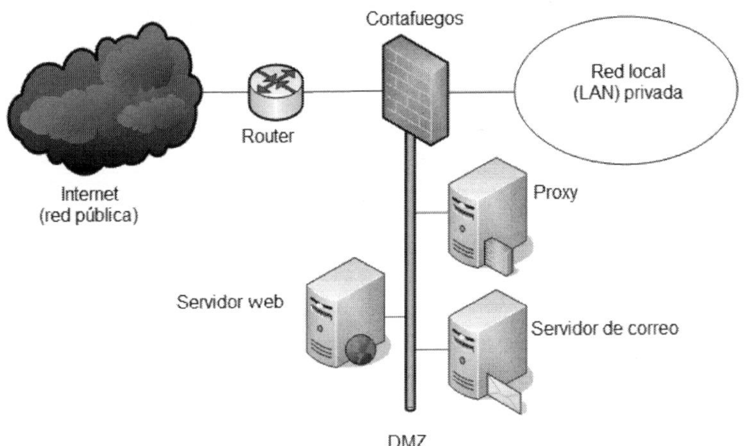

Las infraestructuras de mayor envergadura albergan una DMZ protegida por dos cortafuegos, uno por delante y otro por detrás. En este caso, se configuran de manera complementaria y generalmente son de marcas diferentes para que no presenten las mismas vulnerabilidades.

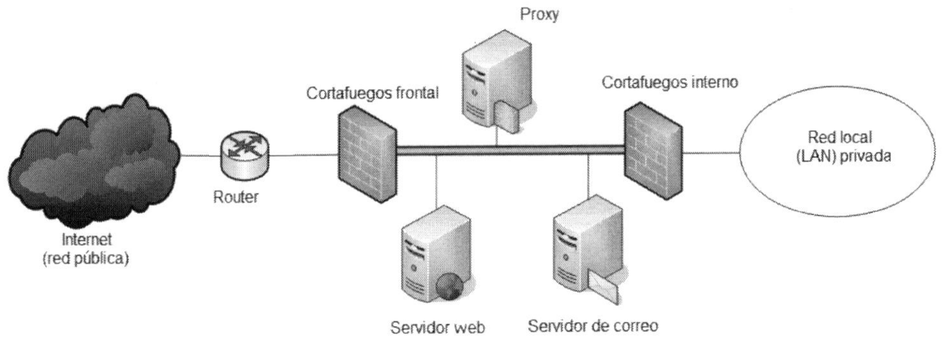

Capítulo 10
Reparación de una red

1. Método de enfoque

La resolución de un problema que afecta a la red requiere de rigor y metodología. Para ello es necesario tratar de dar respuesta a preguntas clave y respetar cierta progresión.

Por ejemplo, tratar de resolver el problema sin averiguar su causa generalmente conduce al fracaso.

En primer lugar, es preferible plantear cuestiones relativas a la aparición del incidente:

- ¿Ha funcionado antes?
- ¿Cuándo?
- ¿Qué modificación se ha realizado desde la última vez que funcionó?

Es importante centrarse en este momento únicamente en los hechos. Detenerse en las impresiones de los usuarios o en ideas preconcebidas no es eficaz.

Una metodología podría consistir en avanzar poco a poco, cumpliendo cada uno de los siguientes pasos:

1) Establecer los síntomas.

2) Identificar la amplitud del problema.

3) Definir lo que ha cambiado.

4) Elegir la causa más probable.

5) Implementar una solución.

6) Probar la solución.

7) Reconocer los efectos probables de la solución.

8) Documentar la solución.

2. Ejemplos de diagnóstico en capas bajas

Siempre hay que comprobar que los cables no estén expuestos a fuentes eléctricas o electromagnéticas que puedan crear interferencias. Por ejemplo, un cable de red (corriente débil) que pasa por un canal compartido con cables eléctricos (corriente fuerte) puede no funcionar bien.

Pasacables especializados para corriente de alta intensidad y corriente de baja intensidad

Del mismo modo, un cable que pasa muy cerca de un neón puede sufrir interferencias electromagnéticas (tubos fluorescentes). También puede haber un problema si el cableado pasa cerca de motores, por ejemplo, el de un ascensor. En estos casos, se puede utilizar cable blindado (S/FTP) o incluso proteger el paso del cable cubriéndolo con una envoltura metálica. También se puede optar por una solución basada en la fibra óptica, que no es sensible a las interferencias electromagnéticas si el entorno está particularmente expuesto a interferencias eléctricas o electro-magnéticas (entornos industriales).

Muy a menudo, los problemas de conectividad son el origen de las averías en los cables RJ45. En un puesto de trabajo, si el conector RJ45 es de baja calidad o está dañado, mal conectado o se ha pisado, pueden producirse fallos recurrentes.

En sala de máquinas, la vibración continua de los conmutadores puede provocar un ligero falso contacto en los conectores RJ45 de baja calidad; esto puede ser también la causa de fallos recurrentes.

A continuación, examinaremos las herramientas que se pueden utilizar para realizar pruebas.

2.1 Dispositivos

2.1.1 El téster de cables

Permite asegurarse del buen funcionamiento de un cable: ausencia de corte, medición de la atenuación, de la resistencia o de otras características. También proporciona información detallada de las propiedades mecánicas y eléctricas de un cable. Cuanto más largo sea el soporte físico utilizado, mayor será el riesgo de fallos. Por ejemplo, utilizar un cable de par trenzado de 150 metros aumenta considerablemente este riesgo.

Observación

Hoy en día hay tésters muy avanzados que permiten obtener información sobre las colisiones y otros elementos importantes vinculados a la disminución del rendimiento de la red.

Estos tésters (ohmímetros) permiten garantizar que la impedancia de los distintos componentes es la correcta. Por ejemplo, un valor infinito entre los dos extremos de un cable de par trenzado indica que el cable está partido.

2.1.2 El reflectómetro

El reflectómetro permite medir la distancia que hay desde este dispositivo hasta un corte de la red. Es posible seleccionar el tipo de cableado utilizado: coaxial o fibra. La señal rebota cuando el cable se ha cortado, de manera que resulta fácil determinar el tiempo de ida y vuelta para deducir la distancia hasta el corte.

Para garantizar un buen funcionamiento del reflectómetro, es necesario conectarlo a un extremo de un segmento. Hay que apagar los posibles repetidores y puentes de red local para no interferir en las pruebas. En la mayoría de los casos, se aconseja detener completamente el funcionamiento de la red, a menos que el modelo de reflectómetro pueda trabajar con la red en funcionamiento.

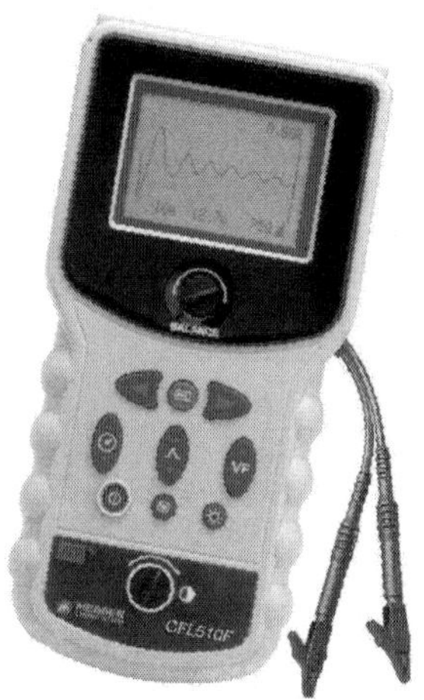

Reflectómetro

Observación

El término oTDR (Time Domain Reflectometer) se utiliza para describir un reflectómetro u OTDR (Optical Time Domain Reflectometer) para describir un reflectómetro óptico.

2.1.3 El multímetro digital

También es posible utilizar un multímetro digital para identificar un cable cortado o un cortocircuito. Este instrumento de medida permite aplicar una tensión a través de un cable para identificar el problema.

El voltímetro puede disponer de la opción de "prueba de continuidad", que devuelve "0" si existe continuidad; en caso contrario, la pantalla mostrará "1" para indicar un "circuito abierto". Alternativamente, puede emplearse la función de ohmímetro, que proporciona una lectura que permite medir la resistencia asociada. Si se detecta una interrupción, se indicará con "1" u "O.L" (open loop o bucle abierto), como se muestra a continuación:

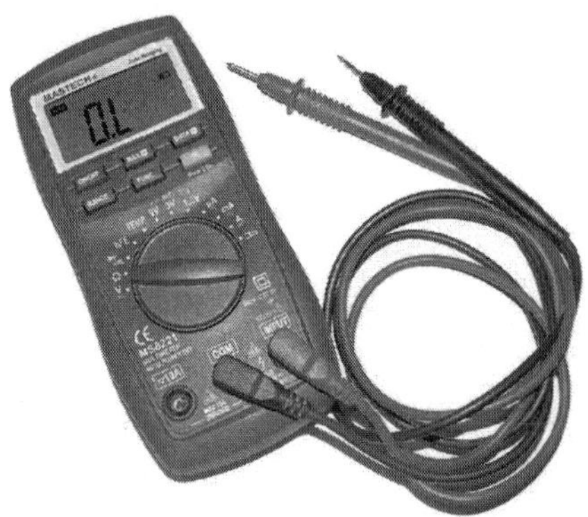

Multímetro digital - bucle abierto

2.2 Análisis de tramas

Una herramienta de análisis de tramas (*sniffer*) permite efectuar un seguimiento de la actividad de la red y optimizar el rendimiento. Una herramienta detallada nos deja en condiciones de identificar de forma precisa el protocolo más utilizado a través de la red, el ordenador que intercambia más información o el protocolo que efectúa más difusiones. Esta herramienta no tiene, en cambio, la función de determinar si un cable se ha cortado o se ha cortocircuitado.

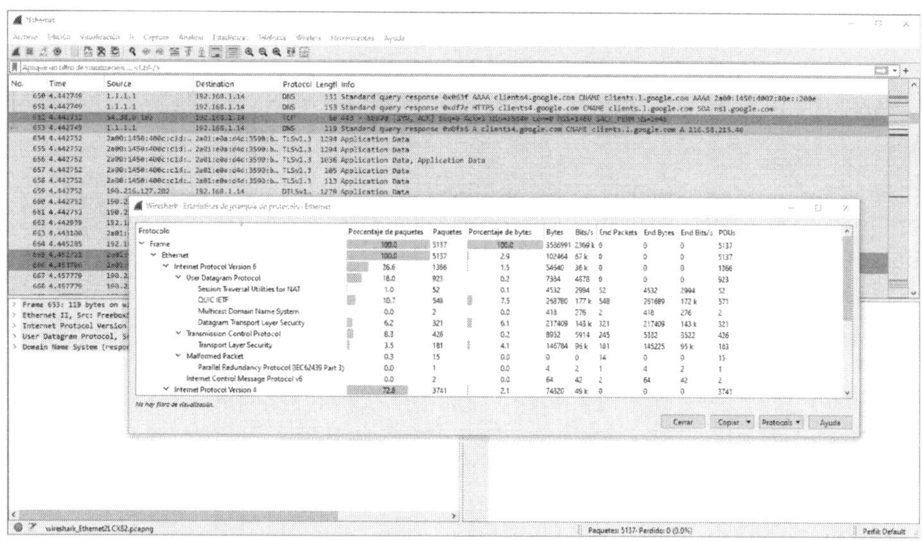

Herramienta de captura de tramas

También se puede configurar para que controle, cuando sea conveniente, si un protocolo supera algún límite impuesto.

En general, dispone de una interfaz gráfica, que muestra los indicadores de los distintos dispositivos que se deben controlar.

Observación

Una de las herramientas más utilizadas en Windows es Wireshark. Esta herramienta debe emplearse junto con una utilidad de captura de paquetes, como NPCAP de NMap Software.

*La herramienta Wireshark está disponible en:
https://www.wireshark.org/download.html*

*La utilidad de captura de paquetes está disponible en:
https://npcap.com/#download*

2.3 Otros problemas con Ethernet

Como en el resto de las redes, los problemas pueden estar en las tarjetas de red (dispositivo, conector y configuración del software) o en los cables.

2.3.1 La unicidad de la dirección MAC

Cada tarjeta de red debe disponer, en una misma red lógica, de una dirección MAC distinta. Esto, en principio, no debe plantear problemas, puesto que, en Ethernet, por definición, se utilizan direcciones IEEE preasignadas.

Observación

Sin embargo, y por desgracia, esto puede ocurrir, aunque muy raramente. Como hemos visto con anterioridad, los sistemas operativos permiten cambiar las direcciones MAC. Algunas tarjetas lo admiten directamente.

Atención: desde iOS 14, la privacidad de los iPhone, iPad y Apple Watch se garantiza mediante un mecanismo que implementa un cambio automático de la dirección MAC del dispositivo en cada nueva conexión a una red Wi-Fi.

2.3.2 La configuración física de la tarjeta de red

Aunque la configuración de la tarjeta de red esté totalmente gestionada por el sistema puede ser necesario comprobar que no hay conflictos entre los diferentes periféricos configurados en el puesto. Esto se produce en raras ocasiones, gracias a las detecciones automáticas de tipo Plug and Play y las resoluciones automáticas de problemas.

2.3.3 Parámetros de comunicación

El mal funcionamiento de algunas tarjetas produce paquetes cuya longitud es superior al máximo permitido (1538 bytes en Ethernet). Estos paquetes se pueden detectar en un equipo activo (por ejemplo, si se ilumina un indicador llamado Jabber) o mediante un analizador de tramas.

2.4 IPX y Ethernet

Incluso si IPX casi ha desaparecido por completo, las impresoras pueden continuar utilizándolo.

Examinemos los problemas más comunes que podemos encontrar en este protocolo.

Uno de los más habituales es la incompatibilidad entre los tipos de tramas utilizados. Los distintos tipos de tramas que se pueden encontrar son los siguientes:

- Ethernet 802.2.
- Ethernet 802.3.
- Ethernet II.
- O también Ethernet SNAP.

Estos tipos de tramas tienen diferencias pequeñas, pero son incompatibles. Por lo tanto, dos equipos que deseen comunicarse en una red Ethernet en IPX tienen que utilizar el mismo tipo de trama. Microsoft y Novell recomiendan utilizar el tipo de trama 802.2.

Casi siempre el tipo de trama se detecta automáticamente y no se debe hacer nada. De hecho, el protocolo RIP IPX permite determinar la información incluida en el tipo de trama, necesaria para poder dialogar con el resto de la red. El problema llega cuando circulan simultáneamente diferentes tipos de tramas en la red y los clientes están configurados para usar una por defecto.

2.5 Otros problemas ligados a la fibra

Los problemas que se pueden encontrar con la fibra tienen que ver, por lo general, con los conectores y el cableado.

La suciedad o el polvo pueden provocar un mal funcionamiento en el intercambio de datos a través de la fibra. Se puede limpiar con un trapo y un poco de alcohol.

Pueden surgir otros problemas si un conector está defectuoso o si se ha cortado un cable.

La utilización de un buen tipo de fibra es indispensable. La fibra multimodo se puede emplear en segmentos que lleguen hasta dos kilómetros. Para distancias más largas, se recomienda usar fibra monomodo. Según el tipo de fibra utilizado, se pueden obtener velocidades más o menos elevadas. Así, con una fibra cuyo núcleo es de plástico, las distancias máximas son de 50 metros. Con un núcleo de vidrio, las distancias son considerablemente más grandes.

Un corte se puede detectar utilizando un reflectómetro óptico (¡muy caro!).

3. Utilización de herramientas TCP/IP adaptadas

3.1 Principios

El conjunto de protocolos TCP/IP proporciona numerosas herramientas que permiten comprobar el buen funcionamiento de la red o de un mecanismo específico: resolución de nombres, acceso a un ordenador...

Es importante conocer estas herramientas y familiarizarse con ellas.

También existen otros conjuntos de herramientas muy útiles para analizar las averías.

3.2 Ejemplo de utilización de las herramientas

3.2.1 arp

El protocolo ARP mantiene localmente en el ordenador una tabla de correspondencias entre las direcciones IPv4 (lógicas) y MAC (física). El comando «arp» permite editar esta tabla, que se encuentra en la memoria RAM.

Cuando no se puede alcanzar un destinatario a través de la red, es importante ver la máscara ARP del ordenador remoto para saber si dispone de la dirección MAC de la puerta de enlace predeterminada. En este caso, esto puede querer decir que la ida funciona, pero la vuelta no.

Efectivamente, a la llegada, el router, que dispone de una interfaz en la misma red de nivel 2 que el destinatario, generará una petición ARP para obtener la dirección MAC de este. El destinatario recibirá la petición ARP y aprovechará para poner en su máscara la dirección MAC del ordenador que origina la petición ARP (el router), para anticipar la vuelta.

ARP también se puede utilizar para identificar un conflicto de dirección IP y comprobar la dirección MAC del destinatario en la misma red de nivel 2.

Podemos utilizar la herramienta ARP para añadir una entrada estática (mapeo de una dirección IP con una dirección MAC) para llegar a un dispositivo de red que no dispone de dirección IP (impresora) cuya dirección MAC conocemos. Para ello, efectuaremos una reserva ARP con la opción s.

Observación

En UNIX/Linux es posible crear un archivo que contenga el mapeo entre las direcciones MAC y las direcciones IP (/etc/ethers) con el fin de minimizar el tráfico vinculado a las numerosas difusiones ARP. Junto con eso, y para añadir seguridad, ARP se puede desactivar en cada equipo, de modo que nadie responda a una petición ARP solicitada por un ordenador desconocido cuya dirección MAC no esté referenciada en las tablas.

A continuación, se puede ver una máscara ARP de un ordenador Windows que dispone de cuatro tarjetas de red.

Observe que cada interfaz de red de nivel 2 dispone de su propia máscara ARP.

```
Símbolo del sistema

C:\Users\rse01>arp -a

Interfaz: 192.168.56.1 --- 0xb
  Dirección de Internet          Dirección física      Tipo
  192.168.56.255        ff-ff-ff-ff-ff-ff     estático
  224.0.0.22            01-00-5e-00-00-16     estático
  224.0.0.251           01-00-5e-00-00-fb     estático
  224.0.0.252           01-00-5e-00-00-fc     estático
  239.255.255.250       01-00-5e-7f-ff-fa     estático

Interfaz: 192.168.1.14 --- 0xc
  Dirección de Internet          Dirección física      Tipo
  192.168.1.36          1a-50-a4-fa-12-35     dinámico
  192.168.1.75          8c-97-ea-58-68-04     dinámico
  192.168.1.81          24-ce-33-19-e4-5b     dinámico
  192.168.1.132         28-80-23-cb-ab-c1     dinámico
  192.168.1.192         f0-35-75-4c-b2-72     dinámico
  192.168.1.254         38-07-16-77-2e-83     dinámico
  192.168.1.255         ff-ff-ff-ff-ff-ff     estático
  224.0.0.22            01-00-5e-00-00-16     estático
  224.0.0.251           01-00-5e-00-00-fb     estático
  239.255.255.250       01-00-5e-7f-ff-fa     estático
  255.255.255.255       ff-ff-ff-ff-ff-ff     estático

C:\Users\rse01>
```

Visualización de las cachés ARP de un servidor Windows con dos interfaces

```
Interfaz: 195.101.229.57 --- 0x1000005
  Dirección IP          Dirección física     Tipo
  195.101.229.60        00-20-6f-0d-75-c8    dinámico

Interfaz: 172.17.0.100 --- 0x1000006
  Dirección IP          Dirección física     Tipo
  172.17.0.3            00-50-fc-0b-39-f1    dinámico
  172.17.0.4            00-50-fc-54-0e-28    dinámico
  172.17.64.48          00-50-56-50-00-7f    dinámico
  172.17.71.1           00-50-fc-1f-7a-3a    dinámico
  172.17.207.89         00-50-fc-20-3a-39    dinámico

C:\>
```

A continuación, se puede ver la máscara ARP de un ordenador Linux que tiene dos interfaces:

```
[root@linus /root]# arp -a
? (172.17.64.1) at 00:50:04:EC:AB:B8 [ether] on eth0
? (172.16.103.1) at 00:50:DA:D6:3E:E8 [ether] on eth1
? (172.16.102.1) at 00:50:FC:0B:39:F0 [ether] on eth1
? (172.16.208.1) at 00:50:DA:36:33:91 [ether] on eth1
? (172.17.1.146) at 00:10:5A:D8:3E:05 [ether] on eth0
? (172.17.0.218) at 00:50:FC:0B:3A:00 [ether] on eth0
? (172.16.1.253) at 00:04:00:A8:E0:B7 [ether] on eth1
```

```
router104 (172.16.104.1) at 00:10:4B:B6:5B:27 [ether] on eth1
jojo.eni.es (172.17.207.89) at 00:50:FC:20:3A:39 [ether] on eth0
? (172.17.3.6) at 00:50:FC:24:37:F3 [ether] on eth0
router205 (172.16.205.1) at 00:50:04:EC:AE:4C [ether] on eth1
? (172.16.206.254) at 00:50:DA:84:CB:62 [ether] on eth1
[root@linus /root]#
```

3.2.2 Neighbor Discovery Table

La resolución de direcciones MAC en IPv6 utiliza un protocolo distinto de ARP, llamado Neighbor Discovery, que se basa en ICMPv6.

En Windows, puede utilizar el siguiente comando para ver estas resoluciones:

```
PS C:\Windows\system32> netsh interface ipv6 show neighbors

Interface 1 : Loopback Pseudo-Interface 1

Dirección de Internet                  Dirección física   Tipo
-------------------------------------  ----------------   ----------
ff02::16                                                  Permanente
ff02::1:2                                                 Permanente

Interface 14 : Ethernet


Dirección de Internet                  Dirección física   Tipo
-------------------------------------  -----------------  ---------
ff02::1--------------------------------33-33-00-00-00-01  Permanente
ff02::2--------------------------------33-33-00-00-00-02  Permanente
ff02::16-------------------------------33-33-00-00-00-16  Permanente
ff02::fb-------------------------------33-33-00-00-00-fb  Permanente
ff02::1:2------------------------------33-33-00-01-00-02  Permanente
ff02::1:3------------------------------33-33-00-01-00-03  Permanente
ff02::1:ffad:c0a9----------------------33-33-ff-ad-c0-a9  Permanente
```

3.2.3 ping

El comando ping utiliza el protocolo ICMP. Permite comprobar si hay una buena conectividad de red, haciendo el envío de peticiones «echo request». La respuesta normal que se espera es «echo reply».

Es importante, cuando se realiza esta prueba hacia un equipo situado detrás de un router, conocer la puerta de enlace. El destinatario también debe conocer su puerta de enlace para enviar correctamente la respuesta. A menudo, el fallo de un «Ping» puede estar relacionado con una configuración defectuosa de la puerta de enlace o puede deberse a que las rutas están mal definidas en los routers.

Atención: cuando hay routers de filtrado o cortafuegos en la ruta, los paquetes ICMP echo request e ICMP echo reply pueden estar bloqueados. Para comprobar que no es así, debemos intentar conectarnos a un servicio que se ejecute en el ordenador remoto, aunque el ping no funcione.

En este caso, el cortafuegos o el router de filtrado no dejará pasar más que algunos tipos de ICMP cuyo código conoce para impedir que los piratas obtengan demasiada información acerca de la asignación de direcciones de la red. Así, el ICMP echo request (ping de ida), corresponde al código 8 y al tipo 0, mientras que el ping de vuelta, ICMP echo reply, corresponde al código 0 y tipo 0.

Observación

La RFC 792 contiene los tipos y códigos ICMP, así como los mensajes asociados y su función.

El comando tracert/traceroute ayuda a establecer el diagnóstico en caso de que esta prueba no funcione.

Por ejemplo

Aquí tenemos un resultado desde un equipo de Windows para una prueba de conectividad con uno de los servidores raíz DNS en Internet (utilizando su IPv4 o su IPv6):

```
C:\Users\Juan>ping -4 a.root-servers.net

Haciendo ping a a.root-servers.net [198.41.0.4] con 32 bytes de datos:

Respuesta desde 198.41.0.4: bytes=32 tiempo=25ms TTL=59
Respuesta desde 198.41.0.4: bytes=32 tiempo=25ms TTL=59
Respuesta desde 198.41.0.4: bytes=32 tiempo=25ms TTL=59
Respuesta desde 198.41.0.4: bytes=32 tiempo=25ms TTL=59

Estadísticas de ping para 198.41.0.4:
    Paquetes: enviados = 4, recibidos = 4, perdidos = 0 (0% perdidos),
Tiempos aproximados de ida y vuelta en milisegundos:
```

```
   Mínimo = 24ms, Máximo = 25ms, Media = 24ms


C:\Users\Juan>ping -6 a.root-servers.net

Haciendo ping a a.root-servers.net [2001:503:ba3e::2:30] con 32 bytes
de datos:
Respuesta desde 2001:503:ba3e::2:30: tiempo=10ms
Respuesta desde 2001:503:ba3e::2:30: tiempo=11ms
Respuesta desde 2001:503:ba3e::2:30: tiempo=11ms
Respuesta desde 2001:503:ba3e::2:30: tiempo=11ms

Estadísticas de ping para 2001:503:ba3e::2:30:
   Paquetes: enviados = 4, recibidos = 4, perdidos = 0 (0% perdidos),
   Mínimo = 10ms, Máximo = 11ms, Media = 10ms
```

3.2.4 tracert/traceroute

Este comando permite seguir la ruta completa del paquete IP hasta el destinatario y así identificar hasta dónde llega el paquete.

Observación

traceroute es una implementación UNIX/Linux, mientras que los sistemas operativos Microsoft utilizan tracert.

Este comando intenta alcanzar la dirección IP o el nombre solicitados, limitándose a cruzar los routers de uno en uno hasta que el paquete alcanza el destinatario.

A continuación, hemos realizado un tracert (Windows). Cuando los componentes intermedios ocultan su respuesta, se muestra un '*'.

```
C:\Users\Juan>tracert -4 a.root-servers.net

Traza a la dirección a.root-servers.net [198.41.0.4]
sobre un máximo de 30 saltos:

  1     3 ms     3 ms     5 ms  192.168.1.254
  2      *        *        *     Tiempo de espera agotado para esta solicitud.
  3      *        *      20 ms  decix.proxad.net [80.81.192.223]
  4    22 ms    21 ms    22 ms  7c-25-86-0c-62-d1.080-081-192-245.pas-
843.de-cix.fra.de.as7342.verisign.com [80.81.192.245]
  5    22 ms    20 ms    25 ms  81.19.204.127
  6    21 ms    21 ms    22 ms  a.root-servers.net [198.41.0.4]
```

```
Traza completa.


C:\Users\juan> tracert -6 a.root-servers.net

Traza a la dirección a.root-servers.net [2001:503:ba3e::2:30]
sobre un máximo de 30 saltos:

  1     3 ms     2 ms     2 ms  2a01:e0a:3f0:90f0::1
  2    37 ms     4 ms     3 ms  2a01:e03:7:f836:840e::ffff
  3     *        *        *     Tiempo de espera agotado para esta solicitud.
  4     *        *        *     Tiempo de espera agotado para esta solicitud.
  5     *        *        *     Tiempo de espera agotado para esta solicitud.
  6     *        *        *     Tiempo de espera agotado para esta solicitud.
  7     7 ms     7 ms     8 ms prs-bb2-v6.ip.twelve99.net
[2001:2034:1:c1::1]
  8     *        *        *     Tiempo de espera agotado para esta solicitud.
  9     8 ms     6 ms     6 ms verisign-ic-372066.ip.twelve99-cust.net
[2001:2035:0:21a5::2]
10    10 ms    15 ms    12 ms  a.root-servers.net [2001:503:ba3e::2:30]

Traza completa.
```

En una computadora con Windows, también se pueden utilizar los comandos de PowerShell para realizar una prueba de conectividad o un traceroute:

```
PS C:\Users\Juan> Test-NetConnection -ComputerName a.root-servers.net

ComputerName           : a.root-servers.net
RemoteAddress          : 2001:503:ba3e::2:30
InterfaceAlias         : Wi-Fi 3
SourceAddress          : 2a01:e0a:3f0:90f0:34c2:d07c:80d2:c45b
PingSucceeded          : True
PingReplyDetails (RTT) : 8 ms


PS C:\Users\Juan> Test-NetConnection -ComputerName a.root-servers.net
-traceroute

omputerName            : a.root-servers.net
RemoteAddress          : 2001:503:ba3e::2:30
InterfaceAlias         : Wi-Fi 3
SourceAddress          : 2a01:e0a:3f0:90f0:34c2:d07c:80d2:c45b
PingSucceeded          : True
PingReplyDetails (RTT) : 8 ms
TraceRoute             : 2a01:e0a:3f0:90f0::1
                         2a01:e03:7:f836:840e::ffff
                         ::
```

```
::
::
::
2001:2034:1:c1::1
::
2001:2035:0:21a5::2
2001:503:ba3e::2:30
```

3.2.5 ipconfig/ip address

Este comando en sus distintas versiones permite indicar, identificar o renovar una configuración IP para un ordenador que dispone de una dirección IP fija o dinámica (cliente DHCP). Permite, entre otras cosas, conocer la dirección MAC de un equipo, así como algunas opciones definidas según el sistema operativo.

El comando en línea ipconfig se utiliza en Windows. En los sistemas Unix y Linux, el comando es `ip address`.

De este modo, **ipconfig** permite comprobar todos los parámetros efectivamente disponibles: IP, máscara, IP de la puerta de enlace, IP DNS 1, IP DNS 2, nombre de dominio, dirección MAC, nombre de servidor DHCP (cuando proceda), tipo de nodo NetBIOS...

Ip address proporciona menos detalles de las opciones TCP/IP, pero cubre mejor el funcionamiento de la red física: *Maximum Transfer Unit* (MTU), interfaz habilitada (U por UP) o deshabilitada (no se visualiza UP), dirección IP de difusión, situación del multicast, número de paquetes enviados, recibidos, mientras que el nombre de la interfaz precisaráa información sobre el hardware utilizado.

A continuación se presentan la versión `/all` de un comando ejecutado en un servidor Windows, seguida de la versión corta.

```
C:\WINDOWS\system32>ipconfig /all
Configuración IP de Windows

   Nombre de host. . . . . . . . . : DESKTOP-0QTOOPK
   Sufijo DNS principal  . . . . . :
   Tipo de nodo. . . . . . . . . . : híbrido
   Enrutamiento IP habilitado. . . : no
   Proxy WINS habilitado . . . . . : no

Adaptador de Ethernet Ethernet:

   Sufijo DNS específico para la conexión. . :
   Descripción . . . . . . . . . . . . . . . : Intel(R) Ethernet Connection (5) I219-LM
```

```
   Dirección física. . . . . . . . . . . . . . : A0-8C-FD-D4-69-02
   DHCP habilitado . . . . . . . . . . . . . . : sí
   Configuración automática habilitada . . . : sí
   Dirección IPv6 . . . . . . . . . . :
2a01:e0a:d4d:3590:e033:1077:dbf3:397(Preferido)
   Dirección IPv6 temporal. . . . . . :
2a01:e0a:d4d:3590:a112:5170:4368:8db(Preferido)
   Vínculo: dirección IPv6 local. . . :
fe80::80c6:42b2:2222:1743%12(Preferido)
   Dirección IPv4. . . . . . . . . . . . . . : 192.168.1.14(Preferido)
   Máscara de subred . . . . . . . . . . . . : 255.255.255.0
   Concesión obtenida. . . . . . . . . . . . : lunes, 7 de julio de 2025 20:22:36
   La concesión expira . . . . . . . . . . . : martes, 8 de julio de 2025 10:56:39
   Puerta de enlace predeterminada . . . . . : fe80::3a07:16ff:fe77:2e83%12
192.168.1.254
   Servidor DHCP . . . . . . . . . . . . . . : 192.168.1.254
   IAID DHCPv6 . . . . . . . . . . . . . . . : 228625661
   DUID de cliente DHCPv6. . . . . . . . . . : 00-01-00-01-2A-00-BE-F4-A0-8C-FD-D4-69-02
   Servidores DNS. . . . . . . . . . . . . . : 1.1.1.1
                                      1.0.0.1
                                      fd0f:ee:b0::1
   NetBIOS sobre TCP/IP. . . . . . . . . . . : habilitado

Adaptador de Ethernet Ethernet 2:

   Sufijo DNS específico para la conexión. . :
   Descripción . . . . . . . . . . . . . . . : VirtualBox Host-Only
Ethernet Adapter
   Dirección física. . . . . . . . . . . . . : 0A-00-27-00-00-0B
   DHCP habilitado . . . . . . . . . . . . . : no
   Configuración automática habilitada . . . : sí
   Vínculo: dirección IPv6 local. . . : fe80::7572:3e51:ad97:401b%11(Preferido)
   Dirección IPv4. . . . . . . . . . . . . . : 192.168.56.1(Preferido)
   Máscara de subred . . . . . . . . . . . . : 255.255.255.0
   Puerta de enlace predeterminada . . . . . :
   IAID DHCPv6 . . . . . . . . . . . . . . . : 420085799
   DUID de cliente DHCPv6. . . . . . . . . . : 00-01-00-01-2A-00-BE-F4-A0-8C-FD-D4-69-02
   Servidores DNS. . . . . . . . . . . . . . : fec0:0:0:ffff::1%1
                                fec0:0:0:ffff::2%1
                                fec0:0:0:ffff::3%1
   NetBIOS sobre TCP/IP. . . . . . . . : habilitado
Configuración IP de Windows
Adaptador de Ethernet Ethernet:
   Sufijo DNS específico para la conexión. . :
   Dirección IPv6 . . . . . . . . . . : 2a01:e0a:d4d:3590:e033:1077:dbf3:397
   Dirección IPv6 temporal. . . . . . : 2a01:e0a:d4d:3590:a112:5170:4368:8db
   Vínculo: dirección IPv6 local. . . : fe80::80c6:42b2:2222:1743%12
   Dirección IPv4. . . . . . . . . . . . . . : 192.168.1.14
   Máscara de subred . . . . . . . . . . . . : 255.255.255.0
   Puerta de enlace predeterminada . . . . . : fe80::3a07:16ff:fe77:2e83%12
                                     192.168.1.254

Adaptador de Ethernet Ethernet 2:

   Sufijo DNS específico para la conexión. . :
   Vínculo: dirección IPv6 local. . . : fe80::7572:3e51:ad97:401b%11
   Dirección IPv4. . . . . . . . . . . . . . : 192.168.56.1
   Máscara de subred . . . . . . . . . . . . : 255.255.255.0
   Puerta de enlace predeterminada . . . . . :
```

El siguiente es un ejemplo obtenido en un sistema Linux que tiene dos tarjetas de red.

A continuación, se presenta un ejemplo de visualización obtenido en un sistema Linux equipado con dos tarjetas de red:

- enp0s3 (ethernet PCI 0 Slot 3);
- enp0s8 (ethernet PCI 0 Slot 8).

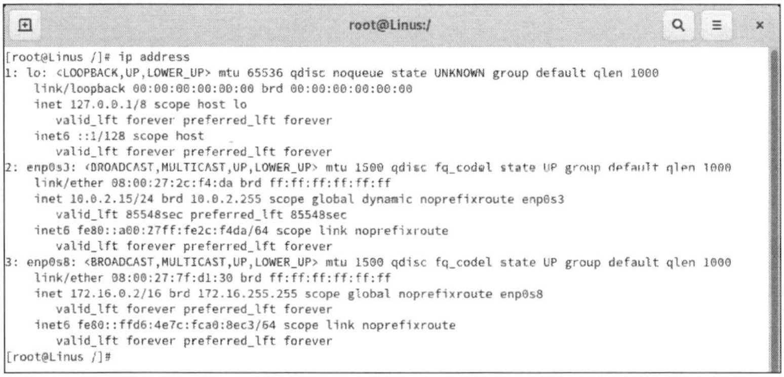

```
root@Linus:/
[root@Linus /]# ip address
1: lo: <LOOPBACK,UP,LOWER_UP> mtu 65536 qdisc noqueue state UNKNOWN group default qlen 1000
    link/loopback 00:00:00:00:00:00 brd 00:00:00:00:00:00
    inet 127.0.0.1/8 scope host lo
       valid_lft forever preferred_lft forever
    inet6 ::1/128 scope host
       valid_lft forever preferred_lft forever
2: enp0s3: <BROADCAST,MULTICAST,UP,LOWER_UP> mtu 1500 qdisc fq_codel state UP group default qlen 1000
    link/ether 08:00:27:2c:f4:da brd ff:ff:ff:ff:ff:ff
    inet 10.0.2.15/24 brd 10.0.2.255 scope global dynamic noprefixroute enp0s3
       valid_lft 85548sec preferred_lft 85548sec
    inet6 fe80::a00:27ff:fe2c:f4da/64 scope link noprefixroute
       valid_lft forever preferred_lft forever
3: enp0s8: <BROADCAST,MULTICAST,UP,LOWER_UP> mtu 1500 qdisc fq_codel state UP group default qlen 1000
    link/ether 08:00:27:7f:d1:30 brd ff:ff:ff:ff:ff:ff
    inet 172.16.0.2/16 brd 172.16.255.255 scope global noprefixroute enp0s8
       valid_lft forever preferred_lft forever
    inet6 fe80::ffd6:4e7c:fca0:8ec3/64 scope link noprefixroute
       valid_lft forever preferred_lft forever
[root@Linus /]#
```

Obtención de la ubicación geográfica de una dirección IP

3.2.6 netstat

Este comando permite visualizar, por una parte, los puertos abiertos de un ordenador y, por otra parte, la tabla de enrutamiento del ordenador local o incluso las estadísticas de funcionamiento de la red.

A continuación, se muestra una visualización de las conexiones TCPv4, con la duración de establecimiento (en ms).

```
C:\Windows\System32>netstat -ani -p TCP
Conexiones activadas
Proto  Dirección local   Dirección remota     Estado        Tiempo en estado (ms)
TCP    0.0.0.0:135       0.0.0.0:0            LISTENING     0
TCP    10.0.2.15:139     0.0.0.0:0            LISTENING     0
TCP    0.0.0.0:5040      0.0.0.0:0            LISTENING     0
TCP    0.0.0.0:49664     0.0.0.0:0            LISTENING     0
TCP    0.0.0.0:49665     0.0.0.0:0            LISTENING     0
TCP    0.0.0.0:49666     0.0.0.0:0            LISTENING     0
TCP    0.0.0.0:49667     0.0.0.0:0            LISTENING     0
TCP    0.0.0.0:49668     0.0.0.0:0            LISTENING     0
TCP    0.0.0.0:49670     0.0.0.0:0            LISTENING     0
TCP    0.0.0.0:52428     0.0.0.0:0            LISTENING     0
```

```
TCP    10.0.2.15:53039  20.199.120.151:443   ESTABLISHED  1761778
TCP    10.0.2.15:53346  23.192.237.216:443   CLOSE_WAIT   467502
TCP    10.0.2.15:53347  23.192.237.200:443   CLOSE_WAIT   473065
TCP    10.0.2.15:53356  2.22.225.188:443     CLOSE_WAIT   472603
```

Visualización de las conexiones activas en Windows

A continuación se muestra un extracto de la tabla de enrutamiento de un servidor Windows.

```
C:\>netstat -rn

===========================================================================
IListа de interfaces
 12...a0 8c fd d4 69 02 ......Intel(R) Ethernet Connection (5) I219-LM
 11...0a 00 27 00 00 0b ......VirtualBox Host-Only Ethernet Adapter
  1...........................Software Loopback Interface 1
===========================================================================
IPv4 Tabla de enrutamiento
===========================================================================
Rutas activas:
Destino de red        Máscara de red  Puerta de enlace    Interfaz   Métrica
          0.0.0.0          0.0.0.0    192.168.1.254    192.168.1.14     25
        127.0.0.0          255.0.0.    En vínculo          127.0.0.1    331
        127.0.0.1  255.255.255.255    En vínculo          127.0.0.1    331
  127.255.255.255  255.255.255.255    En vínculo          127.0.0.1    331
      192.168.1.0    255.255.255.0    En vínculo       192.168.1.14    281
     192.168.1.14  255.255.255.255    En vínculo       192.168.1.14    281
    192.168.1.255  255.255.255.255    En vínculo       192.168.1.14    281
     192.168.56.0    255.255.255.0    En vínculo       192.168.56.1    281
     192.168.56.1  255.255.255.255    En vínculo       192.168.56.1    281
   192.168.56.255  255.255.255.255    En vínculo       192.168.56.1    281
         24.0.0.0        240.0.0.0    En vínculo          127.0.0.1    331
        224.0.0.0        240.0.0.0    En vínculo       192.168.56.1    281
        224.0.0.0        240.0.0.0    En víncul        192.168.1.14    281
  255.255.255.255  255.255.255.255    En vínculo          127.0.0.1    331
  255.255.255.255  255.255.255.255    En vínculo       192.168.56.1    281
  255.255.255.255  255.255.255.255    En vínculo       192.168.1.14    281
===========================================================================
Rutas persistentes:
  Ninguno
```

```
IPv6 Tabla de enrutamiento
===========================================================================
Rutas activas:
 Cuando destino de red métrica      Puerta de enlace
 13    281 ::/0                     fe80::3a07:16ff:fe77:2e83
  1    331 ::1/128                  En vínculo
 13    281 2a01:e0a:d4d:3590::/64   En vínculo
 13    281 2a01:e0a:d4d:3590:a112:5170:4368:8db/128
                                    En vínculo
 13    281 2a01:e0a:d4d:3590:e033:1077:dbf3:397/128
                                    En vínculo
 13    281 fe80::/64                En vínculo
 13    281 fe80::/64                En vínculo
 13    281 fe80::7572:3e51:ad97:401b/128
                                    En vínculo
 13    281 fe80::80c6:42b2:2222:1743/128
                                    En vínculo
  1    331 ff00::/8                 En vínculo
 13    281 ff00::/8                 En vínculo
 13    281 ff00::/8                 En vínculo
===========================================================================
Rutas persistentes:
  Ninguno
```

3.2.7 Identificación de una dirección IP

Una vez que se han identificado las direcciones IP con las que se establecen conexiones en nuestro equipo, puede resultar útil determinar su origen geográfico, así como conocer a quién pertenecen.

Existen muchos sitios web que permiten localizar una dirección IP y consultar información sobre su propietario.

Por ejemplo, si se desea conocer al propietario de una IP, se puede utilizar: http://ipwhois.es.nrtool.com/

Obtención del propietario de una dirección IP

3.2.8 Geolocalización de una dirección IP

Para conocer la ubicación geográfica, se podrá consultar el siguiente sitio: http://ip.es.nrtool.com.

Obtención de la ubicación geográfica de una dirección IP

3.2.9 nbtstat

Esta herramienta permite, en un sistema operativo Windows que todavía utilice NetBIOS, visualizar las aplicaciones NetBIOS arrancadas o ver la caché local de los nombres NetBIOS resueltos en direcciones IP.

Es fácil comprobar, con la ayuda de este comando, que el ordenador inicializó sus servicios NetBIOS correctamente.

Por ejemplo, a continuación, el comando **nbtstat -n** muestra las aplicaciones NetBIOS iniciadas en un equipo Windows Server multidomiciliado (con varias interfaces).

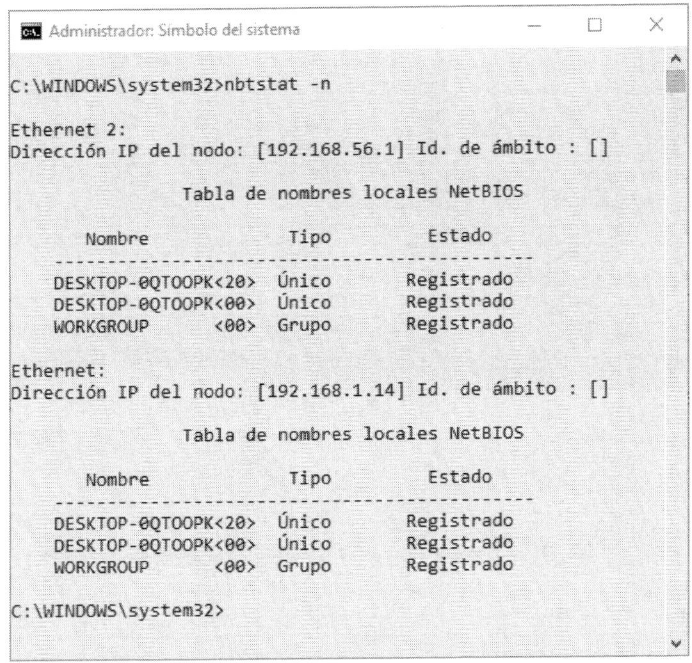
```
C:\WINDOWS\system32>nbtstat -n

Ethernet 2:
Dirección IP del nodo: [192.168.56.1] Id. de ámbito : []

                Tabla de nombres locales NetBIOS

       Nombre               Tipo          Estado
    ---------------------------------------------
    DESKTOP-0QTOOPK<20>  Único        Registrado
    DESKTOP-0QTOOPK<00>  Único        Registrado
    WORKGROUP      <00>  Grupo        Registrado

Ethernet:
Dirección IP del nodo: [192.168.1.14] Id. de ámbito : []

                Tabla de nombres locales NetBIOS

       Nombre               Tipo          Estado
    ---------------------------------------------
    DESKTOP-0QTOOPK<20>  Único        Registrado
    DESKTOP-0QTOOPK<00>  Único        Registrado
    WORKGROUP      <00>  Grupo        Registrado

C:\WINDOWS\system32>
```

Visualización de los nombres NetBIOS publicados en las interfaces

También podremos (con la opción -n) comprobar si efectivamente un servidor es controlador de dominio (Nombre de dominio). Observe que esta operación se puede realizar en remoto con -a o -A.

Este comando también es interesante para identificar los nombres NetBIOS de ordenadores duplicados en la red.

En este ejemplo, el comando **`nbtstat -c`** permite ver la lista de nombres NetBIOS que se han resuelto en direcciones IP:

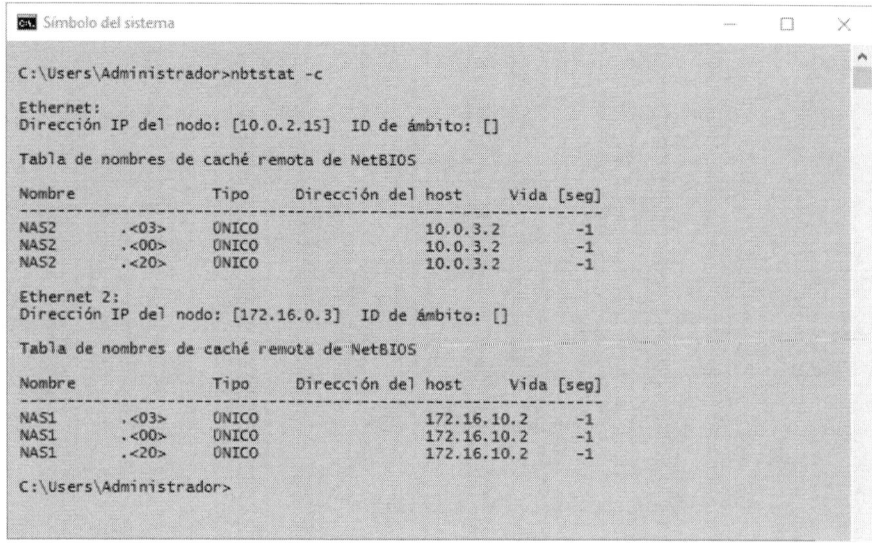
```
C:\Users\Administrador>nbtstat -c

Ethernet:
Dirección IP del nodo: [10.0.2.15] ID de ámbito: []

Tabla de nombres de caché remota de NetBIOS

Nombre              Tipo      Dirección del host     Vida [seg]
-------------------------------------------------------------
NAS2      .<03>     ÚNICO                10.0.3.2          -1
NAS2      .<00>     ÚNICO                10.0.3.2          -1
NAS2      .<20>     ÚNICO                10.0.3.2          -1

Ethernet 2:
Dirección IP del nodo: [172.16.0.3] ID de ámbito: []

Tabla de nombres de caché remota de NetBIOS

Nombre              Tipo      Dirección del host     Vida [seg]
-------------------------------------------------------------
NAS1      .<03>     ÚNICO                172.16.10.2       -1
NAS1      .<00>     ÚNICO                172.16.10.2       -1
NAS1      .<20>     ÚNICO                172.16.10.2       -1

C:\Users\Administrador>
```

Visualización de los nombres NetBIOS publicados en las interfaces

3.2.10 nslookup

nslookup permite comprobar el buen funcionamiento de las resoluciones de nombres DNS.

Una vez ejecutada la herramienta, se pueden hacer diversas consultas, tal y como muestra la pantalla que se reproduce a continuación en un sistema Windows.

```
C:\Users\juan>nslookup  -
Servidor predeterminado:   UnKnown
Address:  192.168.1.254
 > www.google.es
Servidor:  UnKnown
Address:  192.168.1.254

Respuesta no autoritativa:
Nombre:  www.google.es
Addresses:  2a00:1450:4007:81a::2003
```

```
          216.58.214.67
> set type=cname
> www.google.es
Servidor:  UnKnown
Address:  192.168.1.254
google.es
        primary name server = ns1.google.com
        responsible mail addr = dns-admin.google.com
        serial  = 780174493
        refresh = 900 (15 mins)
        retry   = 900 (15 mins)
        expire  = 1800 (30 mins)
        default TTL = 60 (1 min)
> set type=ns
> google.es
Servidor:  UnKnown
Address:  192.168.1.254
Respuesta no autoritativa:
google.es       nameserver = ns1.google.com
google.es       nameserver = ns4.google.com
google.es       nameserver = ns3.google.com
google.es       nameserver = ns2.google.com
>
```

Por ejemplo, para comprobar que el equipo es capaz de resolver nombres DNS (para llegar al servidor DNS adecuado), basta con indicar el nombre del dominio, incluso de un equipo. Si el servidor DNS de referencia no puede dar la respuesta directamente, indicará la dirección IP del servidor que autoriza. También es posible consultar a un DNS para saber cuál es o cuáles son los servidores de correo registrados (Tipo = MX).

Esta herramienta es muy avanzada y su dominio requiere un poco más de conocimiento que las anteriores.

Observación

*La pila de protocolos TCP/IP de los sistemas operativos Windows utiliza una caché DNS, que permite sistemáticamente consultar al servidor de nombres. El contenido de esta caché se puede visualizar con el comando **ipconfig /displaydns**. Es muy útil en las tareas diarias, pero puede resultar negativa si hay algún error. De hecho, si no se resuelve un nombre, la información permanece unos instantes en la caché, aunque se haya corregido el error. En este caso, es necesario reinicializar la información con el comando **ipconfig /flushdns**.*

Como se ve a continuación, este comando funciona en modo interactivo o en modo de línea de comandos. En este último caso, cualquier operación se introduce en una sola línea.

```
C:\Users\rse01>nslookup -debug portal.azur.com
------------
Got answer:
    HEADER:
        opcode = QUERY, id = 1, rcode = NOERROR
        header flags:  response, want recursion, recursion avail.
        questions = 1,  answers = 1,  authority records = 0,  additional = 0

    QUESTIONS:
        1.1.1.1.in-addr.arpa, type = PTR, class = IN
    ANSWERS:
    ->  1.1.1.1.in-addr.arpa
        name = one.one.one.one
        ttl = 900 (15 mins)

------------
Servidor:  one.one.one.one
Address:  1.1.1.1

------------
Got answer:
    HEADER:
        opcode = QUERY, id = 2, rcode = NOERROR
        header flags:  response, want recursion, recursion avail.
        questions = 1,  answers = 1,  authority records = 0,  additional = 0

QUESTIONS:
        portal.azur.com, type = A, class = IN
    ANSWERS:
    ->  portal.azur.com
        internet address = 103.224.212.204
        ttl = 3158 (52 mins 38 secs)

------------
Respuesta no autoritativa:
------------
Got answer:
    HEADER:
        opcode = QUERY, id = 3, rcode = NOERROR
        header flags:  response, want recursion, recursion avail.
        questions = 1,  answers = 0,  authority records = 1,  additional = 0

    QUESTIONS:
        portal.azur.com, type = AAAA, class = IN
```

```
    AUTHORITY RECORDS:
    ->  portal.azur.com
        ttl = 60 (1 min)
        primary name server = ns1.abovedomains.com
        responsible mail addr = hostmaster.trellian.com
        serial  = 2025070901
        refresh = 10800 (3 hours)
        retry   = 3600 (1 hour)
        expire  = 604800 (7 days)
        default TTL = 3600 (1 hour)

------------
Nombre:  portal.azur.com
Address:  103.224.212.204
```

4. Herramientas de análisis de capas altas

4.1 La herramienta sysinternals

Existen muchas herramientas que permiten considerar una depuración mucho más profunda. En particular, se trata de las herramientas desarrolladas por Mark Russinovich.

El sitio web Sysinternals fue creado en 1996 por Mark Russinovich para alojar sus utilidades avanzadas del sistema y su información técnica.

Estas herramientas fueron creadas para permitir a los profesionales de la informática gestionar, solucionar problemas y diagnosticar los sistemas y aplicaciones Windows y Linux.

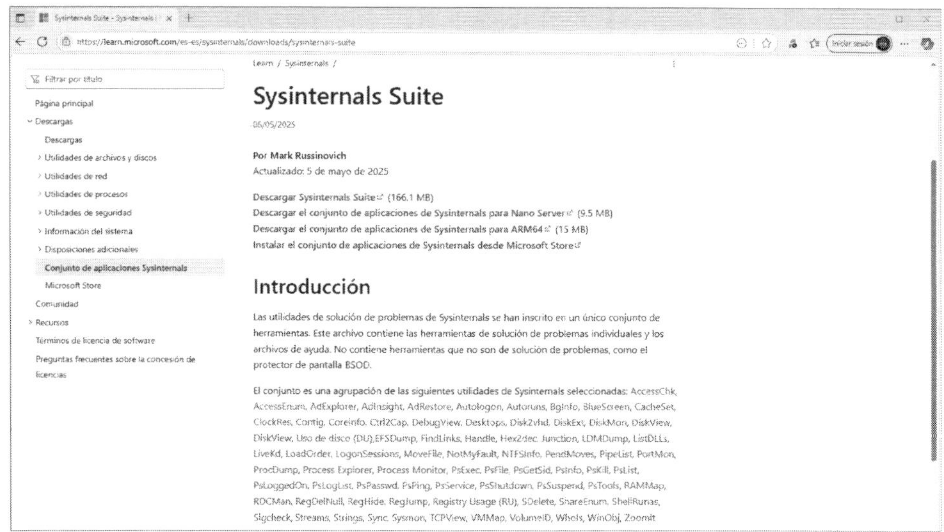

Herramientas Sysinternals de Mark Russinovich

Observación

Las herramientas Sysinternals están disponibles en learn.microsoft.com/es-es/sysinternals/downloads/.

Process Tree

Process Tree permite visualizar de manera muy detallada la información sobre los programas que se están ejecutando:

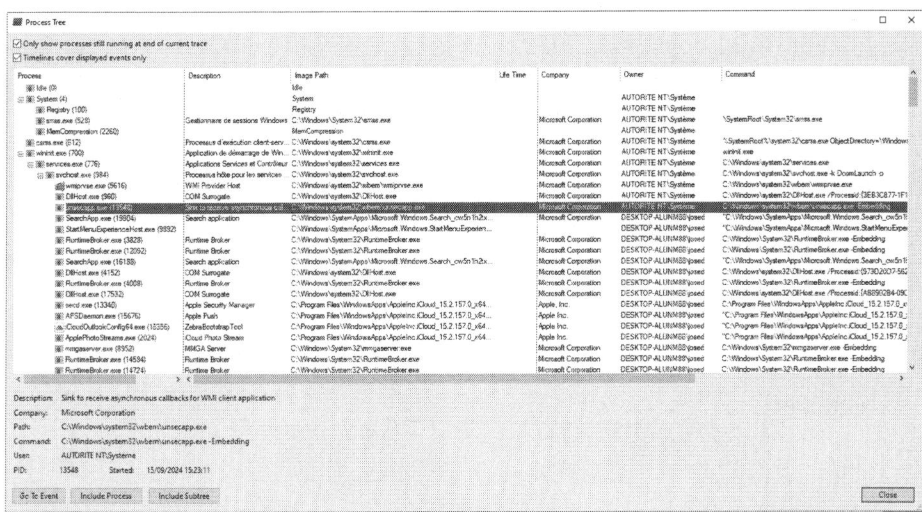

Herramienta Process Tree

Process Explorer

Esta otra herramienta proporciona indicaciones sobre el consumo de recursos asociado a cada proceso que se ejecuta:

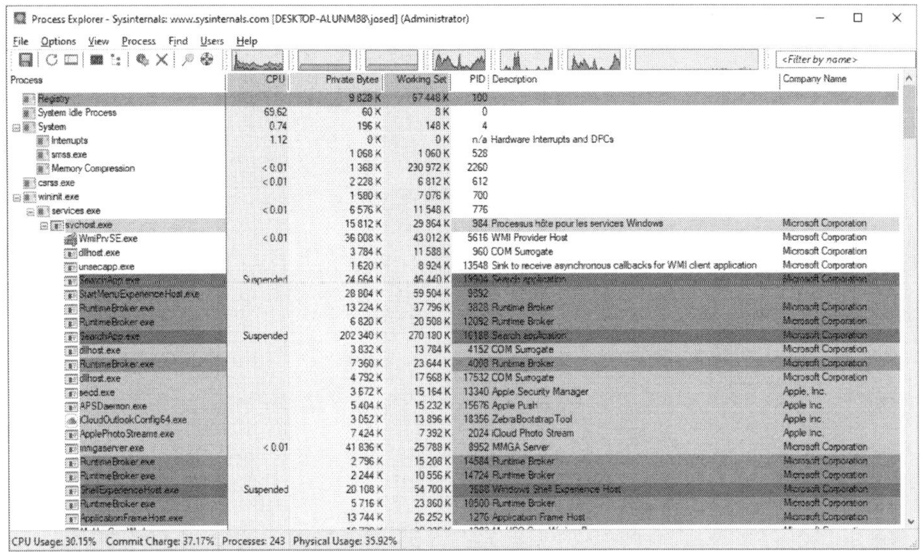

Herramienta Process Explorer

TCP viewer

Si desea visualizar los puertos utilizados por las aplicaciones, TCPView proporciona esta información:

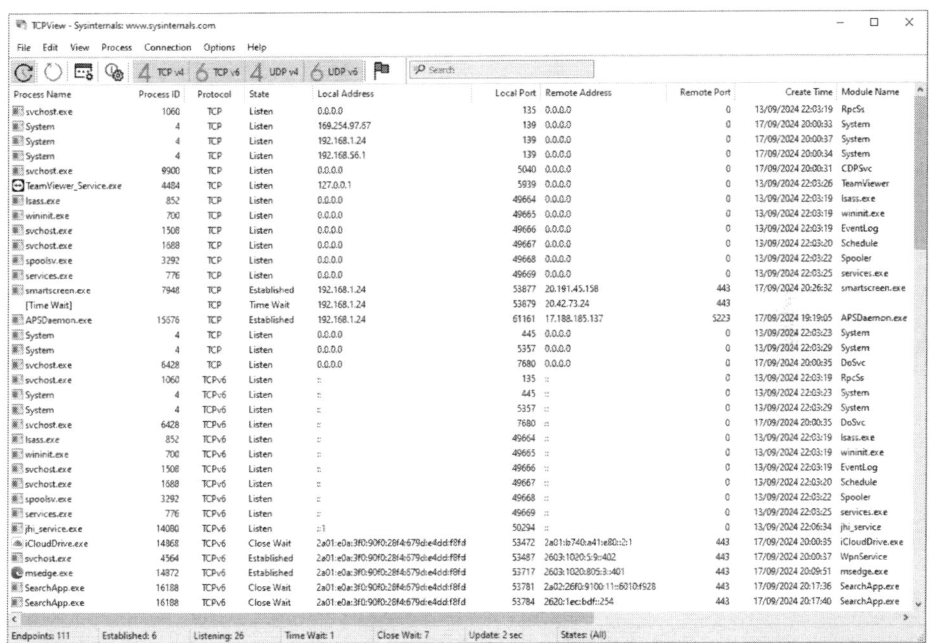

Process Name	Process ID	Protocol	State	Local Address	Local Port	Remote Address	Remote Port	Create Time	Module Name
svchost.exe	1060	TCP	Listen	0.0.0.0	135	0.0.0.0	0	13/09/2024 22:03:19	RpcSs
System	4	TCP	Listen	169.254.97.67	139	0.0.0.0	0	17/09/2024 20:00:33	System
System	4	TCP	Listen	192.168.1.24	139	0.0.0.0	0	17/09/2024 20:00:37	System
System	4	TCP	Listen	192.168.56.1	139	0.0.0.0	0	17/09/2024 20:00:34	System
svchost.exe	9900	TCP	Listen	0.0.0.0	5040	0.0.0.0	0	17/09/2024 20:00:31	CDPSvc
TeamViewer_Service.exe	4484	TCP	Listen	127.0.0.1	5939	0.0.0.0	0	13/09/2024 22:03:26	TeamViewer
lsass.exe	852	TCP	Listen	0.0.0.0	49664	0.0.0.0	0	13/09/2024 22:03:19	lsass.exe
wininit.exe	700	TCP	Listen	0.0.0.0	49665	0.0.0.0	0	13/09/2024 22:03:19	wininit.exe
svchost.exe	1508	TCP	Listen	0.0.0.0	49666	0.0.0.0	0	13/09/2024 22:03:19	EventLog
svchost.exe	1688	TCP	Listen	0.0.0.0	49667	0.0.0.0	0	13/09/2024 22:03:20	Schedule
spoolsv.exe	3292	TCP	Listen	0.0.0.0	49668	0.0.0.0	0	13/09/2024 22:03:22	Spooler
services.exe	776	TCP	Listen	0.0.0.0	49669	0.0.0.0	0	13/09/2024 22:03:25	services.exe
smartscreen.exe	7948	TCP	Established	192.168.1.24	53877	20.191.45.158	443	17/09/2024 20:26:32	smartscreen.exe
[Time Wait]		TCP	Time Wait	192.168.1.24	53879	20.42.73.24	443		
APSDaemon.exe	15676	TCP	Established	192.168.1.24	61161	17.188.185.137	5223	17/09/2024 19:19:05	APSDaemon.exe
System	4	TCP	Listen	0.0.0.0	445	0.0.0.0	0	13/09/2024 22:03:23	System
System	4	TCP	Listen	0.0.0.0	5357	0.0.0.0	0	13/09/2024 22:03:29	System
svchost.exe	6428	TCP	Listen	0.0.0.0	7680	0.0.0.0	0	17/09/2024 20:00:35	DoSvc
svchost.exe	1060	TCPv6	Listen	::	135	::	0	13/09/2024 22:03:19	RpcSs
System	4	TCPv6	Listen	::	445	::	0	13/09/2024 22:03:23	System
System	4	TCPv6	Listen	::	5357	::	0	13/09/2024 22:03:29	System
svchost.exe	6428	TCPv6	Listen	::	7680	::	0	17/09/2024 20:00:35	DoSvc
lsass.exe	852	TCPv6	Listen	::	49664	::	0	13/09/2024 22:03:19	lsass.exe
wininit.exe	700	TCPv6	Listen	::	49665	::	0	13/09/2024 22:03:19	wininit.exe
svchost.exe	1508	TCPv6	Listen	::	49666	::	0	13/09/2024 22:03:19	EventLog
svchost.exe	1688	TCPv6	Listen	::	49667	::	0	13/09/2024 22:03:20	Schedule
spoolsv.exe	3292	TCPv6	Listen	::	49668	::	0	13/09/2024 22:03:22	Spooler
services.exe	776	TCPv6	Listen	::	49669	::	0	13/09/2024 22:03:25	services.exe
jhi_service.exe	14080	TCPv6	Listen	::1	50294	::	0	13/09/2024 22:06:34	jhi_service
iCloudDrive.exe	14868	TCPv6	Close Wait	2a01:e0a:3f0:90f0:28f4:679d:e4dd:f8fd	53472	2a01:b740:a41:e80::2:1	443	17/09/2024 20:00:35	iCloudDrive.exe
svchost.exe	4564	TCPv6	Established	2a01:e0a:3f0:90f0:28f4:679d:e4dd:f8fd	53487	2603:1020:5:9::402	443	17/09/2024 20:00:37	WpnService
msedge.exe	14872	TCPv6	Established	2a01:e0a:3f0:90f0:28f4:679d:e4dd:f8fd	53717	2603:1020:805:3::401	443	17/09/2024 20:09:51	msedge.exe
SearchApp.exe	16188	TCPv6	Close Wait	2a01:e0a:3f0:90f0:28f4:679d:e4dd:f8fd	53781	2a02:26f0:9100:11::6010:f928	443	17/09/2024 20:17:36	SearchApp.exe
SearchApp.exe	16188	TCPv6	Close Wait	2a01:e0a:3f0:90f0:28f4:679d:e4dd:f8fd	53784	2620:1ec:bdf::254	443	17/09/2024 20:17:40	SearchApp.exe

TCP View

PS Ping

Esta herramienta permite medir la latencia de un determinado servicio. Por ejemplo, para medir la latencia asociada entre su propia dirección IP y un servidor web en HTTPS, se podrá utilizar el siguiente comando:

```
C:\Users\juan>psping -s 192.168.1.24 www.ediciones-eni.com:443

PsPing v2.12 - PsPing - ping, latency, bandwidth measurement utility
Copyright (C) 2012-2023 Mark Russinovich
Sysinternals - www.sysinternals.com

TCP connect to 185.42.28.200:443:
5 iterations (warmup 1) ping test:
Connecting to 185.42.28.200:443 (warmup): from 192.168.1.24:54138:
36.36ms
Connecting to 185.42.28.200:443: from 192.168.1.24:54139: 38.10ms
Connecting to 185.42.28.200:443: from 192.168.1.24:54140: 30.89ms
Connecting to 185.42.28.200:443: from 192.168.1.24:54141: 12.68ms
Connecting to 185.42.28.200:443: from 192.168.1.24:54142: 71.85ms

TCP connect statistics for 185.42.28.200:443:
  Sent = 4, Received = 4, Lost = 0 (0% loss),
  Minimum = 12.68ms, Maximum = 71.85ms, Average = 38.38ms
```

Psexec

A menudo utilizaremos este comando para simular el funcionamiento de un programa como «sistema»:

```
C:\Users\Juan>psexec -i -s powershell.exe
PsExec v2.43 - Execute processes remotely
Copyright (C) 2001-2023 Mark Russinovich
Sysinternals - www.sysinternals.com

----------------------------------------------------------------------
PS C:\Windows\system32> whoami
autorite nt\système

PS C:\Windows\system32> invoke-webrequest www.ediciones-eni.com -usebasicparsing

StatusCode        : 200
StatusDescription : OK
Content           :
                    <!DOCTYPE html>

                    <html lang="es" xmlns="http://www.w3.org/1999/xhtml">
                    <head>
                        <!-- Google Tag Manager --><script>window.
```

```
dataLayer = window.dataLayer || [];dataLayer.push({"typePage": "Home",...
RawContent          : HTTP/1.1 200 OK
                      Pragma: no-cache
                      PT_CheckURL: 00:00:00.000
                      ProcessingTime: 00:00:00.161
                      link: </rsc/shared/fonts/OpenSansLight.woff>;
rel=preload; as=font; crossorigin, </rsc/shared/fonts/OpenSans...
Forms               :
Headers             : {[Pragma, no-cache], [PT_CheckURL, 00:00:00.000],
[ProcessingTime, 00:00:00.161], [link,
</rsc/shared/fonts/OpenSansLight.woff>; rel=preload;
                      as=font; crossorigin, </rsc/shared/fonts/
OpenSansRegular.woff>; rel=preload; as=font; crossorigin,
</rsc/shared/fonts/OpenSansSemiBold.woff>;
                      rel=preload; as=font; crossorigin,
</rsc/shared/fonts/OpenSansBold.woff>; rel=preload;
as=font; crossorigin,
                      </rsc/shared/fonts/OpenSansExtraBold.woff>;
rel=preload; as=font; crossorigin, </rsc/shared/fonts/icons.woff>;
rel=preload; as=font; crossorigin,
                      </rsc/css/bundles/
5451ABB61D956578E0C5492AF9F1B1FCC588BC81.css>; rel=preload; as=style,
                      </rsc/js/bundles/23D951E7516EBC67F2CEDD242E1B448B8064EEB3.js>;
rel=preload; as=script]...}
Images              : {}
InputFields         : {@{outerHTML=<input type="search" value=""
placeholder="Estoy buscando un libro, un vídeo..."data-url= "/buscar"
/>; tagName=INPUT; type=search;
                      value=; placeholder=Estoy buscando un libro, un vídeo...},
@{outerHTML=<input id="email" name="email" type="email"
value="" placeholder="E-mail"
                      required data-error="La dirección de correo
electrónico no es válida, vuélvala a introducir correctamente." />;
tagName=INPUT; id=email; name=email;
                      type=email; value=; placeholder=E-mail; required=;
data-error=La dirección de correo electrónico no es válida, vuélvala a
introducir
                      correctamente.},
@{outerHTML=<input class="hidden" name="lst" type="checkbox"
value='["407b1447-1c78-4d22-9356-1db460510151"]'/>; tagName=INPUT;
                      class=hidden; name=lst; type=checkbox;
value=["407b1447-1c78-4d22-9356-1db460510151"]},
@{outerHTML=<input class="hidden" name="lst" type="checkbox"
                      value='["47645ede-37d7-4de5-a0fd-74376b8847a0"]'
checked=""/>; tagName=INPUT; class=hidden; name=lst; type=checkbox;
                      value=["47645ede-37d7-4de5-a0fd-74376b8847a0"]; checked=}...}
Links               : {@{outerHTML=<a id="Logo" href="/">
<img src="/rsc/shared/images/logo_ENI.svg" alt="Ediciones ENI" />
Ediciones ENI <em>Editorial | líder en
                      informática</em></a>; tagName=A; id=Logo; href=/},
@{outerHTML=<a id="WA" aria-label="Chatear en WhatsApp"
 href="https://wa.me/+34619565141"
                      target="_blank"></a>; tagName=A; id=WA;
aria-label=Chatear en WhatsApp; href=https://wa.me/+34619565141;
target=_blank},
@{outerHTML=<a
                      id="linkBasket" href="/cesta" data-count="0"
title="cesta" aria-label="Mi cesta"><div id="alert"><b></b><p>El artículo
se ha añadido a la
                      cesta</p></div></a>; tagName=A; id=linkBasket;
```

```
href=/cesta; data-count=0; title=cesta; aria-label=Mi cesta}, @{outerHTML=<a
                    id="6782c292-9e0b-46fc-a5f2-1aabff858726" href="/"
class="current"><b>Libros y videos</b></a>; tagName=A;
id=6782c292-9e0b-46fc-a5f2-1aabff858726;
                    href=/; class=current}...}
ParsedHtml         :
RawContentLength   : 101518
```

4.2 Análisis de peticiones de aplicaciones

Para el análisis de aplicaciones, la herramienta más interesante es un analizador de tramas como Wireshark.

Por ejemplo, para capturar tramas FTP:

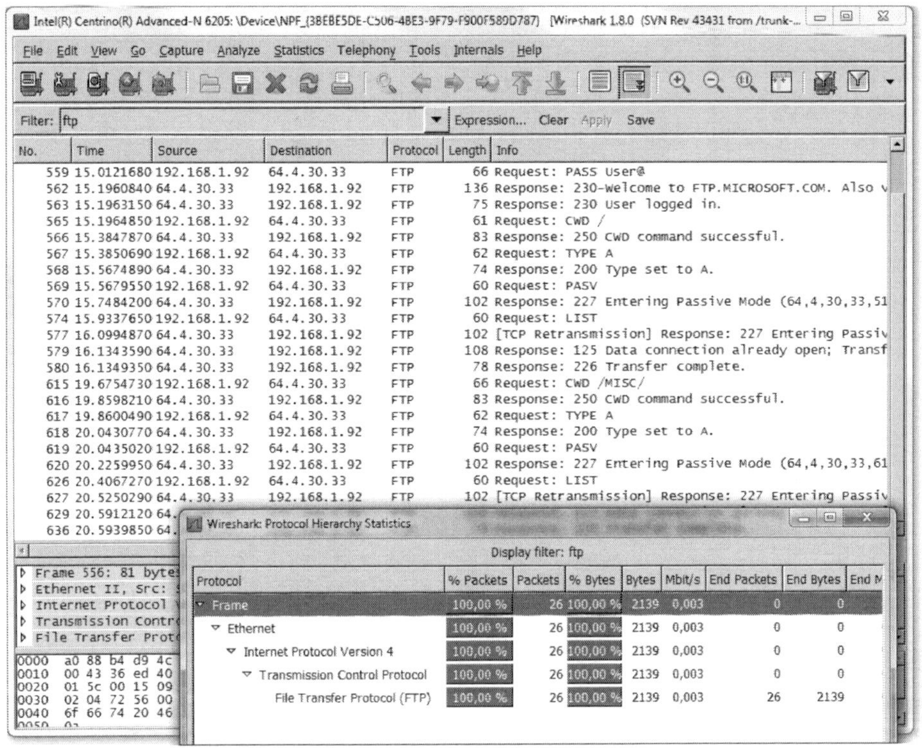

Análisis de tramas FTP

O incluso para analizar peticiones DNS:

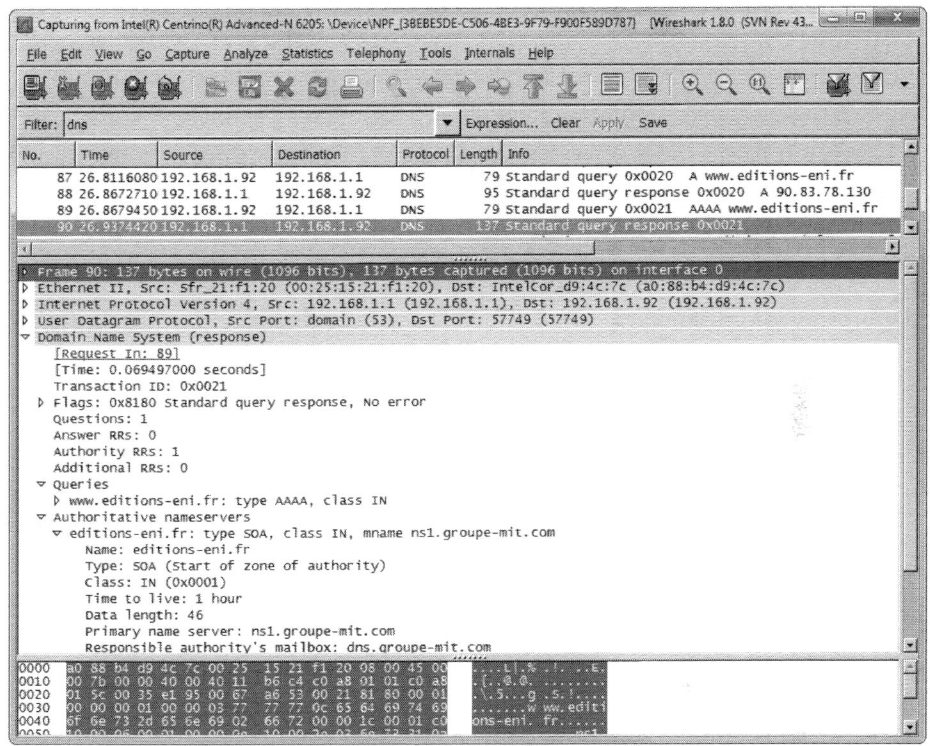

Ejemplo de análisis de una respuesta DNS

4.3 Análisis de peticiones web

Por otra parte, existe una herramienta más específica para entornos web.

Por ejemplo, **Fiddler**, que significa literalmente «violinista», permite analizar las tramas entre un navegador y un servidor web.

Se trata de un depurador HTTP que actúa como proxy. Funciona automáticamente con Internet Explorer, pero puede funcionar también, si se configura, con otros navegadores.

Utiliza la dirección IP de bucle local en IPv4 (127.0.0.1) en el puerto 8888.

Cada petición web que ha ido a través del proxy aparece como una línea en el apartado **Web Sessions**.

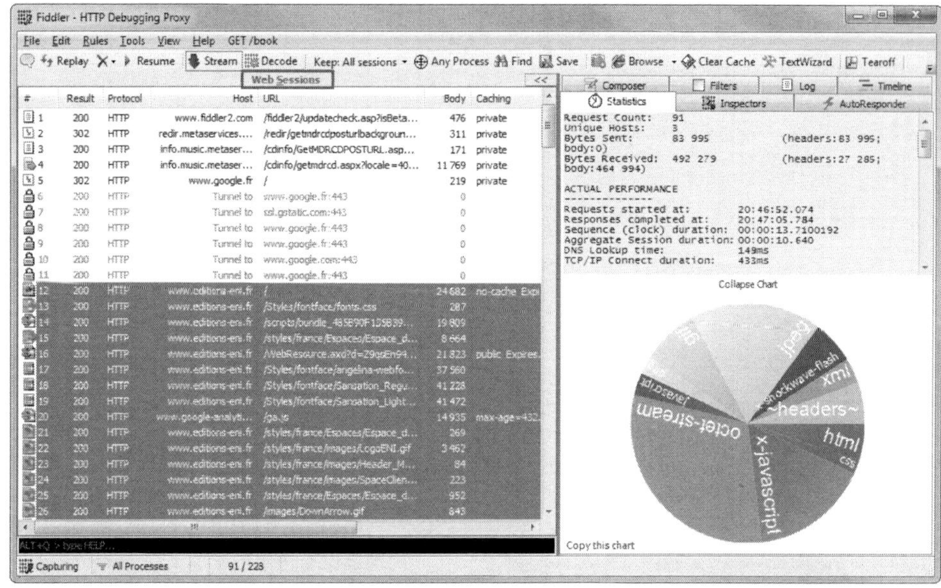

Análisis de tramas con Fiddler2

Es posible utilizar javascript para analizar o modificar peticiones HTTP.

Observación

Se trata en particular de una de las curiosas herramientas disponibles para analizar cada petición AJAX.

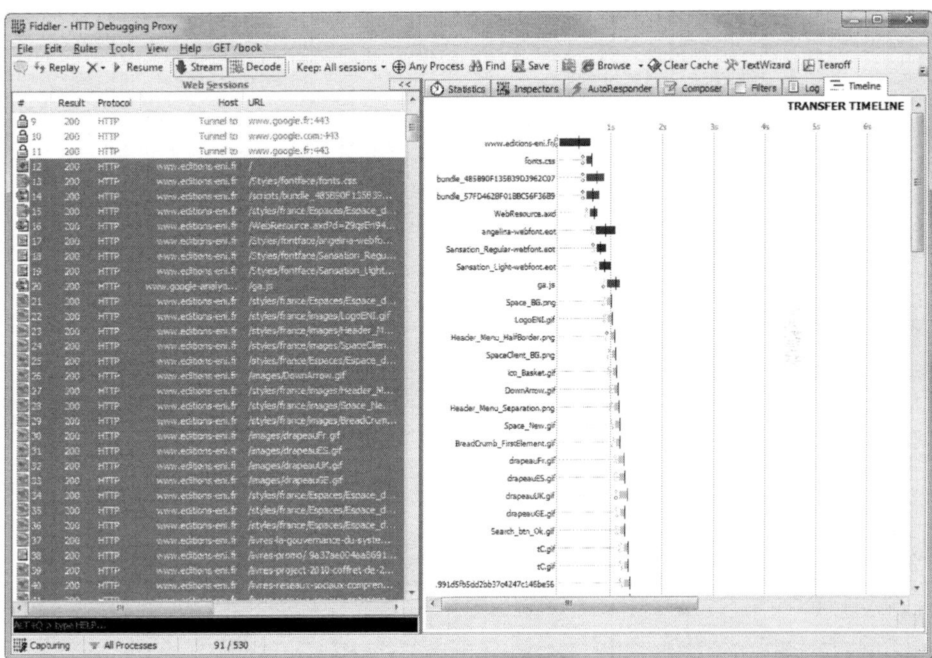

Descomposición de la visualización de un sitio web

Permite reproducir una secuencia completa de tramas capturadas, crear puntos de parada para realizar ejecuciones paso a paso, obtener estadísticas instantáneas o efectuar búsquedas completas de una palabra clave en un flujo HTTP.

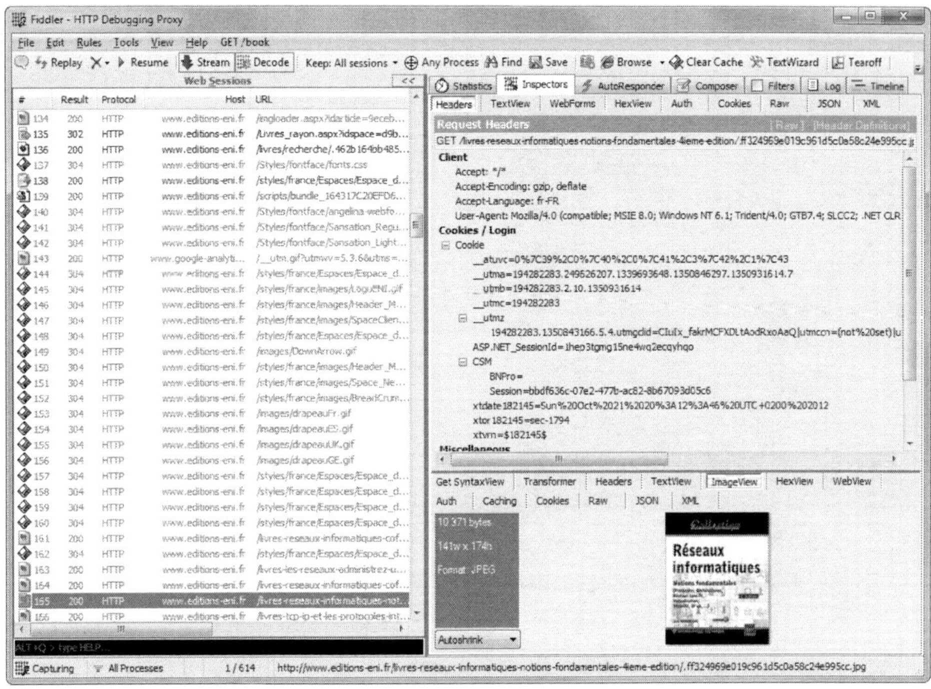

Visualización de las cookies, búsqueda de imágenes

Observación

Fiddler está disponible gratuitamente en la URL https://www.telerik.com/fiddler. Solo existe una versión para Windows, Mac o Linux.

Anexos

1. Conversión de decimal (base 10) a binario (base 2)

1.1 Vocabulario utilizado

¡En informática, todo es digital! La información se representa en forma de 0 o de 1, de verdadero o de falso, de condensador cargado o no.

Se trata de una representación de dos estados.

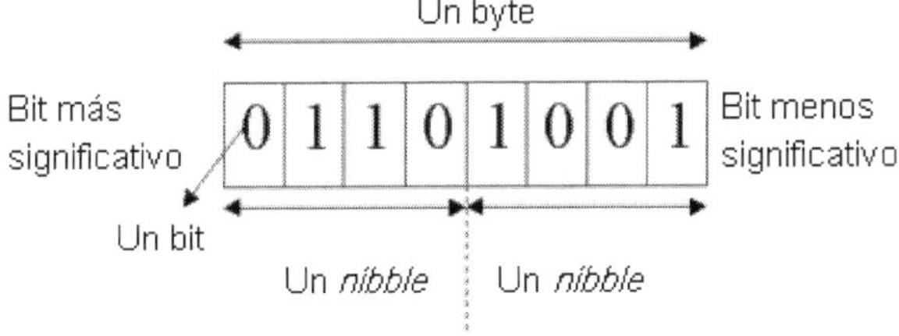

La información se agrupa en bytes; un byte son 8 bits.

Un bit representa dos estados, o dos posibilidades; dos bits permiten 4 (2 x 2).

Así, un byte permite representar 256 combinaciones posibles.

Según los sistemas utilizados, podremos codificar información distinta entre 0 y 255 o, con signo, entre -127 y +128 (con el 0 corresponde a 256 posibilidades).

1.2 Conversión a partir de base 10

Imaginemos un valor que deseamos convertir en binario, por ejemplo 2015.

En primer lugar, escribimos la lista de las potencias de 2 comenzando por 1 (lo que viene a ser lo mismo que efectuar una sucesión de multiplicaciones por 2), comenzando por el valor 1 hasta obtener un número superior a 2015.

Obtenemos:

1, 2, 4, 8, 16, 32, 64, 128, 256, 512, 1024, 2048

Observe que, entre los números encontrados, la suma de algunos de ellos permite obtener exactamente 2015.

Dicho de otra forma, cogiendo solo una vez algunos de los números encontrados (las potencias de 2) inferiores a 2015, podemos obtener 2015.

Observación

Un consejo: hay que empezar siempre por el más grande y seguir hacia el más pequeño.

Ahora solo nos queda saber aquellos que utilizaremos y, cada vez, restar para ver qué valor es el que nos falta por descomponer.

De este modo, para 2015 empezamos con 1024 y nos faltan 991 (2015 - 1024).

991 se descompone en 512 + 479

479 = 256 + 223

223 = 128 + 95

95 = 64 + 31

31 = 16 + 15

15 = 8 + 7

7 = 4 + 3

3 = 2 + 1

Entonces, 2015 = 1024 + 512 + 256 +128 + 64 + 16 + 8 + 4 + 2 + 1.

Escribamos nuestra lista en sentido inverso, indicando si hemos utilizado o no este valor para encontrar la suma buscada:

2048	1024	512	256	128	64	32	16	8	4	2	1
NO	SÍ	SÍ	SÍ	SÍ	SÍ	NO	SÍ	SÍ	SÍ	SÍ	SÍ
0	1	1	1	1	1	0	1	1	1	1	1

Colocamos un '0' cuando no lo utilizamos y un '1' si lo utilizamos.

Finalmente obtenemos 011111011111.

¡Y ya está!

2. Conversión de binario (base 2) a decimal (base 10)

Supongamos un número escrito en binario, por ejemplo 101011011001.

Será necesario colocar en casillas, empezando por la derecha, los valores 1 y 0, numerando las casillas de derecha a izquierda con potencias de 2.

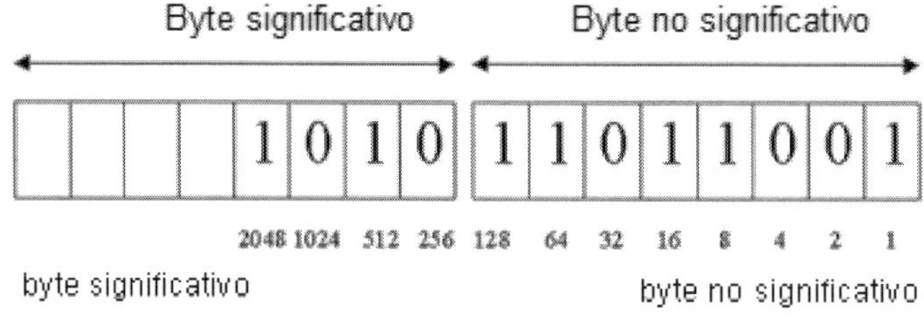

Conversión de binario a decimal

Simplemente basta con añadir los valores que corresponden a las casillas que contienen un 1.

En este caso, obtenemos:

2048 + 512 + 128 + 64 + 16 + 8 + 1 = 2777

Es mucho más sencillo, ¿no?

En cualquier caso, tenemos la calculadora de Windows en modo Programador.

Una vez seleccionada la opción binaria (bin), solo tiene que elegir la sucesión de '0' y '1':

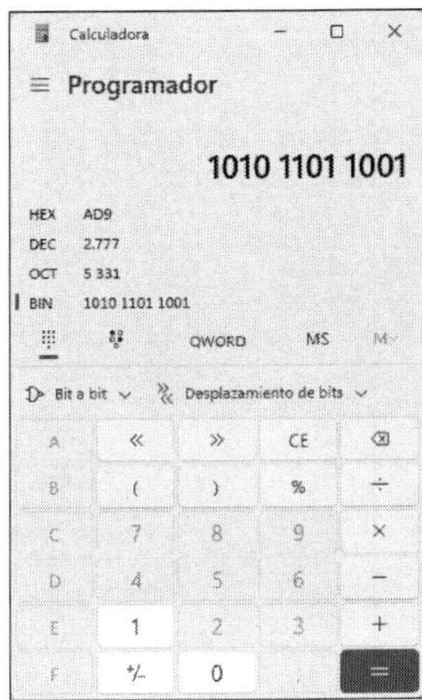

Solo tiene que seleccionar **DEC** para obtener la conversión deseada.

3. Conversión de hexadecimal (base 16) a decimal (base 10)

Con las direcciones IPv6, el formato hexadecimal vuelve con nosotros. Aunque raramente se «cortan» los bytes en la descomposición en subredes, puede ser interesante utilizar las conversiones.

Observación

La calculadora en modo programador le puede ayudar en todos los casos.

Un método sencillo para comprender el formato hexadecimal es acercarse a la escritura binaria del byte.

Hexadecimal significa literalmente «6» (hexa) y «10» (decimal).

Un símbolo hexadecimal se representa por cifras (0 a 9) y letras (A a F).

Así, para contar de 0 a 15, se enumera 0,1,2,3,4,5,6,7,8,9,A,B,C,D,E,F.

Donde **A** vale **10**, **B** vale **11** y así hasta **F**, que vale **15**.

Cada vez que se añade un símbolo '0' a la derecha de un número, se multiplicará por la base (16).

Así, **A** significa **10** en base 10, **A0** corresponde a **160** y **A00** a **2560** (10 x 16 x 16).

Pongamos como ejemplo para convertir AC73 en decimal.

A corresponde a **10**, **C** a **12**.

3 está situado como la unidad (16 elevado a 0 = 16^0= 1).

7 se debe multiplicar por la base (16 elevado a 1 = 16).

C se debe multiplicar dos veces por la base (16^2).

A se multiplicará tres veces por la base (16^3).

Se obtiene:

Peso	16 x 16 x 16	16 x 16	16	1
Símbolo hexadecimal	**A**	**C**	**7**	**3**
Valor decimal del símbolo	10	12	7	3
Valor correspondiente	40960	3072	112	3

El valor hexadecimal AC73 es 44147 en decimal.

AC73(16) = 44147(10)

4. Conversión de hexadecimal (base 16) a binario (base 2)

Para pasar de hexadecimal a binario, simplemente basta con coger un cuarteto (agrupación de 4 bits), de donde se obtiene un símbolo hexadecimal.

Así, para transformar en binario **FE 87**, hay que tratar los símbolos por separado y sumar el resultado obtenido.

Si se cuenta en binario y se desea obtener la traducción hexadecimal, se obtienen los siguientes valores:

0000 0

0001 1

0010 2

0011 3

0100 4

0101 5

0110 6

0111 7

1000 8

1001 9

1010 A

1011 B

1100 C

1101 D

1110 E

1111 F

Así pues, FE 87 se escribe en binario 1111 1110 1000 0111.

A la inversa sería tan sencillo como traducir un valor binario en hexadecimal identificando los cuartetos.

Tomemos como ejemplo el número 100101011010110; primero se tiene que descomponer en cuartetos leyendo los valores de derecha a izquierda; según se necesite, se completará la parte «significativa» para obtener un cuarteto completo:

100 1010 1101 0110 se completará así: 0100 1010 1101 0110.

A continuación, 0100 se convierte en 4.

1010 se convierte en 10; en hexadecimal, «A».

1101 se convierte en 13; en hexadecimal, «D».

0110 se convierte en 6.

La traducción es 4A D6.

5. Glosario

ADSL *Asymmetric Digital Subscriber Line*
Es una tecnología que permite conectar, a través del clásico cable telefónico de cobre, equipos (en el abonado y en la central telefónica) que permiten velocidades asimétricas de entre 512 Kbps y 1 Mbps de bajada (*download*) y 256 Kbps de subida (*upload*).

AFP *Apple Filing Protocol*, antiguamente *AppleTalk Filing Protocol*
Protocolo histórico de acceso a archivos en entorno Apple. Desde Mac OS X, también se puede utilizar CIFS o FTP.

AfriNIC *African Network Information Centre*
Uno de los cinco RIR encargados de asignar los recursos de internet.

AH *Authentication Header*
Es un protocolo utilizado por IPsec que permite firmar tramas, es decir, certificar su integridad y, en consecuencia, su autenticidad (no modificación).

ANSI *American National Standards Institute*
Es un organismo americano que ha originado numerosas normas informáticas y de redes.

AP *Access Point*
Un punto de acceso inalámbrico (en inglés: *Wireless Access Point*, conocido por las siglas WAP o AP) es un dispositivo de red que interconecta equipos de comunicación inalámbricos, para formar una red inalámbrica (Wi-Fi) que interconecta dispositivos móviles o tarjetas de red inalámbricas.

APIPA *Automatic Private IP Addressing*
Es un mecanismo de asignación automática de direcciones en el rango 169.254.*.* para los clientes DHCP Microsoft que no pueden obtener direcciones IP.

APNIC *Asia Pacific Network Information Centre*
Uno de los cinco RIR encargados de asignar los recursos de internet.

ARIN *American Registry for Internet Numbers*
Uno de los cinco RIR encargados de asignar los recursos de internet.

ARP *Address Resolution Protocol*
Es un protocolo utilizado en TCP/IP para resolver una dirección IP en dirección física.

ARPANET *Advanced Research Project Agency NETwork*
Primera red de conmutación de paquetes, origen de Internet y desarrollada por el Departamento de Defensa de los Estados Unidos.

ATM *Asynchronous Transfer Mode*
El ATM o TTA, *Técnica de Transferencia Asíncrona*, es una forma de conmutación de celdas que proporciona velocidades muy altas.

AUI *Access Unit Interface*
Es el conector DB15 que se utiliza para conectar una tarjeta 10 base 5 a un emisor-receptor externo.

AVD — *Azure Virtual Desktop*
Hace referencia a una solución donde un sistema operativo está disponible en modo 'estación de trabajo'. Puede tratarse de un sistema operativo cliente como Windows 11, o de un sistema servidor que proporciona el mismo tipo de experiencia de cliente.

BGP — *Border Gateway Protocol*
Protocolo externo de intercambio de tablas de enrutamiento entre sistemas autónomos.

BL — *Bucle Local*
Es la parte de la *Red Telefónica Conmutada* (RTC) situada entre el abonado y los conmutadores del proveedor de telefonía.

BLR — *Bucle Local de Radio*
Tecnología que sustituye los cables telefónicos por ondas de radio y que solo se puede utilizar en los últimos kilómetros de la instalación.

Bluetooth — Es una tecnología de red inalámbrica basada en el chip del mismo nombre.

BNC — *British Naval Connector*
Es un tipo de conector utilizado en 10 base 2 para conectar un cable coaxial fino a una tarjeta de red Ethernet.

BPDU — *Bridge Protocol Data Unit*
Tramas intercambiadas que permiten gestionar la topología y el algoritmo de Spanning Tree (neutralización de los bucles de nivel 2 en una red Ethernet).

BSD — *Berkeley Software Development*
Es un editor de programas informáticos, origen de la versión de UNIX que proporcionó las fuentes TCP/IP gratuitamente a las universidades y que contribuyó, gracias a su difusión, al desarrollo de TCP/IP.

BYOD *Bring Your Own Device*
Se refiere a un principio según el cual el personal de una empresa puede usar sus propios dispositivos (smartphone, tablet, portátil).

CAPEX *CAPital EXpenditure*
Hace referencia a la parte de inversión inicial de un gasto.

CCA/CA *Clear Channel Assessment/Collision Avoidance*
Mejora el método de acceso al soporte CSMA/CA que utilizan las redes Wi-Fi para permitir un mejor funcionamiento en zonas densas.

CCITT *Comité Consultatif International Télégraphique et Téléphonique*
Este organismo fue sustituido por la UIT.

CDDI *Copper Distributed Data Interface*
Esta norma, similar a FDDI, se basa en el cable de par trenzado como soporte de transmisión.

CHAP *Challenge Handshake Authentication Protocol*
Es un protocolo de autentificación utilizado por PPP que permite el cifrado de las contraseñas.

CIDR *Classless Inter Domain Routing*
Es un conjunto de especificaciones que permite definir la asignación de IP de un modo jerárquico en un entorno de interconexión, también jerárquico. Su objetivo es optimizar la asignación de los tramos de direcciones IP disponibles que dependen de una máscara de tamaño variable.

CIFS *Common Internet File System*
Sistema de archivos de Microsoft basado en el protocolo SMB (*Session Message Block*).

COBO *Corporate Owned Busines*
Propiedad de la empresa, uso exclusivamente profesional. Se refiere a un dispositivo empresarial autorizado únicamente para su utilización en un entorno profesional.

CODEC *COdificador DECodificador*
Es un componente que permite convertir una fuente analógica en una señal digital.

COPE *Corporate Owned, Personally Enabled*
Propiedad de la empresa y utilizado personalmente
Se refiere a los dispositivos que son propiedad de la empresa, pero que pueden ser utilizados parcialmente por el empleado para fines personales.

CRC *Cyclic Redundancy Code*
Es un código de control de errores, calculado y transmitido con la trama para disponer de un primer nivel de detección de errores.

CSMA/CA *Carrier Sense Multiple Access/Collision Avoidance*
Es el método de acceso para el soporte utilizado en las redes AppleTalk. Se basa en evitar las colisiones reservando el canal antes de transmitir los datos.

CSMA/CD *Carrier Sense Multiple Access/Collision Detection*
Es el método de acceso para el soporte utilizado en las redes Ethernet. Se basa en la detección de las colisiones aun sin reservar el canal para transmitir los datos.

DAD *Duplicate Address Detection*
Protocolo utilizado en IPv6 para la autoasignación de dirección de red local.

DCE *Data Communications Equipment*
Ver ETCD.

DDoS *Distributed Denial of Service*
Denegación de servicio distribuido; corresponde a un ataque a un servicio de red que consiste en una saturación a partir de numerosas llamadas al servicio desde numerosos ordenadores. El resultado es que el servicio no puede responder durante un tiempo que puede llegar a ser importante.

DES *Data Encryption Standard*
Algoritmo de codificación de datos.

DHCP *Dynamic Host Configuration Protocol*
Es un servicio que permite asignar dinámicamente parámetros TCP/IP a los clientes que hacen el requerimiento.

DMA *Direct Memory Access*
El mecanismo de acceso directo a la memoria permite transferir información de los procesos del sistema utilizando el bus del ordenador sin sobrecargar el procesador.

DMZ *DeMilitarized Zone*
En informática corresponde a una subred dentro de un cortafuegos, situada generalmente entre la red local e Internet. Este sitio alberga los servidores que serán accesibles desde Internet pasando por el cortafuegos externo generalmente a través de un mecanismo de traducción de direcciones o de puerto.

DNS *Domain Name System*
Es un servicio disponible en un entorno TCP/IP, que permite resolver nombres del tipo www.eni.es en dirección IP.

DoS *Deny of Service* o *Denial of Service*
Es una forma común de ataque, la denegación del servicio, que consiste en saturar un recurso de un servidor para neutralizar su buen funcionamiento; por ejemplo, saturar las conexiones TCP disponibles, el procesador, el espacio en disco o incluso la red a la que se conecta el servidor.

DSLAM *Digital Subscriber Line Access Multiplexer*
O multiplexor de acceso a una línea de abonado digital, que conecta los datos que provienen del bucle local del abonado y la red ATM o Ethernet al ISP. El multiplexado permite extraer datos de internet, televisión o voz IP.

DTE *Data Terminal Equipment*
Ver ETTD.

ESP *Encapsulating Security Payload*
Es el protocolo utilizado por IPsec para cifrar el contenido de los datos encapsulados (payload).

ETCD *Equipamiento Terminal de Circuito de Datos*
Es un componente intermedio en un intercambio entre ETTD.

ETTD *Equipamiento Terminal de Tratamiento de Datos*
Es el componente final en un intercambio que utiliza los ETCD.

Ext2 y **Ext3** Son sistemas de archivos seguros, generalmente utilizados por los sistemas operativos Linux. Ext3 es una versión con registro diario de Ext2.

FAT *File Allocation Table*
La tabla de asignación de archivos es una de las estructuras utilizadas en los entornos OS/2, MsDOS, Windows 95 y Windows NT. Su estructura interna se basa en un encadenamiento de la información sin introducción de índices internos para permitir optimizar los accesos.

FC *Fibre Channel*
Designa el conjunto de protocolos relativos a la interconexión SAN.

FCoE *Fibre Channel over Ethernet*
Designa la adaptación del protocolo FC para los SAN encapsulado en Ethernet.

FDDI *Fiber Distributed Data Interface*
Es una norma Token Ring que circula a 100 Mbps, que se basa en una topología lógica de doble anillo sobre fibra óptica.

FTP *File Transfer Protocol*
Protocolo de transferencia de archivos en modo seguro; se utiliza en entornos TCP/IP.

GPRS *General Packet Radio Service*
Es un sistema de transferencia de datos en telefonía móvil, también llamado generación 2.5.

GRE *Generic Routing Encapsulation*
Es un protocolo utilizado por PPTP que permite encapsular los datos en PPP para aprovechar la funcionalidad de codificación de este último.

GSM *Global System for Mobile Communications*
GSM es el primer sistema digital de telefonía móvil. Actualmente, un GSM designa un teléfono móvil.

HACMP *High Availability Cluster MultiProcessing*
Solución de alta disponibilidad ofrecida por IBM en AIX.

HBA *Host Bus Adapter*
Identifica una interfaz de acceso a una red Fibre Channel (tarjeta de red).

HDLC *High level Data Link Control*
Es una subcapa que opera en la capa de conexión y que ofrece varios niveles de servicios. Se encuentra, principalmente, en conexiones WAN de punto a punto.

HDSL *High bit-rate Digital Subscriber Line*
Línea digital de abonado de alta velocidad que ofrece velocidad simétrica (subida y bajada) a 2 Mbps a una distancia de 3,6 kilómetros.

HSDPA *High Speed Downlink Packet Access*
Nueva generación de telefonía basada en UMTS. Es más rápida y también se denomina 3G+.

HSRP *Hot Standby Router Protocol*
Protocolo propietario CISCO que permite gestionar una dirección IP de puerta de enlace virtual asociando dos direcciones IP físicas en modo activo/pasivo.

HTML *HyperText Markup Language*
Lenguaje para la publicación de datos mediante la realización de presentaciones en modo gráfico a través de un navegador de internet.

HTTP *HyperText Transfer Protocol*
Protocolo de transferencia de archivos que permite manejar todo tipo de información.

HTTPS *HTTP Secure*
Es la versión HTTP que utiliza SSL para el cifrado de datos en los intercambios entre un cliente y un servidor web.

IaaS *Infrastructure as a Service*
Concepto utilizado en la jerga del Cloud Computing para identificar una infraestructura dinámica adaptable a la demanda.

ICA *Independent Computing Architecture*
Es un protocolo utilizado por Citrix para clientes ligeros, que permite trabajar a distancia y en modo gráfico a través de una conexión de baja velocidad (solo se necesitan entre 15 y 20 Kbps en la conexión), que además ofrece compresión y cifrado de los datos de intercambio.

ICMP *Internet Control Message Protocol*
Es un protocolo básico que permite dar servicios a la gama de protocolos TCP/IP, principalmente para prevenir la pérdida de paquetes.

IDS *Intrusion Detection System*
Son sistemas, hardware o software, que se colocan en las redes para optimizar la subida de información excepcional.

IEEE *Institute of Electrical and Electronics Engineers*
Es el organismo de normalización que se encarga de las normas importantes para redes, relativas a las capas bajas.

IETF *Internet Engineering Task Force*
El objetivo de este organismo es mejorar la red de internet.

IMAP *Internet Message Access Protocol*
Es un protocolo optimizado que permite administrar el correo electrónico a distancia. Permite que se carguen solo las cabeceras de los mensajes para poder eliminarlos sin tener que descargarlos, sobre todo en el caso de mensajes voluminosos o indeseables, al contrario de cómo funciona POP.

IoT *Internet of Things*
Hace referencia al Internet de las cosas, llamadas también «objetos conectados».

IOPS *Input Output Per Seconds*
Hace referencia a una unidad de medida de rendimiento de los discos duros.

IPBX *IP Branch eXchanger*
Se trata generalmente de un servidor de aplicaciones que hace la misma función que un PABX en un entorno de voz IP (VoIP).

IPNG *Internet Protocol Next Generation*
Es la nueva generación de IP, la versión 6 (IPv6).

IPsec *IP Security*
Es un protocolo que permite aplicar el cifrado de datos en los intercambios de información en tráfico, ya sea en modo transporte o en modo túnel (en una VPN L2TP).

IPX *Internetwork Packet Exchange*
Es un protocolo de niveles de Red y Transporte, enrutable y no seguro, que se utiliza en entornos Novell.

IrDA *Infra red Data Association*
Es un conjunto de especificaciones que permite la conexión de dispositivos de infrarrojos.

IRDP *ICMP Router Discovery Protocol*
Protocolo de descubrimiento de puertas de enlace que se basa en mensajes ICMP (*Internet Control Message Protocol*).

ISATAP *Intra-Site Automatic Tunnel Addressing Protocol*
Es un protocolo que permite la implementación automática de un túnel IPv6 entre dos sitios interconectados en IPv4.

ISO *International Organization for Standardization*
Es un organismo de normalización, mundialmente reconocido y que administra numerosas normas.

ISP *Internet Service Provider*
Organismo proveedor de acceso a Internet, pasarela entre los clientes.

L2TP *Layer 2 Tunneling Protocol*
Es un protocolo complejo que permite poner en marcha una VPN (*Virtual Private Network*) configurando las funcionalidades (firma de las tramas con AH, cifrado de los datos con ESP, complejidad de la clave de cifrado utilizada, renovación de la clave de sesión...).

LACNIC *Latin American and Caribbean Internet Address Registry*
Uno de los cinco RIR encargados de asignar los recursos de internet.

LAN *Local Area Network*
Red de amplitud geográfica limitada.

LEO *Low Earth Orbit*
Órbitas terrestres bajas, entre 200 y 2.000 km de la Tierra, que permiten crear una red de satélites de baja latencia (entre 20 ms y 30 ms).

LIR *Local Internet Registries*
Identifica un organismo local encargado de administrar la asignación de recursos de internet a nivel local de un país.

LLC *Logical Link Control*
Capa de nivel inferior de conexión del modelo OSI introducida por el IEEE y que ofrece distintos tipos de servicios.

LPD *Line Printer Daemon*
Es un servicio de impresión específico de TCP/IP, disponible para distintas plataformas.

LUN *Logical Unit Number*
Identificador lógico utilizado para asignar una unidad de almacenamiento.

LVM *Logical Volume Manager*
Corresponde a un administrador de discos existente en entornos UNIX/Linux. Permite gestionar los niveles RAID lógicos.

MAC *Medium Access Control*
Capa inferior del nivel de Conexión del modelo OSI introducida por el IEEE. Administra el acceso al soporte físico integrando así el método de acceso al soporte y el direccionamiento físico.

MAN *Metropolitan Area Network*
Red cuyo alcance geográfico es relativamente amplio, a escala de una ciudad.

MAU o **MSAU** *MultiStation Access Unit*
Nombre de un concentrador Token Ring.

MFP *Multi Function Printer*
Término inglés que designa una impresora multifunción (impresora, fotocopiadora, escáner y a veces fax).

MIB *Management Information Base*
Es la estructura de datos establecida por un agente SNMP para poner a disposición información específica de un componente distribuido, hardware o software.

MIMO *Multiple Input Multiple Output*
Modelo de comunicación bidireccional que ofrece simultáneamente varios canales de entrada y varios de salida.

MÓDEM *MOdulador DEModulador*
Ejemplo de ETCD, o de equipo intermedio, que permite transmitir datos digitales en forma de señal analógica.

MPLS *Multi-Protocol Label Switching*
Esta norma de IETF se destina al transporte eficaz de las comunicaciones de red de gran envergadura.

MTU *Maximum Transfer Unit*
Es la longitud máxima de una trama en una red de nivel 2. Esta información es importante, ya que es utilizada por la IP para saber si un paquete se debe dividir o no al pasar a través de un router.

NAC *Network Access Control*
Protocolo propietario de CICSO que permite autorizar solo la conexión por cable a dispositivos conocidos. Cualquier dispositivo no reconocido está aislado del resto de la red.

NAS *Network Attached Storage*
Sistema dedicado al almacenamiento de los datos en una red.

NAT *Network Address Translation*
Es un mecanismo que permite traducir sistemáticamente los paquetes modificando las cabeceras IP, es decir, TCP y UDP para proteger los equipos de la red interna.

NCP *NetWare Core Protocol*
Protocolo de múltiples funciones, como la de proporcionar acceso a archivos e impresoras para clientes Novell.

NDIS *Network Device Interface Specification*
Es una especificación Microsoft/3Com que se utiliza en los sistemas operativos de Microsoft para los controladores de tarjetas de red y para los protocolos de capas medias.

NDP *Neighbor Discovery Protocol*
Protocolo que realiza cierto número de operaciones en IPv6, entre las cuales podemos destacar la detección de direcciones duplicadas (DDD).

NetBEUI *NetBIOS Extended User Interface*
Son dos capas de los niveles de Red y Transporte, en el sentido de OSI, que permiten disponer de capas medias intercambiables para NetBIOS (nivel de sesión).

NetBIOS *Network Basic Input/Output System*
Es una interfaz de programación para aplicaciones de red, disponible para aplicaciones cliente/servidor en cualquier protocolo de capas medias.

NetBT o **NBT** *NetBIOS over TCP/IP*
Es una versión de NetBIOS que se basa en TCP/IP.

NFS *Network File System*
Es un servicio para archivos de red en TCP/IP, que permite ver una estructura remota como si se tratase de un directorio de estructura local.

NIR *National Internet Registries*
Identifica un organismo nacional encargado de administrar la asignación de recursos de internet a nivel de un país.

NLB *Network Load Balancing* o balanceador de carga de red.
Es una solución que consiste en aplicar un equilibro de carga de red en un componente informático que se combina con el controlador de la tarjeta de red. Esta funcionalidad solo está disponible en algunos sistemas operativos, como Windows 2000 Advanced Server.

NNTP *Network News Transfer Protocol*
Es un protocolo que permite el acceso al intercambio de correos electrónicos centralizados más conocidos como foros de discusión.

NTFS *New Technology File System*
Sistema de archivos de 64 bits, transaccional, seguro e implementado con Windows NT.

NTLM *Network Technology Lan Manager*
Protocolo de autenticación utilizado durante más de veinte años en los entornos de Microsoft, sustituido gradualmente por Kerberos.

NTP *Network Time Protocol*
Es un protocolo utilizado para sincronizar el reloj de un ordenador con el de un servidor de Internet.

ODI *Open Data Interface*
Es una especificación escrita por Novell/Apple para los controladores de tarjetas y protocolos de red, en un entorno Novell.

OPEX *OPerational EXpenditure*
Gastos de explotación
Coste recurrente de un gasto.

OSF *Open Software Foundation*
Es una fundación que permite aprovechar la experiencia de distintos proveedores. Principalmente es el origen de OSF/Motif, una interfaz gráfica de usuario.

OSI *Open System Interconnection*
Es el modelo de siete capas de referencia de la ISO.

OSPF *Open Shortest Path First*
Es un algoritmo de enrutamiento dinámico implementado por IP.

PaaS *Platform as a Service*
Concepto utilizado en la jerga del cloud computing para identificar una plataforma de desarrollo adaptable a la demanda.

PABX *Private Automatic Branch eXchange*
Commutador telefónico privado que permite conectar puestos telefónicos de una red interna de una empresa con los de la red telefónica pública (líneas externas).

PAD *Packet Assembler/Disassembler*
Es un conmutador que proporciona acceso directo a X.25.

PAI *Proveedor de Acceso a Internet*
Operador que proporciona el acceso a Internet (*Internet Service Provider*, ISP)

PAN *Personal Area Network*
Red de pequeño alcance, centrada en el usuario.

PAP *Password Authentication Protocol*
Es un protocolo sencillo, que utiliza principalmente PPP y que permite efectuar una autentificación simple con un nombre de usuario y una contraseña sin encriptar (no protegida).

PING *Packet INternet Groper*
Es una herramienta de prueba de conectividad, generalmente empleada en TCP/IP para identificar un problema de enrutamiento o de configuración IP.

PLC *Power Line Communications*
Designa la tecnología relativa a la transferencia de datos informáticos a través de la red eléctrica.

PNA *Program Neighborhood Agent*
Corresponde al cliente Citrix y permite administrar la virtualización de sesiones y aplicaciones.

POP *Post Office Protocol*
Es un protocolo muy utilizado que permite el acceso a un servidor de correo para descargar el contenido de su buzón. En algunos casos, IMAP lo puede sustituir aportando algunas ventajas.

PPP *Point to Point Protocol*
Protocolo WAN que trabaja sobre las dos primeras capas del modelo OSI, frecuentemente utilizado para conectarse a Internet.

PPPoE *Point to Point Protocol over Ethernet*
Es un protocolo de conexión punto a punto desarrollado específicamente para ADSL. Evita que todos los abonados se vean en el mismo soporte físico.

PPTP *Point to Point Tunneling Protocol*
Es un protocolo que permite, a través de una conexión IP multipunto, administrar una comunicación privada y segura.

RADIUS *Remote Authentication Dial In User Service*
Conjunto de funcionalidades agrupadas en un servicio que permite realizar tres tipos de actividades: la autentificación, la autorización y el inicio de sesión. Históricamente, RADIUS fue concebido para permitir a los ISP autentificar el acceso por módem de sus clientes.

RAID *Redundant Array of Inexpensive Disks*
Funcionalidad que permite introducir tolerancia a fallos a través de una redundancia de almacenamiento de información.

RARP *Reverse Address Resolution Protocol*
Es un protocolo que permite a un ordenador obtener una configuración IP básica en función de su dirección física.

RDP *Remote Desktop Protocol*
Protocolo de Escritorio remoto que utiliza Microsoft para el cliente/servidor de presentación.

RDS *Remote Desktop Services*
Literalmente «Servicios de escritorio remoto» para los sistemas operativos Microsoft a partir de la versión Server 2008.

RFC *Request For Comments*
Documento de referencia que define una norma para los protocolos de la familia TCP/IP.

RIP *Routing Internet Protocol*
Protocolo de transporte dinámico disponible para IPX e IP.

RIPE NCC *Centro de Coordinación de Redes Europeas*
Uno de los cinco RIR encargados de asignar los recursos de internet.

RIR *Regional Internet Registry*
Identifica cada uno de los cinco organismos mundiales que se encargan de asignar los recursos de internet.

RLE *Red Local de Empresa*
Es una red local, LAN, situada en un lugar geográfico poco extenso.

RNIS *Red Numérica de Integración de Servicios*
Es una red totalmente digital que ofrece un soporte fiable para la transmisión.

RPC *Remote Procedure Call*
Las llamadas desde puntos distantes se utilizan para permitir una comunicación entre equipos clientes y servidores de una red.

RPV *Red Privada Virtual*
Ver VPN.

RTC *Red Telefónica Conmutada*
Es la red telefónica pública, basada en una conmutación física.

RTSP o **RTSPS** *Real Time Streaming Protocol (Secured)*
Protocolo de *streaming* estándar que se utiliza para la descarga de aplicaciones virtualizadas.

SaaS *Software as a Service*
Designa un modo de comercialización para cierto software que no se adquiere de manera definitiva, sino que se alquila su uso.

SAN *Storage Area Network*
Es una red dedicada al almacenamiento de datos, conectada a la red de una empresa.

SAS *Serial-Attached SCSI*
Se trata de una evolución de la interfaz SCSI.

SATA *Serial Advanced Technology Attachment*
Norma utilizada en los discos duros. Ofrece ventajas interesantes (alta velocidad, conexión en caliente) con respecto a la norma precedente (ATA, rebautizado Parallel-ATA o P-ATA cuando nació SATA).

SER Sistema Operativo de Red o *Network Operating System* (NOS)

SFP *Small Form-factor Pluggable*
Hace referencia a un tipo de conector que corresponde a un mini-GBIC para la conectividad de red.

SHDSL *Single-pair HDSL (High bit-rate Digital Subscriber Line)*
Línea digital de abonado de alta velocidad que ofrece una velocidad garantizada de entre 144 Kbps y 2,3 Mbps.

SIP *Session Initiation Protocol*
Protocolo que se utiliza para implementar la entrada en ciertas aplicaciones.

SISO *Single Input Single Output*
Modo de comunicación bidireccional con un solo canal de entrada y un solo canal de salida.

SMB *Server Message Block*
Protocolo de servicios de archivos e impresión, utilizado sobre todo en redes Microsoft.

SMTP *Simple Mail Transfer Protocol*
Es un protocolo elemental utilizado para la transferencia de archivos salientes.

SNMP *Simple Network Management Protocol*
Es un protocolo elemental que permite seguir o administrar a distancia hardware o software a través de una base de datos (MIB).

SPX *Sequenced Packet eXchange*
Es un protocolo de capa de Transporte que permite garantizar un modo de conexión (seguro) y que se utiliza en los entornos Novell.

SQL *Structured Query Language*
Lenguaje de consultas muy utilizado y normalizado por ANSI en 1992.

SSD *Solid State Drive*
Tipo de dispositivo de memoria basado en memoria flash, que no dispone de componentes móviles.

SSID *Service Set IDentifier*
Identificador difundido sin encriptar o no, que permite identificar una red Wi-Fi.

SSL *Secure Socket Layer*
Capa informática que permite filtrar los intercambios entre aplicaciones Windows socket.

STP *Shielded Twisted Pair*
Es un par trenzado blindado.

STP *Spanning Tree Protocol*
Protocolo utilizado en una red Ethernet (nivel 2) para permitir la neutralización de los bucles que se crean a propósito para asegurar la tolerancia a errores.

TCP/IP *Transmission Control Protocol/Internet Protocol*
Familia de protocolos mundialmente conocida, independiente de la capa física utilizada.

Telnet Es un protocolo que permite simular la conexión de un terminal a través de la red. El objetivo es poder administrar un servidor a distancia en modo de línea de comandos.

TFTP *Trivial File Transfer Protocol*
Protocolo de transferencia de archivos que favorece la rapidez en detrimento de la fiabilidad (muy poco utilizado).

TKIP *Temporal Key Integrity Protocol*
Protocolo de seguridad utilizado en redes Wi-Fi que dificulta los ataques a la red.

TLS *Transport Layer Security*
Es el sucesor de SSL para la protección del nivel aplicativo.

TSE *Terminal Server Edition*
Es un paquete preconfigurado creado por Microsoft que permite disponer de acceso remoto a un ordenador en modo gráfico. Esta solución se basa en el protocolo RDP (*Remote Desktop Protocol*).

TTL *Time To Live*
Expresa la duración de la validez.

UDP *User Datagram Protocol*
Protocolo del nivel de Transporte del grupo TCP/IP que proporciona un modo no fiable.

UIT *Unión Internacional de Telecomunicaciones*
Este comité es el sucesor del CCIT en el estudio y la normalización de protocolos que afectan a las telecomunicaciones.

UMTS *Universal Mobile Telecommunications System*
Es la tercera generación (3G) de telefonía móvil digital, que por el momento solo se utiliza para la transmisión de datos.

UNC *Universal Naming Convention*
Ruta de red que permite definir un recurso en una red basada en NetBIOS.

UPS *Uninterruptible Power Supply*
Es un alternador eléctrico, es decir, un equipo que dispone de una batería a la que se conectan uno o más servidores y que es capaz de compensar una deficiencia momentánea de la alimentación eléctrica principal.

URL *Uniform Resource Locator*
Ruta de red que permite identificar un recurso TCP/IP de manera única.

UTP *Unshielded Twisted Pair*
Par trenzado no blindado.

VDI *Virtual Desktop Infrastructure*
Corresponde al término utilizado inicialmente por VMware para designar la virtualización de un equipo de red.

VDSL *Very high rate Digital Subscriber Line*
Línea digital de abonado de alta velocidad que permite velocidades de hasta 100 Mbps (a 300 metros del DSLAM). Más allá, las velocidades son similares a las de ADSL 2+.

VLSM *Variable Length Subnet Mask*
En un entorno CIDR (*Classless Inter Domain Routing*), es la máscara que permite identificar un conjunto de ordenadores, y que puede variar de un router a otro.

VMPS *VLAN Membership Policy Server*
Permite administrar de forma centralizada las VLAN basándose en la lista de direcciones MAC de toda la red. VMPS es generalmente un commutador que dispone de una correspondencia entre las direcciones MAC de los dispositivos y las VLAN asociadas.

VoIP *Voice over IP*
Sistema que encapsula la comunicación de voz para su transmisión a través de paquetes IP.

VPN *Virtual Private Network*
Este término define una conexión privada (es decir, segura, cuyo contenido está cifrado) que en general opera sobre una red pública (como Internet). Se puede implementar a través de PPTP, L2TP o también SSL.

VSS *Virtual Switching System*
Tecnología de virtualización propietaria de Cisco que permite añadir dos conmutadores Cisco como si hubiera uno solo.

VTL *Virtual Tape Library*
Tecnología relativa a las copias de seguridad que permite gestionar un almacén virtual de cintas, ofreciendo también mecanismos de externalización en cintas físicas.

WAAS *Wide Area Application Services*
Se trata de la generalización de la compresión de flujo para cualquier tipo de aplicación y no solo los servicios de archivos (ver WAFS)

WAFS *Wide Area File Services*
Designa una tecnología que permite la compresión del flujo de información (en particular, archivos e impresión).

WAN *Wide Area Network*
Expresión que designa una red muy amplia en términos geográficos.

WAP *Wireless Application Protocol*
Primer servicio de transferencia de datos para las redes móviles.

WEP *Wired Equivalent Privacy*
Literalmente significa «Confidencialidad equivalente en una red inalámbrica»; debía aportar una gran seguridad a Wi-Fi. WPA (*Wi-Fi Protected Access*) sustituyó a WEP en 2003 y WPA2 a WPA en 2004.

WiMAX *Worldwide Interoperability for Microwave Access*
Interoperabilidad completa para el acceso por microondas, también conocido bajo la especificación IEEE 802.1b, es un estándar de transmisión inalámbrica de alta velocidad (70 Mbps) de tipo MAN que tiene un alcance teórico de 50 km.

WINS *Windows Internet Naming Service*
Es un servicio dinámico que permite convertir entre redes los nombres NetBIOS en direcciones IP.

WOL *Wake On LAN*
Significa literalmente «Despertar desde la red» e identifica la tecnología que permite a un administrador arrancar un ordenador a distancia para su mantenimiento o actualización.

WPA *Wi-Fi Protected Access*
Versión de Wi-Fi que ofrece una seguridad más alta.

WWN *World Wide Name*
Identificador único asignado a un fabricante y codificado en un dispositivo Fibre Channel.

WWW *World Wide Web*
Red mundial o Web, es decir, Internet.

X.25 Las especificaciones X.25 están destinadas a estandarizar la comunicación a larga distancia en redes poco fiables.

!

B

D

E

F

I

K

L

N

P

U

W

X

Z